AF536493

Jerzy Konikowski
Uwe Bekemann

Königsgambit
– richtig gespielt

Joachim Beyer Verlag

ISBN 978-3-95920-151-3

2. überarbeitete und ergänzte Auflage 2022

Ein Imprint des Schachverlag Ullrich, Zur Wallfahrtskirche 5,
97483 Eltmann

Herausgeber: Robert Ullrich

Zeichenerklärung

!	ein sehr guter Zug
!!	ein ausgezeichneter Zug
?	ein schwacher Zug
??	ein grober Fehler
!?	ein beachtenswerter Zug
?!	ein Zug von zweifelhaftem Wert
+−	Weiß hat entscheidenden Vorteil
−+	Schwarz hat entscheidenden Vorteil
±	Weiß steht besser
∓	Schwarz steht besser
⩲	Weiß steht etwas besser
⩱	Schwarz steht etwas besser
=	ausgeglichen
∞	unklar, mit beiderseitigen Chancen
=∞	mit Kompensation für den materiellen Nachteil
↑	mit Initiative
→	mit Angriff
⇄	mit Gegenspiel
Δ	mit der Idee
⌓	besser ist
□	einziger Zug
x	schlägt
+	Schach
#	matt

Abkürzungen

BdF	Deutscher Fernschachbund e.V.
BFCC	British Federation for Correspondence Chess
CiF	Chess in Friendship
e.p.	en passant
IECC	International E-mail Chess Club
IECG	International Email Chess Group
FICGS	Free Internet Correspondence Games Server
FPart	Fernpartie
ICCF	International Correspondence Chess Federation
LSS	Lechenicher SchachServer
rS	remoteSchach

Vorwort zur 2. Auflage

Als unser Buch „Königsgambit – richtig gespielt“ im Jahre 2012 auf den Markt gekommen war, erreichten uns neben anderen auch skeptische Stimmen, in denen zum Ausdruck gebracht wurde, dass die große Zeit des Königsgambits vorüber sei und es kaum lohnenswert sein könne, ein neues Buch darüber zu schreiben. In der Folgezeit aber und bis heute zeichnete sich ein anderes Bild ab: Das Königsgambit lebt!

Im Zeitraum 2012 bis 2021 hat sich einiges zur Entwicklung der Theorie des Königsgambits getan. Neben zahlreichen neuen Erkenntnissen aus der Praxis hat auch die Literatur dazu beigetragen. Wir haben alles ausgewertet und zur Relevanz für unser Buch bewertet. Mit der 2. Auflage nehmen wir ein Update zum Stand der Theorie vor.

Wir haben das Buch vollständig überarbeitet. Für die Behandlung der einen oder anderen Stellung bzw. Variante haben wir als Folge einer Neubewertung unsere Empfehlung geändert.

Neben der inhaltlichen Aktualisierung haben wir auch einige Fehler beseitigt und das Werk sprachlich geglättet.

Neu eingeführt haben wir das Kapitel 29. Es lädt den Leser über insgesamt 16 Aufgabenstellungen ein, sein Gefühl für den Umgang mit der Eröffnung zu entwickeln und seinen Lernerfolg bzw. seinen Kenntnisstand zu überprüfen. Durch die konkrete Angabe der Fundstellen wird er in die Lage versetzt, Stoffbereiche ganz gezielt aufzurufen, wenn er als Ergebnis seiner Reflektion den Bedarf dafür erkennen sollte.

Wir hoffen, dass sie diese 2. Auflage ebenso freundlich wie ihre Vorgängerin aufnehmen werden und wünschen weiterhin viel Spaß und Erfolg beim Einsatz des Königsgambits!

Jerzy Konikowski und Uwe Bekemann, im August 2022

Vorwort

Wenn man Clubspieler auf das Königsgambit anspricht, so winken diese fast immer ab. „Dessen Zeit ist doch längst vorbei“ und „wenn Schwarz richtig spielt, ist für Weiß kein Vorteil zu erreichen“ sind dann zwei Standardäußerungen. Beide stehen in einem Zusammenhang zueinander.

Das Königsgambit ist sehr wohl auch heute noch ein regelmäßiger Gast im Turniergeschehen, was sich leicht anhand von Partiendatenbanken beweisen lässt. Und wenn es darauf ankommt, dass der Nachziehende immer die besten Züge findet, um im Spiel zu bleiben, wird der mutige und angriffsorientierte Weißspieler hellhörig. Zu Recht!

Wir können nach unserer intensiven Arbeit an diesem neuen Buch sagen, dass das Königsgambit nach wie vor eine ungemein scharfe Waffe in der Hand des Anziehenden ist. Nicht selten ist sie heute schärfer denn je, ausgeklügelte Angriffsideen haben so manche frühere Verteidigungsressource überwunden. Trotzdem birgt diese Eröffnung immer noch ein unerschöpfliches Reservoir an Stellungen, in denen eigenes kreatives Spiel möglich ist, Raum für Forschungen bleibt und der Gegner erst einmal unter Beweis stellen muss, dass seine eigene Schachkunst zum Bestehen gegen einen auf Angriff ausgerichteten Gegner reicht.

Wenn man sich intensiv mit dem Königsgambit beschäftigt, drängt sich für den Anziehenden das Bild eines Boxers auf, der unmittelbar nach dem Gongschlag zur ersten Runde auf den Gegner eindrischt und ihm nicht eine Sekunde zum Besinnen und Durchatmen lässt. Ist der Gegner überrascht und schafft er keine ausreichende Deckung, aus der heraus er kontern kann, wird er leicht schon in der ersten Runde ausgeknockt.

Im Königsgambit brennt oft schon nach den ersten Zügen das Brett. Der Gegner, der gerade erst Platz genommen hatte, um auf 1.e4 vielleicht Spanisch oder Russisch zu spielen und dabei so langsam in die Partie zu kommen, sieht sich sofort mit dem Rücken zur Wand dem bedingungslosen Angriff des Anziehenden ausgesetzt. Die Zahl der Partien, die schon nach einer ungewöhnlich kurzen Zugzahl für Weiß entschieden waren, ist bezeichnend. Der Schwarzspieler, der nicht ausreichend in der Theorie des Königsgambits beheimatet ist, kommt leicht unter die Räder. Oft muss er ungemein früh und viel seiner Bedenkzeit opfern, um nicht vom Brett gefegt zu werden, was sich später bitter rächt.

Wir hoffen, dass wir Ihnen mit diesem kleinen Vorgeschmack Appetit auf mehr machen! Beschäftigen Sie sich mit dem Königsgambit, es lohnt sich! Setzen Sie es Ihrem Gegner vor und lassen Sie ihn, natürlich nur auf das Spiel bezogen, leiden! Sie werden oft mit einem schönen und schnellen Sieg belohnt werden.

Bei der Auswahl der Varianten haben wir uns darauf konzentriert, was Weiß Vorteil verspricht oder aber unausweichlich ist, wenn Schwarz die Möglichkeit zur Weichenstellung hat.

Ganz zum Schluss noch der obligatorische Blick in die Geschichte des Königsgambits: Es wurde schon im ältesten Schachbuch von Lucena (1497) erwähnt, wenn auch nicht mit seinem heutigen Namen. Dieser nämlich geht auf Ruy López de Segura zurück, der ihn 1561 entsprechend verwendete.

Seine Glanzzeit hatte „die Königin unter den Gambits“ im 18. und 19. Jahrhundert. Der damalige Hurra-Stil strebte Siege möglichst mit einem Opferangriff an. Auch die sogenannte *Unsterbliche Partie* zwischen Anderssen und Kieseritzky (1851) nahm ihren Weg über das Königsgambit.

Viele Jahre wurde es dann recht ruhig um diese Eröffnung, als sich der Schachstil selbst änderte und das Positionsspiel in die Turniersäle Einzug hielt. Es wurden einige Wege für Schwarz gefunden, um sich dem Angriff des Gegners zu widersetzen.

Bronstein und Spasski setzten das Gambit im neuzeitlichen Schach ein, Short und die Polgar-Schwestern sind weitere bekannte Namen, die für das Königsgambit im modernen Schach stehen. Grischuk, Hector, Nakamura, die Liste ließe sich beinahe beliebig mit großen Namen fortsetzen.

So, und nun geben wir unser Buch in Ihre Hand und hoffen, dass es Ihnen Spaß und Freude bereiten wird und Ihnen das Königsgambit viele schöne Siege einbringen möge! Und wenn Sie sich mit Schwarz auf das Königsgambit vorbereiten möchten: Wir haben uns bemüht, die besten Verteidigungsressourcen für den Nachziehenden zu finden. Es ist gut, sie zu verstehen und sich die wichtigsten Linien einzuprägen. Und andernfalls: viel Glück!

Das Königsgambit – seine Geschichte, sein Wesen, seine Kraft

„En garde – auf geht´s ins Königsgambit!“ So könnte der Weißspieler schon lange rufen, seit Jahrhunderten!

Die mit „en garde“ an den Fechter gerichtete Aufforderung, sich dem Kampf zu stellen, gibt es auch im Schach! Hier allerdings traf und trifft man sie nicht als Ausruf an, sondern Fakten schaffend auf dem Brett mit 1.e4 e5 und nun 2.f4 – en garde! Schwarz muss sich dem Kampf stellen, der Gegner greift an! Und seit Jahrhunderten gilt: Wohl dem Nachziehenden, der sich jetzt gut auskennt, denn sonst läuft er Gefahr, überrannt zu werden.

Das Königsgambit zählt zu den ältesten bekannten Eröffnungen überhaupt. So wurde es schon im Schachbuch von Lucena erwähnt (1497), mit seinem heutigen Namen betitelte es erstmals, soweit bekannt, der Spanier Ruy López de Segura.

Vom zweiten Zug an setzt Weiß voll auf Königsangriff. Er strebt nach dem Schlagen des Gambitbauern ein mächtiges Zentrum mit den Bauern auf e4 und d4 sowie eine dynamische Entwicklung seiner Kräfte an, die nur ein Ziel kennen – den gegnerischen König. Weiß ist bereit, dafür einiges zu investieren, den Gambitbauern und auch eine Schwächung der eigenen Königsstellung.

Das Königsgambit war im 18. und 19. Jahrhundert sehr populär. Es entsprach ganz besonders dem damaligen Zeitgeist im Schach, eine Partie nicht einfach nur zu gewinnen, sondern möglichst im Hurra-Stil und mit Opfern garniert. Mit dem Siegeszug des Positionsspiels änderten sich die Wertanschauungen im Schach, es änderte sich der Stil und auf der Seite der Eröffnungen gab es Gewinner und Verlierer. Das Königsgambit verlor seine Popularität, als die vom Positionsspiel geprägte Theorie Mittel und Wege für Schwarz fand, sich den ungestümen Angriffen des Anziehenden zu widersetzen und in manchen Linien sogar mit einem positionellen Vorteil aus der Eröffnung zu kommen. In den 20er und 30er Jahren des 20. Jahrhunderts geriet das Königsgambit beinahe völlig aus der Mode, als so ziemlich nur noch Rudolf Spielmann – und zwar mit Erfolg – darauf zurückgriff. Dies brachte ihm den inoffiziellen und von S. Tartakower verliehenen Titel „Letzter Ritter des Königsgambits“ ein.

Wie bei anderen Eröffnungen auch kommt es seit dem Abschied vom Hurra-Stil im Königsgambit ganz besonders darauf an, die richtigen Linien zu spielen, und dies immer im Geiste der Eröffnung. Dies gilt für Weiß, der mit dem Königsgambit nach wie vor eine mächtige Waffe in der Hand hält, die ihm beim richtigen Einsatz ganz real Erfolg verspricht, wie auch für Schwarz. Aus der Sicht des Nachziehenden ist der Grat zwischen einem – zumindest halbwegs – guten Spiel oder rasantem Untergang im Königsgambit oft immens schmal. Er sollte sich gut auskennen, denn die besten Linien zur Verteidigung sind am Brett oft kaum zu finden.

Wie sehr das Königsgambit zum Erfolg verhelfen kann, auch in den Zeiten des Positionsspiels, zeigen Bronstein und Spasski. Beide haben mehrfach darauf zurückgegriffen, Bronstein mit einem Ergebnis von +18 −3 =6, Spasski von 1952 bis 1992 sogar mit +15 −0 =8. Und beide haben auf der Weltbühne und nicht im Kaffeehaus gespielt!

Zurück zu „en garde“: Mit dem Reichsstrafgesetzbuch von 1871 wurde in Deutschland jede Art von Zweikämpfen mit tödlichen Waffen verboten. Dies gilt aber nicht für die Waffe 1.e4 e5 2.f4, die für Schwarz auf dem Schachbrett oft tödlich ist! Mit „Königsgambit – richtig gespielt“ im Kopf oder an der Hand und ein bisschen Mut auf in den Kampf! Die Geschichte des Königsgambits wird fortgeschrieben!

Einführung

1.e4 e5 2.f4

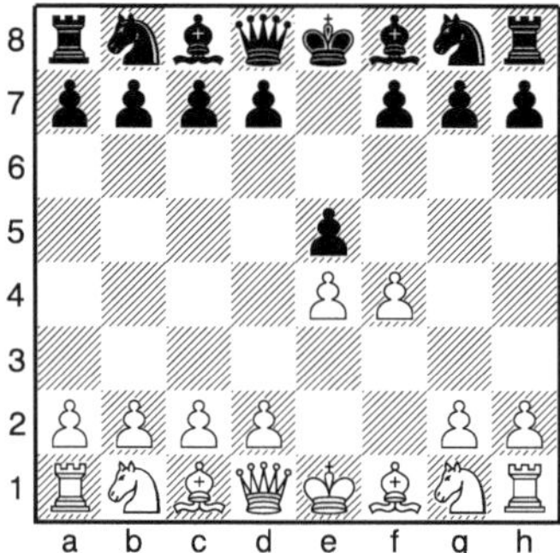

Weiß greift den gegnerischen Bauern auf e5 direkt an und ist bereit, auf diesem Weg seinen f-Bauern zu opfern. Sein strategisches Ziel ist die Herrschaft im Zentrum. Nach dem Schlagen auf f4 erlangt er dort ein Übergewicht. Im weiteren Verlauf bekommt Weiß die offene f-Linie für seine Schwerfiguren und die Möglichkeit, einen gefährlichen Angriff gegen den gegnerischen König zu führen. Der Textzug hat jedoch auch Nachteile. So werden die Diagonalen a7-g1 und h4-e1 geschwächt und können von Schwarz für einen Gegenangriff genutzt werden. Es entsteht ein scharfes Spiel mit beiderseitigen Chancen.

2...exf4

Die Annahme des Gambitbauern ist in der Turnierpraxis die zumeist gespielte Fortsetzung. Sie gilt in der Theorie tatsächlich auch als die beste Antwort, denn der geopferte Bauer ist nicht so einfach zurückzubekommen. In jüngerer Zeit hat man sich auch intensiv mit der Ablehnung des Gambits beschäftigt. Auch dann kann Schwarz ein Erfolg versprechendes Spiel erlangen. Hierzu schauen wir uns die möglichen Alternativen wie folgt an:

Kapitel 1 – 2...♗c5

Kapitel 2 – 2...d5

Kapitel 3 – 2...d6

Kapitel 4 – 2...♕f6

Kapitel 5 – 2...♘f6

Kapitel 6 – 2...♕h4+

Kapitel 7 – 2...♘c6

Andere Züge haben keine größere Bedeutung und werden in der Praxis nur selten gespielt.

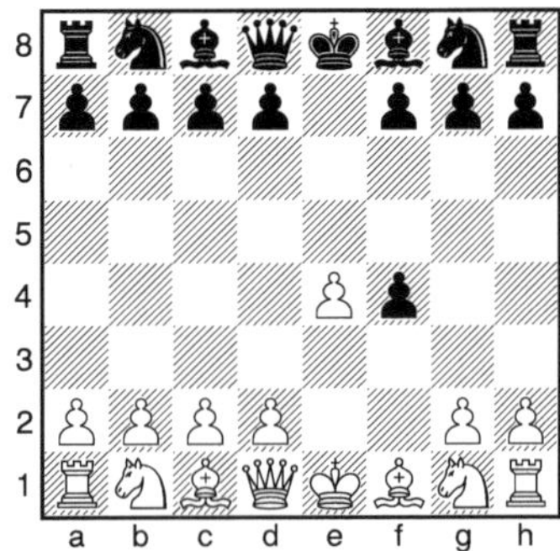

3.♘f3

Das Springergambit gehört zu den populärsten Spielweisen im Reich des Königsgambits. Mit diesem logischen Zug entschärft Weiß die lästige Drohung ♕d8-h4+ und plant mittels d2-d4 die Eroberung des Zentrums und den Kampf um den Rückgewinn des Gambitbauern auf f4.

In dieser Stellung gibt es aber auch zwei weitere sehr interessante und scharfe Varianten, die wir in zwei speziellen Kapiteln vorstellen. Diese sind 3.♗c4 (**Kapitel 8**) und 3.♘c3 (**Kapitel 9**). Andere Möglichkeiten sehen wir als nicht so vielversprechend für Weiß an. Wir behandeln sie deshalb nur kurz.

I. Mit 3.d4 entsteht das Polerio-Gambit, benannt nach Giulio Cesare Polerio, einem Spieler und Theoretiker aus Italien (1548-1612).

3...♕h4+ 4.♔e2

(Nach 4.♔d2 ♕f2+ 5.♔c3 ♘c6 6.♘f3 ♘f6 wäre die Lage von Weiß kritisch.)

4...d5 Zumeist entscheidet sich Schwarz für diese Fortsetzung.

(Shaw favorisiert 4...♕e7 und gibt für den Fall, dass Weiß den Übergang zum Keres-Gambit via 5.♘c3 verweigert, die Variante 5.♔f2 ♘f6 6.♗d3 d5!? 7.exd5 ♘g4+ 8.♔f1 ♘e3+ 9.♗xe3 fxe3 10.♘c3 g6 11.♕f3 ♗h6 an. Nach seinem Urteil steht Schwarz etwas besser. Wir behandeln das ursprünglich über 1.e4 e5 2.f4 exf4 3.♘c3 entstehende Keres-Gambit nicht, da wir den Springerzug als von vornherein unzureichend ansehen.)

5.♘f3

(5.exd5 ♗g4+ führt zur Hauptvariante.)

5...♗g4 6.exd5 ♘f6

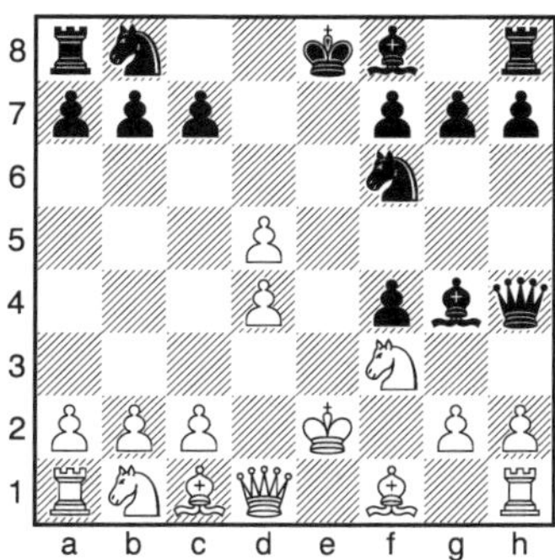

In der Folge führt keine der Hauptalternativen 7.♕e1, 7.♕d3 und 7.c4 zu befriedigenden Ergebnissen für Weiß.

A) 7.♕e1 ♕xe1+ 8.♔xe1 ♗xf3 9.gxf3 ♘xd5 10.♘c3

(10.c4 ♘e3! 11.♗xe3 fxe3 12.♔e2 ♘c6 13.♔xe3 0-0-0 14.d5 ♗c5+ 15.♔d2 ♘e5 16.♗e2 c6∓)

10...♘xc3 11.bxc3 ♗d6 12.♖b1 b6 13.♖g1 g6 14.♔f2 ♘d7 15.♗b5 0-0-0 16.♗c6 ♖he8 und Schwarz steht besser, Hassan-Bartsch, IECC FPart 2000.

B) 7.♕d3 ♗d6 8.c4 0-0 9.♘c3 ♖e8+ 10.♔d2 ♕f2+ 11.♘e2 ♖e3 12.♕c2 ♗b4+ 0-1, Herman-Wyman, FPart 1945

C) 7.c4 ♗e7 8.♕e1 ♕h6 9.♔f2 ♘bd7 10.♘c3 ♔f8 nebst ♖a8-e8 mit schwarzem Vorteil.

II. 3.♕f3 leitet das Breyer-Gambit ein, benannt nach dem berühmten ungarischen Spieler und Theoretiker Gyula Breyer (1893-1921).

3...♘c6!

In der 1. Auflage hatten wir uns noch auf 3...d5 festgelegt und waren sowohl nach 4.exd5 als auch nach

4.♕xf4 zu besseren Aussichten für Schwarz gekommen. Der Textzug ist jedoch besser, was sich auch in der Bewertung von *Stockfish* wie auch in einer häufigeren Anwendung im Turnierschach zeigt.

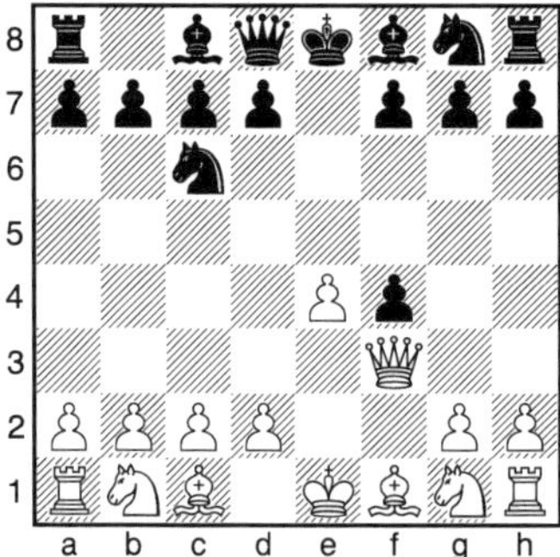

A) 4.c3 wird nun am häufigsten gespielt, ohne aber überzeugen zu können. Shaw macht darauf aufmerksam, dass Weiß keine gute Antwort auf das einfache Spiel von Schwarz hat, was auch für den Schritt mit dem c-Bauern gilt. Immerhin aber sperrt er den ♘c6 von d4 und auch b4 aus, so dass er seinem Ziel c2 erst mal nicht näherkommen kann.

Nun ist 4...♕h4+ am einfachsten.

(4...♘f6 geht auch, lässt Weiß aber mehr Luft zum Atmen. Nach 5.d4 d5 6.e5 ♘e4 7.♗xf4 ♗e7 8.♘d2 f5 9.exf6 ♘xf6 10.♗d3 0-0 halten sich die beiderseitigen Chancen in etwa die Waage, Drimer-Unzicker, Hastings 1969.)

5.g3 fxg3 6.hxg3 ♕e7! 7.d4 d5 8.e5 f6 9.♗b5

Weiß erhofft sich Entlastung durch den Abtausch auf c6.

(9.♗d3 kann unter den Bedingungen einer herkömmlichen Turnierpartie noch als Versuch, den Gegner zu einem Fehler zu verleiten, probiert werden. Bei einem korrekten Spiel aber ist auch mit dieser Alternative nicht mehr viel zu erreichen; z.B. 9...fxe5 10.♗g6+ ♔d8 11.♗g5 ♘f6 12.♗xf6 ♕xf6 13.♖xh7 ♕xf3 14.♘xf3 ♖xh7 15.♗xh7 e4–+ und der Vorteil von Schwarz ist bereits entscheidend, Valverde Lopez – Paz, FPart 2010, 0–1 im 32. Zug.)

9...♗d7 10.♗xc6 ♗xc6 11.♘e2 0-0-0 12.♗f4 ♖e8∓, Valverde Lopez – Bendana Guerrero, FPart 2006

B) 4.♘e2 d5 5.exd5 ♘b4 6.♘xf4 ♘f6 (6...♘xc2+ 7.♔d1 ♘xa1 8.♗b5+ ♗d7 9.♖e1+ ♘e7 10.♘e6

Diese Variante stammt von Shaw, der die schwarze Stellung als „furchtbar“ bezeichnet.

B1) 7.♗b5+ ♗d7!∓

B2) 7.♘c3?? ♕e7+! 8.♔f2 (8.♔d1 ♗g4–+ Shaw) 8...♘g4+ 0-1, Welling–Gustafsson, Dresden 2001

III. 3.♗e2

Das Petrow-Gambit, benannt nach dem russischen Schachmeister, Theoretiker und Schriftsteller Alexander Dmitrijewitsch Petrow, 1794-1867.

3...d5 4.exd5 ♘f6 5.♘f3

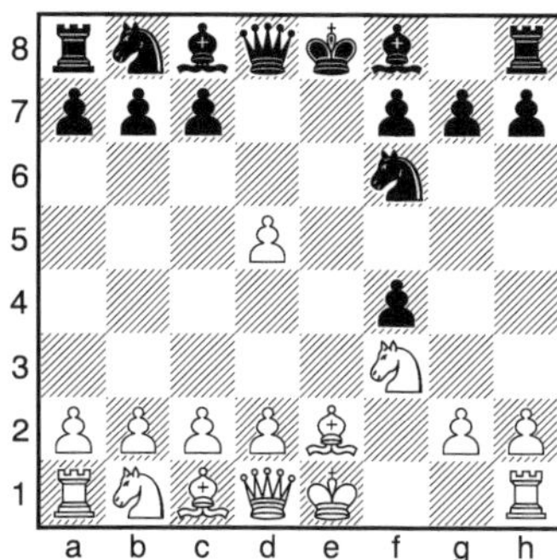

A) 5...♗d6 6.c4

(6.0-0 ♘xd5 7.c4 ♘e7 8.d4 c6 9.♘c3 ♘g6 ist günstig für Schwarz, Nieuweboer–Stieg, ICCF 1997.)

6...c6 7.dxc6

(7.d4 cxd5 8.c5 ♗c7 9.b4 0-0 10.♘c3 ♘e4 11.♘b5 ♗g4 12.0-0 ♘c6 13.a3 ♗b8 14.♗b2 ♖e8 und der Vorteil liegt auf der Seite von Schwarz, Nagley–Wenger, IECC FPart 2000.)

7...♘xc6 8.d4 0-0 9.♘c3 ♗g4 10.0-0 ♖c8 11.♘h4 ♗xe2 12.♘xe2 g5 13.♘f5 ♕d7 14.♕d3 ♖fe8 15.♘h6+ ♔f8 16.h4 und nun hätte Schwarz in der Fernpartie Saunders–Repp, ICCF 1996, mit 16...♖xe2! schnell gewinnen können; z.B. 17.♕xe2 ♘xd4 18.♕d3 ♕e6 19.hxg5 ♘e2+ 20.♔h1 ♘g3+ 21.♔h2

(Auf 21.♔g1 folgt 21...♖xc4! 22.gxf6 ♗c5+ 23.♔h2 ♕xf6 24.♘f5 ♘xf1+ 25.♕xf1 ♕xf5–+.)

21...♘xf1+ 22.♕xf1 f3+ 23.g3 ♖xc4 Die weiße Stellung ist aufgabereif.

B) 5...♗e7 6.0-0 0-0 7.c4

(7.♘c3 ♘xd5 8.♘xd5 ♕xd5 9.d4 g5∓)

7...c6 8.dxc6 ♘xc6 9.d4 ♗g4 10.d5 ♗xf3 11.♗xf3 ♘e5 12.♗xf4 ♘xc4 13.♘c3

Die Einschätzung des 7. Fernschach–Weltmeisters Jakow Estrin, wonach Weiß in dieser Stellung besser steht, hält einer tiefen Computeranalyse nicht Stand. Stockfish sieht sogar Schwarz leicht im Vorteil.

13...♖c8! 14.♕b3

(Auf 14.b3 folgt ebenfalls 14...♗d6.)

14...♗d6 15.♗g5 (15.♗xd6 ♘xd6∓) 15...♕c7 16.♔h1 ♗xh2∞

Die Stellung ist sehr kompliziert. Wir sind der Partie Saunders–C. Chandler, England 1993, gefolgt. In dieser siegte letztendlich Schwarz, wobei Weiß allerdings unfreiwillig mit mehreren etwas unglücklichen Entscheidungen mithalf.

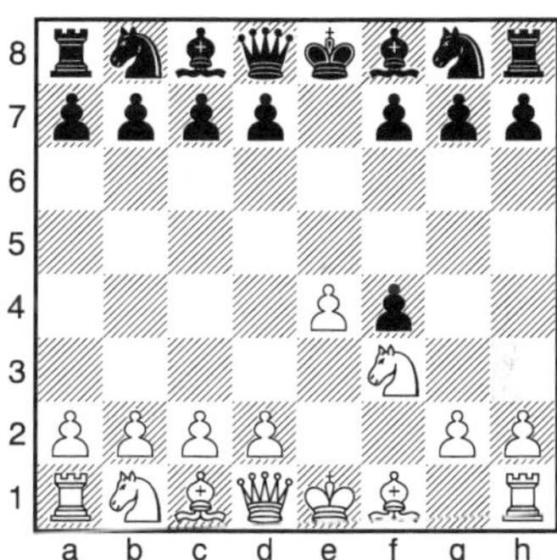

3...g5

Die prinzipiellste Fortsetzung in dieser Stellung. Schwarz verteidigt den ♙f4 und erschwert seinem Gegner damit die Öffnung der f–Linie. In vielen Fällen findet der Läufer einen Platz auf dem Feld g7, von wo aus er auf der Diagonale a1-h8 eine aktive Rolle einnehmen kann. Schwarz steht hier eine Reihe anderer Züge zur Verfügung, denen wir jeweils ein eigenes Kapitel gewidmet haben.

Kapitel 10 – 3...d6

Kapitel 11 – 3...h6

Kapitel 12 – 3...♗e7

Kapitel 13 – 3...♘f6

Kapitel 14 – 3...d5

Kapitel 15 – 3...♘e7

Kapitel 16 – 3...♘c6

Neben den aufgezählten Erwiderungen kommen, wenn auch selten, die Züge 3...♘h6, 3...♕e7, 3...♗c5 und 3...f5 in der Turnierpraxis vor.

I. 3...♘h6 4.d4 g5

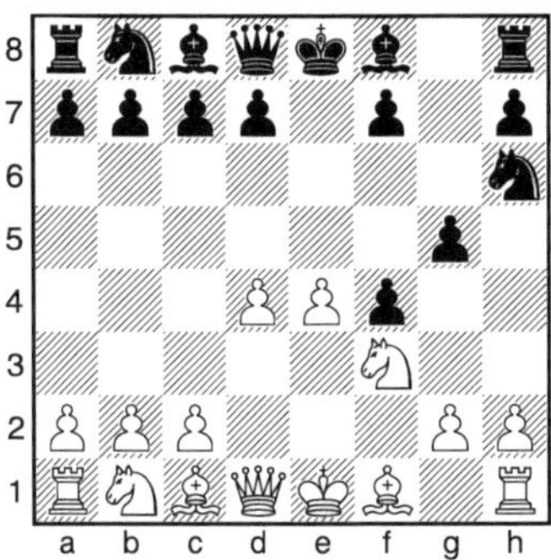

A) 5.h4 g4 6.♘e5 d6 7.♘d3 f3 8.gxf3 ♘c6 9.♗g5 f6 10.♗e3 d5?

(□10...♕e7!? mit der Drohung ♘h6-f5!)

11.c3 ♖g8 12.♘d2 g3 13.♖g1 ♕e7 14.♘f4 ♘f7

(14...dxe4 15.♘xe4 f5 16.♘d5+–)

15.♘xd5 ♕d8 16.♕c2+ +–

Die weiße Dominanz ist übermächtig, Vergara Rodriguez-Williams, IECC FPart 2004.

B) 5.♗c4 g4 6.♗xf4!? gxf3 7.♕xf3 ♘c6 8.0-0 ♕f6?

So spielte Schwarz in der 2006 ausgetragenen Fernpartie Prieto-Just.

(Auf 8...♘xd4? wäre vernichtend 9.♕h5! gefolgt; □8...♕e7!?)

9.e5 ♕h4 10.c3 ♔d8 11.♘d2 ♘a5 12.♘e4 ♖g8 13.♗d3 ♘c6 14.d5 ♘b8 15.♖ae1 ♖g6 16.♗g3+–

II. 3...♕e7 4.♘c3 ♘f6

(Die Variante nach 4...d6 5.♗c4 ♗g4 6.0-0 ♘c6 7.d4 0-0-0 8.♗xf4 ist günstig für Weiß, Vaclavik-Krajcar, Zlin 1999.)

A) 5.e5 ♘c6 6.d4 d6 7.♗b5 ♗d7 8.♗xc6 ♗xc6 9.0-0 dxe5? (□9...♘d5!?) 10.♘xe5 ♕d8 11.♗xf4 mit weißem Vorteil, Farmen-Brix, Sandefjord 2005.

B) 5.d4 ♘xe4 6.♘d5 ♕d6 7.♗c4 ♘a6 8.♕e2

(Das sofortige Schlagen 8.♗xf4!? ist ebenfalls stark.)

8...f5 9.♗xf4 ♕c6 10.g4!+– Das weiße Übergewicht ist entscheidend, Hansel-Appeldorn, DESC FPart 2004.

III. 3...♗c5 4.d4

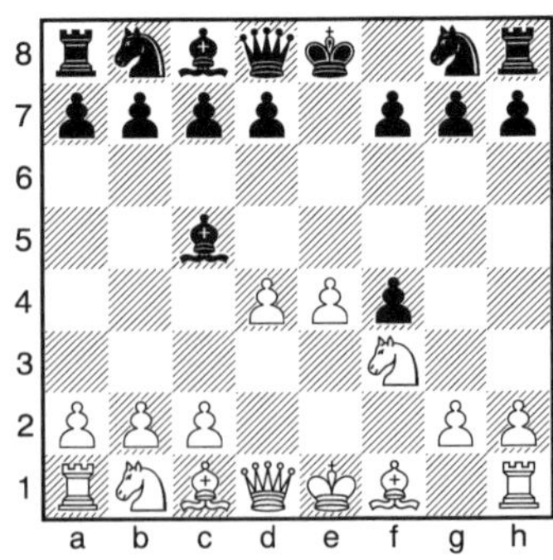

A) 4...♗e7 5.♗xf4 ♘f6 6.♘c3 ♗b4?

Dieser Zug erweist sich als Zeitverlust.

(Zu empfehlen war 6...0-0!?, um die Entwicklung fortzusetzen.)

7.e5 ♘e4 8.♕d3 ♘xc3 9.bxc3 ♗e7 10.c4 c6 11.♗e2 d5 12.cxd5 ♕xd5 13.c4 ♕e6 14.0-0 0-0 15.♗e3 ♖d8 16.♘g5 ♗xg5 17.♗xg5 ♖e8 18.♗h5 g6 19.♖f6 ♕d7 20.♗e2 ♘a6 21.♖af1 ♖e7 22.♖d6 mit Materialgewinn, Sanchez Redondo – Venturas, IECC FPart 2002.

B) 4...♗b4+ 5.c3 ♗a5 6.♗xf4 d6 7.a4 a6 8.♗c4 ♗g4 9.♘bd2 ♘f6 10.b4 ♗b6 11.0-0 0-0 12.♕b3 ♗xf3 13.♘xf3 ♘xe4 und nun hätte Weiß in der Partie Van Nie – Ten Vergert, Hengelo 2002, einfach 14.a5! ziehen sollen; z.B. 14...♗a7 15.♗d5 ♘f6 16.♗xb7 mit Materialgewinn.

C) 4...♗b6 5.♗xf4 d5

5...♘f6 6.♗d3 0-0 7.0-0 d6 8.♔h1 ♗g4 9.c3 ♖e8 10.♘bd2 ♘bd7 11.h3 ♗h5 12.♕c2 ♗g6 13.♗g5 ♕c8 14.♖ae1 c6 15.♗f4 d5 16.e5 ♗xd3 17.♕xd3 ♘h5 18.♗h2 g6 19.♖f2±, Blahetova–Zavadilova, Zlin 1999)

6.exd5 ♕xd5 7.♘c3 ♕d8 8.♗c4 ♕e7+ 9.♕e2

(9.♔f2!? ist für eine weitere Betrachtung sehr interessant.)

9...♕xe2+ 10.♘xe2 ♗e6 11.♗xe6 fxe6 12.♗e5 ♘f6 13.♘g5 ♔e7 14.♘f4 und Schwarz kann seinen e-Bauern nicht mehr verteidigen, Weiß ist im Vorteil, Iyer–Haygood, Detroit 1994.

IV. Die zweifelhafte Fortsetzung 3...f5?! behandeln wir in **Partie Nr. 1:** Schlechter–Teichmann, Wien 1903.

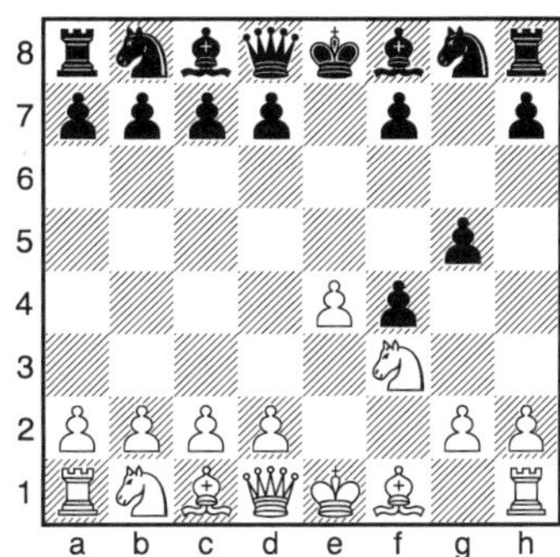

4.h4

Aktiv und logisch. Weiß will so den gegnerischen g-Bauern zum Vormarsch zwingen und gleichzeitig dessen Mitstreiter auf f4 schwächen.

Zu sehr scharfem und interessantem Spiel führt die Fortsetzung 4.♗c4!?, der wir uns im **Kapitel 17** widmen.

Nicht zu empfehlen ist dagegen das mit 4.d4 eingeleitete Rosentreter-Gambit, bei dem es nach 4...g4 wie folgt weitergehen kann.

A) 5.♗xf4!?

Mit dem Figurenopfer kann Weiß immerhin noch das Wasser trüben. Dies ist das Beste, was er aus der Stellung noch herausholen kann. Andere Züge sind schwach und verdienen keine Beachtung.

5...gxf3 6.♕xf3 d6 7.♘c3

(Oder 7.♗c4 ♗g7 8.0-0 ♗xd4+ 9.♔h1 ♕f6 mit schwarzem Vorteil.)

7...♘c6 8.♗c4 (8.0-0-0!?) 8...♘xd4!? 9.♗xf7+ ♔xf7 10.♕h5+

(10.♕f2 ♘e6 11.♗xd6+ ♕f6–+)

10...♔g7 11.0-0-0 ♘f6 12.♕g5+ ♔f7 13.♖xd4 ♖g8 14.♕b5 c5 15.♖d2 ♕b6 16.♕f1

(16.Dxb6 axb6 17.Lxd6 Lh6–+)

16...Tg6 und Weiß hat keine volle Kompensation für die Figur.

B) 5.Lc4 gxf3 6.Dxf3

Dieser Damenzug folgt der Idee, Schwarz über Aktionen auf der offenen f-Linie gefährlich zu werden. In der 1. Auflage hatten wir festgestellt, dass diese Variante bis dahin noch ungenügend geprüft war. Inzwischen ist etwas mehr Licht ins Dunkel gekommen, allerdings nicht zum Vorteil des weißen Vorhabens.

6...d6 7.Lxf4 Dh4+!

Bisher hatten wir nur 7...Le6 berücksichtigt, womit Schwarz ebenfalls einen klaren Vorteil behauptet. Die Attacke mit der Dame ist jedoch vorzuziehen, weil sie einfacher und direkter zum Ziel führt und Schwarz damit seinem Erinnerungsvermögen weniger Ballast zumutet.

8.g3 (8.Lg3 Df6–+) 8...Dg4

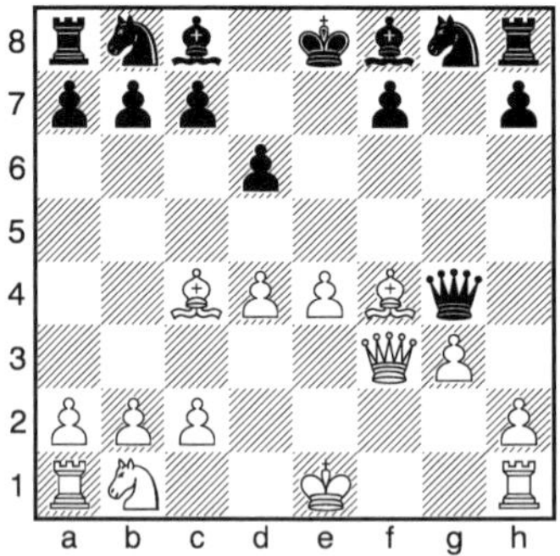

B1) 9.De3 Se7 10.Sc3 Lg7 11.h3 Dg6 12.g4 Sbc6 13.0-0-0 Ld7∓

Das weiße Spiel reicht als Kompensation für den materiellen Nachteil nicht aus, zumal Schwarz über genügend aktive Gegenchancen verfügt. Er kann die baldige lange Rochade ins Auge fassen und aus seiner sicheren sowie soliden Position heraus auf Gewinn spielen.

B2) 9.Db3 Sc6 10.c3 (10.Lxf7+ Kd8 11.c3 Df3–+) In der Fernpartie Nordin–Grabowski, ICCF 2015, folgte 10...Dg6 11.Sd2 Lg7 12.0-0-0 Sge7 13.g4 0-0–+ und Schwarz gewann mit seinem 28. Zug.

B3) 9.Df2 Le6 (9...Lg7!?) 10.Le2 Dg6 11.Sd2 Ld7 12.0-0-0 Sc6 und Schwarz behielt in Schalkwijk–Zielinski, LSS FPart 2014, alles unter Kontrolle. Die Partie endete mit einem schwarzen Sieg im 23. Zug.

4...g4

Schwarz kann seinen Bg5 nicht mit 4...f6?? verteidigen, denn dann folgt 5.Sxg5! und nach 5...fxg5 kommt der König nach einleitend 6.Dh5+ nicht mehr aus der Schusslinie; z.B. 6...Ke7 7.Dxg5+ Ke8 8.De5+ Kf7 (8...De7 9.Dxh8 Dxe4+ 10.Kd1+–) 9.Lc4+ d5 10.Lxd5+ Kg6 11.h5+ Kh6 12.Dxf4+ Dg5 13.Dxf8+ Dg7 14.d4#, Lutes–Jackson, Columbus 1962.

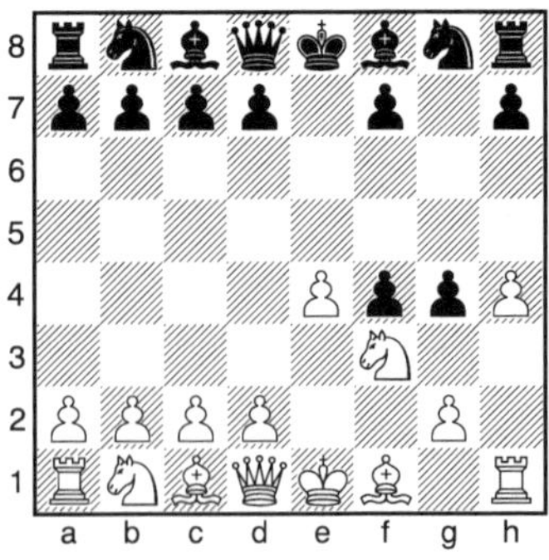

5.Se5

Dieser scharfe Zug wurde schon von Polerio analysiert. In der modernen Theorie ist die Fortsetzung aber als „Kieseritzky–Gambit" bekannt. Der Springerzug nach e5 gilt als am stärksten und somit als Hauptvariante.

Nicht zu unterschätzen ist aber auch die Erwiderung 5.♘g5!?, die wir im **Kapitel 18** analysieren.

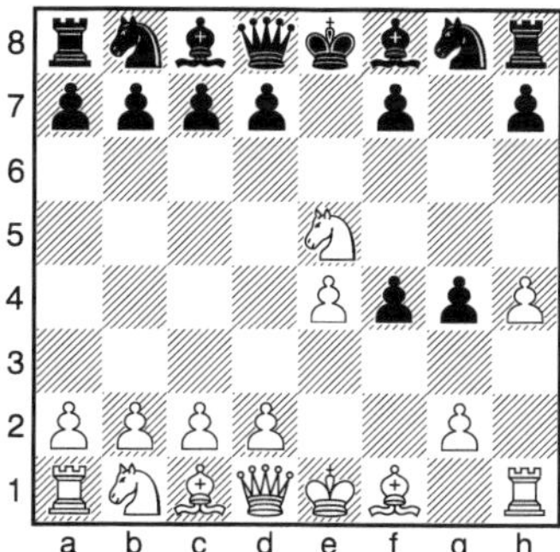

5...♘f6

Die Theorie sieht in dieser Springerentwicklung, die zur sogenannten „Berliner Verteidigung" führt, die beste Möglichkeit. Schwarz attackiert den ♙e4 und behält damit die Möglichkeit, d7-d6 oder d7-d5 zu spielen. Den Alternativen widmen wir uns wie folgt:

Kapitel 19 – 5...♘c6

Kapitel 20 – 5...d6

Kapitel 21 – 5...d5

Kapitel 22 – 5...♗g7

Kapitel 23 – 5...♕e7

Kapitel 24 – 5...♗e7

Kapitel 25 – 5...h5

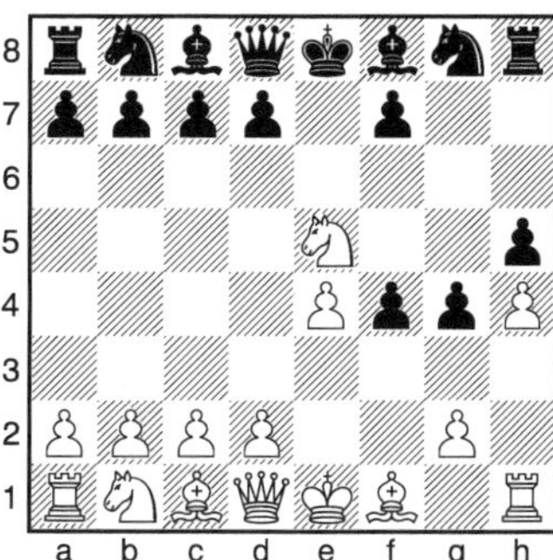

Das Diagramm zeigt eine kritische Stellung. Die Theorie spricht sich für 6.d4 als besten Plan für Weiß aus. Wir analysieren diese Fortsetzung im **Kapitel 26**.

Sehr interessant ist die scharfe Alternative 6.♗c4, die wir im **Kapitel 27** vorstellen.

In der 1. Auflage hatten wir die Fortsetzung ...

6.♘xg4

... als Forschungsgebiet empfohlen, obwohl dieses Schlagen mit dem Springer von der Theorie als problematisch eingeschätzt wurde. Seitdem ist diese Idee weiter überprüft und im Wettkampf erprobt worden. Im Ergebnis halten wir den Zug 6.♘xg4 nicht mehr nur für beachtenswert, sondern sehen ihn als spielbar an. Deshalb haben wir die frühere Bewertung mit „?!" entfernt.

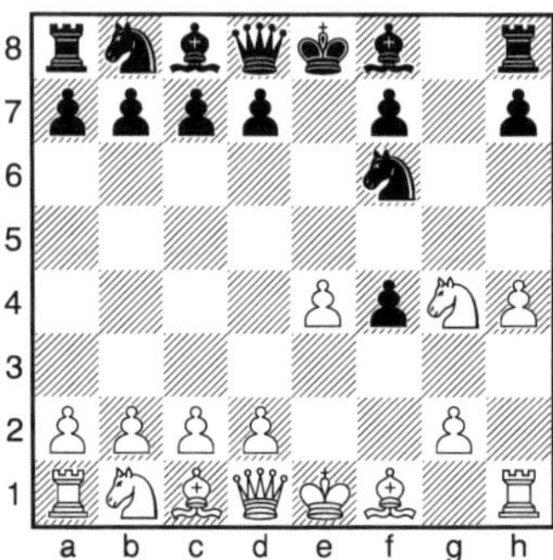

6...♘xe4!

Dies ist die stärkste Riposte, wie ein Blick auf drei Alternativen bestätigt.

I. Bequemer für Weiß ist 6...d5 7.♘xf6+ ♕xf6 8.♘c3 (8.exd5!?) und hier verkalkulierte sich Schwarz in Chehlow–Androsow, St. Petersburg 2008, und zog 8...♗c5? (⌓8...dxe4=) 9.♘xd5 ♕d4 10.♕f3 ♗d6 11.c3 ♕g7 12.d4±.

II. In der Fernpartie Awchinikow–Piccirilli, ICCF 2019, reagierte Schwarz hier mit 6...♘c6 und beantwortete 7.♘c3 mit 7...♘d4. Der Springerzug war eine Verbesserung gegenüber 7...♖g8 aus dem Duell Fedorow–Sorokin, Dubai 2001.

(In der genannten Vorgängerpartie war es zu dem folgenden Ablauf gekommen: 7...♖g8 8.♘xf6+ ♕xf6 9.♘d5 ♕g6 10.d3± und Schwarz hatte Probleme.)

8.♘xf6+ ♕xf6 9.d3

(Anders als in der oben genannten Variante mit 7...♖g8 wäre 9.♘d5? hier ein Fehler. Nach 9...♕g6–+ droht ein Matt auf g3 und Weiß bekommt bei dessen Verhinderung nicht mehr alle drängenden Probleme in den Griff.)

9...c6 Über einen Kampf um den ♙f4 baut Weiß sein Angriffsspiel auf, womit es ihm zugleich das aktive Potenzial seines Gegners zu schmälern gelingt. Es folgte 10.♘e2 ♘e6 11.♕d2 d5 12.exd5 cxd5 13.♘xf4 ♗h6 14.g3 0-0 15.♕f2 ♘xf4 16.gxf4 ♖e8+ 17.♗e2 ♗g7= Im Spiel beider Kontrahenten lässt sich kaum ein Raum für Verbesserungen erkennen. Auch im weiteren Kampf gaben sie sich keine Blöße, so dass es zum Remis im 35. Zug kam.

III. Auch nach 6...d6 kann Weiß gut mit 7.♘xf6+ fortsetzen; z.B. 7...♕xf6

A) Hier ist 8.♘c3 gut; z.B. 8...♘c6

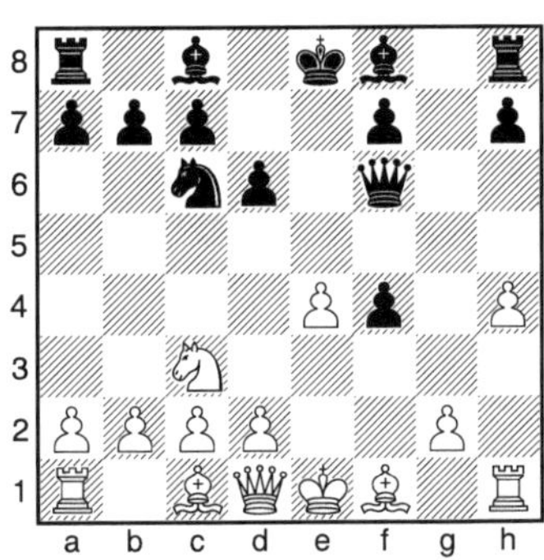

A1) 9.♗b5 ♔d8 10.♘d5

(Nach 10.♗xc6 bxc6 11.♕f3 ♖g8 12.d3 ♗h6 hat Schwarz ausreichend Gegenspiel.)

10...♕g6

(10...♕g7!? 11.0-0 ♖g8 12.♘xf4∞ ist weitere Untersuchungen wert. Diese könnten dazu führen, dass 9.♘d5 der von uns bis hier gefolgten Alternative 9.♗b5 vorzuziehen ist.)

11.0-0 ♕xe4 12.♘xf4 und Weiß hat etwas bessere Aussichten.

A2) 9.♘d5 ist etwa gleich gut; z.B. 9...♕g6 10.d3 ♕g3+ 11.♔d2 ♘b4

A2a) In einigen Fernschachpartien wurde hier mit Erfolg 12.♕f3 ausprobiert, z.B. 12...♕xf3 13.gxf3 ♘xd5 14.exd5=.

A2b) Nicht zu empfehlen ist 12.♘xb4?! wegen 12...♕e3+ 13.♔c3 ♗g7+ 14.♔b3 ♕b6 15.♗xf4 a5∓ usw.

A2c) 12.♘xc7+ sieht auf den ersten Blick etwas gewagt aus, ist aber ebenfalls spielbar. Allerdings erhält Schwarz damit die Gelegenheit, den Kampf ins Remis zu forcieren; z.B. 12...♔d8 13.♘xa8 ♕e3+ 14.♔c3 ♕c5+ 15.♔d2= mit Dauerschach. (15.♔b3?? ♘xc2 16.♕xc2 ♗e6+ −+)

B) 8.d4 ♘c6 9.♘c3 ♕xd4 10.♗xf4 ♕xd1+ 11.♖xd1= führt zu einer deutlichen Reduzierung des Materials und damit der dynamischen Möglichkeiten. Weitergehen kann es beispielsweise mit 11...♗g4 12.♗e2 ♗xe2 13.♔xe2 ♗g7 (13...0-0-0!?) 14.♘d5 0-0-0 15.c3 ♖de8 und beide Seiten können sich langsam auf das Endspiel vorbereiten; z.B. 16.♔f3 h5 17.♖h3 ♘e5+ 18.♗xe5 ♗xe5 19.♖f1 c6 und hier kam es in der Fernpartie Awchinikow–Prchly, ICCF 2019, zu dem unerklärlichen Fehler 20.♔e3??, mit dem Weiß seine Stellung selbst aufgabereif machte. (Mit 20.♘e3= wäre er voll im Spiel geblieben.)

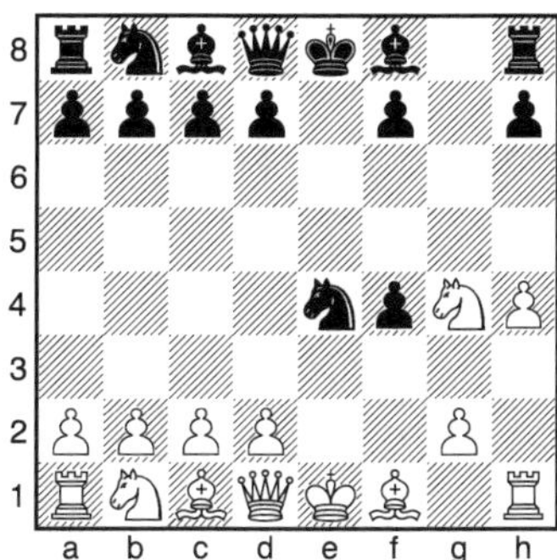

7.d3

Weiß sollte schnell die Entwicklung seines Damenflügels abschließen.

Deshalb ist 7.♕e2? nicht zu empfehlen. Es kann folgen: 7...♕e7 8.d3

(8.♘c3 ♘g3 9.♕xe7+ ♗xe7 10.♖h2 d6 11.♘f2 ♘c6 12.♘d5 ♔d8 13.d4 ♘xf1 14.♔xf1 ♘xd4 15.♗xf4 ♗e6∓, Florow–Daus, Chessfriend.com 2005)

8...♘g3 9.♕xe7+ ♗xe7 10.♖h2

(10.♖h3 ♘xf1 11.♔xf1 d6 12.♘f2 ♗xh3 13.♘xh3 ♗xh4 14.♗xf4 ♗f6 15.c3 ♘c6 16.♘d2 0-0-0−+ Schneider–Guelsen, Kleve 2002)

Nach 10...d5 hat Weiß Schwierigkeiten bei der weiteren Aktivierung seiner Kräfte. Keinesfalls kann er eine ausreichende Kompensation für den geopferten Bauern nachweisen. Das folgende Beispiel aus der Praxis veranschaulicht den möglichen Fortgang der Auseinandersetzung.

11.♘e5 ♗d6 12.♘f3 0-0 13.♘c3 ♖e8+ 14.♘e2 ♘c6 15.♔f2 ♘xe2 16.♗xe2 ♗c5+ 17.♔f1 ♗e3 (17...♘b4!?) 18.c3 ♗g4 19.d4 ♗xc1 20.♖xc1 ♖e3 21.♔f2 ♘e7 22.♖e1 ♖e8 23.♘e5 ♖xe2+ 24.♖xe2 ♗xe2 25.♔xe2 ♘c6−+, De Veth–De Zwart, Vlissingen 2008.

7...♘g3 8.♗xf4

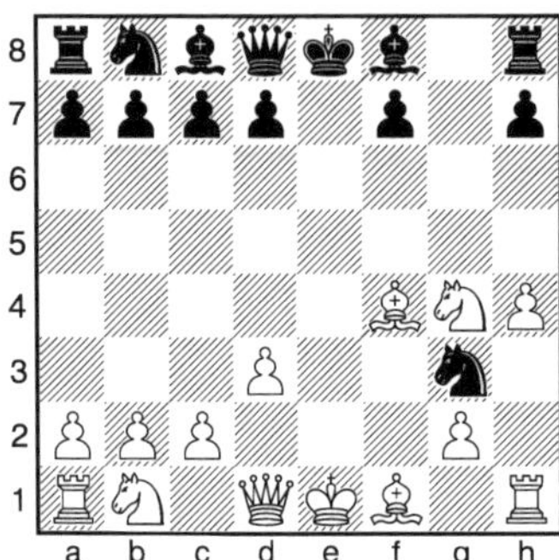

8...♕e7+

8...♘xh1 ist eine Alternative, die für Liebhaber spannungsgeladener materieller Ungleichgewichte sowie für gewiefte Taktiker hochinteressant ist.

9.♕e2+ ♕e7

(9...♗e7?? 10.♘f6+ ♔f8 11.♗h6#)

10.♘f6+ ♔d8 11.♗xc7+ ♔xc7 12.♘d5+ ♔d8 13.♘xe7 ♗xe7=

Die Stellung ist zwar als ausgeglichen zu betrachten, womit aber keinesfalls ein unentschiedener Ausgang vorprogrammiert ist. In der praktischen Partie ergeben sich für beide Seiten hinreichend Möglichkeiten für einen harten Kampf um den vollen Punkt. Die folgenden Ausführungen sollen beispielhafte Anhaltspunkte für einen weiteren Verlauf geben.

14.♕g4

(14.♘c3 ♖e8 15.♕h5 ♘g3 16.♕xh7 ♗xh4+ 17.♗e2 ♘f5+ 18.♔d1 d6 19.g4 ♘e3+ 20.♔d2 ♗g5 21.♘e4 ♗f4 22.♕xf7 ♘d5+ 23.♔e1 ♗e6 24.♕xb7 ♘c7 25.♘f6 ♖f8=, Grego–Wapniewski, ICCF FPart 2016. Auf Angebot von Schwarz endete die Partie mit einem Remis nach dem 29. Zug.)

14...d6 15.♕f4 ♖g8! (15...♖e8 16.♗e2±) 16.♕xf7

A) 16...♖f8! 17.♕xh7 ♘g3 18.♗e2 ♘c6 19.♘c3 ♘d4 20.♔d2 ♗e6= Die Stellung befindet sich in einem dynamischen Gleichgewicht.

B) 16...♗xh4+ 17.♔d2 ♖e8 18.♘a3

B1) 18...♗g5+! 19.♔c3

B1a) 19...♗d7 20.♘c4 ♔c7 21.♕d5 ♗f4 und nun bekam Schwarz in Kislinsky–Cernousek, Ostrau 2020, nach 22.♕a5+ (⌓22.♘a5=) mit 22...b6 23.♕h5 b5∓ Oberwasser.

B1b) 19...♘d7 20.♘b5 mit scharfem Spiel.

B2) Aber nicht 18...♘a6? wie in der historischen Partie Morphy–Anderssen, Paris 1858. 19.♕f4!?

(Tatsächlich gespielt wurde 19.♕h5 und Weiß gewann mit seinem 23. Zug.)

19...♗e7 20.♖e1+– und Schwarz wird die Partie nicht halten können.

9.♗e2

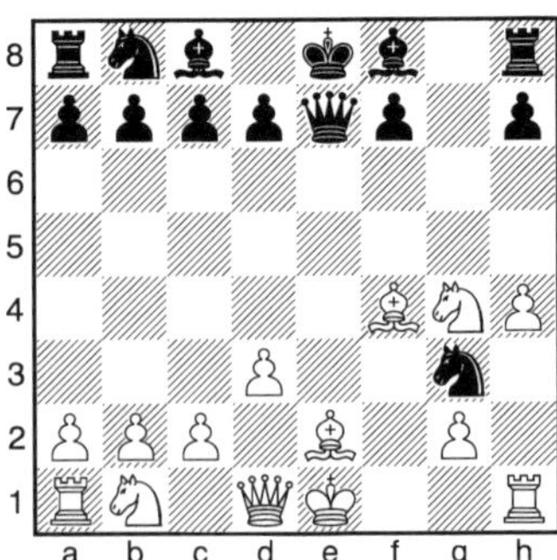

9...♖g8

Schauen wir uns auch kurz drei andere Möglichkeiten für Schwarz an:

I. 9...♕b4+ (9...♘xh1?? 10.♗g5+–)

A) 10.♕d2 ♕xd2+

(10...♕xb2?? 11.♗e5 ♗b4 12.♗xb2 ♗xd2+ 13.♘xd2+–)

11.♘xd2 ♘xh1 12.♘f6+ ♔d8 13.♘d5 ♘a6 14.♗g5+ ♔e8 15.♘f6+ ♔e7 16.♘h5+ ♔d6 17.♘c4+ ♔c6 18.♘e5+ ♔b6 19.♘c4+ ♔c6 und nun hätte sich Weiß in der Fernpartie Marczykoski–Hagelstein, IECC FPart 2001, mittels 20.♘e5+ mit Dauerschach zufriedengeben sollen. Stattdessen spielte er falsch 20.♗f3+? und nach der einfachen Erwiderung 20...d5 geriet er in eine schlechtere Stellung, die letztlich in eine Niederlage führte.

B) 10.♗d2?! ist schwächer, geht aber letztendlich auch.

B1) 10...♕b6 wird am besten mit 11.♗g5 beantwortet.

(11.♗e3?! ♕xb2 12.♖h3 ♕xa1 13.♖xg3 ♗e7∓ mit schwarzem Vorteil, Jackson–Quinn, Hastings 2007.)

11...♗g7 12.♖h3 ♘f5

In dieser komplizierten Stellung dürften die Chancen beider Parteien in etwa ausgeglichen sein. Es gibt nun mehrere logische Fortsetzungen für Weiß. Zu diesen zählt der natürliche Entwicklungszug 13.♘c3 mit der möglichen Folge 13...h6 14.♗d2 d6 15.♘e3= usw.

B2) 10...♕xb2 11.♖h3 ♗g7 (gegen ♗d2-c3 gerichtet) 12.♖xg3 ♕xa1 13.♘h6 d6 14.♘xf7 ♔xf7 15.♗h5+ ♔e7 16.♖xg7+ ♕xg7 17.♗g5+ ♔d7 18.♕g4+ ♔c6 19.♕c4+ = und der schwarze König kann sich dem Dauerschach nicht entziehen.

II. 9...♕xe2+ 10.♕xe2+ ♘xe2 11.♔xe2 d6 12.♘f6+ ♔d8 13.♘c3 ♗e6 14.♖hf1 ♗e7 15.♘cd5 ♗xd5 (15...♗xf6!?) 16.♘xd5 ♗xh4 17.g3 ♗e7 18.♘xe7 ♔xe7 19.♗g5+ ♔d7 20.♖xf7+ ♔c6 21.♖h1 h5 22.♗f6 ♖e8+ 23.♔d2 ♘d7 24.♖xh5 mit einem Mehrbauern, Clausen–Ramus, DESC FPart 2004.

10.♗xg3 ♖xg4 11.♗f2

11.♗xc7 d6 12.♗xb8 ♖xg2∓

11...♖xg2

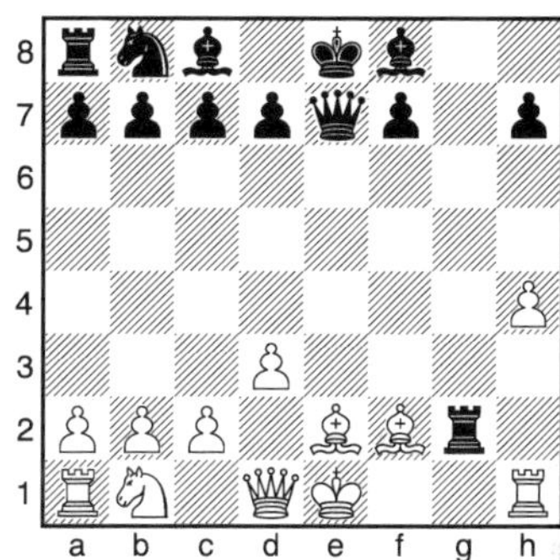

12.♔f1

Nach 12.♘c3 d5 13.♕d2 c6 14.♗e3 hat Schwarz die Wahl zwischen mehreren ähnlich geeigneten Zügen, von denen zwei in der jüngsten Vergangenheit im Fernschach überprüft worden sind.

14...♗e6

(Die interessante Idee 14...♕c7!? schauen wir uns in der **Partie Nr. 2**: Awchinikow–Szymanski, ICCF FPart 2020, an.)

15.0-0-0 ♘d7 16.♗g5 ♕b4 17.♕e3 ♗e7= Das weiße Spiel reicht als Kompensation für den Minderbauern aus; Grego–Homont, ICCF FPart 2016.

12...♖g8

Nach 12...♖xf2+ 13.♔xf2 ♕f6+ 14.♗f3 d5∞ sind die beiderseitigen Aussichten auf eine lange Distanz im Duell unklar; Grego–Schmidt, ICCF FPart 2016.

13.♘c3 c6

Der Bauer lässt den ♘c3 nicht auf die 5. Reihe und bereitet d7-d5 vor.

13...♘c6!? ist eine genaue Prüfung wert.

14.♗g4 ♔d8 15.♕f3 d5 16.♗xc8 ♔xc8

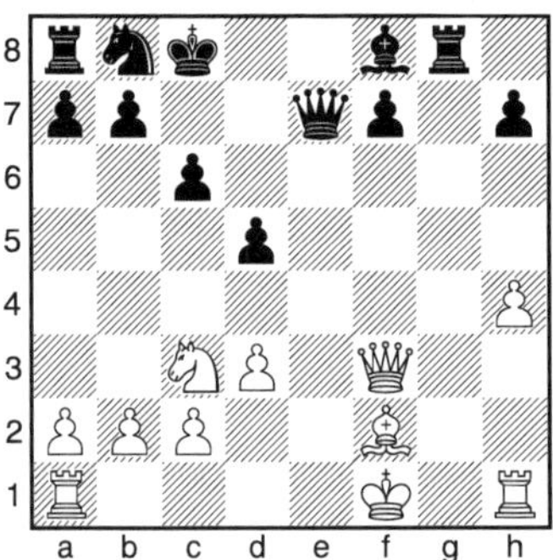

17.♖e1!?

Mit unserer Favorisierung dieses Zuges ist die Alternative 17.♕f5+, auf die wir uns in der 1. Ausgabe festgelegt hatten, nicht gänzlich vom Tisch; z.B. 17...♕e6 18.♕xh7 ♖g7 19.♕h8 ♘d7 20.♖e1 ♕f6!

(Nur so behält Schwarz Ausgleichschancen. Nach hingegen 20...♕g4? 21.♖e8+ ♔c7 22.♖xa8 ♖g8 23.♘xd5+! cxd5 24.♕c3+ ♔d6 25.♖h2 ♕d1+ 26.♗e1 ♕f3+ 27.♖f2 ♕h3+ 28.♔e2 ♕g4+ 29.♖f3 ♕g2+ 30.♗f2 steht Weiß auf Gewinn.)

21.♖e8+ ♔c7 22.♖xa8 ♖g1+ 23.♖xg1 ♕xh8 mit dynamischem Gleichgewicht.

17...♕d7 18.♘a4±

Schwarz hat Probleme. Er steht passiv und bekommt seine Figuren ♖a8 und ♘b8 nur schwer ins Spiel.

Zusammenfassung:

Mit unserer Einführung geben wir einen Überblick über die Gliederung unseres Buches und behandeln Spielweisen, denen wir kein spezielles Kapitel gewidmet haben. In insgesamt 27 Folgekapiteln, die alle aus unserer Sicht wichtigen Abspiele und natürlich unsere Erörterungen zur Theorie enthalten, arbeiten wir die Wege heraus, die in dieser scharfen Eröffnung für Weiß den besten Erfolg versprechen. Für Schwarz suchen wir nach den besten Verteidigungsmöglichkeiten, soweit Weiß unseren Empfehlungen folgt.

Besonders ans Herz legen möchten wir Ihnen auch alle Beispielpartien im Kapitel 28, die unserem Anspruch dienen, Ihnen die praktischen Probleme im Königsgambit auch in realen Spielsituationen aufzuzeigen, sowie das Kapitel mit den Aufgabenstellungen zur Überprüfung und Vertiefung des Verständnisses.

Kapitel 1
Fortsetzung 2...♗c5

1.e4 e5 2.f4 ♗c5

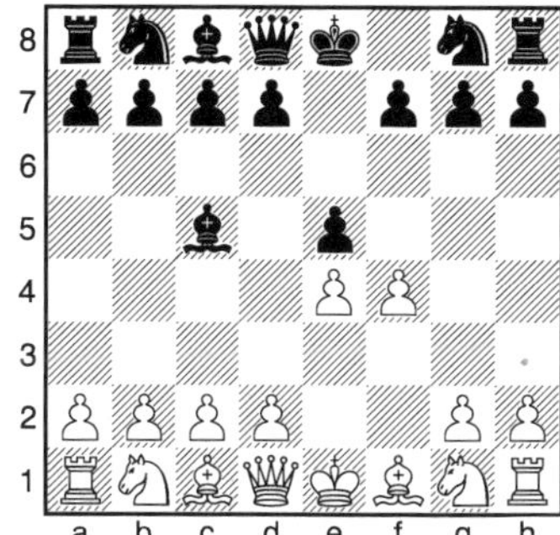

Mit diesem Läuferzug, der dem unerfahrenen Weißspieler zugleich eine Falle stellt, möchte Schwarz die nach 2...exf4 entstehenden Komplikationen vermeiden.

3.♘f3

Die beste Antwort: Weiß entwickelt seinen Königsspringer und droht nun, auf e5 zu nehmen. Und hier findet sich auch die schon erwähnte Falle. Das gefräßige Zuschnappen 3.fxe5?? würde böse bestraft: 3...♕h4+ 4.g3 (4.♔e2 ♕xe4#) 4...♕xe4+ 5.♕e2 ♕xh1 mit schwarzem Gewinn.

3...d6

Ein logischer Zug, denn Schwarz stärkt damit den Bauern auf e5. Hier werden aber auch andere Züge gespielt. Schauen wir uns mal die wichtigsten Alternativen an:

I. 3...d5 4.♘xe5 ♘f6

(Oder 4...dxe4 5.♕h5 ♕e7 6.♗c4 g6 7.♕e2 ♘h6 8.♘c3 ♘d7 9.♘d5 ♕d6 10.♕xe4 0-0 11.b4! c6 12.bxc5 ♘xc5 13.♘xf7! ♘xf7 14.♘e7+ ♔g7 15.♗b2+ ♔h6 16.♕e3 ♘a4 17.f5+ g5 18.♕h3#, Selewinski–Rawinski, Moskau 1962.)

5.d4 ♗b6

(5...♘xe4 6.dxc5 ♕h4+ 7.g3 ♘xg3 8.hxg3 ♕xh1 9.♕f3±)

6.exd5 ♕xd5 7.♗e3 ♘c6 8.♘c3 ♗a5 9.♗e2 ♗xc3+ 10.bxc3 ♕e4 11.♕d3 ♘xe5 12.fxe5 ♕xg2 13.0-0-0 ♘d5 14.♖hg1 ♕xh2 15.♖xg7 ♕h3 16.♗d2 ♕xd3 17.♗xd3 und Weiß steht mit seinem Läuferpaar klar besser.

II. 3...♘c6 4.fxe5

(Möglich ist auch 4.♘xe5!? ♘xe5 5.d4 ♗xd4 6.♕xd4 ♕h4+ 7.♕f2 ♕xf2+ 8.♔xf2 mit besserem Spiel für Weiß, Analyse von Saizew.)

4...d6

(Nach 4...♕e7 spielt Weiß einfach 5.♘c3! ♘xe5 6.♘d5 ♘xf3+ 7.♕xf3 ♕d6 8.d3 mit der Drohung ♗c1-f4 und Vorteil.

Auch nach 4...♘xe5 5.d4 ♘xf3+ 6.gxf3 ♕h4+ 7.♔e2 ♗b6 8.♗e3 hat Weiß mit seinem massiven Bauernzentrum klar die besseren Karten in der Hand.)

5.d4 ♗b6 6.exd6 ♕xd6 7.c3 ♗g4 8.♗d3 0-0-0 9.0-0 ♘ge7 10.♘a3 a6 11.♘c4 ♕g6 12.♘xb6+ cxb6 13.♗f4 mit entscheidendem weißem Vorteil, Nimmta–Nistri, LSS FPart 2006.

Nach **3...d6** kann sich das Spiel mit **4.♘c3** (siehe **Abspiel 1**) oder **4.c3** (siehe **Abspiel 2**) weiterentwickeln.

Wir möchten hier auf ein sehr interessantes, aber trotz der langen Zeit seiner Präsenz in der Schachwelt noch wenig erforschtes Gambit aufmerksam machen. Die älteste hierzu bekannte Partie stammt aus dem Jahre 1859 und wurde in Paris zwischen dem Wiener Kolisch und dem Kölner Carstanjen gespielt. Trotzdem gibt es bei gerade mal mehreren Dutzend bekannten Partien noch viel zu entdecken. Das Gambit kommt über den Doppelschritt des b-Bauern auf das Brett, mit dem dieser den schwarzen Läufer frech anrempelt.

4.b4!? ♗xb4 5.c3 ♗a5

(5...♗c5 6.d4 exd4 7.cxd4 ♗b6 8.♗b5+!? c6 9.♗d3 ♗g4 10.♗e3 d5∞)

6.fxe5 dxe5 7.♕a4+ c6 8.♘xe5 b5 9.♕c2 ♘f6 10.♗a3 ♗c7 11.♘f3 ♘g4 12.e5 (12.d4!?) 12...♘xe5 13.♘xe5 ♗xe5 14.♕e4 ♕d5 (14...♔d7? 15.♕f5+!+–) 15.♕xd5 cxd5 16.d4 ♗f6 17.♗xb5+ ♗d7 18.♗xd7+ ♔xd7 19.0-0 ♘c6 20.♘d2 Δ♘b3–c5±

Abspiel 1 Fortsetzung 4.♘c3

1.e4 e5 2.f4 ♗c5 3.♘f3 d6

3...d5!? ist ein forscher, aber unzureichender Versuch, das Zepter an sich zu reißen. Es kann folgen:

A) 4.♘xe5 dxe4

(Hier wird gelegentlich auch 4...♘f6 gespielt, aber mit unbefriedigendem Erfolg; z.B. 5.d4 ♗b6 6.exd5 ♕xd5 7.♗e3 ♘c6 8.♘c3 mit erdrückendem Übergewicht.)

A1) 5.♗c4!? ist weitere Untersuchungen wert; z.B. 5...♘h6 6.♕h5 mit einer scharfen Stellung (6.♕e2 0-0∓).

A2) 5.♕h5 ♕e7 (5...♗e6 6.♘xf7 ♗xf7 7.♕xc5±) 6.♘xf7± (6.♗c4 g6 7.♕e2 ♘h6 8.♘c3 führt zu sehr scharfem Spiel mit mannigfaltigen Angriffsmöglichkeiten für Weiß.)

B) 4.♘c3 d4 (4...♘f6 5.♕e2 0-0 6.fxe5±) 5.♘a4 ♗d6 6.fxe5 ♗xe5 7.♘xe5 ♕h4+ 8.g3 ♕xe4+ 9.♕e2 ♕xh1 10.♘g6+ und der weiße Vorteil liegt klar auf der Hand, Ersinowski-Lipski, Malta 1974.

C) 4.exd5 e4 (4...exf4?! 5.d4±) 5.d4 exf3 6.dxc5 ♕e7+ 7.♔f2 mit scharfem Spiel, das Weiß die deutlich besseren Chancen einräumt.

4.♘c3

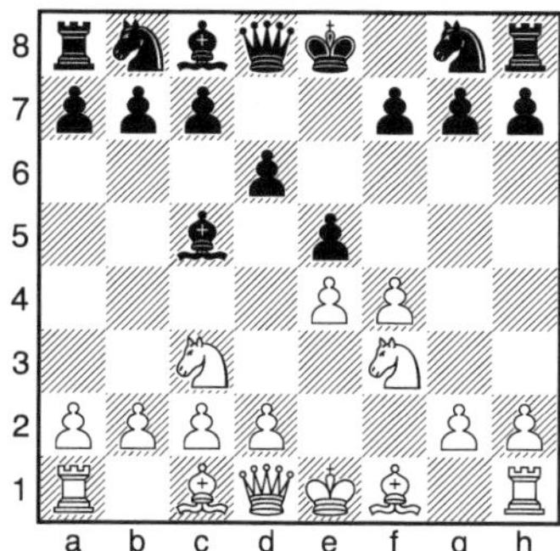

Weiß muss sich sputen, die Entwicklung voranzutreiben und die Figuren schnell ins Spiel zu bringen.

4...♘f6

Auch Schwarz strebt eine rasche Entwicklung an, um seinen Monarchen in Sicherheit zu bringen. Diese Fortsetzung wird in der Praxis am meisten gespielt. Sie stellt deshalb die Hauptvariante dar. Werfen wir mal einen Blick auf die Nebenvarianten:

I. 4...exf4 5.d4

A) 5...♗b6 6.♗xf4 ♗g4

(6...♘f6 7.♗c4 0-0 8.0-0 ♗g4 9.♕d3 ♘bd7 10.♔h1 ♗a5 11.e5 dxe5 12.dxe5 ♗xc3 13.bxc3 ♘h5 14.♘g5 mit starkem Königsangriff, Tetsuzi-Lanchipa, IECG FPart 2001.)

7.♗c4 ♗xf3?

(Schwarz sollte mit 7...♘f6 die Entwicklung seines Königsflügels fortsetzen.)

8.♕xf3 ♗xd4 9.♗xf7+! ♔xf7 10.♗e5+ ♘f6 11.♗xd4 ♖f8 12.0-0-0 und Weiß steht aufgrund des Raumvorteils, der besseren Entwicklung und auch der Initiative klar besser, Wendt-Hörter, Dortmund 2007.

B) 5...♗b4 6.♗xf4

(Stark ist auch 6.♗d3!? ♘c6 7.0-0 ♘f6 8.♗xf4 0-0 9.♗g5 ♗xc3 10.bxc3 h6 11.♗h4 ♖e8 12.e5 dxe5 13.dxe5 g5 14.exf6 gxh4 15.♘xh4+-, Timoschenko-Schwets, Dniepropetrowsk 2004.)

6...♘f6

(6...♗g4 7.♗c4 ♘f6 8.♗g5 h6 9.♗xf6 ♕xf6 10.0-0 ♗xc3 11.bxc3 0-0 12.♕b1 b6 13.♘e5+-, Tomazini-Grosar, Murska Sobota 2007)

7.♗d3 0-0 8.0-0 ♗g4 9.♘e2 ♘bd7 10.c3 ♗a5 11.♕c2 ♗xf3 12.♖xf3 ♘h5 13.♖af1 mit vielversprechenden Angriffschancen am Königsflügel, Saathoff-Krawczyk, Nürnberg 2009.

II. 4...♘c6 5.♗b5

A) 5...♗d7 6.d3

(Die starke Alternative 6.♘a4!? analysieren wir in der **Partie Nr. 3:** Capablanca-Molina/Ruiz, Buenos Aires 1914.)

6...♘f6

A1) 7.f5 ♘d4

(Weiß kontrolliert im Moment wesentlich mehr weiße Felder als der Nachziehende. Deshalb sollte Schwarz den weißfeldrigen Läufer nicht hergeben. In Frage kommt aus dieser Überlegung heraus 7...a6!? 8.♗xc6 ♗xc6 9.♗g5 ♕d7 10.♗xf6 gxf6 11.♕d2 ♖g8 12.0-0-0 0-0-0 13.g3 d5! mit zweischneidigem Spiel.)

8.♗xd7+ ♘xd7

(Eine beachtenswerte Alternative ist 8...♕xd7!?, um schnell lang zu rochieren; z.B. 9.♗g5 0-0-0 10.♗xf6 gxf6 11.♘d5 c6! 12.♘xf6 ♕e7 13.♘h5 d5 mit Gegenspiel.)

9.♘a4 c6 (9...♕e7!? Δ0-0-0) 10.♘xc5 dxc5 (10...♘xc5 11.♘xd4 exd4 12.♕g4±) 11.0-0 ♘xf3+

(11...♕b6? 12.♘d2! 0-0-0 13.a4 c4 14.♘xc4 ♕c5 15.♗e3 b5 16.axb5 cxb5 17.♘a5 ♕c7 18.c3 ♘c6 19.♘xc6 ♕xc6 20.♖xa7 ♘c5 21.♕a1 1-0, Van Beers–Antoniou, Plovdiv 2003)

12.♕xf3 ♕e7 und die weiße Stellung ist etwas vorzuziehen, aber die schwarze Stellung ist verteidigungsfähig.

A2) 7.♘a4 ♘d4

(7...♗b6 8.♘xb6 axb6 9.♗xc6 bxc6 10.fxe5±, Kogan–Ignat, Bolzano 1999)

8.♘xc5 ♗xb5

(8...dxc5 9.♗c4 b5 10.♗b3 ♘xb3 11.axb3 exf4 12.♗xf4 h6 13.♕d2 0-0 14.0-0 mit weißem Vorteil)

9.♘xb7 ♕e7 10.♘a5 c5 11.fxe5 dxe5 12.b3 ♘d7 13.♘c4 ♗xc4 14.bxc4 0-0 15.0-0 und Weiß behält einen Mehrbauern, Rizzoli–Karl, Arco 2009.

B) 5...♘ge7 6.♘a4 ♗g4

(– 6...♗b6 7.♘xb6 axb6 8.d3 0-0 9.f5±, Erdelyi–Omarsson, FSIMB August, Budapest 2010

– 6...a6 7.♗xc6+ ♘xc6 8.♘xc5 dxc5 9.d3 ♗g4 10.h3 ♗xf3 11.♕xf3 nebst ♗c1-e3 und 0-0-0)

7.♘xc5 dxc5 8.d3 0-0 9.c3 ♕d6 10.h3 ♗xf3 11.♕xf3 a6 12.♗a4 f5 13.0-0 ♖ad8 14.♗c2 fxe4 15.♕xe4 ♕g6 16.♕xg6 ♘xg6 17.f5 ♘ge7 18.♗g5 ♖de8 (18...h6 19.♗h4±) 19.f6 gxf6 20.♗xf6 h6 21.♖ae1 mit weißem Übergewicht, Guanciale–Peat, Porto Mannu Palau 2008.

C) 5...♘f6 6.d3 0-0

(– 6...♘g4 7.♕e2 ♗f2+ 8.♔f1 ♗d4 9.h3 ♘f6 10.♘xd4 exd4 11.♘d1 ♗d7 12.c3±, Burn–Watkinson, Bradford 1871

– 6...♗g4 7.♘a4! ♗b6 8.♘xb6 axb6 9.0-0 0-0 10.c3±)

7.♗xc6

(Nicht schlecht ist 7.f5!?, um die Diagonale für den schwarzfeldrigen Läufer freizulegen; z.B. 7...♘g4 8.♕e2 g6 9.h3 ♘d4 10.♘xd4 exd4 11.hxg4 dxc3 12.bxc3 mit weißem Vorteil.)

7...bxc6 8.fxe5 dxe5 9.♕e2 ♖e8 10.♗e3 ♗b6 11.0-0

(Zu prüfen ist 11.0-0-0!?)

11...♗a6 12.♔h1 ♕d6 13.♘h4 ♖e6 14.a3 ♕d7 15.♖f3 ♔h8 16.♖af1 ♖f8 17.♘f5 ♘h5 18.♖h3 mit starker Initiative am Königsflügel, Tschigorin–Baird, New York 1889.

D) 5...a6 ist eigentlich ein Tempoverlust und schwächt dabei auch noch die schwarzen Felder.

6.♗xc6+ bxc6 7.fxe5 dxe5 8.♕e2

(Augenmerk verdient 8.♘xe5!?, denn nach 8...♕d4 9.♘d3 ♗b6 10.♕h5 ♗e6 11.♕e5 behält Weiß seinen Mehrbauern.)

8...♕d6 9.d3 ♖b8 10.♘a4 ♗a7 11.b3 ♘e7 12.♗e3!

Weiß möchte damit die schwarzen Felder c5 und a5 schwächen, um sie in der Folge besetzen zu können.

12...♗xe3 13.♕xe3 0-0 14.0-0 f6 15.♘d2 ♖d8 16.♘c4 ♕d4 17.♕xd4 ♖xd4 18.♖ab1!

Weiß plant b3–b4, um die Stellungsschwäche auf c5 bzw. a5 zu zementieren.

18...♘g6 19.♘c5 ♘f4 20.b4 mit weißem positionellen Vorteil. Schwarz bleibt mit seinem passiven Läufer zurück, Zeller–Schunk, Saarbrücken 2002.

E) 5...♗g4 6.h3

(6.♗xc6+ bxc6 7.fxe5 dxe5 8.h3 ♗xf3 9.♕xf3 ♘e7 10.d3 ♘g6 11.♗d2±, Schlechter–Tietz, Karlsbad 1906)

6...♗xf3 7.♕xf3 ♘ge7 8.f5! a6 9.♗a4 b5 10.♗b3 ♘d4 11.♕g4 0-0

(11...g6 12.fxg6 hxg6 13.d3±)

12.f6 ♘g6 13.♘d5 c6 (13...gxf6 14.♖f1±) 14.♘e7+ ♔h8 15.fxg7+ ♔xg7 16.♘f5+ ♘xf5

(16...♔h8 17.♘xd4 ♗xd4 18.c3 ♗b6 19.d3±)

17.exf5 h5

(17...♕h4+ 18.g3 ♕xg4 19.hxg4 ♘e7 20.d4! ♗xd4 21.♗h6+±)

18.♕xh5 ♖h8

(18...♕h4+ 19.♕xh4 ♘xh4 20.g4±)

19.♕f3 e4 20.♕c3+ ♘e5 21.♕g3+ ♔f8 22.d4 (22.d3!?) 22...♗xd4 23.♗g5 ♕a5+ (23...f6? 24.♗h6+!+-) 24.♗d2 ♕b6 25.f6 ♔e8 26.0-0-0 und Weiß steht klar besser, denn der schwarze König steht unsicher im Zentrum, A. Fedorow–Najer, Moskau 1996.

III. 4...a6 5.♗c4

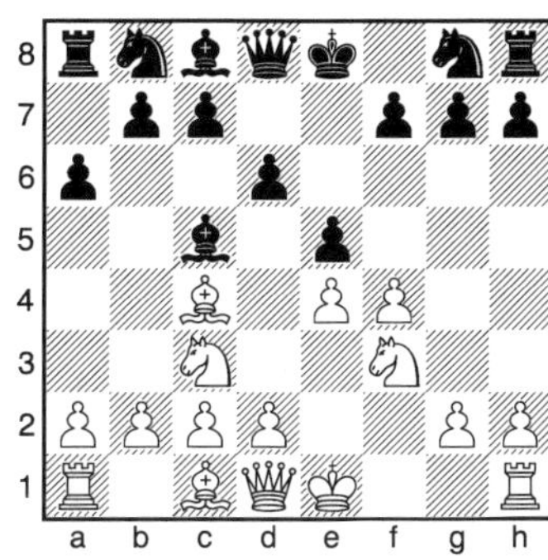

A) 5...♗g4 6.h3 ♗xf3 7.♕xf3 ♘c6 8.♕g3 g6 9.d3 ♘f6 10.f5 ♕d7 11.♗g5 ♘h5 12.♕h4 h6 13.fxg6 fxg6

(13...hxg5 14.gxf7+ ♔f8 15.♕xg5 ♘g7 16.♘d5 ♖h5 17.♕g3±)

14.♗f6 ♘f4 15.0-0-0 ♖f8 16.♘d5 ♘xd5 17.♗xd5 ♘b4 18.♗b3 ♗e3+ 19.♔b1 ♗f4 20.♖hf1±, C. Fisher–Goldsmith, Melbourne 1875

B) 5...♘c6 6.d3 ♘f6

B1) 7.♘d5 ♗g4

(Zu 7...♘xd5 siehe **Partie Nr. 4:** A. Sokolow–Karpatschew, Nishni Nowgorod 1998)

8.c3 ♘h5 9.f5! h6

(9...♘e7 10.♗g5 f6 11.♘e3±)

10.b4! (um Sc6–a5 zu verhindern) 10...♗a7 11.♗e3 ♘e7 12.♗xa7 ♘xd5 13.♗xd5 ♖xa7 14.0-0 ♘f4 15.♗b3 h5 16.d4 ♕e7 17.♕d2 h4

(Das Manöver soll g2–g3 verhindern und den ♘f4 stärken.)

18.♖ae1±, A. Fedorow–Fyllingen, Aars 1999

B2) 7.f5 h6 8.♘d5 ♘a5 9.b4! ♘xd5

(9...♘xc4 10.♘xf6+ ♕xf6 11.bxc5±)

10.bxc5 ♘f6 (10...♘xc4 11.exd5±) 11.♗b3 dxc5 12.♘xe5 ♘xb3 13.axb3 ♕d4 14.♗f4 ♘xe4 15.dxe4 ♕xe4+ 16.♕e2 ♕xe2+ 17.♔xe2 ♗xf5 18.♔d2 und Weiß strich später den vollen Punkt ein, Conquest–Smejkal, Deutschland 1996.

B3) 7.h3 0-0 8.♕e2 b5 9.♗b3 ♘d4 10.♘xd4 exd4 11.♘d5 ♗e6 12.♘xf6+ ♕xf6 13.♗xe6 ♕h4+ 14.♕f2 ♕xf2+ 15.♔xf2 fxe6 16.g4 ♖f7 17.♔g2 c6 18.♗d2 b4 19.f5 und das Endspiel ist bequemer für Weiß, Mu Yuchen–Milord, Winnipeg 2002.

C) 5...♘f6 6.d3 b5 7.♗b3 ♗b7 8.fxe5 dxe5 9.♘xe5 ♕d4 10.♘g4 ♘xg4 11.♕xg4 ♕f2+ 12.♔d1 0-0 13.♕f3 ♕d4 14.♖f1 ♘d7 15.♘e2 ♕d6 16.♕g3 ♘e5 17.♖f5 und Weiß freut sich über einen satten Mehrbauern, Schwarhofer–Pena, Kemer 2007.

IV. 4...♗g4

A) 5.♘a4 exf4 6.d4

(Nach 6.♘xc5 dxc5 7.♗b5+ c6 8.♗c4 ♘d7∓ kann Weiß weder Vorteil noch Ausgleich nachweisen.)

6...♗xf3 7.gxf3 ♕h4+ 8.♔e2 ♗b6 9.♘xb6 axb6 10.♕d2 und in der Partie Hebden–Schroer, Lugano 1984, entwickelte Weiß nach 10...g5 11.♔d1 ♘e7 12.♗d3 ♘g6 13.♖g1↑ eine vielversprechende Initiative am Königsflügel.

B) 5.h3

(Am besten wird der Läufer sogleich befragt. Von den Alternativen verdient 5.♘a4 Aufmerksamkeit.)

Nach 5...♗xf3 6.♕xf3 exf4 7.♕xf4 ♕f6 8.d3± ist Weiß besser entwickelt, steht freier, erfreut sich des Läuferpaars und hat die besseren Aussichten im Zentrum.

5.♗c4

Der Läufer nimmt eine Angriffsposition auf der Diagonale a2–g8 ein.

Schwach ist 5.fxe5?! dxe5 6.♘xe5 ♕d4! und Schwarz reißt die Initiative an sich.

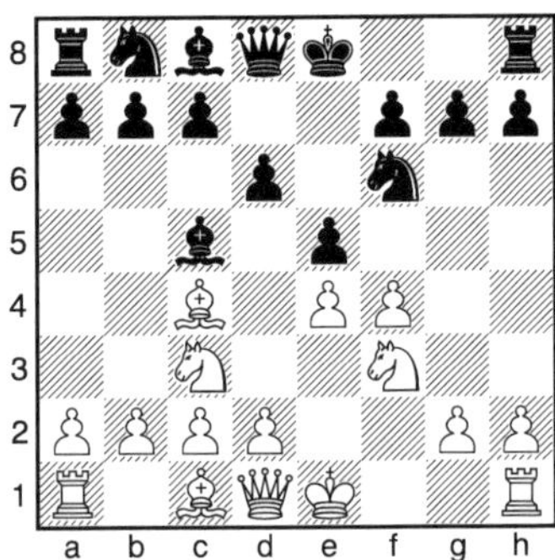

5...♘c6

Führt den Springer in den Kampf und verteidigt zugleich den eigenen Bauern auf e5. Andere Fortsetzungen sind:

I. 5...c6

Schwarz plant mittels b7–b5 gefolgt von a7–a5 am Damenflügel einen Bauernsturm zu entfesseln bzw. mittels d6–d5 Gegenspiel im Zentrum zu erlangen.

6.d3

(6.fxe5 analysieren wir in der **Partie Nr. 5:** A. Fedorow–Giorgadze, Krasnodar 1997.)

6...♕e7

A) 7.fxe5 dxe5 8.♕e2 ♗g4 9.h3 ♘h5

(Nach 9...♗xf3 10.♕xf3 ♘bd7 11.♖f1 entwickelt Weiß Druck auf der f-Linie.)

10.♗g5 f6 (10...♕c7 11.♖h2±) 11.hxg4 ♘g3 12.♕d2 ♘xh1 13.♗e3 h5 14.♘h4 ♗xe3 15.♕xe3 ♕b4 16.0-0-0 hxg4 17.♘f5 ♔f8!

(17...♕f8? ist schwach wegen 18.d4!.)

18.a3 ♕b6 19.d4 ♘d7

(19...exd4 20.♕xd4 ♕xd4 21.♖xd4 ♘a6 22.♖d7 ♘c5 23.♖f7+ ♔e8 24.♘d6+ ♔d8 25.♖xg7+-)

20.♕e2 ♕c7

(20...g6 21.♕xg4 gxf5 22.♕g6+-)

21.♘xg7! ♘c5

(21...♔xg7 22.♕xg4+ ♔f8 23.♕e6+-)

A1) 22.♘f5 geht auch, ist aber schwächer; z.B. 22...exd4 23.♕xg4 dxc3!

(23...♘f2? 24.♕g6 ♘cxe4 25.♘xe4 ♘xe4 26.♖e1+-)

24.♕g6 ♘xe4 25.♖d6! ♘xd6 26.♕xf6+ ♘f7 (26...♔e8 27.♘xd6+ +-) 27.♗xf7 ♕xf7 28.♕xh8+ ♕g8 29.♕f6+ 1/2-1/2, A. Fedorow-Giorgadze, Krasnodar 1997.

A2) 22.♘a4!? ist eine sehr starke Möglichkeit, denn der aggressive Schimmel darf natürlich wegen ♘g7-e6+ mit Damenverlust nicht geschlagen werden.

22...♕xg7 23.♘xc5 ♕h6+ 24.♔b1 und Schwarz befindet sich in großen Schwierigkeiten.

B) 7.♕e2 b5 8.♗b3 ♘bd7

(Auf 8...a5 sollte Weiß mit 9.a4 reagieren. Dazu ein schönes Beispiel aus alten Zeiten: 9...b4 10.♘d1 ♗a6 11.fxe5 dxe5 12.♗g5 ♘bd7 13.♘e3 ♗xe3 14.♕xe3 ♘c5 15.♘d2 ♕a7 16.♕g3 ♘fd7 17.♗e3 g6 18.0-0 0-0 19.♕f2 ♔g7 20.♕h4 f6 21.♕h6+ ♔h8 22.♖f3 ♖ae8 23.♕xh7+! 1-0, Blackburne-Hanham, New York 1889.)

9.♖f1 ♗b4 10.fxe5 dxe5 11.g4 ♘c5

(Nach 11...♘xg4? 12.♘g5! hat Schwarz Probleme.)

12.g5 ♘fd7 13.♗d2 a5 14.♘h4 ♘xb3 mit Remis, Short-Speelman, London 1991.

II. Der Zug 5...exf4 wurde von GM G. Giorgadse erfolgreich in der Praxis angewendet. Seine Idee besteht darin, zu einem Gegenangriff auf den ♙e4 überzugehen.

6.d4

Ohne Zweifel der beste und aktivste Zug, denn 6.d3 ist zu passiv.

6...♗b4

A) 7.♕d3!? 0-0

(7...♕e7 8.e5 0-0 9.0-0 dxe5 10.♘xe5 ♘bd7 11.♗xf4 ♗d6 12.♖ae1 ♗xe5 13.dxe5 ♕c5+ 14.♔h1 ♘g4 15.♘e4 ♕b4 16.♗d2 ♕xb2 17.♘g5 g6 18.♗xf7+ ♔h8 19.♗c3+-)

8.0-0 ♗xc3 9.bxc3 ♘bd7 10.♗xf4 ♘b6 11.♗b3 d5 12.exd5 ♘bxd5 13.♗g5 ♕d6 14.♘e5 ♘g4 15.♖ae1±, Israel-Goergen, Noisy 1996.

B) Mit 7.0-0 ist Weiß bereit, den ♙e4 zu opfern. Dahinter steckt die Überlegung, dass sich Schwarz von seinem Läufer trennen muss, um den ♙e4 zu nehmen.

B1) 7...♗xc3 8.bxc3 ♘xe4 9.♗d5 ♘f6 10.♖e1+ ♔f8 11.♗b3 d5

(11...♗f5 12.♗xf4 ♘bd7 13.h3±)

12.♗a3+ (12.♗xf4!?) 12...♔g8 13.♗e7 ♕d7 14.♗xf6 gxf6 15.♕d2 ♕d6 16.♖f1 ♔g7 17.♘e1 ♖e8 18.♘d3 nebst Schlagen auf f4 und wegen der geschwächten schwarzen Königsstellung steht Weiß besser.

B2) 7...0-0 8.♘d5!? ♘xd5 9.♗xd5 c6 10.♗b3 d5

(10...♕f6 11.c3 ♗a5 12.e5 dxe5 13.♘xe5 ist günstig für Weiß.)

11.♗xf4 ♗e7 (11...dxe4 12.♘g5 Δ13.♕h5) 12.♕d2

Zu dieser Stellung schreibt GM Bangijew: Die natürliche Zugfolge nach 8.♘d5 hat dazu geführt, dass Weiß aus der Eröffnung mit einem fühlbaren Entwicklungsvorsprung, einem gesunden Bauernzentrum und freiem Spiel auf der e- bzw. f-Linie herausgekommen ist.

12...♗e6

(12...dxe4 13.♘e5 ♗e6 14.♗xe6 fxe6 15.♖ae1±)

13.exd5

(13.♘g5 ♗xg5 14.♗xg5 f6 15.♗h4 ♕d7 16.exd5 cxd5 17.c3 ♘c6 18.♗c2 ♗f7 19.♗f5 ♗e6 20.♗xe6+ ♕xe6 21.♖ae1±) 13...cxd5 (13...♗xd5 14.c4 ♗xf3 15.♖xf3 ♗f6 16.♖d1±)

14.♖ae1 ♘c6 15.c3 ♗f5 16.♘e5 und Weiß steht positionell besser.

6.d3

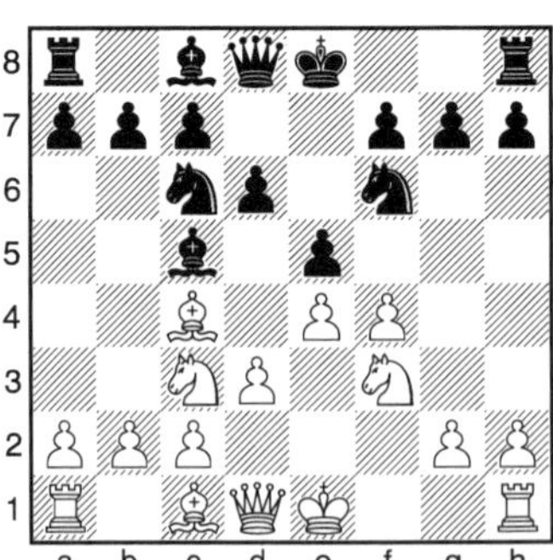

6...♗g4

Dies ist die am häufigsten gewählte Fortsetzung: Schwarz setzt die Entwicklung fort und fesselt den Springer, um dessen Beweglichkeit einzuschränken. Hier ein Blick auf einige Alternativen:

I. Mit 6...♘g4 möchte Schwarz sofort die Schwäche des Feldes f2 ausnutzen.

7.♘g5!

(Das ist am besten, denn nach 7.♕e2 ♗f2+ 8.♔f1 ♘d4 9.♘xd4 ♗xd4 10.h3 ♘f6 11.♗e3 0-0 steht Schwarz gut.)

7...0-0 8.f5 ♗f2+

(8...♘f2? 9.♕h5 h6 10.♘xf7+-)

9.♔f1 ♘e3+ 10.♗xe3 ♗xe3 11.h4!

A) 11...g6 12.♘xf7! ♖xf7 13.♕f3 d5

(Nach 13...♗f4 14.fxg6 hxg6 15.♗xf7+ ♔xf7 16.g3 ♘d4 17.♕f2 ♘xc2 18.♕xc2 ♗xg3 19.♕g2 ♗xh4 20.♔e2 wäre die schwarze Stellung schwer zu verteidigen. Weiß verfügt über einen klaren Vorteil.)

14.♗xd5 ♗d4 15.fxg6 ♕xd5 16.gxh7+ ♔xh7 17.♘xd5 ♖xf3+ 18.gxf3 ♗xb2 19.♖b1 ♗d4 20.♘xc7 ♖b8 21.♔e2 mit weißem Vorteil.

B) 11...♗xg5 12.hxg5 ♕xg5 13.♖h5 ♕f4+

(13...♕g3 14.♘d5 g6 15.♖h3 ♕g5 16.♔f2 ♘d4 17.c3 ♘e6 18.♕h1 ♕d2+ 19.♔g1 ♘g5 20.♖g3 ♔g7 21.f6+ ♔h8 22.♘e3 h5 23.♖d1 ♕e2 24.d4+-, Kamyschow-Panow, Moskau 1945)

14.♔g1 ♕e3+

(14...♘e7 15.♕e2 ♕g3 16.♖f1 ♗d7 17.♖f3 ♕g4 18.♖hh3 ♕g5 19.♖fg3 ♕f6 20.♕h5 h6 21.♘d1 d5 22.♘e3! ♖fd8 23.♘g4 mit starkem Angriff, Hervet-Rosenheim, FPart 2000.)

15.♔h1 ♘e7

(15...♘d4 16.♕g4 g6 17.♘d5 ♕e2 18.♖xh7! ♔xh7 19.♕h4+ 1-0, Vehre-Dorr, USA 1976)

16.♕g4

(16.♘b5 ♗d7 17.♘xc7 ♖ac8 18.♘d5 ♘xd5 19.♗xd5 ♕f2 mit beiderseitigen Chancen, Marchant-Schmickt, FPart 2001.)

16...h6 17.♖f1 mit dem Plan ♖f1-f3-g3 und Angriffsbemühungen am Königsflügel.

II. Mit 6...♗e6 verfolgt Schwarz das Ziel, die Wirkung des weißen Läufers auf der Diagonale a2–g8 zu neutralisieren.

7.♗b5!?

Durch Fesselung und anschließenden Abtausch des ♘c6 möchte Weiß den Druck auf den Punkt e5 verstärken.

A) 7...♗d7 8.♘a4 ♘d4

(8...exf4 9.♘xc5 dxc5 10.♗xf4 ♘d4 11.♘xd4 cxd4 12.♗c4 ♗e6 13.♗xe6 fxe6 14.♗g5 00 15.0-0±, Koch-Kieninger, Bad Oeynhausen 1938)

9.♗xd7+ ♘xd7 10.♘xc5 dxc5

(10...♘xf3+ 11.♕xf3 ♘xc5 12.♕g3 ♕f6 13.0-0±, De la Villa Garcia-Pena Gomez, Mondariz 2000)

11.0-0 ♘xf3+ 12.♕xf3 0-0 13.♕g3 f6 14.♗e3 ♕e7 15.b3 und Weiß steht besser, Emms-Anand, Oakham 1986.

B) 7...a6 8.♗xc6+ bxc6

B1) 9.♕e2 exf4

(9...0-0 10.fxe5 dxe5 11.♘xe5 ♖e8 12.♗e3 ♕d6 13.♘f3 ♗xe3 14.♕xe3 ♕b4 15.0-0 ♕xb2 16.♕c5 ♕b6 17.♘a4⩲, Spielmann-Tartakower, Baden 1914)

10.♗xf4 ♕b8 11.♘d1 0-0 12.c3 ♖e8 13.♗e3 ♗xe3 14.♘xe3 ♘g4 15.b3 f5 mit scharfem Spiel, Spielmann-Tarrasch, Bad Pistyan 1922.

B2) 9.f5!? besprechen wir im Kommentar zur **Partie Nr. 6:** A. Fedorow-Norri, Pula 1997.

III. Mit 6...0-0 wird zunächst der König gesichert und nach 7.f5 ergibt sich folgendes Bild.

A) 7...♘a5 8.♗g5 ♘xc4

(8...c6 9.a3 ♘xc4 10.dxc4 h6 11.♗h4 a5 12.♕d2 a4 13.g4 mit starkem Angriff, Nun-Lehner, Oberwart 1992.)

9.dxc4 c6 10.♕d3 ♕e7 11.0-0-0 ♖d8 12.h3 a6 13.♘h2 h6 14.♗h4 mit der sehr starken Drohung ♘h2-g4, De Meye-Rihtaric, FPart 2005.

B) 7...♘d4 8.♗g5 c6 9.a3 b5

(9...h6 10.♗h4 b5 11.♗a2 a5 12.g4↑)

10.♗a2 ♖e8 (10...a5 11.g4!) 11.♖f1 (11.g4!?) 11...h6 12.♗xf6 ♕xf6 13.♕d2 b4 14.♘a4 ♘xf3+ 15.♖xf3 und Weiß steht etwas besser, Blasberg-Elliott, FPart 1997.

C) 7...h6

C1) 8.a3 a5

(8...a6 9.h3 ♘h7 10.g4 ♘d4 11.h4 c6 12.♗a2 g5 13.hxg5 ♘xf3+ 14.♕xf3 ♘xg5 15.♕g3 ♕f6 16.♗d2 ♔g7 17.0-0-0 ♗d7 18.♖h5 ♖h8 19.♖dh1 ♖ag8 20.♕h4+–, Dubeck-Kobernat, Cherry Hill 2007)

9.h3 ♘d4 10.g4 c6 11.g5 d5 12.gxf6 ♕xf6 13.♗xd5 (13.♗a2!?) 13...♘xf3+ 14.♕xf3 ♕h4+ 15.♔e2 cxd5 16.♘xd5

♗d7 17.♗e3 ♖ac8 18.♕g4 ♕xg4+ 19.hxg4 ♗xe3 20.♘xe3 f6 21.b4±, Ferreira–Dos Santos, Rio de Janeiro 2009

C2) 8.♘d5 ♘d4

(Oder 8...♘a5 9.♘xf6+ ♕xf6 10.♕e2 nebst ♗c1-e3, 0-0-0 mit besseren Chancen.)

9.♘xf6+ ♕xf6 10.♘xd4 ♗xd4 11.c3 ♗b6 12.♕h5 c6 13.♖f1 d5 14.exd5 e4 15.d4 c5 16.g4 e3 17.dxc5 ♗xc5 18.♔e2 b5 19.♗d3 ♖e8 20.g5 hxg5 21.♖f3 und in dieser scharfen Stellung hat Weiß bessere Perspektiven, was in der Partie Hebden–Martinovsky, London 1986, zum späteren Gewinn reichte.

C3) 8.♕e2 ♘a5 9.♗e3 ♗xe3 10.♕xe3 ♘xc4 11.dxc4 b6 12.0-0-0 ♗b7 13.h3 ♖e8 14.g4 ♕d7 15.♖hg1 ♕c6 16.♘d2 ♕c5 17.♕e2 ♔f8 18.h4 a5 19.g5 hxg5 20.hxg5 ♘g8 21.♖df1 und der weiße Angriff am Königsflügel ist entscheidend, Thieme–Paune, Arco 2010.

IV. Mit 6...a6 macht Schwarz die Diagonale a7–g1 frei für seinen Läufer. Im Fall von ♘c3–a4 kann dieser nach a7 flüchten.

7.♘d5 (7.f5!?) 7...♘xd5 8.♗xd5 ♕e7 9.c3 ♗g4 10.h3 ♗xf3 11.♕xf3 ♗a7 12.f5 ♘d8 13.♗d2 c6 14.♗b3 nebst 15.0-0-0 mit guten Aussichten für Weiß.

7.♘a4

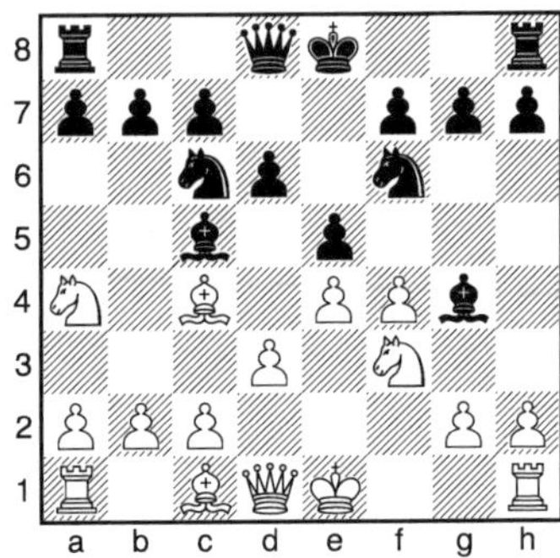

Weiß will den schwarzfeldrigen Läufer eliminieren und dann kurz rochieren.

7...♗b6

Hier sind für Schwarz auch schon einige andere Möglichkeiten ausgelotet worden, von denen besonders die folgenden zu beachten sind:

I. 7...♗xf3 8.♕xf3 ♘d4 9.♕d1!

Die solideste Fortsetzung. 9.♕g3 wäre sehr riskant.

9...b5 10.♗xf7+! ♔xf7 11.♘xc5 dxc5

(11...exf4 12.♘b3 ♘e6 13.0-0 g5 14.g3 fxg3 15.♗xg5 gxh2+ 16.♔h1 ♘xg5 17.♕h5+ ♔e7 18.♕xg5 ♖f8 19.♘d4 und der weiße Angriff dürfte entscheiden, Lane–Jackson, Plymouth 1989.)

12.fxe5 ♘d7 13.c3 ♘e6 14.0-0+ ♔e8 (14...♔g8 15.d4!±) 15.d4 cxd4 16.cxd4 ♕e7

(16...♘xe5 17.dxe5 ♕xd1 18.♖xd1±, aber 17.♗e3!? ist interessant.)

17.♗e3 ♖f8 18.d5 ♖xf1+ 19.♕xf1 ♘d8 20.e6 mit klarem weißem Übergewicht, Balaschow–Matanovic, Skopje 1970.

II. 7...♘d4 8.c3

(8.♘xc5 dxc5 9.c3 ♘xf3+ 10.gxf3 ♗h5

11.♕e2 ♘d7 12.♖g1 g6 13.♗e3 ♕e7 14.0-0-0±, Boschma–Vosselman, FPart 2002)

8...♘xf3+ 9.gxf3 ♘xe4 10.dxe4 ♕h4+ 11.♔d2 ♕f2+ 12.♕e2 ♕xf3 13.♕xf3 ♗xf3 14.♖f1 ♗g2 15.♖e1 exf4 16.♘xc5 dxc5 17.♔e2 g5 18.♖g1 f3+ 19.♔f2 f6 20.e5±, Tartakower–Baratz, Paris 1929

III. 7...exf4 8.♘xc5 dxc5 9.♗xf4 ♘h5 10.♗e3 0-0

(10...♘e5 11.♘xe5! ♗xd1 12.♗xf7+ ♔e7 13.♗xc5+ ♔f6 14.0-0+ ♔xe5 15.♖f5#, Aljechin–Tenner, Köln 1907)

11.0-0 ♘e5 12.♗xc5 ♗xf3 13.gxf3 ♕g5+ 14.♔h1 ♘xc4 15.♗xf8 ♘e3 16.♖g1 ♕f4 17.♗xg7! ♘xg7 18.♕e2 mit der Idee, den ♘e3 nach ♖a1-e1 zu erobern, Analyse von Glaskow.

IV. 7...♘h5!? (Tartakower) 8.♘xc5 dxc5 9.f5 0-0 10.0-0 (10.♗e3!?) 10...♘d4 11.h3 ♗xf3 12.♖xf3 b5 13.♖f2 ♘f6 14.c3 bxc4 15.cxd4 ♕xd4 16.♗g5 ♘e8 17.f6 cxd3 18.fxg7 ♘xg7 19.♗f6 ♕xe4 20.♕d2 ♘h5 21.♖e1 ♘xf6 22.♖xe4 ♘xe4 23.♕e3 ♘xf2 24.♕g5+ +–, Roth–Kasser, FPart 1982

8.♘xb6 axb6

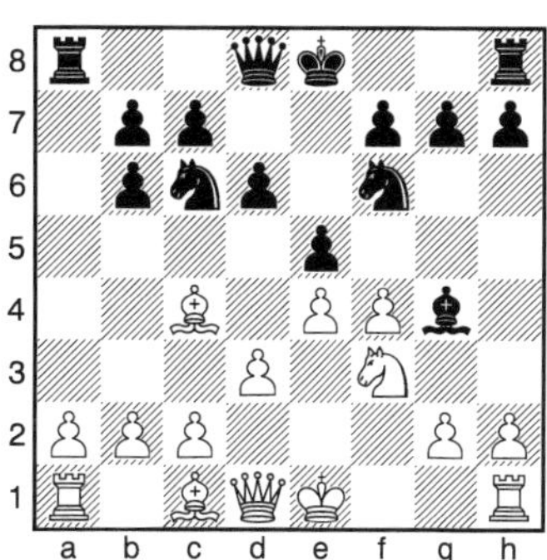

9.c3

Logisch, denn Weiß lässt damit den Vorstoß des Springers nach d4 nicht zu. Trotzdem wird auch 9.0-0 gespielt. Schauen wir uns ein paar Varianten an:

A) 9...♘d4 10.fxe5 ♗xf3

(10...dxe5 11.♗xf7+ +–, Mitkov–Mikhalevski, Mamaia 1991)

11.gxf3 dxe5 12.f4 exf4 13.♗xf4 ♘e6 14.♗e3 ♕d6 15.♖f5 ♖a5 16.♖xa5 bxa5 17.c3 h5 18.♕e2 ♘g4 19.♖f1 c6 20.d4 ♘xe3 21.♕xe3 0-0 22.e5 und Weiß steht besser, Dikic–Mihajlovic, Obrenovac 2010.

B) 9...0-0 10.c3

B1) 10...♘a5 11.♗b5 c6

(Zu 11...♕e7 siehe **Partie Nr. 7:** Tait–Hawkins, England 1991.)

12.♗a4 b5 13.♗c2 b6 14.♕e1 ♖e8 15.fxe5 dxe5 16.♕g3 ♗xf3 17.♖xf3 ♘h5 18.♕h3 g6 19.♗h6 ♕d6 20.♖af1 ♖e7 21.♗g5 ♖d7 22.b4 ♘b7 23.♗b3 und der Punkt f7 ist nicht mehr zu decken, Mühlenweg–Lertora, FPart 2000.

B2) 10...exf4 11.♗xf4 ♘h5

(11...♘e5 12.♗xe5 dxe5 13.h3 ♗xf3 14.♕xf3 ♕d6 15.g4 b5 16.♗b3 h6 17.h4 mit der Drohung g4–g5 und Initiative, Dlugosz–Murawski, Gdansk 2006.)

12.♗e3 ♘e5 13.♘xe5!? ♗xd1 14.♘xf7 ♖xf7

(14...♕e7 15.♘xd6+ ♔h8 16.♘f7+ ♔g8=, Mitkov–Sharif, Frankreich 1993)

15.♗xf7+ ♔h8 16.♖axd1 ♘f6 17.♗g5 ♕e7 mit etwa gleichen Chancen, Li

Hanbin–Nguyen Anh Dung, Ho Chi Minh City 2011.

9...exf4

9...d5 behandeln wir in der **Partie Nr. 8:** Todorovic–Blagojevic, Herceg Novi 2001.

10.♗xf4

Scheinbar ein Tempoverlust, weil der weiße Läufer nun entwickelt wird. Andererseits erledigt Schwarz damit das Problem des ♙e5 und bei Gelegenheit wird d6–d5 gezogen. Das Feld e5 ist nun frei für den Springer (♘c6–e5).

10...♘h5

Problematisch ist 10...♗xf3 11.♕xf3 ♘e5 12.♗xe5 dxe5 13.0-0 und der Druck auf der f–Linie kann unangenehm werden.

11.♗e3

Ein natürlicher Rückzug. Nicht gut ist 11.♗g3 wegen 11...♘xg3 12.hxg3 ♘e5 und Schwarz hat keine Schwierigkeiten.

Aber sehr in Betracht kommt 11.♗g5!? – z.B. 11...♕d7

(11...f6 wäre nicht gut wegen der Öffnung der Diagonale a2–g8.)

12.0-0 h6 (12...0-0 13.h3 ♗e6 14.♘d2±) 13.♗h4 (13.♗e3) 13...♘a5 14.♗d5 ♘f4 15.h3 ♗xh3 16.♘d4! ♘xd5 17.exd5 0-0 18.gxh3 ♕xh3 19.♗f2+–, Stein–Nagley, FPart 2000

11...♘e5 12.♗b3

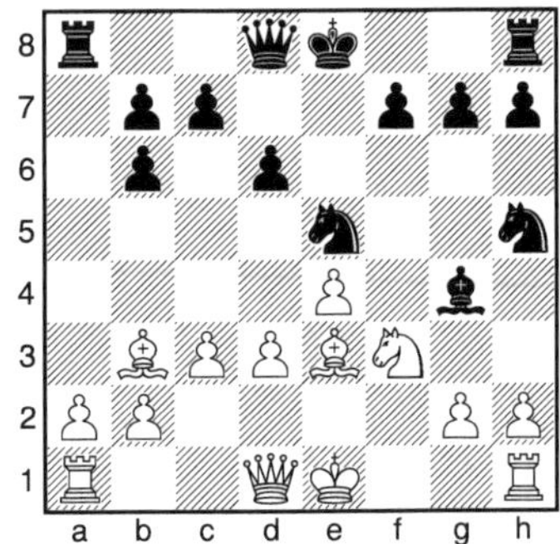

12...♗xf3

Damit forciert Schwarz sofort das Geschehen am Königsflügel.

In Hervet–Cvetnic, FPart 2000, geschah 12...♕f6 13.0-0 ♗xf3 14.gxf3 ♘f4 15.♗xf4 ♕xf4 16.♕e2 ♘g6 17.d4 ♖a5 18.♔h1 ♖h5 19.♖g1 ♖h3 20.♖af1 ♕h6 21.♖g4 ♘f4 22.♕d2 ♖h4 23.♖xh4 ♕xh4 24.♖g1 und Weiß bekam die etwas besseren Perspektiven.

13.gxf3 ♕f6 14.♖f1 ♘f4 15.♗xf4 ♕xf4 16.♕e2 0-0 17.d4 ♘g6 18.♕d2 ♕h4+ 19.♕f2 ♕f4 20.♖g1 ♖a5 mit etwa gleichen Chancen. Weiß plant f3–f4 durchzusetzen, was ihm im Falle des Gelingens die besseren Chancen einräumen würde, Bouverot–Sawatzki, FPart 2001.

Zusammenfassung: In diesem Abspiel muss Schwarz sehr genau spielen, um Ausgleich zu erreichen. Wir meinen, dass man das weiße Spiel verstärken kann. Statt 11.♗e3 ist 11.♗g5!? weiter zu untersuchen.

Abspiel 2
Fortsetzung 4.c3

1.e4 e5 2.f4 ♗c5 3.♘f3 d6 4.c3

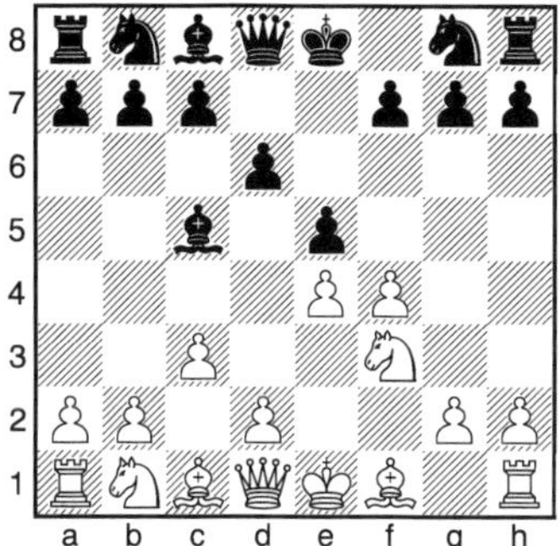

Mit der Idee des Vorstoßes d2–d4. Dies ist unser Alternativvorschlag, der ebenfalls gute Chancen garantiert.

4...♘f6

Mit dem sofortigen Angriff auf den ♙e4 will Schwarz die elastische Entwicklung des Weißen stören. Es gibt allerdings mehrere Alternativen:

I. 4...♘c6 5.d4 exd4 6.cxd4

A) 6...♗b4+ 7.♗d2

(Es geht auch 7.♘c3; z.B. 7...♘f6 8.e5 ♘e4 9.♕c2 d5 10.♗d3 ♗f5 11.0-0 ♘xc3 12.bxc3 ♗xd3 13.♕xd3 ♗a5 14.♗a3 und Schwarz ist in Schwierigkeiten, Doval–Pravettoni, Villa Martelli 2008.)

7...♗xd2+ 8.♘bxd2 (8.♕xd2!?) 8...♗g4 9.d5

(9.♗b5!? a6 10.♗xc6+ bxc6 11.♕c2 ♘e7 12.0-0 kommt auch in Frage.)

9...♘ce7 10.♕b3 ♖b8 11.♕a4+ ♗d7 (11...c6! ist ohne Zweifel stärker, nach unserer Kenntnis praktisch allerdings bisher unerprobt.)

12.♕xa7 ♘f6 13.♕f2 0-0 14.♗d3 ♖e8 15.0-0 ♘g6 16.♘d4 mit weißem Vorteil, Hrepunow–Klimontschuk, Ukraine 2011.

B) 6...♗b6 7.♘c3 (7.♗b5) 7...♗g4 8.♗b5 ♗d7 9.0-0 ♘ce7 10.♗c4 ♘h6 11.f5 und Weiß steht aufgrund seines starken Zentrums, Raumvorteils, der besseren Entwicklung und auch der Initiative klar besser.

II. 4...♗b6 5.♘a3 ♘f6 6.d3 ♘g4 7.d4

A) 7...exd4!? 8.cxd4

(Nicht gut ist 8.♘xd4? wegen 8...♘c6!.)

8...d5 9.e5 0-0=

B) 7...f5 8.h3

(8.exf5 exd4 9.♘xd4 ♕h4+ 10.g3 ♕e7+ 11.♗e2 ♘c6 12.0-0 ♘xd4 13.cxd4 ♘e3 14.♗xe3 ♕xe3+ 15.♔g2 ♕xd4 16.♕xd4 ♗xd4 17.♘b5 ♗b6 18.♖fe1 ♗d7 19.♗d3+ ♔d8 20.♘c3 ♖e8 21.g4 c6=)

8...♘f6 9.fxe5 ♘xe4 10.♘c4 d5 (10...0-0!?) 11.♘xb6 axb6 12.♗d3 ♘g3 13.♗g5 ♕d7 14.♖g1 0-0 15.♕b3 nebst 0-0-0 mit guten Perspektiven für Weiß.

III. 4...f5 5.fxe5 dxe5 (5...fxe4 6.♕a4+ nebst ♕xe4) 6.d4 exd4 7.♗c4! (von Reti empfohlen) 7...♘c6 (7...fxe4 8.♘e5!) 8.b4 ♗b6 9.♕b3

A) 9...♘f6 10.b5 ♘e7

(10...♘a5? 11.♗f7+ ♔e7 12.♗a3+ +–)

11.♘e5 mit weißem Übergewicht.

B) 9...♘h6 10.♗g5 ♕d6 11.♘bd2 dxc3 12.♕xc3 ♔f8 13.0-0-0! ♕xb4 14.♕xb4+ ♘xb4 15.♘e5↑

IV. Bei 4...♗g4 geht es um die Kontrolle des Feldes d4, aber diese Fesselung bereitet Weiß keine Sorgen.

5.fxe5 dxe5 6.♕a4+ ♘d7

(Nach dem meistgespielten 6...♗d7 setzt Weiß am besten mit 7.♕c2 fort und nach 7...♘c6 8.b4 ♗d6 9.b5 ♘ce7 10.d4 hat er sich einen ordentlichen Eröffnungsvorteil gesichert.)

7.♘xe5 ♘gf6 8.d4 0-0 Bis hier folgten wir der Partie Pulvermacher–Capablanca, New York 1907. Statt des Partiezuges 9.♗g5 hätte Weiß nun zu 9.♘xg4 greifen sollen. In „Capablanca: A Primer of Checkmate“, Mongoose Press 2010, gibt Frisco Del Rosario weiter an: 9...♘xg4 10.♗e2 ♕h4+ 11.g3 +–.

5.fxe5

Die Turnierpraxis zeigt, dass diese Fortsetzung die stärkste ist.

5.d4

A) 5...♗b6 6.fxe5 ♘xe4

(Oder 6...dxe5 7.♘xe5 0-0 8.♗g5 c5 9.dxc5! ♕xd1+ 10.♔xd1 ♗xc5 11.♗xf6 gxf6 12.♘f3 und Weiß verfügt über einen gesunden Mehrbauern, J. Polgar–Sharif, Brüssel 1987.)

7.♗d3 d5 8.♘bd2 f5 9.exf6 ♘xf6 10.♕e2+ ♕e7 11.♕xe7+ ♔xe7 12.0-0 c5 13.♖e1+ ♔f8 14.dxc5 ♗xc5+ 15.♔f1 ♘c6 16.♘b3 ♗d6 17.♗e3 ♗g4 18.♗c5 ♖d8 19.♘fd4 ♘xd4 20.♗xd6+ ♖xd6 21.♘xd4 und wegen der schwarzen Schwäche auf d5 steht Weiß etwas besser, Bentivegna–Karl, Livigno 2010.

B) 5...exd4 6.cxd4 ♗b6

(6...♗b4+ 7.♗d2 ♗xd2+ 8.♘bxd2 0-0 9.♗d3 ♘c6 10.0-0 ♗g4 11.♕b1±, Yoos–Fullbrook, Vancouver 2003)

Und nach 7.♘c3 oder 7.e5 dxe5 8.fxe5 ♘d5 9.♘c3 entsteht eine sehr komplizierte Situation mit zweischneidigem Spiel.

5...dxe5

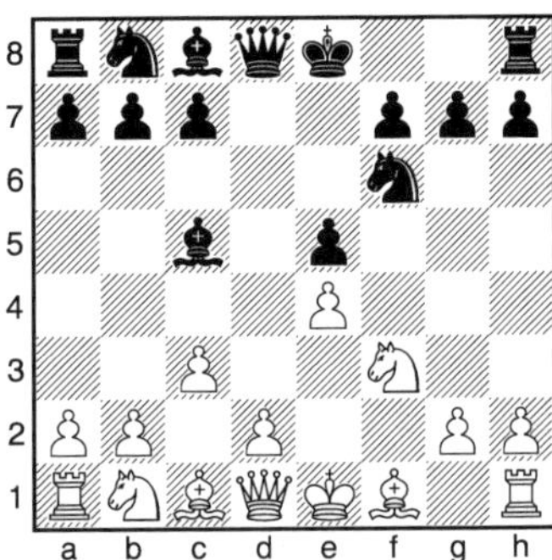

6.♘xe5

6.d4 ist eine interessante Möglichkeit, die wir im Kommentar der **Partie Nr. 9:** S. Polgar–Flear, Brüssel 1987, analysieren.

6...♕e7

Schwarz strebt die rasche Rückeroberung seines Bauern an. Einen anderen Plan verfolgt der Nachziehende mit 6...0-0 7.d4 und nun:

A) 7...♗b6

A1) 8.♗d3 ♘xe4 9.♕f3 ♘g5 10.♕h5 h6 11.h4 ♘h7 12.♗xh6! ♕d6 13.♗xg7 f5

(13...♔xg7 14.♕xh7+ ♔f6 15.0-0+ ♔e7 16.♘xf7+–)

14.♗xf8, 1-0 Talving–Hariu, FPart 1980

A2) 8.♗g5 – siehe **Partie Nr. 10:** J. Polgar–Sharif, Brüssel 1987.

B) 7...♗d6

B1) 8.♘f3 ♘xe4 9.♗d3 ♘f6

(9...♖e8 10.0-0 ♗f5 11.♘g5 ♘xg5 12.♗xf5 ♘c6 13.♕h5 h6 14.♗d3 ♖f8 15.h4 ♘e6 16.♗xh6! 1-0, Serradimigni–Steinhauser, FPart 1994)

10.0-0 c5 11.♘bd2 ♘c6 12.♘c4 cxd4 13.♘g5 h6 14.♖xf6! ♕xf6

(14...hxg5? 15.♗xg5 ♗e7 16.♕h5–+)

15.♘e4 ♗xh2+ 16.♔xh2 ♕h4+ 17.♔g1 ♗g4 18.♕f1 ♖ae8 19.♗f4 f5 mit sehr kompliziertem Spiel, Keres–Kubanek, Aalborg 1943.

B2) 8.♘xf7!? ist eine scharfe Möglichkeit, die Weiß gute Perspektiven gibt; z.B. 8...♖xf7 9.♗c4 ♗g4

(Oder 9...♕e8 10.♗xf7+ ♕xf7 11.0-0 ♗g4 12.♕c2 ♘bd7 13.e5 ♘xe5 14.dxe5 ♗xe5 15.♘d2 mit deutlichem weißem Vorteil, G.Perez–Pech, FPart 2004.)

10.♗xf7+ ♔xf7 11.♕b3+ ♗e6 12.♕xb7 ♘bd7 13.e5 ♘xe5 14.dxe5 ♗xe5 15.0-0 mit materiellem Vorteil für Weiß, Mary–Maumey, FPart 1994.

7.d4 ♗d6 8.♘f3 ♘xe4 9.♗e2 0-0 10.0-0 c5

Nach 10...♘d7 folgt auch 11.♗d3±.

11.♗d3!? cxd4

Wird am meisten gespielt. Hier ein Blick auf einige Alternativen:

I. 11...f5 12.♖e1 ♕c7 13.♕c2

(Zu prüfen ist 13.♘a3!? a6 14.♘c4±.)

13...cxd4 14.♗xe4 fxe4 15.♕xe4 dxc3 16.♘xc3 ♕f7 17.♗g5 ♘c6 18.♖ad1 ♗c5+ 19.♔h1 ♗f5 mit Remis, Kneifel–Stubenrauch, Deutschland 1996.

II. 11...♘d7 12.♖e1 f5 13.♗g5 ♕f7 14.♘bd2 ♘xd2 15.♕xd2 c4 16.♗c2 b5

(Zu überlegen ist 16...♘f6!? mit dem Plan ♗c8–d7 und ♖a8–e8.)

17.♗f4 ♗xf4 18.♕xf4 ♗b7 19.♖e2 g6 20.♘g5 ♕d5 21.♖ae1 ♖ae8 22.♕g3 ♘f6 23.♖e5 und die weiße Stellung ist vorzuziehen, Fedeli–Iori, FPart 2003.

12.♖e1 f5 13.cxd4 ♘d7

Schwach ist 13...b6? wegen 14.♘c3 ♗b7 15.♗g5 ♕d7 16.♘xe4 fxe4 17.♗xe4 ♗xe4 18.♖xe4 ♕f7 19.♕e2 mit weißem Vorteil, Heidtmann–Witt, FPart 1991.

14.♘c3 ♘df6 15.♗g5 ♕f7 16.♗xf6 ♘xc3 17.bxc3 ♕xf6 18.♕b3+ ♔h8 19.♘e5 b6 20.♖e2 ♗b7 21.♖f1 g6 und auf dem Brett ist eine komplizierte Stellung mit beiderseitigen Chancen entstanden, Thinat–Garie, FPart 1990.

Zusammenfassung: Die Fortsetzung 4.c3 ist eine gute Alternative zum Zug 4.♘c3, den wir bereits im **Abspiel 1** analysiert haben.

Kapitel 2
Fortsetzung 2...d5

1.e4 e5 2.f4 d5

Im Kampf um die Initiative greift Schwarz selbst zu einem Bauernopfer. Mit diesem Gegengambit experimentierte der Österreicher Ernst Falkbeer (1819-1885) zum ersten Mal 1850 in seinem Wiener Match gegen Hamppe. Schwarz durchkreuzt mit seinem Bauernopfer und dem momentanen Druck im Zentrum den weißen Plan, die f-Linie zu öffnen.

3.exd5

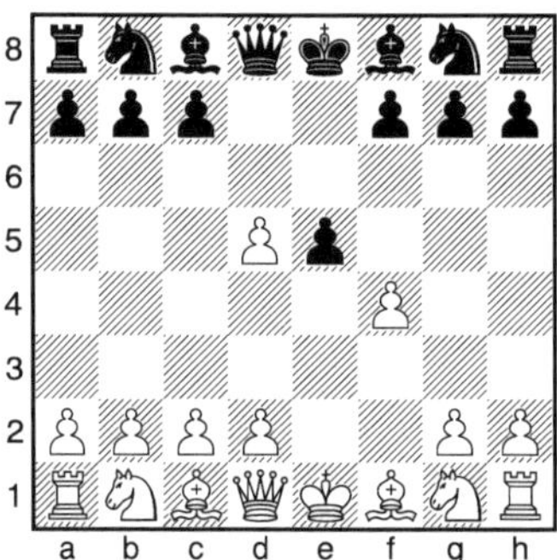

Die übliche und beste Fortsetzung. Nur damit kann Weiß dem Nachziehenden zu zeigen versuchen, wo der Hammer hängt. Weil die anderen möglichen Züge Schwarz keine Schwierigkeiten bereiten, werden sie von uns nicht analysiert.

An dieser Stelle stehen Schwarz zwei Fortsetzungen zur Verfügung, die in der Praxis am meisten gespielt werden: 3...e4 (**Abspiel 1**) und 3...c6 (**Abspiel 2**).

3...exf4 führt zu Stellungen aus dem *Angenommenen Königsgambit*, das wir später analysieren werden.

Selten trifft man auf die folgenden Antworten:

I. 3...♕xd5 4.♘c3

A) 4...♕d8 5.fxe5 ♘c6 6.♘f3 ♗g4 7.♗b5 a6 8.♗xc6+ bxc6 9.d4 ♘e7 10.0-0 ♘f5 11.h3 ♘g3 12.hxg4 ♘xf1 13.♕xf1 und Weiß steht auf Gewinn, Koehnke-Lentjes, Maastricht 2008.

B) 4...♕e6 5.fxe5 ♕xe5+ 6.♗e2 ♗c5

(6...♗g4 7.d4 ♕e6 8.♕d3 c6 9.♗f4 ♘f6 10.0-0-0 ♗xe2 11.♘gxe2 ♗d6 12.d5 ♘xd5 13.♘xd5 cxd5 14.♕g3 ♗xf4+ 15.♘xf4 ♕h6 16.♖he1+ ♔f8 17.♕a3+ 1-0, Tolusch-Alatorzew, Moskau 1948)

7.♘f3 ♕e7 8.d4 ♗b6 9.0-0 ♘f6 10.♗g5 c6 11.♔h1 h6 12.♗xf6 gxf6 13.♗c4 ♗e6 14.d5 cxd5 15.♘xd5 ♗xd5 16.♕xd5+-, Westerinen-Alanen, Oulu 1996

C) 4...♕a5 5.fxe5 ♕xe5+ 6.♗e2 ♗g4 7.d4 ♗xe2

(7...♕e6 8.♗f4 c6 9.d5 ♗xe2 10.♘gxe2 cxd5 11.♘xd5 ♘a6 12.♕d4±, Westerinen-Hirvonen, Imatra 1997)

8.♘gxe2 ♕h5

(8...♕f5 9.♗f4 ♗d6 10.0-0 ♕d7 11.♗xd6 ♕xd6 12.♕d3 ♘e7 13.♘e4 ♕a6 14.♕e3 ♘d7 15.♘g5 ♘f6 16.♘g3 ♘fd5 17.♕e4 ♘f6 18.♕e5 ♕d6

19.♖ae1 mit klarem Vorteil für Weiß, Zdravkovic–Bogavac, Belgrad 2007.)

9.♗f4 ♗d6

(9...♘a6 10.0-0 0-0-0 11.♕d3 ♘f6 12.♘b5 ♔b8 13.c4±)

10.♗xd6 cxd6 11.0-0 ♘f6 12.♘g3 (12.♕d3!? 0-0 13.♘g3±) 12...♕xd1 13.♖axd1 ♔d7 14.♘f5 ♘g4 15.h3 g6 16.hxg4 gxf5 17.♖xf5+–, Exler–Tomovic, Herceg Novi 2008

II. 3...♗c5 4.♘c3 exf4 5.♘f3 ♘e7

A) 6.d4 ♗d6 7.♗c4 0-0 8.0-0 ♘d7 9.♗b3

(In Frage kommt auch 9.♘g5!? ♘b6 10.♗b3 ♘g6 11.♕h5 h6 12.♘ge4 mit weißem Vorteil.)

9...♘g6 10.♘b5 ♘f6 11.c4 ♗g4 12.♕d3 ♖e8 13.c5 ♗f8 14.♘c3 und Weiß steht etwas besser, denn der ♙f4 kann später erobert werden.

B) 6.♗c4 0-0 7.d4 ♗b4 8.0-0 ♗xc3 9.bxc3 ♘xd5 10.♗xd5 ♕xd5 11.♗xf4 ♗e6 12.♕e1 c5 13.♕g3 ♔h8 14.♗d6 ♖c8 15.♘g5 cxd4 16.♗e5 ♖g8 (16...f6 17.♖xf6!+–) 17.♕h4 1-0, Hughes–Spanton, Port Erin 2003

Abspiel 1
Fortsetzung 3...e4

1.e4 e5 2.f4 d5 3.exd5 e4

Der Textzug folgt Falkbeers Grundgedanken, nämlich den weißen f-Bauern ins Leere laufen zu lassen.

4.d3

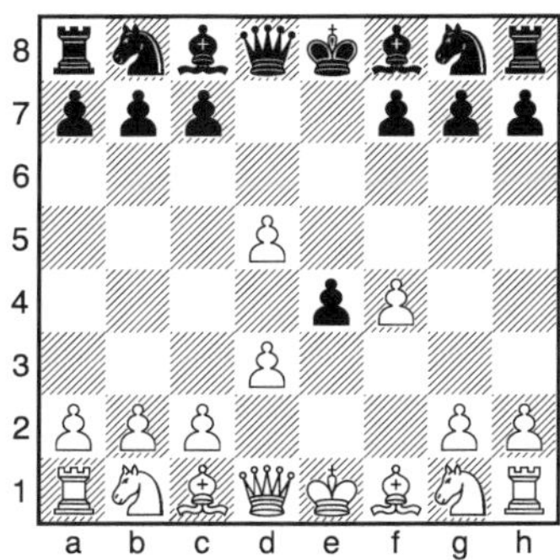

Die beste Fortsetzung: Der lästige ♙e4 wird sofort angegriffen.

4...♘f6

Dieser Zug ist die beste Wahl. Es geht um die Kontrolle des Feldes e4. Andere Möglichkeiten sind:

I. 4...e3 5.♗xe3

(Zur Prüfung in der Praxis empfehlen wir 5.♕f3!? – z.B. 5...♘f6 6.♘c3 c6 7.♕xe3+ ♗e7 8.d6 ♕xd6 9.♘e4 und Schwarz hat ohne Kompensation einen Bauern weniger; Analyse von Johansson.)

5...♘f6 6.♘c3 (6.c4 c6!⇄) 6...♗b4 7.♗d2 0-0 8.♗e2 ♖e8 9.♘f3 ♕e7 10.♘e5 ♗xc3 11.bxc3 ♘xd5 12.0-0 f6 13.♗f3 ♗e6 und nun hätte Weiß in der Partie Costa–Lopes, Lissabon

2003, einfach 14.f5! spielen sollen; z.B. 14...fxe5 15.fxe6 ♕xe6 16.♕b1 mit guten Chancen, den vollen Punkt einzufahren.

II. 4...♕xd5 5.♕e2 ♘f6 6.♘c3 ♗b4 7.♗d2 ♗xc3 8.♗xc3 ♗g4

(Oder 8...♗f5 9.♗xf6 gxf6 10.g4 ♗d7 11.♗g2 ♘c6 12.♗xe4 ♕a5+ 13.♕d2 ♕xd2+ 14.♔xd2 ♗xg4 15.♗xc6+ bxc6 16.♖e1+ ♔d7 17.♘e2 mit besserem Endspiel für Weiß.)

9.dxe4 ♗xe2

(Nicht besser ist 9...♕xe4 10.♕xe4+ ♘xe4 11.♗xg7 ♖g8 12.♗e5 ♘c6 13.♗d3 ♘xe5 14.♗xe4 ♘c4 15.♗xb7 ♖b8 16.♗c6+ mit Endspielvorteil.)

10.exd5 ♗xf1 11.♔xf1 ♘xd5 12.♗xg7 ♖g8 13.♖e1+ ♔d7 14.♖d1 ♔c6 15.♗d4 ♘xf4 16.♘f3 ♘d7 17.g3 ♘e6 18.♗e3 b6 19.♔g2 ♖ae8 20.♖hf1 f5 21.♘h4 ♘g7 22.♗d4 ♖e2+ 23.♖f2 ♖xf2+ 24.♔xf2 mit einem bequemen Endspiel für Weiß, das Bronstein in der Partie gegen Szabo, Budapest 1949, zum Sieg führte.

III. 4...exd3 5.♗xd3

A) 5...♕xd5 6.♘c3 ♕e6+

(– Ganz schlecht ist 6...♕xg2?? wegen 7.♗e4+–.

– Hingegen sollte Weiß nach 6...♗b4 einfach 7.♗d2 spielen; siehe **Partie Nr. 11:** Spasski–Bronstein, Moskau 1971.)

7.♘ge2 ♘h6

(7...♘f6 8.0-0 ♕b6+ 9.♔h1 ♗e7 10.♕e1 ♘c6 11.a3 0-0 12.b4 a6 13.♕g3 ♘d4 14.♘xd4 ♕xd4 15.♗b2 ♗e6 16.♖ad1 ♕b6 17.f5 ♗c8 18.♘d5 ♕d6 19.♗c4 ♔h8 20.♘xe7 ♕xe7 21.♖fe1 1-0, Keres–Vidmar, FPart 1936)

8.f5! ♘xf5 9.0-0 ♘e3 10.♗xe3 ♕xe3+ 11.♔h1 ♗d6 12.♘f4! 0-0 13.♕h5 g6 14.♘xg6! fxg6 15.♗xg6 hxg6 16.♕xg6+ ♔h8 17.♘d5 ♖xf1+

(17...♕e8 18.♕h6+ ♔g8 19.♖f6+–)

18.♖xf1 ♕e2 19.♕h6+ ♔g8 20.♘f6+ 1-0, Murey–Nikitin, UdSSR 1971

B) 5...♘f6 6.c4

(6.♘c3!? ♗e7 7.♘f3 0-0 8.0-0 ♘bd7 9.♗c4 ♘b6 10.♗b3 a5 11.a4 ♗c5+ 12.♔h1 ♗f5 13.♘e5±, Keres–Lilienthal, UdSSR 1941)

6...♗e7 7.♘f3 0-0 8.0-0 c6 9.♘c3 cxd5 10.cxd5 ♘bd7 11.♗c4 ♘b6 12.♗b3 ♗c5+ 13.♔h1 ♗f5 14.♘e5 h5 15.♕f3 h4 16.♗e3 ♗b4 17.♖fe1 ♗xc3 18.♗xb6 ♕xb6 19.bxc3 a5 20.♖ac1 a4 21.♗c2 ♗xc2 22.♖xc2 mit einem gesunden Mehrbauern, Michalczak–Rietveld, Dieren 2010.

5.dxe4

Weiß beseitigt zwar den ♙e4, aber dessen Platz wird nun von einem Springer eingenommen. Keres empfahl deshalb, mittels 5.♘d2 zunächst den Druck auf den Punkt e4 zu verstärken. Doch nach 5...exd3 6.♗xd3 ♘xd5 7.♕e2+ ♗e7 nebst 0-0 erfreut sich der Nachziehende eines guten Spiels.

5...♘xe4 6.♘f3

Das Beste. Nicht zu empfehlen ist 6.♕e2 ♕xd5 7.♘d2 f5 und Weiß hat nichts erreicht: 8.g4 ♗e7 9.♗g2 ♕a5 10.gxf5

(10.♗xe4 fxe4 11.c3 0-0 12.♘xe4 ♘c6 13.f5 ♗h4+ 14.♘f2 ♗xf5! 15.gxf5

♖ae8 16.♗e3 ♗xf2+ 17.♕xf2 ♖xf5–+, Schallopp–Blackburne, Nürnberg 1896)

10...♘d6 11.f6 gxf6 12.c3 0-0 13.♘b3 ♕a6 14.c4 ♖e8∓, Winawer–Schallopp, Nürnberg 1896

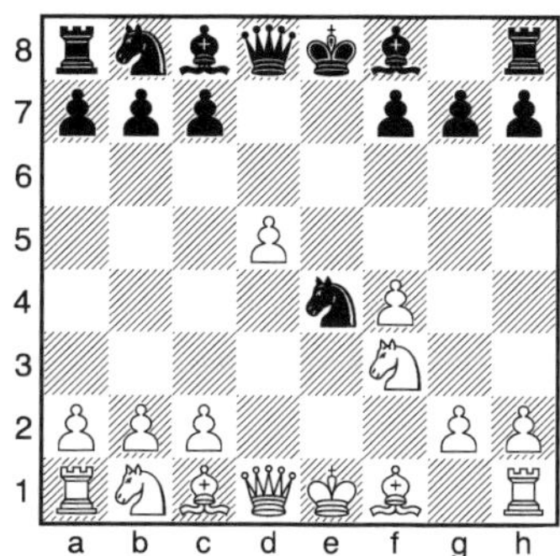

6...♗c5

Andere Möglichkeiten sind weniger ratsam für Schwarz.

I. 6...♗g4 7.♗d3 f5 8.♕e2 ♕e7

(8...♕xd5 9.♘c3 ♗b4 10.♗d2 ♗xc3 11.♗xc3 ♘c6 12.♗xg7 0-0-0 13.♗xh8 ♖xh8 14.♕e3 ♗xf3 15.♕xf3 ♘d4 16.♕e3 ♕c5 17.♔f1 ♕b4 18.♖d1 ♖e8 19.c3 ♕a4 20.b3 ♘xc3 21.♕xd4 ♕a5 22.b4 1-0, Spielmann–Marshall, Mannheim 1914)

9.0-0 ♘d7 10.♗e3 h5 11.♘bd2 h4 12.♖ae1 ♘df6 13.♗d4 0-0-0 14.c4 ♕d6 15.♕e3 mit weißem Übergewicht, Enjuto Velasco–Rodriguez Gomez, Collado Villalba 2009.

II. 6...c6

GM Boris Alterman hält diesen Zug für die zuverlässigste schwarze Antwort und kennzeichnet ihn mit '!?'.

7.♗d3

(7.♘bd2 ♘xd2 8.♗xd2 ♕xd5 9.♗d3 ♗c5 10.♕e2+ ♕e6 11.♘e5 0-0 12.♗c4 ♕e7 13.0-0-0 ♗e6 14.♖he1 ♘d7 15.♘xd7 ♕xd7 16.♗c3 ♕c8 17.♕e5 1-0, Pasorieno–Kukin, FPart 1990)

7...♘c5

(– 7...♕xd5 8.♕e2 f5 9.♘bd2 ♗e6 10.♘xe4 fxe4 11.♗xe4 ♕c4 12.♗d3 ♗b4+ 13.c3 ♗xc3+ 14.♔f1+–, Bürgy–Wegelin, Zürich 2006

– 7...cxd5!? 8.♗xe4 dxe4 9.♕xd8+ ♔xd8 10.♘g5, Asauskas–Sulskis, Kaunas 2009. Weiß verschafft sich wieder seinen Mehrbauern, aber Schwarz hat das Läuferpaar. So ist nicht leicht einzuschätzen, was schwerer wiegt. Wir ziehen die weiße Stellung vor, die zumindest ordentliche Endspielchancen verspricht.)

8.♗c4 ♗e7 9.0-0 0-0 10.♘c3 b5 11.♗b3 b4 12.♘a4 ♘xb3 13.axb3 cxd5 14.♗e3 ♗a6 15.♖f2 ♗b7 16.♘c5 ♕b6 17.♘xb7 ♕xb7 18.♖d2 und Schwarz hat Probleme mit seinem isolierten und massiv angegriffenen Bauern auf d5. Weiß steht besser, Skliarow–Denisow, Dubna 2007.

III. 6...♗e7 7.♕d4

A) 7...♘f6 8.♘c3 0-0

(8...♘bd7 9.♗d2 ♗c5 10.♕c4 ♕e7+ 11.♕e2 ♕xe2+ 12.♗xe2 0-0 13.0-0-0 ♘b6 14.♘e5 ♘fxd5 15.♘xd5 ♘xd5 16.♗f3 ♘e3 17.♖de1 ♘f5 18.g4 ♘d4 19.♗g2 ♖d8 20.f5±, Dearnley–Kelly, FPart 1999)

9.♗e3 ♘bd7 10.0-0-0 ♖e8 11.♗g1 a6 12.h3 b5 13.g4 ♗b7 14.g5 ♘h5 15.a3 ♗d6 16.♔b1 ♗xf4 17.♗h2 ♗e3

18.♕g4 und Weiß hat sich Angriffschancen am Königsflügel erarbeitet, Bronstein–Moyse, Rom 1990.

B) 7...♘d6 8.♗d3 (8.♘c3!?) 8...0-0 9.0-0 c5

(9...♘f5 10.♕c4 a6 11.a4 g6 12.♘c3 ♘d7 13.♗d2 ♘b6 14.♕b3 c6 15.♖ae1 ♘xd5 16.♘xd5 cxd5 17.♖e5 ♗c5+ 18.♔h1 ♘e7 19.f5 f6 20.♖xe7! ♗xe7 21.fxg6 h5 22.♗e4 ♔g7 23.♗xd5+–, Schlange–Meijers, Essen 2000)

10.♕xc5 ♘e4 11.♕c4 ♗c5+ 12.♔h1 ♘f2+ 13.♖xf2 ♗xf2 14.♘c3 a6 15.♗d2 b5 16.♕b4 ♘d7 17.♘e4 und Weiß hat ausreichend Ersatz für die Qualität.

C) 7...f5 8.♗b5+ c6 9.dxc6 ♕a5+ 10.♘c3 ♘xc6 11.♕d5 ♗b4 12.♘e5 ♗xc3+ 13.bxc3 ♕xc3+ 14.♔f1 ♕xa1 15.♗xc6+ bxc6 16.♕f7+ 1-0, Sorokina–Olarasu, Polen 1999

D) 7...♗f5 8.♗d3 0-0 9.♗xe4 ♗f6 10.♕d3 ♖e8 11.♘bd2 ♘d7 12.0-0 ♘c5 13.♗xf5 ♘xd3 14.♗xd3 ♕xd5 15.a4 ♖e7 16.♘c4 a6 17.♗d2 b5 18.axb5 axb5 19.♖xa8+ ♕xa8 20.♘ce5 und das weiße Spiel gefällt uns deutlich besser, Ramik–Krcmar, CSR 1991.

IV. 6...♗f5 7.♗e3 c6 (7...♗d6 8.♘d4!) 8.♗c4 b5 9.♗b3 c5 10.d6 c4 11.♕d5 ♘d7 12.♕xf5 ♘xd6 13.♕d5 ♗e7 14.0-0 0-0 15.♘c3 ♘f6 16.♕d2 cxb3 17.axb3 b4 18.♘d5 ♘f5 19.♘xe7+ ♕xe7 20.♖fe1 mit einem Mehrbauern und späterem Sieg in der Partie Aljechin–Tarrasch, St. Petersburg 1914.

7.♕e2!

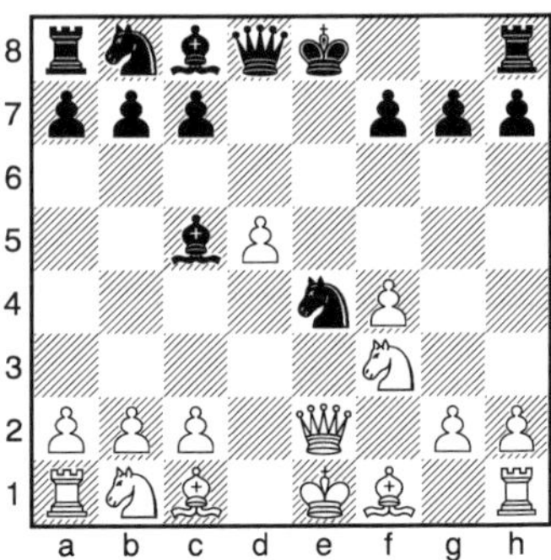

Dieser Zug ist die seit Alters geltende Empfehlung und auch heute noch klar das Beste. Zunächst sieht er seltsam aus, weil der Anziehende dem Läufer die Entwicklung verstellt und sich die auf einer Linie stehenden Figuren König und Dame mächtig Scherereien einfangen können. Weiß muss sehr sorgfältig verhindern, dass sich der Nachziehende über das Ausnutzen des kritischen Feldes f2 einen stürmischen Angriff verschafft.

Durch den Damenzug fesselt er den feindlichen Springer und macht das Feld d1 für den König frei, was dieser in wichtigen Varianten zur Flucht nutzen muss. Der Zug 7.♕e2 hat einen klaren und für das Königsgambit typischen Charakter. Weiß verbindet die erforderliche Defensive mit einem knallharten Vorgehen zugunsten des eigenen Angriffs.

7...♗f5

Ein natürlicher Zug, um den Springer zu verteidigen. Andere Erwiderungen sind:

I. 7...f5

A) 8.♘c3 0-0 9.♘xe4 fxe4 10.♕xe4 ♗f5

(Oder 10...♗g4 11.♘e5 ♕e7 12.♗c4 ♔h8 13.♗e3 ♘d7 14.♗xc5 ♕xc5 15.♘xg4 ♖ae8 16.♘e5 ♘xe5 17.fxe5 ♕f2+ 18.♔d1 ♖f4 19.♕e2 ♕d4+ 20.♗d3 ♕xb2 und nun hätte Weiß in der Partie Sochna–Bisco, Slowakei 2001, einfach 21.♖c1! mit klarem Vorteil spielen sollen.)

11.♕c4 ♘d7 12.♗e2 b5 13.♕xb5 ♖b8 14.♕a4 ♖b4 15.♕a5 ♖e4 16.♔d1 ♕e7 17.♗d3 ♗b4 18.♕xa7 ♘b6 19.a3 ♖a8 20.♕b7 ♗g4 21.♗d2 ♗d6 22.♗xe4 ♕xe4 23.♖e1 ♗xf3+ 24.gxf3 ♕xf3+ 25.♔c1 ♕f2 26.♕c6+–, Aljechin–Ledyard, USA 1909

B) 8.♗e3 ♕xd5

(8...♘a6 9.♗xc5 ♘axc5 10.♘c3 0-0 11.♕e3 ♘xc3 12.♕xc3 ♖e8+ 13.♘e5 ♘e4 14.♕b3 nebst 0-0-0 mit Vorteil)

9.♗xc5 ♕xc5 10.♘c3 0-0

(10...♘c6 11.♘xe4 fxe4 12.♕xe4+ ♔f8 13.0-0-0 und der weiße Angriff wird zum Selbstläufer, Hoffmann–Schaller, Bundesliga 2000.)

11.♘xe4 fxe4 12.♕xe4 ♔h8 13.0-0-0 ♗f5 14.♕c4 ♕e3+ 15.♔b1 ♘c6 16.♘g5 ♕f2 17.♗d3 und Schwarz guckt auf der Suche nach Ersatz für den Bauern in die Röhre, Ospina Loaiza–Prieto, Bogota 2009.

II. 7...♗f2+ 8.♔d1 ♕xd5+ 9.♘fd2

A) 9...f5 10.♘c3 ♕d4 11.♘cxe4 fxe4 12.c3 ♕e3 (12...♕b6 13.♘xe4+–) 13.♕h5+ ♔f8 14.♗c4 mit entscheidendem Angriff, Reti–Breyer, Budapest 1917.

B) 9...0-0 10.♕xe4 ♕xe4 11.♘xe4+–, Samsonkin–Dallaire, Ottawa 2007

III. 7...♕e7 8.♗e3

A) 8...♗d6 9.♘bd2 0-0 10.♘xe4 ♕xe4 11.♕d3 ♗f5

(11...♖e8 12.♕xe4 ♖xe4 13.♔f2 ♗xf4 14.♗xf4 ♖xf4 15.♗d3 ♘d7 16.♖he1 ♔f8 17.♔g3 ♖b4 18.b3±, Fier–Duarte, Belo Horizonte 2004)

12.♕xe4 ♗xe4 13.c4 ♖e8 14.♔f2 ♘d7 15.♖e1 ♘f6 16.h3 mit weißem Vorteil.

B) 8...♗xe3 9.♕xe3 ♕b4+

(– 9...♘d7 10.♘bd2 ♘df6 11.♘xe4 ♘xe4 12.0-0-0 0-0 13.♗d3±, Arnason–D´Amore, Groningen 1981

– 9...0-0 10.♘bd2 ♖e8 11.0-0-0 ♘xd2 12.♕xe7 ♖xe7 13.♖xd2 und Weiß behält einen Mehrbauern.)

10.c3 ♕e7 11.♘bd2 ♘xd2 12.♔xd2 ♕xe3+ 13.♔xe3 0-0 14.♗c4 ♘d7 15.♖he1 ♘f6 16.♔f2 ♖e8 17.♖xe8+ ♘xe8 18.♖e1 ♘d6 19.♗d3 c6 20.dxc6 bxc6 21.♘e5 ♖b8 22.♘c4 ♗a6 23.♘xd6 ♗xd3 24.b4 ♔f8 25.♖d1 ♗c2 26.♖d2 ♗a4 27.♘e4 ♗b5 28.♖d7+–

C) 8...♘a6 9.♗xc5 ♘axc5 10.♘bd2 ♗f5

(10...0-0 11.0-0-0 ♗f5 12.♘d4 ♕f6 13.♘xf5 ♕xf5 14.♘xe4 ♘xe4 15.♕f3 ♘d6 16.♗d3 ♕d7 17.f5 ♕e7 18.f6 ♕xf6 19.♕xf6 gxf6 20.♖hf1 ♔g7 21.♖f3 ♖ae8 22.♖g3+ ♔h8 23.♖f1 ♖g8 24.♖xg8+ ♔xg8 25.♖xf6±, Zuckerman–Reshevsky, Natania 1971)

11.0-0-0 0-0-0 12.♘d4 ♕f6 13.♘xf5 ♕xf5 14.♘xe4 ♘xe4 15.♕f3 ♖xd5 16.♗d3 ♖e8 17.♖he1 ♖d4 18.c3 ♖a4 19.♗c2 ♖xa2 20.♗xe4 1-0, Gallagher–Mutzner, Tessin 1993

D) 8...♗b4+ 9.c3 ♗a5

(9...♗d6 10.♘bd2 0-0 11.0-0-0! ist günstig für Weiß.)

10.♕b5+ c6 11.♕xa5 ♘g3 12.♔d2

(12.hxg3 ♕xe3+ 13.♔d1+–) 12...♘xh1 13.♗d3 ♘d7 14.dxc6 bxc6 15.♕b4 ♘f6 16.♘a3 ♘d5 17.♕xe7+ ♔xe7 18.♗c5+ ♔d8 19.♘e5 ♔c7 20.♘xf7 ♖e8 21.♖xh1 und Schwarz kann getrost die Segel streichen, Ribon Calabia-Wahlberg, Caleta 2009.

E) 8...♗f5 9.♗xc5 ♘xc5 10.♘a3 ♕xe2+ 11.♗xe2 ♘bd7 12.0-0-0 0-0-0 13.♘e5 ♖hf8 14.♘b5 a6 15.♘c3 ♘e4 16.♘xe4 ♗xe4 17.♖d4 ♘f6 18.c4 c5 19.♖dd1 mit weißem Übergewicht, Ospina Loaiza-Vallejo, Medellin 2009.

IV. 7...0-0 8.♕xe4 ♖e8 9.♘e5 f6

A) 10.d6!? ♕xd6 (10...♗e6 11.♗d3+–) 11.♗c4+ ♗e6 12.♘c3

(Stefan Bücker hat hier 12.♗e3 vorgeschlagen; z.B. 12...♗xe3 13.f5 ♕d4 14.♕xd4 ♗xd4 15.♗xe6+ ♖xe6 16.fxe6 ♗xb2 17.♘d3 ♗xa1 18.c3 a5 19.a4 c6 20.♔f2 b5 21.axb5 cxb5 22.♖c1 b4 23.cxb4 ♔f8 mit weißem Vorteil.)

12...fxe5 13.f5 ♗xc4 14.♕xc4+ ♔h8 15.♘e4 ♕d4 16.♕e2 ♘d7 17.c3 ♕d5 18.♗g5 und die Aussichten von Weiß sind vorzuziehen.

B) 10.♗b5 ♖e7

(– 10...c6 11.dxc6 bxc6 12.♗d3 g6 13.♕c4+ ♕d5 14.♘c3 ♕xc4 15.♗xc4+ ♔g7 16.♘e4 ♗e7 17.♗e3 fxe5 18.fxe5 ♗f5 19.♘g3 ♗xc2 20.0-0+–

– 10...♗d7 11.♗d3 g6 12.♘c3 fxe5 13.fxe5 ♗f5 14.♕c4 ♖xe5+ 15.♗e2 ♘d7 16.♗f4 ♖e8 17.0-0-0+–)

11.♘c3 g6 (11...fxe5 12.fxe5+–) 12.♕c4 ♗d6 13.0-0 fxe5 14.fxe5 ♖xe5 15.♗f4 ♖f5 16.♕d4 und angesichts des Raumvorteils, des harmonischen Figurenspiels und der konkreten Aussichten auf Königsangriff steht der weiße Vorteil außer Zweifel.

V. 7...♕xd5 8.♘fd2 ♔d8

(8...f5 9.♘c3 ♕f7 10.♘dxe4 fxe4 11.♘xe4+–)

9.♘xe4 ♖e8

(9...♗g4 10.♘bc3 ♗xe2 11.♘xd5 ♗xf1 12.♔xf1+–)

10.♘bc3 ♗b4 11.♗e3! ♗d7 12.♔f2

A) 12...♕f5 13.♕c4 ♘c6

(13...♗xc3 14.♘xc3 ♕xc2+ 15.♗e2+–)

14.♗d3 ♗e6 15.♘c5 mit schon entscheidendem Materialvorteil.

B) 12...♕a5 13.♖d1 f5 14.♘g5 ♘c6 15.♕d3 ♖e7 1-0, P. Bücker-Schuh, Dortmund 1989

8.♘c3

Es ist wichtig, rasch die Figuren zu entwickeln.

8.g4? ist ein Abenteuer mit fatalen Folgen. Nach 8...0-0! gefolgt von 9.gxf5 ♖e8 10.♗g2 ♘f2 11.♘e5 ♘xh1 12.♗xh1 ♘d7 13.♘c3 f6 14.♘e4 fxe5 15.♘xc5 ♘xc5 16.fxe5 ♕h4+ 17.♔f1 ♖f8 18.f6 ♖ae8 erreichte Schwarz in der Partie Konowalow-Popow, Lwow 2006, eine klare Gewinnstellung.

8...♕e7

Der Springer muss verteidigt werden. Das Opfer nach 8...0-0 ist inkorrekt: 9.♘xe4 ♗xe4 (9...♖e8 10.♘e5!+–) 10.♕xe4 ♖e8 11.♘e5 f6 12.d6! ♕xd6 (12...♗xd6 13.♗c4+ ♔f8 14.♕xh7+–) 13.♗e3 ♗xe3 14.♕c4+ ♕e6 15.♕xe6+ ♖xe6 16.♗c4 fxe5 17.♗xe6+ ♔f8 18.♗c8 a5 19.fxe5 ♖a6 20.♖f1+ ♔e8 21.♖f3 ♗d4 22.0-0-0

♘c6 23.♗xb7 1-0, Blackburne–Marco, Berlin 1897.

9.♗e3 ♗xe3

– Auf 9...♘xc3 folgt 10.♗xc5! ♘xe2 11.♗xe7 ♘xf4 12.♗a3 ♘xd5

(Oder 12...♘d7, siehe **Partie Nr. 12:** Bronstein–Tal, Riga 1968.)

13.0-0-0 c6 14.♘g5 ♘d7 15.♗c4 ♗e6 16.♖he1 mit weißem Vorteil, W. Kuznetsow–Posarski, UdSSR 1963.

– Die Alternative 9...♗b4 ist auch günstig für Weiß.

A) 10.♗d4 0-0 11.0-0-0 ♖e8

(11...♗xc3 12.♗xc3 ♕c5 13.♗xg7! ♔xg7 14.♘h4 ♗g6 15.♘xg6 hxg6 16.♕xe4+–)

12.♘xe4 ♗xe4 13.♗e5 ♗g6 14.♕c4±, Sembukchow–Brichkow, FPart 1985/86

B) 10.♗d2 ♘xd2 11.♔xd2 ♕xe2+ 12.♗xe2 ♘d7 13.♖ad1 0-0 14.♔c1 ♗xc3 15.bxc3 ♘f6 16.♖d4 ♖ad8 17.♖hd1 ♖d6 18.♘e5 ♖fd8 19.♗f3 mit weißem Übergewicht, Bangijew–Radeiski, FPart 1988.

10.♕xe3 ♘xc3 11.♕xe7+ ♔xe7 12.bxc3

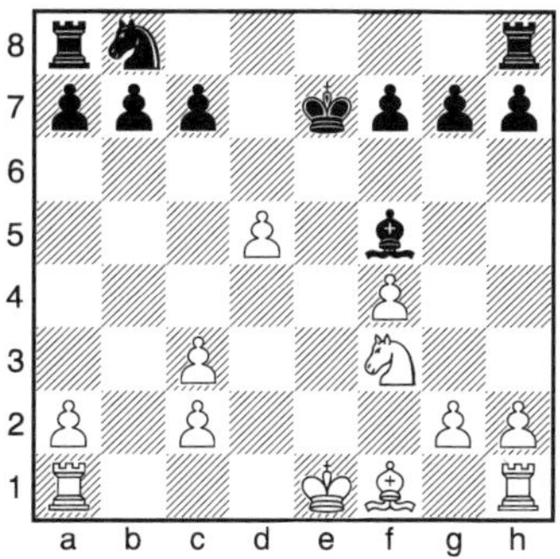

Die Situation auf dem Brett ist aufgrund seines Entwicklungsvorsprungs günstig für Weiß. Werfen wir mal einen Blick auf das, was folgen kann, wobei wir uns besonders auch von einigen praktischen Beispielen leiten lassen. Die Untersuchungen bestätigen unsere Einschätzung.

12...♗e4

Die Alternative 12...♗xc2 wird im Rahmen der **Partie Nr. 13:** Bronstein–Vaisman, Sandomierz 1976, erörtert.

13.♘g5!

Der beste Zug: Weiß behält seinen Springer und zwingt den gegnerischen Läufer zur Entscheidung.

Nach 13.c4 ♗xf3 14.gxf3 ♘d7 hat Schwarz wegen der schwachen weißen Bauern gute Ausgleichschancen.

13...♗xd5

13...♗xc2 14.♔d2 ♗g6 15.♖e1+ ♔f8

(Oder 15...♔f6 16.g4 ♖d8 17.c4 c6 18.♗g2 mit klarem weißem Vorteil.)

16.♗b5 c6 17.f5! ♗h5 (17...♗xf5 18.♖hf1!) 18.dxc6 ♘xc6 19.♗xc6 bxc6 20.c4 g6

(Nach 20...h6 21.♘e4 f6 22.♔c3 ♗f7 23.♘c5 stünde Schwarz angesichts seines unentwickelten Königsflügels hoffnungslos.)

21.f6 h6 22.♘e4 ♗g4 23.♔c3 ♔g8 24.♘c5 g5 25.♖e7 mit deutlichem Übergewicht, Bangijew–Gutgarts, FPart 1987.

14.0-0-0

Weiß hat seinen König gesichert, dessen Gegenüber steht hingegen in der Mitte.

14...c6

Hier ein Blick auf einige Alternativen:

I. 14...♗e6 15.♘xe6 fxe6 16.♗c4

A) 16...♖f8 17.♖he1 ♖f6 18.f5 ♘a6 19.♗xe6 ♘c5 20.♗g8+ ♔f8 21.♗xh7 ♖d6

(21...♖h6 22.♗g6 ♖xh2 23.♖d5 ♘a6 24.♖de5+−)

22.♖d4 ♖ad8 23.♗g6 ♘d7 24.g4 1-0, Krnic–Cortlever, Wijk aan Zee 1972

B) 16...♘d7 17.♗xe6 ♘c5 18.♖he1 ♔f6 19.♗c4 ♖ae8 20.g4 b6 21.♗b5 ♖xe1 22.♖xe1 ♖d8 23.♖e5 mit weißem Vorteil, Bangijew–Arpiainen, FPart 1988.

II. 14...♖d8 15.c4 ♗e6 16.♖xd8 ♔xd8 17.♘xe6+ fxe6 18.♗d3

A) 18...h6 19.♖e1 ♔d7 20.♖e3

(20.f5 exf5 21.♗xf5+ ♔d8 22.♖d1+ ♔e7 23.♗c8 a5 24.♗xb7±)

20...♘c6 21.♖g3 ♖g8 22.♗h7 mit Eroberung des ♙g7.

B) 18...♘d7 19.♗xh7 ♔e7 20.♖e1 ♔f6 21.♗d3 ♖h8 22.h3 ♖h5 23.♖e3 mit vorteilhaftem Endspiel, Leisebein–Liegel, FPart 1984.

III. 14...♗xa2 15.c4 b5 16.cxb5 a6 17.♗d3

A) 17...axb5 18.♖he1+ ♗e6 19.f5 ♔f6 20.fxe6 ♔xg5 21.exf7 ♖f8 22.♖e8

(Möglich ist auch 22.♖e5+ ♔f6 23.♖f5+ ♔e7 24.♖e1+ ♔d8 25.♗xb5 ♖a1+ 26.♔d2 ♖xe1 27.♔xe1 ♘d7 28.♗c4 und der starke Bauer auf f7 garantiert Weiß einen klaren Vorteil.)

22...♖xf7 23.♔b2 c6 24.♗xh7 ♖fa7 25.♖dd8+−, Foune–Mathieu, FPart 1985

B) 17...g6 18.♔b2 axb5 19.♗xb5 h6 20.♖he1+ ♔f6 21.♘e4+ ♔g7 22.♔c3 mit minimalem weißem Vorteil.

15.♗d3 ♘a6

– Nicht besser ist 15...h6 16.♖he1+ ♔d6 17.♘xf7+ ♗xf7 18.♗a6+ ♔c7 19.♖e7+ ♔b6 20.♗xb7+−, Spasski–Petruk, UdSSR 1971.

– Oder 15...g6 16.♖he1+ ♔f6 17.c4 ♗e6

(17...h6 18.♘h7+ ♖xh7 19.cxd5 ♖h8 20.d6 ♘d7 21.♖e7 ♖ad8 22.g4 ♘b6 23.♖xb7 ♖xd6 24.♖xa7±, Rehl–Pews, FPart 2003)

18.♘e4+ ♔g7

(Stark ist auch 18...♔e7 19.♘c5!.)

19.♘d6

(Spielbar ist auch 19.♘c5 ♗g4 20.♖d2 b6 21.h3 ♗c8 22.♘e4 ♖d8 23.♘g5 h6 24.♘xf7 ♖xd3 25.♖xd3 ♔xf7 26.♖d8 ♗e6 27.g4 c5 28.♖ed1 1-0, Tscheglakow–Osganski, FPart 1981.)

19...♘a6 20.f5

(Nicht schlecht ist 20.♘xb7 ♖ab8 21.♘a5 ♖b6 22.♖e5 c5 23.♘b3 f6 24.♖e3 ♔f7 25.♗e4 ♖e8 26.♗d5 ♗xd5 27.♖xe8 ♔xe8 28.cxd5±, Dahl–Heesen, FPart 2003.)

20...gxf5 21.♗xf5 ♗xf5 22.♘xf5+ ♔g6 23.♖e5 ♖ad8 24.♖f1 mit weißem Übergewicht, Keller–Kommert, FPart 1988.

16.♖he1+ ♔f8

Die Flucht nach vorne bringt auch keine Rettung: 16...♔f6 17.c4 ♗e6 18.♘e4+ ♔e7 19.g4 g6 20.♘g3 ♔f8 21.f5 gxf5 22.gxf5 ♗d7 23.♗e2 ♘c5 24.♗h5 ♖e8 25.♘e4 b6 26.♘xc5 bxc5

27.♖f1 ♗c8 28.♖f4 ♔e7 29.f6+ ♔e6 30.♖f3 und Weiß gewann rasch in Valerio–Viksna, FPart 1990.

17.c4 ♗xg2 18.♖d2 h6 19.♘h7+ ♖xh7 20.♗xh7 und der Vorteil reichte Weiß zum späteren Gewinn, Glaskow–Terentiew, FPart 1987.

Zusammenfassung: Das Falbeer-Gegengambit führt zu sehr scharfem Spiel mit guten Gegenchancen für Schwarz. Jedoch hat Weiß – wie von uns in diesem Kapitel belegt – insgesamt die besseren Perspektiven.

Abspiel 2
Fortsetzung 3...c6

1.e4 e5 2.f4 d5 3.exd5 c6

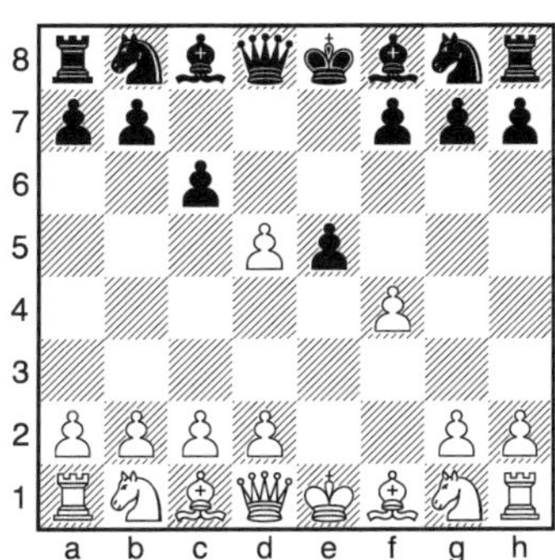

Dies ist eine Idee von Nimzowitsch.

4.♘c3

Das Beste: Weiß entwickelt seinen Springer und nimmt die Felder e4 und d5 unter Kontrolle.

Möglich ist aber auch 4.♕e2!? cxd5

(4...e4 5.♕xe4+ ♗e7 6.d6 ♕xd6 7.♘f3 ♘f6 8.♕e5 ♕d8 9.♗c4 0-0 10.0-0 und Weiß hat einen satten Mehrbauern statt irgendwelcher Sorgen, Krutihin–Zilin, Nowsibirsk 1962.)

5.fxe5 ♘c6 6.♘f3 ♗g4

(Zu 6...♗c5 siehe **Partie Nr. 14:** Penttinen–Sakowitsch, Lubniewice 1994.)

7.♕f2 ♗xf3 8.♕xf3

(8.gxf3 ist nicht zu empfehlen, weil es die Königsstellung schwächt.)

8...♘d4

(8...♘xe5 9.♕e3 ♕e7 10.d4 ♘c6 11.♗b5 ♕xe3+ 12.♗xe3 0-0-0 13.0-0±)

9.♕d3

A) 9...♕h4+ 10.g3 ♕e4+ 11.♕xe4 dxe4 12.♔d1 0-0-0

(12...♖c8 13.c3 ♘c6 14.♗h3 ♖c7 15.♖e1±)

13.♗h3+ ♔b8 14.♖f1 (14.♖e1 f5 ∞) 14...e3 15.♘c3 exd2 16.♗xd2 ♘c6 17.♔e1 ♘xe5 18.♗f4 f6 19.♖d1 ♖xd1+ 20.♔xd1 ♗d6 21.♘b5 ♘e7 22.♘xd6 (22.♔e2!?) 22...♖d8 23.♗xe5 fxe5 24.♔c1 ♖xd6 25.♖f8+ ♔c7 26.♖f7 ♔d8 27.♖xg7 ♖h6 28.♗g2 ♖xh2 29.♗xb7 mit Endspielvorteil.

B) 9...♗c5 10.c3 ♘c6

(10...♘e6? 11.♕b5+ ♔f8 12.d4 ♕h4+ 13.♔d1+−)

11.♕g3 mit klarem Übergewicht.

4...exf4

Zu weißem Vorteil führen die Abspiele

– 4...cxd5 5.fxe5 ♘c6

(5...d4 6.♘e4 ♘c6 7.♘f3 ♕d5 8.♕e2 ♘xe5 9.♕b5+ ♕xb5 10.♗xb5+ ♗d7 11.♘xd4±)

6.♗b5

(Spielbar ist auch 6.♘f3 ♗g4 7.h3 ♗xf3 8.♕xf3 usw.)

6...♗b4 7.♘f3 ♘ge7 8.d4 ♕a5 9.♗d2±

– 4...♗b4 5.♘f3 ♗xc3 6.dxc3 e4 7.♘e5 cxd5 8.♗b5+ ♔f8 9.♗e3± (Rubinstein).

5.♘f3

Ein natürlicher Entwicklungszug.

Noch nicht ganz verbreitet ist die Alternative 5.♕e2+!?, die wir den Forschern unter den Lesern ans Herz legen möchten.

5...♗d6 6.d4 ♘e7

Natürlich muss Weiß auch ins Kalkül ziehen, was nach 6...♘f6 7.♕e2+ passiert:

A) 7...♔f8 8.♘e5 cxd5

(– Oder 8...♘xd5 9.♘xd5 cxd5 10.♗xf4 ♕c7 11.♕f2 ♘c6 12.♘d3 ♗xf4 13.♘xf4 mit positionellem Vorteil für Weiß, denn der ♗f1 ist seinem schwarzen Kollegen auf c8 überlegen.

– Oder 8...g5 9.h4 ♘xd5 10.♘xd5 cxd5 11.♕h5 ♕e7 12.♕h6+ ♔e8 13.♕g7 ♗xe5 14.dxe5 ♖f8 15.♕xg5 ♕b4+ 16.c3 ♕e4+ 17.♗e2±, Nunn–Anad, Monaco 1995.)

9.♗xf4 ♘c6

A1) 10.♕f2 ♘g4 11.♘xg4 ♗xg4 12.♗d3 ♗xf4 13.♕xf4 h5 (13...♕e7+ 14.♔d2±) 14.0-0±, Gallagher–Nemet, Suhr 1990

A2) 10.0-0-0 ♗xe5 11.dxe5 ♗g4 12.♕d2 ♗xd1 13.exf6 ♗h5 14.fxg7+ ♔xg7 15.♗h6+ ♔g8 16.♕xd5 ♗g6 17.♗c4 mit weißem Vorteil, Analyse von Glaskow.

B) 7...♕e7 8.♕xe7+ ♔xe7 9.♘e5 ♘xd5 10.♘xd5+ cxd5 11.♗xf4 ♘c6 12.0-0-0 ♗e6 13.c3 ♖ac8 14.♘xc6+ bxc6 15.♗xd6+ ♔xd6 16.♗d3 mit einem bequemen Endspiel für Weiß, denn Schwarz hat einen schwachen Läufer auf e6, Ermenkow–Kurguz, FPart 1982/83.

7.♗c4

Setzt die Entwicklung fort und verteidigt den ♙d5. Es gibt auch eine gute Alternative für Weiß, nämlich 7.dxc6 ♘bxc6

A) 8.♗c4 0-0

(– 8...♗g4 9.♗xf7+ ♔xf7 10.♘g5+ ♔e8 11.♕xg4 ♘xd4 12.0-0 ♘ef5 13.♗xf4 h5 14.♖ae1+ ♔d7 15.♕h3+–, M. Nagy–Dosa, Paks 1995

– 8...♗f5 9.0-0 ♘b4 10.♗b3 0-0 11.♘g5 ♕b6 12.♗xf4±, Aabling Thomsen–Kulago, San Sebastian 2007)

9.0-0 ♗g4

(9...♘g6 10.♘e4 ♗f5 11.♘xd6 ♕xd6 12.c3 a6 13.♗d3 ♗xd3 14.♕xd3 ♖fe8 15.♗d2 b5 16.a4 b4 17.♖ae1±, Popovych–Shahade, Philadelphia 1989)

10.♘e4 ♗c7 11.c3 ♘d5 12.♘c5 ♖b8 13.♕e1 ♖e8

(Auf 13...g5 folgt 14.♘xg5! ♕xg5 15.♘e4 ♕f5 16.♗xd5 ♖be8 17.h3 ♗xh3 18.♕h4 mit weißem Übergewicht.)

14.♕h4 ♕xh4 15.♘xh4±, Illescas–Nunn, Dubai 1986

B) 8.d5 ♘b4 9.♗c4 ♗f5 10.♗b3 0-0 11.0-0 ♗g4 12.♘e4 ♘f5 13.c3 ♘a6 14.♗c2 ♗c7 15.♘f2 ♗xf3 16.♕xf3 ♘e3 17.♗xe3 fxe3 18.♘g4 ♕g5 19.♖ae1 ♖ae8 20.♔h1 e2 21.♖xe2 ♖xe2 22.♕xe2 ♕xd5 23.♗b3 ♕d7 24.♘e5 ♗xe5 25.♕xe5 ♘c7 26.h3 ♕c8 27.♕e7 ♔h8 28.♖xf7+–, Spasski–Zsu. Polgar, Wellington 1988

7...0-0

Das Spiel nach 7...cxd5 bevorteilt Weiß; z.B. 8.♗xd5

(8.♘xd5?? ♘xd5 9.♗xd5 ♕a5+ –+)

A) 8...♘xd5 9.♘xd5 ♕a5+ 10.♘c3 0-0 11.0-0 ♗g4

(11...♘c6 12.♘e2 ♕f5 13.c4 ♖e8 14.♘c3 ♗d7 15.a3 und die weiße Bauernmehrheit am Damenflügel kommt ins Rollen, Weegenaar–Knoppel, FPart 2002.)

12.♘e4±.

B) 8...0-0 9.0-0 ♘bc6 10.♗b3 ♗g4 11.♘e4 ♗c7 12.c3 ♘g6 13.♘f2 (13.h3!?) 13...♗f5 14.♘d3 ♘a5 15.♘fe1 ♘xb3

(Nach 15...♕g5 empfiehlt GM Michaltschischin 16.♕f3 ♗g4 17.♕f2 ♘xb3 18.axb3 ♕b5 19.♘xf4 ♗xf4 20.♗xf4 ♗e2 21.c4 ♕e8 22.♗d6 ♗xf1 23.♔xf1 ♘e7 24.♕e2 ♘f5 25.♗xf8 ♕xf8 26.♘c2 ♕d6 27.♔g1 ♘xd4 28.♕d3±.)

16.axb3 ♕h4

(16...♕g5 17.♕f3 ♖ae8 18.♘xf4 ♗g4 19.♕g3 ♖xe1 20.♖xe1 ♘xf4 21.♖e4 ♘e2+ 22.♖xe2 ♕xc1+ 23.♖xc1 ♗xg3 24.♖e7± Nunn)

17.♕f3 ♖ae8 18.♗xf4 ♘xf4 19.♘xf4 ♗e4 20.♕h5 ♕d8 21.g3±, Hebden–Nunn, London 1987

8.0-0 ♗g4 9.dxc6 ♘bxc6 10.♘e4

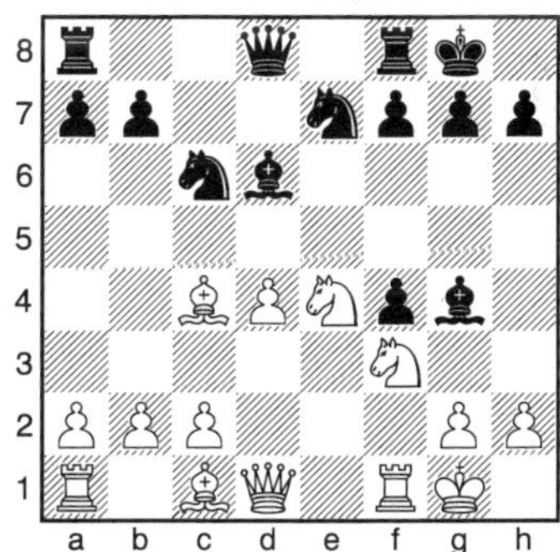

10...♗c7

Diese Fortsetzung trifft man in der Praxis am meisten an, denn Schwarz möchte seinen Läufer behalten.

Andere Ideen sind:

I. 10...♖c8 mit der Absicht ♗d6–b8.

Schauen wir uns ein paar Varianten an: 11.c3 ♗b8 12.♕d3

A) 12...♗f5 13.♖e1

(13.♘h4 ♘b4 14.cxb4 ♗xe4 15.♗xf7+ ♖xf7 16.♕xe4 ♕d5 17.♖e1 g5 18.♘f3 g4 19.♘e5 ♗xe5 20.♕xd5 ♘xd5 21.♖xe5 ♘xb4=, Petr–Polak, Olomouc 2010)

13...♘d5 14.♕f1 ♘a5 15.♗d3 ♖e8 16.♗d2 und Weiß steht etwas besser. Sein Plan ist ♖e1-e2, ♖a1-e1 usw.

B) 12...♘g6 13.♗b3 ♗f5 14.♗c2 ♖e8 15.♘f6+ ♕xf6 16.♕xf5 ♕xf5 17.♗xf5 ♖cd8 18.♗d2 Δ♖a1-e1 und besseren Perspektiven für Weiß, Kolar–Zitek, Tschechien 1999.

II. 10...♘g6 11.c3 ♖c8

A) 12.♗d3 ♘ce7 13.♕b3 ♗b8 14.♗d2

(Zu erwägen ist 14.♕xb7 ♖c6 15.♕b3±.)

14...♖c6 15.♖ae1 und Weiß hat seine Entwicklung beendet und steht etwas besser, Olesen–Hellsten, Kopenhagen 1995.

B) 12.a4 ♘ce7 13.♕b3 ♖c7 14.♘fg5 ♘c6

(Auf 14...♘c8 ist 15.♗d3!? stark.)

15.♘xd6 ♕xd6 16.♗d3 ♖e7

(16...♘ce7 17.♘xh7 ♔xh7 18.♗xf4 ♕c6 19.♗xc7 ♕xc7 20.♖xf7+–)

17.♗xg6 hxg6 18.♗xf4 mit Vorteil für Weiß.

III. 10...♘f5 11.c3 ♘h4 (11...♖c8 12.♕d3!) 12.♔h1 ♕d7 und in der Partie Jonkman–Pavasovic, Budapest 1994, hätte Weiß einfach wie folgt spielen sollen: 13.♘xd6! ♕xd6 14.♗xf4 ♕xf4 15.♘xh4 mit einem Mehrbauern.

11.c3 ♘g6

Der Springer verstärkt die Verteidigung des ♙f4.

Andere Versuche sind:

– 11...♖c8 12.♕d3 ♘a5 13.♗b3 ♘xb3 14.axb3 a6 15.♗d2 ♖e8 16.♖ae1 ♗b8 17.♔h1 ♘g6 18.♘f2 ♗e6 19.c4 ♕d7 20.d5 ♗f5 21.♕d4 f6 22.♘d3 ♗xd3 23.♕xd3 ♘e5 24.♘xe5 fxe5 25.♗c3 b5 26.♖e4 ♗d6 27.♖fe1 ♕f5 28.♕e2 mit Druck gegen den ♙e5, Chow–Kotlyar, Chicago 1993

– 11...♗xf3 12.♖xf3 ♘e5 13.♖h3 h6

(13...♘xc4 14.♘f6+! gxf6 15.♕h5+–)

14.♘f6+! ♔h8 (14...gxf6 15.♕h5+–) 15.♗xf4 ♘5g6 16.♗xh6! gxh6 17.♕h5 ♔g7 18.♖f1 ♖h8 19.♘h7 1-0, Westerinen–Engqvist, Gausdal 1990

12.♘f2

Nicht schlecht ist auch die Entfesselung mit 12.♕c2; z.B. 12...♗xf3 13.♖xf3 ♗b6? (13...♖c8! ist stärker.) 14.♗xf4 ♗xd4+ 15.♔h1 ♗e5? (⌓15...♘xf4) 16.♗g5 ♕c7 17.♖af1 ♘d8 18.♗b3 ♕c6 19.♗xd8 ♖axd8 20.♗xf7+ 1-0, Schumacher–Geider, FPart 1991.

12...♗h5

Auf 12...♗f5 sieht 13.♗d3 logisch aus. Einen kurzen Verlauf hatte eine Partie Bangijew–Reiners, Wedemark 1997: 13.b4 ♕f6 14.♘d3 ♖ad8 15.♘c5 ♗c8 16.♗d2 ♖fe8 17.♗d3 ♘h4 18.♘e4 ♕e7 19.b5 ♘e5 20.♘xe5 ♗xe5 21.♗xf4 ♗xf4 22.♖xf4 ♘g6 23.♖f1 ♕c7 24.♕h5 ♗e6 25.♖ae1 ♖d5 26.♘g5 h6 27.♘xe6 1-0.

13.♕d3 ♘a5

Schwach ist 13...♘h4? 14.♘xh4 ♕xh4 15.♕h3 ♕xh3

(15...♕g5 16.♘e4 ♕g6 17.♗xf4 ♗g4 18.♕g3 ♕xe4 19.♖ae1 ♗xf4 20.♖xf4 ♕c2 21.♖xg4 g6 22.♕f2 ♕xf2+ 23.♔xf2+–, Jonkman–De Haas, Haarlem 1998)

16.♘xh3 ♖ac8 17.♗d3 ♖fe8 18.♗xf4 ♗e2 19.♗xe2 ♖xe2 20.♖fe1 ♖xe1+ 21.♖xe1 f6 22.♔f2 mit weißem Endspielvorteil, Mohr–Lenz, Oberwart 1995.

14.♗b5

Weiß will seinen weißfeldrigen Läufer behalten.

Nach 14.♗b3 ♘xb3 15.axb3 ♖e8 16.♗d2 a6 17.♖ae1 ♕d7 hat Schwarz Ausgleich, MacLeod–Thomson, Schottland 1996.

14...a6 15.♗a4 ♕d5 16.♘e4 ♗g4 17.♗c2 ♖fe8 18.b3 ♘c6 19.h3 ♗h5

Im Duell Efendiyev–Kuiper, FPart 1999, geschah 19...♗c8 20.♗d2 b6 21.♘eg5 ♘ce7 22.c4 ♕d8 23.♘h4 ♘f5 24.♘xf5 ♕xg5 25.♖ae1 ♗d7 26.♗b4 ♕h5 27.d5 ♘e5 28.♕e4 ♘c6 29.♘e7+ ♘xe7 30.♗xe7 und der starke Freibauer d5 gibt Weiß gute Perspektiven, die dieser in der genannten Partie zum späteren Sieg entwickelte.

20.♗d2 nebst ♖a1-e1 mit guten Perspektiven für Weiß.

Zusammenfassung: Auch in diesem Abspiel hat Weiß bessere Chancen. Das Falkbeer-Gegengambit sollte für Weiß keine größere Gefahr sein. Wir empfehlen Ihnen die Analyse der thematischen Beispielpartien, die diese These untermauern.

Kapitel 3
Fortsetzung 2... d6

1.e4 e5 2.f4 d6

Schwarz verteidigt auf einfache Weise den ♙e5.

3.♘f3

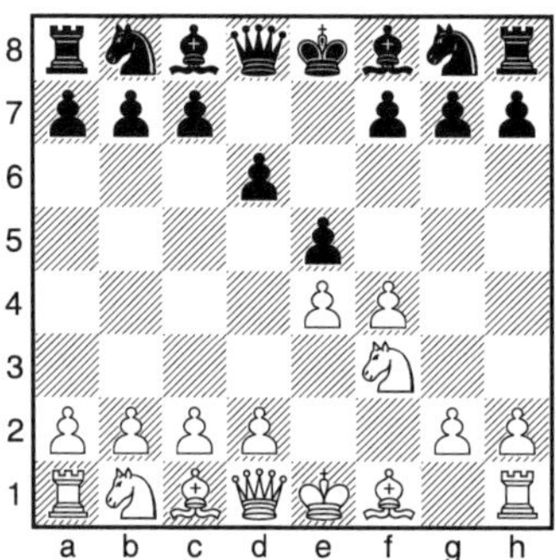

Weiß greift eben diesen Bauern konsequent weiter an.

3...exf4

Die prinzipiellste Erwiderung. Ausprobiert wurden auch andere Pläne:

I. 3...♗g4 4.♗c4

A) 4...♗xf3 5.♕xf3 exf4 6.d3 ♘f6 7.♗xf4 ♘c6 8.♗b5

(8.♘c3!? mit Vorbereitung der 0-0-0 kommt auch in Frage.)

8...♕d7 9.♘c3 a6 10.♗xc6 ♕xc6 11.0-0-0 0-0-0 12.♘e2 ♕d7 13.♖hf1 ♗e7 14.♘g3 ♖df8 15.♘f5 und Weiß hat ordentlich Wind unter den Flügeln, der ihm ein aktives Spiel verspricht, Farkas-Marko, Tatranske Zruby 2006.

B) 4...♘c6 5.0-0 exf4

(5...♘d4? ist schwach wegen 6.♗xf7+! ♔xf7 7.♘g5+ ♔e8 8.♕xg4 ♘xc2 9.fxe5 ♘h6 10.♕e6+ ♕e7 11.♕b3 ♘xa1 12.♕xb7 ♖d8 13.e6 und Schwarz steht bereits kritisch.)

6.d4 g5 7.c3 ♗xf3 8.♕xf3 ♕d7 9.b4 0-0-0 10.g3 ♗h6 11.gxf4 gxf4 12.♗xf4 ♗xf4 13.♕xf4 f6 14.♘d2 ♘ce7 15.a4 mit guten Perspektiven am Damenflügel, Capablanca-Klang, USA 1918.

C) 4...♘f6 5.♘c3 ♘c6 6.0-0 ♗e7 7.d3 0-0 8.♘d5 ♘a5 9.fxe5 dxe5 10.♘xe7+ ♕xe7 11.♗b3 ♘xb3 12.axb3 ♘d7 13.♕e1 a6 14.♔h1 ♖ad8 15.♕g3 ♗xf3 16.♖xf3 ♔h8 17.♗e3±, Moronta Furio-Ruiz Diez, Castellon 2004

II. 3...♘c6

A) 4.♗b5 ♗d7 5.0-0 ♘f6 6.d3 ♗e7 7.♘c3 0-0 8.♔h1 a6? (△8...exf4) 9.♗xc6 ♗xc6 10.fxe5 dxe5 11.♘xe5+−, Freter-Weinmann, Bonn 2011

B) 4.♗c4 ♗e7

(4...exf4 5.d4 ♘f6 6.♘g5 d5 7.exd5 ♘a5 8.♗b5+ ♗d7 9.♗xd7+ ♕xd7 10.♗xf4 ♘xd5 11.0-0 ♗e7 12.♘xf7 0-0 13.♘e5 ♕b5 14.♘c3 ♘xc3 15.bxc3 mit weißem Vorteil, Koechler-Dupont, La Fere 2011.)

5.d3

(5.0-0 ♘f6 6.♘c3 0-0 7.d3 ist auch möglich.)

5...♘f6 6.♘c3 0-0 7.a3 ♗g4 8.h3 ♗xf3

9.♕xf3 exf4 10.♗xf4 ♘e5 11.♗xe5 dxe5 12.0-0 (12.0-0-0!?) 12...♗c5+ 13.♔h1 ♕e7 14.♘e2 mit dem Plan ♘e2-g3-f5 und guten Aussichten auf ein druckvolles Spiel am Königsflügel, Domont–Nabavi, Biel 2010.

III. 3...♘f6 4.♘c3

A) 4...♘bd7 5.♗c4 ♗e7 6.0-0 (6.d4!? ist aktiver.) 6...c5 7.d3 exf4 8.♗xf4 0-0 9.♕e1 ♘h5 10.♗e3 ♘b6 11.♗b3 ♗e6 12.♘d5 ♘xd5 13.exd5 ♗d7 14.c4 f5 und Schwarz erlangt Gegenspiel, Hubacek–Kubelova, Nachod 2011.

B) 4...♘c6 5.♗b5 (5.d4!?) 5...♗d7 6.d3 ♕e7 7.0-0 0-0-0 8.♘d5 ♘xd5 9.exd5 ♘d4 10.♗xd7+ (10.♘xd4!? exd4 11.♖e1 ♕h4 12.♗xd7+ ♖xd7 13.♖e8+ ♖d8 14.♖e4±) 10...♕xd7 11.fxe5 ♘xf3+ 12.♕xf3 dxe5 13.♗e3 f6 14.c4 ♔b8 15.♕f2 und Weiß konnte die Partie letztendlich für sich entscheiden, Spielmann–Kramer, Dortmund 1928.

IV. 3...♘d7

A) 4.♘c3 ♗e7

(4...exf4 5.d4 g5 6.h4 g4 7.♘g1 ist günstig für Weiß.)

5.d4 exd4 6.♕xd4 ♘gf6 7.♗c4 mit dem Plan ♗c1-e3 und 0-0-0.

B) 4.d4 exd4 5.♕xd4 ♘gf6 6.♘c3 c6 7.♗e2

(7.♗e3!? nebst 0-0-0 ist eine vielversprechende Alternative.)

7...♗e7 8.e5 dxe5 9.fxe5 ♗c5 10.♕h4 ♘d5 11.♕g3 ♘xc3 12.bxc3 g6 13.♗h6 ♕a5 14.♘d2 ♗e7 15.♘c4 ♕d5 16.♖d1 ♕e4 17.♘d6+ ♗xd6 18.exd6± und wegen der unsicheren Position des schwarzen Königs verfügt Weiß über einen klaren Vorteil, Srebrnic–Cepon, Nova Gorica 2011.

4.d4 g5 5.♗c4

Dies ist der Standardzug in Stellungen dieser Art. Der Läufer hat das Feld f7 im Visier.

5.h4 haben wir in der **Partie Nr. 15:** Karacsony–Duzs, Aggtelek 1999, analysiert.

5...♗g7 6.0-0 h6 7.g3!

Es geht um die Zerstörung der schwarzen Bauernstruktur und die Öffnung der Stellung am Königsflügel.

7...g4

– 7...♘c6 8.gxf4 g4 9.d5 gxf3 (9...♘a5 10.♘fd2±) 10.dxc6 bxc6 11.♕xf3

– oder 7...♗h3 8.♖f2 ♘c6 9.♗b5 fxg3 10.hxg3 a6 11.♗xc6+ bxc6 12.♘c3 – jeweils mit verteilten Chancen.

8.♘h4 f3 9.c3

Einen scharfen Verlauf zeigte eine Partie Van't Hof–Visser, Telechess 2006: 9.♘c3 ♘c6 10.♗e3 ♘ge7 11.♘xf3 gxf3 12.♕xf3 0-0 13.♗xf7+ ♔h8 14.♕h5 ♘g8 15.♗xg8 ♔xg8 16.♗xh6! ♗xh6 17.♕xh6 1-0.

9...♘e7 10.♘d2 ♗e6 11.♕b3 ♗xc4 12.♘xc4 ♕c8 13.♗f4 0-0

Nach 13...♘bc6? folgt 14.♗xd6! 0-0 15.♗xe7 ♘xe7 16.♘e3 b6 17.♖ae1 ♕d7 18.♘hf5 ♘xf5 19.♘xf5 und die weiße Stellung ist vorzuziehen, Frink–Jancura, Tatranske Zruby 2011.

14.♘e3 mit ausreichendem Ersatz für den geopferten Bauern. Der Springer droht mit dem Sprung nach f5.

Zusammenfassung: In dieser Variante kommt Schwarz über eine recht passive Rolle nicht hinaus. Weiß verfügt über einen klaren Plan, dessen Umsetzung ihm die besseren Perspektiven verspricht.

Kapitel 4
Fortsetzung 2...♕f6

1.e4 e5 2.f4 ♕f6

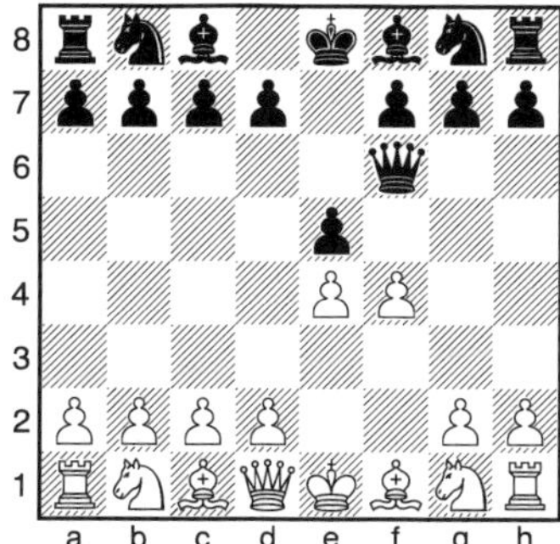

Diese originelle Fortsetzung wurde von Stefan und Peter Bücker erforscht und trägt daher den Namen der Heimat der beiden Protagonisten – nämlich Nordwalder-Variante. Heutzutage wird sie allerdings selten gespielt.

3.♘c3

Der beste Entwicklungszug.

3...♕xf4

Die Erwiderung 3...exf4 wird mit 4.♘f3 beantwortet und nach z.B. 4...c6 stehen Weiß zwei gute Wege zur Verfügung:

A) 5.♗c4 g5

(Zu überlegen ist 5...d6!? 6.d4 ♗g4 nebst ♘b8–d7 und 0-0-0.)

6.d4 ♗b4 7.h4 ♗xc3+ 8.bxc3 g4 9.♘e5 d5

(9...♘h6 10.0-0 ♕xh4 11.♖xf4+–)

10.exd5 ♘h6 11.♕d2 0-0 12.♕xf4 ♕xf4 13.♗xf4 ♘f5 14.♔d2 h5 15.g3 ♘d6 16.♗d3 cxd5 17.♘xg4 ♗xg4 18.♗xd6 ♖e8 19.♗xb8 ♖axb8 20.♖ae1± und Weiß behauptet einen Mehrbauern und ist klar im Vorteil, Rotsch–Filmann, Griesheim 2000.

B) 5.d4 d6 6.e5 ♕h6 7.g3 g5 8.♘e4 ♗e7

(8...dxe5 9.dxe5 ♗g4 10.♗c4+–)

9.exd6 ♗xd6 10.♘fxg5 ♕g6

(10...fxg3 11.♕f3 f5 12.hxg3+–)

11.♘xd6+ ♕xd6 12.♗xf4 ♕e7+ 13.♕e2 ♕xe2+ 14.♗xe2 h6 15.♘e4+–, Shalnev–Bojarko, FPart 1960

4.♘f3

Weiß muss sehen, dass er seine PS so schnell wie möglich auf den Asphalt bekommt. Die Entwicklung ist deshalb sehr wichtig im Kampf gegen den schwarzen König.

Stark ist auch 4.d4!? mit der möglichen Folge:

A) 4...♕f6 5.♘f3 (5.dxe5 ♕xe5 6.♘f3 ♕e7 7.♗c4±) 5...exd4 6.♘d5 ♕d8 7.♗f4 d6 8.♕xd4 ♘c6 9.♗b5 (9.♕c3!?) 9...a6 10.♗a4 ♗d7 (10...b5 11.♕c3!) 11.♕c3 nebst 0-0-0 mit weißem Vorteil.

B) 4...♕h4+ 5.g3 ♕d8 6.dxe5 d6

(6...♘c6 7.♘f3 ♗c5 8.♗c4 ♘ge7 9.♖f1 h6 10.♘a4 ♗b6 11.♗xh6! gxh6 12.♗xf7+ ♔f8 13.♘h4 1-0, Grott–Vetter, FPart 2001)

7.♗f4

(7.exd6 ♗xd6 8.♗f4 ♗xf4 9.♕xd8+ ♔xd8 10.gxf4 ♗g4 11.h3 ♗h5 12.♘ge2 ♗xe2 13.♗xe2 c6 14.0-0-0+ ♔c7 15.♖hg1 g6 16.e5 ♘d7 17.♘e4±, Welling–Legemaat, Niederlande 1997)

7...♘c6

(Die Variante nach 7...dxe5 haben wir in der **Partie Nr. 16:** Spasski-David, Frankreich 1993, analysiert.)

8.♘f3 dxe5 (8...♗g4 9.♗b5!) 9.♘xe5 ♕xd1+ 10.♖xd1 ♘xe5 11.♗xe5 ♗g4 12.♗e2 ♗xe2 13.♔xe2

Schon im 13. Zug steht die Partie an der Schwelle zum Endspiel, das für Weiß bequemer als für den Nachziehenden zu führen sein wird.

4...♗b4

Danach droht Schwarz auf c3 und e4 zu schlagen.

Hier ein Blick auf zwei Alternativen:

I. 4...f6 5.♗e2

(5.d4!? ist auch möglich; z.B. 5...♕g4 6.dxe5 fxe5 7.♗e2 ♕xg2 8.♖g1 ♕h3 9.♘d5 ♔d8 10.♖g3 ♕h5 11.♗g5+ ♘e7 12.♘xe5 ♕xh2 13.♘f7+ ♔e8 14.♘xc7+ ♔xf7 15.♕d6+–.)

5...♕g4 6.0-0 ♕e6 7.d4 c6 8.dxe5 ♗c5+ 9.♔h1 d6 (9...fxe5 10.♘g5 ♕e7 11.♘f7+–) 10.exd6 ♕xd6 11.♕e1 ♘d7 12.♗c4 ♕e7 13.e5 fxe5 14.♗xg8 ♖xg8 15.♗g5 ♘f6 16.♘e4 ♗f5 17.♘xc5 ♕xc5 18.b4 ♕e7 19.♘xe5 ♗xc2 20.♕h4 0-0-0 21.♖ae1 ♖ge8 22.♗xf6 gxf6 23.♘xc6 ♕xe1 24.♘xa7+ ♔b8 25.♖xe1 ♖xe1+ 26.♕xe1 ♖d1 27.♕xd1 ♗xd1 28.♘b5+– und das Endspiel ist für Weiß gewonnen, Saksis–Lunek, ICCF FPart 2001.

II. 4...d6 5.d4 ♕g4 6.♗c4 ♘c6 7.0-0 f6 (7...exd4 8.♗xf7+!) 8.♘b5 ♕d7 9.♗e6 ♕e7 10.♗xc8 ♖xc8 11.d5 ♘d8 12.♘xa7 ♖a8 13.♘b5±

5.♗c4 ♗xc3 6.0-0!

Weiß will keine Zeit verlieren und schnell einen Königsangriff organisieren, sogar zum Preis einer Figur.

6...f6

Um den ♙e5 zu stärken. Andere Züge bringen nichts ein:

I. 6...♕xe4 7.♗xf7+! ♔f8 8.♗xg8 ♔xg8 9.dxc3 h6 10.♖e1 ♕f5 11.♖xe5 ♕f7 12.♕e2 ♔h7 13.♗xh6!+–, Marolt–Venturas, IECG FPart 2001

II. 6...♗a5 7.d4 ♕xe4 8.♗xf7+! ♔e7

(8...♔d8 9.♗xg8 ♖xg8 10.♗g5+ ♔e8 11.♘xe5 h6 12.♕h5+ g6 13.♕xh6 ♕xd4+ 14.♔h1 ♕xe5 15.♕h7 ♕g7 16.c3! d6 17.♖ae1+ ♔d7 18.♖f7+ +–, Sanchez Almeyra–Lugo, Matanzas 1992)

9.♗g5+ ♘f6 10.dxe5 ♔xf7 11.exf6 ♖f8 12.♘e5+ ♔g8

(12...♕xe5 13.fxg7+ ♔xg7 14.♕g4 d6 15.♗f6+ ♔f7 16.♗xe5+ +–)

13.fxg7 ♖f5 14.♖xf5 ♕xf5 15.♗h6 d6 (15...♕xe5 16.♕f3+–) 16.♕d5+ ♗e6 17.♕xb7 ♕h5 18.♕xa8 ♕xh6 19.♕xb8+ ♔xg7 20.♘d3+–, Tarmak–Baer, IECG FPart 1999

III. 6...♗b4 7.d4 ♕g4 (7...♕xe4 8.♗xf7+!) 8.♗xf7+! ♔d8 9.h3 ♕xe4

(9...♕g3 10.♗xg8 ♖xg8 11.♘xe5 d6 12.♗g5+ ♔e8 13.♕h5+ g6 14.♕xh7+–)

10.♗xg8 ♖xg8 11.♗g5+ ♗e7 12.♖e1

♕g6 13.♗xe7+ ♔xe7 14.♘xe5 ♕f5 15.♘c6+ ♔f8 16.♘e7+-

7.dxc3 ♕g4 8.♗f7+! ♔e7

Oder 8...♔d8 9.h3 ♕g3 10.♗d2 d6 11.♗e1 ♕f4 12.♕e2 ♘e7 13.♗d2 ♕g3 14.♘g5 ♕h4 (14...fxg5 15.♗e1+-) 15.♗h5 fxg5 16.♗e1 und die schwarze Dame muss sich vom Brett verabschieden.

9.h3 ♕xe4

Auch 9...♕g3 verliert wegen 10.♘g5! ♕h4

(10...fxg5 11.♖f3 ♕h4 12.♗xg8 ♖xg8 13.♕d5+-)

11.♕f3 d6 12.g3 ♕h6 13.h4 g6 14.♗xg8 ♕g7 15.♘xh7 ♘d7 16.♘xf6 ♖xg8 17.♘d5+ ♔e8 18.♘xc7+ 1-0, Van Kempen–Duke, FPart 1991.

10.♗xg8 ♖xg8

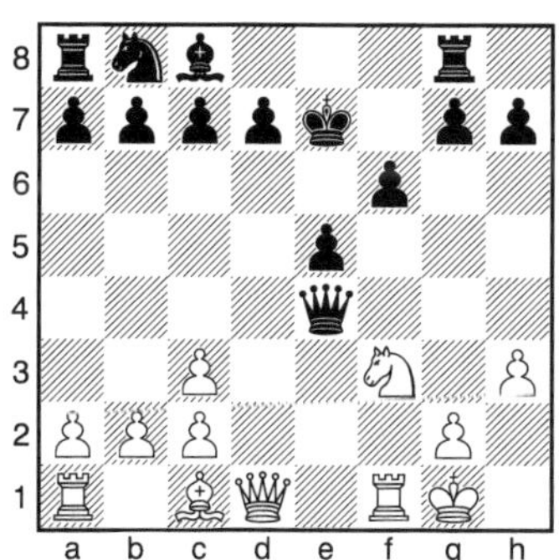

11.♖e1!

Am einfachsten, obwohl auch 11.♘xe5!? interessant ist.

A) 11...fxe5 12.♗g5+ ♔e8

(12...♔e6 13.♕h5 ♔d6 14.♕f7+-)

13.♖e1 ♕f5 14.♕h5+ g6 15.♕xh7 ♕xg5 (15...♖f8 16.♕e7#) 16.♕xg8+ ♔e7 17.♕xc8+-

B) 11...d6 12.♖e1 ♕xe1+ 13.♕xe1 dxe5 14.♕h4 h6 15.♕b4+ ♔e8 16.♕c4 ♖f8 17.♕xc7 ♘d7 18.♗e3+

11...♕f5 12.♘xe5! fxe5 13.♕d5 d6 14.♕xg8 ♗e6

Auf 14...♘c6 kann einfach 15.♖f1 folgen: 15...♕g6 16.♗g5+! ♕xg5 17.♖f7+ ♔e6 18.♖xg7+ usw.

15.♕xg7+ mit materiellem Vorteil.

Zusammenfassung: Der Damenausfall 2...♕f6 sollte Schwarz kein gutes Spiel einbringen. Aus diesem Grund wird er tatsächlich kaum gespielt.

Kapitel 5
Fortsetzung 2...♘f6

1.e4 e5 2.f4 ♘f6

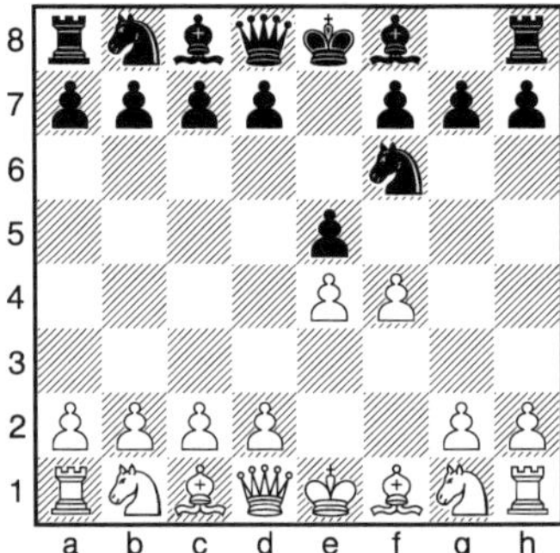

Als Gegengewicht zu dem Druck auf den ♙e5 greift Schwarz den Kollegen auf e4 an. Diese Variante kommt selten auf das Brett. Weiß muss aber genau spielen, wenn er einen Vorteil erreichen will.

3.♘f3

Dieser normale Entwicklungszug scheint uns der beste Pfeil im Köcher des Anziehenden zu sein. Aber schauen wir uns auch grundsätzlich in Betracht kommende Alternativen an:

I. 3.♘c3

A) 3...d5 4.exd5 e4 5.d3 ♗b4 6.♗d2 e3 7.♗xe3 ♘xd5

(7...0-0 8.♗d2 ♖e8+ 9.♗e2 ♗g4 10.♘e4 ♕xd5 11.♘xf6+ gxf6 12.♔f1±, Natapow–D. Gurevich, Alushta 1977)

8.♗d2 0-0 9.♘xd5 ♗xd2+ 10.♕xd2 ♕xd5 11.c4

(11.♘f3!? ist wohl stärker.)

11...♖e8+ 12.♔d1? (12.♘e2!) 12...♕d6 13.h3 c5 14.♘f3 ♘c6 mit schwarzer Initiative für den Bauern, Arizanow–Ismaili, Struga 2005.

B) 3...♘c6 4.fxe5 ♘xe5 5.d4 ♘c6

(5...♘g6 6.e5 ♘g8 7.♘f3 d6 8.♗c4 nebst 0-0 mit starkem Angriff.)

6.e5 ♘g8 7.♘f3 d6

(7...♗b4 8.♗c4 d5 9.exd6 ♗xc3+ 10.bxc3 ♕xd6 11.0-0 ♗e6 12.♗xe6 fxe6 13.♘g5!+–)

8.♗b5 ♗d7 9.0-0 ♗e7 10.♕e2 ♗g4 11.♕e4 ♕d7 12.d5+–, Bove–Calisti, Perugia 2009

II. 3.fxe5 ♘xe4 4.♘f3 ♘g5!

(4...d5? 5.d3 ♘c5 6.d4 ♘e4 7.♗d3 ♗e7 8.0-0 0-0 9.c4 ♗e6 10.♕c2 c6 11.♘c3 ♘xc3 12.♗xh7+ ♔h8 13.bxc3 dxc4 14.♖b1 b5 15.♗e4 a5 16.♕e2 g6 17.♕e3 1-0, Bronstein–Kostro, Tiflis 1969)

5.d4 ♘xf3+ 6.♕xf3 ♕h4+ 7.♕f2 ♕xf2+ 8.♔xf2 ♘c6

A) 9.c3 d6 10.exd6 ♗xd6 11.♘d2 ♗e6 12.♘e4 ♗e7 13.♘g5 ♗xg5

(13...♗f5 14.♗c4 ♗g6 15.♖e1 0-0-0 16.♗f4±)

14.♗xg5 h6 15.♗h4 g5 16.♗g3 0-0-0 17.♗b5 f5 18.♗xc6 bxc6 19.♗e5 ♖hg8 20.h4± Fischer–Wade, Vinkovci 1968

B) 9.♗e3 d6 10.exd6 ♗xd6 11.c3 ♘e7 12.♘d2 ♘d5 13.♘c4 ♗e7 14.♗d2 ♗e6 15.♘e5 0-0-0 16.♗c4 f6 17.♘f3 ♘f4 18.♗xe6+ ♘xe6 19.♖he1

♔d7 20.♖e4 ♗d6 21.♖ae1 ♖he8 22.b4 und das weiße Spiel ist vorzuziehen, was sich besonders mit der Initiative und dem Raumvorteil begründet, J. Polgar–Villegas, Rio Gallegos 1986.

3...♘xe4

I. 3...exf4 siehe **Partie Nr. 17:** Spasski–Pytel, Nizza 1974.

II. 3...d5 4.fxe5 dxe4

(4...♘xe4 5.d3 mit Übergang in die Hauptvariante.)

5.exf6 exf3 6.♕xf3 ♕xf6 7.♕xf6 gxf6 8.d4 ♗f5 9.c3 ♘d7 10.♗c4 ♗g6 11.0-0 0-0-0 12.♗f4 ♘b6 13.♗b3 ♗d6 14.♘d2 ♖he8 15.♗xd6 ♖xd6 16.♖ae1 und wegen der geschwächten schwarzen Bauernstruktur auf der rechten Seite steht Weiß besser.

4.d3

4.fxe5 geht auch, worüber unter Zugumstellung Positionen erreicht werden, die wir nach 3.fxe5 analysiert haben.

4...♘c5 5.fxe5

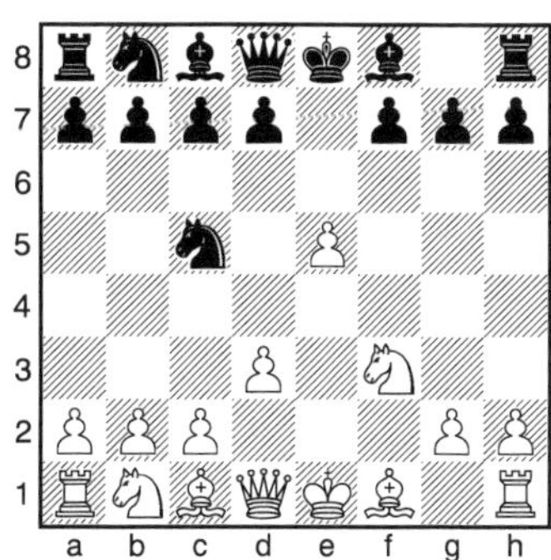

5...d5

Nach 5...d6 folgt wie in der Hauptvariante 6.d4 ♘e6 7.exd6 ♗xd6 8.♗c4 0-0 9.0-0 c6 10.♘c3 ♕c7 11.♘e4 ♗f4 12.♗xf4 ♘xf4 (12...♕xf4 13.♕e1!) 13.♘e5 ♘d5 14.♕h5 f6 und nun:

A) 15.♘xf6+! gxf6

(15...♖xf6 16.♕e8+ ♖f8 17.♕xf8#)

16.♖f3 fxe5 17.♗xd5+ cxd5 18.♖xf8+ ♔xf8 19.♖f1+ mit schnellem Matt.

B) 15.♖f3 ♘d7

(15...fxe5 16.♗xd5+ cxd5 17.♖xf8+ ♔xf8 18.♖f1+ und Schwarz kann aufgeben.)

16.♘xd7 ♕xd7 17.♘c3 ♖d8 18.♖e1 g6 19.♕h4 g5 20.♕h6 ♕g7 21.♗xd5+ cxd5 22.♕xf6 ♕xf6 23.♖xf6 ♔g7 24.♖f2 mit weißem Vorteil, Yoos–Spears, Vancouver 2003.

6.d4 ♘e6

6...♘e4 7.♗d3 ♗f5 8.0-0 c5 9.♘c3 ♘c6 10.♕e1 ♗e7 11.♘xe4 dxe4 12.♗xe4 ♘xd4 13.♗xf5 ♘xf5 14.♕e4 ist günstig für Weiß, Gabrielian–Purygin, Moskau 2008.

7.c4 c6

7...♗b4+ wurde in der **Partie Nr. 18:** Bronstein–Jussupow, UdSSR 1981, gespielt.

8.♘c3 ♗e7 9.♗e3 0-0 10.♕d2 b6 11.♗d3 ♘a6 12.cxd5 cxd5

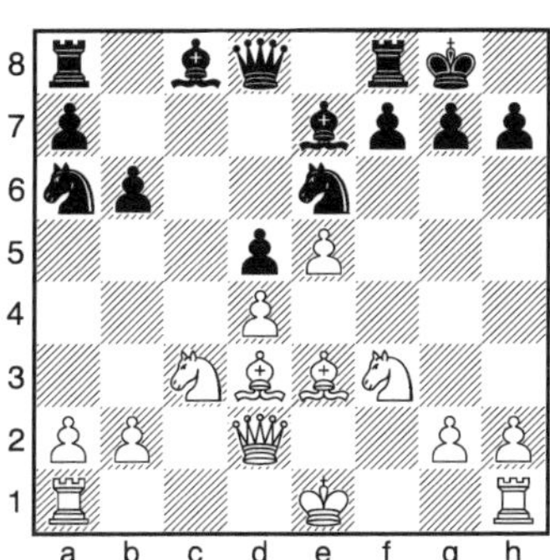

In dieser Position steht Weiß besser, denn er kann auf der f-Linie Druck gegen die gegnerische Königsstellung ausüben. Nun verdient 13.♖c1!? Beachtung.

In der Partie Bronstein – Kholmow, Wilna 1975, wählte Weiß den anderen Plan **13.♖d1** und nach den weiteren Zügen **13...f5 14.exf6 ♖xf6 15.0-0 ♘ac7 16.♘e5 ♘f8 17.♖fe1 ♗d7 18.♗c2 ♗e8 19.♗b3 ♔h8 20.♗g5 ♖e6 21.♕f2 ♗f6 22.♕f3 ♖d6 23.♗f4 ♘fe6 24.♗g3 ♘g5 25.♕d3 ♗h5 26.♖c1 ♘ce6 27.♗c2 ♕g8 28.♗b3 ♕d8 29.♘b5** erreichte er eine gewonnene Stellung.

Zusammenfassung: In dieser Variante hat Schwarz kaum Aussicht auf ein leichtes Leben. Weiß bekommt bessere Perspektiven. Deshalb ist die Fortsetzung 2...♘f6 heutzutage selten anzutreffen.

Kapitel 6
Fortsetzung 2...♕h4+

1.e4 e5 2.f4 ♕h4+

Dieser Idee hat der englische Großmeister Raymond Keene in den 1970er-Jahren neues Leben eingehaucht. Heutzutage wird sie nur noch selten gespielt.

3.g3

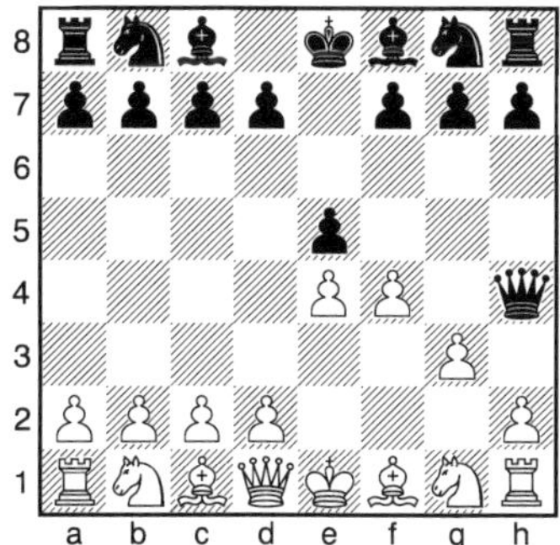

3...♕e7

Nach dieser üblichen Erwiderung droht das Schlagen auf f4.

Andere Züge sind nur Exoten:

I. 3...♕d8 4.♘f3 exf4 5.d4

(Eine natürliche Antwort wäre hier 5.gxf4!?.)

5...fxg3 6.hxg3 d5 7.♕d3 ♘f6

(7...dxe4!? 8.♕xe4+ ♕e7 ist zu empfehlen.)

8.e5 ♘e4 9.♘c3 ♘xg3 (9...♗b4!?) 10.♖h2 ♘xf1 11.♕xf1 ♗b4 12.♗d2 0-0?

(12...♗xc3!? 13.bxc3 ♘c6 wäre eine Option.)

13.0-0-0 ♘c6 14.♕g1

(Energischer ist 14.♘g5! h6 15.♕d3 g6 16.♖xh6+-.)

14...♗xc3 15.♗h6! ♗xb2+ 16.♔xb2 g6 17.♘g5! ♖e8 18.♘xh7 ♖e6 19.♗g5 ♘e7 20.♘f6+ ♔g7 21.♖h7+ ♔f8 22.♗h6#, Jacobsen-Holgarsson, Vestmanna 2011

II. 3...♕f6 4.♘f3

(Die einfache Folge 4.fxe5 ♕xe5 5.♘c3 ist wohl stark für Weiß.)

4...exf4 5.d4 fxg3 6.hxg3 d6 7.♘c3 ♗g4 8.♗g2 ♗xf3 9.♗xf3 ♘e7??

(Es sollte 9...♘d7 geschehen.)

10.e5! dxe5 11.♗xb7+-, Vasilev-Neicheva, Sofia 2010

4.fxe5

Dieses Vorgehen empfiehlt die Theorie. Aber auch andere Pläne sind nicht schlecht:

I. 4.d3

A) 4...d5 5.♘c3 dxe4 6.dxe4 ♘f6

(6...c6 7.fxe5 ♕xe5 8.♗f4 ♕a5 9.♕d4 ♘f6 10.♗c4 ♕c5 11.♕d3 b5 12.0-0-0±, Krastev-Kolev, Sofia 2010)

7.fxe5 ♕xe5 8.♘f3 ♕a5 9.♗d2 ♗b4 10.a3 ♗xc3 11.♗xc3 ♕b6 12.♕d3 ♘bd7 13.e5 ♘g4 14.♕e2 ♕e3 15.h3 ♕xe2+ 16.♔xe2 ♘h6 17.e6 ♘f6 18.g4 ♗xe6 19.g5 ♘f5 20.gxf6 ♘g3+ 21.♔e3 ♘xh1 22.fxg7 ♖g8 23.♗d3 ♘g3 24.♗xh7 0-0-0 25.♖g1 ♘f5+ 26.♔f4 ♘e7 27.♗f6+-, Karker-Padros Simon, FPart 1986

B) 4...d6 5.♘c3 ♘f6 6.fxe5

(6.♗h3!? ♗xh3 7.♘xh3 h6 8.♗e3 ♘bd7 9.0-0 ♘b6 10.a4±, Christiansen–Gibbons, Los Angeles 1980)

6...dxe5 7.♗h3 ♘c6 8.♗xc8 ♖xc8 9.♘f3 ♕d7 10.0-0 ♗c5+ 11.♔g2 0-0 12.♗g5 ♗e7 13.♘h4 ♘g4 14.♕c1 (14.♘f5!?) 14...h6?

(14...♗xg5! 15.♕xg5 h6 16.♕d2 ♕e6=)

15.♗xe7 ♘xe7 16.h3 ♘f6 17.♖xf6! gxf6 18.♕xh6 ♕c6 19.♖f1 f5 20.♕g5+ ♘g6 21.♘xf5 ♖ce8 22.♘d5+–, Bermejo Arruego–De la Cruz, San Sebastian 2000

C) 4...exf4 5.♗xf4 d5 6.♘c3 ♗e6 7.♕e2 dxe4? (△7...♘f6!) 8.dxe4 c6 9.0-0-0 ♘d7 10.♘f3 0-0-0 11.♕a6! ♕c5 (11...bxa6 12.♗xa6#) 12.♘a4 ♕e3+ 13.♗xe3 bxa6 14.♗xa6+ ♔b8 15.♘e5 ♔c7 16.♘xf7 1-0, Chalupnik–Solozchenkin, Gdynia 1989

D) 4...♘f6 5.fxe5 ♕xe5 6.♘f3 ♕e7 7.♘c3 d5 8.e5 ♘g4 9.d4 ♗e6 10.♗g2 c6 11.0-0 ♘d7 12.a3 0-0-0 13.b4 und Weiß hat seine Truppen zum Sturm gegen den schwarzen König in Stellung gebracht, Thrimavitharana–Kommalage, Ambalangoda 2011.

II. 4.♘c3

A) 4...d6!? 5.♗c4

(5.♕f3!? ♘f6 6.b3 ♘c6 7.♗b5 ♗d7 8.♘ge2 ♘b4 9.♗d3 d5 10.exd5 0-0-0 11.♗b2 ♗g4 mit gewaltigem Angriff in Ramon–Ramiro, La Puebla de Alfinden, 2010)

5...c6 6.fxe5 dxe5 7.d3 ♘f6 und hier hätte Weiß in Leignel–Foisor, Frankreich 1997, 8.♘f3 spielen sollen, verbunden mit dem Anspruch auf Initiative.

B) 4...exf4 5.d4

(Auszuprobieren ist 5.♘f3!? fxg3 6.♕e2 usw.)

B1) 5...fxg3 6.hxg3

(6.♘f3 wird in der **Partie Nr. 19:** Stocek–Vokac, Prerov 2001, analysiert.)

6...d5 7.♗f4 c6 (7...dxe4? 8.♘d5+–) 8.♕e2 ♗e6 9.0-0-0 ♘f6 10.♗g5

(Möglich ist auch 10.e5!? ♘fd7 11.♘f3 usw.)

10...♗g4 11.♗xf6 ♗xe2 12.♗xe7 ♗xd1 13.♗xf8 ♔xf8 14.♔xd1 dxe4 15.♘xe4 g6 16.♘f3 ♔g7 17.♗c4 b5 18.♗b3 a5 19.a4±, Gallagher–Berezovsky, Bern 1993

B2) 5...d5 6.♗xf4 c6 7.♕e2 ♘f6 8.♗g5

(8.e5!? ♘fd7 9.0-0-0 ist zu beachten.)

8...dxe4 9.♗xf6 ♕xf6 10.♘xe4 ♕e7 11.♘d6+ ♔d8 12.♕xe7+ 1-0, Mede–Mira, Winterthur 2010

III. Auf 4.♕e2 macht Arthur Kogan in Band 14 von „Secrets of Opening Surprises" aufmerksam.

A) 4...♘c6

A1) 5.c3?! f5! 6.exf5

(Kogan gibt noch 6.d3 fxe4 7.dxe4 ♘f6 mit Minimalvorteil und 6.fxe5 fxe4! 7.♕xe4 ♘f6∓ mit klarem Entwicklungsvorteil an.)

6...d5 7.♗h3 ♘h6↑

(Zu der Variante 7...e4 8.♕h5+ ♔d8 merkt Kogan an, dass Schwarz das Zentrum kontrolliert und die weiße Dame mit Tempogewinn vertreiben wird.)

A2) Nach 5.♘f3!? wird mit 5...d6 die

Folge ♗g4 ermöglicht, was das schwarze Bemühen um das Feld d4 unterstützen würde. Kogan verweist darauf, dass die kurze Rochade nach g6 und ♗g7 eine weitere Entwicklungsoption ist.

B) Kogan gibt eine Partie Luco gegen GM Mitkov an: 4...♘f6 5.fxe5 ♕xe5 6.♘c3 ♗b4 7.♘f3 ♕c5 8.e5 ♘g4 9.♘e4 ♕d5 (9...♕e3 10.♕xe3 ♘xe3 11.♗d3±) 10.c3± und nach baldigem d4 und ♗g2 wird Weiß die Dominanz in der Partie für sich reklamieren.

4...d6

Auf 4...♕xe5 hat Weiß einen einfachen Entwicklungsplan: 5.♘c3 c6 6.♘f3 ♕e7 7.♗h3 ♘a6 8.0-0 d6 9.♗xc8 ♖xc8 10.d4 h6 11.e5 d5 12.e6! fxe6 13.♘e5 mit Vorteil, G. Matjuschin–O. Matjuschin, Ukraine 2011.

5.♘c3

5.exd6 ♕xe4+ 6.♕e2 ♕xe2+ 7.♘xe2 ♗xd6 verspricht Weiß nichts, Borner–Kogan, Biel 1991.

5...dxe5 6.♘f3 ♘f6

Zu 6...c6 siehe **Partie Nr. 20:** Shabalov–Ippolito, New York 2000.

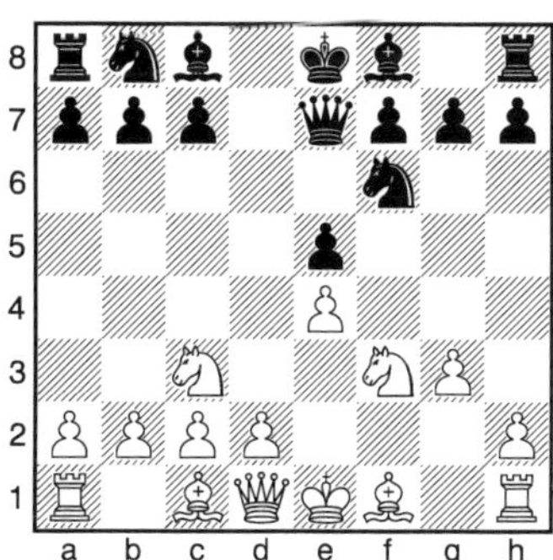

7.d3

7.♗c4 ♘c6 8.d3 ♘a5 9.♗b3 ♘xb3 10.axb3 h6 mit verteiltem Spiel, van Dooren–Medancic, Schwarzach 2009.

7...♘c6

Auf 7...h6 folgt 8.♗e3 Δ0-0-0.

8.♗g5 ♕b4

Die Folge 8...♗e6 9.♘d5 ♗xd5 10.exd5 ♘b4 11.♕e2 h6 12.♗xf6 gxf6 (12...♕xf6 13.0-0-0 ♘xa2+ 14.♔b1 ♘b4 15.d4±)

13.c4 ist bequemer für Weiß.

9.♖b1 h6 10.♗xf6 gxf6 11.♘d2 ♗e6 12.♘d5 ♗xd5 13.exd5 ♘e7

13...♘d8 14.♕f3 ♗g7 15.♗h3±

14.♕f3 0-0-0 15.♕xf6 ♖g8 16.c4

16.♕xf7!? ist wohl auch spielbar.

16...♕a4 17.a3 ♖g6 18.♕xf7 c6 19.♗h3+ ♔b8 20.♗e6

Zu prüfen ist 20.0-0!? cxd5 (20...♕c2 21.♘e4 ♕xd3 22.♘f6±) 21.♖be1 ♕c2 22.♘f3 mit weißem Übergewicht.

20...cxd5 21.cxd5 ♕d4

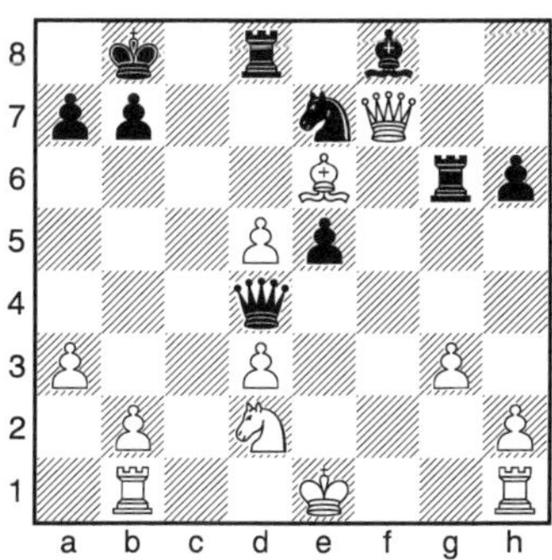

Der kritische Moment. In der Partie Obukchow–Solowiow, Alushta 2002, geschah 22.♔e2? ♖xe6! 23.♕xe6 ♘xd5 24.♕f5 ♗c5 25.♘c4 ♖e8 26.♕g6 ♕f2+ 27.♔d1 ♖d8 28.♖e1

(28.♕e4?? ♘e3+ 29.♘xe3 ♗xe3 30.♕xe5+ ♔a8–+)

28...♘e3+ (28...b5!?) 29.♖xe3 ♗xe3 30.♕e4 ♗d4 31.♕e2 ♕f7 32.a4 ♕d7 33.b3 ♖f8 34.♘xe5 ♗xe5 35.♕xe5+ ♔a8 36.♔d2 ♖f2+ 37.♔e3 ♖f8 und hier einigte man sich auf Remis.

Stärker ist daher **22. ♖f1! ♕e3+ 23.♔d1 ♕xd3 24.♖c1** Δ♖c1-c3, gefolgt von ♔d1-c1 mit weißem Vorteil.

Zusammenfassung: Die Variante mit dem Ausfall 2..♕h4+ verspricht Schwarz keine guten Perspektiven im Kampf um Ausgleich. Aus diesem Grund ist die Idee von Keene heutzutage beinahe völlig vom Tisch.

Kapitel 7
Fortsetzung 2...♘c6

1.e4 e5 2.f4 ♘c6

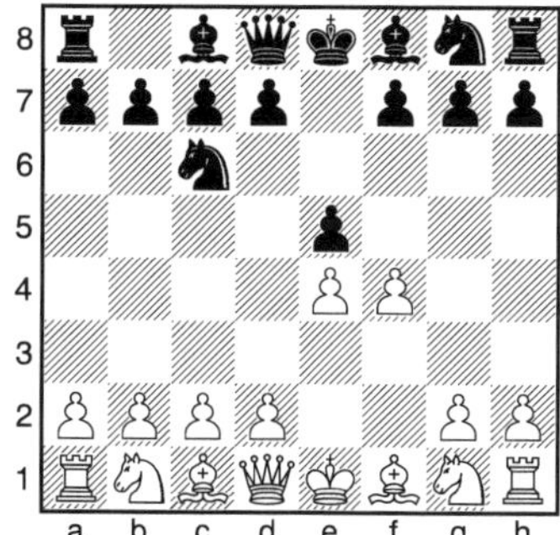

Ein natürlicher Zug: Schwarz verteidigt seinen e-Bauern.

3.♘f3

Es geht auch 3.♘c3, was mit Zugumstellung zu anderen Varianten führt, z.B. zu **Kapitel 9.**

3...f5!?

Eine relativ frische Idee: Schwarz handelt aktiv im Zentrum.

Andere Züge sind:

I. 3...♘f6 4.♘c3 d6 5.♗c4 ♗g4 6.h3 ♗e6 7.♗b5 ♗d7 8.d3 ♕e7 9.fxe5 ♘xe5 10.♗xd7+ ♕xd7 11.d4 ♘g6 12.♗g5 ♗e7 13.♕d3 0-0 14.0-0-0 ♖fe8 15.♖he1 h6 16.♗e3 mit klarem Angriff am Königsflügel mittels g2-g4, Madeya-Kowolik, Recklinghausen 2011.

II. 3...d6 4.♗b5

Es geht auch 4.♘c3, um danach die Möglichkeit zu haben, den Läufer entweder nach c4 oder b5 zu entwickeln.

4...♗g4 5.0-0 exf4 6.d4 a6 7.♗xc6+ bxc6 8.♗xf4 ♘f6 9.♘c3 ♗e7 10.h3 ♗h5 11.♕e1 mit Überführung der Dame zum Königsflügel (g3), Kamsky-Mamedyarow, Playchess.com INT 2006.

III. 3...exf4 4.d4 ♘f6

(Die Folge nach 4...d5 5.exd5 ♕xd5 führt zum Kapitel 16.)

5.e5 ♘d5 6.♗c4 ♘b6 7.♗b3 d6 8.♗xf4 ♗g4 9.0-0 dxe5 10.♗xf7+ ♔d7?

(10...♔xf7! ist klar besser; z.B. 11.♘xe5+ ♔g8 12.♘xg4 ♕xd4+ 13.♕xd4 ♘xd4=.)

11.dxe5+ ♔c8 12.♕xd8+ ♘xd8 13.♗b3 ♗c5+ 14.♔h1 ♖f8 15.♗g3 ♗xf3 16.gxf3 ♘f7 17.♘c3 ♗d4 18.♗e6+ ♔b8 19.♗xf7 ♖xf7 20.♖ad1 ♗c5 21.♖d8+ ♘c8 22.♘d5 a6 23.e6 ♖f5 24.e7 ♖xd5 25.e8♕+-, Groetzinger-Rosmanitz, Wiesbaden 2011.

IV. 3...d5 4.exd5 ♕xd5 5.♘c3 ♕e6 (5...♕d6 6.fxe5 ♘xe5 7.♕e2+-) 6.♗e2 ♘f6 7.♘b5 ♗d6 8.fxe5 ♘xe5 9.♘xe5 ♕xe5 10.d4 ♕e6 11.0-0 0-0 12.♘xd6 ♕xd6 13.c4 und Weiß hat das Läuferpaar und etwas mehr Raum.

4.exf5

– Möglich ist natürlich auch 4.♘c3, was wir in der **Partie Nr. 21:** Rajetzki-Vianin, Leukerbad 2011, analysiert haben.

– Aussichtsreich ist auch 4.d4 fxe4.

(Nicht zu empfehlen ist hingegen 4...exd4 5.♘xd4 fxe4 6.♘xc6 bxc6 7.♕h5+ usw.)

5.♘xe5 ♘f6

(5...♘xe5 6.fxe5 d6 7.♘c3 ist günstig für Weiß.)

6.d5 ♘e7 7.♘c3 a6

(7...d6? 8.♗b5+ ♘d7 9.♘c4 a6 10.♘xe4!+-)

8.♘g4 ♘eg8 9.♘e3 ♗b4 10.g4 ♘e7 11.g5 ♘g6 12.♕d4! ♗xc3+ 13.bxc3 ♘h5 14.f5 mit weißem Vorteil, Rechel-Wohl, Anglia 2002.

4...e4 5.♘e5 ♘xe5

Eine wichtige Alternative ist 5...♘f6 6.♘c3 mit folgenden Möglichkeiten:

A) 6...d5 7.♗b5 ♕d6 8.g4±

B) 6...d6 7.♘xc6 bxc6 8.g4±

C) 6...♗c5 7.♘xe4! ♘xe4 8.♕h5+ g6 9.♘xg6 hxg6 (9...♘f6 10.♕e2+!) 10.♕xh8+ ♗f8 11.♗e2 und Weiß steht besser.

D) 6...♗b4 7.♗c4 ♗xc3 (7...♕e7 8.♘d5!) 8.dxc3 d5 9.♗b5 ♕d6 10.g4±

E) 6...♗d6 7.d4 ♗b4 8.♗b5 ♘e7 9.0-0 ♗xc3 10.bxc3 0-0 11.♗a3 d6 12.♗c4+ ♘fd5 13.♕e1 ♗xf5 14.g4 ♗c8 15.♕xe4 c6

(15...dxe5 16.♗xe7 ♕xe7 17.♗xd5+ ♔h8 18.fxe5+-)

16.f5 ♔h8 17.♖ae1 ♘xc3

(17...dxe5 18.♕xe5 b5 19.♗b3 b4 20.cxb4 ♘g8 21.b5+-)

18.♕f3 ♘cd5 19.♘d3 b5 20.♗xd5 ♘xd5 21.♕g3 ♕b6 22.♗xd6 ♕xd4+ 23.♖f2 ♖g8 24.♘e5 h6 25.♕h3 ♕c3 26.♕xc3 ♘xc3 27.g5 ♗b7 28.♘f7+ ♔h7 29.g6#, Rezzuti-Trussler, FPart 1996

6.fxe5 ♕e7 7.d4!

Das Beste: Es geht um die schnelle Entwicklung.

Problematisch ist 7.♕h5+ ♔d8

(7...♕f7? 8.♕xf7+ ♔xf7 9.♘c3±)

8.♗c4 ♕xe5 9.♗xg8 g6

(9...♖xg8? 10.♕xh7 ♕d5 11.♘c3 ♕f7 12.d3! exd3 13.0-0 ♗c5+ 14.♔h1 mit der tödlichen Drohung ♗c1-g5+.)

10.♕h3 ♖xg8 11.♕xh7 ♖h8 12.♕xg6 d5 mit schwarzem Gegenspiel.

7...exd3 8.♗xd3 ♕xe5+ 9.♕e2 ♕xe2+ 10.♔xe2! d5 11.♘c3 c6 12.♖f1

Weiß hat die aktivere Stellung mit entsprechend besseren Aussichten.

Zusammenfassung: Diese Variante stellt Weiß kaum vor Probleme im Kampf um Vorteil. Im 4. Zug kann er auch 4.♘c3 und sogar 4.d4 wählen, jeweils mit besseren Chancen.

Kapitel 8
Fortsetzung 3.♗c4

1.e4 e5 2.f4 exf4 3.♗c4

Damit lässt Weiß das Schachgebot auf h4 zu, wonach er sein Rochaderecht einbüßt. Ob die Chance, die ihm die hierdurch exponierte Stellung der schwarzen Dame bietet, diesen Nachteil vollständig aufwiegt, ist bei einem korrekten Vorgehen von Schwarz eher zweifelhaft. Heutzutage spielt man überwiegend 3.♘f3, was wir auch als Hauptvariante empfehlen. Bei der Besprechung des Läufergambits streben wir deshalb eine kompakte Darstellung an und verzichten auf eine Gliederung in mehrere Abspiele.

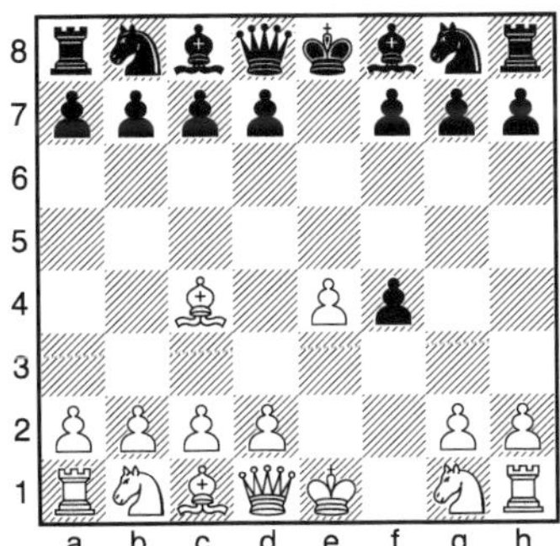

3...♕h4+

Indem Schwarz die Einladung zum Schachgebot annimmt, wählt er die klassische Form der Verteidigung. Andere in der Praxis nicht nur ausnahmsweise angewandte Pläne verbinden sich mit 3...♘f6, 3...d5, 3...d6, 3...♘e7 und 3...♘c6.

I. 3...♘f6 4.♘c3

A) Nach 4...♗b4 schwenkt das Duell in der Regel in eine sehr wilde Variante über: 5.e5

(5.♘f3 ist hier ohne eine eigenständige Bedeutung und nur als mögliche Zugumstellung in verschiedene Varianten zu beachten.)

5...d5 6.♗b5+ c6 7.exf6 cxb5 8.♕e2+

(8.fxg7 sieht verlockend aus, ist aber zu riskant, was auch die Ergebnisse aus der Turnierpraxis bestätigen; z.B. 8...♖g8 9.♕e2+ ♗e6 10.♕xb5+ ♘c6 11.♕xb7 ♖c8 12.♘f3 ♖xg7 mit schwarzem Gegenspiel.)

8...♗e6

A1) Die Erfolgsstatistik spricht gegen den Versuch 9.fxg7 ♖g8 10.♘f3.

(Im Duell Murey–P. H. Nielsen, Paris 2006, wählte Weiß 10.♘xb5 und nach 10...♘c6 verzögert 11.♘f3, woraufhin 11...d5! die weiße Stellung bereits unter Druck gesetzt hätte.

Die Wahl von 11.c3 statt des Springerzuges hätte diese Situation vermieden. Schwarz reagierte jedoch mit 11...a6. Nach 12.♘bd4 ♘xd4 13.♘xd4 ♕f6 hatte Weiß Mühe, dem Gegner genügend eigene Aktivität entgegenzusetzen.

Es folgte 14.c3 0-0-0 15.♘xe6 ♖de8 16.0-0 ♗d6 17.♕f3 fxe6 18.d4 ♕xg7 19.♗d2 ♖ef8 20.♖ae1 ♕h6∞.

Die Stellung ist kompliziert und für Weiß schwerer zu spielen, da er angesichts des laufenden schwarzen Angriffs unter Druck steht. In der genannten Referenzpartie strauchelte er kurz darauf und unterlag in 33 Zügen.)

10...♘c6 11.d4 ♕f6 12.a3 ♗a5

(In der Variante 12...♗xc3+ 13.bxc3 ♖xg7 14.0-0 0-0-0 15.♖f2 ♖dg8 16.♘e1= bekommt Weiß seinen Bauern zurück.)

13.♗d2 0-0-0 14.0-0-0 a6 15.♕f2 ♖xg7 16.♘e2 ♗c7∞

Diese sehr komplizierte Stellung lässt keine verlässliche Einschätzung des beiderseitigen Chancen-Risiken-Verhältnisses zu.

A2) 9.♕xb5+ ♘c6 und nach einer Analyse von Estrin führt die Variante 10.♘f3 ♗xc3 11.bxc3 ♕c7 12.fxg7 ♖g8 zu einer im Wesentlichen ausgeglichenen Stellung. Das Spiel ist zweischneidig und kann nach Estrin mit 13.c4 0-0-0 14.♗b2 d4 fortgesetzt werden.

B) 4...c6 5.♗b3 d5 6.exd5

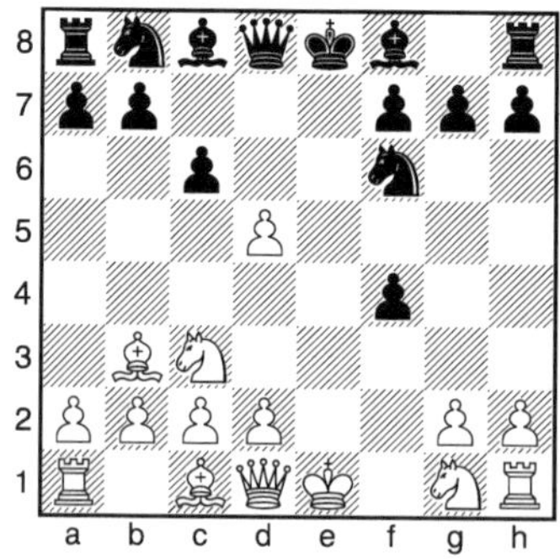

B1) 6...cxd5! 7.d4 ♗d6

(7...♗b4 8.♘ge2 ♗g4 9.♕d3 0-0 10.0-0 f3 11.gxf3 ♗h3 12.♖f2 ♘c6 13.♗g5 ♗e7 14.♘f4 ♕d7∞)

8.♘ge2

B1a) Seit der 1. Auflage unseres Buches erlebte die Möglichkeit 8...♗g4 eine kleine Renaissance. In der Häufigkeit ihrer Wahl halten sich die Fortsetzungen 9.0-0 und 9.♕d3 daraufhin die Waage.

9.0-0

(9.♕d3!? 0-0 10.0-0 g5 11.g3↑, Mrdja-Sciortino, Montecatini Terme 2002)

9...g5 10.♕e1

(Der Rückgewinn des Bauern mit 10.♘xd5? ist kritisch. Es folgt 10...♘xd5 11.♗xd5 und nun kann Schwarz mit 11...♘c6 12.♕d3 ♕b6 Druck aufbauen. In der Partie Sawtschenko-Aronian, St. Petersburg 2018, hätte Schwarz nun nach 13.♔h1 mit 13...♘b4! 14.♕e4+ ♔d7–+ eine Gewinnstellung erreichen können.)

10...♗e6 11.g3 ♘c6

(Nach 11...fxg3? kann Weiß ein Feuerwerk in eine Gewinnstellung entfachen. Nach 12.♗xg5 und dann 12...gxh2+ 13.♔h1 kann Schwarz das über die Fortsetzung 13...♘bd7 14.♕h4 ♗e7 15.♘f4+– über ihn hereinbrechende Unheil nicht mehr abwenden.)

12.gxf4 h6 13.♘g3

(Das Umschalten in den Eskalations-Modus mit 13.fxg5? ist hier wegen 13...hxg5 14.♗xg5 ♖g8 15.h4 ♘h7–+ nicht gut. Die Abwicklung 16.♘xd5 ♖xg5+ 17.hxg5 ♕xg5+ hilft dann auch nicht mehr. Es folgt 18.♔f2 0-0-0–+ usw.)

13...♗e7 14.f5 ♗c8 15.♗e3 ♘a5

16.♕e2 ♘xb3 17.axb3 ♔f8 18.♖ae1 ♗d7 und Schwarz hält seine Stellung.

B1b) 8...0-0 9.0-0 g5 10.h4

(10.♘xd5 ♘c6 11.c3 ♘xd5 12.♗xd5 ♗g4 13.♕d3 ♗c7 14.♗b3 ♘e5 15.♕c2 ♘g6∓)

10...h6 11.hxg5 hxg5 12.g3 ♔h8 13.gxf4 gxf4 14.♗xf4 ♗h3 15.♘g3 ♖g8∞, Groot–Tozzi, ICCF FPart 2018

B2) 6...♘xd5 würde Weiß begünstigen; z.B. 7.♘xd5

(7.♘f3 ♘xc3 8.bxc3 ♗d6 9.♕e2+ ♕e7 10.♕xe7+ ♔xe7 11.d4⩲)

7...cxd5 8.d4 ♗d6 9.♕h5 ♗e6 10.♘e2 g6 11.♕h6 f3 12.gxf3 ♗f8 13.♕g5 ♗e7 14.♕g2 ♗h4+ 15.♘g3 ♘c6 16.c3 0-0 17.♗h6 ♖e8 18.0-0 ♕d7 19.♖fe1 ♗h3 20.♕d2 ♗f6 21.♕f4 ♗h8 22.♘h5! ♖e6 23.♕g3 ♖ae8 24.♖xe6 ♗xe6 25.♖e1 ♘a5 26.♕h4 ♗f5 27.♘f6+ ♗xf6 28.♕xf6 1-0, Mista–Pedersen, Plowdiw 2008

II. In Sachen Beliebtheit steht 3...d5 an dritter Stelle; z.B. 4.♗xd5 ♘f6

(4...♕h4+ führt zur Hauptvariante.)

5.♘c3

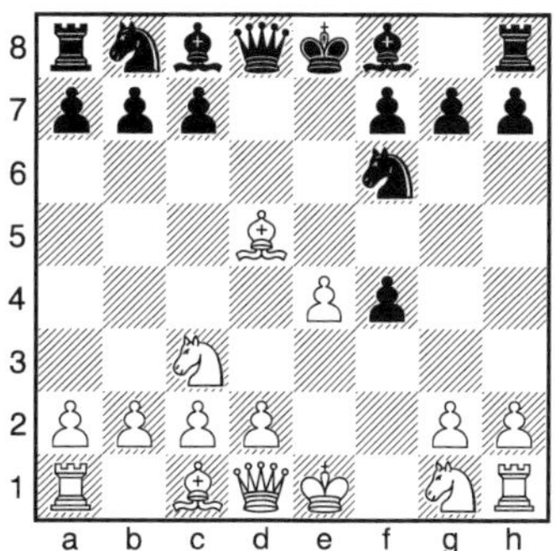

A) Sakajew favorisiert nun 5...♘xd5, worauf nur 6.♘xd5 ernsthaft als Antwort in Betracht kommt.

A1) 6...g5 7.h4 c6 8.♘c3 ♖g8

In dieser scharfen Stellung sieht Sakajew Schwarz leicht im Vorteil, verbunden mit sehr guten Aussichten. In der Fernpartie Gagliardi–Groffen, ICCF 2018, wurde dieses Urteil auf die Probe gestellt. Es folgte 9.d4 h6 10.hxg5 hxg5 11.♘f3 ♘a6 12.♗d2 ♕b6 13.♕e2 ♕xb2 14.♖b1 ♕a3 15.♕c4 ♕d6 16.e5 ♕g6 17.d5 ♘c5 18.♘d4 ♗f5 19.a4 ♖d8 20.d6 b6∞.

Es wird noch weiterer Untersuchungen und praktischer Einsätze bedürfen, um ein klareres Bild zur Chancenverteilung in diesem Abspiel zu erreichen.

A2) In den vergangenen Jahren ist mehrfach und mit sehr guten Ergebnissen für Schwarz 6...♗d6 ausgespielt worden, z.B. 7.♘f3 c6 8.♘c3 f6 9.d4 0-0

(In der Fernpartie Schröder–Nocci, ICCF 2008, versuchte Schwarz 9...♗g4, worauf es zu der folgenden in sich gut nachvollziehbaren Variante kam: 10.e5 ♕e7 11.♗xf4 0-0 12.0-0 fxe5 13.♗xe5 ♗xe5 14.dxe5 ♘d7 15.♕d6 ♖ae8 16.♕xe7 ♖xe7 17.♘d4 ♖xe5=.)

10.♕d3 ♗e6 11.♗d2 ♘a6

Weiß verfügt aktuell über ein starkes Zentrum, Schwarz aber ist aktiv, hat das Läuferpaar und eine flexible Bauernstruktur. Die Position ist zweischneidig.

B) 5...♗b4 6.♘f3 ♗xc3!?

Mit dem Abtausch des Springers erhöht Schwarz seinen Einfluss auf die Felder d5 und e4.

7.dxc3

(7.bxc3 ♘xd5 8.exd5 ♕xd5 9.d4 0-0 10.0-0 ♗g4 11.♗xf4 ♘d7 12.♕d2 ♗xf3 13.♖xf3 c6=, Infante Meyer–Frey, Dubai 1986)

7...c6 8.♗b3

(8.♗c4 ♕xd1+ 9.♔xd1 ♘h5!? 10.♘e5 ♗e6 11.♗e2 ♘f6 12.♗xf4 ♘xe4 13.♖e1 ♘d7=)

8...♕xd1+ 9.♔xd1 0-0 10.♗xf4 (10.♖e1 ♘h5=) 10...♘xe4 11.♖e1 ♗f5 12.♔e2 ♘a6 13.h3 ♘ac5 14.g4 ♗g6=, Grosar–Adams, London 1990

III. 3...d6

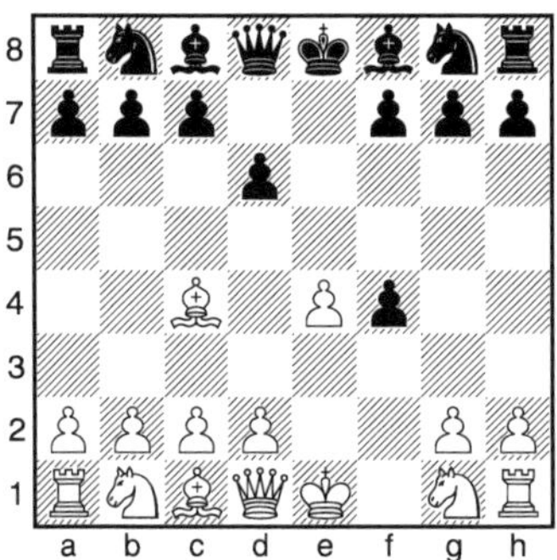

Dieser Fortsetzung vertraut Schwarz nur relativ selten. Sie ist aber auch vor dem Hintergrund möglicher Zugumstellungen zu beachten. Mit 4.♘f3 und 4.d4 hat Weiß zwei Erwiderungen zur Auswahl, die ihm gute praktische Chancen einbringen.

A) 4.♘f3 h6 5.d4 g5 mit Übergang in **Kapitel 10**, Variante 5.♗c4 (statt des Hauptzuges 5.h4), Abspiel B.

B) Nach 4.d4 ♕h4+ 5.♔f1 hat sich insbesondere auch im Fernschachspiel die Fortsetzung 5...♘c6 in intensiven Tests als robuste Möglichkeit erwiesen.

(Am häufigsten wird 5...♗e6 gespielt, worauf es wie folgt weitergehen kann: 6.♕d3 ♘d7 7.♘c3 0-0-0 und sowohl nach 8.♘f3 als auch nach 8.a4 kommt Weiß zu einem initiativen Spiel mit etwa gleichen Chancen.)

6.♘f3

(6.♘c3 geht auch; in Williams–Howell, Torquay 2009, folgte 6...♗g4 und Weiß prägte in der sich anschließenden Zugfolge 7.♕d2 g5 8.g3 fxg3 9.♔g2 ♕h5 10.hxg3 ♕g6 11.♕xg5 das Geschehen. Die komplizierte Stellung nach den weiteren Zügen 11...♘xd4 12.♕xg6 fxg6∞ lässt keine eindeutige Aussage zur Gewinnerwartung der Kontrahenten zu. Das Duell endete nach einem langen Ringen mit einem Remis.)

Nach 6...♗g4 bieten sich Weiß nun die besten Chancen über das Manöver 7.♗b5 a6 8.♗xc6+ bxc6 9.♗xf4 ♕f6 10.♗e3. Weitergehen kann es mit 10...♖b8 11.b3 d5 12.h3 ♗xf3 13.gxf3 ♕e6 14.♕d3 ♘f6 15.♘c3 ♗b4∞, Fernandez Ballon–Heinrich, rS FPart 2012.

IV. 3...♘e7

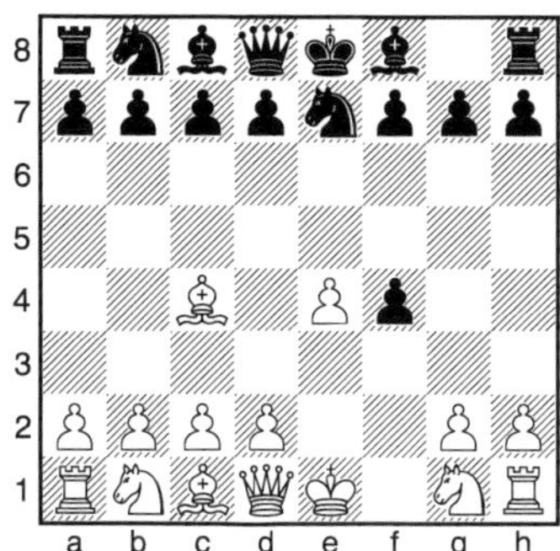

4.♘c3 c6 5.♘f3

(Die Alternative 5.♕f3 nehmen wir anhand der **Partie Nr. 22**: Grabarczyk–Sokolov, Panormo 2001, genauer unter die Lupe.)

5...d5 6.♗b3 dxe4 7.♘xe4 ♘d5 8.♕e2

(8.c4 ♘f6 9.♘xf6+ ♕xf6 10.0-0 ♗e7 11.d4 ♘d7=)

8...♗e7 9.c4 ♘c7 10.d4 0-0?

(10...♗g4! 11.c5 0-0 12.♗xf4 ♘e6 13.♗xe6 fxe6 14.♗d6=)

11.♗xf4 ♘e6 12.♗e3 ♗b4+ 13.♔f2 (13.♘c3!?) 13...♘d7 14.c5 (14.♖hf1!?) 14...♘f6 15.♘xf6+ ♕xf6 16.♖hf1 ♘f4! 17.♗xf4 ♕xf4 18.g3 ♕h6 19.♔g1 (19.♕e7!? ♕f6!±) 19...♗h3?? (19...♗e6!=) 20.♘e5! ♗xf1 21.♖xf1 ♗d2 22.♖f3! ♖ad8 23.♘xf7 ♖xf7 24.♕e7! 1-0, R. Fischer–Minic, Vinkovci 1968

V. 3...♘c6

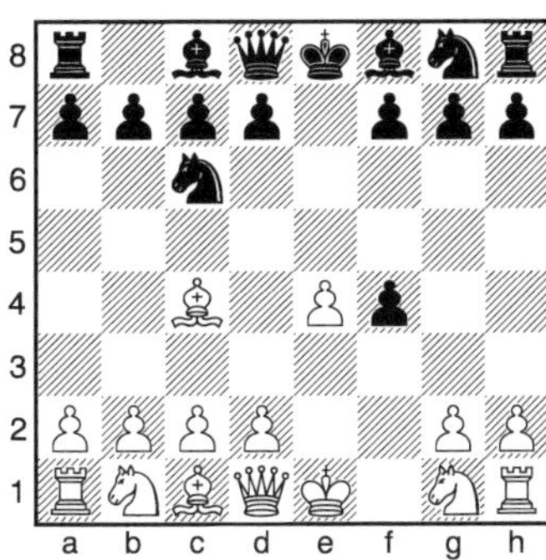

In dieser Fortsetzung sieht Shaw die Widerlegung des Läufergambits in dem Sinne, dass Schwarz in allen Varianten zu einer besseren Stellung kommt. Wir sehen diese Einschätzung als zu hart an.

4.d4 ♘f6

(4...♕h4+ 5.♔f1 d6 führt in das oben behandelte Abspiel nach 3...d6.)

5.♘c3

(5.e5?! begünstigt Schwarz, was sich auch in einer sehr schlechten Performance im Fernschach zeigt. Wir gehen auf diese Alternative deshalb nicht weiter ein.)

5...♗b4! 6.♘ge2

(6.♕d3?! lassen wir aus dem gleichen Grund wie 5.e5 außen vor.)

6...f3! 7.gxf3 d5! 8.exd5 ♘xd5 9.0-0 ♘xc3 (9...♘b6 10.♗b3=) 10.bxc3 ♗d6

Hier kommt Shaw unter Verweis auf die inselartige weiße Bauernstellung zur Einschätzung, dass Schwarz etwas besser stehe.

11.♘g3 0-0 12.♘e4

A) 12...♗e6 13.d5 (13.♗xe6 fxe6∓)

13...♘a5 14.dxe6 ♘xc4 15.♕e2 ♘b6 16.♘g5 f5 17.♘f7=, Meissen–Grammatica, ICCF FPart 2016

B) Den Zug 12...♗e7= sah Shaw bei der Arbeit an seinem Buch als Neuerung an, was jedoch nicht für das Fernschachspiel zutrifft. Dort war er bereits in der Vergangenheit und teilweise mit Erfolg gespielt worden. Nach Shaws Veröffentlichung wurde er mehrere Male getestet, wobei Weiß den gegnerischen Ambitionen gut Paroli bieten konnte. Folgen kann 13.♔h1 Δ♖f1-g1. Die Stellung ist weitgehend ausgeglichen. Die Praxis bestätigt Weiß ordentliche Aussichten. Wir untersuchen den möglichen Fortgang des Duells anhand der **Partie Nr. 23**: Ansel–Corkum, FPart USA 2020.

4.♔f1

Weiß hat das Recht zur Rochade verloren. Aber die Praxis zeigt, dass die Stellung sehr spannend ist und Weiß gute Perspektiven hat, Schwarz demgegenüber aber auch gute Konterchancen.

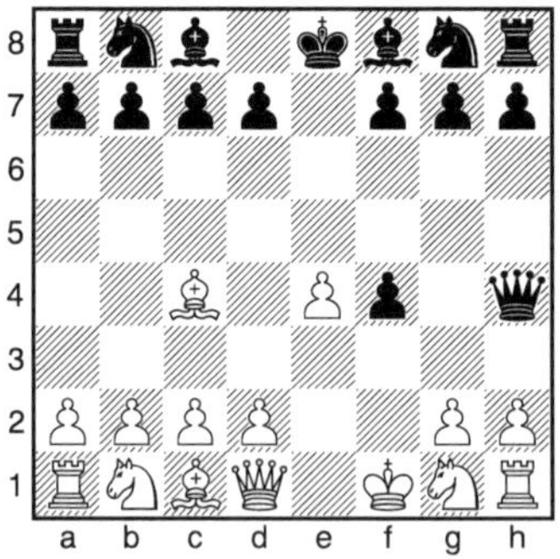

4...d5!?

Dies ist die Empfehlung der Theorie. Das Bauernopfer soll Schwarz bei der schnellen Entwicklung seiner Kräfte helfen.

4...b5 betrachten wir in der **Partie Nr. 24**: Anderssen–Kieseritzky, London 1851.

Die Erwiderung 4...g5 scheint für Weiß günstiger zu sein.

A) 5.♘f3 ♕h5 6.♘c3

(6.d4 d6 7.h4 ♗g4 8.♕d3 h6 9.♘c3 c6 10.♔g1±, Zimmermann–Kahl, FPart 2001)

6...g4 7.♘e1 ♗d6 8.d4 f3 9.gxf3 ♗xh2 10.fxg4 ♕h3+ 11.♘g2 d5 12.♗e2 ♘f6 13.♗f4+–, Salas–Old, FPart 1999

B) 5.♘c3 ♗g7 6.d4

(6.g3 fxg3 7.♔g2 ♗xc3 8.♘f3 ♕h6 9.dxc3 f6 10.hxg3±, Wilson–Frydendal, FPart 2005)

6...♘e7 7.g3 fxg3 8.♔g2 ♕h6 9.♘f3 gxh2 10.♘xg5 0-0 11.♘xf7 ♕g6+ 12.♘g5+ ♔h8 13.♖xh2 h6 14.♕h5 ♘bc6 15.♕xg6 ♘xg6 16.♘f7+ ♔h7 17.♘xh6 ♗xh6 18.♗xh6 und Schwarz befindet sich in einer hoffnungslosen Lage, Douthwaite–Agnew, FPart 1999.

Es wird auch 4...d6 gespielt.

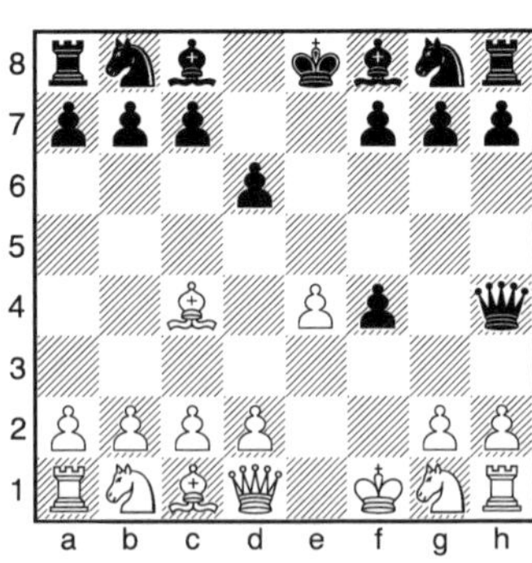

A) 5.♘c3 widmen wir uns in der **Partie Nr. 25**: Iwantschuk–Karjakin, Jurmala 2015.

B) 5.d4 ♗e6 6.♕d3 ♘d7 7.♘c3

Es ist wichtig die Entwicklung voranzutreiben. Nicht zu empfehlen ist deshalb die Variante 7.♗xe6 fxe6 8.♕b3 0-0-0 9.♕xe6 g5∓, in der Weiß diesen Aspekt vernachlässigt.

7...0-0-0 8.♘f3 ♕f6 9.h4 h6 10.a4

Mit seinen letzten Zügen hat Weiß kräftige Fortschritte im Ausbau seiner Stellung erzielt und Schwarz dabei zu Reaktionen veranlasst, die diesem kein gleichartiges Fortkommen erlaubten.

10...♘e7

(Eine komplizierte Stellung entstand in der Fernpartie Siemes–Heinemann, ICCF 2015, über die Zugfolge 10...♖e8 11.a5 ♗xc4 12.♕xc4 a6 13.b4 d5 14.exd5 ♘e7 15.b5 ♘f5∞.)

11.a5 ♗xc4 12.♕xc4 a6 13.b4 c6

Der weiße Raumvorteil und der Druck gegen die schwarze Königsstellung wiegen den geringen materiellen Nachteil auf. Die Fesselung des ♙c6 erlaubt den sofortigen Vorstoß 14.b5 mit dem sich anschließenden Abtausch 14...axb5 15.♘xb5. Der Konter mit 15...d5 hält Schwarz auf Augenhöhe. Anschließen kann sich 16.exd5 ♘xd5 17.a6 ♘7b6 18.a7 ♘a8 19.♘c3 g5⇄, Nepustil–Willmann, LSS FPart 2014.

C) Nach 5.♘f3 schützt 5...♕h6 den ♙f4 und in einem günstigen Moment soll g7-g5 folgen.

6.d4 ♗e6 7.♕d3 ♘d7 8.♘c3 c6 9.♘e2 d5!=

In der Fernpartie Flude–Tripp, ICCF 2018, folgte 10.♗b3 dxe4 11.♕xe4 ♘gf6 12.♕xf4 ♕xf4 13.♗xf4 ♗xb3 14.axb3 ♗e7 15.g3 0-0 16.♔g2 a6 17.c4 ♗b4 18.♘c3 und im 18. Zug sahen beide Kontrahenten keine Gewinnmöglichkeiten mehr und einigten sich auf ein Remis.

5.♗xd5

Von 5.exd5 raten wir ab, denn Weiß hat im Anschluss einen schwereren Stand. Schwarz sollte darauf ebenfalls 5...♗d6! spielen, wonach sich folgende Möglichkeiten ergeben:

A) 6.♘c3 ♘e7 7.d4 (7.♘e4!?) 7...0-0 8.♘f3 ♕h6 9.♘e4 und in Iwantschuk–Bacrot, Beijing 2014, wäre nun 9...♘d7∓ stark gewesen.

B) 6.♘f3 ♕h6

(Spielbar ist auch 6...♕h5!? und in der **Partie Nr. 26**: J. Polgar–Topalow, Mexiko 2010, gehen wir hierauf genauer ein.)

7.♘c3 ♘e7 8.♘e4 ♘d7 9.♘xd6+ ♕xd6 10.d4 0-0 11.♔f2 ♘b6 12.♗b3 ♘bxd5 13.♖e1 ♗g4 14.h3

(14.c4 ♘e3 15.♗xe3 fxe3+ 16.♖xe3 ♗xf3 17.♖xf3 ♕xh2∓)

14...♗h5 15.♖e5 ♘f6 16.♗xf4 ♘g6 17.♖xh5 und nun hätte Schwarz in der Partie Adams–Schirow, Tilburg 1997, statt 17...♕xf4 besser 17...♘e4+! 18.♔g1 ♘xf4 19.♖h4 ♖ae8 spielen sollen, was ihm ein ausgezeichnetes Spiel eingebracht hätte.

5...♗d6

So bereitet Schwarz die Entwicklung seines Springers nach e7 vor.

Es ist auch möglich, ihn auf f6 zu postieren: 5...♘f6 6.♘c3 c6 7.♘f3 ♕h6 8.♗b3 ♗e7∞.

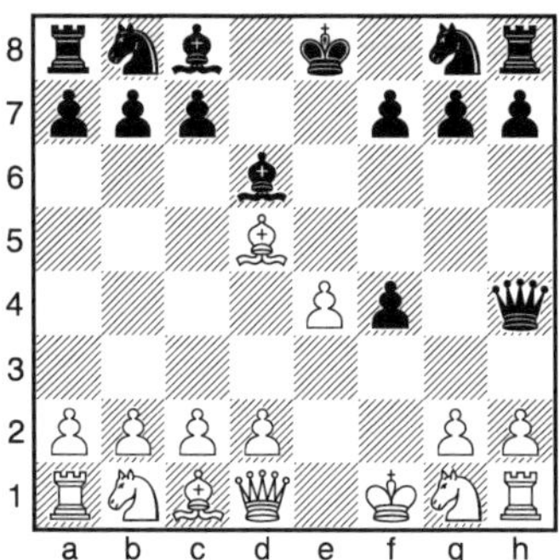

6.♘c3

I. 6.d4 sollte Schwarz keine Probleme bereiten.

A) 6...♘e7 7.♘f3 ♕h5 8.♘c3 f6 9.♗c4 ♘bc6 10.♘b5 g5 11.c3 ♘g6

(In Frage kommt 11...♗d7!? Δ0-0-0.)

12.♕b3 g4 13.♘xd6+ cxd6 14.♘e1 f3 15.g3 und nun schlagen wir ♖h8-f8 mit der Absicht f6-f5-f4 usw. vor.

B) 6...f6 7.♘f3 ♕h5 8.♘c3 ♘e7 9.♗c4 ♗g4 10.♔f2 ♘bc6 11.♘b5 g5 12.c3 0-0-0 13.h3 ♗xf3 14.♕xf3 ♕h4+ 15.♔f1 ♔b8 16.♗d2 f5 17.♗e1 fxe4 18.♕xe4 ♕h6 mit guten Perspektiven für Schwarz, Gnauk–Nogly, Pinneberg 1991.

II. 6.♘f3

A) 6...♕h5 7.d4 ♘e7 8.♗b3 f6 9.♔f2 ♗g4 (9...♘bc6!?) 10.♘bd2 ♘bc6 11.♘c4 ♗xf3 12.♕xf3 ♕xf3+ 13.gxf3 ♘xd4 14.♘xd6+ cxd6 15.♗xf4 ♘xb3 16.axb3 d5 17.♗d6 dxe4 18.♗xe7 ♔xe7 19.♖he1 ♖hd8 20.♖xe4+ ♔f7=, Mittermeier–Ratzmann, FPart 2001

B) 6...♕h6 7.e5 ♗e7 8.d4 c6 9.♗b3 ♗g4 10.♘c3 ♘d7 11.♕e2 ♖d8 12.♘e4

(12.h3!? ♘b6 13.♗xf4 ♕xf4 14.hxg4±)

12...♘f8 13.♘d6+ ♗xd6 14.exd6+ ♘e6 15.d5 ♗xf3 16.♕xf3 cxd5 17.♕xd5 ♘f6 18.♗a4+ ♔f8 19.♕xb7 ♕h4 20.♕xa7 ♖xd6 mit ausreichendem Gegenspiel, Meisinger–Holk, FPart 2001.

6...♘e7 7.♘f3

Es kann auch zunächst 7.d4 erfolgen, worauf es unter Zugumstellung zur Hauptvariante zurückgehen kann.

A) 7...0-0 8.♘f3 ♕h5 9.♕e1 ♘bc6 10.e5 ♗b4 11.♗e4 f6 12.a3 ♗xc3 13.♕xc3

(Keine Probleme bereitet Schwarz 13.bxc3 wegen 13...fxe5!)

13...fxe5 14.dxe5 ♗f5 15.♕c4+ ♖f7 16.♗d2 ♗xe4 17.♕xe4 ♘g6 18.e6 ♖e7 19.♖e1 ♖ae8 20.♗c3 ♘d8 21.♘d4 ♘h4 22.♕e5 ♕g4 23.♕e2 f3 24.♘xf3 ♖xe6 mit schwarzem Vorteil, Corbacho–Milde, IECC FPart 2002.

B) 7...f6 8.♘f3 ♕h5 9.♗c4 ♗g4 und Schwarz hat ein vollwertiges Spiel (Einschätzung von GM Suetin).

7...♕h5

7...♕h6!? ist einen Versuch wert.

8.d4

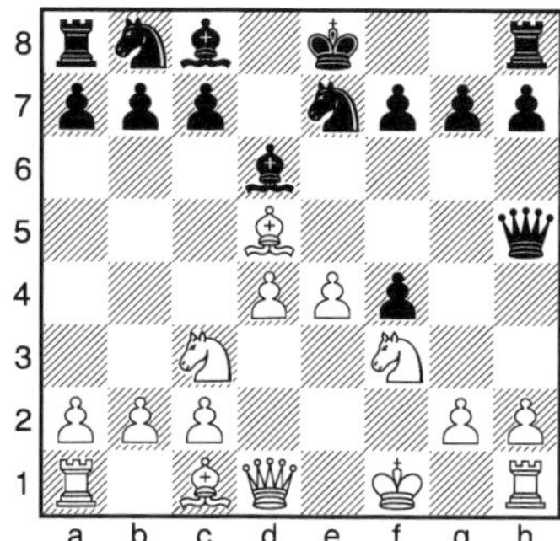

8...f6!

Die einzige richtige Reaktion, denn es geht um die Kontrolle über den Punkt e5.

Nach 8...♘xd5 9.♘xd5 c6 10.♘xf4 ♗xf4 11.♗xf4± steht Weiß klar besser.

9.♗c4

Unzureichend sind die Alternativen 9.♕e1 und 9.♕d3, was die beiden folgenden Varianten untermauern:

– 9.♕e1 ♘bc6 10.♗xc6+ ♘xc6 11.♘d5 ♗g4 12.♕f2 0-0-0 13.c3 ♖he8–+, Maltez–Blalock, Figueira da Foz 2007

– 9.♕d3 ♘bc6 10.♗d2 ♗g4 11.♗xc6+ ♘xc6 12.♘e2 0-0-0 (12...g5!?) 13.c3 g5 14.h3 f5–+ und die weiße Stellung steht vor dem Zusammenbruch, Jonkman–Van Gool, Vlissingen 2003.

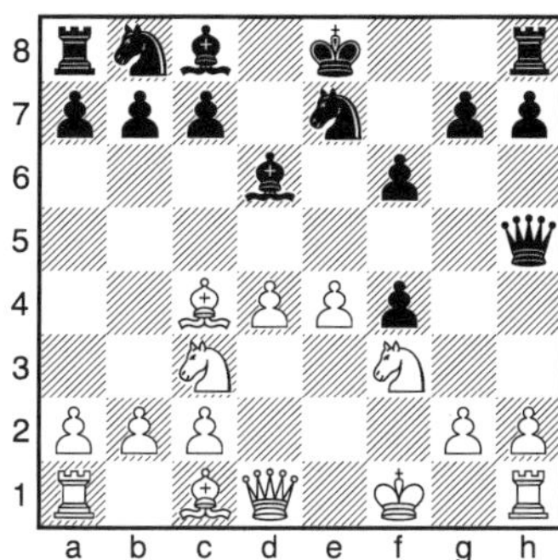

9...a6!?

– Um ♘c3-b5 nicht zuzulassen, was z.B. nach 9...♗g4 möglich wäre. Nach 10.♘b5 ♘bc6 11.♘xd6+ cxd6 12.♗xf4 steht Weiß besser.

– Es geht wohl auch 9...♘bc6, aber nach 10.♘b5 muss schon 10...g5! geschehen; z.B. 11.c3 ♘g6 12.♕b3 g4 13.♘xd6+ cxd6 14.♘e1 ♖f8 usw. Diese Variante lohnt es sich auszuprobieren.

10.♘e2

10.e5 fxe5 11.dxe5 ♗xe5 12.♘xe5 ♕xe5 ist günstig für Schwarz. Weitergehen kann es beispielsweise mit 13.♘d5 ♘bc6 14.♔f2 (14.♗xf4? ♖f8–+) 14...♕d6 15.♕e2 ♕c5+ 16.♔f1 ♗g4! 17.♘xc7+ ♔d7 18.♕xg4+ ♔xc7 19.♗xf4+ (19.♕xf4+ ♘e5–+) 19...♔b6 20.♗f7 ♖hf8 21.♕e6 ♖xf7! 22.♕xf7 ♘d5–+ und wegen seines im Zentrum unsicher stehenden Königs wird Weiß die Partie nicht halten können.

10...♘g6

Schwarz kann weiter nach dem Plan ♗c8-g4, ♘b8-c6 und 0-0-0 verfahren, der ihm gute Perspektiven vermittelt.

Zusammenfassung: Mit 3.♗c4 plant Weiß einen Angriff gegen den Punkt f7, aber er riskiert dafür den Verlust seines Rochaderechts. Schwarz kann nun auf h4 Schach geben, was ihm gute Perspektiven auf mindestens gleiches Spiel verspricht. Gleichwohl darf er sich keine Ungenauigkeiten erlauben. Wir schlagen ein Vorgehen mit 8...f6 und 9...a6!? vor.

Das Läufergambit ist für eine auf Ergebnis gespielte Partie im Vergleich zur Fortsetzung mit 3.♘f3 eine schwächere Wahl.

Kapitel 9
Fortsetzung 3.♘c3

1.e4 e5 2.f4 exf4 3.♘c3

Diese Fortsetzung wurde zum ersten Mal in der Partie Mason–Rosenthal, Paris 1878, angewandt. Heutzutage wird sie selten gespielt, denn Schwarz sollte problemlos alle Angriffsversuche des Gegners widerlegen können. Jedoch hat Weiß im Falle des unvorbereiteten und schwachen Spiels des Nachziehenden auch hier seine Chancen.

3...♕h4+

Nach 3...♘c6 4.d4 ♕h4+ 5.♔e2 entsteht eine Stellung, die zu sehr komplizierten und scharfen Varianten des Steinitz-Gambits führt. Wir empfehlen das Schachgebot auf h4, wonach Schwarz gutes Gegenspiel bekommt.

4.♔e2

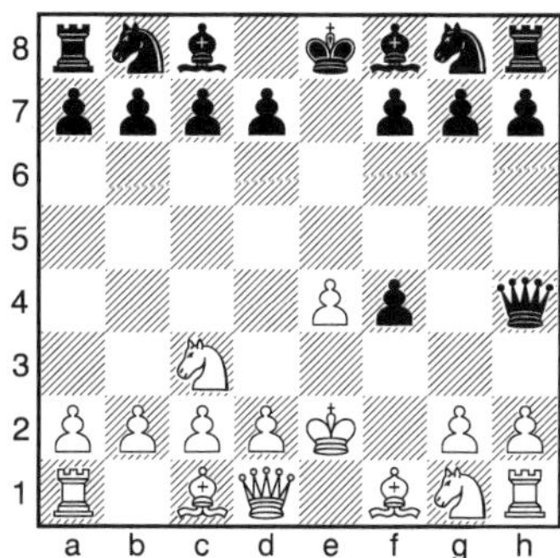

4...d5

Statt dieser Empfehlung der Theorie sind auch andere Fortsetzungen möglich:

I. 4...d6 5.♘f3 ♗g4

A) 6.d4 f5

(6...♘c6 7.♗xf4 0-0-0 wurde auch schon gespielt und ist weitere Versuche wert.)

7.♕d3 ♘c6 8.exf5

(8.d5? ♘e5 9.♕b5+ ♔f7 10.♕xb7 ♖e8 11.♕xc7+ ♖e7–+)

8...0-0-0 9.♗xf4 ♖e8+ 10.♗e3 ♘f6 11.♔d2 ♗xf3 12.gxf3 ♘b4 13.♕e2 ♘fd5 (13...♕h5!?) 14.♕f2 ♕h5 15.♘xd5 ♘xd5 16.♖e1 ♗e7 17.h4 ♗f6 18.c4 ♘xe3 19.♖xe3 ♖xe3 20.♕xe3 ♖e8∓

B) 6.♘d5 ♕d8 7.♘xf4 ♘f6 8.h3 ♘xe4 9.hxg4 ♕e7 10.♘d5 ♘c3+ 11.♔d3 ♘xd5 12.c3 ♘c6∓, Shirazi–Sriram, Marrakesch 2010

II. 4...c6 5.♘f3 ♕h5 (5...♕e7!?) 6.d4 g5

(Die Fortsetzung 6...d5!? wird in der **Partie Nr. 27:** Macieja–Karpow, Warschau 2003, analysiert.)

7.♔f2 d6 ist auch spielbar, Arnaudov–Galunova, Teteven 2011.

III. 4...♕e7!? besprechen wir im Kommentar zur **Partie Nr.28:** Bauer-Bacrot, Enghien les Bains 1999.

IV. Mit der Figurenentwicklung 4...♘e7 richtet sich Schwarz gegen ♘c3–d5; z.B. 5.♘f3 ♕h5 6.d4 g5 und in Egli–Raetsky, Zürich 1998, spielte Weiß hier etwas überzogen 7.g4?! und kam dann bald unter die Räder. Mit 7.♔f2 (Vorschlag von Gary Lane) hätte sich Weiß zunächst damit beschieden, den König etwas sicherer zu stellen und zugleich auch die Springerfesselung aufzuheben. Die starke Zentralstellung und der Entwicklungsvorsprung kompensieren den geopferten Bauern.

5.♘xd5 ♗g4+ 6.♘f3 ♗d6

6...♘c6!? 7.♘xc7+ ♔d8 8.♘xa8, eine von Gary Lane in „Prepare to Attack", Everyman Chess 2010, angegebene Mini-Variante, führt zu schwer zu berechnenden Komplikationen.

7.d4

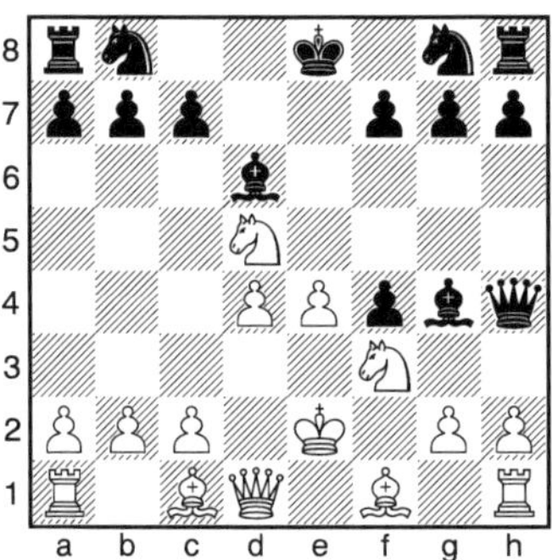

7...♘c6

Oder 7...♘f6 8.♘xf6+ gxf6

A) 9.c3 ♘c6

A1) 10.♔d2 ♕h5 11.h3 ♖g8 12.♗e2 ♗d7 13.♘e1 ♕a5 14.♔c2 0-0-0 15.♖f1 f5 16.e5 ♘xe5! 17.dxe5 (17.♗xf4!) 17...♗xe5 18.♗d2 ♗a4+ 19.b3 ♗c6 mit vollem Ersatz für die Figur, Grafl–Hector, Deutschland 2001.

A2) 10.♕b3 0-0-0 11.♕xf7 ♖he8 mit ausgezeichnetem Spiel.

A3) 10.♔d3 siehe **Partie Nr. 29:** Izmukhambetov–Ganguly, Kalkutta 2001.

B) 9.♕d3 ♘c6 10.♗d2 0-0-0 11.c3 ♖he8 12.♗e1 ♕h5 13.♔d2 f5 14.exf5 ♖e3 15.♕c4 ♗xf3 16.gxf3 ♗e5 17.♖d1 ♕xf3 18.♖g1 ♗xd4!–+ Waterfield–Naylor, Sunningdale 2007

8.e5

Auf 8.c3 folgt auch 8...0-0-0.

8...0-0-0! 9.♗xf4

9.c4 ♗b4∓; 9.exd6 ♗xf3+ 10.gxf3 ♖xd6–+ bzw. 10.♔xf3 ♕h5+ 11.g4 ♕xd5+ 12.♔f2 ♕xh1–+

9...♘ge7 10.c4 ♗b4 und laut Keres steht Schwarz besser.

Zusammenfassung: In diesem Abspiel hat Schwarz alle Chancen, um Vorteil zu kämpfen. Statt des Hauptzuges 4...d5 ist 4...♕e7!? sehr interessant, was wir in der Besprechung der **Partie Nr. 25** zeigen. Wir bevorzugen allerdings weiterhin die Fortsetzung 3.♘f3.

Kapitel 10
Fortsetzung 3...d6

1.e4 e5 2.f4 exf4 3.♘f3 d6

Die Idee stammt von Robert (Bobby) Fischer: Der ♙f4 soll im nächsten Zug mit 4...g5 verteidigt werden. Interessant ist, dass Fischer nie die Gelegenheit hatte, die Stichhaltigkeit seines Urteils zugunsten von 3...d6 und der zugrunde liegenden Analysen in der Praxis zu überprüfen.

4.d4

Der logischste Zug: Weiß besetzt das Zentrum. In unseren Augen ist diese Fortsetzung stärker als 4.♗c4.

4...g5

Schwarz deckt konsequent seinen f4-Bauern. Andere Erwiderungen sind schwächer:

I. 4...♗g4 5.♗xf4

A) 5...♗e7 6.♗c4 ♘f6 7.♕e2 (7.♘c3!?) 7...0-0 8.0-0 c6 9.♗b3 d5 10.e5 ♘e4 11.♘bd2 ♘xd2 12.♕xd2 a5 13.c3 ♘d7 14.♗c2 c5 15.♘g5 g6

(15...h6 16.♘h7 ♖e8 17.♗xh6!+-)

16.h3 ♗e6 17.♘xe6 fxe6 18.♗h6 ♖xf1+ 19.♖xf1 mit weißem Vorteil, Bertault Lopez-Diaz Cueva, Asturias 2003.

B) 5...♘c6 6.c3 ♕e7 7.♗d3 0-0-0 8.0-0 h6 9.♕a4 g5 10.d5 ♘b8 11.♗e3 ♗xf3 12.♖xf3 a6 13.♗d4 (13.♕d4!? f6 14.♕a7+-) 13...f6 14.♘d2 ♕d7 15.♕a5 ♗g7 16.e5! ♕e7 (16...fxe5 17.♗f5+-) 17.exd6 ♕xd6 18.♘c4±, Gallagher-Leib, Mendrisio 1989

II. 4...♘f6 5.♘c3

A) 5...♗g4 6.♗xf4 ♗e7

(- 6...a6 7.♗c4 b5 8.♗b3 b4 9.♘d5 ♘xe4 10.♕d3 ♗f5 11.0-0±, Farkas-Sedlak, Liberec 2003

- 6...♘c6 7.d5 ♘e5 8.♗b5+ ♘ed7 9.♕d2 ♘h5 10.♗e3 ♗e7 11.0-0-0±)

7.♗e2

(In Frage kommt auch 7.♕d2!? nebst 0-0-0 usw.)

7...0-0 8.0-0 ♘bd7 9.♕d2 ♘b6 10.♖ae1 ♖e8 11.♗d3 ♕d7 12.♗g5 a6 13.♘h4 c5 14.dxc5 dxc5 15.e5 und Weiß steht besser, Wolff-Tramnitz, Frankfurt 2007.

B) 5...♘h5 6.♘d5!?

(Es wurde auch 6.♗c4 c6 7.♕e2 gespielt.)

6...♗e7 7.♘xf4 ♘xf4 8.♗xf4 0-0 9.♕d2 Δ0-0-0

C) 5...♗e7 6.♗xf4 0-0 7.♕d2 a6 8.0-0-0 d5 9.e5 ♘e4 10.♘xe4 dxe4 11.♘g5 ♗xg5 12.♗xg5 ♕d5 13.c4 ♕c6 14.d5 ♕g6 15.♗f4 ♗f5 16.h3 h5 17.g4! ♗d7

(17...hxg4 18.hxg4 ♗xg4 19.♕h2 f5 20.e6+-)

18.gxh5 ♕xh5 19.♗e2 ♕h4 20.♖dg1 mit entscheidendem Angriff, Iwantschuk-Szivek, Mainz 2007.

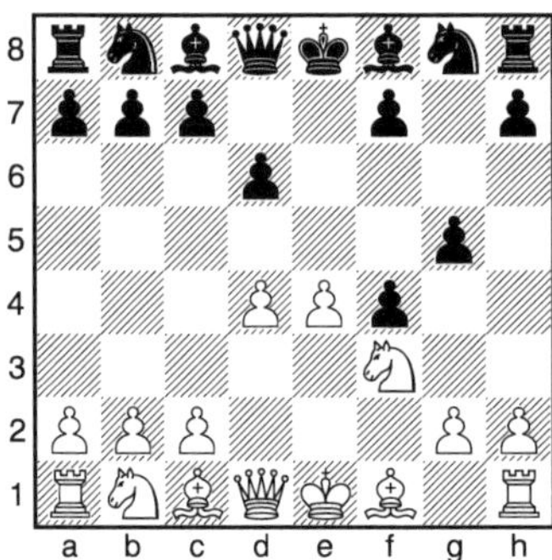

5.h4

Das ist die typische und charakteristische Sprengung der schwarzen Bauernkette.

Interessant ist auch 5.♗c4!?, was zu sehr kompliziertem Spiel führt. Deshalb werden wir diese Variante kurz erörtern – wenngleich auch nur für mutige Spieler.

A) 5...g4 6.♗xf4 gxf3 7.♕xf3 ♕h4+ 8.♗g3 ♕f6 9.♕b3 ♘h6 10.♖f1 ♕e7 11.♘c3 ♗g7 12.0-0-0 0-0 (12...c6 13.♕a3!) 13.♘d5 ♕d8 14.♗f4! ♔h8 15.♕g3 ♖g8 16.♗g5 ♘f5 17.exf5 ♗h6 18.♗xh6! ♖xg3 19.hxg3 c6 20.♘e7! f6

(20...♕xe7 21.f6 ♕d7 22.♖de1+−)

21.♘g6+

(Noch stärker ist 21.♖de1!.)

21...hxg6 22.♗f7 ♗xf5 23.♖xf5! ♕e7

(23...gxf5 24.♖h1 ♕g8 25.♗g5+ ♔g7 26.♗xg8+−)

24.♗xg6 ♘d7 25.♖h1↑, Dahl-Dahnberg, Schweden 1967

B) 5...h6 6.0-0 ♗g7 7.c3 ♘c6

(7...♘e7 8.g3 ♘g6! ist auch eine Alternative.)

8.♕a4 ♗d7 9.♕b3 ♘a5 10.♗xf7+ ♔e7 11.♕a3 ♔xf7 12.♕xa5 ♘e7 13.♕b4 ♕c8 14.♘bd2 ♖e8 15.♕c4+ ♗e6 16.♕e2 ♘g6 mit unklarer Stellung, Johansen-Tarmak, ICCF FPart 1998.

C) 5...♗g7 6.c3 h6 (6...♗e6? 7.♗xe6 fxe6 8.♕b3±) 7.h4 ♘c6 mit guten Chancen für Schwarz.

5...g4 6.♘g1

Das Beste. Das Springeropfer nach 6.♘g5?! f6!

(6...h6 7.♘xf7 ♔xf7 8.♗xf4 ♗g7 9.♗c4+ ♔e8 10.0-0 ♘c6 11.♗e3 ♕xh4 12.♖f7 ♖h7, Morosewitsch-Kasparow, Paris 1995, Rapid. In „no passion for chess fashion“, Mongoose Press 2011, weist Raetsky zu Recht darauf hin, dass Weiß ohne wirkliche Kompensation für die Figur bleibt.)

7.♘h3

(Nach 7.♗xf4 fxg5 8.♗xg5 ♗e7 9.♕d2 ♗e6 10.♘c3 ♘d7 11.0-0-0 ♘gf6 hat Weiß eine Figur weniger, ohne dass er dafür ausreichend andere Werte erlangt hätte.)

7...gxh3 8.♕h5+ ♔d7 9.♗xf4 (9.♕f3 ♕e8!) 9...♕e8 ist nicht korrekt für Weiß.

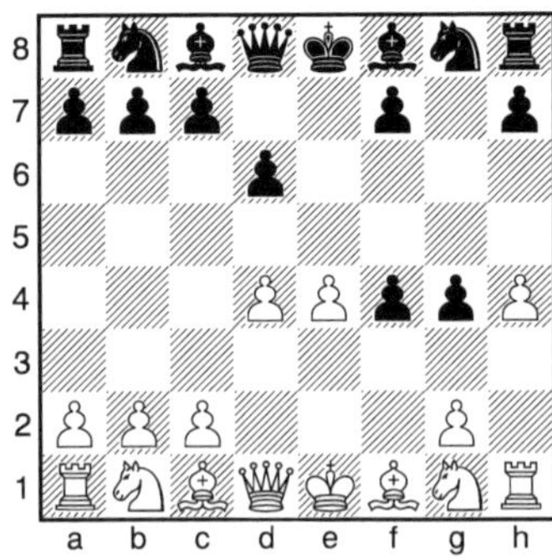

Das ist die kritische Stellung der Fischer Variante. Schwarz stehen nun viele Wege offen:

Abspiel 1 – 6...♗h6

Abspiel 2 – 6...♕f6

Abspiel 3 – 6...f5

Andere Erwiderungen sind:

I. 6...♘f6

A) 7.♗xf4 ♘xe4 8.♗d3

A1) 8...d5 9.♗xe4 dxe4 10.♘c3 ♗g7

(Auf 10...f5 folgt 11.♕d2 nebst langer Rochade.)

11.♘ge2 0-0 12.♕d2 f5 13.0-0-0 ♘c6 14.h5 a6 15.h6 ♗f6 16.♖h5 b5 17.♕e3 b4 18.♘a4 ♕d5 19.b3 ♖f7 20.♗g5 und Weiß steht aktiver. Es droht 21.♘f4 und im weiteren Verlauf d4-d5, Analyse von Bangijew.

A2) 8...♕e7 9.♘e2 ♗f5

(Oder 9...♘c6 10.0-0 ♗g7 11.♗xe4 ♕xe4 12.♘bc3 ♗xd4+ 13.♔h1 ♗xc3 14.♘xc3 ♕c4 15.♘d5 mit nachhaltiger Initiative, Berthelot-Lampureux, Torcy 1991.)

10.0-0 ♕xh4 11.♘bc3 ♘xc3 12.♘xc3 ♗e6 13.g3 ♕h5 14.♗b5+ ♔d8 15.d5 ♗d7 16.♕d4 ♖g8 17.♖ae1 ♕g6 18.♕e3 c6 19.♗d3 f5 20.b4 ♗g7 21.♕e7+ ♔c8 22.♖e6 ♗xe6 23.♕xd6 ♗d4+ 24.♖f2 ♕g7 25.♕xe6+ ♔d8 26.♗xf5 ♘d7 27.dxc6 bxc6 28.♕xc6 ♗xf2+ 29.♔xf2+-, Eames-Thipsay, London 2001

B) 7.♕d3 d5 8.e5 ♘h5 9.♘e2 f3

– (9...♗h6 10.g3 ♘c6 11.♘bc3 ♘e7 12.♘xf4 ♗xf4 13.♗xf4 ♘xf4 14.gxf4 ♗f5 15.♕d2 Δ0-0-0 mit besseren Perspektiven für Weiß, Zuse-J. Schmidt, Deutschland 1992.

– Auf 9...♗e7 kann Weiß mit dem Läufer auf f4 schlagen.)

10.♗g5 (10.gxf3!?) 10...♗e7 11.♗xe7 ♕xe7 12.gxf3 ♘c6 13.♗g2 ♘b4 14.♕d2 ♗f5

(14...gxf3 15.♗xf3 ♗f5 16.♘a3 ♘g7 17.♘g3±)

15.fxg4! ♖g8

(– 15...♘xc2+ 16.♔f2 ♘xa1 17.gxf5±

– 15...♗xg4 16.a3 ♗xe2 17.axb4±)

16.gxf5 ♖xg2 17.♘bc3 0-0-0

(17...♘g3 18.♖h3 ♘xe2 19.♘xe2 0-0-0 20.c3±)

18.a3 ♘g3 19.♖h3 ♘xe2 20.♘xe2 ♘c6 21.0-0-0 mit weißem Vorteil.

II. 6...f3 7.♗g5

A) 7...♗e7 8.♕d2 h6 (8...f6 9.♗h6!↑) 9.♗xe7 fxg2 10.♗xg2 ♘xe7 11.♘c3 ♘g6 12.♕f2 h5

(Die Stellung nach 12...♘d7 13.h5 ♘gf8 14.♘ge2 ♕f6 15.♕g3 ♘e6 16.0-0-0 ist günstig für Weiß, Gallagher-Ziatdinow, Lenk 1991.)

13.0-0-0 c6 14.♘ge2 ♘d7 15.e5 dxe5 16.♘e4 0-0 17.dxe5 ♘gxe5 18.♘2g3

Weiß hat für das geopferte Material die Initiative auf der Königsseite.

B) 7...fxg2 8.♗xg2 f6 9.♗f4 h5 10.♘e2 ♘e7 11.♕d3 ♘bc6 12.♘bc3 ♘g6 13.♗e3 f5 14.exf5 ♘xh4 15.♕e4+ ♔f7 16.0-0-0 und der weiße Vorteil reichte zum späteren Sieg, Barle-Montavon, Genf 1999.

C) 7...f2+ 8.♔xf2 ♗e7 9.♕d2 mit dem Plan ♘c3 nebst 0-0-0 mit guten Möglichkeiten für Weiß.

D) 7...f6 8.♗f4

(Eine gute Wahl ist auch 8.♗e3 ♗e7

9.gxf3 f5 10.exf5 g3 11.♕e2 ♘f6 12.♘c3 c6 13.♘e4 ♔d7 14.♕d2 ♔c7 15.♘e2 ♘h5 16.♗g5 ♖f8 17.♘2xg3 ♘xg3 18.♘xg3 und Weiß war in der 1994 gespielten Fernpartie Johnson–Morgado klar im Vorteil.)

8...♗e7 9.gxf3 f5 10.♘c3 ♗xh4+ 11.♔e2 gxf3+ 12.♘xf3 fxe4 13.♘xe4 ♗g4 14.♕d3 ♘c6 15.♔d2 ♗e7 16.d5 ♘b4 17.♕c3 ♘f6 18.♖e1 und der weiße Angriff entscheidet, Smith–Hess, Connecticut 2004.

III. 6...♗e7 7.♗xf4 ♗xh4+ 8.g3 ♗g5 9.♘e2 h5

A) 10.♕d3 ♘c6 11.♘bc3 ♗d7 12.♘d5 f6 13.0-0-0 ♘ce7 14.♘e3±, Gallagher–Joliez, Le Touquet 1988

B) 10.♗xg5 ♕xg5 11.♕d2 ♕d8 12.♖h4 c6 (12...f5 13.♗g2!) 13.♘bc3 ♘e7 14.♘f4 ♘g6 15.♖xh5 ♖xh5 16.♘xh5 ♕e7 17.0-0-0 mit weißem Übergewicht, Berthelot–Thebault, Torcy 1991.

C) 10.♕d2 ♗xf4 11.♘xf4 h4 12.♘c3 c6 13.0-0-0 ♘d7 14.e5 d5 15.e6 ♘df6 16.exf7+ ♔xf7 17.♗d3 ♘e7 18.♖df1 h3 19.♖h2 mit weißem Vorteil, Handoko–Thipsay, Bangalore 1981.

Abspiel 1
Fortsetzung 6...♗h6

1.e4 e5 2.f4 exf4 3.♘f3 d6 4.d4 g5 5.h4 g4 6.♘g1 ♗h6

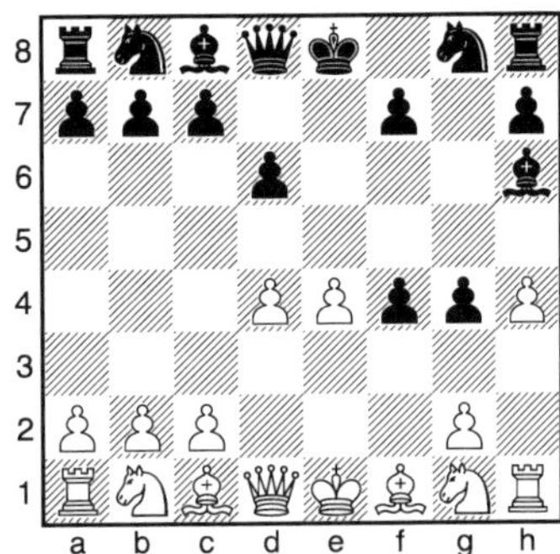

Der ♙f4 soll verteidigt werden, um Weiß die weitere Entwicklung der Figuren zu erschweren.

7.♘c3

So wird üblicherweise gespielt, aber mit 7.♘e2!? gibt es eine starke Alternative. Weiter kann folgen:

A) 7...♕f6 8.♘bc3 f3

(Die Erwiderung 8...♘e7 haben wir in der **Partie Nr. 30:** Day–Blocker, World Open 1979, betrachtet.)

9.♘g3 f2+ 10.♔e2 b6 11.♗xh6 ♗a6+ 12.♔e3 ♕xh6+ 13.♔xf2 ♕f4+ 14.♔g1 ♕xg3 15.♕d2 ♘f6 16.♗xa6 ♘xa6 17.♖f1 mit Vorteil, Glaskow–Sarajew, FPart 1987. Weiß droht ♖f1-f4 und ♘c3–e3 mit Eroberung der Dame.

B) 7...f5 8.♘xf4 fxe4 9.♘c3 ♗f5 10.♗e2 ♗xf4 11.♗xf4 ♕d7 12.0-0 ♘f6 13.♗g5 0-0 14.♗xf6 ♖xf6 15.♘xe4 ♖f7 16.♘g3 ♗g6 17.h5 ♖xf1+ 18.♕xf1 ♗f7

19.♕f6+–, S. Garcia–Sariego, Bayamo 1990

7...♘c6

Mit dem Plan, die lange Rochade vorzubereiten. Andere Erwiderungen sind:

I. 7...♘f6

Schwarz plant ♘f6–h5, um den ♙f4 zu decken.

8.♘ge2

(8.♕d3!? Δ0–0–0 ist eine beachtenswerte Alternative.)

8...d5

(Auf 8...g3 folgt 9.♗xf4 ♗xf4 10.♘xf4 ♘g4 11.♕f3 ♘f2 12.♗c4 ♕f6 13.e5 mit entscheidendem Angriff, Raetsky–Emmott, Lausanne 2008.)

A) 9.♗xf4 ♗xf4 10.♘xf4 dxe4 11.♗c4

(Interessant ist 11.♕d2!? ♗f5 12.0-0-0 mit Kompensation für den Bauern.)

11...♘c6 12.0-0 0-0 13.♘fe2 ♘a5 14.♕d2 ♘xc4 15.♕g5+ ♔h8 16.♖xf6 ♖g8 17.♕f4 ♘d6 18.♖e1 ♖g6 19.♘d5 mit starkem Angriff, Nimtz–Uralde, FPart 2001.

B) 9.e5!? besprechen wir in der **Partie Nr. 31:** Hebden–Toothill, England 1978.

II. Mit dem Gegenschlag im Zentrum 7...f5 kämpft Schwarz um die Initiative, z.B. 8.♘ge2 fxe4 9.♘xf4 ♘f6

(9...♗f5 10.♗e2 ♕d7 11.0-0 ♘c6 12.♘h5 e3 13.♘d5 ♕f7 14.♘hf6+ ♘xf6 15.♖xf5 ♕xd5 16.♖xd5 ♘xd5 17.♗xg4+–, David–Nowikow, Groningen 1995)

A) 10.d5 ♗xf4 11.♗xf4 0-0 12.♕d2 ♗f5

(12...♘h5 13.♗g5 ♕e8 14.0-0-0 ♘g3 15.♗b5 ♕e5 16.♖he1±)

13.♗h6 ♖e8 14.0-0-0 ♗g6 15.♗g5±, Schaack–Zude, Schöneck 1991

B) 10.♗c4 c6 11.0-0 ♗xf4 12.♗xf4 d5 13.♕d2 ♗e6 (13...dxc4 14.♗g5 0-0 15.♗xf6+–) 14.♖ae1 ♘bd7 15.♗d6 h6 16.♘xe4! ♘xe4 17.♖xe4 dxe4 18.♗xe6 ♖f8 19.♗xd7+ ♔xd7 20.♖xf8 ♕xh4 21.♖f7+ 1-0, Rezzuti–Vötter, FPart 1998

III. Der Zug 7...c6 soll vor dem Ausfall des ♘c3 nach d5 schützen; z.B. 8.♘ge2 ♕f6 9.g3 f3

(9...fxg3 10.♘xg3 ♗xc1 11.♖xc1 ♕f4 12.♘ce2 ♕h6 13.♕d2 ♕xd2+ 14.♔xd2 ♘e7 15.♗g2 ♘d7 16.♖cf1 und die weiße Initiative kompensiert den fehlenden Bauern.)

10.♘f4

A) 10...♘d7 11.♔f2

(11.♗e3!? nebst ♕d1-d2 und 0-0-0 ist auch spielbar.)

11...♘b6 12.a4 a5 13.♗e3 ♕e7 14.♕d2 ♘f6 15.♗d3 nebst 16.♖he1 mit guten Perspektiven für Weiß.

B) 10...♕e7 11.♔f2

(Möglich ist auch 11.♗d3!? Δ12.♗e3 nebst ♕d1-d2 und 0-0-0.)

11...♘d7 12.♗c4 ♘b6 13.♗b3 ♗d7 14.a4 a5 15.♖e1 0-0-0 16.♕d3 ♗xf4 17.♗xf4 h5 18.e5 und laut Bangijew steht Weiß besser.

8.♘ge2

Weiß kann mittels 8.♕d3 die lange Rochade vorbereiten.

Bangijew empfiehlt hier 8.♗b5, aber nach 8...a6 9.♗xc6+ bxc6 10.♕d3 ♕f6 11.♗d2 ♘e7 12.0-0-0 a5 hat Schwarz gute Gegenchancen.

8...f3

Der beste Zug. Den Bauern kann man nicht mittels 8...♕f6? verteidigen, denn 9.♘d5! führt zu klarem Vorteil für Weiß.

9.♘f4 f2+

Die Variante nach 9...♗xf4 10.♗xf4 ♘f6 11.♕d2 ♘h5 12.0-0-0 ist günstig für Weiß, wie eine 2002 gespielte Fernpartie Hanison–Arrascaeta zeigte.

10.♔xf2 g3+ 11.♔xg3 ♘f6 12.♗e2

Ein Vorschlag von Peter Leisebein lautet 12.♗b5!?. Dieser Zug muss weiter untersucht werden, um eine klare Beurteilung der Variante geben zu können. Der Textzug hat das Ziel, den wichtigen Punkt g4 zu schützen.

12...♖g8+ 13.♔f2

Nicht ganz klar ist 13.♔h2 ♘g4+ 14.♔g1 ♗g7 15.♗b5 ♗d7 16.♗xc6 bxc6 17.♘ce2 f5 18.♕d3 ♕e7 19.exf5 ♖f8 20.♗d2 ♗xf5 21.♕c4 ♕e4 22.♖e1 ♔d7 und in dieser scharfen Position hat Schwarz offensichtlich Kompensation für den geopferten Bauern, B. Grabarczyk–Panczyk, Gdynia 1987.

13...♘g4+ 14.♗xg4 ♗xg4

14...♖xg4? ist nicht gut wegen 15.♘cd5 ♘b4 16.♘h5 ♘xd5 17.♗xh6 ♖xe4 18.♕f3 ♖xd4 19.♖ae1+ ♔d7 20.c3 ♖xh4 21.♕xd5+–.

15.♕d3 ♗g7 16.♗e3 ♕d7 17.♘cd5 0-0-0

Entstanden ist eine scharfe Stellung mit entgegengesetzten Rochaden. Weiß muss energisch vorgehen.

18.b4

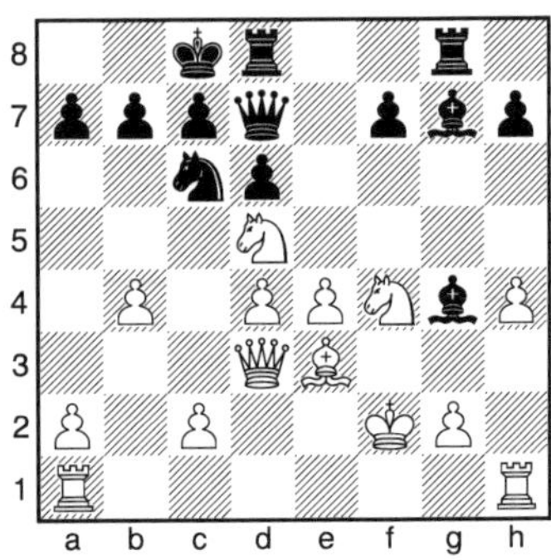

18...f5!

Eine logische und energische Erwiderung. Der weiße König steht am Königsflügel nun nicht ganz sicher. Schlecht ist dagegen 18...♖de8? 19.b5 ♘d8 20.a4 ♘e6 21.b6!

Eine typische Methode des Königsangriffs.

21...axb6 22.a5 b5 23.a6 bxa6 24.♖xa6 ♔b7 25.♖ha1 ♖a8 26.♖xa8 ♖xa8 27.♖xa8 ♔xa8 28.♘xe6 fxe6 29.♕a3+ ♔b8 30.♘b4 mit der Drohung ♕a3–a6 und entscheidendem Angriff. Die Lage von Schwarz ist mehr als kritisch.

19.b5 ♘e7 20.♕a3 ♘xd5!

Schwarz muss in dieser Situation den gegnerischen Springer beseitigen und die weißen Bauern im Zentrum schwächen, wenn er nicht schwer unter die Räder kommen will.

Schwach ist 20...♔b8? wegen 21.♘xe7 ♕xe7 22.e5! ♕d7 (22...dxe5?? 23.♕xe7+–) 23.c4 dxe5 24.dxe5 b6 25.e6 ♕e8 26.♖ac1 mit der Drohung c4–c5 und starkem Königsangriff.

21.exd5

21.♕xa7? geht nicht wegen 21...♘b6

22.a4 ♕e7 23.a5 ♕xe4! 24.axb6 ♗xd4–+.

21...♔b8 22.♕d3 ♖de8 23.♖ae1 ♗h6 24.g3 ♖e4 25.c4 ♗xf4

Auf 25...♖ge8 folgt 26.♘e6!.

26.♗xf4 ♖ge8 27.♖xe4 fxe4

Nach 27...♖xe4 28.♖e1 ♕e7 ist die Stellung ausgeglichen.

28.♕e3 ♗f3 29.♖c1 und Weiß hat einen Mehrbauern, aber die Stellung mit ungleichfarbigen Läufern ist nicht zu gewinnen.

Zusammenfassung: Nach 7.♘c3 bekommt Weiß ganz gute Perspektiven, doch Schwarz kann mit genauem Spiel das Gleichgewicht noch knapp halten. Wir empfehlen, die starke Alternative 7.♘e2!? weiter zu erforschen und in der Praxis auszuprobieren. Außerdem kommt der Vorschlag 12.♗b5!? von Peter Leisebein in Betracht.

Abspiel 2
Fortsetzung 6... ♕f6

1.e4 e5 2.f4 exf4 3.♘f3 d6 4.d4 g5 5.h4 g4 6.♘g1 ♕f6

Die Dame stärkt den ♙f4, aber sie steht an dieser Stelle nicht besonders gut, wie man sehen wird.

7.♘c3

Eine Empfehlung der Theorie: Weiß droht ♘c3–d5 bzw. e4–e5 und ♘c3–e4 mit Vorteil.

Aber der Anziehende verfügt noch über die interessante Alternative 7.♘e2!? ♗h6

(Auf 7...f3 folgt 8.♘f4 fxg2 9.♗xg2 mit Entwicklungsvorsprung.)

8.♘bc3

A) 8...♘e7 9.♕d2 ♘bc6 10.d5 (10.♘b5!?) 10...♘b4 11.♘b5 ♘a6 12.♕c3 ♕xc3+ 13.♘bxc3 f5 14.♗xf4 ♗g7 15.0-0-0±, Emelyanov–Garland Ghio, FPart 2002

B) 8...f3 9.♘g3 f2+ 10.♔e2 b6 11.♗xh6 ♗a6+ 12.♔e3 ♕xh6+ 13.♔xf2 ♘e7 14.♗xa6 ♕f4+ 15.♔g1 ♘xa6 16.♘h5 ♕e3+ 17.♔h2 0-0-0 18.♕xg4+ f5 19.exf5 ♖dg8 20.♘g7 h5 21.♖he1 ♕h6 22.♕h3+–, Lamy–K. Weber, FPart 2004

7...c6

Um den Vorstoß ♘c3–d5 nicht zuzulassen. Die Erwiderung 7...♘e7 haben wir in der **Partie Nr. 32:** Day–Berry, Calgary 1975, besprochen.

8.♘ge2 ♗h6

Oder 8...f3 9.♘f4 ♗h6 10.g3 ♘d7 11.♗e3 ♕e7 12.♕d2 nebst langer

Rochade und besseren Perspektiven für Weiß.

9.g3 fxg3

Die Alternative 9...f3 ist heutzutage kaum noch anzutreffen, z.B. 10.♘f4 ♕e7

(– 10...♘d7 11.♗e3 ♕e7 12.♕d2 nebst 0-0-0

– 10...♘e7 11.e5! dxe5 12.♘e4 ♕g7 13.♘h5 ♕g6 14.♘ef6+ ♔f8 15.dxe5+–)

11.♗d3 f5

(– 11...♗g7 12.♗e3 h5 13.♕d2 ♘d7 14.0-0-0 mit voller Kompensation für den Bauern, Zchitnikow–Sanfrutos Lopez, FPart 2003.

– 11...♘f6 12.♔f2 0-0 13.♘fd5 cxd5 14.♗xh6 ♘xe4+ 15.♗xe4 dxe4 16.♕d2 f5 17.♘d5+–, Stets–Venkov, FPart 1999)

12.♔f2 ♗g7 13.♗c4 fxe4 14.♘xe4 d5 15.♘g5 ♕d6 16.♖e1+ ♘e7 17.♘fe6 ♗xe6 18.♘xe6 dxc4 19.♘xg7+ ♔f7 20.♗g5 ♘d5 21.♘f5 ♕d7 22.♘h6+ ♔g7 23.♖e4 ♖f8 24.♕e1 ♔h8 25.♖e7! ♕d6

(25...♘xe7 26.♕e5+ ♖f6 27.♕xf6#)

26.♖e8 ♔g7 27.♕e4+–, Prieto–Malmstroem, FPart 2006

10.♘xg3 ♗xc1

Auf 10...♘e7 folgt stark 11.e5! ♕e6 (11...dxe5 12.♘ge4!) 12.♘ge4 dxe5 13.♗c4! ♘d5

(13...♕xc4 14.♘d6+ mit Eroberung der Dame.)

14.♘xd5 cxd5 15.♗xd5! ♕g6 (15...♕xd5 16.♘f6+ +–) 16.dxe5 0-0 17.♘f6+ ♔h8 18.♗e4 ♕g7 19.♗g5 ♘c6 20.♘h5 und Schwarz kann aufgeben, Pott–Bhandarkar, FPart 2006.

11.♖xc1

Für den Bauern hat Weiß einen klaren Entwicklungs- und Raumvorteil. Schwarz wird lange leiden müssen, insbesondere auch dann, wenn es dem Anziehenden gelingt, die schwachen schwarzen Felder d6, f6 und g5 auszunutzen.

11...♘e7

Andere Züge sind:

I. 11...♕f4 12.♘ce2 ♕e3 13.♕d2 ♕xd2+

13...♕f3 14.♖h2 ♕f6 15.c4 ♘e7 16.♘h5 ♕g6 17.♘eg3 ♘d7 18.♗d3 f6 19.e5+–, Percze–Roberts, FPart 2000)

14.♔xd2 ♘e7 15.♘f4 0-0 16.♗e2 d5 17.e5 ♘d7 18.♘gh5 ♔h8 19.♖hg1 ♘f5 20.c3 ♘xh4 21.♖xg4 ♘g6 22.♖h1 ♖g8 23.♘h3 ♘df8 24.♘g5! mit starkem Angriff, Amit–Porat, Herzliya 2008.

II. 11...♕h6

A) 12.♕d2 ♕xd2+ 13.♔xd2 ♘e7

(13...♘d7 14.♗d3 ♘e7 15.♖cf1 d5 16.e5↑)

14.♘h5 f5 15.♖e1 0-0 16.♗d3 ♘g6 17.exf5 ♗xf5 18.♗xf5 ♖xf5 19.♘g3 ♖f2+ 20.♔c1 ♘d7 21.h5 ♘h8 22.♘ge4 mit besseren weißen Aussichten, Nimtz–Costa, FPart 2000.

B) 12.♗d3 siehe **Partie Nr. 33:** Short–Akopian, Madrid 1997.

III. 11...h5 12.♕d2 ♕h6

(Auf 12...♘e7 folgt 13.e5! nebst ♘c3–e4.)

13.♗d3 ♕xd2+ 14.♔xd2 ♘e7 15.♖ce1

Nd7 16.e5! dxe5

(16...d5 17.e6! fxe6 18.Rxe6 Nf8 19.Re5↑)

17.Nce4

A) 17...Rh6 18.Rhf1 exd4 19.Ng5 Nf6 20.Bc4 Be6 21.Bxe6 fxe6 22.Nxe6 Kd7

(– 22...Kf7 23.Ng5+ Kf8 24.Rxe7!+–
– 22...Rc8 23.Ng7+ Kf7 24.Rxe7+!+–)

23.Nc5+ Kd6 24.Nxb7+ Kd7 25.Rxe7+ Kxe7 26.Nf5+ Ke6 27.Nxh6 mit gewonnenem Endspiel für Weiß, Bangijew–Nogar, FPart 1987–91.

B) 17...exd4 18.Nd6+ Kf8 19.Rhf1 und Schwarz steht vor großen Problemen.

12.Qd2 h5 13.Bc4 Be6

Es drohte Rh1-f1.

14.Bxe6

Weiter zu prüfen ist auch 14.d5!? cxd5 (⌓14...Qe5! 15.Kf2 Bd7∞) 15.exd5 Qe5+ 16.Nge2 (16.Kf2!?) 16...Bf5 17.0-0 Nd7 18.Rce1 0-0-0 19.Nd4 Qg3+ 20.Qg2 Qxh4 21.Rxe7 Qxe7 22.Nxf5 Qe5 23.Qf2 Nb6 24.Re1 g3 25.Qf1 g2 26.Qf2 1-0, Henris–Haast, Maastricht 2009.

14...Qxe6

14...fxe6 15.e5 dxe5 16.Nce4 Qf4 17.Qxf4 exf4 18.Nxh5 Nd5 19.Nhf6+ Ke7 20.Nxg4 Nd7 21.Kf2 mit etwas besserem Endspiel für Weiß.

15.0-0 Nd7 16.Kg2 Rh7

16...0-0-0 17.d5 Qg6 18.Qf2 cxd5 19.exd5 Nb6 20.Nb5 Kb8 21.c4 mit voller Kompensation für den Bauern.

17.Rcd1 Nb6

17...0-0-0 18.d5 Qg6 19.Nf5 Nxf5 20.exf5 Qh6 21.dxc6 Qxd2+ 22.Rxd2 bxc6 23.Rxd6 Kc7 24.Rfd1 mit weißem Druck.

18.e5 dxe5

Auf 18...d5 folgt 19.Rf6±.

19.dxe5 Ned5 20.Qd3 Nxc3 21.Qxh7 Nxd1 22.Qg8+ Ke7 23.Qg5+ Kf8 24.Nxh5 Qd5+ 25.Kg3 Nc4 26.Qh6+ Ke7 27.Qg5+ und Weiß muss sich in dieser scharfen Stellung mit ewigem Schach zufrieden geben.

Zusammenfassung: Auch in diesem Abspiel ist die Idee 7.Ne2!? weiter zu prüfen. Zudem verdient 14.d4!? Beachtung.

Abspiel 3
Fortsetzung 6...f5

1.e4 e5 2.f4 exf4 3.♘f3 d6 4.d4 g5 5.h4 g4 6.♘g1 f5

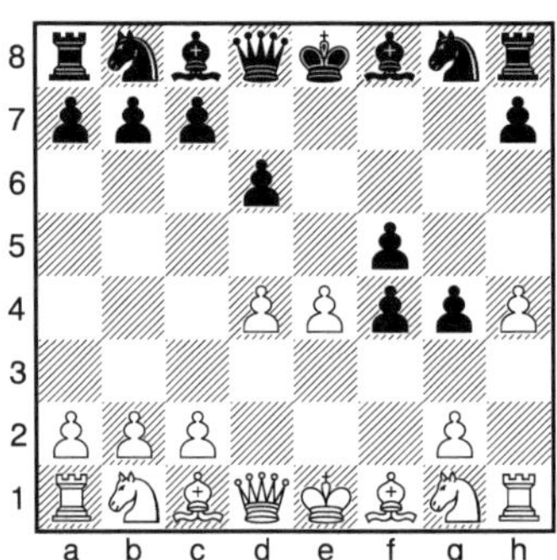

Schwarz will seinen Bauern nicht verteidigen, sondern im Zentrum aktiv werden.

7.♗xf4

Ein logischer Zug: Der ♙f4 wird sofort liquidiert.

Die Antwort 7.♘c3 ♘f6 8.♗xf4 führt mit Zugumstellung zur Hauptvariante.

7...fxe4 8.♘c3 ♘f6

Hier hat man auch schon andere Versuche gesehen, den ♙e4 zu verteidigen:

– 8...d5 besprechen wir in der **Partie Nr. 34:** Riihimeki–Aymard, FPart 2005.

– 8...♗f5 9.♘ge2 ♘f6 10.♘g3 ♗g6 11.h5 ♗f7 12.♗g5 d5 13.♕d2 ♗e6 14.♗e2 ♗e7 15.0-0 (15.0-0-0!?) 15...0-0 16.♘f5 ♗xf5 17.♖xf5 c6 18.♖af1 ♘bd7 19.♗h6 ♖f7 20.♗xg4±, Gallagher–Bagirow, Biel 1998

9.d5

Mit der einfachen Absicht, die Deckung des ♙e4 durch d6–d5 zu vermeiden.

Hier wurden auch schon andere Ideen ausprobiert:

I. 9.♕d2 d5 10.0-0-0

(10.♗e5 c6 11.♘ge2 ♗e6 12.♘f4 ♗f7 und in der Partie Hector–Leko, Kopenhagen 1995, hätte Weiß nun mit 13.0-0-0 fortsetzen sollen. Die positionellen Chancen sollten den geringfügigen materiellen Nachteil aufwiegen können.)

10...c6 11.h5!?

(11.♘ge2 ♘h5 12.♗e5 ♗g7∞)

11...♗e6 12.♘ge2 ♘bd7 13.♘g3 ♗b4 14.a3 ♗a5 15.♗e2 b5 16.♗d6 ♖c8 17.♖df1 ♗c7 18.♘f5 ♗xf5 19.♗xc7±, Nimtz–Kozlowicz, FPart 1996

II. 9.♘ge2 d5 10.♕d2 ♗e7 11.♘g3 ♗e6 12.♗e2 c6 13.0-0 (13.0-0-0!?) 13...♘bd7 14.a3 a5 15.♘d1 ♕b6 16.♘e3 c5 (16...♕xb2?? 17.♖fb1+-) 17.c3 c4 18.♘gf5 ♗xf5 19.♘xf5 und Weiß hat seine Kräfte entwickelt, Schwarz muss dagegen diese Probleme noch lösen: Weiß steht besser, Barbeau–Feoktistow, Montreal 2004.

III. Hinter dem Zug 9.g3 steht die Absicht, sich schnell die f-Linie unter den Nagel zu reißen und nach Möglichkeit schnell die e-Linie zu öffnen; z.B. 9...d5

(9...♘c6 10.d5 ♘e5 11.♕d4 ♕e7 12.0-0-0 ♗f5 13.♗b5+ ♔f7 14.♗g5 und Raetsky stellt fest, dass Weiß für einen minimalen Einsatz eine anständige Initiative erhält.)

10.♘ge2 c6 11.♗g2 ♗e6 12.0-0 ♗e7

13.♕d2 ♘bd7 14.♖ae1 ♕b6 15.♗h6 und hier hätte Schwarz in Balzar-Raetsky, Gießen 1994, 15...0-0-0 spielen sollen. Nach 16.♗g7 ♖hg8 17.♕h6 ♗f8! 18.♗xf8 ♖gxf8 hat Weiß nichts für den hingegebenen Bauern, Analyse von Raetsky.

9...♗g7

Schwarz will schnell seinen König in Sicherheit bringen.

9...♘h5 ist eigentlich ein Tempoverlust; z.B. 10.♗g5 ♗e7 11.♗b5+!

A) 11...c6 12.dxc6 bxc6 13.♘ge2!

(13.♗xe7 ♕xe7 14.♗xc6+ ♘xc6 15.♕d5±)

13...cxb5 14.♗xe7 ♕xe7 15.♕d5+-

B) 11...♔f7 12.♘ge2 a6

(12...♗xg5 13.hxg5 ♕xg5 14.♕d4→)

13.0-0+ ♔g8

(13...♔g7? 14.♕d4+ ♗f6 15.♗xf6+ ♘xf6 16.♘xe4+-)

14.♗a4 ♗xg5

(14...b5 15.♗b3 ♗xg5 16.hxg5 ♕xg5 17.♕d4 ♘d7 18.♘xe4 mit starker Initiative.)

15.hxg5 ♘d7 (15...♕xg5 16.♕d4!) 16.♘f4! ♘xf4

(16...♘g3 17.♕xg4 ♘xf1 18.♕e6+ ♔f8 19.♖xf1+-)

17.♕xg4! ♘e5 18.♕xf4 ♔g7

(18...b5 19.♗b3 a5 20.♘xe4 a4 21.♘f6+ ♔g7 22.♕h4+-)

19.♘xe4 b5 20.♗b3 ♗d7 21.♘f6 h5 22.♖ae1 1-0, A. Fedorow-Ibragimow, Katrineholm 1999

10.h5

Damit will Weiß den schwarzen Läufer von g7 verdrängen.

Es gibt aber mehrere interessante Alternativen:

- 10.♗c4 wird in der **Partie Nr. 35:** A. Fedorow-Gyimesi, Hrvatska 2001, unter die Lupe genommen.

- Oder 10.♕d2 mit dem Plan 0-0-0.

- Auch möglich ist 10.♘ge2 Δ♘e2-g3, ♕d1-d2 und 0-0-0 usw.

10...h6

Nach 10...0-0 geht konsequent 11.h6 oder sogar 11.♕d2; z.B. 11...♗f5 12.♘ge2 ♕d7 13.♘g3 nebst 0-0-0 und die besseren Aussichten auf das längere Stück der Wurst liegen klar auf der Seite von Weiß.

11.♕d2 ♘bd7 12.♗c4!?

Eine interessante Idee: Der Läufer stützt den ♙d5 und Weiß plant, nach dem Manöver ♘g1-e2-d4-e6 den Springer aktiv auf e6 zu postieren.

Ein anderer Plan ist 12.♘ge2 ♘b6 13.♘g3 ♕e7 14.0-0-0 usw.

12...♘b6 13.♗b3 ♕e7

In Hariman-Mc Intyre, FPart 2003, geschah 13...♗d7 14.a4 ♕e7 15.a5 ♘c8 16.♘ge2 a6 17.♗e3 c5 18.♘f4 ♕f7 19.♘e6±.

14.♘ge2 a5 15.a3 a4 16.♗a2 ♗f5 17.0-0-0 0-0-0 18.♖df1 und Weiß hat bessere Aussichten. Ein Plan besteht in ♗f4-e3 und ♘e2-f4.

Zusammenfassung: Die forsche Aktion von Schwarz in der Mitte mittels 6...f5 ist vorteilhaft für Weiß, was unsere Analysen und Beispiele aus der Praxis bestätigen.

Kapitel 11
Fortsetzung 3...h6

1.e4 e5 2.f4 exf4 3.♘f3 h6

Schwarz hat ein klares Ziel, er will mit g7–g5 seinen Bauern auf f4 stützen. Dieser Plan ist als Becker-Verteidigung bekannt.

4.d4

Ein logischer Zug: Weiß nimmt das Zentrum in Besitz.

Die Finger lassen sollte er von 4.b3 und zwar wegen 4...♗e7 5.♗c4 ♘f6 6.♕e2

(6.e5 d5! 7.exf6 ♗xf6 8.♕e2+ ♗e6 9.♗b5+ c6 10.♘c3 cxb5 11.♕xb5+ ♕d7 12.♕xd7+ ♔xd7 13.♗b2 g5 14.0-0-0 ♘c6 und Schwarz erfreut sich eines satten Mehrbauern.)

6...0-0 7.♗b2 d5 mit ausgezeichnetem Spiel für Schwarz.

4...g5

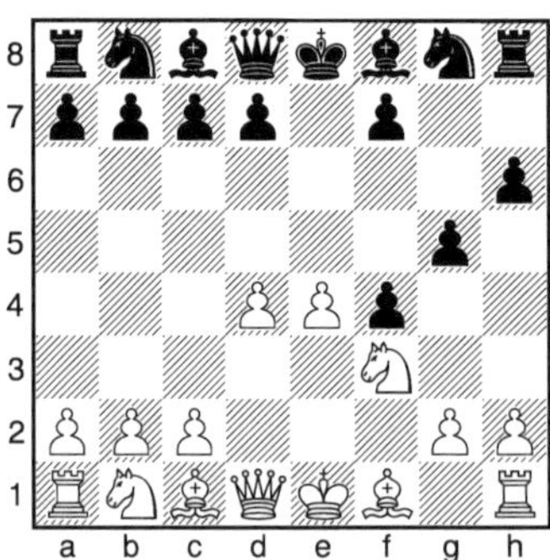

Erste Wahl sind für Weiß in der Diagrammstellung die beiden Fortsetzungen 5.h4 (siehe **Abspiel 1**) und 5.♘c3 (siehe **Abspiel 2**).

Dagegen führt 5.♗c4 mit Zugumstellung zu anderen Varianten, die wir später analysieren werden.

Abspiel 1
Fortsetzung 5.h4

1.e4 e5 2.f4 exf4 3.♘f3 h6 4.d4 g5 5.h4

Eine charakteristische Bauernsprengung.

5...♗g7 6.g3

Nur mit diesem Zug kann Weiß seine Initiative weiter entwickeln.

Eine eher fragwürdige Idee ist 6.hxg5 hxg5 7.♖xh8 ♗xh8 8.g3, denn nach 8...d5! übernimmt Schwarz das Zepter und sichert sich die besseren Chancen.

A) 9.exd5 ♕e7+ 10.♗e2

(10.♕e2 ♕xe2+ 11.♗xe2 g4 12.♘g5 f3∓)

10...g4 11.♘e5 f3 12.♗b5+ ♗d7 13.♕d3 ♗xe5 14.dxe5 ♕xe5+ 15.♔f2 ♗xb5 16.♕xb5+ ♘d7 17.♗f4 ♕d4+ 18.♗e3 ♕h8 19.♗f4 ♕h2+ 20.♔e3 ♕g1+ 21.♔d2 ♘gf6 22.♕d3 ♘c5–+, Krajkovsky–Alexander, FPart 1963

B) 9.gxf4 g4 10.♘g5 f6 11.f5 (11.♘h3 dxe4!) 11...fxg5 12.♕xg4 ♗xd4 13.♘c3 (13.♗xg5 ♘f6–+) 13...♗xc3+ 14.bxc3 ♘h6

(14...♕e7 15.♗xg5 ♕xe4+ 16.♕xe4+ dxe4 17.♗c4 ♗xf5 18.♗xg8 ♘c6∓ Bangijew)

15.♕h5+ ♘f7 und es ist nicht zu erkennen, worauf gestützt Weiß irgendwie einen Vorteil erlangen – geschweige denn reklamieren könnte.

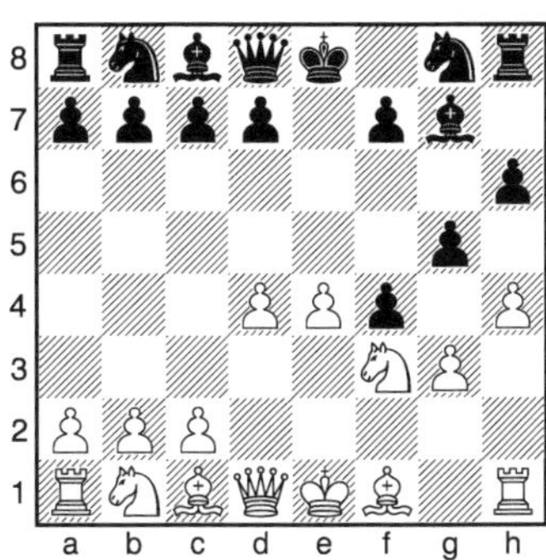

6...g4

Eine natürliche Antwort. Schauen wir uns auch mal andere Erwiderungen an:

I. 6...d6 7.gxf4 g4!

(7...gxf4 8.♗xf4 ♕f6 9.♗e3 ♗g4 10.♘bd2 ♘c6 11.c3 0-0-0 und in dieser komplizierten Stellung behält Weiß gute Perspektiven, Ronka–Kivimaki, Jyvaskyla 2009.)

8.♘g1 d5 9.e5 ♘e7 mit verteilten Chancen.

II. 6...♕e7 7.♘c3 g4 8.♘e5 ♗xe5 9.♘d5 ♕d8 10.dxe5 f3 11.♗e3 ♘c6 12.♕d2 d6 13.exd6 cxd6 14.0-0-0 ♗e6 15.♗b5±, Flitney–Press, Rotorua 2011

III. 6...d5 7.gxf4 dxe4

(7...g4 8.♘e5 ♘f6 9.♘c3 ♘xe4 10.♘xe4 dxe4 11.♗c4 ♗xe5 12.fxe5 f5 13.♗f4 ♘c6 14.d5 ♕e7 15.dxc6 ♕b4+ 16.♕d2 ♕xc4 17.0-0-0 ♗e6 18.cxb7 ♖b8 19.♗xh6+–, Corkett–McLaughlin, England 1987)

8.♘e5 ♘d7

(8...g4 9.♗c4 ♗xe5 10.fxe5 f5 11.exf6 ♕xf6 12.♘c3 ♗f5 13.♘d5 ♕c6 14.♗b5+–, Waterfield–Klein, Telford 2005)

9.hxg5 ♘xe5 10.fxe5 h5 11.♘c3 ♗g4 12.♗e2 ♗xe2 13.♕xe2 ♕xd4 14.♗e3 ♕xe5 15.0-0-0 ♘e7 16.♖h4 ♖d8 17.♖xe4 ♖xd1+ 18.♕xd1 ♕f5 19.♘d5 ♗e5 20.♖xe5 ♕xe5 21.♘f6+ +–, Martinez–Levit, Concord 1995

7.♘h2

Das Figurenopfer nach 7.♘e5 d6 8.♘xg4

(8.♘xf7 ♔xf7 9.♗c4+ ♔e8 10.♗xf4 ♘c6–+)

8...h5 9.♘h2 fxg3 10.♘f3 ♗g4 ist wohl nicht korrekt.

7...fxg3 8.♘xg4 d6 9.c3 ♘f6 10.♘xf6+ ♕xf6 11.♗e3 ♗d7 12.♘d2 ♘c6 13.♕e2 ♖g8 14.0-0-0 ♗f8 15.♗g2 0-0-0 16.♖df1 ♕g6 17.♕f3 ♖g7 18.h5 ♕h7 19.♕f4 und insbesondere wegen der schwarzen Bauernschwächen steht Weiß klar besser, Tsang Hon Ki –Maia, Dresden 2008.

Zusammenfassung: Die Idee mit 5.h4 kommt auch in Frage und gibt Weiß recht ordentliche Perspektiven. Wir empfehlen aber eine andere Fortsetzung, die wir im nächsten Abspiel analysieren werden.

Abspiel 2
Fortsetzung 5.♘c3

1.e4 e5 2.f4 exf4 3.♘f3 h6 4.d4 g5 5.♘c3

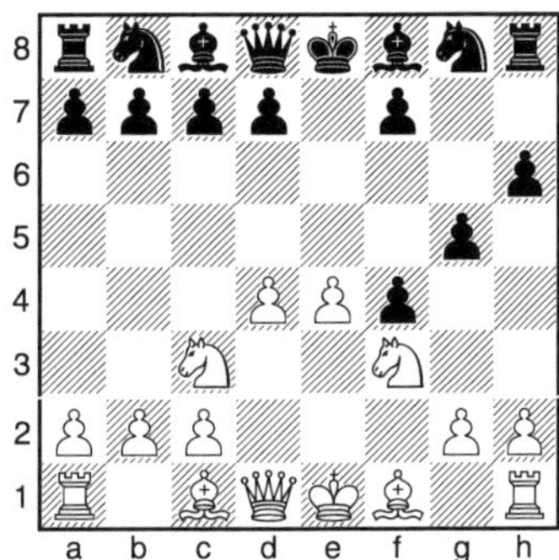

Der Favorit der Theorie überdeckt prophylaktisch den ♙e4 und verhindert den Zentrumsgegenstoß d7–d5.

5...♗g7

Nach 5...d6 empfiehlt sich ebenfalls 6.g3.

A) So führt 6...fxg3 7.h4!? zum Tor ins Abenteuer; z.B. 7...g4 8.♘g1 g2

(8...♕f6 9.♗e3 ♘e7 10.h5 a6 11.♗g2 ♘bc6 12.♘ge2 ♗d7 13.♕d2 0-0-0 14.0-0-0 ♕g7∞, Naftalin–Bernard, FPart 1988)

9.♗xg2 ♗e7 10.h5 ♗h4+ 11.♔e2 ♗g5 12.♗xg5 ♕xg5 13.♕d2 ♕xd2+ 14.♔xd2 ♘e7

(Zu 14...♘c6 siehe **Partie Nr. 36:** Schulman–Notkin, Kakchowka 1997.)

15.♘ge2 ♘a6 16.♖hf1 0-0 mit beiderseitigen Chancen, Vrenegoor–Van Gisbergen, Enschede 1991.

B) 7.hxg3 führt unter Zugumstellung zur Hauptvariante.

6.g3

Ohne diesen typischen Sprengungszug kann Weiß nicht auf Vorteil hoffen.

6...fxg3

Nach 6...d6 7.gxf4 g4 möchten wir die Aufmerksamkeit des Lesers auf zwei alternative Pläne richten:

A) 8.♖g1!? ♔f8 (8...♗f6!? Nightingale) 9.♗e3!? ♘c6

(– Oder 9...gxf3 10.♕xf3 nebst 0-0-0 mit starkem Angriff.

– Hingegen stellen wir die Antwort 9...f5 in der **Partie Nr. 37:** Huschenbeth–Banusz, Plovdiv 2012, vor.)

10.d5 ♘b4 11.a3 gxf3 12.axb4 ♕h4+ 13.♖g3

(Stark ist 13.♔d2!? ♕xh2+ 14.♔c1 mit weißem Vorteil.)

13...♘f6 14.♕xf3 ♘h5 15.♗e2 ♘xg3 16.hxg3 mit guten Perspektiven, Schirow–Aleksejew, Lublin 2011.

B) 8.♗e3 gxf3 9.♕xf3 h5

(9...♘c6 10.0-0-0 ♘f6 11.♖g1, Persidsky- Kühnel, FPart 1986)

10.h3 f5 11.♕g2 und Weiß hat ausreichend Ersatz für die Figur, Jonkman–Vujosevic, Budapest 1994.

7.hxg3

Eine solide Fortsetzung, die heute als die beste Wahl für Weiß gilt.

Zu scharfem Spiel führt 7.h4!?, begünstigt aber wohl eher Schwarz; z.B. 7...g4

(7...gxh4 8.♖xh4 d6 9.♗f4 ♗f6 10.♖h1 ♗g4 11.♕d3 ♘c6 12.0-0-0±)

8.♘g1

A) 8...♕f6 9.♗e3 d6 10.♕d2 ♘c6 11.0-0-0 h5

(11...♗d7 12.♘ge2 0-0-0 13.♘xg3±)

12.♘ge2 ♗h6 13.♘d5 ♕d8 14.♗xh6 ♖xh6 15.♘xg3 mit Vorteil für Weiß.

B) 8...d5! 9.exd5 ♘e7

(9...♕f6 10.♗e3 ♘e7 11.♕d2 ♘f5 12.0-0-0 ♘xh4 13.♘e4 ♕d8 14.♘xg3 ♘f5 15.♘xf5 ♗xf5 16.♗g2 h5 17.♖e1±)

10.♗g2 ♘f5 11.♘ge2

B1) 11...♕e7! 12.♗f4 ♘xd4 13.0-0 ♘f5

(13...♕xh4? 14.♗xg3 ♘xe2+ 15.♕xe2+ ♕e7 16.♕b5+ ♕d7 17.♖ae1+ ♔f8 18.♕c4+–)

14.♕d2 0-0 mit schwarzem Vorteil.

B2) 11...♘xh4 wird in der **Partie Nr. 38:** Bangijew–Murdzia, Deutschland 2000, besprochen.

7...d6

Im Duell Spasski–Gibs, Leningrad 1960, geschah 7...d5 8.♘xd5 ♗g4 9.♗c4 ♘c6 10.♘e3 ♕d7 11.c3 0-0-0 12.0-0 ♘f6 13.♕c2 ♗h3 14.♖e1 ♘g4 15.♘f5 ♗f6 16.♗b5 ♕e8 17.e5 und Schwarz fand sich in einer schwierigen Stellung wieder.

8.♗c4

Das Beste für Weiß: Der Angriff auf das Feld f7 verbürgt ordentliche Chancen.

Unklar ist eine Idee von Gallagher: 8.♘xg5!? hxg5 9.♖xh8 ♗xh8 10.♕h5 ♗xd4 11.♗xg5 ♕d7

(– 11...♘f6? 12.♕h8+ ♔d7 13.♗h3+ +–

– 11...♗f6 12.♗c4 ♕e7 13.♗xf6 ♘xf6 14.♕h8+ ♔d7 15.0-0-0 mit Initiative für die Figur.)

12.♗c4 und Weiß ist seinem Kontrahenten in der Entwicklung klar voraus. Aber reicht dies als Ausgleich für das geopferte Material?

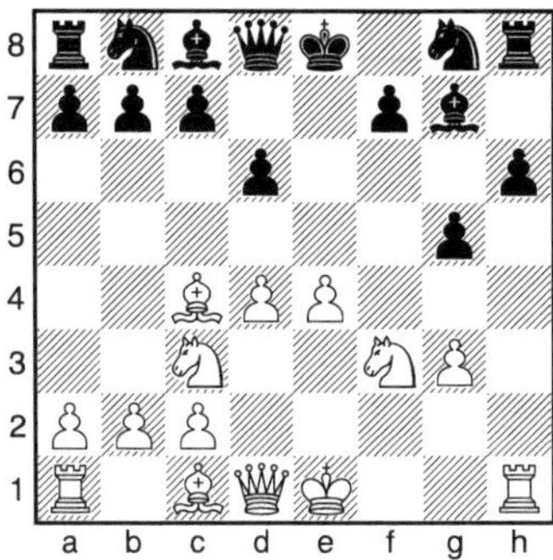

8...♗g4

Die Alternativen sind:

I. 8...g4 9.♘h4 ♘c6 10.♗e3 ♘f6 11.♕d2 ♘e7 12.0-0 (12.0-0-0!?) 12...c6 13.♕f2 ♖f8 14.♗xh6 mit weißem Übergewicht, Hector–Hvenekilde, Kopenhagen 2000.

II. 8...♘f6 9.♕d3 ♘c6

(9...♗e6? 10.♗xe6 fxe6 11.e5 dxe5 12.♕g6+ ♔f8 13.♘xe5 ♕e8 14.0-0 und Schwarz hat Schwierigkeiten.)

10.♗b3

(Über 10.♗e3 erfahren Sie mehr in der Kommentierung zur **Partie Nr. 39:** Grischuk–Lunew, Moskau 1999.)

A) 10...♘a5 11.♗a4+ ♗d7 12.♗xd7+ ♕xd7 13.♗d2 (13.d5 c5!) 13...♘g4 14.♖f1 nebst 0-0-0 mit scharfem Spiel.

B) 10...♗g4 11.♖f1 ♘a5 12.♗a4+ ♘d7 13.♘d5 c6 14.♘e3 ♗e6 15.c3 b5 16.♗c2 ♘c4 17.b3 ♘xe3 18.♗xe3 ♘b6 19.♔f2 d5 20.e5 ♗f8 und auf dem Brett ist eine sehr komplizierte Stellung entstanden. Die Partie endete schließlich mit einem Remis, Morosewitsch–Leko, Frankfurt 2000.

III. 8...♘c6 9.♗e3

(9.♘xg5!? hxg5 10.♖xh8 ♗xh8 11.♕h5 ist ein Vorschlag von Bangijew.)

9...♗g4 10.0-0 ♘f6 11.♕d3 0-0 12.♘xg5 hxg5 13.♗xg5 ♘b4

(13...♗e6 14.♖f4! ♘b4 15.♕e2 ♗xc4 16.♕xc4 ♘xc2 17.e5+–)

14.♕d2 c5

(– 14...d5 15.e5+–

– 14...♗e6 15.d5 ♗h3 16.♖f4 nebst ♕d2–f2!)

15.♖f4 ♗h3 16.♕h2

A) 16...cxd4 17.♕xh3 dxc3 18.♖af1 ♕b6+

(18...cxb2 19.♗xf6 ♗xf6 20.♖g4+ ♗g7 21.♕h6 ♕b6+ 22.♔h2 ♕d4 23.♖f6+–)

19.♔h2 ♘h7 20.♗h6 ♕d4 21.bxc3 ♕xc3 22.♗xg7 ♕xg7 23.♖xf7 und Schwarz kann aufgeben.

B) 16...♘g4 17.♕xh3 ♕xg5 18.♖xg4 ♕e3+ 19.♔g2 ♕d2+ 20.♘e2 ♘xc2 21.♖h1 ♘e3+ 22.♔f3 1-0, A. Fedorow–Notkin, St. Petersburg 1996

9.♖f1 ♕d7

Auf 9...♘f6 ist 10.♕d3 stark, um schnell lang zu rochieren; z.B. 10...♘c6 11.♗e3 ♕e7 12.0-0-0 0-0-0 13.d5 ♗xf3??

(Notwendig ist 13...♘b4!.)

14.dxc6! ♗xd1 15.♗a6! ♔b8 16.♗xb7 ♘d7 17.♗xa7+ 1-0, Strowsky–Ziegler, Frankreich 2003

10.♕d3 ♗h5

Hinsichtlich des Zuges 10...♘c6 empfehlen wir Ihnen das Studium der scharfen und interessanten **Partie Nr. 40:** Shabalov–A. Ivanov, Seattle 2000.

11.♗e3 ♘e7

Nach 11...♘f6 12.0-0-0 ♘g4 13.♗d2 ♘c6 14.♘d5 a6 15.♔b1 ♘e7 16.♖de1 ♘xd5 17.exd5+ ♔d8 18.♕b3 b5 19.♗d3 ♖e8 20.a4 bekommt Weiß zum Preis eines Bauern eine elastische Entwicklung und gute Angriffsperspektiven gegen den im Zentrum verharrenden gegnerischen König, Riemersma–Hommeles, Leeuwarden 1993.

12.0-0-0 ♘bc6 13.♖d2 a6

Oder 13...♘a5 14.♗b5 c6 15.♗a4 b5 16.♘xb5! cxb5 17.♗xb5 ♘ac6 18.d5 und Weiß steht besser.

14.♖h2

Um die Türme auf der f-Linie zu verdoppeln.

Die andere Idee 14.a3!? haben wir in der **Partie Nr. 41:** Hector–Wedberg, Skara 2002, besprochen.

14...♗g6 15.d5 ♘e5 16.♘xe5 ♗xe5 17.♗d4 ♔f8 18.♖hf2 b5 19.♗b3 ♗xd4 20.♕xd4 ♖h7 21.e5 mit kräftiger weißer Initiative, auf deren Basis sich der Anziehende in der Partie A. Fedorow–Pilgaard, Linares 2002, später den Sieg sicherte.

Zusammenfassung: Die Idee der Entwicklung des Springers nach c3 im 5. Zug scheint die stärkste Lösung für Weiß zu sein. Wir empfehlen Ihnen die ergänzenden fünf Partien zum Thema zur genauen Analyse. Sie werden dabei helfen, die Ideen des Kampfes in diesem Abspiel besser zu verstehen.

Kapitel 12
Fortsetzung 3...♗e7

1.e4 e5 2.f4 exf4 3.♘f3 ♗e7

Diese Fortsetzung wurde im 18. Jahrhundert von dem schottischen Meister Cunningham analysiert, aber über eine längere Zeit hinweg wurde ihr dann die Anerkennung versagt. Erst in den 1940er-Jahren wurde sie wieder populärer, nachdem Ex-Weltmeister Max Euwe dem Abspiel mit neuen Ideen wieder Leben eingehaucht hatte.

4.♗c4

– Dieser Läuferzug gefällt uns besser als 4.♘c3, worauf nach 4...♗h4+ 5.♔e2 der weiße König eine Weile im Zentrum festsitzt.

– Dagegen erhält Schwarz nach 4.♗e2 ♘f6 gute Gegenchancen; z.B. 5.d3 d5 6.e5 ♘g4 7.♗xf4 f6 8.0-0

(Nach 8.d4 fxe5 9.♘xe5 ♘xe5 10.♗xe5 0-0 kommt Schwarz sehr gut ins Spiel.)

8...0-0 9.exf6 ♗d6 10.♗g5 gxf6 (10...♘xf6!?) 11.♗c1 ♕e7 12.d4 ♘e3 13.♗xe3 ♕xe3+ 14.♖f2 ♘c6, Boucher-Pyrich, FPart 2001

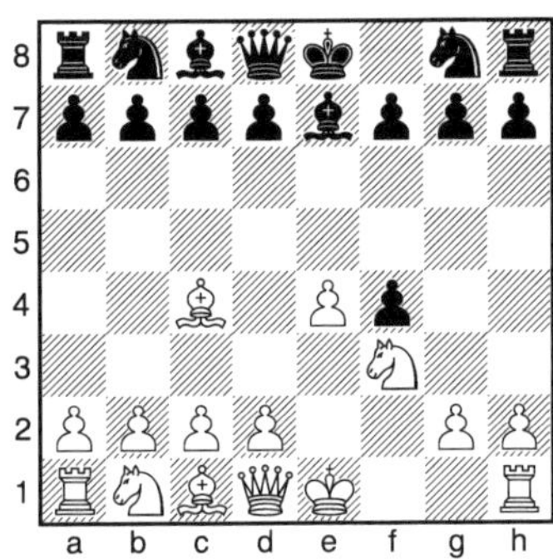

4...♘f6

Dies ist die Empfehlung von Euwe, die heutzutage als die beste Erwiderung gilt.

4...d6 sollte Weiß einfach mit 5.d4 beantworten und nach 4...d5 5.exd5 bzw.5.♗xd5 spielen.

Bevor wir zur Hauptvariante kommen, schauen wir uns kurz die alte Fortsetzung 4...♗h4+ an: 5.♔f1

(5.g3 fxg3 6.0-0 hat einen schlechten Ruf und wird in unserem Buch nicht analysiert.)

A) 5...♘f6 6.♘xh4

A1) 6...d5 7.exd5 0-0 8.♘f3

(8.♘c3!? c6 9.dxc6 ♘xc6 10.♘f3 ♗g4 11.♗e2±)

8...c6 9.d6

(9.dxc6!? ♘xc6 10.♘c3 ist auch möglich.)

9...♕xd6 10.♘c3 b5 11.♗b3 b4 12.♘e2 ♘g4 13.d3 ♘e3+ 14.♗xe3 fxe3 15.♕e1 ♕f6 16.♕xb4 a5

17.♕d4±, Santelli-Bettini, Monza 2006

A2) 6...0-0 7.♘f3 ♘c6 8.♘c3 d6 9.d3 ♘h5 10.♘d5

(10.♗d2 ♗e6 11.♗d5 ♖b8 12.♗xc6 bxc6 13.♘d4±, Pljusnin-Fazil, FPart 2004)

10...♗e6 11.♗xf4 ♗xd5

(11...♘xf4 12.♘xf4 ♗xc4 13.dxc4 ♖e8 14.♕d3+-)

12.♗g5 ♘e7 13.exd5 h6 14.♘d4 hxg5 15.♕xh5+-

A3) 6...♘xe4 7.♕e1 d5

(7...0-0 8.♕xe4 ♕xh4 9.d3+-)

8.♗xd5 ♕xd5 9.d3 ♕b5 10.♘c3 ♕a6 11.♕xe4+ ♗e6 12.♗xf4+-, B. Saric-L. Saric, Split 2005

B) 5...d5 6.♗xd5

(Stark ist auch 6.exd5!? - siehe **Partie Nr. 42:** A. Fedorow-Neelakantan, Kalkutta 1999.)

B1) 6...♘f6 7.♘c3

(Zu 7.♗b3 siehe **Partie Nr. 43:** Schulman-Hector, Schweden 1999.)

7...♘xd5 8.♘xd5 f5 9.♘xh4 ♕xh4 10.♘xc7+ ♔d8 11.♘xa8 fxe4 12.♕e1 ♕h5 13.♕xe4 ♖e8 14.♕f3 ♕e5 15.♕f2 ♕h5 16.♕xf4 ♕e2+ 17.♔g1 ♕d1+ 18.♔f2+-

B2) 6...♘e7 7.♘xh4 ♘xd5 8.exd5 ♕xh4 9.♕e2+ ♔d8 10.d3 ♖e8 11.♕f2 ♕h5 12.♘c3 g5 13.♗d2 Δh2-h4 mit weißem Vorteil.

C) 5...d6 6.d4

C1) 6...♗g4 7.♗xf4 ♘f6 8.h3 ♗xf3 9.♕xf3 ♘c6 10.c3 und Weiß droht g2-g3 mit Eroberung des ♗h4.

C2) 6...♕f6 7.e5 dxe5 8.dxe5 ♕h6

(8...♕e7? 9.♗xf4 ♗g4 10.♘c3 c6 11.♘e4+-)

9.♕d4 ♘e7 10.♗xf4 mit dem Plan ♘b1-c3 und 0-0-0.

C3) 6...♗e7 7.♗xf4 ♘f6 8.♘c3 0-0 9.h3 c6 10.♔f2 b5 11.♗d3 ♗b7

(In Frage kommt 11...♘a6!? mit dem Plan ♘a6-c7-e6.)

12.♖e1 ♘bd7 13.♔g1 a5 14.♔h1 b4 15.♘e2 h6 16.♘g3 ♘h7 17.♘f5 und Weiß steht aktiver, Soot-Romandi, Estland 2007.

5.e5

Dies führt zur Hauptvariante.

Problematisch und interessant zugleich ist 5.♘c3, was wir in der **Partie Nr. 44:** Handoko-Arnason, Luzern 1982, betrachten.

5...♘g4 6.♘c3

So verhindert Weiß den befreienden Vorstoß d7-d5.

- Die Züge 6.0-0 und 6.d4 führen zumeist mit Zugumstellung zur Hauptvariante.

- Interessant ist 6.♕e2 - siehe **Partie Nr. 45:** Filipowicz-Tarnowski, Poznan 1962.

6...d6

Auf 6...♗h4+ hat Weiß zwei gute Antworten zur Verfügung:

A) 7.g3!? fxg3 8.0-0 ♘f2 9.♗xf7+ ♔f8

(9...♔xf7 10.♘xh4 ♕xh4 11.♕f3+ ♔e8 12.hxg3 ♕h1+ 13.♕xh1 ♘xh1 14.♔xh1 ♘c6 15.♘b5 ♔d8 16.d4 h6 17.♗e3±)

10.♕e2 ♘h3+ 11.♔h1 ♘f2+ 12.♔g2 gxh2 13.♗b3 h1♕+ 14.♖xh1 ♘xh1 15.♕c4 d5 16.exd6 ♕f6 17.♕xh4 ♕xh4 18.♘xh4 cxd6 19.d3 ♔e8

20.♗g5 ♘c6 21.♖xh1 ♖f8 22.♖e1+ ♔d7 23.♘b5 ♘e5 24.d4 a6 25.dxe5 axb5 26.exd6+–, Fedeli–Salonen, FPart 2005

B) 7.♔f1 7...0-0 8.d4

B1) 8...♔h8 9.g3! fxg3 10.hxg3 ♗e7 (10...♗xg3 11.♘g5 ♘h2+ 12.♔g2 d5 13.♕d3+–)

11.♘h2 f5

(11...♘xh2+ 12.♖xh2 g6 13.♕d2+–)

12.♘xg4 fxg4+ 13.♔g2 d6 14.e6 und die Lage von Schwarz ist ernst.

B2) 8...♘e3+ 9.♗xe3 fxe3 10.♕d3 ♗f2 11.♘d1 (11.h4!? Estrin) 11...d6 12.♘xe3 ♗xe3 13.♕xe3 ♘c6 14.♔f2 ♗e6 15.♗b5 f6 16.♗xc6 bxc6 17.exd6 ♕xd6 18.♖he1 ♖fe8 19.♕c3 ♗d5 20.♖xe8+ ♖xe8 21.♖e1 ♖xe1 22.♕xe1 ♔f7 mit etwa gleichem Endspiel.

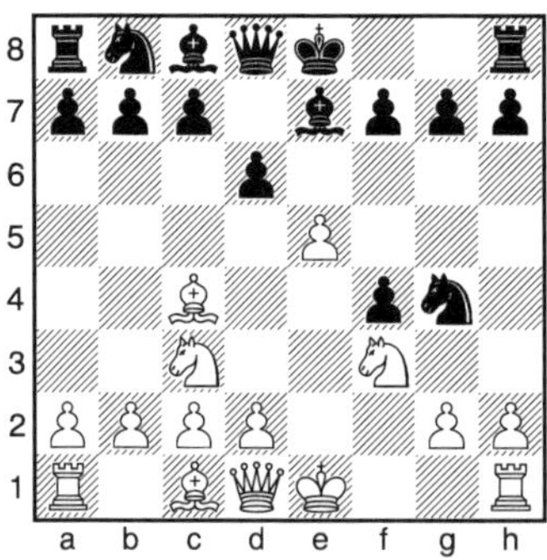

7.d4

Für weitere Analysen empfiehlt sich 7.exd6. Hierzu ein paar Beispiele aus der Praxis:

A) 7...♗xd6 8.♕e2+ ♕e7 9.♕xe7+ ♔xe7 10.0-0 f6 11.d4

A1) 11...♗f5 12.♘d5+ ♔d7 13.h3 ♘h6 14.♗xf4 ♗xf4 15.♘xf4 ♖e8 16.♗b3 ♘c6? (16...♘a6!?) 17.d5 ♘e5 18.♗a4+ c6 19.♖ad1 ♘xf3+ 20.♖xf3 b5 21.dxc6+ ♔xc6 22.♖c3+ ♔b6 23.♖d6+ ♔a5 24.♘d5 a6 25.b4+ und 1-0 wegen 25...♔xa4 26.♖b3 nebst Matt, Grimsey–Halliwell, England 1998.

A2) 11...c6 12.♘e4 ♗c7 13.h3 ♘h6 14.♘c5 ♔d8 15.♗d2 b6 16.♘d3 g5 17.h4 g4 18.♘h2 ♘f5 19.♘xf4 h5

(19...♘xd4 20.♖ad1 ♗d7 21.♗c3 c5 22.♗xd4 cxd4 23.♗d5 ♘c6 24.♗xc6 ♗xc6 25.♘xg4+–)

20.♖ae1 ♘xh4 21.♗d3 f5 22.g3 ♗xf4 23.♗xf4 ♘g6 24.♗d6 ♘a6 25.♗xf5 ♗xf5 26.♖xf5 ♔d7 27.♖f6 ♖hg8 28.♗a3 ♖g7 29.♖ee6 mit entscheidendem Übergewicht, Scacco–Below, FPart 1999.

B) 7...♕xd6 8.♕e2

(8.d4 0-0 9.0-0 ist eine spielbare Alternative.)

8...0-0 9.d4 ♖e8 10.0-0 ♘c6 11.♘b5 ♕d7 12.♗xf4 ♗d8 13.♘e5 ♘gxe5 14.♗xe5 ♗f6 15.♖ad1 ♖e7 16.♕h5 g6 17.♕h6 ♗xe5 18.dxe5 ♕e8 19.♖xf7 ♖xf7 20.♘xc7 ♕f8 21.♕xf8+ ♔xf8 22.♗xf7 ♔xf7 23.♘xa8+–, De Vries–De Leeuw, FPart 1999

C) 7...♗h4+!? 8.g3 fxg3 9.♕e2+ ♗e6 10.0-0 gxh2+ 11.♘xh2

(11.♔h1!? ♘f2+? 12.♖xf2 ♗xf2 13.♗xe6 0-0 14.♗d5 c6 15.♕xf2+–)

11...♕xd6 12.♗xe6 ♕g3+ 13.♔h1 ♘f2+ 14.♖xf2 ♕xf2 15.♗c8+ ♕xe2 16.♘xe2 ♘d7 17.♗xb7 ♖b8 18.♗c6 ♖b6 mit völlig unklarer Stellung, David–Magem Badals, Linares 1995.

7...dxe5

Die Fortsetzung 7...♗h4+ scheint besser für Weiß zu sein, z.B. 8.♔f1 ♘e3+ (8...♘f2? 9.♕e1±) 9.♗xe3 fxe3 10.♕d3 ♗g5 11.exd6

A) 11...cxd6 12.♕e4+ ♗e7 (12...♔f8 13.h4 ♗f6 14.♖e1±) 13.♘g5 ♗e6 14.♗xe6 fxe6 15.♘xe6 ♕a5 16.b4! mit starkem Angriff, Leuta–Bulgakow, FPart 1971.

B) 11...c6 12.♕e4+ ♔f8 13.♖e1 g6 14.♘xg5 ♕xg5 15.♖xe3 ♕f5+ 16.♖f3! ♕xe4 17.♖xf7+ ♔e8 18.♘xe4 ♘d7 19.♖e7+ ♔d8 20.♘g5 ♖f8+ 21.♘f7+ 1-0, Szewczyk–Hannemann, FPart 1975

8.dxe5 ♕xd1+

In der Partie Glaskow–Matwejew, Tambow 1954, kam Weiß nach 8...0-0 9.♗xf4 ♗e6 10.♕e2 leicht in Vorteil.

9.♘xd1 ♗e6 10.♗xe6 fxe6 11.h3 ♘h6 12.♗xf4 ♘f5 13.♘e3 ♖f8 14.♘xf5 ♖xf5 15.♗h2 ♘c6 16.♖d1 ♖d8 17.♔e2 ♖f7 18.c3 a5 mit Remis, aber Weiß hat die Nase leicht vorn, Rezzuti–Banet, ICCF 1996.

Zusammenfassung: Weiß bekommt in dieser Variante nach 4.♗c4 einen kleinen Vorteil mit guten Perspektiven.

Kapitel 13
Fortsetzung 3...♘f6

1.e4 e5 2.f4 exf4 3.♘f3 ♘f6

Dies sind die Anfangszüge der Schallopp-Verteidigung, benannt nach dem deutschen Schachmeister Emil Schallopp (1843-1919). Schwarz versucht durch Angriff auf den Bauern e4 Gegenspiel zu erlangen.

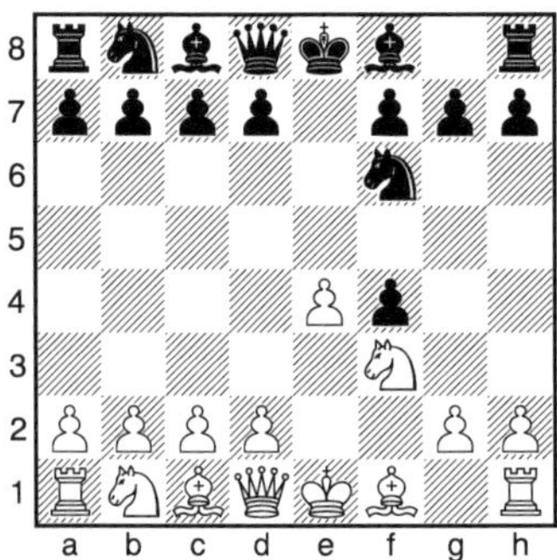

4.e5

Diese natürliche Reaktion ist die beste Möglichkeit und wird in der Praxis auch am häufigsten gewählt.

4...♘h5

Die weiteren grundsätzlich in Betracht kommenden Antworten 4...♘d5, 4...♘e4 und 4...♘g4 sind schwächer.

I. Das stark an die Aljechin-Verteidigung erinnernde Vorgehen mit 4...♘d5 mit der möglichen Folge 5.c4 ♘b6 (5...♘b4 6.d4 g5 7.h4!) 6.d4 d6 findet sein Ende mit 7.exd6, da anders als dort hier nun kein Zurücknehmen mit dem e-Bauern möglich ist.

(Nach einer Analyse von Bangijew kann Weiß auch mit 7.♗xf4 einen Vorteil erreichen. Er gibt dabei die Variante 7...dxe5 8.♗xe5 ♕e7 9.♕e2 c6 10.♘c3 ♘8d7 11.♗g3 ♕xe2+ 12.♗xe2± an.)

Nach 7...cxd6 8.♗xf4 ♗e7 9.♗e2 0-0 10.0-0± steht Weiß mit seinem starken Bauernduo in der Mitte sowie dem zur Schwäche neigenden gegnerischen Bauern auf d6 etwas besser.

II. 4...♘e4 5.d3 ♘g5 6.♗xf4 lässt Weiß unter einem frühen Ausgleich des Materials eine Stellung erreichen, die ohne gravierende Probleme gut weiterentwickelt werden kann; z.B. 6...♘e6

(6...♘xf3+ 7.♕xf3 d6 8.♗e2 ♘c6 9.exd6 ♗xd6 führt zu keinen besseren Perspektiven für Schwarz. Als Fortsetzung gibt Bangijew 10.c3 0-0 11.0-0 ♕e7 12.♗xd6 ♕xd6 13.d4!?± an.)

7.♗g3 d5

(7...d6 8.d4 dxe5 9.d5 ♘f4 10.♘xe5 ♘xd5 11.♗c4 ♗e6 wurde in Illescas Cordoba, Thessaloniki 1988, gespielt. Hier hätte Weiß anstelle von 12.♕e2∓ über 12.♘c3 nachdenken sollen. In der Variante 12...♘xc3 13.♕xd8+ ♔xd8 14.♗xe6 fxe6 15.♘f7+ ♔e8 16.♘xh8 hätte er die Stellung daraufhin zu seinem Vorteil abwickeln können. Nach 16...♘e4 17.0-0-0 ♗e7 18.♖he1 ♘xg3 19.hxg3 ♔f8 20.♖xe6± hätte er das Endspiel mit dem Vorteil der Qualität spielen können.)

8.♘c3 d4 9.♘e4 ♘c6 10.♗e2 ♗e7 11.0-0 0-0 12.♕d2∓ mit günstiger Stellung für Weiß, Tolusch–Awerbach, Kislowodsk 1960.

III. 4...♘g4 5.d4 g5 6.h3

(Stark ist auch 6.h4!?, worauf Schwarz mit 6...d6 antworten sollte. Als keine gute Idee erwies sich das etwas schablonenhaft wirkende 6...♗e7 in der Partie Sochacki–Ambroise, Clichy 2003. Es folgte 7.♘xg5 ♗xg5 8.♕xg4 ♗h6 9.♕h5 ♗g7 10.♗xf4+–.

Dieser Verlauf stellt die Gefährlichkeit der Variante für Schwarz unter Beweis. Von einem Zug auf den anderen kann er auf die Verliererstraße geraten, wenn er für einen Moment nicht ausreichend auf der Hut ist.)

6...♘e3 7.♗xe3 fxe3 8.♕d3 h6 9.♕xe3 ♕e7 10.♗c4 ♕b4+ 11.♕c3

(Zu beachten ist 11.♘bd2!? ♕xb2 12.0-0 und Weiß führt einen starken Angriff.)

11...♘c6 12.a3 ♕xc3+ 13.♘xc3 b6 14.♘d5 ♔d8 15.♘f6 ♗e7 16.0-0-0 ♗xf6 17.exf6 ♖f8 18.♖he1 mit klarem Vorteil für Weiß, Fengier–Godawa, Poznan 2004.

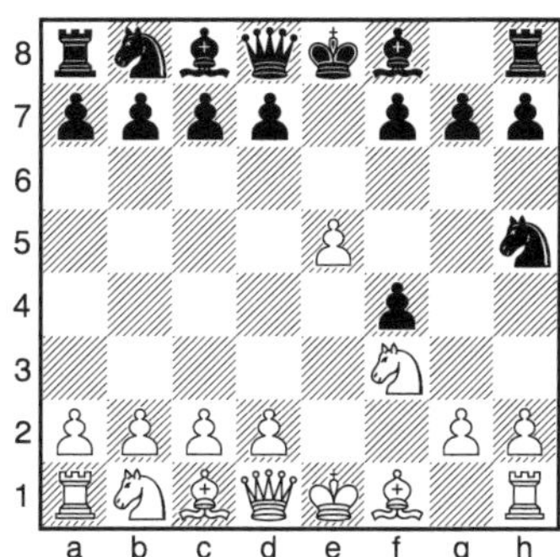

5.d4

Dies ist der beste Entwicklungszug. Weiß stützt den ♙e5, greift den schwarzen ♙f4 an und sichert sich Raumvorteil im Zentrum.

Gerade auch in den jüngst vergangenen Jahren hat es hier allerdings auf der Suche nach Verbesserungen einige neue Erfahrungen zu den Alternativen 5.♗c4, 5.♗e2 und 5.♕e2 gegeben.

I. Mit 5.♗c4 provoziert Weiß den Vorstoß des d-Bauern. Als empfehlenswert schätzen wir dieses Vorgehen nicht ein; z.B. 5...d5

A) Nach 6.♗e2 hat Weiß bei genauem gegnerischen Spiel einen schweren Stand; z.B. 6...g5 7.0-0 g4 8.♘e1

(siehe nächstes Diagramm)

A1) Besonders forsch und als logische Konsequenz seines vorangehenden Zuges kann Schwarz nun mit 8...f3!? die weißen Pläne durchkreuzen; z.B. 9.♘xf3 gxf3 10.♗xf3 ♘g7 und Weiß hat nicht genügend Kompensation für die Figur. Nach beispielsweise 11.d4 ♘c6 12.♘c3 ♗e6 13.♘e2 ♕d7 14.c3 h5∓ ist er derjenige, der sich gegen eine Niederlage anstemmen muss.

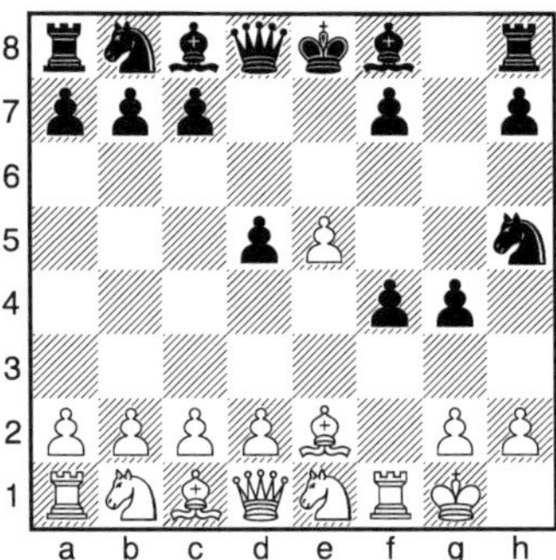

A2) Mehr Luft zum Atmen und zur Konsolidierung seines Aufbaus behält Weiß nach 8...♖g8. Folgen kann 9.d4 ♘c6 10.♗b5 und Weiß meldet sich mit eigenen aktiven Ansprüchen zurück.

(Der Versuchung 10.♗xf4? sollte er wegen 10...♘xf4 11.♖xf4 ♗h6–+ widerstehen.)

Nach 10...♕h4 sieht die Situation von Weiß bedrohlich aus, sie ist aber noch zu beherrschen. Allerdings entspricht die aktuelle Rollenverteilung nicht gerade dem, was sich ein Angriffsspieler bei der Wahl des Königsgambits vorstellt.

(10...♖g6 11.♗xf4 ♘xf4 12.♖xf4 ♗h6∞)

11.♘c3

(Grundsätzlich kann Weiß auch sofort mit 11.♗xf4 Entlastung suchen. Folgen kann dann beispielsweise 11...g3 12.♗xg3 ♘xg3 13.♘f3 ♕g4 14.hxg3 ♕xg3∞.)

11...♗e6 12.♗xf4

In der Partie Gashimov–Graf, Göteborg 2005, hätte Weiß nach dem forcierten Ablauf 12...g3 13.hxg3 ♘xg3 14.♗xg3 ♖xg3 mit 15.♘e2 fortsetzen sollen, womit er sich etwa gleiche Aussichten gesichert hätte. Es hätte dann z.B. mit 15...♗g4 16.♖f4 ♕g5∞ weitergehen können.

Er antwortete jedoch mit 15.♘f3 und konnte die Partie nach 15...♕h3 16.♖f2 ♗h6 usw. nicht mehr halten.

B) Nach 6.♗b3 kommt der Läufer aus dem Spiel, was kritisch ist; z.B. 6...g5 7.d4

(Es bringt nichts, den gegnerischen g-Bauern mit 7.h3 stoppen zu wollen. Mit 7...♘g3 8.♖h2 ♗f5 9.d4 ♘a6 10.a3 ♗e7 11.♘c3 c6 legt Schwarz den Grundstein für einen klaren Vorteil. In Balogh–Gardo, Ungarn 2012, folgte 12.♘e2 ♘e4 13.♘c3 ♕c7 14.♕e2 0-0-0 15.♗d2 h5 16.0-0-0 h4∓.)

7...g4∓

(7...c6!? ist ebenfalls gut; z.B. mit der Folge 8.0-0 ♗e6∓.)

Nach 8.0-0 dachte Schwarz in der Partie Gelfenboim–Scheerer, Neumünster 2000, zu kompliziert und spielte 8...♖g8.

(Mit der einfachen Alternative 8...gxf3! hätte er seinem Gegner bereits so gut wie alle Hoffnungen nehmen können, wie die Variante 9.♕xf3 ♕g5 10.♗xd5 c6 11.♗c4 ♗e6–+ veranschaulicht.)

9.♘e1 f3?

Diese Fortsetzung sieht naheliegend aus, ist aber ein Fehler (⌓9...♗e6!), denn der Bauer kann gefahrlos genommen werden.

10.♘xf3 ♗e6 (10...gxf3 11.♕xf3+−) In der genannten Partie folgte 11.♘e1 ♘c6 12.♗e3 ♘a5 13.♘c3 c6 14.♘e2 ♘g7 15.c3±

Am Ende siegte dann aber doch Schwarz, allerdings aus später eingetretenen Gründen.

C) 6.exd6 ♗xd6 verschafft Schwarz eine recht bequem zu verteidigende Stellung; z.B. 7.d4

(7.♕e2+ ♕e7 8.♕xe7+ ♗xe7 geht zu Lasten des weißen Angriffspotenzials. Nach beispielsweise 9.0-0 0-0 10.d4 ♗f5 11.♗b3 ♘c6∓ muss Weiß kämpfen, um noch in der Partie zu bleiben, Van de Putte–Ringoir, Geraardsbergen 2019.)

Nach 7...0-0 8.0-0 ♘c6 9.♘c3 ♗f5 folgte in der Partie Miskulin–Lindgren, Helsingor 2017, 10.♘b5 ♗e7 11.c3 a6 12.♘a3 ♗d6 13.♗d3 ♗xd3 14.♕xd3 ♕f6 15.♘c4 ♖ae8∓ und der schwarze Vorteil hielt sich in Grenzen. Die Variante bietet allerdings mehrere Ansätze zur Suche nach Verbesserungen.

II. Den Zug 5.♗e2 versieht Shaw mit einem Ausrufezeichen. Er erklärt seine Bewertung damit, dass der Läufer sofort den Springer ins Visier nimmt und die Rochade vorbereitet wird.

5...d6

(5...d5 führt in die Variante nach 5.♗c4.)

6.0-0

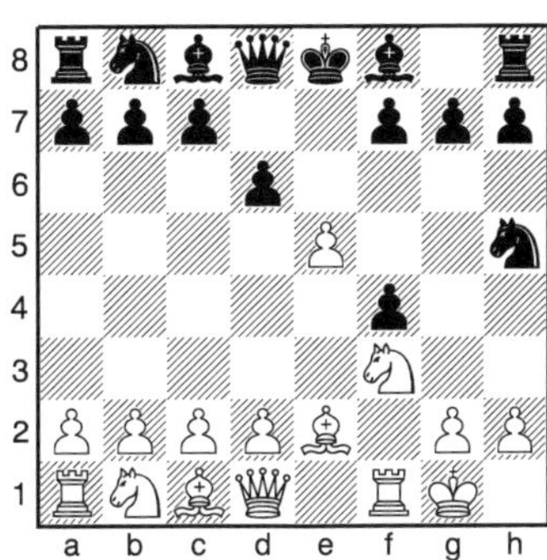

A) Der Hauptzug ist nun 6...dxe5, was sich auch darin zeigt, dass er am häufigsten gewählt wird und die besten statistischen Werte aufweist. Auf ihn gehen wir konzentriert in der **Partie Nr. 46:** Gareyev–Fressinet, Bastia 2019, weiter ein.

B) Zu beachten ist aber auch die Alternative 6...♘c6, worauf Weiß am besten mit dem Deckungszug 7.d4 antwortet. Er muss dann in erster Linie mit 7...g6 und 7...dxe5 als Reaktion rechnen.

B1) Nach 7...g6 8.♘c3 ♗g7 9.exd6 cxd6 kann Weiß mit 10.♘d5 das Vorrücken des g-Bauern provozieren.

(Von 10.d5 sollte er die Finger lassen, denn nach 10...♘e5∓ steht Schwarz solide. Eine hinreichende Kompensation für den weißen materiellen Nachteil ist nicht ersichtlich.)

10...g5 11.c3 ♗e6 12.♘xf4 ♘xf4 (12...gxf4? 13.d5±) 13.♗xf4 gxf4 14.d5 0-0

Die beiderseitigen Chancen dürften einander etwa entsprechen. Weiß hat sich nun zu entscheiden, ob er sich die Figur sofort zurückholt oder, weil die Gelegenheit nicht wegläuft, die Zeit anderweitig gut nutzt; z.B. um seinen König aus der offenen Flanke auf der langen Diagonale zu führen.

15.♔h1 (15.dxc6 bxc6 16.♗d3 ♖b8=) 15...♘e5 16.♘xe5 ♗xe5 17.dxe6 fxe6=

Die Stellung ist sehr kompliziert. Schwarz verfügt über einen Mehrbauern, aber bei einer insgesamt in Inseln strukturierten Bauernstellung und mit einem nur beschränkt geschützten König. Die ungleichfarbigen Läufer verringern tendenziell das Gewinnpotenzial.

B2) Nach 7...dxe5 8.d5 ist es nicht ganz klar, was von 8...♗c5+ zu halten ist.

(8...♘b4 erlaubt Schwarz, sicher auszugleichen. Folgen kann 9.♘xe5 ♘f6 10.c4 ♗d6 11.♗xf4= usw.)

9.♔h1 ♘e7 10.♘xe5 ♘f6 11.♗b5+ ♔f8∞

Die Variante lädt zu weiteren Analysen ein und ist eine spannende Kandidatin für einen Einsatz in der Praxis.

III. Nach 5.♕e2 ist der Röntgenblick der Dame zum gegnerischen König hinderlich für Schwarz, so dass er mit 5...♗e7 – zugleich die Entwicklung fördernd – unterbrochen werden sollte.

6.d4

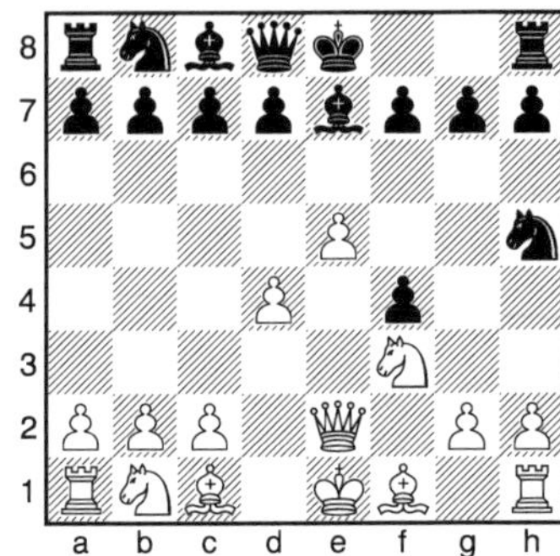

A) 6...0-0 Es gibt nur wenig Material zu dieser Nische im Königsgambit. Unter dieser Einschränkung ist die Rochade als der Hauptzug anzusehen. Der König wird bei der ersten sich bietenden Gelegenheit in Sicherheit gebracht. Wir betrachten die sich daraus ergebenden Möglichkeiten anhand der **Partie Nr. 47**: Carlsen–Ding, chess24.com INT 2020.

B) Logisch ist auch 6...g6, womit der ♘h5 abgesichert wird; z.B. 7.♘c3 d5

B1) 8.♗d2 ♘c6 9.0-0-0 ♗e6∓ und Schwarz hat die besseren Aussichten. Fortsetzen kann er nach dem Plan ♕d8-d7 nebst 0-0-0 usw.

B2) 8.exd6 führt zu keiner besseren Situation für Weiß; z.B. 8...cxd6 (oder 8...♕xd6) 9.♗d2

(Keine gute Idee ist der Bauernfang auf b7 über 9.♕b5+ ♗d7 10.♕xb7, denn es folgt 10...♘c6 und Schwarz entwickelt ein positionelles Übergewicht. Weitergehen kann es beispielsweise mit 11.♗b5 ♖b8! 12.♕a6 ♖b6 13.♕a4 ♗h4+ –+ usw.)

9...0-0 10.0-0-0 ♖e8 11.♘d5 ♘c6 12.♕b5 ♗e6∓

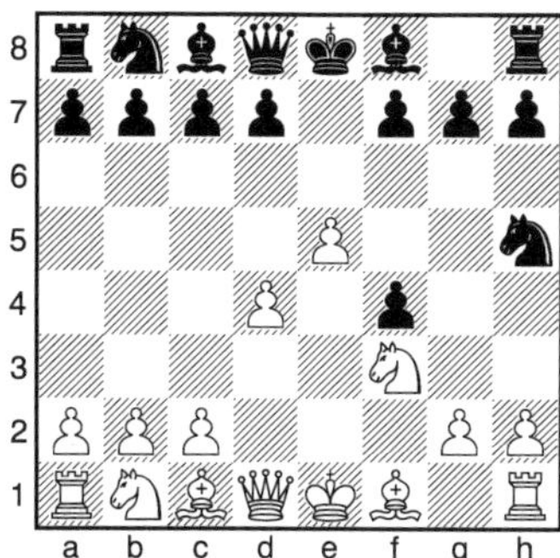

5...d5

Schwarz blockiert das weiße Zentrum. Wichtige Alternativen sind 5...d6, 5...g5 und 5...g6.

I. 5...d6 6.♕e2 d5

Shaw hebt die Güte dieses Zuges mit einem Ausrufezeichen hervor.

(– Nach 6...dxe5 7.♘xe5 ♕h4+ 8.g3 ♘xg3 9.hxg3 ♕xh1 10.♗xf4 ♗e7 11.♘c3 0-0 12.0-0-0 ♗h3 13.♗xh3 ♕xh3 14.♕e4 beurteilt Bangijew die Stellung als kritisch.

Oder 10...♗e6 11.♘c3 g5 12.d5 gxf4 13.dxe6♗d6 14.0–0–0♕h6 15.♕b5+ ♘c6 16.♘xf7 ♕xe6 17.♗c4 ♕e3+ 18.♔b1♕c5 19.♘xd6+ cxd6 20.♕xb7 ♕xc4 21.♕xa8+ ♘d8 22.♖e1+ ♔f7 23.♕xa7+ ♔g6 24.gxf4 ♕c5 25.♖g1+ 1–0, Nepomnjaschtschi – Firouzja, Stavanger 2021.

Um diesen Komplikationen aus dem Weg zu gehen, kann Weiß einfach 7.♕xe5+ spielen.

– Hier wäre 6...♗e7?? ein schwerer Fehler, worauf Shaw aufmerksam macht. Nach 7.exd6 kann Schwarz nicht zugleich seinen Läufer retten und das Schachgebot der Dame auf b5 mit gleichzeitigem Angriff auf den ♘h5 verhindern. Entsprechend geht eine seiner Figuren verloren.)

7.c4

A) In der 1. Ausgabe hatten wir die Fortsetzung 7...dxc4 noch als Ausgangspunkt einer zu beachtenden Alternative zu 7...♗e6 gesehen. Inzwischen geben wir diesem Schlagen mit dem Bauer den Vorzug. Nach 8.♕xc4 c6 hat Schwarz seine Stellung zunächst einmal gut abgesichert und kann sich daraus der weiteren Entwicklung mit Aufbau eines Gegenspiels widmen.

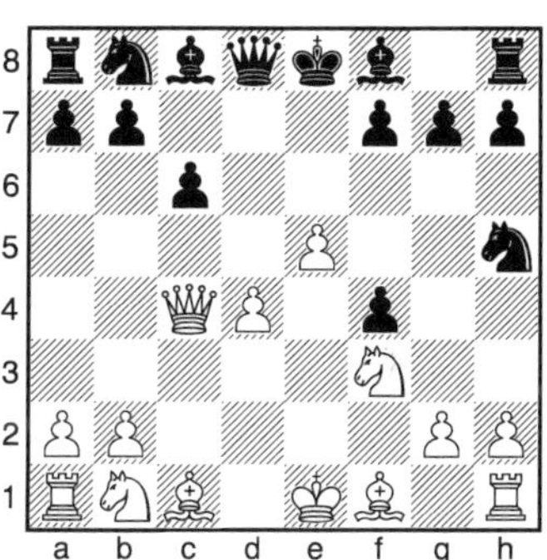

A1) Nach 9.♘c3 ♗e6 10.♕d3 ist 10...♘a6 der Auftakt zu dem Manöver ♘a6-c7-d5.

(10...♘d7 11.♗d2 g6 12.♕c2 ♗e7 13.♗d3 0-0 14.0-0 ♘b6 15.♖ad1 ♖c8 16.♔h1 c5∓, Tauscher–Wittig, rS FPart 2012)

In der Partie Milde–Höxter, ICCF FPart 2017, folgte 11.a3 ♘c7 12.♗e2 h6 13.♘e4 ♘d5 14.♘fd2 ♕h4+ 15.♘f2 g6 16.♘de4 0-0-0 17.g3 ♕e7 18.♗xh5 fxg3 19.hxg3 gxh5∓ mit einem späteren Remis.

A2) In der Partie Baumann–Süß, ICCF FPart 2010, spielte Weiß 9.♕b3. Im Anschluss konzentrierten sich beide Seiten auf Fortschritte in ihrer Entwicklung mit der Folge 9...♗e7 10.♗c4 0-0 11.0-0 ♘a6 12.♘c3 ♘c7 13.♘e2 g5 14.♗d2 ♘g7 15.♗d3.

Statt des Partiezuges 15...♖b8 schlägt Shaw 15...♗f5 vor, worüber Schwarz unter Rückgabe des Mehrbauern positionelle Vorteile erhalten soll. Allerdings ist Weiß nach 16.♗xf5 ♘xf5 nicht zu 17.♕xb7 gezwungen.

(17.♕d3!? ist eine ernsthaft in Erwägung zu ziehende Alternative.)

Wenn Weiß auf b7 zugreift, gibt Shaw 17...♘e6 an und begründet dies mit dem Gegenangriff auf den d4-Bauern. Er stellt fest, dass die schwarzen Springer ideal im Zentrum stehen und Weiß einen schweren Stand hat.

(Wir denken, dass 17...g4!? Schwarz sogar noch bessere Perspektiven einbringen würde.)

B) Die Variante 7...♗e6 8.cxd5 ♗xd5 9.♘c3 ist für Weiß deutlich leichter zu spielen; z.B. 9...♘c6 (9...♗b4!?) 10.♗d2

B1) Im Finale der 18. Fernschach-Weltmeisterschaft entschied sich Schwarz im Duell Nimtz–Mraz, ICCF FPart 2003, mit Erfolg für 10...♗b4 mit der Folge 11.♘xd5 ♕xd5 12.♗xb4 ♘xb4 13.a3 ♘c6 14.0-0-0=. Es ist eine etwa ausgeglichene, allerdings sehr scharfe Stellung entstanden.

B2) 10...♗xf3?! 11.♕xf3 ♘xd4 (11...g6 12.♗b5+–) 12.♕xh5 ♘c2+ 13.♔d1 ♘xa1 14.e6→

II. 5...g5

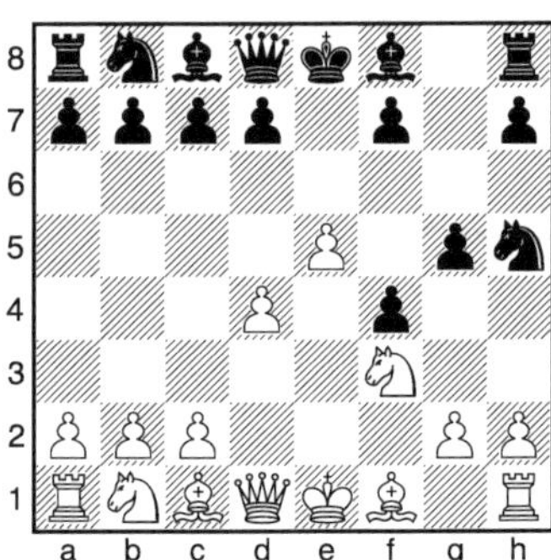

A) Die Hauptidee hinter dem energischen Vorstoß 6.g4 liegt darin, das gegnerische Bauernduo sofort unschädlich zu machen und Schwarz in der Entwicklung zurückzuwerfen. Nach 6...♘g7 7.h4 ♗e7 8.hxg5 ♗xg5 9.♘xg5 hat Weiß sein Ziel weitgehend erreicht. Weitergehen kann es nach 9...♕xg5 beispielsweise wie folgt:

A1) 10.♘c3!? ♕g6 11.♗g2± (11.♗xf4!?±)

A2) Es geht auch 10.♕f3 mit der möglichen Folge 10...d6 11.♗xf4 ♗xg4 12.♗xg5 ♗xf3 13.♖g1 ♘d7 (13...dxe5?? 14.♗f6+–) 14.exd6 cxd6 15.♘d2 ♗c6 16.♘c4 ♘f5 17.0-0-0±.

B) Ernsthaft zu überlegen ist 6.♘fd2!??♘g7 7.♘e4. Unseres Wissens ist dieses Manöver in der Praxis bisher nicht versucht worden. Auf 7...♗e7 ist auch hier der aggressive Vorstoß 8.h4 möglich, um die weiße vorgerückte Bauernformation zu zerrütten; z.B. 8...d5

(8...d6 9.exd6 macht keinen Unterschied.)

9.exd6 cxd6 10.hxg5± und Weiß hat bereits deutlich mehr vom Spiel.

B1) 10...♗xg5 11.♘bc3

B1a) 11...♗h4+ kann Weiß mit 12.♖xh4 widerlegen. Eine lange Beispielvariante veranschaulicht die möglichen Abläufe: 12...♕xh4+ 13.g3 ♕e7

(13...fxg3 14.♗g5+– führt zu einer Verstärkung des weißen Angriffs.)

14.♗xf4 d5 15.♕e2 dxe4 16.♘d5 ♕d8 17.♘c7+ ♔f8 18.♘xa8 h5 19.♘c7 ♗f5 20.♕e3± und Stockfish (hier in der Fassung einer für das Fernschachspiel optimierten Variante) schätzt die Stellung als für Weiß gewonnen ein.

B1b) 11...♗f5 12.♕f3 ♕e7 13.♗e2±

B2) Nach 10...d5 kann Weiß mit 11.♘f6+ zu einer Kombination ansetzen, die in einer für ihn vorteilhaften Stellung endet: 11...♗xf6 12.gxf6 ♕xf6 13.♘c3 ♗e6 14.♗b5+ ♘c6 15.0-0± und Schwarz kann seinen ♙f4 nicht länger verteidigen.

III. 5...g6

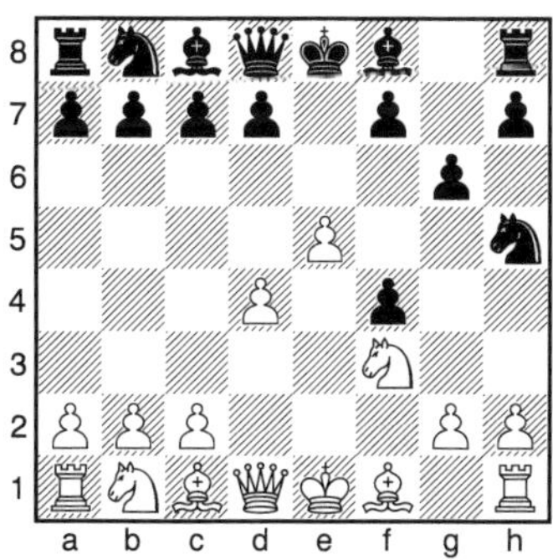

A) 6.♗e2 ♗g7 7.0-0 d6 8.exd6 cxd6 (8...♕xd6 9.c3 0-0±) 9.♘c3 ♗g4

(Oder 9...0-0!? mit der möglichen Folge 10.♘e1 ♘f6 11.♗xf4 ♘c6=, Gallagher–Curran, Lyon 1993.)

10.♘e1 ♗xe2 11.♕xe2+ (11.♘xe2!?) 11...♕e7 12.♘f3 ♘c6

(12...♕xe2 ist günstiger für Weiß; z.B. 13.♘xe2 ♘c6 14.c3 0-0 15.♘xf4⩲.)

Eine natürliche Fortsetzung der Partie wäre nun über 13.♕d3 0-0 14.♘d5 ♕d8 15.♘xf4 ♘xf4 16.♗xf4 ♕b6 17.c3 möglich. Die Einschätzung, dass Schwarz etwas schlechter steht, begründet sich mit seiner Schwäche auf d6.

B) Eine etwa gleichwertige Alternative ist 6.♘c3. Wenn Schwarz dann etwas schablonenhaft mit 6...♗g7 fortsetzt, sollte 7.g4! folgen.

(In Yilmaz–Pajeken, chess.com INT 2021, kam Weiß nach 7.♗c4 über ein ausgeglichenes Spiel nicht hinaus. Das Duell nahm den Verlauf 7...0-0 8.0-0 d6 9.exd6 cxd6 10.♗b3 ♘c6 11.♘d5 ♗e6 12.♘xf4 ♘xf4 13.♗xf4 ♗xb3 14.axb3 ♖e8=. Natürlich ist auch dieser nur beispielhaft. Es drängt sich allerdings kein Kandidat unter den weißen Zügen für eine Verbesserung auf.)

Nach 7...fxg3 kann Weiß auf kombinatorischem Weg die Lage zu seinen Gunsten ausbauen. Es folgt 8.♗g5 f6 9.exf6 ♗xf6 10.♕e2+, worauf faktisch nur 10...♕e7 und 10...♔f8 zur Auflösung des Schachgebots in Betracht kommen.

10...♕e7

(10...♔f8 11.♗h6+ ♗g7 12.♕d2 ♕e7+ 13.♗e2 g2 14.♖g1+– gibt Weiß alle Chancen auf den Sieg.)

11.♘d5 ♕xe2+ 12.♗xe2 g2 13.♖g1+– und auch hier ist der weiße Vorteil deutlich.

6.♗e2

Die Entwicklung des Königsflügels ist wichtiger als etwa ein rüdes Vorgehen im Zentrum mit 6.c4.

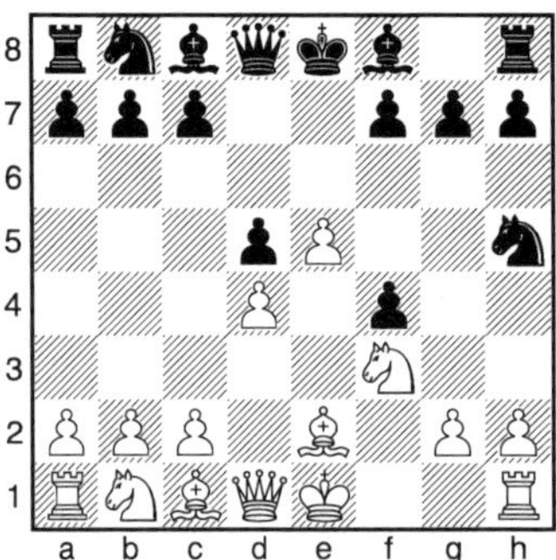

6...g5

Diese einfachste Möglichkeit, den Bauern zu verteidigen, ist nicht die einzige Option für Schwarz.

Zu beachten sind auch die Alternativen 6...♖g8, 6...♘c6, 6...♗g4 und 6...g6. Die sich daraus jeweils ergebenden Möglichkeiten betrachten wir anhand einiger Varianten.

I. 6...♖g8 7.0-0 g5 8.c4

A) 8...c6 9.♘c3 ♗e6

(Nach 9...g4 10.cxd5 gxf3 11.♗xf3 ♕g5 12.e6! ist die weiße Initiative so kräftig, dass sie den materiellen Nachteil durch die geopferte Figur kompensiert.)

10.cxd5 cxd5 11.♕b3⩲

B) 8...g4 9.cxd5 ♕xd5

(Zu gefährlich ist 9...gxf3 wegen 10.♗xf3 ♕g5 11.e6!→ und Schwarz bekommt Probleme.)

10.♘c3 ♕d8 11.♕d3 ♖g6

(11...gxf3 12.♗xf3 ♕g5 13.♘e4 ♕g6 14.♖f2 ♗f5 15.♕b5+ +–; Analyse von Huzman)

II. 6...♘c6 7.0-0

A) 7...♗g4 8.♘e1 ♗xe2 9.♕xe2 g6

(Oder 9...♕h4!? 10.♘f3 ♕g4 mit kompliziertem Spiel.)

10.c3 ♕h4∞

B) 7...♗e7 8.c3 0-0 9.♘e1 g6 10.♗xh5 gxh5 11.♕xh5 ♔h8 12.♗xf4±, Trautz–Tippmann, FPart 1990

III. 6...♗g4 7.0-0

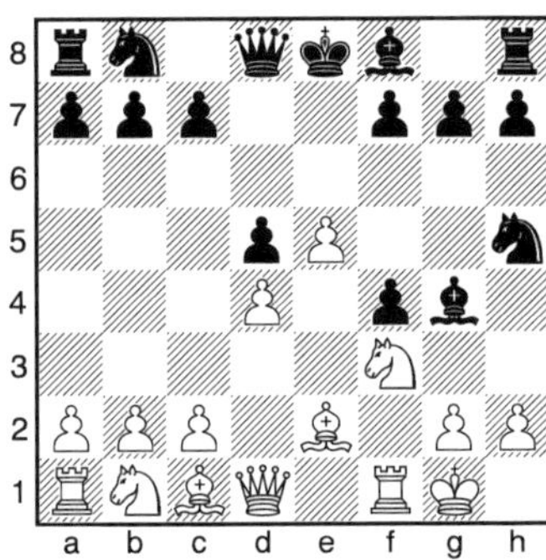

A) 7...♗e7 8.♘e1 ♗xe2 9.♕xe2 g6 10.♘d3 ♘c6 11.c3 ♕d7 12.♘xf4 ♘xf4 13.♗xf4 ist bequemer für Weiß. Die Fortsetzung mit 13...h6 besprechen wir in der **Partie Nr. 48**: Schulman–Petukchow, Wladiwostok 1995.

Daneben kommen 13...0-0-0 und 13...g5 in Betracht.

A1) 13...0-0-0 14.♗h6 ♕e6 15.♕f3 g5 16.♗g7 ♖hg8 17.♕xf7 ♕xf7 18.♖xf7 ♖de8 19.♗f6 mit Vorteil (Analyse von Bangijew).

A2) 13...g5 14.♗e3 (14.e6!? Bangi–

jew) 14...♕e6 15.♘d2 0-0-0 16.b4 h5 17.♘b3 mit Angriff am Damenflügel.

B) 7...g6 8.♘e1

(Zu 8.h3 siehe **Partie Nr. 49**: Bangijew–Schunk, Deutschland 1999.)

8...♗xe2 9.♕xe2 c5

(9...♗h6 10.♘d3 ♕h4 11.g3±)

10.e6!? ♘c6

(10...cxd4 11.♕b5+ ♘c6 12.♕xb7+–)

11.exf7+ ♔xf7 12.g4 ♘xd4 13.♕g2 ♘f6 14.♗xf4 ♔g8 15.♘d3 ♗g7 16.♘c3 mit Initiative für den Bauern.

C) 7...♘c6 8.c3 g6 9.♘e1 ♗xe2 10.♕xe2 ♕e7 11.♘d3 f5 12.♗xf4±, Bhend–Pachman, Kecskemet 1964

D) 7...g5 8.c4

(8.♘c3!? ist auch eine Überlegung wert.)

8...c6 9.♘c3 ♘g7 10.♕b3 ♗xf3

(10...dxc4? erlaubt Weiß den Ausbau seines Vorteils über 11.♕xb7 ♘d7 12.♕xc6+– usw., Zelbel–Daniels, Vlissingen 2010.)

11.♗xf3 ♕b6 12.♕xb6 axb6 13.cxd5 ♘f5 14.♖d1 mit besseren Aussichten für Weiß.

IV. 6...g6 7.0-0

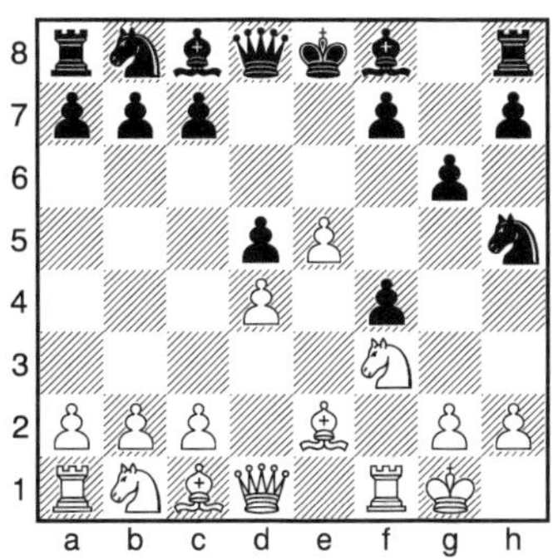

A) 7...♗h6 8.♘e1 ♘g7 9.♗xf4

(9.♘d3!? g5 10.h4 ist eine genauere Untersuchung wert.)

9...♗xf4 10.♖xf4 ♘c6 11.♖f2 0-0 12.♘f3 ♗f5 13.c4⩲

B) 7...♗e6 8.♘e1 ♘g7 9.♗xf4 c5

(9...g5 10.♗e3 ♘f5 11.♗f2 ♘c6 12.c3±, Henrichs–Chapman, Lippstadt 2000)

10.♘f3 ♘c6 11.♔h1 h6 12.c3 a6 13.♘a3 cxd4 14.♘xd4 ♘xd4 15.♕xd4 g5 16.♗e3 ♘f5 17.♖xf5! ♗xa3

(17...♗xf5 18.e6 ♖h7 19.exf7+ ♖xf7 20.♗h5+–)

18.♖f2 ♗e7 19.♖af1 ♖f8 20.♖d1 ♕c7 21.♗f3 0-0-0 22.♖fd2

Weiß hat sich einen klaren positionellen Vorteil erarbeitet, Zeller–Gheng, Reutlingen 2013.

7.♘xg5

Möglich ist auch 7.c4, worüber unter Zugumstellung Positionen wie nach 6...♖g8 entstehen können.

7...♕xg5 8.♗xh5 ♕h4+

8...♕xg2 9.♗f3 ♕g5 10.♘c3 ♕h4+ 11.♔e2 c6 12.♕e1 ♕h6

(Auf 12...♕xe1+ folgt 13.♔xe1 ♗f5 14.♔d1 ♘d7 15.♗xf4 ♖g8 16.♔d2 nebst ♖a1-g1 usw.)

13.♔d1 ♗b4 14.♕d2 ♖g8 15.♕xf4 ♕xf4 16.♗xf4 ♗g4 17.♗xg4 ♖xg4 18.♘e2 ♘d7 19.c3 ♗e7 20.♔d2 0-0-0 21.♖ag1 ♖dg8 22.♔e3

Weiß verfügt über die besseren Chancen im Endspiel, denn Schwarz quält sich mit seinen schwachen Bauern auf f7 und h7 herum.

9.♔f1

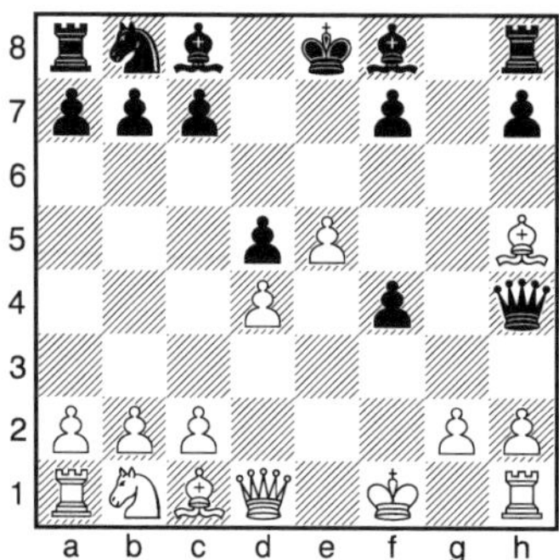

9...♗e6

Im Duell Malmstroem–Koudelka, FPart 1997, entschied sich Schwarz für 9...b6 und es folgte 10.♘c3 ♗a6+ 11.♔g1

(Aber nicht 11.♗e2? wegen 11...f3 12.gxf3 ♕h3+ 13.♔f2 ♖g8! und Weiß hat Schwierigkeiten.)

11...♘c6 12.♗xf4 ♘xd4

(12...♕xf4? 13.♘xd5 ♕xd4+ 14.♕xd4 ♘xd4 15.♘xc7+ ♔e7 16.♘xa6±)

13.♘xd5 ♘e6 14.g3 ♗c5+ 15.♔g2 ♖g8 16.♕f3 0-0-0 17.♗xf7 ♘xf4+ 18.♕xf4 ♕xf4 19.♘xf4 ♖d2+ 20.♔h3 ♖g5 21.e6 ♖xc2 22.♖he1 ♗c4 23.b3 ♗b5 24.♖ad1 und Weiß gewann schnell.

10.♗f3 ♘c6 11.♘c3 0-0-0 12.♘e2 ♗h6 13.g3 ♕e7

In die Niederlage führt 13...fxg3??, denn nach 14.hxg3 geht der Läufer auf h6 verloren.

14.♗xf4 ♗xf4 15.♘xf4

15.gxf4? wäre zu riskant, denn Schwarz würde mit 15...♕h4! reagieren.

15...♕b4 16.c3 ♕xb2 17.♕c1 ♕xc1+ 18.♖xc1 ♘e7 19.♔e2 c6 20.♖hf1 mit dem bequemeren Endspiel für Weiß. Dies reichte ihm in der Partie Byrne–Guimard, New York 1951, zum späteren Sieg.

Zusammenfassung: Die Schallopp-Verteidigung war vor etwa 100 Jahren sehr populär. Aber mit der Zeit wurden zunehmend gute Wege für Weiß gefunden, die ihm die besseren Aussichten einbringen, wie wir in diesem Kapitel zeigen.

Kapitel 14
Fortsetzung 3...d5

1.e4 e5 2.f4 exf4 3.♘f3 d5

Die nun auf dem Brett erreichte Ausgangsstellung der modernen Verteidigung steht für die am meisten verbreitete Verteidigungsmethode von Schwarz. Er ist bereit, den Mehrbauern zurückzugeben, um das weiße Bauernzentrum zu zerstören und seine eigenen Kräfte so schnell wie möglich zu entwickeln.

4.exd5

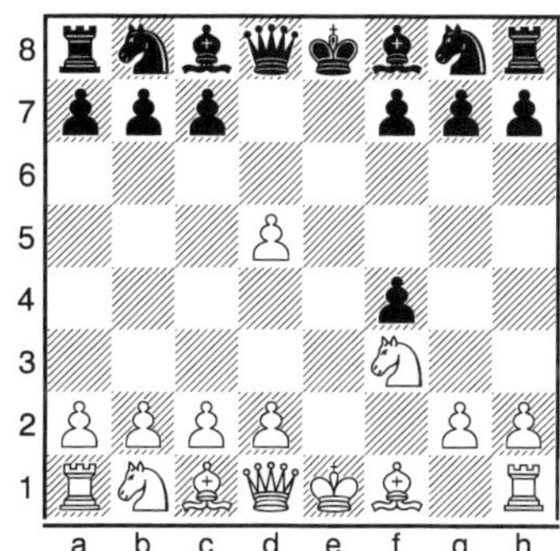

4...♘f6

Die Hauptvariante: Schwarz treibt die Entwicklung seines Königsflügels weiter voran, er will den ♙d5 zurückerobern.

Andere Möglichkeiten sind:

I. 4...♗d6

A) 5.♗c4 ♘e7 6.0-0 0-0 7.d4 ♘d7

(7...c5 8.dxc6 ♘bxc6 9.♘c3 ♗g4 10.♘e4 ♗c7 11.c3 ♘g6 12.h3 ♗h5 13.♕d3 mit dem Plan ♗c1-d2 und ♖a1-e1 und guten Aussichten für Weiß, Williams–Genovese, Sunningdale 2010.)

8.♗b3 ♘g6 9.c4 b6 10.♘c3 ♘f6 11.♕d3 ♗d7 12.♗d2 c6 13.dxc6 ♗xc6 14.♖ae1 und der Freibauer auf dem Zentralfeld d4 berechtigt Weiß, die besseren Aussichten für sich zu reklamieren, Kotainy–Markowski, Dresden 2011.

B) 5.d4 ♘e7 6.c4 c5 7.♘c3 0-0 8.dxc5 ♗xc5 9.♘e4 ♖e8? (△9...♗b6) 10.♘xc5 ♕a5+ 11.♔f2 ♕xc5+ 12.♕d4 ♕xd4+ 13.♘xd4 ♘g6 14.♗d2 ♖d8 15.♗d3 ♘e5 16.♗e2 ♗g4 17.♘f3 ♘g6 18.♗d3 ♘d7 19.♗xg6 hxg6 20.♗xf4 mit einem Mehrbauern, Petr–Tazbir, Litomysl 2009.

C) Zu 5.♘c3 siehe **Partie Nr. 50:** Spasski–Bronstein, Leningrad 1960.

II. 4...♗e7 5.♗b5+ c6 6.dxc6 bxc6 7.♗c4 ♗h4+ 8.♔f1! ♗f6

A) 9.d4 g5 10.♘c3 g4

(10...♘e7 11.♘e4 ♘d5 12.♘e5±)

11.♗xf4! gxf3 12.♕xf3 ♕xd4 13.♖e1+ ♔f8 14.♖e4 ♕c5 15.b4

(15.♘a4!? ♕f5 16.♗d6+ ♘e7 17.♖f4 ♕xc2 18.♕h5 ♕g6 19.♕xg6 hxg6 20.♖xf6 ♖h7 21.♔f2 ♘d7 22.♖f4 und für Weiß stehen die Zeichen auf Sieg.)

15...♕f5

(15...♕xb4 16.♗h6+ ♘xh6 17.♕xf6+-)

16.♗d6+ ♗e7 17.♖f4 ♕g6 18.♗xe7+ ♘xe7 19.♗xf7 ♕h6 20.♘e4 ♘f5 21.♖xf5 ♗xf5 22.♕xf5 ♕c1+ 23.♔f2 ♕xc2+ 24.♔e3+-

B) 9.d3 ♘e7 10.♘c3 0-0 11.♗xf4 ♘d5 12.♕d2 ♗f5 13.♖e1 ♘xf4 14.♕xf4 ♗g6 15.h4 h6 16.g4 und Weiß führt einen starken Angriff, Giehl-Schoppmeyer, Deutschland 1987.

III. 4...♕xd5 5.♘c3

A) 5...♕e6+ 6.♔f2! mit der Drohung ♗f1-b5+ nebst ♖h1-e1

B) 5...♕h5 6.d4 g5

(6...♗g4 7.♗xf4 ♗xf3 8.♕xf3 ♕xf3 9.gxf3 ist günstig für Weiß.)

7.♕e2+ ♔d8

(– 7...♗e6 8.d5+–

– 7...♗e7 8.♘d5+–

– 7...♘e7 8.♘d5 ♔d8 9.♕e5 ♘xd5 10.♕xd5+ ♗d7 11.♗xf4+–)

8.g3!? ist eine Idee von Bangijew.

(Ein Überlegen wert ist auch einfach 8.♗d2 nebst 0-0-0 usw.)

8...g4

(Nach 8...♘c6 9.gxf4 g4 10.♘e5 ♘xd4 11.♕e4 ♘f5 12.♕d5+ ♔e8 13.♗b5+ c6 14.♘xc6 hat Weiß die schwarze Verteidigung eingerissen und gewinnt.)

9.♕e5 ♕xe5+ 10.♘xe5 ♘h6 11.♗xf4 und der weiße Vorteil ist offenkundig.

C) 5...♕d8 6.d4 (6.♗c4) 6...♗d6

(Auf 6...g5 empfiehlt sich 7.h4! g4 8.♘e5 ♗e7 9.♗xf4 ♗xh4+ 10.g3±.)

7.♗c4 ♗g4

(7...♘f6 8.♕e2+ ♕e7 9.♕xe7+ ♔xe7 10.0-0 ♖e8 11.♘e5 ♘c6 12.♘xc6+ bxc6 13.♗xf4±)

8.0-0 ♘f6 9.h3 (9.♖e1+ ♔f8!) 9...♗xf3 10.♕xf3 ♘c6 11.♗xf4 ♗xf4 12.♕e2+ ♕e7 13.♕xe7+ ♘xe7 14.♖xf4 0-0 15.♖e1 ♘g6 16.♖f5±

IV. 4...c6 5.d4 ♗d6

(5...♕xd5 6.♗xf4 ♗g4 7.♘bd2 ♘d7 8.♗c4 ♗xf3 9.♕xf3 ♕xf3 10.♘xf3±)

6.dxc6 ♘xc6 7.♗c4 ♘f6 8.♕e2+ ♔f8

(8...♕e7 9.♕xe7+ ♔xe7 10.0-0±)

9.0-0 ♗g4 10.c3 ♕c7 11.♘bd2 ♖e8 12.♕f2 h6! 13.♗b3 (13.♗d3!?) 13...b5 14.♖e1 (14.a4!?) 14...♖xe1+ 15.♕xe1 ♕e7

(15...g5 16.♘e4 ♘xe4 17.♕xe4 ♔g7 18.♗d2 ♗h5 19.♖e1±)

16.♕xe7+ (16.♕f1!?) 16...♔xe7 17.a4 b4 18.♘c4 g5

A) 19.♘xd6 ♔xd6 20.♗xf7

(20.♗d2 ♖e8 21.♖e1 ♖xe1+ 22.♗xe1 bxc3 23.bxc3 ♗e6=)

20...♖f8 und Schwarz bekam in Lobron-Shevelev, Saint Vincent 2000, für den Bauern eine ordentliche Initiative, die Partie endete später mit einem Remis.

B) 19.♗d2!? bxc3 20.♖e1+ ♗e6 21.bxc3 und Bangijew schätzt diese Stellung als leicht vorteilhaft für Weiß ein.

V. 4...♗g4 5.♗c4

A) 5...♘f6 6.0-0 ♘xd5

(Nach 6...♗e7 7.♘c3 ♘bd7 8.d4 0-0 9.♗xf4 ♘b6 10.♕d3 ♘fxd5 11.♘xd5 ♘xd5 12.♗xd5 ♕xd5 13.♗xc7 ♗f5 14.♕e2 ♖fe8 15.c4 ♕d7 16.♗g3 bleibt Weiß ein Mehrbauer, allerdings verfügt Schwarz über eine gewisse Kompensation: das Läuferpaar.)

7.♘c3 ♘xc3 8.bxc3 ♘c6 9.d4 ♗d6 10.♕e1+ ♔f8 (10...♕e7 11.♘g5!) 11.♘e5 ♘xe5 12.dxe5 ♗c5+ 13.♔h1 ♕e7 (13...f3 14.♕e4!) 14.♗xf4 ♗e6 15.♕e4 und Weiß drückt auf der f-Linie, was uns seine Position vorziehen lässt.

B) 5...♗xf3 6.♕xf3 ♕h4+ 7.♔d1

(7.♕f2!? ♕xf2+ 8.♔xf2 ♗c5+ 9.♔f3 ist zu probieren.)

7...♗d6 8.♘c3 f5

(Auf 8...♘f6 kommt ebenfalls 9.♘b5 in Frage, um den auf d6 stehenden Läufer zu beseitigen und danach den ♙f4 zu erobern.)

9.♘b5 ♘d7 10.♘xd6+ cxd6 11.d4 g5 12.♖e1+ ♔f7 13.♗d3 ♘e7 14.g3 ♕xh2 15.gxf4 g4 16.♕e3 ♕h4 17.♕e6+ ♔e8 18.♕xd6+−

C) 5...♗c5 6.d4 ♗d6 (6...♕e7+?? 7.♔f2 ♗xf3 8.♔xf3+−) 7.0-0 ♘e7 8.♘c3 0-0 9.♕d3 mit dem Plan, den Läufer auf d2 zu stellen, nebst ♖a1-e1.

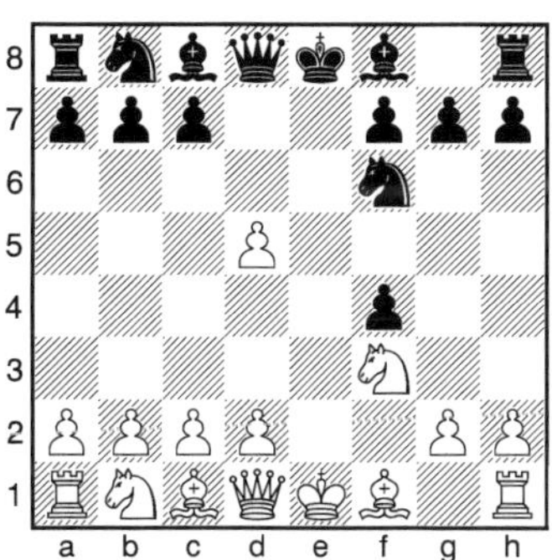

In dieser Stellung stehen Weiß drei interessante Fortsetzungen offen:

Abspiel 1 – 5.♗c4

Abspiel 2 – 5.c4

Abspiel 3 – 5.♗b5+

Abspiel 1
Fortsetzung 5.♗c4

1.e4 e5 2.f4 exf4 3.♘f3 d5 4.exd5 ♘f6 5.♗c4

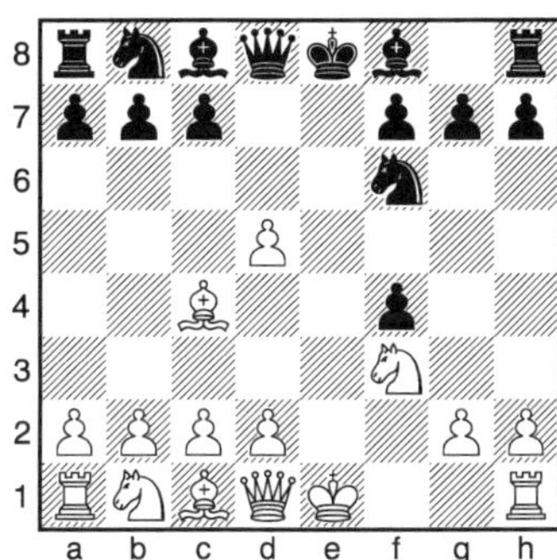

Eine logische Fortsetzung – Weiß entwickelt seinen Läufer und nimmt gleichzeitig das Feld f7 aufs Korn. Bestandteil des weißen Plans ist zudem eine schnelle kurze Rochade.

5...♘xd5

Die Reaktion des Nachziehenden, den stacheligen weißen Läufer sogleich vom Brett zu verbannen, ist gut nachvollziehbar. Es gibt aber auch Alternativen:

I. 5...♗d6

A) 6.0-0 0-0 7.d4 ♘bd7

(7...c6 besprechen wir in der **Partie Nr. 51:** Charbonneau-Lesiege, Montreal 2002.)

8.♗b3 b5 9.a4 b4 10.c4 bxc3 11.bxc3 ♗b7 12.c4 c5 13.dxc6 ♗xc6 14.c5 ♗xf3 15.♕xf3 ♗c7 16.♗xf4 ♘xc5 17.dxc5 ♕d4+ 18.♕f2 ♕xa1 19.♗xc7 mit weißem Übergewicht, Jackson-Antonelli, Courmayeur 2011.

B) 6.♕e2+ ♕e7

(6...♗e7 7.0-0 0-0 8.d4 ♘bd7 9.♗b3 a5 10.c4 c6 11.dxc6 bxc6 12.♗xf4 und Weiß hat sich schon früh einen Eröffnungsvorteil gesichert, Hutois-Le Goff, Montlucon 2011.)

7.♕xe7+

B1) 7...♗xe7 8.d4 ♗d6 9.♘e5 c6

(Diese Bauernanrempelung ist zu optimistisch. Schwarz sollte 9...♘bd7 versuchen.)

10.dxc6 0-0 11.cxb7 ♗xb7 12.0-0 g5 13.g3 ♘c6 14.♘xc6 ♗xc6 15.gxf4 gxf4 16.♗xf4 ♗xf4 17.♖xf4 und der weiße Vorteil liegt klar auf der Hand, Wickenfeld-Balster, Mülheim 2011.

B2) 7...♔xe7 8.0-0 ♖e8

(Auf 8...♖d8 kann 9.d4 ♗f5 10.♗b3± folgen, oder auch 8...♗f5 9.d3 ♖e8 10.♘d4±.)

9.d4 ♔f8 10.♘c3 a6 11.♘e5 g5

(11...♗xe5 12.dxe5 ♖xe5 13.♗xf4+-)

12.h4 h6 13.g3 ♗h3 14.♖f3 und in dieser dynamischen Stellung hat Weiß die besseren Perspektiven.

II. 5...♕e7+

A) 6.♗e2 ♘xd5 7.0-0 ♗e6 8.c4 ♘b6 9.d4 c6 10.♗xf4 ♘xc4 11.♗xc4 ♗xc4 12.♖e1 ♗e6 13.♘c3 ♘a6 14.d5! cxd5

(Nach 14...0-0-0 15.♕a4! cxd5 16.♖ac1 ist die schwarze Stellung nicht zu verteidigen.)

15.♔h1 ♖d8 16.♗g5 f6 17.♘d4 ♘c5 18.♘xe6 ♘xe6 19.♘xd5+-

B) 6.♕e2 ♕xe2+ 7.♔xe2 ♗d6 8.♖e1 0-0 9.♔f1 ♘bd7 10.♘c3 ♘b6 11.♗b3 ♗b4 12.a3 ♗xc3 13.bxc3 ♗g4

(13...♘fxd5 14.c4 ♘f6 15.c5 ♘bd7 16.d4±)

14.c4 ♖fe8 15.♗b2 ♘e4 16.d3 ♗xf3 17.gxf3 ♘d2+ 18.♔f2 ♘xb3 19.cxb3 f6 20.♖e4 ♖xe4 21.dxe4 mit vorteilhaftem Endspiel für Weiß, Zakarian-Sandalakis, Halkidiki 2008.

6.0-0

Es ist richtig, dass Weiß zunächst seinen König in Sicherheit bringt. Der konkrete weitere Spielplan kann dann unter Berücksichtigung der schon erfolgten Rochade entwickelt werden. Allerdings hat auch das Schlagen auf d5 viele Anhänger. Diese Idee wurde bisher noch nicht ausreichend erforscht. Wir zeigen ein paar Beispiele als Anregung zu weiteren Analysen:

I. 6.♗xd5 ♕xd5 7.♘c3

A) 7...♕f5 8.♕e2+

A1) 8...♗e6 9.d4 ♗b4 10.0-0 ♗xc3 11.bxc3 ♘d7 12.♗xf4 0-0-0

(Nach 12...♕xf4? 13.♘e5 ♕g5 14.♘xf7! wäre die schwarze Stellung kritisch.)

13.♘e5 ♘xe5 14.♗xe5 ♕g6 und Schwarz hat keine Probleme.

A2) 8...♕e6 9.d4 ♗b4 10.♗xf4 c6 11.♗e3 0-0 12.0-0 ♘d7 13.d5 ♕e8 (13...cxd5 14.♘g5!) 14.dxc6 bxc6 15.♖ae1 ♗xc3 16.bxc3 ♘f6 17.♕c4 ♕e6 18.♕a4 ♕d5 19.♗d4 und die weiße Stellung ist leicht vorzuziehen, Tischbierek-Slobodjan, Deutschland 2000.

A3) 8...♗e7 9.d4 ♕e6

(9...♗e6 10.d5 ♗xd5 11.♘d4 ♕d7 12.♗xf4 0-0 13.0-0-0↑ Gallagher)

10.♗xf4 ♕xe2+ 11.♘xe2 c6 12.0-0-0 ♗e6 13.♗g3 g5 14.h4 gxh4 15.♗xh4 ♗xh4 16.♖xh4 ♘d7 17.♘f4 ♘f8

18.♘g5 ♖d8 19.♖h6 ♔e7 20.b3 b5 21.c3 ♘g6 22.♘gxe6 fxe6 23.♖xg6 hxg6 24.♘xg6+ ♔d6 25.♘xh8 ♖xh8 26.♖g1 mit dem besseren Turmendspiel für Weiß. Der starke Freibauer auf der g–Linie bürgt für konkrete Siegchancen, die der Anziehende in Fedorow–Zaja, Pula 2001, für sich zu nutzen wusste.

B) 7...♕h5 8.d4 ♗d6 9.♘e4 0-0 10.0-0 ♘c6 11.♘xd6 cxd6 12.♗xf4 ♗g4 13.c3 ♖ad8 14.h3 ♗e6

(14...♗xf3! 15.♕xf3 ♕xf3 16.♖xf3 ♖fe8=)

15.♗g5 f6 16.d5 ♗xh3 17.dxc6 ♕g4 18.♕d2 ♖de8 19.cxb7 ♖e4 20.♘h2 ♕e6 21.gxh3 ♖e2 22.♖ae1 und hier schob Schwarz in Furhoff–Gramer, Stockholm 1993, die Figuren zusammen, um dem Gegner zum Sieg zu gratulieren.

C) 7...♕d8 8.d4

C1) 8...♗b4 9.0-0 0-0 10.♕d3! ♘c6 11.♗xf4 ♘e7 12.♖ae1!?

(Problematisch ist 12.♘e4, siehe **Partie Nr. 52:** Macieja–Karpow, Warschau 2003.)

12...♗f5 13.♕b5 ♗xc3 14.bxc3 ♗xc2 15.♕xb7 ♘d5 16.♗g3 ♗d3 17.♖f2 f5 18.♘e5 ♗e4 19.c4 ♘b6 20.d5 und Weiß steht besser.

C2) 8...♗d6 9.♕e2+!? ♕e7 10.♕xe7+ ♔xe7 11.♗xf4 (11.♘d5+ ♔f8 12.♗xf4±) 11...♗xf4 12.♘d5+ ♔f8

In Frage kommt auch 12...♔d8, um den Weg des Turms nicht zu verstellen.

13.♘xf4 ♘d7 14.0-0 ♘f6 15.♘e5 a5 16.c4 ♖a6 17.d5 h5 18.h3 (18.♖ae1!?) 18...h4 19.♖ae1 ♗f5 20.♘e2 ♖h5

(Auf 20...♗c8 ist 21.♘d4! stark.)

21.g4! ♗xg4

(Oder 21...hxg3 22.♘xg3 ♖g5 23.♖xf5 ♖xg3+ 24.♔h2 und der Turm geht verloren.)

22.♘xg4 ♘xg4 23.hxg4+–, A. Fedorow–Jussupow, Batumi 1999

C3) 8...♗e7 9.♗xf4 0-0 10.0-0 ♗f5

(– 10...c6 11.♕d3 ♗e6 12.♘e4 ♗f5 13.♖ae1 ♘d7 14.♘f6+ ♗xf6 15.♕xf5 ♖e8 16.♖xe8+ ♕xe8 17.♖e1±, Smirin–Lalic, New York 2000

– 10...♗g4 11.♕d2 c6 12.♖ae1±)

11.♕d2 c6 12.♖ae1 ♘d7

(12...♗b4 13.a3 ♗xc3 14.♕xc3 ♘d7 15.♗d6 ♖e8 16.♖xe8+ ♕xe8 17.♖e1±)

13.♘e4 ♘b6 14.♖f2 ♘d5 mit beiderseitigen Chancen.

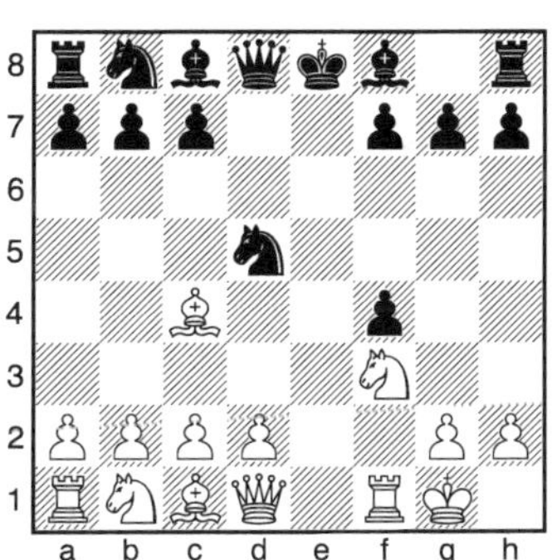

6...♗e7

Mit der Absicht gespielt, schnell die Entwicklung des Königsflügels zu beenden.

Andere Züge sind:

I. 6...♘c6 7.d4 ♗e6

(7...♗g4 8.♕e1+ ♗e7 9.♘e5 ♘xe5 10.♕xe5 ♗e6 11.♗xd5 ♕xd5 12.♗xf4

♕xe5 13.♗xe5 0-0 14.♘c3 c6 15.♖ae1± Bangijew)

A) 8.♗b3 ♘e3 (8...♕f6!? ist stark.) 9.♗xe3 ♗xb3 10.♗xf4 ♗d5 11.♘c3 ♗xf3 12.♕xf3 ♕xd4+ 13.♔h1 0-0-0 14.♗xc7! ♖e8 15.♘d5 ♘e5 16.♕f5+ ♖e6 17.♖ad1 ♕xb2 18.♖fe1 g6 19.♗xe5 1-0, Barle–Bykow, Pula 2010

B) 8.♗b5!? a6 9.♗xc6+ bxc6 10.c4 ♘e3 11.♗xe3 fxe3 12.♕d3 ♗e7 13.♘c3 0-0 14.♖ae1 nebst Schlagen auf e3 mit gutem Spiel.

II. 6...♗e6 7.♗b3 (7.♕e2 ∞) 7...♗e7

(– 7...c5 wird in der **Partie Nr. 53:** Nakamura–Adams, London 2011, analysiert.

– Hingegen sollte Weiß nach 7...♗d6 8.c4 mit der möglichen Folge 8...♘e7 9.d4 usw. spielen.)

8.c4 ♘b6 9.d4 ♘xc4 10.♘c3

(Nach 10.♗xf4!? kann Schwarz 10...0-0 bzw. 10...♘b6 ziehen. Das Spiel ist völlig unklar.)

A) 10...♘b6 11.d5

(Sofort 11.♗xf4 ist eine Prüfung wert.)

11...♗g4 12.♗xf4 0-0 13.♘b5 ♘a6 14.♖c1 ♗d6 15.♘xd6 cxd6 16.♕d2 ♘c5 17.♗c2 ♗xf3 18.♖xf3 f5 19.♖cf1±, A. Fedorow–Goloschapow, Ohrid 2001

B) 10...c6 11.♗xf4 0-0 12.♕e2 b5 13.a4 ♕b6 14.♔h1

(In Frage kommt auch 14.♗g3!? Δ♗g3–f2.)

14...♗f6 15.axb5 cxb5 16.d5 ♗g4

(Nach 16...♗xc3 17.♘g5 ♗f5 18.bxc3 ♘d7 19.♗xc4 bxc4 20.♕xc4 ♖ac8 21.♕a4 h6 22.♘f3 ♖xc3 23.♕xa7 ♖d3 24.d6 könnte der starke Freibauer Schwarz einige Schwierigkeiten machen.)

17.♘xb5 ♕xb5 18.♗xc4 ♕xb2 19.♕xb2 ♗xb2 20.♖ab1 ♗f6 21.♘e5 ♗xe5 22.♗xe5 ♘d7 23.♗d6 ♖fc8 24.♗b5 a6 25.♗c6 mit vollem Ersatz für den Bauern (Läuferpaar und starker Bauer auf d5). Weiß steht etwas besser, auch wenn die Partie Shulman–Onischuk, Kansas 2003, schließlich mit einem Remis endete.

III. 6...c6

A) 7.♗b3 ♗d6 8.c4

(8.♖e1+!? ♗e6 9.c4 ♘e7 10.d4 ist eine bedenkenswerte Alternative.)

8...♘e7 9.d4 ♗g4 10.c5 ♗c7 11.♕d3 0-0 12.♘c3 ♘d7

Mit dem Plan ♘d7–f6 nebst Blockade des Punktes d5.

13.♘g5 ♘g6 14.♘xf7!? ♖xf7 15.♕c4 ♘h8 16.♗xf4 ♗h5 17.♘e4 mit scharfer Initiative am Königsflügel für die geopferte Figur, Analyse von Bangijew.

B) 7.♘c3 ♗e7

(7...♗e6 8.♕e2 ♗e7 9.♗xd5 cxd5 10.d4 ♘c6 11.♗xf4± Bangijew)

8.d4 0-0 9.♕e2 und laut Bangijew hat Weiß ausreichend Ersatz für den Bauern.

7.d4 0-0

Das ist ein elastischer Zug, der Weiß über die weiteren Pläne noch im Unklaren lässt. Schwarz stehen danach verschiedene Fortsetzungen offen.

Andere Möglichkeiten in dieser Stellung sind:

I. 7...c6

A) 8.♕e2 0-0 9.♘c3 ♗e6 (9...♗g4!?) 10.♘xd5 cxd5 11.♗d3 ♘c6

(Nach 11...♗d6 12.♘e5 g5 13.♕h5 f5 14.♘f3 ♗e7 15.h4 g4 16.♘e5 hätte Weiß eine starke Initiative: Es droht schon ♘e5xg4!.)

12.♗xf4 ♘b4 13.♗b5 a6 14.♗a4 b5

(Laut einer Analyse von Bangijew steht Weiß nach 14...♗f5 15.a3 ♘c6 16.♗xc6 bxc6 17.♘e5 etwas besser.)

15.♗b3 ♘c6 16.c3 ♗f5

(16...b4 17.♖ae1 bxc3 18.bxc3 ♖a7 19.♕d3 ♗f6 20.♘e5 ♘xe5 21.♗xe5 ♗xe5 22.♖xe5 ♖e8 23.♕f3±, Spasski–Pytel, Nizza 1974)

17.♖ae1 ♖c8 18.a4 b4 19.♕xa6 bxc3 20.bxc3 ♗e4 21.♘d2 ♘a5 22.♗a2 ♖xc3 23.♘xe4 dxe4 24.♖xe4 ♖a3 und nun hätte Weiß in der Partie Reinderman–Van der Sterren, Wijk aan Zee 1993, 25.♗xf7+! spielen sollen; z.B. 25...♖xf7

(25...♔h8 26.♖xe7! ♕xe7 27.♗d6 ♕e3+ 28.♔h1 ♕h6 29.♗c4+-)

26.♕e6 ♔f8 (26...♖xa4 27.♗d6+-) 27.♗e5 ♖xf1+ 28.♔xf1 g5 29.d5 ♖d3 30.♕h6+ ♔e8 31.d6+-

B) 8.♘c3 0-0

(8...♗e6 9.♘xd5 ♗xd5 10.♗xd5 cxd5 11.♗xf4 0-0 12.c3±)

9.♘e5

(9.♗xd5 cxd5 10.♗xf4 könnte versucht werden.)

9...♗e6 10.♗xf4 f6 11.♗xd5 cxd5 12.♘d3 ♘c6

(12...♗f7? 13.♕g4 ♔h8 14.♗xb8 ♖xb8 15.♖ae1 ♖e8 16.♘e5 ♖f8 17.♘xf7+ ♖xf7 18.♕e6 ♔g8 19.♘xd5 ♗f8 20.♖e4+-, Spasski–Awerbach, Moskau 1960)

13.♕f3 ♗f7 14.♗e3 ♘b4 15.♘e1 ♕a5 16.a3 ♖fe8 17.♖b1 ♘c6 18.♘d3 ♖ad8 19.♘f4 ♗d6 20.♖be1 ♗b8 21.♘h5 ♕c7 22.g3 ♗xh5 23.♕xh5 ♕f7 mit Remis, Metelmann–Costa, ICCF FPart 2002.

II. 7...♗e6 8.♗xd5

(8.♗b3 0-0 9.c4 ♘e3 10.♗xe3 fxe3 11.♕d3 c6 12.♕xe3 ♘d7 13.♘c3∞)

8...♗xd5 9.♗xf4

A) 9...♘c6 10.♘bd2

(Probiert werden könnte auch 10.♘c3!? mit der möglichen Folge 10...♗xf3 11.♕xf3 ♕xd4+ 12.♔h1.)

10...0-0 11.c4 ♗xf3 12.♘xf3 ♗f6 13.d5 ♘e7 14.♗e5 und Weiß steht aktiver, Mongredien–Morphy, Paris 1863.

B) 9...0-0 10.♘c3 c5 11.♗c7

(11.♘xd5 ♕xd5 12.dxc5 ♕xc5+ 13.♔h1 ♘c6 14.c3 ♖ad8 15.♕e2 ♗d6 ½-½, Bronstein–Lengel, Sarajevo 1971)

11...♕xc7

(11...♗xf3 12.♗xd8 ♗xd1 13.♗xe7 ♖e8 14.♖axd1 ♖xe7 15.♘d5 ♖d7 16.dxc5±)

12.♘xd5 ♕d8 13.♘xe7+ ♕xe7 14.d5 ♘d7 15.♕d2 ♖ae8 16.♖ae1 ♕d6 17.c4 ♘f6 18.a4±, Wundt–Schmitz, FPart 1991

8.♗xd5 ♕xd5 9.♗xf4

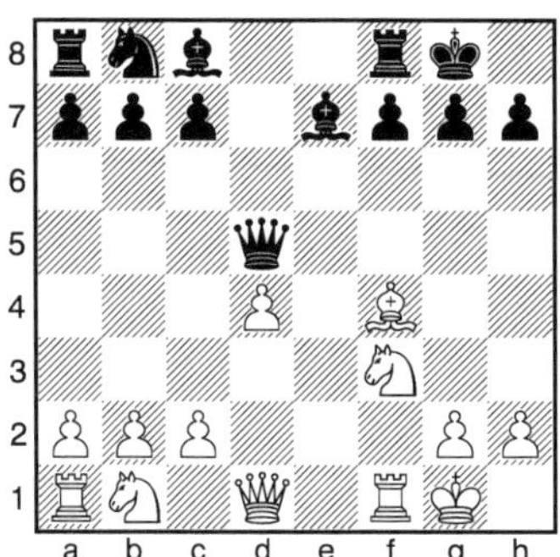

9...c5

In der heutigen Turnierpraxis ist dieser aktive Zug ein häufiger Gast. Er wird in der Absicht gespielt, den ♙d4 zu beseitigen.

Schauen wir uns nach Alternativen um:

I. 9...c6 10.♘c3

A) 10...♕h5 11.♕d2 h6 (11...♗e6 12.♘g5±) 12.♖ae1 ♗e6 13.♘e5 ♖e8 14.♘e4 ♘d7 15.♘g3 ♕h4 16.♘g6! fxg6 17.♖xe6 ♗f6 18.♕e3 ♖f8

(18...♔f7 19.♖xe8 ♖xe8 20.♕b3+ ♖e6 21.d5 cxd5 22.♕xb7+–)

19.♘e4

(19.♖e4!? ♗g5 20.♗xg5 ♖xf1+ 21.♔xf1 ♖f8+ 22.♔e1 ♕xg5 23.♕xg5 hxg5 24.♖e7 ♖f7 25.♖xf7 ♔xf7 26.♘e4 ♔e6 27.♘xg5+ ♔d5 28.c3 mit einem vorteilhaften Springerendspiel für Weiß.)

19...♕g4

(– 19...♗xd4? 20.♕xd4 ♖xf4 21.♖xf4 ♕xf4 22.♘f6+ ♕xf6 23.♖xf6 ♘xf6 24.♕b4 b6 25.♕c4+ ♔h7 26.♕xc6+

– 19...♖ae8? 20.♗g3 ♕h5 21.♘xf6+ ♘xf6 22.♖fxf6+–)

20.♘xf6+ (20.♖d6!?) 20...♘xf6 21.h3 ♕f5 22.♗d6! ♕xf1+ 23.♔xf1 ♘d5+

(23...♘g4+ 24.♕f3 ♖xf3+ 25.gxf3 ♘f6 26.♖e7 b6 27.♗e5±)

24.♗xf8 ♘xe3+ 25.♖xe3 ♖xf8+ 26.♔e2 und im entstandenen Turmendspiel steht Weiß besser, denn er besitzt einen Mehrbauern am Damenflügel und wird sich hier einen vorrückenden Freibauern verschaffen (Analyse von Bangijew).

B) 10...♕f5 11.♕d2 ♘d7 12.♖ae1 ♗b4 13.♘e5 ♘xe5 14.♗xe5 ♕h5 15.a3 ♗xc3 16.♕xc3 ♗e6?

(16...f6 17.♗d6 ♖e8 könnte gespielt werden.)

17.♗xg7!+–, Forster–Zjukin, Sas van Gent 1992

C) 10...♕a5 11.♕e1 ♗e6 12.♕g3 ♕h5 13.♖ae1 ♘d7 14.♗d6 ♗xd6 15.♕xd6 ♘b6 16.♘e4 ♗d5 17.♘c5 ♘c4 18.♕f4

(Besser zu sein scheint 18.♕g3! und jetzt ginge nicht 18...♘xb2 wegen 19.♘d7 und Weiß gewinnt die Qualität.)

18...♘xb2 19.♖e5 ♕g6 20.♖g5 ♕h6 (20...♕xc2 21.♕f6+–) 21.♘d7 f6 22.♘xf8 ♖xf8 23.♖g4 ♕xf4 24.♖xf4 ♗xa2 25.♖a1

(In Frage kommt 25.♖e4!?, um den Turm zu aktivieren; z.B. 25...♗d5 26.♖e7 ♖f7 27.♖xf7 ♔xf7 28.♖b1+–)

25...♗d5 26.♖xa7 mit weißem Vorteil in Can–Howell, Dresden 2008.

II. 9...♘a6 10.♘c3 ♕c6 11.♕e1 ♖e8

A) 12.♘e5!? ♕b6

(Auf 12...♕e6 kann 13.♕g3 folgen.)

13.♘xf7 ♗e6 14.♘e5 ♕xd4+ 15.♔h1

♗f6 16.♕g3 mit aktivem Spiel für Weiß.

B) 12.♕g3 ♗f5 13.♖ae1 ♗f6 (13...♗xc2 14.♘e5±) 14.♗e5 ♗xc2 15.♗xf6 ♕xf6 16.♘e5 ♕b6 17.♖xf7 ♕xd4+ 18.♔h1 ♗g6 19.♖d7↑, Bangijew–Knorr, FPart 1991

10.♘c3 ♕c4

– In der Partie Van der Laan–Kouwenhoven, Leiden 2011, wählte Schwarz einen anderen Weg: 10...♕d8 11.d5 ♗g4 12.♘e4 ♘d7 13.c4 ♘f6 14.♘f2 ♗d6 15.♗g5 ♗f5 16.♘h4 ♗g6 17.♘g4 ♕c7 18.♖xf6! gxf6 19.♘h6+ ♔g7 20.♘4f5+ ♗xf5 21.♘xf5+ ♔g6 22.♗h6 ♗xh2+ 23.♔h1 ♗f4 24.d6 ♕a5 25.♗xf4 ♔xf5 26.♕d3+ ♔e6

(26...♔xf4 27.♖f1+ ♔g5 28.♕g3+ ♔h5 29.♕h3+ ♔g6 30.♕g4+ ♔h6 31.♖xf6#)

27.d7 ♖g8 28.b4 cxb4 29.♖e1+ 1-0

– Auch nach 10...♕f5 11.♕d2 ♘d7 12.♖ae1 cxd4 13.♘xd4 ♕c5 14.♗e3 liegt der Vorteil klar auf der Seite von Weiß.

11.♕e1 ♗f6

– Nach 11...cxd4 12.♕xe7 dxc3 13.♗d6 ♘d7 14.b3 ♕b5 15.♖ae1 hat Schwarz eine schwierige Lage zu bewältigen.

– Oder 11...♘c6 12.b3 ♕e6 13.d5 ♕xe1 14.♖axe1 ♗f6 15.♘e4 ♗d4+ 16.♘xd4 ♘xd4 17.c3 ♘c2 18.♖c1 ♖e8 19.♘d6 ♖e2 20.♖f2 ♖xf2 21.♔xf2 ♘a3 22.♖e1 ♗d7 23.♖e7 1-0, Mohr–Wober, Österreich 1995.

12.♗d6 ♗xd4+

12...♖d8 ist ungünstig für Schwarz wegen 13.dxc5±.

13.♔h1

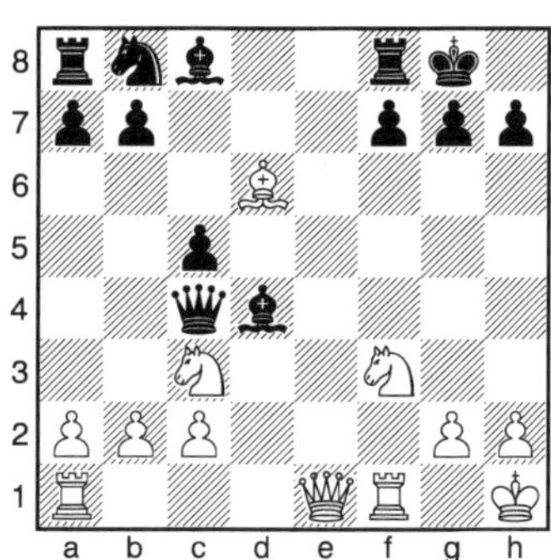

13...♖d8

13...♕e6? 14.♗xf8 ♕xe1 15.♖axe1 ♔xf8 16.♘xd4 cxd4 17.♘b5 ♘c6 18.♘c7 1-0, Gallagher–Morris, Hastings Challengers 1990.

14.♘e4 ♘c6

Oder 14...f5 15.♕h4 ♘c6

(15...♖e8 16.♘eg5 h6 17.♕h5+-)

16.♘e5! ♗xe5

(– 16...♘xe5? 17.♕xd8+ +-

– 16...♕e6 17.♘xc6 ♖xd6 18.♘e7+ ♔h8 19.♘g5+- Gallagher)

17.♘f6+ ♗xf6 18.♕xc4+ ♔h8 19.♗xc5+-

Diese Stellung entstand in zwei Partien: Gallagher–Campora, Biel 1990 und Gallagher–Balaschow, Lenk 1991, und in beiden Fällen errang Weiß den Sieg.

15.c3 ♗f6

Die Folge nach 15...♗f5 16.♘fg5

(16.cxd4 ♗xe4 17.♕xe4 ♖xd6 18.♘g5 ♖g6 19.♖ae1∞, Wells–Ibragimov, Odorheiu Secuiesc 1993)

16...♗g6 17.b3 ♕d5 18.c4 ♕xg5

19.♘xg5 ♗xa1 20.♗xc5 ♗f6 21.♘h3 ist günstig für Weiß.

16.♘fd2 ♕e6

Auf 16...♕d5? folgt natürlich 17.♖xf6!.

17.♘xf6+ gxf6 18.♕g3+ ♕g4

18...♔h8 19.♖ae1 ♕g4 (19...♕xd6 20.♖e8+!) 20.♕f2 ♗e6 21.♗xc5 und wegen der geschwächten Königsstellung hat Weiß bessere Perspektiven.

19.♕xg4+ ♗xg4 20.♖xf6 ♗e6 21.♘e4 mit einem zumindest kleinen Vorteil für Weiß.

Zusammenfassung: Diese Variante wird heutzutage häufig in der Praxis angewandt. Der ♗c4 kann gefährlich werden, weil er den Punkt f7 angreift. Statt 6.0-0 empfehlen wir den Zug 6.♗xd5 einer weiteren Erforschung.

Abspiel 2
Fortsetzung 5.c4

1.e4 e5 2.f4 exf4 3.♘f3 d5 4.exd5 ♘f6 5.c4

Ein ziemlich normaler Zug, mit dem Weiß seinen Zentralbauern befestigt.

5...c6

Die beste Erwiderung. Andere Züge sind schwach und deshalb nicht zu empfehlen:

I. 5...b5 6.♘c3 bxc4 7.♗xc4 ♗d6 8.♕e2+ ♕e7 9.d3 ♕xe2+ 10.♘xe2 ♗b7 11.♗xf4 ♗xd5 12.♗xd6 cxd6 13.0-0 ♗xf3

(13...♗xc4 14.dxc4 ♘c6 15.♘ed4 ♘xd4 16.♘xd4 0-0 17.♘f5±)

14.♖xf3 0-0 15.♘d4 und Weiß steht besser.

II. 5...♗d6 6.d4

(Bangijew empfiehlt 6.♕e2+.)

6...0-0 7.♘c3 ♖e8+ 8.♗e2 c5 9.0-0 ♗g4 10.dxc5 ♗xc5+ 11.♔h1 ♘h5 12.♘a4 ♗f8 13.♗d2 ♘d7 14.♗e1 ♕e7 15.♘c3 g5 16.h3 ♗xf3 17.♗xf3 ♘hf6 18.♘b5 ♕c5 19.♖c1 a6 20.♘d4 ♘e5 21.♘b3 ♕c8 22.♗c3 ♕f5 23.♕c2 ♕xc2 24.♖xc2 ♘fd7 25.♗xe5 ♘xe5 26.c5 und Weiß mit seinem Freibauern im Zentrum bekam ausgezeichnete Perspektiven, Rosenzweig-Kenez, FPart 1984.
(siehe nächstes Diagramm)

6.d4

Ein Entwicklungszug mit dem Ziel, so schnell wie möglich den ♙f4 zurückzuerobern.

Nicht gut ist 6.dxc6 ♘xc6 7.d4 ♗b4+ 8.♘c3 0-0 9.♗e2 ♘e4∓.

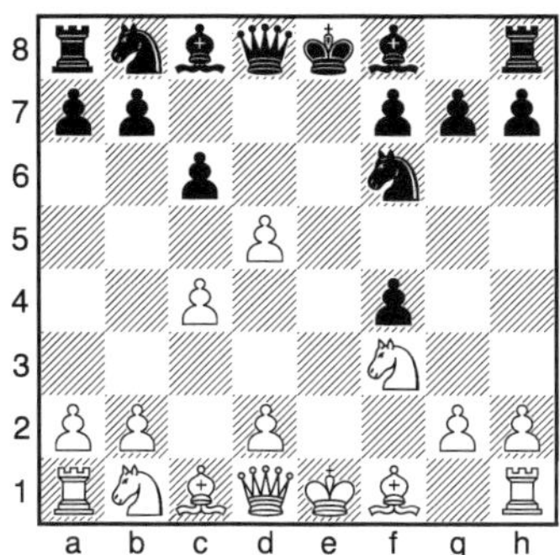

Einige Bücher empfehlen 6.♘c3. Schauen wir uns dazu ein paar Varianten an:

A) 6...cxd5 7.cxd5

A1) 7...♘xd5 8.♗b5+ ♘c6 9.♕a4 ♕d6 10.0-0 ♗e7 11.♘xd5 ♕xd5 12.d4 g5

(Nach 12...0-0 13.♗xf4 steht Weiß aktiver und hat gute Chancen, Analyse von Bangijew.)

13.♖e1 ♗e6 14.♖e5 ♕d6 15.♘xg5 ♗xg5 16.♖xg5 0-0-0 17.♗xc6 bxc6 18.d5

(18.♔h1 ♔b7 19.♖a5 ♕xd4 20.♗xf4 ♕xa4 21.♖xa4 ♖d5 22.♗e3 a6=)

18...♗xd5 19.♕xa7 (19.♗xf4 ♕c5+ 20.♔h1 ♔b7=) 19...♗c4=

A2) 7...♗d6 8.♗b5+ ♘bd7 9.♕e2+ ♕e7 10.♕xe7+ ♔xe7 11.0-0 ♖d8 und Schwarz hat keine Probleme.

B) 6...♗d6 7.d4 cxd5 (7...0-0 8.c5±) 8.c5

(8.♗d3 dxc4 9.♗xc4 0-0 10.0-0 ♗g4 11.♕b3 ♗xf3 12.♖xf3 ♘c6 und Schwarz steht ausgezeichnet, Galaktionow–N.Kuzmin, Berdsk 2008.)

8...♗c7 9.♗b5+ ♘c6 10.♕e2+ ♗e6

(10...♕e7 11.0-0 a6 12.♗xc6+ bxc6 13.♖e1 ♕xe2 14.♘xe2 ♘e4 15.♗xf4 ♔d8=)

11.♘e5

(11.♘g5 ♕d7 12.0-0 0-0 13.♘xe6 ♕xe6 14.♕xe6 fxe6 15.♗xc6 bxc6 16.♗xf4 ♗xf4 17.♖xf4 ♖fe8 18.♖e1 ♖ab8 19.b3 ♘d7 mit gutem Spiel für Schwarz.)

11...♗xe5 12.♕xe5 0-0 13.♗xc6 bxc6 14.0-0 ♖e8 15.♗xf4 ♘e4=

C) 6...♗e7 7.dxc6

(7.d4 ist auch möglich, was unter Zugumstellung zur Hauptvariante führen kann.)

7...♘xc6 8.d4 ♗g4 (8...0-0 9.♗xf4 ♖e8 10.♗e2±) 9.d5 ♗xf3 10.♕xf3

(10.gxf3!? ♘e5 11.♗xf4 ist auch wohl möglich.)

10...♘e5 11.♕xf4 ♗d6 12.♕d4 0-0 13.♗g5 ♕d7 14.0-0-0±, Leisebein–Gunther, FPart 1983

6...cxd5

Auf 6...♗b4+ empfehlen wir 7.♘c3 0-0 8.♗xf4 ♖e8+ 9.♗e2!? ♕e7 10.♘e5 cxd5 11.0-0 ♘c6 12.♔h1 (12.♘xd5 ♘xd5 13.cxd5 ♘xd4!=) 12...♗xc3 13.bxc3 h6 14.♗f3 und für Weiß sprechen das Läuferpaar und die aktivere Stellung, die zusammen gute Aussichten eröffnen.

7.♗xf4

Ein natürlicher Zug. Die Fortsetzung 7.c5!? ist bisher noch unzureichend erforscht. Wir halten den Textzug für logischer.

7...♗b4+

Nach 7...dxc4 8.♗xc4 ♗e7 9.0-0 0-0

10.♘c3 besitzt Weiß einen Freibauern.

8.♘c3 0-0

Schwarz tut gut daran, hier seinen König zu sichern.

Nach 8...dxc4 9.♗xc4 0-0 10.0-0 ♘c6 11.a3 ♗d6 12.♘g5 erlangt Weiß die Initiative. Schwach ist nun z.B. 12...h6 wegen 13.♘xf7! ♖xf7 14.♕b3+–.

9.♗d3

Der aktivste Zug, der heutzutage auch als Hauptvariante gilt.

Weniger gespielt wird 9.♗e2; z.B. 9...♘e4 10.♕b3 ♕a5 11.♖c1 ♗e6 12.0-0 ♗xc3 13.bxc3 ♘d7 14.cxd5 ♗xd5 15.c4 ♗c6 16.♔h1 b6 17.d5 ♘dc5 18.♕b2 ♗d7 19.♘e5 ♖fe8?? (19...f6□) 20.♘xf7! ♘a4 (20...♔xf7 21.♗d2+ ♔g8 22.♗xa5+–) 21.♕d4 ♘ac3 22.♗h6! ♘f6 23.♗xg7 ♘xe2 24.♕xf6 1-0, Arnaudov–Andreev, Sofia 2011.

9...dxc4

I. 9...♖e8+ 10.♘e5 dxc4 11.♗xc4 ♗e6 12.0-0 ♗xc4 13.♘xc4 ♘c6 14.a3 ♗xc3 (14...♗f8!?) 15.bxc3 ♘d5 16.♕f3 ♖e6 17.♗g3 ♖f6 18.♕d3 ♕d7 19.♖xf6 ♘xf6 20.♘d6 ♘h5 21.♖f1 ♘xg3 22.♕xg3 ♖f8 23.♘f5↑, Kiss–Garai, FPart 1998

II. 9...♕e7+ 10.♗e5 (10.♔f2!?) 10...dxc4 11.♗xc4 ♘g4 12.♕e2 ♘c6 13.0-0 ♘cxe5 14.♘xe5 ♗xc3 15.♘xf7 ♗xd4+ 16.♔h1 ♘e3 17.♘h6+ ♔h8 18.♖xf8+ ♕xf8 19.♘f7+ ♔g8 20.♖f1 ♘xf1 21.♕e4 ♗f5 22.♕xf5 g6?? (22...♕c5□) 23.♘d8+ ♔g7 24.♕d7+ ♔f6 25.♕xd4+ ♔e7 26.♕c5+ 1-0, M. Hofmann–Eisterer, Obernberg 1988

10.♗xc4 ♘c6

I. 10...♘d5 11.♗xd5 ♗xc3+ 12.bxc3 ♖e8+ 13.♔f2 ♕xd5 14.♕b3 ♗e6 15.♕xd5 ♗xd5 16.♘d2 ♘c6 17.c4 ♗e4 18.♖ae1 ♗f5 19.♖xe8+ ♖xe8 20.d5 ♘b4 21.♔f3 und aufgrund des Freibauern hat Weiß keine schlechten Karten.

II. 10...♖e8+ 11.♗e5 ♘g4 12.0-0 ♘c6??

(12...♘e3?? 13.♗xf7+! ♔xf7 14.♕b3+ ♗e6 15.♘g5+ ♔g8 16.♘xe6+–; 12...♗e6□)

13.♗xf7+! ♔xf7 14.♘g5+ ♔g8 15.♕b3+ ♗e6 16.♘xe6 1-0, Winkler–Matula, FPart 1989

III. 10...♘bd7 11.0-0 ♘b6 12.♗b3 ♘bd5 13.♗g5 ♗xc3 14.bxc3 ♕d6

(14...♘xc3?? 15.♕d3 ♘ce4 16.♗xf6 ♘xf6 17.♘g5 g6 18.♘xf7 ♖xf7 19.♕c4+–)

15.♕d3 h6

(15...♗e6?? 16.c4 ♘b4 17.♕b1+–)

16.♗xf6 ♘xf6 17.♘e5 ♗e6

(17...♘g4?? 18.♕g6+–, Schubert–P. Bücker, Hamburg 1975)

18.♗c2 ♖fd8 19.♖f3 mit dem Ziel ♖a1-f1 und starkem Angriff.

11.0-0 ♗g4

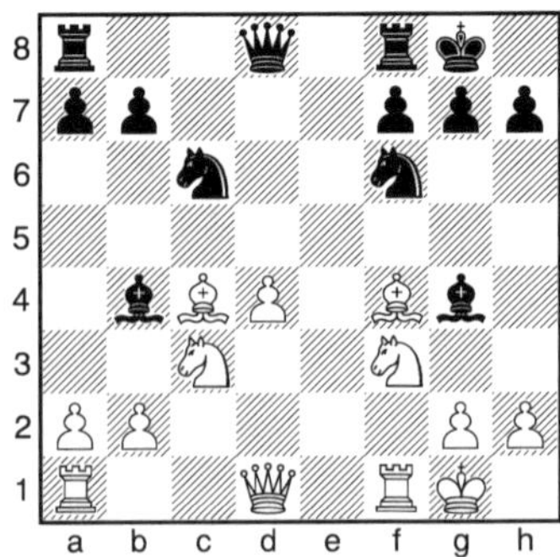

12.a3

Weiß sollte die Position des schwarzen Läufers in diesem Moment klären. In einer Fernpartie 1957, Coolen–Kallinger, probierte Weiß eine andere Idee aus: 12.♘e2 ♘d5 13.♗g5 ♕d7

(Oder 13...f6 14.♕b3 ♗e6 15.♘f4 ♘xf4 16.♗xf4 ♗xc4 17.♕xc4+ ♔h8 18.d5 ♕b6+ 19.♔h1 ♘a5 20.♕d3 mit einem Freibauern.)

14.h3 ♗xf3 15.♖xf3 ♗e7 16.♗xe7 ♘dxe7 17.♕d3 ♘d5 18.♖af1 ♖ad8 19.♘g3 ♘ce7 20.♘e4 mit aktivem Spiel.

12...♗a5

Oder 12...♗d6 13.♗g5 ♗e7 14.d5 ♕b6+ 15.♔h1 ♘e5 16.♗e2 ♘xf3 17.♗xf3 ♗f5 18.♕d2 h6 19.♗e3 ♗c5 20.♗xc5 ♕xc5 21.d6 ♖ad8 22.♖ad1 mit einem starken Freibauern, B. Larsen–Preziuso, Zürich 1988.

13.d5

Nicht zu empfehlen ist 13.♔h1 ♗xf3 14.♖xf3 ♕xd4 und Schwarz steht mit einem Bauern im Plus.

13...♘d4

13...♗b6+ 14.♔h1 ♘d4 15.♗g5 ♘xf3 16.gxf3 ♗h3 17.♖e1 mit kompliziertem Spiel.

14.♔h1 ♘xf3 15.gxf3 ♗h3

In der **Partie Nr. 54**: Angelov–Marinescu, Bukarest 1995, analysieren wir die Fortsetzung 15...♗h5.

16.♖g1!?

Nur mit diesem Zug kann Weiß mit guter Aussicht auf Erfolg kämpfen.

Schlecht ist 16.♖e1? ♖c8 17.♗b3 ♗xc3 18.bxc3 ♘h5 19.♗e3

(19.♗d2 ♕h4–+; 19.♗e5 ♕g5 20.♖a2 ♘f4 21.♗xf4 ♕xf4 22.♕d3 ♖ce8 23.♖xe8 ♖xe8 24.♖e2 ♖xe2 25.♕xe2 ♕c1+ 26.♗d1 h6 27.c4 ♕xa3–+)

19...♖xc3 20.♖c1 ♖xc1 21.♗xc1 ♖e8 und der Vorteil liegt auf der Seite des Nachziehenden.

16...♗b6 17.♕d3 ♗xg1 18.♖xg1 ♘h5 19.♗g5

19.♗d2 ♖c8 20.♘e4 ♗f5 21.♗c3 ♗g6 22.d6 könnte auch versucht werden.

19...f6 20.d6+ ♔h8 21.♗e3 ♖c8 22.♗b3 ♖c6 23.♘e4 ♗f5 24.♖d1 und für die eingebüßte Qualität hat Weiß das Läuferpaar und einen starken Freibauern. Die Stellung ist äußerst kompliziert.

Zusammenfassung: In diesem Abspiel hat Weiß keine schlechten Chancen. Wir empfehlen ein Qualitätsopfer mittels 16.♖g1!?.

Abspiel 3
Fortsetzung 5.♗b5+

1.e4 e5 2.f4 exf4 3.♘f3 d5 4.exd5 ♘f6 5.♗b5+

Eine interessante Fortsetzung, mit der Weiß um Vorteil kämpfen kann.

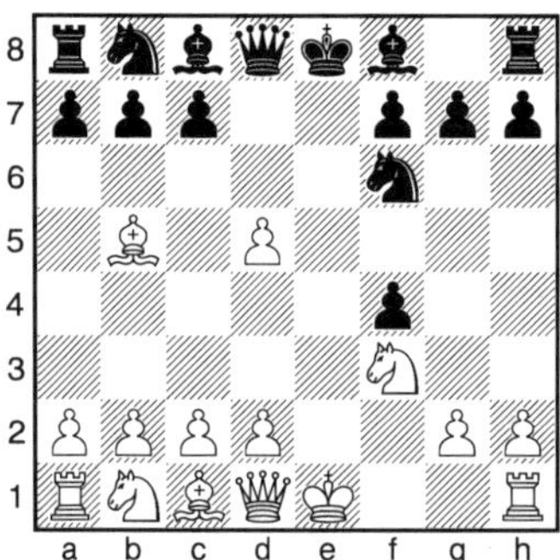

5...c6

Gegenwärtig wird dieser Zug am häufigsten angewandt.

Selten anzutreffen sind folgende Alternativen:

I. 5...♗d7 6.♗xd7+ ♘bxd7

(6...♕xd7 7.c4 c6 8.♘e5 ♕e7 9.d4 cxd5 10.0-0 ♘bd7 11.♖e1 ♘e4 12.cxd5 f5 13.♘c3 0-0-0 14.♘xe4 fxe4 15.♗xf4 ♘xe5 16.♗xe5 ♖xd5 17.♖c1+ ♔d8 18.♖xe4 ♕b4 19.♕c2 1-0, Saathoff–Kincs, Balatonlelle 2003)

7.0-0

(Nach 7.c4 ist 7...♕e7+ stark und Schwarz erhält gute Perspektiven.)

7...♗e7 8.c4 0-0 9.d4 b5 10.b3 bxc4 11.bxc4 ♘b6 12.♘e5 g5 13.♘c6

(13.♘d2 ♖e8 14.♕c2 ♕c8 15.♘df3 ♘g4 16.♘xf7! ♔xf7 17.♕xh7+ ♔f8 18.♘xg5 1-0, Leisebein–Knorr, FPart 1989)

13...♕d7 14.♕d3 ♗d6 15.♘d2 ♖fe8 16.♘f3 h6 17.♘ce5 ♗xe5 18.♘xe5 ♕a4 19.g3

(Eine interessante Variante ist 19.♗xf4! gxf4 20.♖xf4 ♘bd7 21.♘xd7 ♘xd7 22.♖xf7! ♔xf7 23.♕h7+ ♔f6 24.♖f1+ ♔g5 25.♖f5+ ♔h4 26.♕xh6+ ♔g4 27.♕f4#.)

19...♖xe5 20.dxe5 ♘g4 21.gxf4 ♘xc4 22.h3 ♘cxe5 23.fxe5 ♘xe5 24.♕e3+–, Nisbet–Perkin, Glasgow 2003

II. Zu 5...♘bd7 siehe **Partie Nr. 55:** Nakamura–Kostenjuk, Saint Louis 2011.

6.dxc6 ♘xc6

Dieser Zug stammt von Erich Grünfeld und gilt als aussichtreicher als 6...bxc6 mit der möglichen Folge 7.♗c4 (oder 7.♗e2) 7...♘d5 8.0-0

A) 8...♗d6 9.♘c3 ♗e6 10.♘e4 ♗c7

(10...♗e7 wird in der **Partie Nr. 56:** Spasski–Sacharow, Leningrad 1960, unter die Lupe genommen.)

11.♘eg5 0-0 12.♘xe6 fxe6 13.d4

(In der Partie Kusnetzow–Schurawljow, Kalinin 1970, erreichte Weiß auch nach 13.♕e2 ♕f6 14.♖e1 ♖e8 15.♘e5 eine günstigere Ausgangsposition.)

13...♕e7 14.♕e2 und nun ist die Stellung wegen der schwachen schwarzen Bauern günstig für Weiß.

B) 8...♗e6 9.♗b3 ♗d6 10.c4 ♘e7

(10...♘f6 11.d4 0-0 12.c5 ♗xb3 13.♕xb3 ♗c7 14.♕b7 ♘bd7 15.♕xc6 h6 16.♘c3 ♖e8 17.♘b5 ♗a5

18.♗xf4+–, Schablowsky–Graham, FPart 2002)

11.d4 ♘g6 12.c5 ♗xb3 13.♕xb3 ♗e7 14.♕b7 ♕d7 15.♕xd7+ ♘xd7 16.♘c3 ♘f6 17.b4 a5 18.b5 cxb5 19.♘xb5 0-0 20.a4 ♘d5 21.♗a3 ♖fc8 22.♖ac1 ♖c6 23.♖fe1 f6 24.♘d2 ♔f8 25.♘c4 mit klarem positionellem Vorteil für Weiß, Sulskis–W. Iwanow, St. Petersburg 1996.

7.d4 ♗d6

7...♕a5+ 8.♘c3 ♗b4 9.0-0

(Alternativ kann das Augenmerk auf 9.♕e2+!? gerichtet werden; z.B. 9...♗e6 10.0-0 0-0 11.♗d2 ♖fe8 12.♗xc6 bxc6 13.♘e5 c5 14.a3 ♗xc3 15.♗xc3 ♕b6 16.♕f2 usw.)

A) 9...♗xc3 10.♕e2+ ♗e6 11.bxc3 ♕xc3 12.♗d2 ♕a3

(12...♕xc2 13.♖fc1 ♕b2 14.♖ab1 ♕a3 15.♖xc6+–)

13.♗xf4 0-0 14.c4 mit weißem Übergewicht.

B) 9...0-0 10.♗xc6 ♗xc3

(Ganz gut sieht 10...bxc6!? aus; z.B. 11.♗xf4 ♗xc3 12.bxc3 ♕xc3 13.♖b1 ♗f5 und Schwarz hat eigentlich keine Probleme.)

11.bxc3 bxc6 12.c4 ♕a6

(12...♘h5 13.♘e5±; 12...c5 13.♗xf4 cxd4 14.♕xd4±)

13.♗xf4

(13.♕d3!? ♗e6 14.♘e5 kommt auch in Frage.)

13...♗e6 (13...♕xc4? 14.♘e5 ♕a6 15.♕f3±) 14.c5⩲

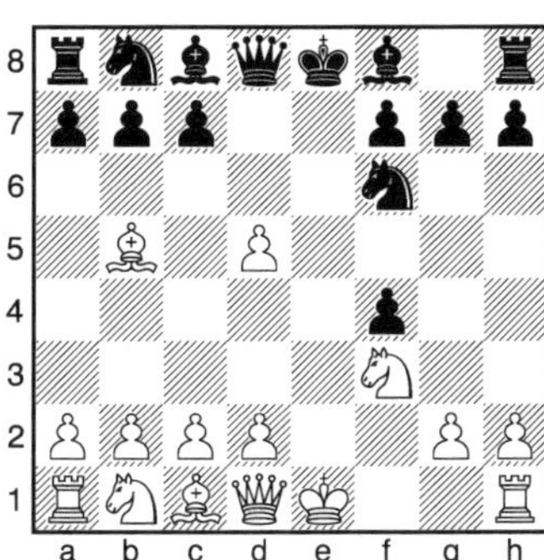

8.♕e2+

Mit dem Ziel, die normale Entwicklung von Schwarz zu stören.

Nach 8.0-0 0-0 kann Schwarz seine Kräfte elastisch ins Spiel bringen; z.B. 9.♘bd2 ♗g4 10.c3 ♖e8

(10...♖c8 wird häufiger gespielt; z.B. 11.♘c4 ♗b8 usw.)

11.♘c4 ♗c7 12.♗d2 ♕d5 (12...♘e4!?) 13.♘a3 ♘e4 14.♗e1

(14.♗c4 ♕d7 15.♕c2 ♘xd2 16.♕xd2 ♗xf3 17.♖xf3 ♘e5 18.♖ff1 ♘xc4 19.♘xc4 ♕d5∓)

14...a6 15.♗c4

Schwarz steht sehr gut, aber im Königsgambit darf die Aufmerksamkeit solange nicht nachlassen, bis die Uhren angehalten sind.

15...♕h5 (15...♕d7!) 16.h3 ♗d7?

(Ein Fehler. Nach 16...♗xf3! 17.♕xf3 ♕xf3 18.♖xf3 ♖ad8 stünde Schwarz gut.)

17.♘e5!

Nun wird das Feld f7 zum Angriffsziel für Weiß.

17...♖xe5

(17...♕xd1 18.♗xf7+ ♔f8 19.♖xd1+–)

18.dxe5 ♕f5 19.g4 ♗b6+ 20.♔g2 ♕xe5 21.♗xf7+! ♔xf7 22.♕xd7+ ♘e7 23.♘c4 ♕c7 24.♘xb6 ♕xb6 25.♖xf4+ ♘f6 26.♗f2 ♕a5 27.♖e1 ♕d5+ 28.♕xd5+ ♘exd5 29.♖f3 1-0, Ginzburg–Zarnicki, Villa Martelli 2002

8...♗e6

Ein Verzicht auf die Rochade wäre zu gefährlich: 8...♔f8 9.0-0 ♗g4 10.c3 ♕c7 11.♘bd2 ♖e8 12.♕f2 a6 13.♗d3 ♖e3 14.♗c2 ♕e7 15.♖e1 g5 16.♘c4 ♖xe1+ 17.♘xe1 ♗c7 18.♘f3 ♗e6 19.b3 ♘g4 20.♕e1 und Weiß stand in B. Grabarczyk– Ibragimow, Swidnica 1997, etwas besser, denn Schwarz hat Probleme bei der vollständigen Entwicklung seines Königsflügels.

9.♘g5 0-0 10.♘xe6 fxe6

Eine interessante Idee aus der Partie Jakubiec–Bulski, Krakau 2011: 10...♕b6!? 11.♗xc6 bxc6 12.♘d2 ♖fe8 13.♘c4 ♕b8 14.0-0 ♖xe6 15.♕f3 g5 16.♕xc6 ♗e5 17.♕c5 ♘d7 18.♕d5 ♘f6 19.♕c5 ♘d7 20.♕d5 ♘f6 mit Remis.

11.♗xc6 bxc6 12.0-0

Die Reihenfolge ist sehr wichtig. In einer Fernpartie 1968/69, folgte falsch 12.♕xe6+? ♔h8 13.0-0 f3! 14.♖xf3 ♖e8 mit starkem Angriff.

12...♗c7

– Auf 12...♕c7 sollte Weiß mit 13.♕xe6+ reagieren; z.B. 13...♔h8 14.♘d2 ♖ae8 15.♕h3 c5 16.c3 ♖e2 17.♘f3 ♖fe8 18.♕f5 ♘e4 19.♕h5 ♘f6 20.♕f5 ♘e4 21.♕d5 ♘f6 22.♕c4 ♖8e7 23.b3 ♕c8 24.♗d2 ♕g4 25.♖f2 ♖xf2 26.♔xf2 ♘e4+ 27.♔g1 cxd4 28.♕d5 ♘f6 29.♕xd6 ♖e2 (29...♖d7?? 30.♕b8+ ♘g8 31.♖e1 1-0, Cook–Crapper, ICCF FPart 2005)

30.♕d8+ ♘g8 31.♕g5 ♖xg2+ 32.♔h1 ♕xg5 33.♘xg5 ♖xg5 34.cxd4 ♖d5 35.♗xf4 ♖xd4 36.♗e3 mit einem leichten Endspielvorteil für Weiß. Wenn es ihm gelingt, einen Freibauern am Damenflügel zu bilden, bekommt Schwarz echte Probleme.

– Oder 12...♘d5 13.♕xe6+ ♔h8 14.♘c3 ♘xc3 15.bxc3 f3 16.♖xf3 ♖xf3 17.gxf3 ♕f8 18.♕e2 ♖e8 19.♕f2± und Weiß hat einen Bauern mehr, Westerinen–Kornejew, Zaragoza 1995.

13.c3

Bei 13.♕xe6+ ♔h8 14.c3 f3! bekommt Schwarz eine gefährliche Initiative. In einer Partie Tempesti–E. Mayer, IECC FPart 2005, folgte weiter 15.♖xf3 ♖e8 16.♕f5 ♖e1+ 17.♖f1 ♖xf1+ 18.♕xf1 ♘g4 19.g3 ♕e7 20.♗d2 ♖f8 21.♕g2 ♘e3 22.♕e2 ♖f1+ 23.♕xf1 ♘xf1 24.♔xf1 ♕e4 mit schwarzem Gewinn.

13...♘d5

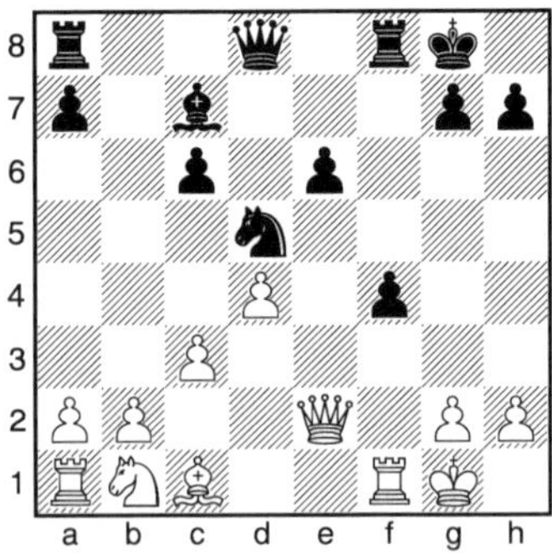

14.♕xe6+!

Nun ist dieser starke Damenzug

möglich, weil der schwarze Springer auf d5 steht. Somit geht ♘f6–g4 nicht mehr.

Nicht ganz klar ist 14.♘a3 ♕e7 15.♘c4 c5

(15...♖ae8 16.♗d2 e5 17.♘xe5 ♗xe5 18.dxe5 ♕xe5 19.♕xe5 ♖xe5 20.♖ae1⩲)

16.♗d2 cxd4 17.cxd4 ♗b6

(Die Züge 17...♖ae8!? oder 17...♖f5!? sehen besser aus.)

18.♕e4 ♕f6 19.♘xb6 axb6 20.a4 g5 21.b3 ♕f5 22.♕xf5

(In Frage käme 22.♖fe1 ♖fe8 23.♖ac1⩲.)

22...exf5 23.♖fe1 ♖fe8 24.♖xe8+ ♖xe8 mit dem Plan b3–b4 nebst a4–a5 – und mit Blick auf seinen entfernten Freibauern hat Weiß gute Perspektiven. Es kann folgen:

A) 25.b4 ♖e2 26.♗e1 ♘e3 27.♗f2!

(Nichts bringt 27.a5 bxa5 28.bxa5 ♖xg2+ 29.♔h1 ♖c2 30.a6 ♖c8 31.a7 ♖a8 und es ist nicht sehen, wie Weiß um Vorteil kämpfen könnte.)

27...♘g4 28.a5 bxa5 29.bxa5 ♘xf2 30.a6 ♘d1 31.♔f1 ♖e8 32.♖xd1 ♖a8 33.♖a1 ♖a7 34.♔e2 und gegen zwei Freibauern hat Schwarz keine Überlebenschancen.

B) 25.a5 bxa5 26.♖xa5 ♘e3

(26...♖e2 27.♖xd5 ♖xd2 28.♖xf5 h6 29.h4 ♖xd4 30.hxg5 hxg5 31.♖xg5+ ♔f7 32.♖b5±)

27.♗xe3 ♖xe3 (27...fxe3 28.♔f1⩲) 28.♖xf5 h6 und Schwarz hat das Endspiel gerettet, Westerinen–Yemelin, Myyrmanni 1999.

14...♔h8 15.♕h3

Weiß muss genau spielen: Die Dame muss sich in der Nähe ihres Königs aufhalten.

Ein Spiel mit dem Feuer wäre 15.♕xc6? ♖f6 16.♕c5 f3! 17.g3 ♗b6 mit schwarzem Königsangriff.

15...♖f6 16.♕f3

Natürlich geht auch sofort 16.♘a3!?.

16...♕f8 17.♘a3 ♖e8 18.♘c4 und Weiß hat die besseren Aussichten. Einen kurzen Verlauf nahm die Partie Mataga–Arbuthnott, Neuseeland 1980: 18...♘e3 19.♗xe3 fxe3 20.♕e2 ♗xh2+ 21.♔xh2 ♖f2 22.♖xf2 exf2 23.♘e5 ♖e6 24.g3 ♖h6+ 25.♔g2 ♕f5 26.♕g4 1-0.

Zusammenfassung: Auch in dieser Variante kann Weiß auf einen Vorteil hoffen, vor allem wenn Schwarz ungenau spielt. Für weitere Untersuchungen empfiehlt sich 10...♕b6!? statt 10...fxe6. Die drei von uns vorgestellten Abspiele geben Weiß die besten Chancen auf einen Vorteil. Wir empfehlen Ihnen die Analyse auch der Beispielpartien, um die Probleme des Kampfes in diesem Kapitel besser zu verstehen.

Kapitel 15
Fortsetzung 3...♘e7

1.e4 e5 2.f4 exf4 3.♘f3 ♘e7

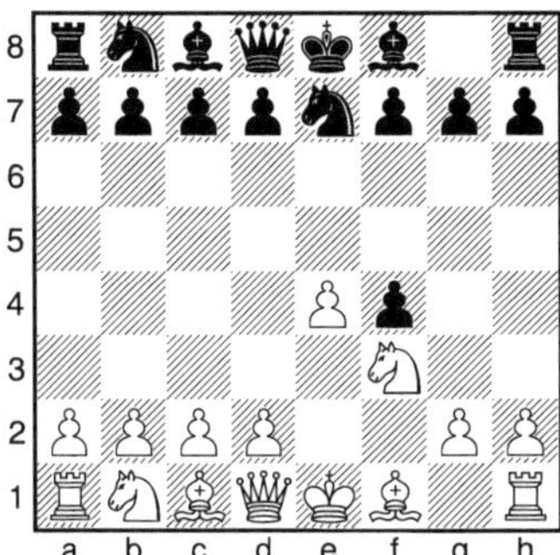

Die Idee der Winawer-Verteidigung besteht darin, den ♙f4 mit ♘e7-g6 zu verteidigen.

4.d4

Das ist die Hauptfortsetzung.

Kaum erforscht, aber sehr interessant ist 4.♗c4!? d5 5.exd5 ♘xd5 6.0-0 ♗e7 7.d4 c6

(7...♗e6 8.♗xd5 ♗xd5 9.♗xf4 0-0 10.♘c3±)

8.♘c3 0-0

(8...♗e6 9.♘xd5 ♗xd5 10.♗xd5 cxd5 11.♗xf4 0-0 12.♕d2 ♘c6 13.c3±, Stydnev-Kostin, FPart 1990)

9.♘e5 ♗e6 10.♗xf4 f6 11.♗xd5 cxd5 12.♘d3 ♗f7 (12...♘c6!?) 13.♕g4 ♔h8 14.♗xb8 ♖xb8 15.♖ae1 ♖e8 16.♘e5 ♖f8??

(16...♗g8! war richtig.)

17.♘xf7+ ♖xf7 18.♕e6 ♔g8 19.♘xd5 und Weiß gewann, Spasski-Awerbach, Moskau 1955.

4...d5

Nach 4...♘g6 mit Verteidigung des Bauern auf f4 stehen Weiß zwei gute Fortsetzungen zur Verfügung:

A) 5.♘c3 ♗b4 6.h4 h5 7.♗c4 c6 8.0-0 ♗xc3 9.bxc3 d5 10.♗d3 dxe4 11.♗xe4 ♘xh4 12.♗xf4 ♘xf3+ 13.♗xf3 ♗e6 14.♖b1 ♕d7 15.♗xh5 ♗xa2 16.♖e1+ ♔d8 17.♗g4 ♗e6

(Auf 17...f5 folgt 18.♖xb7! ♕xb7 19.♗xf5+-.)

18.♗xe6 fxe6 19.♕g4 ♖e8 20.♖e5 ♘a6 21.♖g5 ♖e7 22.♖h5 ♔c8 23.♖h8+ ♖e8 24.♖xe8+ ♕xe8 25.♕xg7 und die zerschossene schwarze Stellung ist nicht mehr zu verteidigen, S. Bücker-Lotzien, Nordwalde 1988.

B) 5.h4 h5 6.♗c4 ♗e7 7.g3!? fxg3 8.0-0 f6 9.♘g5 d5 10.♗xd5 ♗g4 11.♗f7+ ♔d7 12.♗xg6 ♗xd1 13.♗f5+ ♔c6 14.d5+ ♔b6 15.♗e3+ c5 16.♘e6 ♕g8 17.♖xd1 g6 18.♗h3 g5 19.b4 ♘d7 20.♘a3 und Schwarz gab sich geschlagen, Makejew-Adischew, FPart 1990.

Es könnte noch folgen: 20...♘e5 21.♖ab1 ♔a6 22.♘c7+ ♔b6 23.d6 ♗xd6 24.♘xa8+ ♕xa8 25.♖xd6+ ♔c7 26.♘b5+ ♔b8 27.♖bd1 ♘c6 28.hxg5 fxg5 29.♗xg5 ♖f8 30.♖d8+ ♘xd8 31.♗f4+ ♖xf4 32.♖xd8#.

5.♘c3

Dieser Entwicklungszug ist logisch und wird heutzutage am meisten gespielt.

– Den problematischen Ansatz 5.e5 lassen wir außer Acht.

– Augenmerk verdient aber die Fortsetzung 5.♕e2!? und nun:

A) 5...dxe4 6.♕xe4 ♘bc6 7.♘c3 ♗f5 8.♕xf4 ♕d7 (8...♗xc2? 9.♗c4 ♗g6 10.♘b5±) 9.♗b5 f6 mit beiderseitigen Chancen.

B) 5...♗g4 6.♘c3 ♘bc6 7.exd5 ♘xd4 8.♕e4 ♘xf3+ 9.gxf3 ♗f5 10.♕xf4 ♕d7∞

C) 5...♘g6 6.h4 dxe4

(– 6...♗e7 7.h5 ♘h4 8.♗xf4 dxe4 9.♘xh4 ♗xh4+ 10.g3 ♗f6 11.♕xe4+ ♕e7 12.♕xe7+ ♔xe7 13.♘c3 ♖d8 14.0-0-0 und aufgrund seiner besseren Entwicklung steht Weiß auch insgesamt besser.

– Oder 6...h5 7.♘c3 dxe4 8.♕xe4+ ♗e7 9.♗c4 mit einer für Weiß angenehmen Stellung.)

7.♕xe4+ ♕e7 8.♕xe7+ ♘xe7

(8...♗xe7 9.h5 ♘f8 10.♗xf4 ♘e6 11.♗g3±)

9.♘c3 c6

(9...♘f5 10.♗xf4 ♗d6 11.♗xd6 ♘xd6 12.0-0-0±)

Und nun schlagen wir für Weiß 10.♗c4 vor – siehe **Partie Nr. 57:** Morosewitsch–I. Sokolov, Sarajevo 2000.

5...dxe4

Bevor Schwarz seinen Springer auf g6 postiert, muss er das Problem mit dem Feld d5 lösen.

Andere Versuche sind:

– 5...c6 6.♗xf4 ♘g6 7.♗g5 ♗e7

(7...♕b6 8.exd5 ♕xb2 9.♗d2 ♗b4 10.♖b1 ♕a3 11.♖b3 ♕a5 12.dxc6 0-0 13.cxb7 ♗xb7 14.♗e2 ist klar günstig für Weiß.)

8.♕d2 0-0 9.0-0-0 mit dem Plan h2-h4 und Angriffsmöglichkeiten für Weiß.

– Oder 5...♗e6 6.♗xf4 dxe4 7.♘xe4 ♘bc6 8.♕d2 nebst 0-0-0 usw.

6.♘xe4

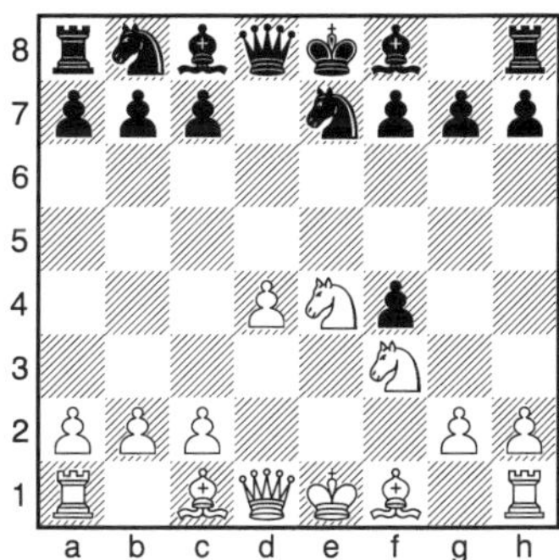

6...♘g6

Schwarz deckt konsequent seinen Bauern.

In den letzten Jahren hat man sich hier mit der Antwort 6...♘d5 beschäftigt.

A) 7.♗d3 ♗e7

(7...♗g4 8.0-0 ♗e7 9.c4 ♘e3 10.♗xe3 fxe3 11.h3 ♗xf3 12.♕xf3 0-0 13.♕xe3±)

A1) 8.0-0 0-0 9.♘c3

(9.c3 c6 10.♗c2 ♗f5 11.♘e5 ♘d7 12.♘xd7 ♕xd7 13.♗xf4 ♗xe4 14.♗xe4 ♘xf4 15.♖xf4 f5 16.♗c2 ♗g5 17.♖f1 ♖ae8 18.♕d3 g6 19.♖ae1 ♖xe1 20.♖xe1 ♖e8 21.♖e2 ♖xe2 22.♕xe2 ♕e7 23.♕xe7 ♗xe7 24.♔f2=, Pruess–Yang, Berkeley 2011)

9...♘e3 10.♗xe3 fxe3 11.♕e2 ♘c6 12.♕xe3 ♘b4 13.♖ae1 ♘xd3 14.♕xd3 mit einem kleinen weißen Vorteil, weil die Kräfte des Anziehenden besser entwickelt sind, Short-Giri, Amsterdam 2010.

A2) 8.c4 ♘e3 9.♕e2 0-0

(9...♗b4+ 10.♘c3 0-0 11.♗xe3 fxe3 12.0-0 und nun ist 12...♖e8 nicht gut wegen 13.♘e5! und Schwarz hat Probleme.)

10.♗xe3 fxe3 11.♕xe3 ♗b4+ 12.♔d1 f5 13.♘c3 ♖e8 14.♕f2 ♘c6 mit etwa gleichem Spiel.

B) 7.♗c4

B1) 7...♗e7 8.0-0 0-0

(Auf 8...c6 kann Weiß einfach 9.♗xf4! spielen. Nach 9...♘xf4 10.♘e5 kommt er zu einer kräftigen Initiative.)

9.c3 ♗e6 10.♕d3 c6

(Nach 10...♘e3? 11.♗xe3 ♗xc4 12.♕xc4 fxe3 13.♘e5 fände sich Schwarz in großen Schwierigkeiten wieder.)

11.♗b3 ♘d7 12.c4 ♘b4 13.♕c3 ♗f5 14.♘f2 und nach dem Schlagen des ♙f4 steht Weiß etwas besser.

B2) 7...♘e3 8.♗xe3 fxe3 9.0-0 f6 (9...♗e7 10.♘e5+-) 10.♘e5 e2 11.♗xe2 fxe5 12.♗b5+ c6 13.♕h5+ ♔d7 14.♖f7+ ♗e7 15.♘c5+ ♔c7 16.♕xe5+ ♔b6 17.♘a4+ ♔a5 18.♗xc6+ ♔b4 19.♕b5#

7.h4

Mit der ganz einfachen Idee, mittels h4-h5 den Springer von g6 zu vertreiben. In der Partie Spasski-Nowopaschin, Jerewan 1962, geschah: 7.♗c4 ♗e7 8.h4 ♘xh4 9.♘e5 ♘c6 10.♗xf7+ ♔f8 11.♘xc6 bxc6 12.♗b3 ♗f5 13.0-0 f3 14.gxf3 ♕e8 15.♔f2 h6 16.♗e3 ♖d8 17.♕e2 ♗g6 18.c3 mit Remis.

7...h5

Um h4-h5 vorzubeugen.

Andere Züge sind gut für Weiß:

I. 7...♗e7 8.h5 ♘h4 9.♗xf4 ♗g4 10.h6 0-0 11.hxg7 ♖e8

(11...♔xg7 12.♕d3 ♘c6 13.0-0-0±)

12.♔f2 ♘g6 13.♗g3 f5 14.♕d2! f4

(14...fxe4 15.♗c4+ ♔xg7 16.♗e5+ ♗f6 17.♕h6+ ♔h8 18.♕xh7#)

15.♗xf4 ♗f6 16.♗c4+ (16.♗xc7!+-) 16...♗e6 17.♖ae1 ♘d7 18.♗xc7! ♕xc7 19.♘xf6+ ♘xf6 20.♗xe6+ ♖xe6 21.♖xe6+-, Kuznetzow - Bontsch-Osmolowski, Moskau 1964

II. 7...♕e7 8.♔f2! ♗g4

(8...♕xe4?? 9.♗b5+ c6 10.♖e1+-)

9.h5 ♘h4 10.♗xf4 ♘c6 11.♗b5 0-0-0 12.♗xc6 bxc6 13.♕d3 ♘xf3 14.gxf3 ♗f5 15.♕a6+ ♔b8 16.♘c5 ♗c8 17.♕xc6 ♖xd4 18.♖ae1 ♖xf4 (18...♕xc5? 19.♗xc7#) 19.♕b5+ ♔a8 20.♕c6+ ♔b8 21.♖xe7 ♗xe7 22.♖d1 ♖f6 23.♘d7+ ♗xd7 24.♕xd7+-, Spasski-Seirawan, Montpellier 1985

8.♗c4 ♕e7

Andere Fortsetzungen sind günstig für Weiß.

I. 8...♗e7 9.♘fg5 ♖f8 10.♕xh5 ♕xd4 11.♗xf7+ ♖xf7 12.♕xg6 ♗xg5 13.♘xg5 ♕e5+ 14.♔f1 ♕b5+ 15.♔g1 ♕b6+ 16.♕xb6 cxb6 17.♘xf7 ♔xf7 18.♗xf4±, Hlusevic-Wasjukow, UdSSR 1989

II. 8...♗e6 9.♗xe6 fxe6 10.♕e2 ♘c6 11.♘eg5 e5 12.♕e4! ♕f6 13.d5 ♘b4

(13...♘d8 14.♗d2 ♗d6 15.♕a4+ ♔f8

16.0-0-0±)

14.♗d2 ♘a6 15.♕a4+ c6 16.♘e4 ♕e7 (16...♕f5 17.dxc6 b5 18.♕xa6 ♕xe4+ 19.♔d1 ♕d5 20.c7±)

17.dxc6 0-0-0 18.0-0-0 und auch hier steht Weiß auf Gewinn, Kindermann-Walter, Altenkirchen 1999.

9.♔f2 ♗e6 10.d5 ♗g4

Auf 10...f5 ist 11.♘eg5! stark, bzw. 10...♗f5 11.d6! cxd6 12.♘eg5 und in beiden Fällen ist die weiße Stellung vorzuziehen.

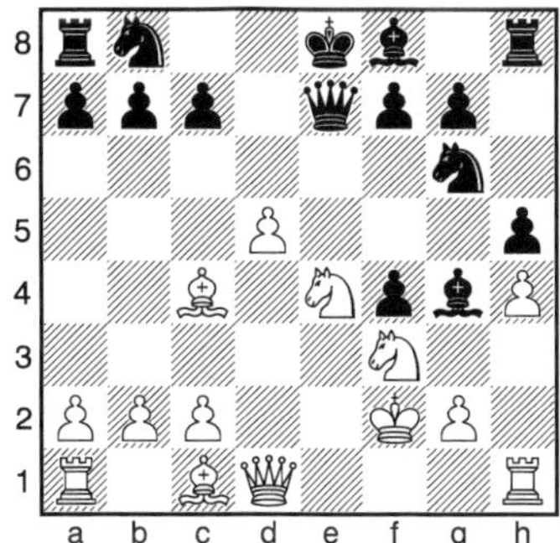

11.d6!

Ein Vorschlag von Bangijew. Weiß möchte die d-Linie öffnen und die Diagonale a3-f8 für die schwarze Dame sperren.

Unklar ist 11.♖e1 ♗xf3 12.♘f6+ ♔d8 13.♖xe7 ♗xe7 14.♕xf3 ♗xf6 usw. Der Textzug ist viel einfacher und gibt Weiß einen klaren Vorteil.

11...cxd6 12.♖e1 ♗e6

Auf 12...♗xf3 folgt natürlich 13.♘xd6+!.

13.♘eg5 d5 14.♘xe6 fxe6 15.♗xd5 ♕c5+ 16.♔f1 und laut Bangijew steht Weiß klar besser.

Zusammenfassung: In dieser Variante hat Weiß ganz reale Chancen, auf Vorteil zu spielen. Statt 5.♘c3 kommt 5.♕e2!? ernsthaft in Frage, was wir in **Partie Nr. 52** zeigen.

Kapitel 16
Fortsetzung 3...♘c6

1.e4 e5 2.f4 exf4 3.♘f3 ♘c6

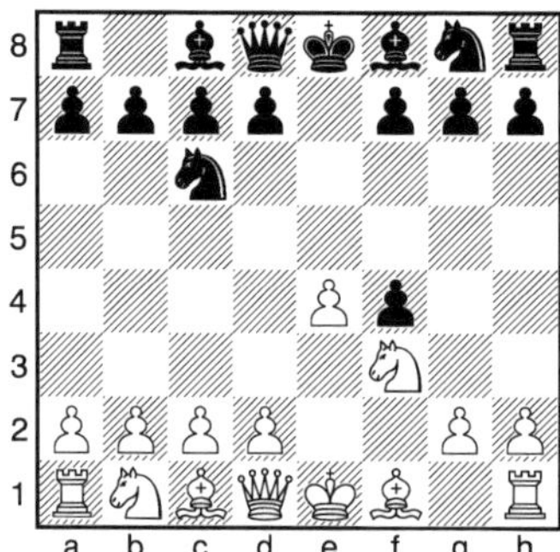

Dieser Entwicklungszug erlaubt es Schwarz, den Gegner über seine Pläne noch im Unklaren zu lassen. Diese Stellung kann auch über die Zugfolge 1.e4 e5 2.f4 ♘c6 entstehen (siehe **Kapitel 7**).

4.d4

4.♘c3 ist eine Alternative, die wir in der **Partie Nr. 58:** Arnason–Adams, Manila 1992, kurz behandeln werden. Uns gefällt jedoch der Bauernzug besser, mit dem Weiß sofort den ♙f4 unter Beschuss nimmt und viele komplizierte und unklare Varianten vermeidet, die nach dem Springerzug entstehen können.

4...d5

Die Antwort 4...♘f6 haben wir schon im **Kapitel 7** ausreichend besprochen. Diese Fortsetzung wird heutzutage kaum gespielt. Auch auf die folgenden anderen Züge trifft man selten:

I. 4...♕e7 5.♘c3 d5

(5...g5 6.h4 g4 7.♘e5 ♘xe5 8.♘d5 ♕d8 9.♗xf4 d6 10.dxe5+–)

6.e5 ♕b4 7.a3 ♕a5 8.♗xf4 ♗g4 9.b4 ♗xb4 10.axb4 ♕xb4 11.♕d2 ♗xf3 12.♖a4 ♕b6 13.gxf3 0-0-0 14.♖g1 g6 15.♗e3 f6 16.♔f2 fxe5 17.♗h3+ ♔b8 18.♖b1 und Schwarz kann aufgeben, Wundt–Simonowitsch, FPart 1979.

II. 4...♗b4+ 5.c3 ♗a5 6.♗xf4 d6 7.♗c4 ♘f6 8.♘bd2 0-0 9.0-0 ♗g4 10.♗g5 h6 11.♗h4 ♖e8 12.♕b3 ♕d7 13.♗xf6 gxf6 14.♘h4 ♔g7 15.♖xf6! ♔xf6 16.♖f1+ ♔g5 17.♘hf3+ ♗xf3 18.♘xf3+ ♔g6 19.♗xf7+ ♕xf7 20.♘h4+ mit weißem Gewinn, Staub–Betz, Ladenburg 1992.

5.exd5 ♕xd5

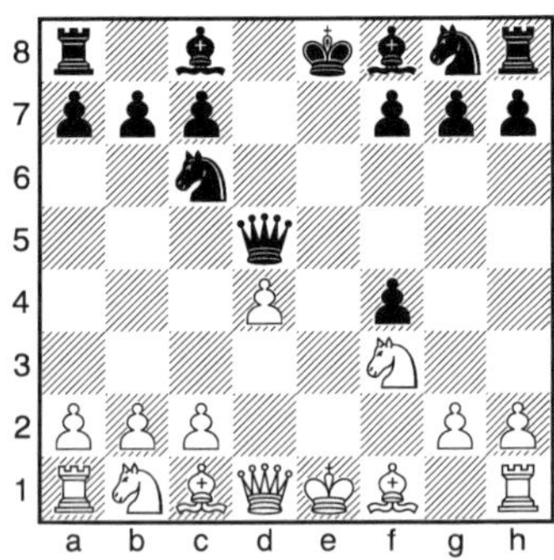

6.♗xf4!

Ein logischer Zug: Weiß schlägt den gegnerischen Bauern und entwickelt zugleich seinen Damenläufer.

In dieser Stellung gibt es allerdings noch weitere erprobte Fortsetzungen, die auch ihre Anhänger haben:

I. 6.♘c3 ♗b4

(Das Beste. Mit der Fesselung des Springers pariert Schwarz die gegnerische Drohung. Die Flucht der Dame nach 6...♕h5, 6...♕e6+ oder 6...♕d8 ist jeweils schwach und wird kaum gespielt.)

A) 7.♗d3 ♗g4 8.0-0 ♕d7 9.♕e1+ ♘ge7 10.d5 ♗xf3 11.♖xf3 ♗xc3 12.bxc3 ♕xd5 13.♖xf4 0-0-0 14.♗a3 ♘g6 15.c4 ♕e5 16.♖xf7 ♕d4+ 17.♔h1 ♖he8 18.♕c1 ♘ge5 19.♖f4 ♘xd3 20.♖xd4 ♘xc1 21.♖xd8+ ♖xd8 22.♖xc1 ♖d2 mit Endspielvorteil für Schwarz, Koller-Uhl, Deutschland 2005.

B) 7.♗d2 ♗xc3 8.bxc3 ♘f6 9.♗d3 ♗g4 10.0-0 0-0-0

(10...g5? 11.♕e1+ ♔f8 12.c4 ♕d6 13.♘xg5 ♕xd4+ 14.♔h1 ♖e8 15.♕h4 h6 16.♗xf4 hxg5 17.♕xh8+ ♔e7 18.♖ae1+ ♗e6 19.♖xe6+! ♔xe6 20.♕h3+ g4 21.♕h6 ♘e7 22.♗xc7 ♘eg8 23.♗f5+ 1-0, Hutchinson-Clarke, Scarborough 2004)

11.♗xf4 ♖he8 und Schwarz hält die Partie in der Waage.

C) 7.♗e2 ♗g4

(7...♘f6 8.0-0 ♗xc3 9.bxc3 0-0 10.♗xf4 ♕a5 11.c4 h6 12.♘e5 ♘xe5 13.♗xe5 ♘e4 14.♗d3 ♘g5 15.h4 mit starkem Angriff, Susnik-Petek, Finkenstein 1995.)

8.0-0 ♗xc3!?

(8...♕a5 9.♘e4 0-0-0 10.c3 ♗e7 11.♗xf4 ♘f6 12.♘e5 ♘xe5 13.♗xe5 ♗xe2 14.♕xe2 ♘xe4 15.♖xf7 ♘xc3 16.♕g4+ ♔b8 17.♖xe7 ♘d5 18.♖xg7 mit weißem Vorteil, Henris-De Wit, Belgien 2001.)

9.bxc3 0-0-0 10.♗xf4 ♘f6 11.♘e5 ♗xe2 12.♕xe2 ♖he8 und Schwarz hat keine Probleme.

D) 7.♗xf4 ♗g4

(7...♗xc3+ 8.bxc3 ♗g4 9.♗xc7 ♘f6 10.♗d3 0-0 11.0-0 ♖fe8 12.♕d2 ♖e7 13.♗e5±, Lopadchak-Bochkariow, Lwow 2011)

8.♔f2

(8.♗xc7 ♘f6! oder 8.♕e2+ ♘ge7 9.♔f2 ♗xc3 10.bxc3 0-0 11.♕c4 ♕f5 12.♔g3 ♘g6∓, Laureles-Venturas, IECC FPart 2002)

8...♗xc3 9.bxc3 ♘f6 10.♗d3 0-0-0 und Schwarz kann mit seiner Stellung zufrieden sein.

II. 6.c4

A) 6...♕d8 7.♗xf4 ♗d6 8.♗xd6 ♕xd6 9.♗e2 ♘f6 10.0-0 0-0 11.♘c3 ♗f5 12.d5 ♘e7 13.♕d4 ♘g6 14.c5 ♕d7 15.♗b5 c6 16.dxc6 bxc6 17.♗a4 ♘d5 18.♖ad1 ♘xc3 19.♕xc3 ♕c7 20.♖d6 ♗e4 21.♘d4 ♘e7 22.b4 mit einem klaren positionellen Vorteil auf der Seite von Weiß, Vach-Michalko, Piestany 2004.

B) 6...♕f5 7.♗d3 ♕e6+

(7...♕f6 8.♘c3 ♗b4 9.0-0 ♗xc3 10.bxc3±)

8.♔f2 ♕f6 9.♖e1+ ♗e7 10.♘c3 ♘h6 11.♘d5 ♕d6 12.♗xf4 ♕d7 13.♘xc7+ ♔f8 14.♘xa8+-, Seagull-Rudik, playchess.com 2004

C) 6...♗b4+ 7.♘c3

(Die Variante 7.♗d2 ♕e4+ 8.♕e2 ♗f5 9.d5 ♗xd2+ 10.♘bxd2 ♕xe2+

11.♗xe2 ♘b4 12.♘d4 ♘d3+ 13.♗xd3 ♗xd3 14.0-0-0 0-0-0 15.♖he1 ♘f6 16.♖e7 ♖d7 17.♖xd7 ♔xd7 18.♘2f3 ♗g6 19.♘e5+ ♔d6 20.♘df3 ♖e8 ist günstig für Schwarz, Schoetzig–Leisebein, FPart 1985.)

7...♕a5 8.♗xf4 ♗g4

(Die Folge nach 8...♗xc3+ 9.bxc3 ♕xc3+ 10.♗d2 ♕a3 11.d5 ♘b4 12.♖b1 a5 schätzt Bangijew als vorteilhaft für Weiß ein.)

9.♗e2 0-0-0

(9...♗xf3 10.♗xf3 ♗xc3+ 11.bxc3 ♕xc3+ 12.♔f2 0-0-0 13.♗xc6 bxc6 14.♕g4+ ♔b8 15.♖hd1 ♘f6 16.♕xg7 ♘h5 17.♗xc7+ ♔xc7 18.♕e5+ ♔b7 19.♖ab1+ 1-0, Aritzsch–Leisebein, FPart 2000)

10.d5 ♗xf3 11.♗xf3 ♗xc3+ 12.bxc3 ♕xc3+ 13.♔f2 ♕d4+ 14.♕xd4 ♘xd4 15.♗e5 ♘f5 16.♗g4 ♘ge7 17.♗xg7 ♖hg8 18.♗xf5+ ♘xf5 19.♗e5 und laut Bangijew sind die weißen Aussichten vorzuziehen, denn der Läufer ist in Stellungen dieser Art stärker als der Springer.

6...♗g4

– Nach 6...♗d6 7.♕e2+ ♘ge7 8.♘c3 (8.c4!?) 8...♕e6 9.♕xe6 ♗xe6 10.♗xd6 cxd6 11.0-0-0 d5 12.♗b5 0-0 13.♖he1 verfügt Weiß über einen positionellen Vorteil, denn Schwarz hat einen schwachen Bauern auf d5 und der ♗e6 ist ein arg passiver Vertreter seiner Art, Dolezal–Kolar, Klatovy 2002.

– Oder 6...♕e4+ 7.♕e2 ♕xe2+

(7...♘f6? 8.♕xe4+ ♘xe4 9.♗xc7 ♗d6 10.♗xd6 ♘xd6 11.♘c3 0-0 12.0-0-0 ♗f5 13.d5 ♘b4 14.♘h4 ♗d7 15.a3 ♘a6 16.♗xa6 bxa6 17.♖he1 ♘c4 18.♖e7±, Kuiper–Townsend, FPart 1998)

8.♗xe2 ♗d6 9.♗xd6 cxd6 10.♘c3 ♗g4 11.0-0-0 mit besserer Stellung für Weiß.

7.♘c3

In einer Partie Kamsky–Mamedyarow, playchess.com INT 2006, spielte Weiß hier ganz bescheiden 7.♗e2 mit der Folge 7... 0-0-0

(7...♗d6 8.♘c3 ♕h5 9.♗xd6 cxd6 10.0-0 ♘ge7 11.♕d2 0-0 12.♖ae1±)

8.c3 ♗d6 9.♗xd6 ♕xd6 10.0-0 ♘f6 11.♘bd2 ♘d5 12.♘c4 ♕h6 13.♘fe5 ♗xe2 14.♕xe2 ♘xe5 15.♘xe5 ♖he8 16.♕g4+

(16.♖xf7 war natürlich möglich.)

16...♔b8 17.♘xf7 ♕e3+ 18.♔h1 ♖c8 19.♘e5 ♕d2 20.♕f3 ♘f6 21.♖f2 ♕h6 22.♖e1 mit einfachem Gewinn.

7...♗b4

Die Variante nach 7...♕e6+ 8.♕e2 ♕xe2+ 9.♗xe2 ♗xf3 10.♗xf3 ♘xd4 11.♗xb7 ♖b8 12.0-0-0 ♖xb7 13.♖xd4 ist nicht ratsam für Schwarz.

8.♗e2 0-0-0 9.0-0 ♕d7

9...♕a5 10.♘g5 ♗xe2 11.♘xe2 ♘h6 12.c3 ♗e7 13.♘e4 ist günstig für Weiß.

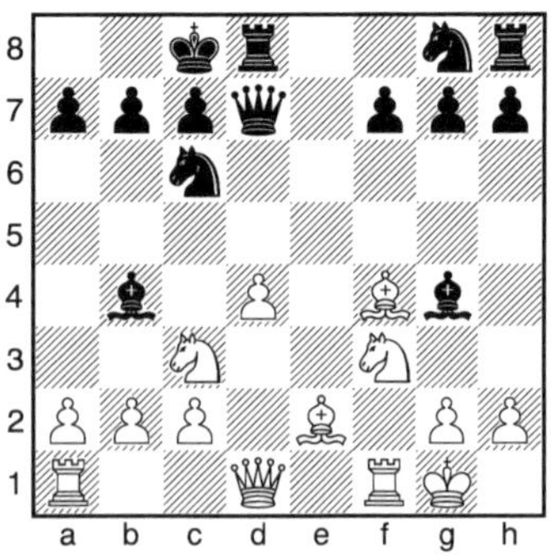

10.♘b5!?

Dies ist die kritische Stellung in dieser scharfen Variante! Wir empfehlen hier genau diese Fortsetzung, die bis heute noch nicht exakt untersucht und in der Praxis ausprobiert worden ist. Eine Empfehlung von Gallagher ist 10.d5!? ♗xc3 (10...♗xf3 11.♗xf3±) 11.dxc6 ♕xc6

(11...♕xd1 12.♖axd1 ♗f6 13.cxb7+ ♔xb7 14.♖xd8 ♗xd8 15.♗c4±)

12.♘e5 ♗xe2

(12...♕b6+ 13.♔h1 ♗xe2 14.♕xe2 ♗xe5 15.♕g4+ ♕e6 16.♕xe6+ fxe6 17.♗xe5 ♘f6 18.♖xf6 gxf6 19.♗xf6 ♖hf8 20.♗xd8 ♖xd8 21.♖f1 ♖d2 mit unklarem Turmendspiel.)

13.♘xc6

A) 13...♗xd1 14.♘xa7+ ♔b8 15.♘b5 ♗e2

(Uns gefällt 15...♗a5!? besser.)

16.♗xc7+ ♔c8 17.♘xc3 ♗xf1 18.♗xd8 ♗xg2 19.♔xg2 ♔xd8 20.♖d1+ ♔c8 21.♘d5±

B) 13...♖xd1 14.♘xa7+ ♔b8 15.♖fxd1 ♔xa7 (15...♗xd1 16.♘b5 ♗xc2 17.bxc3±) 16.♖d8±

10...♗a5

Hier ein Blick auf zwei Alternativen:

– 10...♗xf3 11.♗xf3 ♘xd4 12.♘xd4 ♕xd4+ 13.♕xd4 ♖xd4 14.♗e5 ♗c5 15.♗xd4 ♗xd4+ 16.♔h1 ♘f6 17.c3+–

– 10...a6 11.♘xc7 ♗xf3 12.♗xf3 ♕xd4+

(12...♘xd4 13.♗g4 f5 14.c3 fxg4 15.cxd4 ♗d6 16.♖c1 ♗xf4 17.♖xf4 ♔b8 18.♕b3 ♕d6 19.♘e6±)

13.♕xd4 ♘xd4

(13...♖xd4 14.♗xc6 ♗c5 15.♔h1 bxc6 16.♗e5+–)

14.♗g4+ f5 15.c3 fxg4 16.cxd4 ♘e7

(16...♖xd4 17.♖ac1 ♔d7 18.♗e5+–)

17.a3 ♗a5 18.♘e6 ♖d5 19.♖ac1+ ♘c6 20.♖c5 ♖xc5 21.dxc5 mit weißem Endspielvorteil.

11.c3 a6 12.a4!

Solche Züge sind typisch für das Königsgambit! Natürlich kann man auch 12.♘a3!? mit dem Plan b2–b4, ♘a3–c4 usw. spielen.

12...♗b6

Nach 12...axb5 13.axb5 ♗b6 14.bxc6 bxc6 15.♕a4 bzw. 14...♕xc6 15.♘e5 gewinnt Weiß.

13.a5 ♘xa5

Keine Rettung für Schwarz bringt 13...♗xa5 14.♘e5 ♘xe5 15.♗xe5 ♗xe2 16.♕xe2 f6 17.♖xa5 fxe5 18.♘xc7! exd4

(18...♔xc7 19.♕xe5+ ♕d6 20.♕xg7+ ♘e7 21.♖e5 ♖he8 22.♖f6 ♕d7 23.♖f7+–)

19.♘xa6! bxa6 (19...♘e7 20.♘c5+–) 20.♕xa6+ ♕b7 21.♖c5+ ♔b8 22.♖b5 mit Damenfang.

14.♖xa5 ♗xa5 15.♘a7+ ♔b8 16.♘e5 ♕d5 17.♘ac6+! bxc6 18.♗xg4

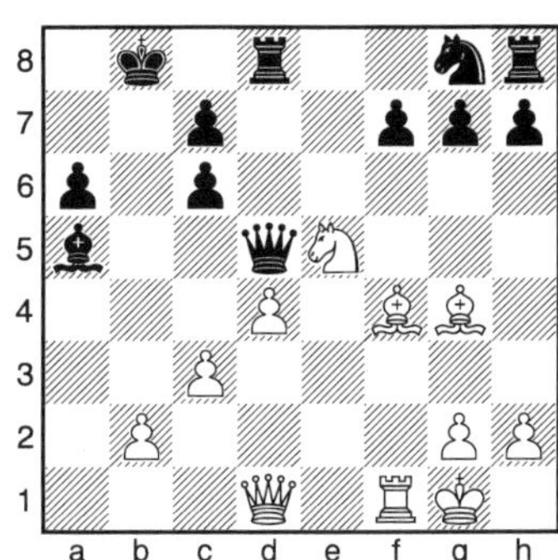

Weiß hat für die geopferte Qualität eine starke Initiative erlangt; z.B. **18...♘e7 19.♘xf7 ♗b6**

Oder 19...♕xf7 20.♗xc7+ ♗xc7 21.♖xf7+–.

20.♘xh8 ♖xh8 21.♕e2 ♘g6 22.♗g3 ♕b5 23.♕e4 mit weißem Übergewicht.

Zusammenfassung: Nach den Zügen 1.e4 e5 2.f4 exf4 3.♘f3 ♘c6 4.d4

(4.♘c3 analysieren wir kurz in der **Partie Nr.53** und zeigen dabei, dass in dieser Folge Schwarz gute Verteidigungschancen hat.)

4...d5 5.exd5 ♕xd5 stehen Weiß drei Fortsetzungen zur Verfügung: 6.♘c3, 6.c4 und 6.♗xf4!. Wir empfehlen den Läuferzug und danach die interessante Idee 10.♘b5!?. In dieser Variante sehen wir für Weiß gute Aussichten auf Vorteil.

Kapitel 17
Fortsetzung 4.♗c4

1.e4 e5 2.f4 exf4 3.♘f3 g5 4.♗c4

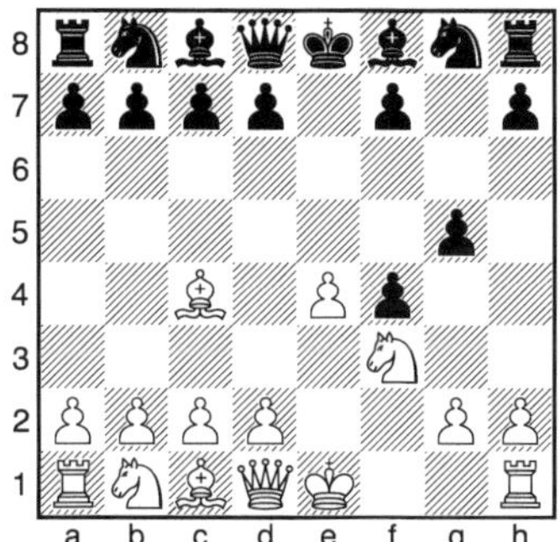

Damit entsteht das Polerio-Gambit auf dem Brett. Wie wir schon in der Einführung geschrieben haben, ist in der Stellung nach 3...g5 die Fortsetzung mit 4.h4 logisch und besonders aktiv. Sie führt zur Hauptvariante. Der Läuferzug ist zugleich sehr scharf und unklar, deshalb wird er heutzutage nur selten gespielt. Wir wollen aber zeigen, dass Weiß auch mit dieser Waffe schöne Erfolge erringen kann.

In der Diagrammstellung stehen Schwarz speziell zwei Möglichkeiten zur Verfügung:

Abspiel 1 – 4...g4

Abspiel 2 – 4...♗g7

Andere Fortsetzungen sind in der Praxis nur selten anzutreffen.

I. 4...d6 5.h4

A) 5...g4 6.♘g5 ♘h6 7.0-0 ♗e7 8.d4 ♗xg5 9.hxg5 ♕xg5 10.♗xf4 ♕g6 11.♘c3 ♗e6 12.d5 ♗d7 13.♕d2 ♘g8 14.e5 ♘e7 15.exd6 cxd6 16.♖ae1 und Schwarz hat große Probleme.

B) 5...h6 6.hxg5 ♗g7 7.gxh6 ♖xh6 8.♖xh6 ♘xh6 9.d4 ♗g4 10.c3 (10.♗xf4!? ♘c6 11.c3±) 10...♘c6 11.♗xf4 ♕f6 12.♕d2 ♕g6 13.♕d3 0-0-0 14.♘bd2 d5 15.♗b5

(15.exd5!? ♕xd3 16.♗xd3 ♖xd5 17.♔f2 ist auch günstig für Weiß.)

15...dxe4 16.♕xe4 ♕xe4+ 17.♘xe4 ♖e8 18.♗xc6 bxc6 19.♘e5 ♗f5 20.♘g3 f6 21.♗xh6 ♗xh6 22.♘xf5 ♗g5 23.♔f2 und das Endspiel ist für Weiß gewonnen, Luco-Crouan, Frankreich 1999.

C) 5...♗g4 6.hxg5 ♗xf3 7.♕xf3 ♕xg5 8.d4 ♕g3+ 9.♕x g3 fxg3 10.♖f1

(10.0-0!? ist auch nicht schlecht.)

10...f6 11.♘c3 c6 12.♗f4 ♘d7 13.♗xg3 0-0-0 14.0-0-0

Das Läuferpaar und die schwarze Bauernschwäche auf f6 lassen uns der weißen Stellung den Vorzug geben, Fachri-Simon, Neumünster 2005.

D) 5...gxh4 6.♖xh4 ♘f6 7.♘c3 ♖g8 8.♕e2 ♗g4 9.d4 ♘c6 10.♗b5 a6 11.♗xc6+ bxc6 12.♗d2 ♘h5 13.♖h2 ♕c8 14.0-0-0 a5 15.♕c4 ♕a6 16.♕a4 ♖b8 17.d5 und Weiß steht besser, Zwjagintsew-Najer, Ulan Ude 2009.

II. 4...♘c6 5.0-0

(Sehr unklar entwickelt sich das Spiel nach 5.d4.)

A) 5...g4 6.d4

Weiß opfert seinen Springer für den Angriff.

6...gxf3 (6...♗h6 7.♘e5!↑) 7.♕xf3

A1) 7...♕e7 8.♕xf4 ♘xd4 9.♗xf7+ ♔d8 10.♘c3 c6

(10...♘xc2? 11.♘d5 ♕c5+ 12.♖f2 ♘xa1 13.♗e3 ♕d6 14.e5 ♕h6 15.♕c4 1-0, Grott–Kruse, DESC FPart 1999)

11.♕g3 und Schwarz steht vor Problemen bei der weiteren Entwicklung seiner Kräfte.

A2) 7...♘xd4 8.♗xf7+ ♔xf7 9.♕h5+ ♔g7 10.♕g4+ ♔f7 11.♗xf4 ♘f6 12.♗e5 ♗c5

(12...h5 13.♕g5 ♘e2+ 14.♔h1 ♖h6 15.♘d2+–)

13.♕h5+ ♔g7 14.♕g5+ 1-0, C. Müller–Faas, Binz 1995

A3) 7...♗h6!? 8.♗xf7+ ♔xf7 9.♗xf4 ♗xf4 10.♕xf4+ ♔g6 11.♕f5+ ♔h6 12.♕h3+ mit Dauerschach.

B) 5...♗g7 6.d4 g4

(Auf 6...d6 bzw. 6...h6 sollte Weiß am besten 7.c3 spielen, zur Vorbereitung von g2–g3 und der Öffnung der f-Linie.)

7.♘e5 ♘xe5

(7...♗xe5 8.dxe5 ♘xe5 9.♗xf4 ♘xc4 10.♕d4 ♕f6 11.♕xc4+–)

8.dxe5 ♗xe5 9.♗xf4 ♗xf4 10.♖xf4 ♘h6 11.♕d4 ♖f8 12.♕e5+ ♕e7 13.♕xc7 und Schwarz kann schon zu diesem frühen Zeitpunkt aufgeben, Paul–Norris, FPart 2000.

Abspiel 1
Fortsetzung 4...g4

1.e4 e5 2.f4 exf4 3.♘f3 g5 4.♗c4 g4 5.0-0!?

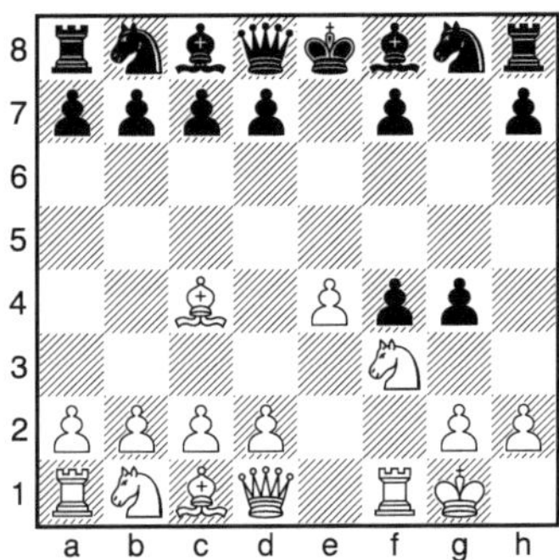

Dieses Springeropfer, das schon im 16. und 17. Jahrhundert von dem italienischen Meister Polerio untersucht wurde, eröffnet Weiß die besten Chancen auf Königsangriff.

5...gxf3

Es gibt keinen Ausweg. Der Zwischenzug 5...d5, mit dem Schwarz einen Bauern im Interesse einer schnellen Entwicklung hergibt, behindert die weiße Offensive nicht. Nach 6.exd5 möchte Weiß einen Angriff auf der e-Linie starten.

(6.♗xd5 führt zu erheblich anderen Stellungsbildern.)

6...gxf3 7.♕xf3 ♗d6 und nun gabeln sich die Möglichkeiten in zwei starke Wege:

A) 8.d3 ♘e7

(8...♕h4 9.♘c3 ♘e7 10.♘b5 0-0 11.♘xd6 cxd6 12.♗xf4 ♘f5 13.♖ae1 ♘d7 14.c3 ♔h8 15.d4 b6 16.♗d3 ♘g7 17.♗xd6 ♖e8 18.♗g3 ♕g5

19.♖xe8+ ♘xe8 20.♕xf7 ♕g8 21.♕e7 ♘g7 22.♖f7+–, Stock–Moeckel FPart 1999)

9.♗xf4 ♗xf4 10.♕xf4 0-0 11.♘c3 ♘g6

A1) 12.♕h6 ♕h4

(12...♘d7 13.d6 ♘de5 14.♘e4 ♕h4 15.♕xh4 ♘xh4 16.dxc7 ♘xc4 17.dxc4 und Weiß erreichte in einer Fernpartie 1998, Oortwijn–Stock, gute praktische Chancen.)

13.♕xh4 ♘xh4 14.♖ae1 ♘f5 15.♘b5 ♘a6 16.♖e5 und Weiß steht aktiv und besitzt für die geopferte Figur eine anhaltende Initiative, Sakai–Lowry, FPart 2001.

A2) 12.♕g3 ♘d7 und nun hätte Weiß in der Partie Schlechter–Marco, Wien 1903, 13.♖ae1 ziehen sollen, mit guten Perspektiven für das weitere Spiel.

B) 8.d4

B1) 8...♕f6 9.♕e4+ ♘e7

(Die Antwort 9...♕e7 haben wir in der **Partie Nr. 59:** Reti–Flamberg, Opatija 1912, analysiert.)

10.♗xf4 ♗xf4

(10...♗f5 11.♗xd6 cxd6 12.♘c3 ♕g6 13.♕h4 ♖g8 14.♖f2 ♕g5 15.♕xg5 ♖xg5 16.♖e1 ♔d7 17.♗d3! ♘a6 18.♗xf5+ ♖xf5 19.♖xe7+ ♔xe7 20.♖xf5 ♘b4 21.♖f2 und das Endspiel ist für Weiß gewonnen, Bangijew–Schewlakow, FPart 1985.)

11.♖xf4 ♗f5 12.♘c3 ♘d7

(12...♗xe4 13.♖xf6 ♗g6 14.♘b5 ♔d8 15.d6±)

13.♕f3 0-0-0 14.♗d3 ♕b6 15.♗xf5 ♘xf5 16.♖xf5 ♕xb2 17.♖e1 ♕xc2 18.♖xf7 und Weiß hat im Endspiel schließlich den vollen Punkt eingefahren, Reti–Leonhardt, Opatija 1912.

B2) 8...♘e7 9.♗xf4 ♗xf4 10.♕xf4 0-0 11.♘c3 ♘g6 12.♕h6!?

(12.♕e3 ♔g7 13.♖ae1 ♘d7 14.♘e4 f5 15.♘g3 ♘f6!? 16.♘xf5+ ♗xf5 17.♖xf5 ♕d6 18.h3 ♖ae8 19.♖e5 ♘xd5!–+, Reti–Aurbach, Abazzia 1912 – 20.♕g5 ♖xe5 21.♖xe5 ♘b6 22.♗b3 ♕xd4+ 23.♖e3 ♖f4 24.♕g3 ♖e4.)

12...♕h4

(12...♘d7 13.♘e4 ♕h4 14.♕xh4 ♘xh4 15.d6 ♘b6 16.♗b3 cxd6 17.♘xd6 ♗e6 18.g3 ♘g6 19.♘xb7 mit drei Bauern für die Figur.)

13.♕e3 ♘d7 14.♖ae1 ♘b6 15.♗b3 a5 16.a3 ♗d7 17.♘e4 f5 18.♘c5 ♖ae8 19.♕c3 ♖xe1 20.♖xe1 ♔h8 21.♘e6 ♗xe6 22.dxe6 mit sehr kompliziertem Spiel. Der Freibauer auf e6 sollte eine ausreichende Kompensation für die geopferte Figur sein.

6.♕xf3

Diese Zugfolge wird als Muzio-Gambit bezeichnet.

6...♕f6

Heutzutage ist dies die Hauptvariante. Der Damezug deckt nicht nur den ♙f4, sondern droht zugleich mit 7...♕d4+ den ♗c4 vom Brett zu kicken.

Andere Möglichkeiten sind:

I. 6...♕e7 7.d4

(7.♕xf4 ♕c5+ 8.♖f2 ist wahrscheinlich auch spielbar.)

7...♘c6 8.♘c3 ♘xd4

(8...♘e5 9.♕xf4 ♘xc4 10.♘d5 ♗h6

11.♕f3 ♕f8 12.♗xh6 ♘xh6 13.♘xc7+ ♔d8 14.♘xa8 ♕g7 15.♕c3 b5 16.b3 ♗b7 17.bxc4 ♗xa8 18.cxb5 ♗xe4 19.g3 ♖g8 20.♖ae1 d5 21.♕a5+ ♔c8 22.♕xa7 1-0, Schenning-Sakellarakis, FPart 1999)

9.♕d3 ♘e6

(9...♘xc2 10.♘d5 ♕c5+ 11.♔h1 ♘xa1 12.♗xf4 mit starkem Angriff.)

10.♘d5 ♕c5+ 11.♔h1 b5 (11...♗h6 12.♗d2 ♕f8 13.♖ad1 d6 14.♗c3 f6 15.e5! fxe5 16.♗xe5! dxe5 17.♘xc7+ ♔f7 18.♕f5+ 1-0, Jefremow-Podsypanin, FPart 1949) 12.♗b3

A) 12...♗g7 13.♗xf4 ♘e7

(– 13...♘xf4 14.♘xf4 ♘h6 15.♖ad1 und die weiße Initiative wiegt die geopferte Figur auf, Meissen-Sakellarakis, FPart 2002.

– 13...♗xb2 14.♖ab1 ♘xf4 15.♘xf4 ♗e5 16.♕h3 ♗xf4 17.♖xf4 f6 18.e5! ♕xe5 19.♕g3+-, Hebels-Sakellarakis, FPart 1999)

14.♘xc7+ ♘xc7 15.♗d6 ♕g5 16.♖xf7 ♗f6 17.♗xc7 d5 18.♖xe7+! ♔xe7 (18...♗xe7 19.♗xd5+-) 19.e5 ♗e6 20.exf6+ ♔f7 21.♕xb5 und auch hier steht Weiß auf Gewinn, Schüler-Sakellarakis, FPart 1999.

B) 12...♗b7 13.♘xf4 0-0-0 14.♗e3 ♘xf4 15.♖xf4 ♕e5 16.♖af1 ♗d6 17.♗d4 ♕g5 18.♖f5 ♕h4 19.e5 ♗e7 20.♗g1 ♘h6 21.♖5f4 ♕g5 22.♗d5 c6 23.♗e4 d5 24.exd6 ♖xd6 25.♕h3+ ♔c7 26.♕c3 ♖a8 27.h4 ♕g8 28.a4 mit starkem Königsangriff, Sakai-Gandolfo, FPart 2001.

II. 6...♗h6 7.d4

A) 7...♕f6 8.e5 ♕f5 9.♘c3!

(Der Springerzug ist energischer als 9.♗xf4.)

9...♘c6 (9...c6 10.♘e4+-) 10.♘d5 ♔d8 11.♕a3 ♘xd4 (11...♘ge7 12.♗xf4!) 12.♗xf4 ♕e6 13.♕c5 ♘c6 14.♘xc7 ♕e7 15.♕d6 ♗xf4 16.♖xf4 ♘xe5 17.♘e6+! ♔e8

(17...fxe6 18.♖f8+ ♕xf8 19.♕xf8+ ♔c7 20.♗d3+-)

18.♕xe5 und die Zeichen stehen auf Sieg.

B) 7...♕h4 8.♘c3 ♘c6 9.♘d5 ♔d8 10.c3 d6 11.♘xf4 ♘ge7 12.g3 ♕g4 13.♕g2 ♗d7 14.h3 ♕g8 15.♘h5 ♗xc1 16.♖axc1 ♕g5 17.g4 ♘g6 18.♖ce1 ♖f8 19.♕g3 ♕h4 20.♕xh4+ ♘xh4 21.♘f6 ♘g6 22.♘xh7 und Weiß führte die Partie zum Sieg, Nakamura-Andreikin, Moskau 2010.

III. 6...♗c5+ 7.♔h1 ♕f6 8.c3 d6 9.d4 ♗b6 10.♗xf4

A) 10...♘e7 11.♘d2

(In Frage kommt auch 11.♕e3!? mit der Drohung ♗f4-g5.)

11...♖g8? (□11...♕g7) 12.e5 dxe5 13.♘e4 ♕xf4 14.♕d3 ♕h6 15.♘f6+ (15.♗xf7+!?) 15...♔f8 16.♘xg8 ♔xg8 17.♖xf7 und Weiß gewann, Stock-Keelan, ICCF FPart 1998.

B) 10...♘c6 11.♘d2 ♘ge7

(Auf 11...♗d7 folgt stark 12.e5! mit kräftiger Initiative.)

12.♕g3 ♕g6 13.♗xd6! ♗e6

(13...♕xg3 14.♗xf7+ ♔d8 15.♗xg3 mit voller Kompensation für die Figur.)

14.♗xc7 ♗xc7 15.♕xc7 und Schwarz steht mit seinem nicht rochierten König sehr schlecht, Schenning-Cullura, ICCF FPart 1998.

IV. 6...d5 7.exd5 ♗d6

(Auf 7...♘f6 ist 8.d4! gut.)

8.d3 ♕g5 9.♘c3 ♗g4 10.♕e4+

A) 10...♔d8 11.♗xf4 ♗xf4 12.♖xf4 f5 13.♕d4 ♕f6 14.♕f2!

(Es geht vielleicht auch 14.♕xf6+ ♘xf6 15.h3 ♗h5 16.♖xf5 ♘bd7 17.♖af1 und Weiß hat für die Figur drei Bauern sowie die Initiative.)

14...♕b6 15.♕xb6 axb6 16.d6 cxd6 17.h3 ♗h5 18.♖xf5 ♗g6 19.♖f8+ ♔e7 20.♖af1+–

B) 10...♕e7 11.♗xf4 ♕xe4 12.♘xe4 ♗xf4 13.♖xf4 ♗h5 14.♖e1 und dem schwarzen König hilft auch keine Sturmversicherung mehr, Weiß wird gewinnen.

V. 6...♘c6 7.♕xf4 ♕e7

(Oder 7...f6 8.♘c3 ♕e7 9.♗xg8 ♖xg8 10.♘d5 ♕c5+ 11.♔h1 ♗d6 12.♕h4 ♗e5 13.c3 mit gefährlicher weißer Initiative.)

8.♗xf7+ ♔d8 9.♘c3

A) 9...♗g7 10.♘d5 ♕e5 11.♕h4+ ♘ge7 12.d4! ♕xd4+

(12...♘xd4 13.♘xe7 ♕xe7 14.♗g5+–)

13.♔h1 d6 14.c3 ♕e5 15.♗f4 ♕xe4 16.♖ae1+–

B) 9...♕e5 10.♕xe5 ♘xe5 11.d4 ♘xf7 12.♖xf7 ♔e8 13.♖xf8+! ♔xf8 14.♘d5 c6

(14...d6 15.♘xc7 ♖b8 16.♗f4 ♔e7 17.♘b5+–)

15.♘c7 ♖b8 16.♗f4 ♘f6 17.♖f1 ♔e7 18.♗g5 ♖f8 19.e5 ♔d8 20.♖xf6 ♖xf6 21.exf6 und Weiß gewinnt, Analyse von Schallopp und Suhle.

7.e5!

Nur mit diesem zusätzlichen Bauernopfer kann Weiß um Vorteil kämpfen. Die Idee dieses Zuges liegt darin, die schwarze Dame ins Freie zu locken, um sie dann mit allen Kräften anzugreifen.

Nach 7.c3 kann Schwarz 7...d6 oder 7...♘c6 spielen, mit guten Perspektiven.

7...♕xe5

Es gibt keinen Ausweg. Nach 7...♕b6+ 8.♔h1 ♗h6 9.d3 ♘e7 10.♗xf4 ♖f8 11.♘c3 ♗xf4 12.♕xf4 ♕g6 entscheidet die weiße Initiative; z.B. 13.d4 (13.♖f3!?) 13...♕g7 14.♖ae1 ♘bc6 15.♘b5 ♖b8 16.e6! fxe6

(16...dxe6 17.♕xc7 ♖g8 18.♘d6+ ♔f8 19.♖xf7+ ♕xf7 20.♘xf7 ♔xf7 21.d5+–)

17.♕xc7 und Weiß bringt den gegnerischen König zur Strecke, Wan Yunguo–Bai, Kuala Lumpur 2011.

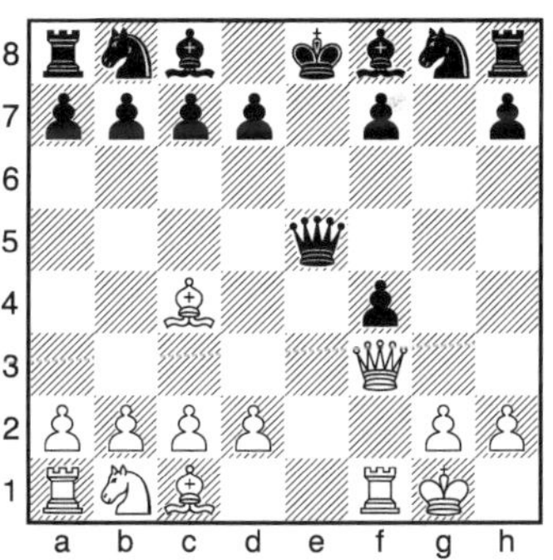

In der Diagrammstellung hat Weiß zwei Möglichkeiten:

Abspiel 1A – 8.d3

Abspiel 1B – 8.♗xf7+!?

Abspiel 1A
die Fortsetzung 8.d3

1.e4 e5 2.f4 exf4 3.♘f3 g5 4.♗c4 g4 5.0-0!? gxf3 6.♕xf3 ♕f6 7.e5! ♕xe5 8.d3

Eine klassische und solide Fortsetzung.

8...♗h6

Den ♙f4 muss man so lange schützen, wie es geht.

8...♘c6 9.♗xf4 ♕g7

(9...♕xb2 10.♗xf7+! ♔d8 11.♗g5+ ♘ge7 12.♗f6 ♘e5 13.♕h5 d6 14.♘d2 ♕xc2 15.♗xe5 dxe5 16.♕xe5 ♕xd2 17.♕d4+ ♗d7 18.♗e6+–)

10.♘c3 d6

(Nach 10...♘ge7 11.♗xc7 d5 12.♘xd5 ♘xd5 13.♗xd5 ♔d7 14.♕e3 ♔xc7 15.♖xf7+ ♕xf7 16.♗xf7 ♗d6 17.♖f1 ist Weiß wegen der offenen schwarzen Königsstellung im Vorteil.)

11.♖ae1+ ♔d8 12.♗xf7 und Weiß hat ausreichend Kompensation für die Figur.

9.♘c3 ♘e7

Auf 9...♘c6 sollte Weiß ebenfalls den Läufer mittels 10.♗d2 (10.♗xf4∞) entwickeln, verbunden mit der Drohung ♖a1-e1; z.B. 10...♘d4 11.♕f2 ♘e6 12.♖ae1 ♕g5 13.♘d5 ♔d8 14.♖xe6! dxe6 (14...fxe6 15.♗xf4+–) 15.♗xf4 ♕g7, Kaulich–Friedrich, Oberhof 2011. Und nun sollte Weiß 16.♗xc7+! spielen; z.B. 16...♔e8 17.♖e1 f6 18.♗d6 und der Angriff entscheidet die Partie zu seinen Gunsten.

10.♗d2 ♘bc6

Auf 10...0-0 bzw. 10...c6 sollte Weiß ebenfalls 11.♖ae1 spielen.

11.♖ae1 ♕f5

Die beste Antwort für Schwarz.

– 11...♕d4+ 12.♔h1 ♖g8

(12...♘e5 13.♖xe5! ♕xe5 14.♖e1→)

13.♘d5 ♔d8 14.♗c3 ♕c5 15.♖xe7! ♘xe7 16.♗b4 ♕xb4

(16...♕c6 17.♗xe7+ ♔e8 18.♖e1+–)

17.♘xb4 c6 18.♕h5 ♗f8 19.♗xf7 ♖h8 20.♕e5 ♖g8 21.♗xg8 ♘g6 (21...♘xg8 22.♕h8+–) 22.♕h5 ♗xb4 23.♗xh7 ♘f8 24.♖xf4 ♗d6 25.♖d4 ♔c7 26.♗f5 ♗e5 27.♖e4 d6 28.d4 und in der Partie Reti–Chalupetzky, Budapest 1911, gewann Weiß rasch.

– Oder 11...♕c5+ 12.♔h1 0-0 13.♗xf4 ♗g7 14.♗e3 ♕a5 15.♗d2 ♕c5 16.♘e4 mit starker weißer Initiative.

12.♘d5 ♔d8 13.♕e2

Heutzutage wissen wir, dass dieser Zug die beste Wahl ist. In der Vergangenheit galt hier 13.♗c3 als besser. Diese Idee stellen wir in der **Partie Nr. 60:** Tschigorin–Dawidow, St. Petersburg 1874, vor.

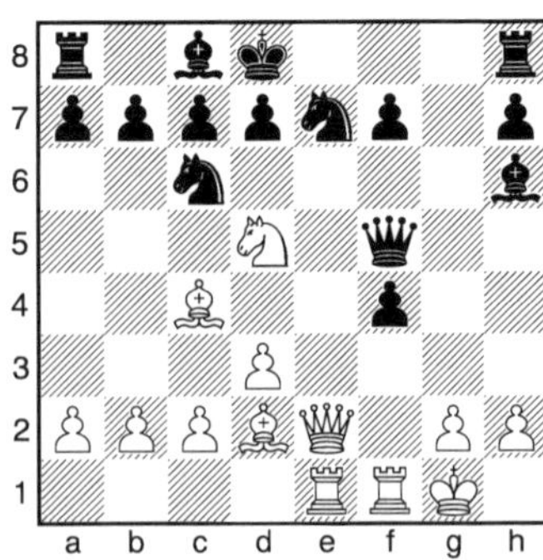

In dieser kritischen Stellung muss Schwarz genau spielen, um nicht in schwieriges Fahrwasser zu geraten.

13...♕e6!

Das ist die sicherste Antwort.

Andere Züge sind schwächer:

I. 13...♘xd5 14.♗xd5 ♕xd5

(14...♗g5? 15.♗xc6 dxc6 16.♖xf4! ♕c5+ 17.♗e3 ♕e7 18.♖d4+ ♗d7 19.♗xg5 ♕xg5 20.h4 ♕f5 21.♕e7+ ♔c8 22.♖e5+–, Braakhuis–Alvarez Villar, IECG FPart 1997)

15.♗c3 ♕c5+ 16.♔h1 d5 17.♗f6+ ♔d7 18.♗xh8 ♕f8 und wegen der unsicheren Stellung des schwarzen Königs im Zentrum steht Weiß etwas besser, Batik–Keler, FPart 1908.

II. 13...b5 14.♗xf4 ♗xf4

(14...bxc4 15.♗xc7+ ♔e8 16.♖xf5+–)

15.♖xf4 ♕g5 16.♖g4 ♕f5 17.♖e4 ♖e8 18.♕e3 d6 19.♘xe7 ♘xe7 20.♖xe7 ♗e6 21.♗xe6 fxe6 22.♖g7 und Weiß kann schon mal den Sekt kalt stellen, denn die Stellung ist für ihn gewonnen.

III. 13...♖e8 14.♗xf4 ♗xf4 15.♖xf4 ♕g6 16.♖e4 ♕d6 17.♕h5 f6 18.♕h4 f5 19.♖4e2 und Weiß steht vor einem schönen Angriffssieg, Stock–Mayer, FPart 1997.

14.♕f2

Der einzige taugliche Versuch von Weiß.

Andere Züge bringen nichts ein:

I. 14.♘xe7 ♕xe7 15.♗c3

(Nichts verspricht 15.♕h5 ♕g5 16.♗c3 ♖g8! usw.)

15...♖g8 16.♕h5 ♕g5 17.♖f2 ♖f8!

Nach diesem Zug ist nicht zu sehen, wie Weiß sein Spiel verstärken könnte.

18.♖fe2 d5 19.♕xg5+ ♗xg5 20.♗xd5 ♗e6 21.♗xe6 fxe6 22.♖xe6 ♔d7 23.d4 ♖ae8–+, Roberts–Sveinsson, IECC FPart 2004

II. 14.♗c3 ♕xe2 15.♖xe2 ♖g8 16.♘xf4

(16.h4 ♗g7 17.♖xf4 ♘xd5 18.♗xd5 ♗xc3 19.bxc3 ♖f8 20.♖xf7 ♖xf7 21.♗xf7 ♘e7 und Schwarz behält eine Mehrfigur, De Baan–Schueler, FPart 2000.)

16...d6 17.♗xf7 ♖f8 18.♘e6+ ♗xe6 19.♖xe6

(19.♗xe6 ♖xf1+ 20.♔xf1 ♘g6 21.♗f6+ ♘ce7 22.g3 c6 23.♗f5 ♗g7 24.♖e6 ♗xf6 25.♖xd6+ ♔c7 26.♖xf6 ♘xf5 27.♖xf5 ♖f8–+)

19...♘g6 20.♗xg6 hxg6 21.♖xf8+ ♗xf8 22.♖xg6 ♔d7 23.h4 ♘e7 0-1, Stock–Schüler, FPart 2001

III. 14.♕f3 ♕g6 15.♕e2

(15.♗c3 ♖f8 16.♗f6 ♗g5 17.♗xg5 ♕xg5 18.♕xf4 ♕xf4 19.♖xf4 ♘xd5 20.♗xd5 f5 21.♖h4 ♘e7 22.♗b3 ♖h8 23.♖e3 ♘g6 24.♖h6 a5 25.♗f7 f4 26.♖e4 d5 27.♗xd5 ♗f5 28.♖d4 c5 29.♗xb7+ cxd4 30.♗xa8 ♔e7 0-1, Sakellarakis–Schenning, FPart 1999)

15...♖e8 16.♗xf4 ♗xf4 17.♘xf4 ♕g5 18.♗xf7 (18.♕e3 f6!) 18...♖f8 19.♘d5 d6 und es lässt sich kein Vorteil für Weiß nachweisen.

14...♕g6 15.♗xf4

Was kann man Weiß empfehlen? Nach 15.♕e2 ♖e8 16.♗xf4 ♗xf4 17.♘xf4 ♕g7 18.♕h5 ♖f8 nebst d7–d6 und ♗c8–d7 verbleibt Schwarz ein Materialplus.

15...♗xf4 16.♕xf4

16.♘xf4 ♕g7 17.♘h5

(Nach 17.c3 d6 nebst ♗c8-d7 steht Schwarz gut.)

17...♕d4 18.♕xd4 ♘xd4 19.♖xf7 ♘ef5 20.c3 ♘d6 21.cxd4 ♘xf7 22.♗xf7 c6-+

16...♘xd5 17.♗xd5 f6

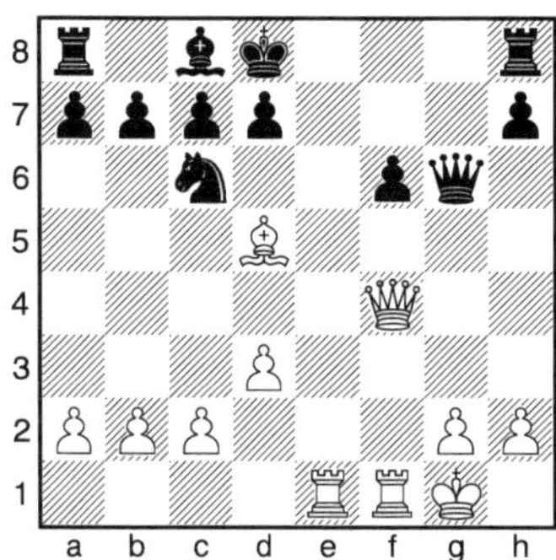

18.♖e3

Schauen wir uns andere Möglichkeiten für Weiß an:

I. 18.♕h4 ♕g5 19.♕e4 ♕g7 20.c3 ♖b8 21.♕h4 ♖f8 22.♖e3 ♘e7 23.♖g3 ♕h8 24.♗b3 b5 25.♖e3 a5 26.♕e1 ♘g6 27.d4 f5 0-1, Bascetta-Sorroche Lupion, SEMI 2002

II. 18.♗xc6 dxc6 19.♕d4+ ♗d7 20.♖xf6 ♕g7 21.♕h4 ♔c8 22.♖ef1 b6 23.♖f7 ♕e5 24.♖e1 ♕d6 25.♖ee7 ♗e6 26.♖xh7 ♖xh7 27.♕xh7 ♔b7 und der schwarze Vorteil ist offensichtlich, Bordukalo-Fuernkranz, IECG FPart 2003.

III. 18.♗e4 ♕f7 19.♕h6 ♕f8 20.♕xf6+ ♕xf6 21.♖xf6 h5 22.♖ef1 d6 23.♖f8+ ♖xf8 24.♖xf8+ ♔e7 25.♖h8 ♘d8 26.♖xh5 ♗e6 und Schwarz hat seine Kräfte konsolidiert. In der Partie Brüning-Lagemann, DESC FPart 2001, gewann Schwarz dann weitgehend ungefährdet.

18...♕g5 19.♕e4 ♕e5 20.♕f3 ♘d4

20...♕xb2?? 21.♖fe1 ♕d4 22.♗f7 ♘e7 23.c3 ♕d6 24.♕g4 c6 25.♕g7 ♖e8 26.♖f3+-

21.♕f2 ♕g5 22.c3 ♖f8 23.♗e4 ♘e6 24.♗xh7 c6 25.d4 d6 26.♗f5 ♘c7 mit besseren Perspektiven für Schwarz. Er muss noch ein paar Probleme überwinden, um die Entwicklung seines Damenflügels zu vollenden, dann aber sollte der Materialvorteil die Partie entscheiden.

Zusammenfassung: Das Polerio-Gambit ist dann gefährlich für Schwarz, wenn er ungenau agiert. Bei korrektem Spiel aber hat er große Chancen auf einen Vorteil. Im Verlauf einer Partie unter Turnierbedingungen kann es allerdings leicht passieren, dass er Weiß mit dem einen oder anderen Fehler eine Freude macht.

Abspiel 1B
Fortsetzung 8.♗xf7+!?

1.e4 e5 2.f4 exf4 3.♘f3 g5 4.♗c4 g4 5.0-0!? gxf3 6.♕xf3 ♕f6 7.e5! ♕xe5 8.♗xf7+!?

Dieses sehr optimistische zweite Figurenopfer gibt Weiß durchaus gute Angriffschancen. Bei genauem schwarzem Spiel aber geht dem Angriff die Puste aus und er führt ins Leere.

8...♔xf7

Auf 8...♔d8 folgt auch 9.d4!.

9.d4

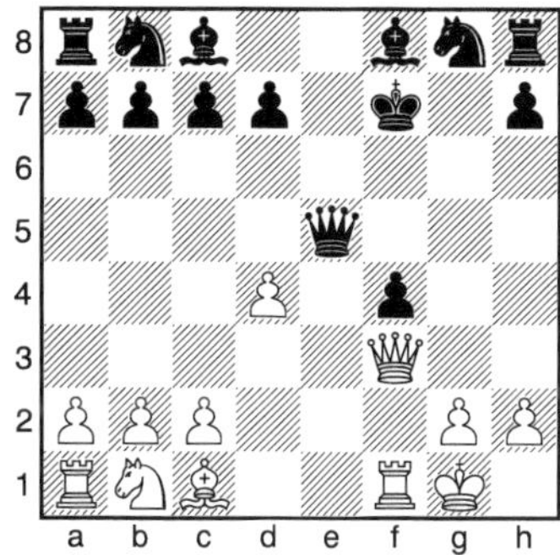

9...♕f5!

Nach jetzigem Beurteilungsstand ist dies wohl stärker als 9...♕xd4+? 10.♗e3 ♕f6, denn nach 11.♘c3! erhält Weiß einen starken Angriff:

A) 11...fxe3 12.♕h5+ ♔g7

(12...♔e6 13.♖ae1! ♕e5 14.♕h3+ ♔d6 15.♖xe3+−)

13.♖xf6 ♘xf6 14.♕g5+ ♔f7 15.♖f1 ♗g7 16.♘d5 e2 17.♖xf6+! 1-0, Kuznetsow–Korjakin, Wolodarski 2007

B) 11...♘e7 12.♘d5 ♕e5 13.♘xe7 ♗xe7 14.♗xf4 ♕f6 15.♗e5 ♕xf3 16.♖xf3+ ♔g6 17.♗xh8 d5 18.♖g3+ ♔h6

(18...♔f7 19.♖f1+ ♔e8 20.♖e3 ♔d8 21.♖f7 ♘c6 22.♖exe7 ♘xe7 23.♗f6 mit vorteilhaftem Endspiel für Weiß.)

19.♖f1 ♘a6 20.♖g8 ♗c5+ 21.♔h1 ♖b8 22.g4 ♗xg4

(22...♗f5 23.♗g7+ ♔g5 24.♖xf5+ ♔xg4 25.♖xb8 ♔xf5 26.♖xb7+−)

23.♖xg4 ♔h5

(23...♖xh8 24.♖f3 ♔h5 25.♖g7 ♔h4 26.♔g2+−)

24.♖g7 ♗d4 25.♖f5+ ♔h6 26.♖g2 1-0, Leisebein–Baer, FPart 1994

10.♗xf4 ♘f6 11.♕e2

Dies ist wahrscheinlich der beste Zug, denn es droht ♗f4–e5.

Andere Züge versprechen Weiß keinen Vorteil:

I. 11.♘c3 d6

A) 12.♕e2 ♕e6

(12...♕g4! 13.♕c4+ ♗e6 14.d5 ♗f5 15.♕xc7+ ♘bd7 und wie sollte Weiß nun weiter angreifen können?)

13.♕d2 ♖g8 14.♗g5 ♘bd7 15.♖ae1 ♕g4 16.h4 h6 17.♗xf6 ♘xf6 18.♘e4 ♗e7 19.♖f4 ♕g6 20.♘xf6 ♗xf6 21.♖ef1 ♗h3 22.♖xf6+ ♕xf6 23.♖xf6+ ♔xf6 24.♕xh6+ ♖g6 25.♕f4+ ♔g7 26.♕e3 ♗xg2 27.h5 ♖g4 28.♕e6 ♖g5 29.♕e7+ ♔h6 30.♔f2 ♗c6 31.♕f6+ ♔xh5 32.♕f7+ ♔h6 33.c4 ♖g2+ 34.♔f1 ♖g7 35.♕f4+ ♔g6 und Schwarz führte die Partie zum Sieg, Sveinsson–Tew, IECC FPart 2004.

B) 12.♖ae1 ♗g7 13.♕e2 ♖e8 14.♗e5, Santini–Lheureux, IECG FPart 2001. Und nun sollte Schwarz 14...♕g6!?

spielen; z.B. 15.♕c4+ ♗e6 16.♕xc7+ ♔g8 17.♗xf6 ♗xf6 18.♕xd6 ♘c6 bzw. 18.♕xb7 ♗xd4+ 19.♔h1 ♘d7–+.

II. 11.♗e5 ♕xf3 12.♖xf3 ♗e7 13.♘c3 d6 14.♗xf6 ♗xf6 15.♖af1 ♘d7 16.♘d5 ♔e8

A) 17.♘xc7+ ♔d8 18.♘xa8 ♗xd4+ 19.♔h1 b6 (19...♗xb2!?) 20.♖f7 ♗b7 21.c3 ♗e5 22.♘xb6 axb6 mit schwarzem Gewinn.

B) 17.♘xf6+ ♘xf6 18.♖xf6 ♖g8 19.♖f7 ♗h3 20.♖xh7 ♗xg2 21.♖e1+ ♔d8 22.♔f2 ♗d5 23.h4 und Weiß hat einige gute Chancen, weil sein Gegner augenblicklich seinen auf a8 verharrenden Turm nicht ins Spiel bringen kann. Der Bauer auf der h–Linie kann gefährlich werden. Diese Stellung muss noch weiter untersucht werden.

11...♗g7

Ein kritischer Moment! Schwarz entwickelt den Läufer und schützt seinen Springer. Eine sehr wichtige Alternative ist hier 11...♕g4!? und wir meinen, dass es Weiß nun schwerfällt, einen auf Angriff ausgerichteten Plan zu finden.

A) 12.♕c4+ d5 13.♕xc7+ ♗e7 14.♗e5 (14.♘c3 ♖g8 15.g3 ♕d7) 14...♘bd7 15.♘c3 ♖g8 16.♖f2 ♕e6 17.♖af1 ♖g6 und in dieser scharfen Position steht Weiß sehr aktiv, aber ein Gewinnweg ist nicht zu sehen. Übrigens hat Schwarz später die zugrunde liegende Partie gewonnen, Sakai-Malmstroem, IECG FPart 2004.

B) 12.♕e3 ♖g8 13.g3 ♘c6 14.♗e5 ♖g6 15.♘c3 d6 16.♗xf6 ♖xf6 17.♘d5 ♖f5 und eine Verstärkung für Weiß ist nicht ersichtlich.

C) 12.♕xg4 ♘xg4 13.♗e5+ ♔g8 14.♗xh8 ♘e3 15.♖f2 ♗h6 16.♗e5 ♘g4 17.♖e2 ♘c6 und wir sehen keinen Vorteil für Weiß.

12.♗e5 ♕e6!?

Der Zug führt im Endeffekt zum Ausgleich, aber hier möchte Schwarz seinem Kontrahenten dahingehend mal auf den Zahn fühlen, ob er imstande ist, die Partie richtig weiter zu führen.

– Schwach ist an dieser Stelle 12...♕xf1+? mit der möglichen Folge 13.♕xf1 d6 14.♕c4+ ♔g6 15.♗xf6 ♗xf6 16.♘c3 ♘c6 17.♖f1 ♖f8 18.♖f4 ♗xd4+ 19.♖xd4 ♘xd4 20.♕xd4 ♗f5 21.♘d5 ♖f7 22.♘xc7 ♖af8 23.♕xd6+ ♖f6 24.♕g3+ ♔h6 25.♘d5 ♖6f7 26.h4 und die schwarze Stellung ist hoffnungslos, De Schepper–McDonald, FPart 1999.

– Aber mindestens ein sicheres Remis hat Schwarz nach 12...♕g6 13.♘c3 d6 14.♗xf6 ♗xf6 15.♘d5 ♗f5 (15...♖e8 16.♕c4!) 16.♘xf6 ♕xf6 17.♕h5+

A) 17...♔e7 18.♖xf5 ♕xd4+ 19.♔h1 ♔d8!

(Aber nicht 19...♔d7? 20.♖f7+! und Schwarz hat Probleme.)

20.♖f7 ♖e8 (20...♘d7?? 21.♕f5+–) 21.♕g5+ ♔c8 22.♕f5+ mit ewigem Schach.

B) 17...♔e6 18.♖ae1+ ♔d7 19.♖xf5 ♕xd4+ 20.♔h1 ♘a6 21.c3 und Weiß hat aufgrund der offenen schwarzen Königsstellung einige Rettungschancen. Die Situation ist unklar.

13.♘c3!

Wenn Weiß um Vorteil kämpfen will, muss er alle Kräfte ins Spiel bringen.

Diesem Ziel dient der Springerzug.

Nach 13.♕h5+? hingegen kann sich Schwarz erfolgreich verteidigen: 13...♔g8 14.♕h4 ♕g4!

(14...♘c6? 15.♗xf6 ♗xf6 16.♖xf6 ♕e3+ 17.♔f1 ♕c1+ 18.♔f2 ♔g7 19.♘c3 ♕d2+ 20.♔f1 ♖g8 21.♘e4 ♕xd4 22.c3 1-0, Stanley–Keber, FPart 2002)

15.♗xf6 ♕xh4 16.♗xh4 ♗xd4+ 17.♔h1 ♗xb2 18.♗f6 ♗xf6 19.♖xf6 ♔g7 und Weiß hat keinen Ersatz für die Figur.

13...♖f8

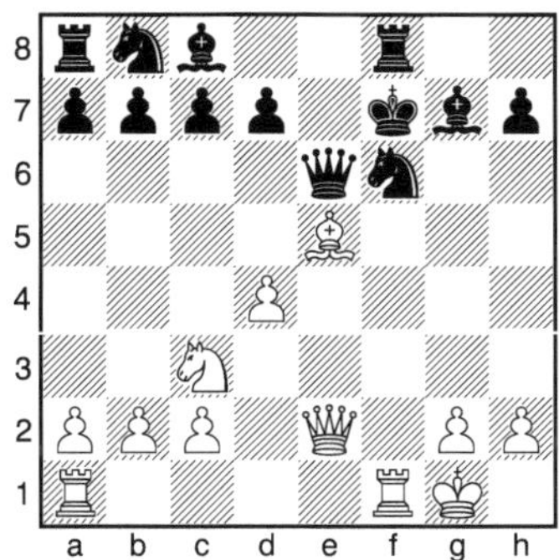

14.♘d5!?

Ein Versuch, in Vorteil zu kommen.

Ausgleich garantiert 14.♘e4 ♔g8 15.♗xf6 ♗xf6 16.♖xf6 ♖xf6 17.♘xf6+ ♕xf6 18.♖f1 ♕e6 (18...♕xd4+? 19.♔h1+–) 19.♕f2 ♕e8 20.♕g3+ ♕g6 21.♕f4 ♕e8 22.♕g5+ (22.♖f3 ♕e1+ 23.♖f1 ♕e8=) 22...♔h8 (22...♕g6?? 23.♕d8+ ♔g7 24.♕f8#) 23.♕f6+ ♔g8 24.♕g5+ und für Weiß ist nichts Besseres als Dauerschach ersichtlich, um zumindest noch zu einem Remis zu kommen.

14...♕xd5 15.♗xf6 ♗xf6 16.♖xf6+! ♔xf6 17.♖f1+ ♔g6 18.♖xf8 ♕xd4+!

Nur so! Ein Fehler wäre 18...♕e6? wegen 19.♕f2! d6 20.♕g3+ ♔h5 21.♖g8 ♕f5 22.h4 1-0, Ventimiglia–Tortato, FPart 2004.

19.♔h1 ♘c6 20.♕f3 ♔g7 21.♖f7+ ♔g8 22.♖f8+ mit Remis, Sveinsson–Roberts, FPart 2004.

Zusammenfassung: Das Opferspiel mit 8.♗xf7+!? ist aggressiver als 8.d3 und gibt Weiß gute Angriffschancen. Die Variante ist insgesamt sehr kompliziert. Wir meinen aber, dass sie gute praktische Aussichten für Weiß bereithält. Besonders im Schnellschach und in Blitzpartien kann sie Schwarz vor viele Probleme stellen. Dies ist eine Variante für mutige Angriffsspieler!

Abspiel 2
Fortsetzung 4...♗g7

1.e4 e5 2.f4 exf4 3.♘f3 g5 4.♗c4 ♗g7

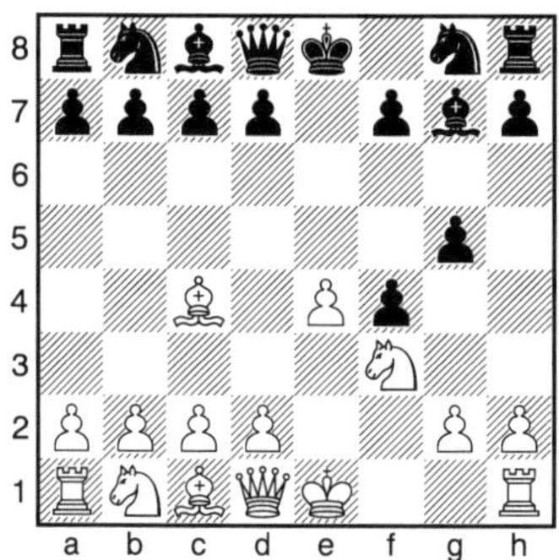

Schwarz entwickelt seinen Läufer und plant h7–h6, um seinen Bauern auf g5 zu befestigen.

5.d4

Dieser Zug kommt hier seltener zur Ausführung, kann aber unter Zugumstellung zu den Hauptvarianten führen.

Abspiel 2A – 5.0-0

Abspiel 2B – 5.h4

5...d6

Andere Erwiderungen:

I. 5...♘c6 6.c3 h6 7.0-0 ♘ge7 8.h3 0-0 9.b4 a6 10.♘bd2 d5 11.exd5 ♘xd5 12.♘e4 ♗e6 13.♗d3 ♘f6 14.♘c5 ♗c8 15.♗c2 b6 16.♘b3 ♘d5 17.♕d3 f5 18.a3 ♗b7 19.c4 ♘de7 20.♗b2 ♕d7 21.♖ab1 ♘g6 22.♖fe1 ♖ae8 und Schwarz hat in einer ordentlichen Stellung einen Bauern mehr, Sanchez Romero–Arias de Reyna Martinez, Madrid 2011.

II. 5...g4 6.♘g1 ♕h4+ 7.♔f1 ♘c6 8.c3 ♗h6 9.♘a3 a6 10.g3 fxg3 11.♔g2 ♗xc1 12.♕xc1 gxh2 13.♖xh2 ♕e7 14.♕f4 d6 15.♖f1 ♘d8 16.♖h5 b5 17.♗b3 ♘e6 18.♕e3 h6 19.♘c2 ♘g5 20.♗d5 ♖b8

Das Spiel ist völlig unklar. In der zugrunde liegenden Partie hat Weiß später – allerdings nach schwachem Spiel seines Gegners – gewonnen, Tschigorin–Sellman, London 1883.

6.0-0

– Nach 6.h4 kann das Spiel ins **Abspiel 2B** übergehen.

– Eine aktive Idee ist 6.g3 mit zwei Varianten:

A) 6...h6 7.gxf4 g4 8.♖g1 gxf3 9.♖xg7 ♕h4+ 10.♖g3 ♗g4 (10...♕xh2 11.♕xf3±) 11.♕d3 ♘f6 12.♗e3 ♘c6 13.♘d2 d5?? (□13...♕xh2) 14.♗xd5 ♘xd5 15.exd5 ♘e7 16.♕b5+ ♔f8 17.0-0-0+–, Snape–Sowray, Reading 2011

B) 6...g4 7.♘h4 f3 8.♗e3 ♗f6 9.♘c3 ♘e7 10.♕d2 ♘g6 11.♘f5 ♗xf5 12.exf5 ♘e7 13.♗d3 d5 14.0-0-0 ♘d7 15.♖de1 c5 16.♗b5 0-0 17.dxc5 ♘e5 18.♗g5 ♘7c6 19.♗xf6 ♕xf6 20.♕f4+–, Tairowa–Charochkina, Dagomys 2009

6...♘c6 7.c3 ♕e7 8.a4 h6 9.♖e1 ♗g4 10.a5 ♘f6

Notwendig war 10...a6!.

11.a6! 0-0 12.axb7 ♖ab8 13.♖a6 ♘d8 14.♖xa7 ♖xb7 15.♖xb7 ♘xb7 16.♘bd2 c5 17.♕a4 cxd4 18.cxd4 ♗xf3 19.♘xf3 g4 20.♘h4 mit weißem Übergewicht, Brankovic–Vencl, Kraljevo 2011.

Abspiel 2A
Fortsetzung 5.0-0

1.e4 e5 2.f4 exf4 3.♘f3 g5 4.♗c4!? ♗g7 5.0-0

So entsteht das Hanstein-Gambit.

5.h4 werden wir im nachfolgenden Abspiel analysieren.

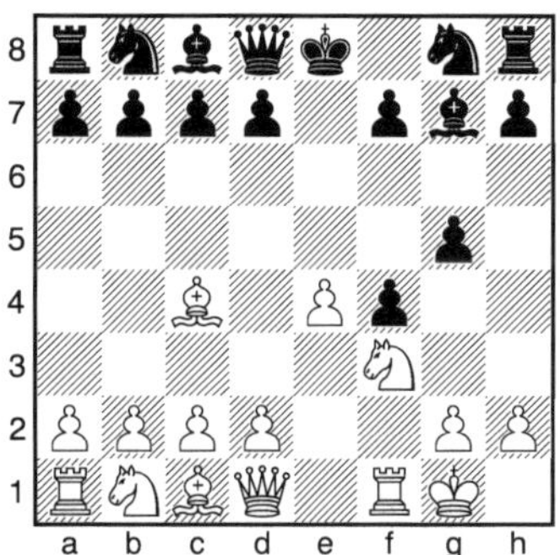

5...♘c6

Ein elastischer Entwicklungszug.

Schwarz kann auch sofort 5...h6 oder 5...d6 spielen, zumeist geht das Spiel dann unter Zugumstellung in die Hauptvariante über. Nach beiden Fortsetzungen kann die Partie aber auch einen ganz eigenständigen Charakter annehmen.

I. 5...h6 6.d4

A) 6...♘e7 7.g3

(Die alte Empfehlung von Paul Keres 7.♘c3!? erörtern wir in der **Partie Nr. 61:** Glaskow-Smirnow, Kolomna 1973.)

7...d5 8.exd5 fxg3 9.♕e2 gxh2+ 10.♔h1 0-0 11.♘xg5!? ♘f5 (11...hxg5 12.♗xg5→) 12.♘e4 ♖e8 13.♗f4! ♘xd4 14.♕g2 ♖xe4 15.♕xe4 ♗f5 16.♕g2 ♘xc2 17.♗xh6↑, Lazak-Naftalin, FPart 1977

B) 6...d6 7.c3

B1) 7...♘f6 8.e5 dxe5 9.♘xe5 0-0

(9...♗e6 10.♗xe6 fxe6 11.♘g6 ♖g8 12.♗xf4! gxf4 13.♘xf4 e5 14.♘e6±, Angelov-Prodanow, Mannschaftskampf Warna-Odessa 1974)

10.♕b3 ♕e8

(10...♗e6 11.♗xe6 fxe6 12.♕xe6+ ♔h7 13.♕f5+ ♔g8 14.h4!↑)

11.♘g6 b5

(Nach Tschigorin darf sich Schwarz 11...♘c6 12.♘xf8 ♕xf8 mit ausreichender Kompensation für die Qualität erlauben.)

12.♗xb5 ♕e4 13.♘xf8!

(Nichts bringt 13.♘e5 ♗b7 14.♘f3 ♘g4 15.♖e1 ♕g6 16.♗e2 ♕c6 17.♗d3 ♘f6 18.♕c2 ♘bd7 19.♘a3 ♖ae8 20.♗d2 a6 mit etwa gleichen Aussichten, Blackburne-Mason, London 1892.)

13...♗b7 14.♖f2 ♘g4 15.♖e2 ♗xd4+ 16.cxd4 ♕xd4+ 17.♗e3! ♘xe3 18.♘e6 ♕b6

(18...fxe6 19.♕xe6+ ♔g7 20.♕e7+ ♔g8 21.♖d2 ♘f5+ 22.♖xd4 ♘xe7 23.♘c3+-)

19.♗c4 mit weißem Vorteil.

B2) 7...♘e7 8.g3

(Auf 8.h4 kann 8...♘g6 folgen.)

8...g4

(– Nach 8...♘g6 9.gxf4 gxf4 10.♘bd2 ♘c6 11.b4 ♘ce7 12.♕b3 0-0 13.a4 c6 14.♗b2 d5 15.♗d3 ♗h3 16.♖f2 ♕d7 17.♔h1 ♖ad8 18.♖g1 entsteht eine scharfe Stellung mit guten Angriffschancen für Weiß, Malecki-Malaniuk, Polen 2012.

– Oder 8...d5 9.exd5 fxg3 10.hxg3 0-0 11.♘bd2 ♘xd5 12.♘e4 ♗e6 13.♗xg5! hxg5 14.♘fxg5 ♕e7 15.♕h5 ♖d8 16.♖ae1 ♘d7 17.♘xf7! ♘f4 18.♖xf4 ♗xc4 19.♘h6+ ♗xh6 20.♕xh6 ♕g7 21.♕h3 ♗f7 22.♖ef1 ♗g6 23.♕e6+ ♔h8 24.♖h4+ 1-0, Eriksson–Rattmann, FPart 2002.)

9.♘h4 f3 10.♘a3 ♘bc6 (10...0-0 11.h3 h5 12.♗g5±) 11.♘xf3! gxf3 12.♕xf3 0-0 13.♕h5 mit einer aussichtsreichen Initiative.

II. 5...d6 6.d4

A) 6...♘h6 7.h4 f6 8.♘xg5! ♗g4

(Nach 8...fxg5 9.♕h5+ ♔d7 10.c3 bekommt Weiß ausreichend Ersatz für die geopferte Figur, weil die Lage des Königs im Zentrum sehr gefährlich für Schwarz sein kann.)

9.♘f3 ♕e7 10.♗xf4 ♘d7 11.♘c3 0-0-0 12.♘d5 ♕xe4 13.♖e1 ♗xf3 14.♕d2 ♕xe1+ 15.♖xe1 ♗xd5 16.♗xd5 ♘f5 17.h5 ♖de8 18.♗e6 1-0, A. Horvath–Koszorus, Ungarn 2005

B) 6...♗e6 7.♗xe6 fxe6 8.c3 h6

(– 8...♘c6 9.♕b3 ♔d7 10.d5 exd5 11.exd5 ♘e5 12.♕xb7 ♘xf3+ 13.♖xf3 ♘f6 14.♕c6+ ♔e7 15.♘d2 ♖e8 16.♘c4 ♔f7 17.♗d2 ♖b8 18.♖e1 ♖xe1+ 19.♗xe1 ♕d7 20.♕xd7+ ♘xd7=, Groeneveld–Brazlik, FPart 1988

– 8...♘d7 9.♕b3 h6 10.♕xe6+ ♕e7 11.♕g6+ ♕f7 12.♕xf7+ ♔xf7 13.h4 ♗f6 14.g3 ♖e8 15.gxf4 g4 16.♘fd2 h5 17.♘a3 ♗xh4=, Wohlfahrt–Mrinski, Baden-Baden 2002)

9.♕b3 ♕c8 10.h4

B1) 10...♗f6 11.e5 ♗e7 12.exd6 cxd6 13.♖e1 d5 (13...♔f7 14.♘bd2±), Lasker–Sauter, Budapest 1900. Und nun sollte Weiß einfach 14.♕c2! spielen; z.B. 14...♘c6 (14...♔f7 15.♘e5+ +–) 15.♕g6+ ♔f8 16.hxg5 hxg5 17.♘xg5 ♗xg5 18.♕xg5 und Schwarz kann aufgeben.

B2) 10...g4 11.♘h2 e5 (11...h5 12.♗xf4±) 12.♗xf4! exf4 13.♖xf4 ♕d7 14.♕xb7 c6 15.♕xa8 und mit den schwarzen Steinen ist ein verzweifelter Blick auf das Brett angemessen, die Lage ist hoffnungslos, Zelic–Vrchotka, Pula 2009.

6.c3 d6 7.d4 h6

In der Begegnung Lisowski–Gajek, Ostroda 2011, stand Weiß nach 7...♗g4 8.g3 (8.♕b3!?) 8...♘f6 9.gxf4 gxf4 10.♗xf4 d5 11.exd5 ♘xd5 12.♕e1+ ♗e6 13.♗g5 ♕d6 14.♘bd2 ♘ce7 15.♘e4 ♕c6 16.♘c5 ♗f8 17.♘e5 auf Gewinn.

8.g3

So wird sehr oft gespielt. Weiß will auf diese Weise die gegnerische Bauernmasse am Königsflügel zerrütten. Unsere Analysen zeigen jedoch, dass Schwarz hier gute Gegenchancen erhält, die ihm sogar Gewinnaussichten versprechen.

Deshalb raten wir zur Beschäftigung mit dem Zug 8.h4!?, mit dem man das Spiel ins **Abspiel 2B** lenken kann.

In dieser Stellung verdient noch eine weitere Idee Beachtung, nämlich 8.♕a4!? (mit der Drohung d4–d5); z.B. 8...♗d7 9.♕b3 ♕e7

(Nach 9...♘a5 10.♗xf7+ ♔f8 11.♕a3 ♔xf7 12.♕xa5 c5 13.♕a3 muss Schwarz auf seinen König aufpassen.)

10.♕xb7 ♖b8 11.♕a6 ♘f6 12.♗d5 0-0 13.♕c4 ♕e8 14.♘a3 ♘e7 15.♕xc7 ♘exd5 16.exd5 ♕e4 17.♕xd6 ♖fe8 mit kompliziertem Spiel, Al Modiahki–Kazhgaleyev, Guangzhou 2010.

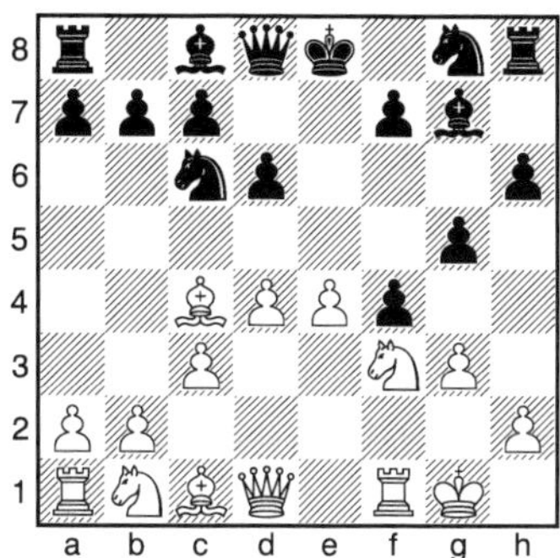

8...♗h3!

Die Idee stammt von Alapin und wird als die beste Wahl angesehen.

Günstig für Weiß ist 8...g4 9.♘h4 f3

A) 10.♕b3 ♕e7 11.♗f4 ♘f6

(Auf 11...♗f6 sollte Weiß einfach mit 12.♘f5 reagieren.)

12.♘d2 ♘h5 13.♗e3 ♗f6 14.♘dxf3! gxf3 15.♖xf3 und Weiß hat eine gefährliche Initiative für die geopferte Figur entwickelt; z.B. 15...♗xh4 16.♗xf7+

(16.♖xf7 ♕xe4 17.♖e1 ♗e7 18.♗d5 ♕g6 19.♗f2 ♔d8∞)

16...♔d8 17.♗xh5 ♗g5 18.♗f2 mit Vorbereitung von e4–e5 und Öffnung der Stellung im Zentrum.

B) 10.♘d2 ♗f6 11.♘dxf3! gxf3 12.♕xf3 ♗h3

(12...♖h7 13.♘g6 ♖g7 14.♘f4 ♗g4 15.♕g2 ♗g5 16.h3 ♗d7 17.♘h5 ♖h7 18.e5! dxe5 19.♕e4 f5 20.♖xf5!+–, Spielmann–Grünfeld, Teplitz-Schönau 1922)

13.♖f2 ♕d7 14.e5 ♗xh4 15.♗xf7+ ♔d8 16.gxh4 ♘ge7

(Oder 16...♕g4+ 17.♕xg4 ♗xg4 18.♖g2 h5 19.h3 ♗xh3 20.♖xg8+ ♖xg8+ 21.♗xg8 dxe5 22.dxe5 ♘xe5 23.♗g5+ ♔d7 24.♖d1+ ♔c6 25.♗d5+ ♔b6 26.♔h2 ♗g4 27.♖f1 mit leicht vorteilhaftem Endspiel für Weiß.)

17.e6 ♗xe6 18.♕f6 ♗xf7 19.♕xh8+ ♗e8 20.♗xh6 ♕g4+ 21.♖g2 ♕xh4 22.♕f8 Δ♗h6–g5 und ♖a1-e1. Der noch nicht rochierte König kann Schwarz Probleme einbringen.

9.gxf4

Für den Turm gibt es keine Zeit zum Weglaufen. Nach 9.♖f2 ♘f6 10.gxf4 ♘xe4 11.♖e2 d5 12.♗d3

(12.fxg5 ♕d7! 13.♘bd2 ♕g4+ 14.♔h1 0-0-0 15.♗b5 ♘xd2 16.♘xd2 ♗g2+! 17.♔g1 ♗f3+ +–, Sebastian–Szegedy, Budapest 1946)

12...♕d7 13.♗xe4 hat Schwarz zwei gute Wege:

A) 13...♕g4+ 14.♔f2

(14.♔h1 dxe4 15.♖xe4+ ♔d7 16.♕e2 f5 17.♖e6 ♖ae8 18.d5 ♘d8 19.♘e5+ ♗xe5 20.♕xg4 ♗xg4 21.♖xe5 ♖xe5 22.fxe5 ♗f3+ 23.♔g1 ♗xd5–+)

14...dxe4 15.♖xe4+ ♔f8

(15...♔d7!? nebst ♖a8–e8 scheint besser zu sein.)

16.♕g1 ♕f5 17.♘bd2 g4!

(17...gxf4 18.b3 ♔g8 19.♗a3 ♖h7 20.♖ae1 f6 21.♘h4 ♕h5 22.♖xf4 ♕a5 23.♘b1 ♕g5 24.♗c1 ♕xg1+ 25.♖xg1 ♔f7 26.♘d2 ♖d8 ½-½, Vamer–Hanison, FPart 1992)

18.♘h4 ♕h5 19.♘g2 ♘e7 20.♘f1 ♕d5 21.♘g3 h5–+

B) 13...0-0-0 14.♔f2

(14.♗d3 ♕g4+ 15.♔f2 ♕g2+ 16.♔e3 gxf4+ 17.♔xf4 ♕g4+ 18.♔e3 h5–+)

14...dxe4 15.♖xe4 g4 (15...♖de8!?) 16.♘g1 ♕d5 17.♘d2 f5 18.♘xh3 gxh3 19.♖e2 ♕g2+ 20.♔e1 ♖he8 21.♘b3 ♗xd4! 0-1, Wortel–Erwich, Gent 2000

9...♕d7!

Dieser logische Zug ist offensichtlich auch tatsächlich die beste Fortsetzung. Schwarz bereitet die lange Rochade vor und droht bei dieser Gelegenheit mit einem Schach der Dame auf g4.

Wahrscheinlich geht auch 9...♗xf1!? 10.♕xf1

(10.♔xf1 g4 11.♘g1 ♕d7∓)

10...g4

(10...♕d7 11.♕g2 0-0-0 ist auch möglich.)

11.♘e1

(11.♕g2 ♕d7 12.h3 h5 13.♘g5 ♘h6∓)

11...♕d7 12.♘d2

(12.♗b5 d5 13.e5 ♘ge7 14.♘d3 0-0 15.♘a3 ♕c8 16.♘c2 ♘d8 17.♘e3 c6 18.♗a4 f5 19.♗c2 ♘e6∓, Van Wessel–Henris, Antwerpen 1998)

12...0-0-0 13.♘c2 f5 14.♘e3 ♘ce7 15.e5 h5 16.♘b3 h4 17.♗d2 ♖h6 mit guten Aussichten für Schwarz, Pljusnin–Van Bommel, FPart 2001

10.♖f2

Weiß ist praktisch gezwungen, den Turm wegzuziehen.

– Ein weniger guter Weg ist 10.♖e1 ♕g4+ 11.♔f2 ♕g2+ 12.♔e3 ♘f6 13.♕e2 gxf4+ 14.♔xf4

(Die Stellung nach 14.♔d3 ♕xe2+ 15.♔xe2 ♘xe4 16.♔d1 f5 17.♗xf4 ♔d7 ist günstig für Schwarz, Ullrich–Gebhardt, FPart 1988.)

14...♕g4+ 15.♔e3 ♕xe4+ 16.♔f2 ♕xe2+ 17.♖xe2+ ♔f8 und Schwarz verfügt über einen Mehrbauern, Starke–Elison, FPart 1994.

– Die Hergabe der Qualität ist schlecht: 10.f5 ♗xf1 11.♕xf1 ♘f6 12.♗b5

(12.♗d3 0-0-0 13.b4 g4 14.♘h4 ♕e7–+, Haataja–Doumont, FPart 1988)

12...a6 13.♗a4 b5 14.♗c2 g4 15.♘h4 h5∓

10...♘f6

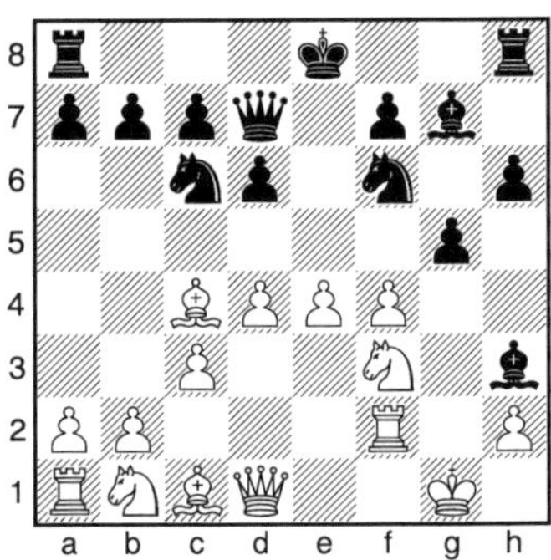

11.♕d3

Der ♙e4 muss gedeckt werden.

Andere Möglichkeiten für Weiß sind:

I. 11.♕c2 gxf4 (11...0-0-0!?) 12.♔h1 0-0-0 13.♗d3 d5 14.e5 ♘e4 15.♗xe4 dxe4 16.♕xe4 ♗xe5! 17.♗xf4 (17.♘xe5 ♘xe5–+) 17...♕g4 18.♘g1 ♗xf4 19.♘xh3 ♕d1+ 20.♘g1 ♖hg8 21.♖g2 ♖xg2 22.♕xg2 ♘e7 23.♕e2 ♕c1–+ und die Partie ist für Weiß nicht mehr zu halten, Tringov-Vukcevic, Leningrad 1960.

II. 11.♕e1 0-0-0 12.e5

(Oder 12.♗b5 ♖he8 13.♘bd2 gxf4 14.♔h1 ♘xe4! 15.♘xe4 d5 16.♗xf4 dxe4 17.♘e5 ♗xe5 18.♗xe5 f5 19.♗f4 e3 20.♖f3 ♕d5 21.♗e2 ♖g8-+ und die weißen Ambitionen sind gescheitert, Schild-Leisebein, FPart 1988.)

12...dxe5 13.♘xe5 ♘xe5 14.fxe5 ♕g4+ 15.♔h1 ♘e4 16.♖e2 ♗xe5! 17.♘d2

(17.dxe5 ♖d1! 18.♕xd1 ♘f2+ −+) 17...♖xd4! 18.cxd4 ♗xd4 19.♗d5 ♖e8 20.♗xe4 ♖xe4 21.♕g3 ♖xe2 22.♕xg4+ ♗xg4 0-1, Issler-Eggmann, FPart 1966

III. 11.♗d3 0-0-0 12.fxg5 ♕g4+ 13.♔h1 ♘xe4 14.♗xe4 ♕xe4 15.♘bd2 ♕d5 16.♘f1 ♘e5 17.♘e3 ♘g4 18.♘xg4 ♗xg4 und der schwarze Druck ist immens stark.

IV. 11.♘bd2 ♘g4 12.♘f1 (12.♖e2 gxf4−+) 12...♘xf2 13.♔xf2 gxf4 14.♗xf4 0-0-0 15.♘1d2 f5 16.e5 dxe5 17.dxe5 ♘xe5 und Schwarz sieht sich zu Recht auf der Siegerstraße, Carlberg-Mineur, Schweden 1988.

11...0-0-0 12.d5

Auf 12.♗b5 folgt 12...gxf4! 13.♔h1

(13.♗xf4 ♕g4+ 14.♗g3 ♘xe4−+)

13...♖de8 14.♘bd2 ♘g4 15.♖e2 ♖hg8 mit kräftiger schwarzer Initiative; z.B. 16.d5 ♘e3 17.dxc6 ♕g4 18.cxb7+ ♔b8 und Weiß ist verloren.

12...♘e7

12...♘b8 ist auch spielbar: 13.f5 g4 14.♘d4 ♕e7 15.♖e2 ♖de8 16.e5 dxe5 17.♘b5 a6 18.d6 ♕d7 19.dxc7 ♕xd3 20.cxb8♕+ ♔xb8 21.♗xd3 ♖d8 mit schwarzem Vorteil, Valverde Toresano-Burlant, FPart 1997.

13.♔h1 ♘g6 und Schwarz steht ohne Zweifel überlegen, Formby-Heichal, FPart 1998.

Zusammenfassung: Es zeigt sich, dass Weiß mit 8.g3 keinen Vorteil erreichen kann. Mehr Chancen erlangt er mit 8.h4!? und Übergang ins folgende Abspiel 2B.

Abspiel 2B
Fortsetzung 5.h4

1.e4 e5 2.f4 exf4 3.♘f3 g5 4.♗c4!? ♗g7 5.h4

Mit dem *El Greco–Philidor–Gambit* zaubert Weiß viel Spannung auf das Brett. Es sieht aber so aus, als ob Schwarz alle Drohungen abwehren kann und zu Gegenspiel kommt.

Es kann auch sofort 5.d4 geschehen, was aber praktisch nicht mehr als eine Zugumstellung bedeutet.

5...h6

Konsequent befestigt Schwarz seinen Bauern auf g5.

Nicht gut ist 5...g4? wegen 6.♘g5 ♘h6 7.d4 f6

(Auf 7...♘c6 kann Weiß ebenfalls 8.♗xf4! spielen, denn 8...f6 bringt daraufhin nichts wegen 9.♘c3! mit klarem Vorteil.)

8.♗xf4! ♕e7 (8...fxg5 9.♗xg5+–) 9.♘c3 fxg5 10.♗xg5 ♕b4 11.♕d3 ♕xb2 12.♖b1 ♕a3 13.♘d5 ♕a5+ 14.♗d2 ♕a4 15.♘xc7+ +–

6.d4 d6

Hier ist 6...g4? ebenfalls schlecht wegen 7.♘e5!

(7.♗xf4 gxf3 8.♕xf3 ist sehr riskant.)

7...♗xe5 8.dxe5 ♘e7 9.♗xf4 ♘g6 10.♕d2 ♕e7 11.♘c3 c6 12.0-0-0 ♘xe5 13.♗xe5 ♕xe5 14.♖hf1 ♖h7 15.♖f5 ♕e7 16.e5+–

7.c3

Die Verstärkung des Punktes d4 ist ein logisches Element dieser Variante.

Auf eine alte Idee griff Weiß in der Partie Wasilewitsch–Gilewa, Olginka 2011, zurück: 7.♘c3!? ♘c6

(7...g4 8.♗xf4 gxf3 9.♕xf3 ♘c6 10.0-0-0 ♘xd4 11.♕g3±)

8.♘e2

(Nach 8.♘d5 g4 9.c3 gxf3 10.♕xf3 ♗e6 ist die schwarze Stellung fest und es ist nicht zu sehen, wie Weiß weiter Wasser auf seine Angriffsmühlen bekommen kann.)

8...♗g4

(In der Partie Anderssen–Neumann, Berlin 1866, war Schwarz nach 8...♕e7!? 9.♕d3 ♗d7 10.♗d2 0-0-0 11.♗c3 ♖e8 12.d5 ♘e5 13.♘xe5 dxe5 14.0-0-0 ♘f6 im Vorteil, auch wenn die Partie schließlich mit einem weißen Sieg endete, der auf ein schwaches Spiel des Gegners zurückzuführen war.)

9.♕d3 ♗xf3 10.gxf3 ♕f6 11.♗b5 a6 12.♗xc6+ bxc6 13.♗d2 ♘e7 14.0-0-0 ♘g6 15.♕c4 ♘e7 16.♗a5 d5 17.♕a4 dxe4 18.♗xc7 exf3 19.♘xf4 0-0 20.hxg5 hxg5 21.♘h5 ♕g6 22.♗e5 ♘f5 23.♕b3 g4 24.♘f4 ♗h6 25.♔b1 ♕h7 26.♘h5 ♕g6 27.♘f6+ ♔h8 28.♖dg1 1-0

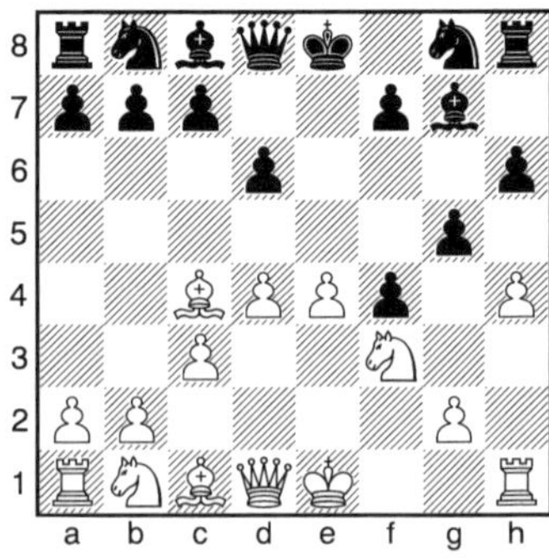

7...♘c6

Das ist die stärkste Antwort.

Andere Möglichkeiten können Schwarz in Schwierigkeiten bringen:

I. 7...g4

A) 8.♗xf4!? führt wie immer zu scharfem Spiel: 8...gxf3 9.♕xf3 ♗e6 (9...♕e7 10.0-0↑) 10.d5 ♗c8 11.0-0 ♘f6 12.e5 dxe5 13.♗xe5 ♘bd7 14.♗d4 0-0 15.♘d2 ♘e8 16.♕g3 ♘b6 17.♖ae1 ♔h8 18.♖xe8! ♗xd4+ 19.cxd4 ♕xe8 20.♖f6 ♗g4 21.♕f4 mit entscheidendem Angriff, Ansola Marquinez-Campo Millan, Aragon 2003.

B) 8.♘g1 ♕e7

(8...♗f6 9.♗xf4 ♗xh4+ 10.g3 ist günstig für Weiß.)

9.♗xf4 ♕xe4+ 10.♕e2

(Ein Ausprobieren lohnen könnte 10.♘e2!? ♕xg2 11.♖g1 ♕c6 12.♘a3 usw.)

10...♗f5 11.♘d2 ♕xe2+ 12.♘xe2 mit Kompensation für den Bauern.

II. 7...c6 8.♕b3

(Spielbar ist auch 8.0-0!? ♘d7 9.a4 ♘b6 10.♗d3 ♗e6 11.♘bd2 g4 12.a5 ♘d7 13.♘e1 ♕xh4 14.♖xf4 h5 15.♘c4 ♕e7 16.♘e3 ♘gf6 17.♘1c2 ♗h6 18.♖f1 0-0-0 19.a6! mit starkem Angriff, Yoos-Milicevic, Vancouver 2003.)

8...♕e7 9.0-0

A) 9...b5 10.♗d3 ♘f6

(10...♘d7 11.a4 a6 12.axb5 ♖b8 13.♘a3±)

11.a4 ist günstig für Weiß.

B) 9...♗e6 10.♗xe6

(Genauer zu prüfen ist 10.♘a3!? b5 11.♗xe6 fxe6 12.♘c2 e5 13.a4 usw.)

10...fxe6 (10...♕xe6?? 11.♕xb7+−) 11.hxg5 hxg5 12.♘xg5 ♕xg5!? (12...e5 13.♕e6!±) 13.♕xb7 ♕b5 14.♕xg7!

(14.♕xa8?? ♖h1+! 15.♔xh1 ♕xf1+ 16.♔h2 ♘f6! 17.♕xb8+ ♔f7−+)

14...♖h1+! 15.♔xh1 ♕xf1+ 16.♔h2 ♕xc1 17.♕xg8+ ♔d7 18.♕f7+ ♔c8 19.♕xe6+ ♔c7 20.e5 ♘d7 21.♕xd6+ ♔b6 und Weiß muss sich nach 22.♕b4+ mit Dauerschach zufriedengeben.

C) 9...g4 10.♘e1 f3

(Nach 10...♘f6 11.♗xf4 ♘xe4 12.♘d2 ♘xd2 13.♗xd2 d5 14.♗d3 0-0 15.g3 ♗e6 16.♘g2 verfügt Weiß über aktives Spiel für den Bauern.)

11.gxf3 b5 12.♗d3 ♕xh4 13.♘g2 ♕h3 14.fxg4 ♘f6 15.♗e2 ♗e6 16.♕c2 ♗xg4 17.♗f4 ♖g8 mit einer sehr dynamischen Stellung. In Anderssen-Dubois, London 1862, hat sich Weiß schließlich den Sieg geholt.

8.0-0

Die beste Idee.

Schwächer ist 8.♕b3 ♕e7 9.0-0 ♘f6 10.hxg5 hxg5 11.♘xg5 ♘xd4! 12.♗xf7+

(12.cxd4 ♘xe4 13.♗xf7+ ♔d8 bedeutet nur eine Zugumstellung.)

12...♔d8 13.cxd4 ♘xe4 14.♗xf4 ♗xd4+ 15.♗e3 ♗xe3+

(Stark ist auch 15...♘g3!? 16.♗xd4 ♖h1+ 17.♔f2 ♖xf1+ 18.♔xg3 ♕e1+ mit Mattangriff.)

16.♕xe3 ♘xg5 und Schwarz ist materiell im Vorteil.

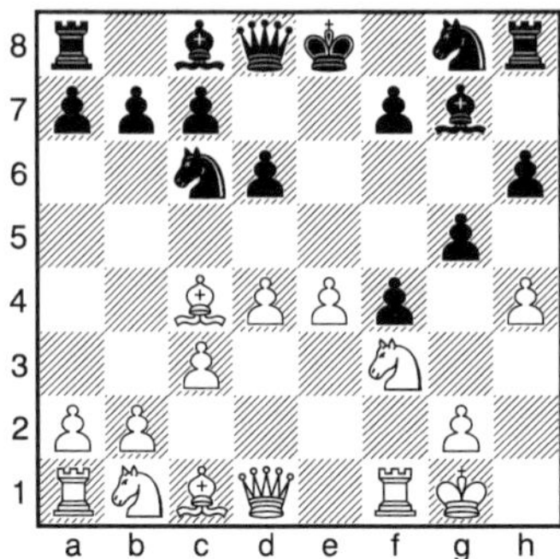

8...♕e7

Schwarz muss genau spielen.

Schauen wir uns mal zwei Abweichungen an:

I. 8...♘f6 9.hxg5 ♘xe4 (9...♘h5!?) 10.♗xf4 d5 (10...hxg5 11.♗xf7+!) 11.gxh6 ♗xh6 12.♗xh6 ♖xh6 13.♘bd2

A) 13...♕d6 14.♗xd5! ♕xd5

(14...♘xd2 15.♗xc6+ bxc6 16.♕xd2+–, Berglund–Stuyfzand, FPart 1988)

15.♘xe4 ♗e6 16.♘c5 0-0-0 17.♕b3 ♕xc5 18.dxc5 ♗xb3 19.axb3 ♖e6 20.b4 mit aussichtsreicher weißer Stellung, Schenning–Ferry, FPart 1991.

B) 13...f5 14.♘xe4

(14.♗b5 ♗d7 15.♗xc6 ♗xc6 16.♘xe4 fxe4 17.♘e5 ♕h4 18.♕g4 ♕xg4 19.♘xg4 ♖e6 20.♖f5 ♔e7 21.♘e3 ♖d6 22.♖h5 ♖d7 23.♖f1 mit besserem Endspiel für Weiß, Schenning–Roebuck, FPart 1989.)

14...fxe4 15.♕d2 ♖f6 16.♖ae1 ♗g4

(16...♗e6 17.♘g5 ♖xf1+ 18.♖xf1 ♕e7 19.♘xe6 ♕xe6 20.♕g5 ♘e7 21.♖f6 1-0, Krempel–Schlotthauber, FPart 1989)

17.♘g5 ♗f5 18.♘xe4! dxe4 19.♕g5 ♘xd4 20.♖xe4+ ♗xe4 21.♖xf6 1-0, Krempel–Zastrow, FPart 1994

II. 8...g4

A) 9.♗xf4!? gxf3 10.♕xf3 ♕e7 11.♘d2!

Weiß muss zunächst seine Kräfte ins Spiel bringen.

(Sehr riskant ist 11.e5 dxe5 12.♘d2 exf4 13.♖ae1 ♗e6 14.d5 0-0-0 15.dxe6 ♖xd2 16.exf7 ♕c5+ 17.♔h1 ♘f6 18.♕xf4 ♖xb2 19.♕g3, obwohl Weiß in Sugden–Fawcett, FPart 1998, nach schwachem schwarzem Spiel die Oberhand behielt: 19...♘h5 20.♕g4+ ♔d8 21.♖d1+ ♔e7 22.♕e6+ ♔f8 23.♕e8#.)

11...♗d7 12.♕g3 f6 13.♗d5 0-0-0 14.♘c4 und für die geopferte Figur hat Weiß eine starke Initiative.

B) 9.♘e1

B1) Den Zug 9...f3 versieht Sakajew in seinem Buch „The Petroff: an Expert Repertoire for Black“ mit einem Ausrufezeichen.

10.gxf3

(10.♘xf3 gxf3 11.♕xf3 ♘f6∓ Sakajew)

10...♕xh4 11.f4

(Sakajew berücksichtigt nur 11.♘g2 und sieht Schwarz nach 11...♕h3 12.fxg4 ♘f6 leicht im Vorteil – und zwar mit der Begründung: „Der weiße Springer auf g2 steht miserabel. Er stört die Harmonie der weißen Figuren, während Schwarz eine exzellente Stellung hat.“

Wir ziehen auf jeden Fall 11.f4 vor.)

11...g3 12.♘f3 ♕h5∞

B2) 9...♕xh4 10.♗xf4 ♕e7

(10...♘d8 11.g3 ♕e7 12.♘d2 ♘f6 13.♘g2 ♘e6 14.e5 dxe5 15.♗xe5 ♘g5 16.♕c2 ♔f8 17.♖ae1 ♕d8 18.♘h4 b5 19.♗xf7! 1-0, Ribeiro–Reuter, FPart 2000)

11.♘d2 ♘f6 12.♘d3 0-0 13.e5 ♘h5 14.exd6 cxd6 15.♕e1 ♕d8 16.♕e4 ♘f6 17.♕e1 d5 18.♗b3 ♗f5 19.♘e5 ♘xe5 20.♗xe5 mit ausgezeichnetem Spiel für Weiß, Stadler–Pandur, FPart 2001.

9.a4

Es ist klar, dass der schwarze König sein Heil in der Flucht zum Damenflügel suchen wird. Also muss sich der Anziehende entsprechend vorbereiten.

9...♗d7

In der Partie Yoos–Erichsen, Vancouver 2007, geschah 9...♗g4 10.a5 ♘d8 11.a6 c6 12.axb7 ♕xb7 13.♘bd2 ♘e7 14.♕c2 f6 15.b3 ♗e6 16.♗a3 ♕c7 17.♗xe6 ♘xe6 18.♘c4 mit weißem Übergewicht.

10.a5 0-0-0 11.b4 ♘f6

Schwarz will die Entwicklung des Königsflügels abschließen.

Nach 11...♘b8 12.b5 geht das Spiel mit Zugumstellung zur Hauptvariante über.

12.b5 ♘b8 13.e5 dxe5

Auf 13...♘e4 folgt 14.♖e1!.

14.♘xe5 ♗e6

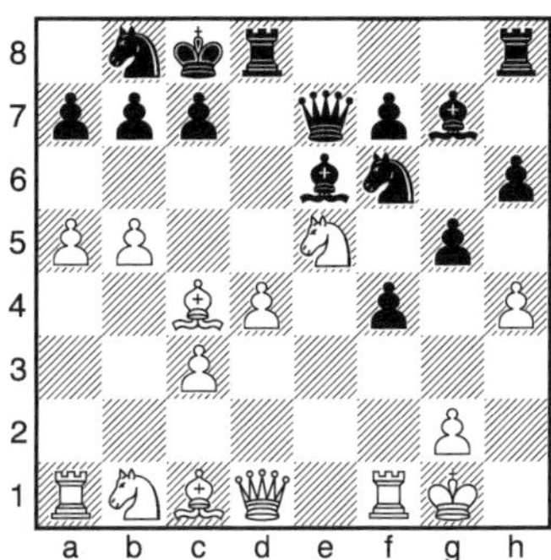

15.a6!

Weiß muss das Spiel energisch fortsetzen.

Zu langsam ist 15.♕b3 ♘d5 16.b6 a6 17.♗a3 ♕e8 18.♗xd5 ♖xd5 19.bxc7 ♖xe5 20.cxb8♕+ ♔xb8 21.♗d6+ ♔a8 22.♕c2 ♗f5 23.♕a4 ♖b5↑, was in Elburg–Kvotidian, FPart 1988, zum Gewinn ausreichte.

15...b6

Nach 15...bxa6 16.bxa6 ♗xc4 17.♘xc4 ♘d5 18.♕b3 ♘b6 19.♗a3 ♕e6 20.♘bd2 steht Weiß ausgezeichnet.

16.♗a3 ♕e8 17.♘d2 ♘d5

Das Spiel ist ziemlich verwickelt und auch zweischneidig.

Zusammenfassung: In dieser Variante hat Weiß bessere Aussichten als nach 8.g3. In der Endstellung nach dem starken Zug 18.♖e1! muss Schwarz vorsichtig sein. Z.B. folgt nach dem schwachen 18...♘xc3? für Weiß vorteilhaft 19.♕f3 ♘d5 20.♖ac1 g4 21.♕b3, denn er verfügt als Entschädigung für die geopferten Bauern über glänzendes Spiel.

Die von uns vorgestellten Varianten und Analysen zeigen, dass das *El Greco–Philidor–Gambit* sehr riskant für Weiß ist, ihm bei einem ungenauen Spiel des Gegners aber gute Chancen gibt. Das Gambit ist vor allem für sehr mutige Taktiker geeignet.

Kapitel 18
Fortsetzung 5.♘g5

1.e4 e5 2.f4 exf4 3.♘f3 g5 4.h4 g4 5.♘g5

Eine sehr riskante Idee, die zum Allgaier-Gambit führt. Bei genauem Spiel sollte Schwarz alle gegnerischen Angriffsversuche zurückzuschlagen und mit besseren Aussichten die erste Kampfphase überstehen können.

5...h6

Nach der herrschenden Auffassung ist dies die beste Fortsetzung.

Für weitere Forschungen interessant ist aber auch 5...d5!?; z.B. 6.exd5 h6 7.♘e4 f5 8.♘f2

(Nach 8.♘ec3 ♘f6 9.♗c4 c6 10.d4 f3 11.gxf3 cxd5 12.♗b5+ ♘c6 13.fxg4 ♘xg4 14.♗f4 ♔f7 steht Schwarz gut.)

8...♖h7 9.♗c4 ♖e7+ 10.♔f1 ♘f6 11.♘c3 c6 mit guten Chancen für Schwarz.

6.♘xf7

Es gibt keinen Ausweg: Der Springer muss geopfert werden.

6...♔xf7

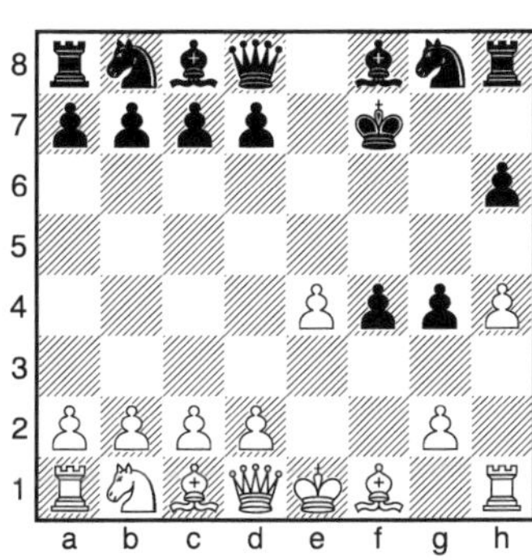

7.♗c4+!?

Nach unseren Erkenntnissen ist diese Fortsetzung am stärksten und gibt Weiß die besten Chancen.

Schwach ist 7.d4 d5 8.♗xf4 ♘f6 9.♘c3 ♗b4 10.♗e2 ♗xc3+ 11.bxc3 und nun:

A) 11...dxe4

A1) 12.♕d2 ♔g7 13.0-0 c5

(Viel stärker ist 13...♗e6!?, um nach 14.♗e5 mit 14...♘bd7 antworten zu können.)

14.♗e5 ♘bd7 15.♕f4 ♖f8 16.♕xg4+ ♔h7 17.♕f5+ ♔g7 18.♕g4+ ♔h7 19.♕f5+ ♔g7 20.♕xe4 ♘xe5 21.♕xe5 cxd4 22.♖ad1 ♕e8 23.cxd4 ♕xe5 24.dxe5 ♘g4 25.♖xf8 ♔xf8 26.♖d6 ♘xe5 27.♖xh6 ♘f7 28.♖f6 ♔e7 29.♖f4 ♗e6 30.a3 ♖c8–+, Hammer-Hahn, DESC FPart 2002

A2) 12.0-0 12...♔g7

(12...♔g6 13.♗e5 ♖f8 14.♗xf6 ♖xf6 15.♖xf6+ ♕xf6 16.♗xg4 ♘d7 17.♕e2 ♕e7 18.♗h5+ ♔h7 19.♕g4 ♘f8∓, Quinones-Cuevas, Santiago 2007)

13.♗e5 ♘bd7 14.♗c4 ♔h7 15.♕c1 ♖f8 16.♕f4 ♕e7 17.♖ae1 ♘xe5 18.dxe5 ♕c5+ 19.♔h1 ♕xc4 20.exf6 ♗d7 21.♖xe4 ♕f7 22.♕xc7 ♖ae8 23.♕f4 ♗c6 24.♖d4 ♕g6 0-1, Trapeaux–Baudoin, FPart 2001

B) 11...♘xe4

B1) 12.♗xg4 ♗xg4 13.♕xg4 ♘f6 14.♕f3 ♖e8+ 15.♔d2

(Nach 15.♗e5 ♘bd7 16.♕f5 ♔g7 17.h5 ♘xe5 18.dxe5 ♘h7 19.0-0-0 c6 20.c4 ♕g5+ 21.♕xg5+ ♘xg5 22.cxd5 ♖xe5 23.dxc6 bxc6 hat Weiß keine Kompensation für die Figur.)

15...♕d7 16.♗e5 ♕c6 17.♗xf6 ♕xf6 18.♕xd5+ ♕e6 19.♕h5+ ♕g6 20.♕d5+ ♔g7 21.♕xb7 ♘c6 22.♖ae1 ♕d6 23.♖hf1 ♖xe1 24.♖xe1 ♖f8 25.♕b5 ♖f2+ 26.♔c1 (26.♖e2 a6 27.♕xa6 ♘xd4–+) 26...♕f4+ 27.♔b2 ♕d2 28.♖c1 ♖f8 0-1, Maslak–Meissner, Olomouc 2002

B2) 12.0-0 ♔g6 13.♗xg4 ♕xh4 14.♗f3

(14.♗xc8 ♖xc8 15.c4 ♖f8 16.♕f3 c6 17.♖ae1 ♘d7 18.cxd5 ♖xf4! 19.♕xf4 ♕xf4 20.♖xf4 cxd5 21.c4 ♘df6 22.cxd5 ♘g5 23.d6 ♘d5 24.♖f2 ♖d8 mit schwarzem Vorteil.)

14...♖e8

(Möglich ist auch 14...♗f5!? 15.♕b1 b6 16.♗xc7 ♘d7 17.♕b5 ♘df6 18.♗xe4 ♗xe4 19.♗e5 ♖hf8 und der schwarze Vorteil entscheidet, 0-1 MacDonald–Canibal, BFCC FPart 1999.)

15.♗e5 ♗f5 16.g4

(16.♗xe4 ♕xe4 17.♖f3 ♖xe5! 18.dxe5 ♘c6 19.♕d2 ♘xe5–+)

16...♕g5 17.♗xe4 ♗xe4 18.♖f6+ ♔g7 19.♖f5+ ♖xe5 20.♖xg5+ ♖xg5 21.♕b1 ♖xg4+ 22.♔h2 ♘d7 23.♕b5

(23.♕xb7 ♖f8 24.♕xc7 ♖f2+ 25.♔h3 ♗f5–+) 23...♖g8 24.♖g1 ♖xg1 25.♔xg1 ♘b6 26.♕c5 ♔h7+ 27.♔f1 ♖g7–+, Beltran Seguer–Seris Granier Gonzales, FPart 2002

7...d5

Damit geht es um den ♙g4.

Auf 7...♔e8 folgt 8.♕xg4 ♕f6 9.d4 (9.♗xg8 h5!) 9...♘e7

(Auf 9...♕xd4 10.♕g6+ ♔d8 folgt 11.♗xg8 usw.)

10.c3 d6 11.♕xf4 ♕xf4 12.♗xf4 ♗g7 13.0-0 und Weiß hat für die Figur zwei Bauern und die bessere Entwicklung. Die Stellung ist recht kompliziert.

8.♗xd5+ ♔e8

Mit der Begründung, die Kompensation für die Figur sei unzureichend, kommt Sakajew in seinem oben erwähnten Buch zu dem Urteil, dass Schwarz klar besser stehe. Wir denken hingegen, dass es noch arg früh für eine solche Aussage ist.

Andere Königszüge sind:

I. 8...♔g7 9.♗xb7

Dies gewährt Weiß nur ein Remis.

(Sehr riskant ist 9.d4!?, aber durchaus einen Versuch wert.)

9...♗xb7 10.♕xg4+ ♔f7 11.♕h5+ ♔e7

(Nach 11...♔e6 12.♕f5+ ♔d6 13.d4 ♗g7 14.♗xf4+ ♔e7 15.♘c3 erlangt Weiß eine gefährliche Initiative, verbunden mit ausreichend Kompensation für die Figur.)

12.♕e5+ ♔d7 13.♕xh8 ♘f6 14.e5 ♘c6 15.♕xf6 ♕xf6 16.exf6 ♘d4 17.0-0 ♗c5 18.b4 ♘e2+ 19.♔h2 ♖g8

20.bxc5 ♖xg2+ ½-½, Delaney–Peto, SEMI 2003

II. 8...♔e7 9.d4 ♘f6 10.♘c3 ♘h5 11.♘e2 ♕d6 12.♕d3 (12.♖f1!?) 12...♘a6 13.♗b3 ♕f6 14.e5 ♕f5 15.♕xf5 ♗xf5 16.0-0 ♗e6 17.♗xf4 c6 18.♗d2 ♗g7 19.♗xe6 ♔xe6 20.c4 ♖hf8 mit sehr kompliziertem Spiel. Weiß hat einige Konterchancen für die geopferte Figur, Prieto–Silva, IECG FPart 2000.

9.d4 ♘f6

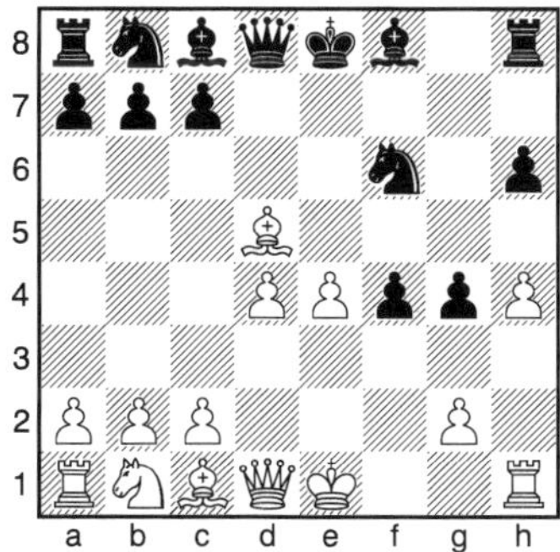

10.♗xf4

Die beste Chance für Weiß: Der Bauer wird geschlagen und die unangenehme Drohung f4–f3 wird ausgeschaltet.

Nach 10.♘c3 kann sich das Spiel in zwei Richtungen entwickeln:

A) 10...♗b4 11.♗xf4 ♘xd5 12.exd5 ♗xc3+ 13.bxc3 ♕xd5 14.0-0 ♘c6!

(14...♔d8? 15.♗e5 ♖g8 16.♗f6+ ♔d7 17.♕d3 b5 18.♖f5 ♕c6 19.♖g5! ♖xg5 20.♕h7+ ♔d6 21.♕e7+ ♔d5 22.♖e1 ♕c4 23.♕e4+ ♔d6 24.♗e7+ ♔d7 25.hxg5+–, Verschelden–Crumlish, IECG FPart 1999)

15.♕e2+ ♔d8 16.♖ae1 ♗d7 17.♗xh6 mit unklarem Spiel. Der Freibauer auf der h–Linie kann Schwarz einige Probleme bereiten.

B) 10...c6 11.♗b3 ♘h5 12.♕d3 ♘g3 13.♖h2 ♕c7 14.♗d2 a5 15.a4 ♗b4 16.e5 ♗f5 17.♕c4 ♗xc3 18.bxc3 ♘h5 19.0-0-0 ♕e7 20.♔b2 ♘d7 und Schwarz ist im Vorteil, Bourgault–Soldini, IECG FPart 2000.

10...♘xd5 11.exd5 ♕xd5 12.0-0 ♗g7

Schlecht ist 12...c5? 13.♗e5 ♖g8 14.♘c3 ♕c4 15.d5 ♘d7 16.♖f4 ♕a6 17.♗c7 ♗e7 18.d6 mit entscheidendem Angriff für Weiß, Sani–Six, IECC FPart 1997.

13.♕e1+ ♔d8

13...♕e6 14.♕g3 ♗xd4+ 15.♔h2 ♗xb2 16.♖e1 ♗xa1 17.♖xe6+ ♗xe6 18.♗e5 ♖f8

(Oder 18...♗xe5 19.♕xe5 g3+ 20.♔g1 ♖h7 21.♕xe6+ ♖e7 22.♕g8+ ♔d7 23.♘d2 a5 24.♘e4 ♖a6 25.♘c5+ ♔c6 26.♕xg3 ♖b6 27.♕c3 und die Zusammenarbeit „Dame–Springer“ gibt Weiß gute Perspektiven.)

19.♗xa1 ♘c6 20.♘d2 ♔d7 21.♘e4 und Weiß ist in Vorteil.

14.♘c3 ♕c4

Gefährlich wäre 14...♕xd4+ 15.♔h2, denn wegen der offenen Linien ist die schwarze Königsstellung sehr verdächtig.

15.♗e5 ♖e8 16.♖d1 ♘d7 17.♘e4 ♗xe5 18.dxe5 ♖xe5 19.♕f2 ♕xe4 20.♖fe1 ♕f5

Nach 20...♕xe1+ 21.♖xe1 ♖xe1+ 22.♕xe1 sollte Weiß auch remisieren können. Schwarz kann seine Kräfte nicht allzu schnell ins Spiel bringen. Weiß dagegen erobert den h–Bauern und in der Folge kann der entstandene eigene Freibauer sehr gefährlich werden; z.B. 22...♘f6 23.♕e5 ♘e8 24.♕h8 a5 25.♕xh6 ♖a6 26.♕g5+ ♖f6 27.♕xa5 usw.

21.♖xe5 ♕xe5 22.♕f8+ ♕e8 23.♕f6+ mit ewigem Schach.

Zusammenfassung: Es herrscht allgemein die Auffassung, dass das Allgaier–Gambit keine Gefahr für Schwarz darstellt. Wir denken auch, dass Weiß nach 7.d4 keinen Vorteil erreichen kann. Die besten Chancen sichert er sich mit 7.♗xf7+!?. Das entstandene Spiel ist recht unklar, hält aber einige gute Möglichkeiten für Weiß bereit. Diese Idee sollte weiter untersucht und in der Praxis ausprobiert werden.

Kapitel 19
Fortsetzung 5...♘c6

1.e4 e5 2.f4 exf4 3.♘f3 g5 4.h4 g4 5.♘e5 ♘c6

Die Wiener-Verteidigung.

6.d4

Diese Fortsetzung ist logisch und auch tatsächlich am besten. Weiß verteidigt seinen Springer und macht den Weg für seinen Läufer frei.

Schwächer ist 6.♘xg4? wegen 6...d5 mit gutem Spiel für Schwarz.

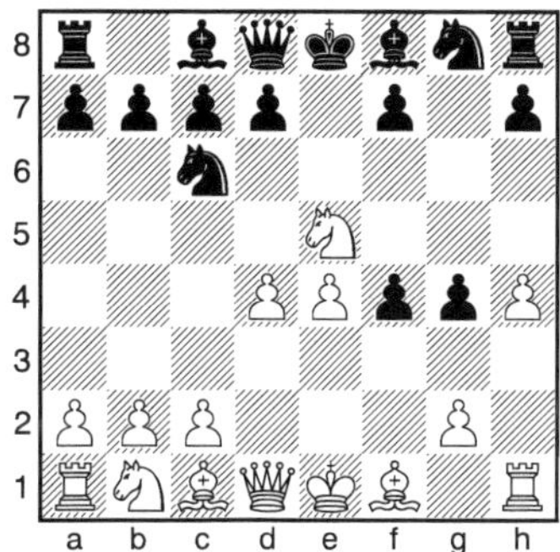

6...♘xe5

Der starke Springer wird selbstverständlich eliminiert.

Schauen wir uns mal andere Züge für Schwarz an:

I. 6...♘f6

A) 7.♗xf4 ♘xe4

(7...♘xe5 8.dxe5 ♘xe4 9.♕e2 ♘c5 10.♘c3±)

8.♗d3 d5 9.♘xc6 bxc6 10.♗xe4 dxe4 11.♘c3 f5 12.♕d2 ♗e7 13.g3 0-0 14.0-0-0 mit guten Perspektiven für Weiß, die in der Partie Vermeulen-Lavrenov, Gent 2000, zum späteren Sieg reichten.

B) 7.♗c4 besprechen wir in der **Partie Nr. 62:** Bangijew-Semenow, FPart 1990.

II. 6...d6 7.♘xc6 bxc6 8.♗xf4 ♘f6 9.♘c3 ♘h5 10.♕d2

(10.♗g5!? f6 11.♗e3 ♘g3 12.♖g1 ♖b8 13.♗c4 ♕e7 14.♕d3±)

A) 10...♘xf4 11.♕xf4 ♗g7 12.0-0-0 ♕f6 13.♕g3 0-0

(13...♗e6 14.d5 cxd5 15.♗b5+ ♔f8 16.exd5 ♗f5 17.♖df1±)

14.♗c4 ♗e6 15.♗b3±

B) 10...♗g7 11.♗g5 ♗f6 (11...f6 12.♗h6!) 12.0-0-0 h6 13.♗xh6 ♗xh4 14.♗e3 ♘g3 15.♖h2 ♕f6 16.♗c4 ♖b8 17.e5 ♕g7 18.exd6 cxd6 19.♗f4+-, Selvaggi-Brandts, East Orange 1957

III. 6...♕f6 7.♘c3 ♗b4

(7...♘xe5 8.♘d5 ♕d6 9.dxe5 ♕xe5 10.♗xf4 ♕xe4+ 11.♕e2 ♕xe2+ 12.♗xe2±)

8.♘d3 ♕xd4

(8...♗xc3+ 9.bxc3 f3 10.gxf3 ♕xf3 11.♕xf3 gxf3 12.♔f2±)

9.♘xb4 ♘xb4

(- 9...♕xd1+ 10.♔xd1 ♘xb4 11.♗xf4 d6 12.♔d2± Bangijew

- 9...♕xb4 10.♕xg4 ♘ge7 11.♕xf4±)

10.♗xf4 ♕xd1+ 11.♖xd1!

A) 11...♘xc2+ 12.♔d2 ♘b4 13.a3 ♘a6

(13...♘c6 14.♘d5!) 14.♗xa6 bxa6 15.♘d5±

B) 11...d6 12.♘b5 ♘a6

(12...♔d8? 13.♘xc7! ♘xc2+ 14.♔f2 ♔xc7 15.♖xd6 ♗d7 16.♗e2+–)

13.♘xc7+! ♘xc7 14.♗xd6 und Weiß bekommt seine Figur mit Vorteil zurück

IV. 6...♗e7 7.♗xf4 ♗xh4+ 8.g3

A) 8...♗g5 9.♘xg4 ♗xf4 10.gxf4 d5 11.♘e3 (11.e5 ♘xd4!) 11...dxe4 12.d5 ♘ce7 13.♕d4 f6 14.♕xe4±

B) 8...♗f6 9.♗c4 ♕e7

(9...♗xe5 10.dxe5 ♕e7 11.♘c3 ♘xe5 12.♘d5 ♘f3+ 13.♔f1 ♕c5 14.♘xc7+ ♔e7 15.♕d3+–)

10.♘c3! ♘xe5 11.dxe5 ♗xe5 12.♘d5 ♕d6 13.♕xg4 ♘e7 (13...c6 14.♖xh7!+–) 14.0-0-0+–

7.dxe5 f3

Auf diese Weise entledigt sich Schwarz seines Problems mit dem f-Bauern.

Er kann aber auch anderen Plänen folgen:

I. 7...d6 8.♗xf4 ♗g7

(8...♕e7 9.♗b5+ c6 10.exd6 ♕xe4+ 11.♕e2 ♕xe2+ 12.♗xe2±, Bhend)

9.♗c4

(9.♘c3 dxe5 10.♕xd8+ ♔xd8 11.0-0-0+ ♗d7 12.♗e3±, Bilguer)

A) 9...♕e7 10.♘c3 ♗xe5

(Nach 10...dxe5 11.♗g5 f6 12.♗e3 ♗e6 13.♘d5 ♗xd5 14.♕xd5 c6 15.♕d3 b5 16.♗b3 ♖d8 17.♕c3 ♕b7 18.0-0 kann Schwarz nicht rochieren und Weiß ist deutlich im Vorteil.)

11.♘d5 ♕d8 12.♗xe5 dxe5 13.0-0 ♗e6 14.♕d2 (14.♘e3!?) 14...c6 15.♕c3 ♕d6 (15...cxd5 16.exd5+–) 16.♘e3 ♗xc4 17.♘xc4 ♕c5+ 18.♔h2 f6 19.♖ad1 und Schwarz befindet sich in Schwierigkeiten.

B) 9...dxe5 10.♗xf7+ ♔e7 11.♗g5+

(11.♕xd8+!? ♔xd8 12.♗g5+ ♘f6 13.♘c3 ♔e7 14.♗b3 c6 15.0-0±)

11...♘f6 12.♗d5 c6 13.♘c3!? h6

(13...cxd5 14.♘xd5+ ♔e6 15.0-0 ♖f8 16.♗xf6 ♗xf6 17.♕xg4+ ♔d6 18.♕g3→)

14.♗xf6+ ♗xf6 15.0-0

(Stark sieht 15.♕e2!? aus; z.B. 15...cxd5 16.♘xd5+ ♔e8 17.♕c4 ♗xh4+ 18.♔e2 mit einem kräftigen Angriff.)

15...♗e6?

(Da dies sofort zum Verlust führt, sollte besser 15...♗xh4!? versucht werden.)

16.♖xf6!! ♔xf6 17.♕f1+ ♔e7 18.♗xe6 ♕d4+

(18...♔xe6 19.♕f5+ ♔e7 20.♕xe5+ ♔d7 21.♖d1+ ♔c8 22.♖xd8+ ♖xd8 23.♕e6+ ♔c7 24.♕xh6+–)

19.♔h1 ♔xe6 20.♖d1 ♖af8 21.♕e2 g3 22.♖xd4 exd4 23.♕g4+ ♔e7 24.♕g7+ ♔e6 25.♘e2 ♖hg8 26.♕xh6+ ♖f6 27.♘xd4+ 1-0 Grischuk–Yandemirov, Ubeda 2000

II. 7...♕e7 8.♗xf4 ♕b4+

(8...♗g7 9.♘c3 ♗xe5 10.♘d5 ♕d6 11.♗xe5 ♕xe5 12.♕xg4 d6 13.♕f3 ♕xb2 14.♖d1 und die Lage für Schwarz ist alles andere als rosig.)

9.♘c3 ♕xb2 10.♘d5 ♗b4+ 11.♔f2 ♗c5+ 12.♔g3 ♔d8 13.♖b1 ♕xa2

(13...♕d4 14.♕xd4 ♗xd4 15.♖d1 ♗b6 16.e6 fxe6 17.♘xb6 axb6 18.♗e5+–)

14.e6! fxe6 15.♗xc7+ ♔e8 16.♗e5 und Weiß gewinnt Material.

III. 7...h5 8.♗xf4 ♘e7 (8...♗h6 9.♕d2±) 9.♘c3

(9.♗g5 c6 10.♗c4 kommt auch in Frage.)

9...♘g6 10.♗g5 ♗e7 11.♘d5 ♗xg5 12.hxg5 d6 13.♘f6+ ♔f8 14.exd6 ♕xd6 15.♕xd6+ cxd6 16.♖xh5 mit Vorteil für Weiß.

8.gxf3 ♗e7 9.♗c4

Ein typischer Angriffszug gegen das Feld f7.

Aber einen Versuch wert ist auch 9.♕d4!? ♗xh4+ 10.♔d1 gxf3 11.♘d2 usw.

9...♗xh4+

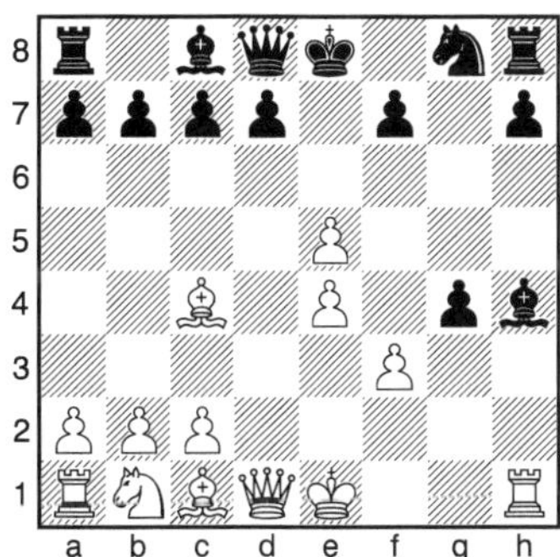

10.♔f1

In einer Fernpartie 2006, Prieto-Holmberg, wählte Weiß 10.♔e2!? und über die weitere Folge 10...h5 11.♘c3 c6 12.♕d4 ♖h7 13.fxg4 hxg4 14.♗e3 (14.a4!?) 14...b5 15.♗d3 ♘e7 16.♗g5 ♗xg5 17.♖xh7 ♘g6 18.♖f1 ♕b6 19.♕xb6 axb6 20.♖hxf7 erlangte er eine Gewinnstellung.

10...d6

10...♕e7

(Auf 10...h5 sollte Weiß am besten mit 11.♘c3! reagieren.)

11.♘c3

(11.♕d5 c6 12.♕xf7+ ♕xf7 13.♗xf7+ ♔xf7 14.♖xh4 gxf3 15.♘d2 ♘e7 16.♘xf3 ♘g6 17.♖h6 ♖f8 18.♗g5 ♔g7 19.♔e2 d5 20.♖ah1+–, Scheffer-Mostertman, Groningen 2002)

11...c6 12.♕d4 d6 13.exd6 ♕f6 14.♕e3 ♗g5 15.f4 ♗e6 16.♗d3 ♗h6 17.♕g3 (17.♔g2!?) 17...♕g7 18.♗e3 ♗d7 19.♖e1 b6 20.♕h4 ♖b8 21.e5 ♕f8 22.♘e4+–, Meetze–Cancelos, IECG FPart 2000.

11.exd6 cxd6

Oder 11...♗g3 12.f4 h5 13.♘c3 cxd6 (13...♕xd6?? 14.♕xd6 cxd6 15.♘e2+–)

14.♕d4 ♖h7 15.♗e3 nebst ♖a1-d1 mit besseren Aussichten für Weiß.

12.♘c3

Weiß ist gut beraten, seine Kräfte so schnell wie möglich ins Spiel zu bringen.

In der Partie Carothers–Cholojczyk, IECC FPart 2001, geschah 12.♕d5 ♕f6 13.e5 dxe5 14.♖xh4 ♕xh4 15.♕xf7+ ♔d8 16.♕f8+ ♔d7 17.♗b5+ ♔e6 18.♗c4+ ♔d7 19.♗b5+ ♔e6 20.♗c4+ ♔d7 mit Remis.

12...♗e6 13.♗b5+ ♔f8 14.♗f4 ♗e7 15.♕d4 und Weiß steht klar besser.

Zusammenfassung: Die Wiener Verteidigung im Königsgambit ist grundsätzlich vorteilhaft für Weiß. Dies hoffen wir anhand von praktischen Beispielen und Analysen nachvollziehbar belegt zu haben.

Kapitel 20
Fortsetzung 5...d6

1.e4 e5 2.f4 exf4 3.♘f3 g5 4.h4 g4 5.♘e5 d6

Schwarz gibt den Bauern zurück, um den Springer aus seiner aktiven Position zu vertreiben.

6.♘xg4

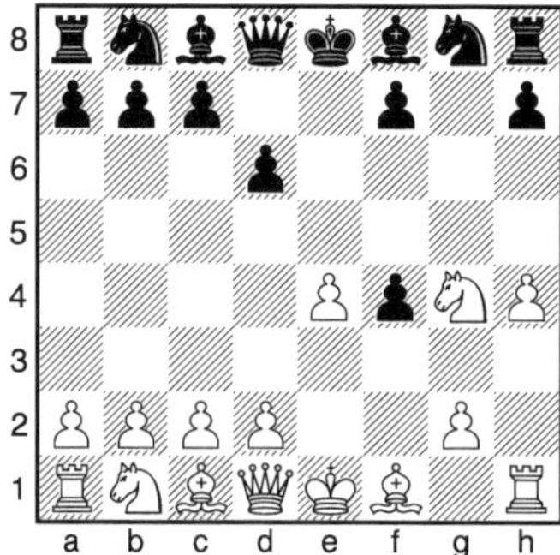

Weiß hat den Bauern zurückerobert, aber sein Springer hat seine zentrale Stellung auf e5 aufgegeben.

Schwarz stehen nun vor allem die folgenden Wege offen:

I. Abspiel 1 – 6...♘f6

II. Abspiel 2 – 6...♗e7

III. 6...h5 7.♘f2 ♘f6 8.d4

A) 8...♗h6 9.♘c3

(Auch 9.♗e2!? wurde in einigen Partien gespielt.)

9...♖g8

(9...♘g4 10.♘d5 ♘xf2 11.♔xf2 c6 12.♘xf4±)

10.♘d3 ♗g4 11.♗e2 ♕e7 12.♗xf4 ♗xf4

(12...♘xe4? 13.♗xh6 ♘g3 14.♘d5+–, Hlusevic–Dubinsky, Orsk 1978)

13.♘xf4 ♘xe4 14.♘cd5 mit weißem Vorteil.

B) 8...♕e7 9.♘c3 ♗f5 10.♕e2 ♗g6 11.♗xf4 ♘c6 12.0-0-0 0-0-0 13.♗g5 und Weiß steht besser, Kolker–Enders, Frankfurt 2007

IV. 6...♘c6

A) 7.♗b5 ♗d7 8.d4 h5 9.♘f2 ♕f6 10.♗xc6

(10.d5!? ♘e5 11.♗xd7+ ♔xd7 12.♘d3 ist eine praktische Erprobung wert.)

10...♗xc6 11.♘c3 ♘e7 12.d5 ♗d7 13.♕d3 ♘g6 14.♘b5 ♕d8 15.♗d2 ♗g7 16.0-0-0 mit kompliziertem Spiel, Vrana–Cekan, Plzen 2004.

B) 7.♘f2 7...♗g7 8.♘c3 ♘ge7 9.d3 ♗e6 10.♗xf4 ♕d7 11.♕d2 0-0-0 12.0-0-0 ♘g6 13.♗g5 f6 14.♗e3±

V. 6...♗xg4 7.♕xg4 ♗h6 8.d4 ♘f6 9.♕f3 (9.♕f5!?) 9...♘c6 10.♗b5 ♕e7 11.♘c3 0-0-0 12.♗xc6 bxc6 13.♗xf4 ♗xf4 14.♕xf4 ♕e6 15.0-0-0 und Weiß steht besser, Tellier–Aannevik, ICCF FPart 2005.

VI. 6...♘h6

A) 7.♘f2 ♘c6 (7...♗e7? 8.♕h5±) 8.♘c3 ♖g8 9.d4 ♘g4 (9...♕f6? 10.♘d5!) 10.♗xf4 ♘xf2 11.♔xf2 ♗h6 12.g3±

B) 7.♘xh6 ♗xh6 8.d4 ♖g8 9.♘c3 ♘c6 10.♘d5 ♖g4 11.♗e2 ♖xh4 12.0-0±

VI. 6...f5 7.♘f2 ♘f6 8.♘c3 fxe4 9.♘cxe4 ♗f5 10.♕e2 ♘xe4 11.♘xe4 ♗xe4 12.♕xe4+ ♕e7 13.♕xe7+ ♗xe7 14.d4 ♖f8 15.♗d3 ♖f7

A) 16.0-0!? ♘c6

(16...♗xh4 17.♖xf4 ♖xf4 18.♗xf4 ♘c6 19.c3 h5 20.g3 ♗f6 21.♗g6+ ♔d7 22.♗xh5+–)

17.c3 ♗xh4 18.♖xf4 ♗g3 19.♖xf7 ♔xf7 20.♗xh7 ♖e8 21.♗d2 ♖e2 22.♖d1 mit einem Mehrbauern im Endspiel.

B) 16.♗d2 ♘c6 17.c3 0-0-0 18.0-0-0 h6 19.♖df1 ♖df8 20.♖f2 d5 21.♗g6 ♖f6 22.h5±, R. Byrne–Levin, Pittsburgh 1946

Abspiel 1
Fortsetzung 6...♘f6

1.e4 e5 2.f4 exf4 3.♘f3 g5 4.h4 g4 5.♘e5 d6 6.♘xg4 ♘f6

Weiß hat nun die Wahl zwischen 7.♘f2 und 7.♘xf6+. Da Schwarz eine Schwäche auf f4 hat, empfiehlt es sich jedoch, auf f6 mit Tempo zu tauschen.

7.♘xf6+ ♕xf6 8.♘c3

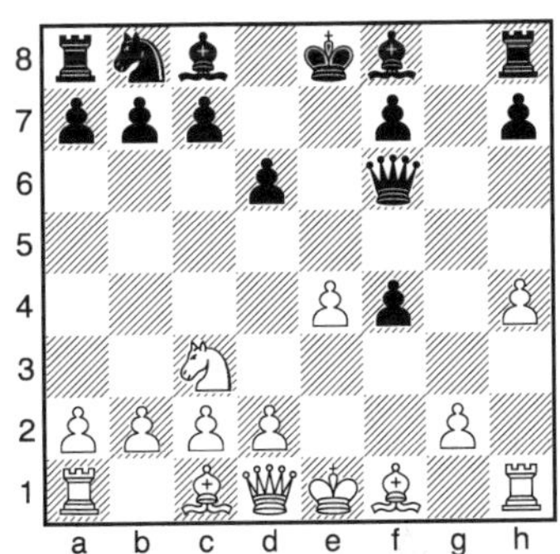

8...♘c6

Ein aktiver Zug. Im Anschluss droht Schwarz bei Gelegenheit mit ♘c6-d4 fortzusetzen.

Einige Alternativen sind:

I. Nach 8...c6 ist 9.♗e2!? ein sicherer Entwicklungszug.

(9.♕f3 ist viel zu kompliziert und führt zu unklarem Spiel.)

A) 9...♘a6 10.♗f3 ♗d7 11.d4 0-0-0 12.♕d2 ♗h6 13.♕f2 ♕g7

(13...♗g7 14.♘e2 ♘b4 15.♔d1 ♗h6 16.♗d2 c5 17.♗c3±, Bangijew–Borisow, FPart 1990)

14.♗d2 f5 15.0-0-0 fxe4 16.♘xe4 d5

17.♘g5 ♖hf8 18.♖de1 ♗xg5 19.hxg5 ♘c7 20.♖e5 ♖f5 21.♖h4 ♖df8 22.♖e1 und Weiß steht besser, Büßing–Haufe, ICCF FPart 2002.

B) 9...♖g8 10.♗f3

B1) 10...♗d7 11.d4 ♘a6 12.♕d2 ♗h6 13.e5 dxe5 14.♘e4 ♕e7 15.dxe5 0-0-0 (15...♕xe5 16.0-0!) 16.♕d6 ♕f8 17.♗d2 ♖g6 18.♕xf8 ♖xf8 19.0-0-0 ♘c7 20.♗b4 1-0, Sabel–Osipow, FPart 1979

B2) 10...♗g7 11.d3

(11.♘e2!? ♗h6 12.d4 ♗g4 13.♕d3 ♘d7 14.♗d2 0-0-0 15.0-0-0± ist einen praktischen Test wert.)

11...♗e6 12.♕d2 ♗h6 13.d4 ♘d7 14.♕f2 ♘b6 15.♗d2 ♘c4 16.0-0-0 b5?

(16...♘e3! ist notwendig.)

17.e5 dxe5 18.♗xc6+ ♔e7 19.♘e4 1-0, Kaschutin–Lpatajew, FPart 1986

C) 9...♗h6 10.d4 (10.♗f3!?) 10...♘a6 11.♗f3 ♗d7 12.e5 dxe5 13.♘e4 ♕g6 (13...♕e6 14.♗g4!) 14.dxe5 0-0-0 15.0-0

(Gut sieht auch 15.♘d6+± aus, z.B. 15...♔b8 16.♕e2 ♕g3+ 17.♕f2 ♕xf2+ 18.♔xf2 ♗e6 19.♗d2±.)

15...♗e6 16.♘d6+ ♔b8 17.♕e2 und Weiß hat gute Perspektiven. Sein Plan: ♗c1-d2-c3, ♖a1-d1 usw.

D) 9...♘d7 10.♗f3 ♘e5 11.d4 ♘xf3+ 12.gxf3 ♖g8 13.♕d3 ♖g2 14.♗d2 ♗d7 15.0-0-0 0-0-0 16.h5 ♗g7 17.♕f1 ♖g3 18.♘e2 ♖g5 19.♗xf4 ♖a5 20.♔b1 ♗e6 21.b3 und Schwarz fehlt die Kompensation für den verlorenen Bauern, Müller Alves–Cornacchini, LSS FPart 2006.

II. 8...♗e6 9.d4

A) 9...♖g8 10.♕d2 ♗h6 11.♕f2 und wegen des schwachen ♙f4 steht Weiß positionell besser.

B) 9...♗h6 10.♘b5 ♘a6 11.♕f3 0-0

(11...♕d8 12.♗xf4 ♗xf4 13.♕xf4 ♗d7 14.0-0-0 ♘b4 15.♗c4 ♖f8 16.♕h6 ♗xb5 17.♗xb5+ c6 18.♗c4 ♕e7 19.♖de1 0-0-0 20.a3 b5 21.♗b3 ♘a6 22.♕xh7+–, Sandberg Maitland–H. Rogers, IECG FPart 1999)

12.g4 ♕e7 13.♗xf4 ♗xf4 14.♕xf4 f5 15.gxf5 ♗xf5 16.♘c3 ♖ae8 17.0-0-0 ♗xe4 und nun hätte Weiß in der Partie Nicholson–Bescos Anzano, ICCF FPart 2001, einfach 18.♕g3+! spielen sollen. In der Linie 18...♔h8 19.♘xe4 ♕xe4 20.♗g2 ♕f4+ 21.♕xf4 ♖xf4 22.♗xb7 ♘b4 23.a3 (23.♔b1? ♖b8 24.♗g2 ♘xc2!) 23...♘a2+ 24.♔b1 ♘c3+ 25.bxc3 ♖b8 26.♔c1 ♖xb7 27.♖df1 sichert sich Weiß ein vorteilhaftes Turmendspiel.

C) 9...♗g7 10.♘b5 ♘a6 11.c3 ♗d7 12.♕f3 c6 13.♘a3 ♘c7 14.♗xf4 0-0-0 15.♘c4 d5 (15...♘e8!?) 16.♘d6+ ♔b8 17.e5 ♕e6 18.0-0-0±, Al Shamma–Landsdale, Lera 1992.

9.♘d5!

Wie die Turnierpraxis gezeigt hat, ist dies die beste Lösung.

Die Fortsetzung 9.♗b5 wird auch gespielt, hat aber keine so große Kraft wie der Springerzug. Wir haben dies in der **Partie Nr. 63:** Van Eijk–Grover, Hoogeveen 2008, analysiert.

9...♕g6

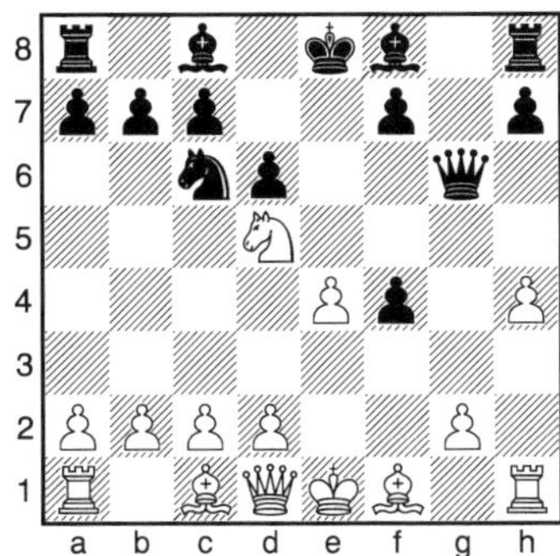

10.d3

Eine einfache Verteidigung des ♙e4.

Schwach ist hier 10.♕f3? ♘d4 11.♘xc7+ ♔d8 12.♕d3 ♘xc2+! 13.♕xc2 ♕g3+ 14.♔d1 ♗g4+ −+.

10.♔f2!? mit der Idee, den König selbst an den Rand laufen zu lassen, ist eine interessante Alternative, die auch von Bangijew genauer betrachtet worden ist. Weitergehen kann es mit 10...♕g3+ 11.♔g1 ♗g7 12.c3 ♗g4 13.♗e2 ♘e5 14.♗xg4 ♘xg4 15.♕e2 f3 16.♕xf3 ♕e1+ 17.♕f1 ♕xe4 18.♘xc7+ ♔d8 19.♘b5 (19.♘xa8?? ♗d4+! nebst Matt) 19...a6 20.d3.

Wir empfehlen Schwarz, nun mit 20...♕e5! fortzusetzen, wonach es ist nicht nachzuweisen ist, dass Weiß besser steht.

Bangijew berücksichtigt 20...♕d5 und stellt nach 21.♕f3 fest, dass Weiß deutlich besser steht.

10...♕g3+

Auf 10...♗h6 folgt 11.♕f3 ♘d4

(11...♗g4?? 12.♕xg4 1-0, Mikita-Talla, Banska Stiavnica 2007)

12.♕f2 ♘e6 13.g3! c6 (13...fxg3 14.♕f6!+−) 14.♘xf4 ♘xf4 15.gxf4 ♖g8 16.f5 ♕f6 17.♗xh6 ♕xh6 18.♕d2 ♕f6 19.0-0-0 mit Vorteil für Weiß.

11.♔d2 ♘e7

Alternativen für Schwarz sind teilweise ebenfalls günstig für Weiß, teilweise bedürfen sie noch einer Überprüfung in der Praxis, bevor eine abgesicherte genaue Beurteilung möglich wird. Besonders zu beachten sind:

I. 11...♗h6 12.♕f3!

(Ungenau wäre 12.♕h5? wegen 12...f3+ 13.♕xh6 fxg2 und Schwarz remisiert problemlos.)

12...♔d8 13.♕xg3 fxg3+ 14.♔d1 ♗xc1 15.♖xc1

(In Frage kommt auch 15.♔xc1!? nebst 16.♔d2 usw.)

15...♗e6 16.♗e2 ♗xd5 17.exd5

A) 17...♘b4 18.♖f1 ♔e7 19.♖f5 ♘xa2 20.♖a1 ♘b4 21.♖a4 a5

(21...♘a6 hilft nicht wegen 22.♖e4+ +−.)

22.c3 b5 23.♖a1 ♘a6 24.d4 b4 25.♖xa5+−, Fier-Lopez Heras, Parla 2008

B) 17...♘e7 18.c4 und Weiß steht besser.

II. 11...♗e6 12.c3

(12.♘xc7+ ♔d7 13.♘xe6 ♕e3+ 14.♔c3 ♗g7+ 15.♘xg7 ♕d4+ 16.♔d2 ♕e3+=) 12...0-0-0 13.♔c2 ♗xd5 14.exd5 ♘e7

A) 15.♖h3!? mit der möglichen Folge 15...♕f2+ (15...♕g6 16.♕f3 ♗h6 17.g4±) 16.♕e2 ♕xe2+ 17.♗xe2 ♘xd5 18.♗f3 und im Anschluss wird der ♙f4 zurückerobert mit besserem Spiel für Weiß.

B) 15.♕h5 ♕g6 16.♕f3

(16.♗e2± ist einen Praxistest wert.)

16...♗h6 17.♗xf4 ♗xf4 18.♕xf4 ♘xd5 19.♕f3 ♕e6 20.g3 ♘e3+ 21.♔d2 ♘xf1+ 22.♖hxf1 ♖de8

(22...♖df8? 23.♖fe1 ♕h6+ 24.♔c2 f5 25.♖e7 ♕g6 26.♖ae1 ♖hg8 27.♖xc7+! ♔xc7 28.♖e7+ ♔b6 29.♖xb7+ ♔a5 30.b4+ ♔a4 31.♕c6+ 1-0, Aagaard–Rasmussen, Kopenhagen 1996)

23.♖fe1 ♕g6 24.♖xe8+ ♖xe8 25.♖f1 ♖e7 26.♕f5+ ♔d8 27.♖f3±

III. 11...♘b4!? 12.♕f3

(Nach 12.♘xb4 ♕e3+ 13.♔c3 ♗g7+ kommt Weiß schwer unter Beschuss.)

12...♕xf3 13.gxf3 ♘xd5 14.exd5 ♖g8 15.♔c3

(15.♔e2 ♗h6 16.♗d2 ♗f5 17.♔f2 ♔d7 18.♖e1 ♖g3 19.h5 ♖ag8 20.♗c3 ♗g5 endete in der Fernpartie 2009 Haller– Jarabinsky nach 34 Zügen mit einem Remis.)

15...♗h6 16.♗d2 ♗f5 17.♖e1+ ♔d7

Sakajew hält die Stellung für ausgeglichen, aber wir ziehen die weißen Chancen innerhalb der Remisbreite leicht vor, weil der Anziehende etwas initiativer steht. Sakajew verweist auf eine sehr gute Endspielstellung von Schwarz, was aber in gleicher Weise für Weiß gilt.

12.♕e1

Nach 12.♘xc7+ ♔d8 13.♘xa8 ♕e3+ remisiert Schwarz problemlos.

12...♘xd5 13.exd5+ ♗e7 14.♕xg3 fxg3 15.d4

– Nicht so stark ist 15.♗e2

(Sakajew verweist auf die Idee 15.♗b5.)

15...♖g8 16.♔d1 ♗g4 17.♗g5

(17.♗e3!? ♔d7 18.♔d2 h5 19.♖af1 ist zu überlegen.)

17...♗xg5 18.♗xg4 ♗f6 19.♗f5 ♔f8 20.c3 ♖e8 21.d4 h5 22.♖h3 ♗g7 23.♖xg3 mit Remis, A. Fedorow–Anand, Wijk aan Zee 2001.

– 15.♔c3 ist ein Vorschlag von Sakajew, der den Zug mit einem „!“ versieht und mit 15...♖g8 16.d4!± fortsetzt.

15...c6 16.♗c4 ♖b8 17.♔c3 cxd5 18.♗xd5 ♗f5 19.♔b3 ♗e6 20.♗xe6 fxe6 21.♗g5 ♔d7 22.♖af1 mit etwas besserem Endspiel für Weiß, Klengel–Niewiadomski, ICCF FPart 2004.

Zusammenfassung: In diesem Abspiel hat Weiß zumindest dann bessere Perspektiven, wenn Schwarz nicht hart am Optimum agiert. Nach unserer Auffassung sollte Weiß 10.d3 spielen, auch weil die von Bangijew empfohlene Alternative 10.♔f2!? wegen der Verteidigungsmöglichkeit 20...♕e5! nichts einbringt.

Abspiel 2
Fortsetzung 6...♗e7

1.e4 e5 2.f4 exf4 3.♘f3 g5 4.h4 g4 5.♘e5 d6 6.♘xg4 ♗e7

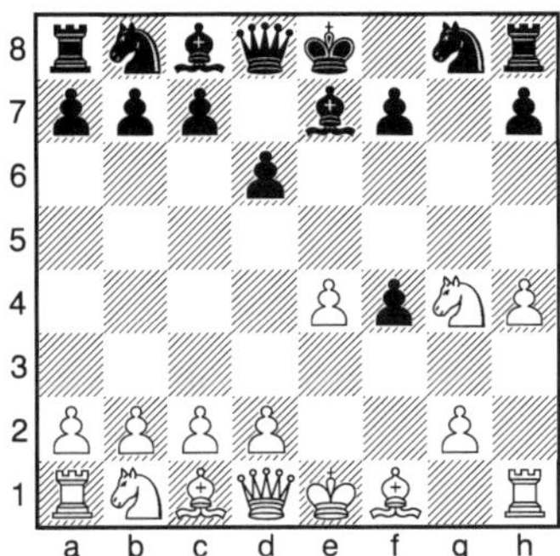

Eine energische Antwort mit Angriff auf den ♙h4.

7.d4

Ein logischer Zug: Weiß öffnet den Weg für seinen Läufer und beginnt die Belagerung des ♙f4.

Noch nicht genau erforscht ist 7.d3!? ♗xh4+ 8.♘f2 ♕g5 und nun:

A) 9.♕f3 ♗g3 10.♘c3 ♘c6

(Das Endspiel nach 10...♗g4? 11.♕xg3 fxg3 12.♗xg5 gxf2+ 13.♔xf2 ist klar besser für Weiß.)

11.♘e2

A1) 11...♗xf2+ 12.♕xf2 ♗d7 13.♘xf4 ♕g7 14.♘d5 0-0-0 15.♗d2 und Weiß ist im Vorteil.

A2) 11...♘e5 12.♕xg3 ♕xg3

(Die Position nach 12...fxg3 13.♗xg5 gxf2+ 14.♔xf2 ist günstig für Weiß.)

13.♘xg3 fxg3 14.♘d1 ♘f6 15.♗f4 ♖g8 16.♘c3 ♘eg4 17.♘e2 ♗e6 18.♘xg3 0-0-0 19.♗e2±

A3) 11...♘b4 12.♔d1 ♕c5

(12...♘xc2 13.♖h5 ♕g6 14.♔xc2 ♗xf2 15.♘xf4 ♕g3 16.♘d5 ♕xf3 17.gxf3 ♗b6 18.♗d2±)

13.c3 ♕xf2 14.♕xf2 ♗xf2 15.cxb4 f5 16.♗xf4 fxe4 17.dxe4 ♘f6 18.♘c3 ♗e6 mit etwa gleichen Chancen.

B) 9.♕d2 besprechen wir in der **Partie Nr. 64:** Winants–Almasi, Wijk aan Zee 1995.

7...♗xh4+ 8.♘f2 ♕g5

Die „La Bourdonnais–Variante".

Die Alternativen sind:

I. 8...♗xf2+ 9.♔xf2

A) 9...♘f6 10.♘c3 ♕e7 11.♗xf4 ♘xe4+ 12.♘xe4 ♕xe4 13.♗b5+ ♔f8

(Auf 13...♔d8? folgt 14.♗g5+ mit sofortigem Gewinn.)

14.♗h6+ ♔g8 15.♖h5 ♗f5

(Nach 15...f6 16.♗c4+ ♗e6 17.♕d3 ♕g4 18.♗xe6+ ♕xe6 19.♕g3+ ♔f7 20.♕g7+ bzw.; 15...f5 16.♖g5+ ♔f7 17.♕h5+ gewinnt Weiß einfach.)

16.♕d2 ♗g6 17.♖e1 1-0, Morphy–Lyttelton, Birmingham 1858

B) 9...♕g5 10.♕f3 ♕g3+ 11.♕xg3 fxg3+ 12.♔xg3 ♘f6 13.♗d3 ♘c6 14.c3 ♖g8+ 15.♔f2 ♗d7 16.♗f4 0-0-0 17.♘d2 und Schwarz hat zwei Bauernschwächen auf f7 und h7. Daher hat Weiß bessere Aussichten.

II. 8...♗g3 9.♕f3 ♕f6

(Oder 9...♘c6 10.♗b5 ♗d7 11.♗xc6 ♗xc6 12.♗xf4 ♗xf4 13.♕xf4 ♕f6 14.♕e3 0-0-0 15.♘c3 nebst 0-0-0 und die weißen Perspektiven sind vorzuziehen.)

10.♘c3 ♕xd4 11.♗xf4

A) 11...♗xf4 12.♕xf4 ♗e6 13.♗b5+ ♘d7 14.♗xd7+ ♗xd7 15.♘d3 ♗e6 16.♕g5! c6 17.0-0-0 h6 18.♕g3 ♘f6

(18...0-0-0 19.♘f4 ♕f6 20.♘xe6 ♕xe6 21.♘b5! cxb5 22.♕c3+ ♔b8 23.♕xh8 ♕xa2 24.♕d4±)

19.e5 ♖g8 20.♕f3 ♘d5 21.♘e4 0-0-0

(21...dxe5 22.♘dc5 ♕e3+ 23.♕xe3 ♘xe3 24.♘f6+ ♔f8 25.♘xe6+ fxe6 26.♖d3 mit weißem Vorteil.)

22.♘xd6+ ♔b8 23.♖he1 ebenfalls mit weißem Vorteil.

B) 11...♗xf2+ 12.♕xf2 ♕xf2+ 13.♔xf2 ♘f6 14.♗e2 ♗e6 15.e5 dxe5 16.♗xe5 ♘bd7 17.♗xc7 a6 18.♗f3 ♘g4+ und nun hätte Weiß in der Partie Barle–Pesec, Slowenien 1993, 19.♔g1!? spielen sollen; z.B. 9...♘e3 20.♗f4 ♘xc2 21.♖c1 ♘b4 22.♗xb7 ♖a7 23.♗e4 und mit seinem Läuferpaar in der offenen Stellung steht Weiß klar besser.

9.♕f3 ♘c6

Nach der herrschenden Auffassung die beste Fortsetzung.

9...♗g3 gibt Weiß nach 10.♘c3 gute Chancen auf Übernahme der Initiative.

A) 10...♘c6 11.♗b5 ♗d7

(11...♘ge7 12.e5 dxe5 13.d5 ♗xf2+ 14.♔xf2 ♗g4 15.♕e4 ♗f5 16.dxc6 ♗xe4 17.cxb7+ ♔f8 18.♘xe4+–)

12.♗xc6 ♗xc6

(Die Variante 12...bxc6 13.♘e2 ♗g4 14.♕xg3 fxg3 15.♗xg5 gxf2+ 16.♔xf2 ist günstig für Weiß.)

13.d5 ♗d7 14.♘e2 0-0-0 15.♗xf4

(Gut ist 15.♘xg3 ♕xg3 16.♗xf4 ♕xf3 17.gxf3 und Weiß ist in Vorteil, was sich mit dem schwachen schwarzen Bauern auf h7 begründet.)

15...♗xf2+?

(15...♗xf4! 16.♕xf4 ♕xf4 17.♘xf4 ♖e8=)

16.♕xf2 ♕g7 17.♕xa7 ♗b5 18.♘d4 ♗a6 19.0-0-0 ♕xg2 20.♘c6! ♖e8 21.e5 ♗e2 22.exd6 ♔d7 23.♘b8+ ♖xb8 24.♕xb8 cxd6 25.♕xd6+ ♔e8 26.♕b8+ ♔d7 27.♕c7+ ♔e8 28.d6 ♕c6 29.d7+ 1-0, Dorst–Gottstein, Baunatal 1997

B) 10...♘f6 11.♗d2

B1) 11...♘g4 12.♕xg3 fxg3 13.♗xg5 gxf2+ 14.♔d2 ♗e6

(Auf 14...f6 ist 15.♗h4! gut.)

15.♗e2 ♖g8 16.♘b5 ♘a6 17.♖xh7 ♖b8 18.♗xg4 ♗xg4 19.♗h4 ♗d7 20.♘c3 ♗e6 21.♖f1 c6 22.♖xf2+–, Lewis–Angus, IECC FPart 1996

B2) 11...♗d7 12.0-0-0 ♘c6 13.e5!?

(13.♘h3 ♗xh3 14.♖xh3 ♘xd4 15.♕xg3 ♕xg3 16.♖xg3 fxg3 17.♗g5 ♘xe4 18.♘xe4 ♘e6 19.♗b5+ ♔f8 20.♗h6+ ♔e7 21.♘xg3±, Rechel–B. Schmidt, Wiesbaden 1992)

13...dxe5

(13...♘xd4 14.♕xb7 ♗c6 15.♗b5+–)

14.dxe5 ♘g4

(14...♘xe5 15.♕xb7 ♗c6 16.♗b5 0-0 17.♗xc6 ♗xf2 18.♘e4 ♘xe4 19.♗xe4 h6 20.♗c3 ♖fe8 21.♔b1 mit ausgezeichneten Angriffschancen.)

15.♘fe4 ♕g7

(15...♕xe5 16.♘xg3 fxg3 17.♖e1+–)

16.♘d5 0-0-0 17.♗a6! bxa6 18.♘e7+ ♘xe7

(18...♔b7 19.♘xc6 ♗xc6 20.♘c5+ ♔b6 21.♗a5+! ♔xa5 22.♕xc6+–)

19.♘d6+! cxd6 20.♕a8+ ♔c7 21.♗a5#

B3) 11...♘c6 12.♗b5 ♘g4 13.♕xg3 fxg3 14.♗xg5 gxf2+ 15.♔f1 0-0 16.♖d1 f5 17.♗e2 ♗d7 18.♖h4 ♖ae8 19.♗f3 (19.exf5!?) 19...♘b4 20.exf5 h5 21.♖xh5 ♗xf5 22.♗f4 ♖e7 23.♖h4 ♖h7 24.♖xh7 ♗xh7 25.♗g5 ♘h2+ 26.♔xf2 ♗xc2 27.♖h1 ♘xf3 28.gxf3 ♗g6 mit ausgeglichenem Endspiel, Bezerra–Turko, IECG FPart 2006.

10.♕xf4

Keinen Vorteil verspricht 10.d5 wegen 10...♘e5 11.♕xf4 ♕xf4 12.♗xf4 ♗f6 13.c3 ♘e7 14.♘a3 a6 15.♗e2 ♘7g6 16.♗d2 ♗h4 17.♗e3 f5 18.exf5 ♗xf5 19.♖f1 ♘d3+ 20.♗xd3 ♗xd3 21.♖g1 ♘e5 22.0-0-0 ♗g6 und Schwarz steht besser, Clark–Skratulia FPart 2006.

10...♕xf4

Der Versuch 10...♘xd4 misslang in Scacco–Leonard, chessfriend.com FPart 2004: 11.♕xg5 ♗xg5 12.♗xg5 f6 13.♗f4

(Stärker sieht 13.c3 ♘c2+ 14.♔d2 ♘xa1 15.♗h4 ♗e6 16.♘a3 ♗xa2 17.♗b5+ c6 18.♖xa1 ♗e6 19.♗e2 aus.)

13...♘xc2+ 14.♔d2 ♘xa1 15.♘c3 ♘e7 16.♗c4 ♘g6 17.♘d3 ♘e5 18.♘xe5 dxe5 19.♗e3 c6 20.♖xa1 und der weiße Vorteil reichte zum späteren Sieg.

11.♗xf4 ♗xf2+

Komplizierte Varianten entstehen nach 11...♘xd4 12.♖xh4 ♘xc2+ 13.♔d2 ♘xa1 14.♘c3 ♗e6 15.♖h1 ♘e7

(15...♗xa2 16.♗b5+ ♔d8 17.♘xa2 ♘b3+ 18.♔e3 ♘c5 19.♘c3 ♘e7∞)

16.♗e2 ♘g6 17.♗g5 ♗xa2

(17...h6 18.♗f6 ♖g8 19.♘d3 ♗xa2 20.♘xa2 ♘b3+ 21.♔e3∞)

18.♖xa1 ♗e6 19.♘b5 ♔d7 20.♘g4 c6 21.♘f6+ ♔d8 22.♘d5+ ♔d7

(22...♔c8 23.♘b6+ ♔b8 24.♘xa8 cxb5 25.♗e3 b6 26.♗xb5 ♘e5 27.♘xb6 axb6 28.♗xb6 ♖g8=)

23.♘f6+ mit Dauerschach.

12.♔xf2 ♘xd4 13.♘c3 ♗e6

Schwarz muss sich beeilen, die Entwicklung zu beenden.

Schwach ist 13...♘xc2? wegen 14.♖c1 ♘d4 15.♘d5 ♘e6 16.♘xc7+ ♘xc7 17.♖xc7 mit klarem Übergewicht für Weiß.

14.♘b5 ♘xb5 15.♗xb5+ c6

Oder 15...♗d7 16.♗e2 ♘f6 17.e5 ♘e4+ 18.♔e3 d5 19.c4 c6 20.♖ad1 ♗e6 21.♗f3 f5 22.exf6 ♘xf6 23.♗e5 mit Remis, Ressegnier–Lentz, FPart 1912.

16.♗d3 ♔d7 17.e5 d5 18.♖xh7 ♖xh7 19.♗xh7 ♘e7 mit vollem Ausgleich.

Zusammenfassung: Die Fortsetzung 6...♗e7 gibt Schwarz gute Gegenchancen. In der Hauptvariante nach 7.d4 ist es für Weiß sehr schwierig, einen Vorteil zu erlangen, auch wenn der Gegner genau spielen muss. Deshalb ist 7.d3!? zu beachten und danach der genauen Analyse von 9.♕f3 und 9.♕d2 besondere Aufmerksamkeit zu widmen.

Kapitel 21
Fortsetzung 5...d5

1.e4 e5 2.f4 exf4 3.♘f3 g5 4.h4 g4 5.♘e5 d5

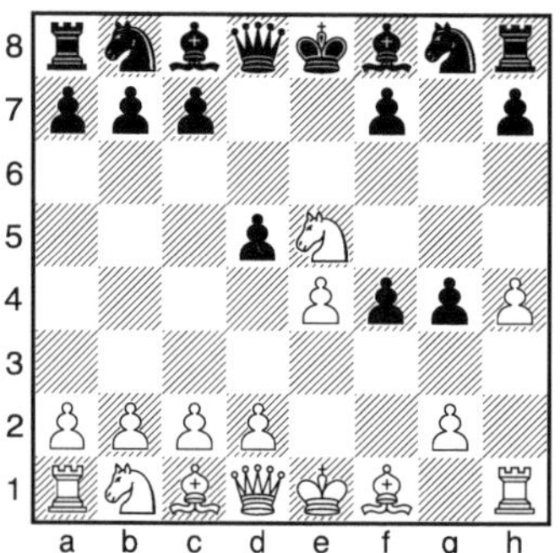

Diese Fortsetzung führt zur „Brentano-Verteidigung“. Schwarz greift den Bauern e4 an und verschafft sich damit mehr Raum für seine Figuren. Der Nachteil dieser Idee liegt jedoch darin, dass Schwarz den gegnerischen Springer nicht mehr mittels d7-d6 aus dessen aktiver Position vertreiben kann.

6.d4

Eine logische Folge: Weiß öffnet die Diagonale für den Läufer und möchte den ♙f4 schlagen, verbunden mit der Öffnung der f-Linie.

Unklar ist 6.exd5; es ist schwierig, in dieser Variante einen Weg zu finden, über den Weiß einen Vorteil erzielen kann

A) 6...♕xd5 7.♕e2 ♗e6

(7...♕e6 8.d4 f3 9.gxf3 gxf3 10.♕xf3 ♘c6 11.♗e3 ♘xe5 12.dxe5 ♕xe5 13.♘d2 ♗e6 14.0-0-0 0-0-0 15.♗g2 ♗d5 16.♗h3+ ♗e6 17.♘c4 ♖xd1+ 18.♖xd1 ♕f6 19.♗xe6+ ♕xe6 20.♗d4±, Steinitz-Showalter, Nürnberg 1896)

8.♘c3 ♕c5 9.d4 ♕xd4 10.♘b5 ♕c5 11.♗xf4

A1) 11...♗h6 12.♗xh6 ♘xh6 13.0-0-0 0-0 14.♘d4 ♗xa2 und nun hätte Weiß in der Fernpartie Prieto-Just, 2003, 15.♕e3! spielen sollen; z.B. 15...f6 16.♕xh6 fxe5 (16...♕xe5 17.b3+-) 17.♗d3 ♕e7 18.♘f5 ♕f6 19.b3 ♕xh6+ 20.♘xh6+ ♔g7 21.♘xg4 ♘d7 22.♔b2 und Schwarz verliert seinen Läufer.

A2) 11...a6 12.♘xf7! ♔xf7 13.♘xc7 ♕f5 und hier hätte Weiß in der Fernpartie Kolosan-Kopriuschkin, 1967, zu 14.♕xe6+! greifen sollen; z.B. 14...♕xe6+ 15.♘xe6 ♔xe6 16.♗c4+ ♔d7

(16...♔f6 17.0-0 ♘c6 18.♗d2+ ♔e5 19.♗c3+ ♔d6 20.♗xh8+-)

17.0-0-0+ ♔c6 18.♖he1! ♗h6 (18...♔b6 19.♖d8+-) 19.♖e6+ ♔c5 20.♗xh6 ♘xh6 21.♖d5+! ♔xc4 22.♖ee5 ♘c6 (22...b5 23.a3+-) 23.b3+ ♔c3 24.♖e3+ ♔b4 25.♖e4+ ♔c3 26.♖c4#.

B) 6...♘f6! 7.♗b5+ ♗d7 8.♘xd7 ♘bxd7 9.0-0 ♗d6 10.d4 (10.♘c3!?) 10...♘xd5 11.♕xg4 c6 12.♗c4 ♕b6 13.♗xd5 (13.c3!?) 13...♕xd4+ 14.♔h1 cxd5 15.♗xf4 ♗xf4

(15...♕xb2 16.♗xd6 ♕xa1 17.♖e1+ ♔d8 18.♕g5+ ♔c8 19.♕xd5+-)

16.♕xf4 ♛xf4 17.♖xf4 0-0 18.♘c3 ♞b6 19.♖d1 ♜ac8 und aufgrund der schwarzen Schwäche auf d5 hat Weiß die besseren Aussichten.

C) 6...♝e7 7.♗b5+ ♚f8 8.♘c3 ♝xh4+ 9.♔f1 h5 10.d4 ♝g3 11.♘e2 ♛f6 12.♔g1 h4∞

D) 6...♛e7 7.♕e2 ♞f6 8.d4

(8.♘c3 ♞h5 9.d4 ♞g3–+, Dubuisson–Pimenta, Metz 2005)

8...♞h5 9.♘d3 ♝f5 10.♘c3 ♞d7 11.♘b5 0-0-0! und nun wäre 12.♘xa7+ günstig für Schwarz; z.B. 12...♚b8 13.♘b5 ♛f6 mit ausgezeichnetem Spiel.

6...♞f6

Normal auf Entwicklung gespielt.

Andere Möglichkeiten sind:

I. 6...f3 7.gxf3 ♝e7 8.exd5 ♝xh4+ (8...♛xd5?? 9.♗c4+–) 9.♔e2 gxf3+

(9...h5 10.♗f4 ♝g5 11.♗xg5 ♛xg5 12.♕d2 gxf3+ 13.♔f2 ♛xd2+ 14.♘xd2 ♞e7 15.♖e1±)

10.♘xf3 ♝f6 11.♘c3 ♝g4 12.♕d2 h5

(12...♞e7 13.♕f4 ♝xf3+ 14.♔xf3 ♞g6 15.♕e4+ ♛e7 16.♗b5+ ♞d7 17.d6 ♛xe4+ 18.♘xe4 ♝xd4 19.dxc7 ♝e5 20.♖d1 ♞gf8 21.♘c5+–)

13.♕f4 ♝e7 14.♔f2 ♜h6 15.♕g3 ♜f6 16.♗f4 ♞h6 17.♗d3 ♝d6 18.♘e5 ♞f5 19.♗xf5 ♜xf5 20.♖ae1±

II. 6...♝h6 7.exd5 ♛xd5 8.♘c3 ♛d6 9.♗c4 ♝e6 10.♘e4 ♛b6 11.♗xe6 ♛xe6 12.♘c5 ♛f5 (12...♛d6 13.♘xg4±) 13.♕xg4 ♛xg4 14.♘xg4 ♝g7 15.c3 h5 16.♘f2 b6 17.♘ce4±

III. 6...h5 7.exd5

(7.♗xf4!? ♝h6 8.♗xh6 ♜xh6 9.exd5 ♛xd5 10.♘c3 ♛a5 11.♕d2 ♝e6 12.d5 ♝f5 13.♕g5 ♝h7 14.♕g7+–, Johansson–Thomasson, Malmö 1994)

7...♛xd5 8.♘c3 ♝b4 9.♗xf4 ♝f5 10.♔f2 ♝xc3 11.bxc3 ♛e4 12.♗b5+ c6 13.♘d3 ♛d5 14.♕e2+ ♝e4 15.♗c4 ♛xc4 16.♕xe4+ ♛e6 17.♕xe6+ fxe6 18.♘c5 b6 19.♘xe6+–, Van Foreest–Benima, Holland 1885

IV. 6...dxe4 7.♗c4 ♞h6 8.♗xf4 ♞d7 9.♘c3 ♞xe5 10.♗xe5 f6 11.♗f4 ♞f5 12.♕e2 ♝d6 (12...♛xd4 13.♖d1+–) 13.♕xe4+ ♚f8 14.0-0-0 ♚g7 15.♖de1 ♝b4 16.h5 ♜f8

(16...♛xd4 17.h6+ ♚g6 18.♖h4 ♛xe4 19.♖xg4+ ♚h5 20.♖xe4 ♚xg4 21.♗e2+ ♚h4 22.♗e5+ ♚g5 23.♖g4+ ♚xh6 24.♗f4+ ♚h5 25.♖g3+ ♚h4 26.♖h3#)

17.♘b5 ♝xe1 18.♖xe1 a6 19.♘xc7 ♜a7 20.♘e8+ ♚h8 21.♗c7 1-0, Carroll–Behrmann, FPart 1998

V. 6...♝e7 7.♗xf4 ♝xh4+ 8.g3 ♝f6 9.♘c3 ♞e7 10.♖h5

(Die Alternative 10.♗g2!? verdient das Vertrauen für einen Versuch in der Praxis.)

10...c6 11.exd5 ♞xd5 12.♘xd5 cxd5 13.♘xg4 ♛e7+ 14.♘e3 ♝e6 15.c3 ♞c6 16.♗g2 0-0-0 17.♔f2 ♛d7 18.♘xd5+–, IECG FPart 1997

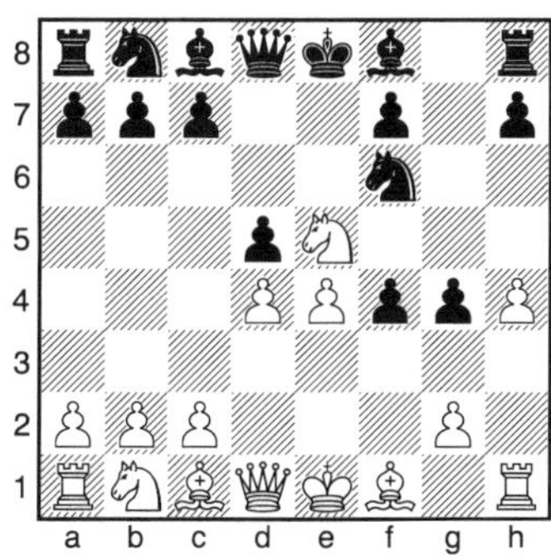

7.♗xf4

Diese Fortsetzung entspricht der Stellung im besonderen Maße. Weiß nimmt den schwarzen Bauern vom Brett und entwickelt zugleich seinen Läufer.

Anscheinend erhält Schwarz nach 7.exd5 bessere Aussichten:

A) 7...♕xd5 8.♘c3 ♗b4 9.♗xf4 ♕e4+

(9...♗xc3+ 10.bxc3 ♕e4+ 11.♕e2 ♕xf4 12.♘g6+ ♕e4 13.♘xh8 ♔f8 14.♕xe4 ♘xe4 15.♗d3 ♘g3 16.♖g1 ♔g7 17.♘xf7 ♔xf7 18.♗xh7 ♗f5 19.♗xf5 ♘xf5 20.g3 ♘c6 21.♔d2±, Bangijew)

10.♕e2 0-0

(Die Variante 10...♕xf4 11.♘d3+ ♕e4 12.♘xb4 ♕xe2+ 13.♗xe2 ist klar zum Vorteil für Weiß.)

11.♗d2 ♕xd4 12.0-0-0 ♖e8 13.♗g5 ♕xe5 14.♕xe5 ♖xe5 15.♗xf6 ♖e8 16.♖d5 ♔f8 und nun ergibt sowohl 17.♖g5 als auch 17.♗d3 gute Perspektiven.

B) 7...♘xd5! 8.♗c4 ♗e6 9.♕e2 ♗e7 10.0-0 f3 11.gxf3 gxf3 12.♕xf3 ♖g8+ 13.♔h1 ♘c6!

(13...♗xh4? 14.♘xf7!±, Van Wessel-Pelter, Haarlem 2001)

14.♘c3

(– Nach 14.♗b5 ♗d6 15.♗g5 ♖xg5! 16.♘xf7 ♖g1+! 17.♔xg1 ♕xh4 18.♘xd6+ ♔d7 19.♖f2 ♖g8+ 20.♖g2 ♕xd4+ kommt Schwarz zu einem kräftigen Angriff.

– Oder 14.♘xf7 ♕d7 15.♘g5 0-0-0 16.♘xe6 ♕xe6 17.♕f5 ♕xf5 18.♖xf5 ♘xd4 19.♖xd5 ♘xc2 20.♖d2 ♖g7 21.b3 ♘xa1 22.♗b2 ♖xd2 23.♘xd2 ♘xb3 24.axb3 ♖g6 25.h5 ♖g5 und Weiß wird sich von seinen ehrgeizigen Zielen verabschieden müssen, denn die besseren Chancen im Endspiel sprechen für Schwarz.)

14...♘xe5 15.dxe5 c6 16.♘xd5 ♗xd5 17.♗xd5 ♕xd5 18.♕xd5 cxd5 19.♗e3 ♖c8 20.c3 ♖c4 21.♗d4 ♖g4 mit schwarzem Vorteil.

7...♘xe4

Das Beste, wie die Praxis zeigt.

Andere Züge sind entsprechend schwächer:

I. 7...♗e6 8.♗e2 ♗d6 9.0-0 ♘xe4 10.♘xg4 ♘d7 11.♘d2 ♘xd2 12.♕xd2 ♗e7 13.♘h6 ♖f8 14.♖ae1 c5 15.♗h5 ♕b6 16.♖xe6 ♕xe6 17.♖e1 ♕b6 18.♘f5+-, Campos Ruiz-Muniz, Teeside 1973

II. 7...♘c6 8.♗b5 ♗d7 9.♘xd7 ♕xd7 10.e5 (10.♗e5!?) 10...♘e4 11.♘d2 0-0-0 12.♘xe4 dxe4 13.c3 ♗e7 14.♕b3 g3 15.0-0-0 ♕g4 16.♖df1 mit weißem Vorteil, Dittrich-Stucki, Berlin 2011.

8.♘d2

Der auf dem Zentralfeld e4 postierte Springer steht sehr stark und muss deshalb beseitigt werden!

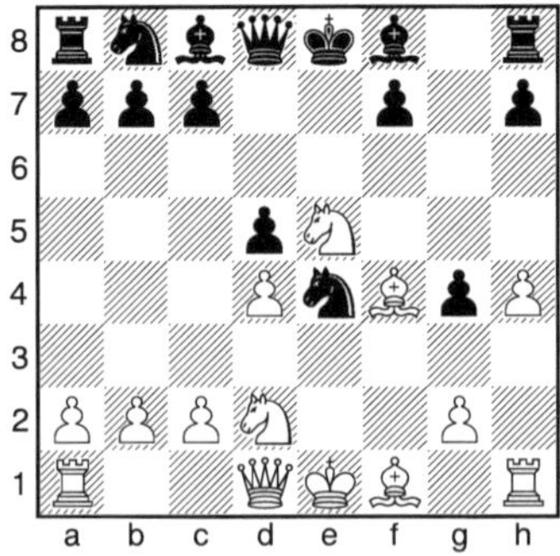

8...♘xd2

Dieser quasi in „vorauseilendem Gehorsam“ gespielte Zug wird in vielen Eröffnungsmonografien diskutiert.

Wir meinen jedoch, dass Schwarz hier versuchen kann, aus einer anderen Idee Profit zu schlagen, und zwar über den einleitenden Damenzug 8...♕f6! mit der möglichen Folge 9.g3 ♗h6 10.♘xe4 dxe4 11.♘xg4 ♗xg4 12.♕xg4 ♗xf4 13.♕xf4

(Nach 13.gxf4 ♘d7 14.0-0-0 0-0-0 hat Schwarz keine Probleme.)

13...♕xf4 14.gxf4 ♘c6 15.c3 f5 16.♖g1 ♔f7 17.♗c4+ ♔f6 18.♔f2 ♘e7 19.h5 und Weiß steht etwas aktiver: Die eroberte g–Linie und der aktive Läufer auf der Diagonale a2–g8 sind Faustpfände. Unklar aber ist, ob dies reicht, um entscheidend in Vorteil zu kommen.

9.♕xd2 ♗d6

Andere Fortsetzungen sind:

I. 9...f6 10.0-0-0! fxe5

(10...♗e7 11.♘d3 ♘c6 12.♕f2 0-0 13.h5±)

11.♗xe5 ♖g8 12.♗d3 ♕e7 13.♖de1 ♗e6 14.♕f4 ♘c6 15.♗f6 ♕f7

(15...♕d6 16.♕f5 ♔d7 17.♕xh7+ ♗e7 18.♖xe6! ♕f4+ 19.♔b1 ♔xe6 20.♗xe7 ♕f2 21.♗c5 ♖ae8 22.♖f1+–)

16.♗f5 ♖g6 17.♖xe6+ mit weißem Gewinn, Züchner–Drefke, CServe FPart 1987.

II. 9...♗e6 10.0-0-0 ♘d7 11.♖e1 ♗g7

(11...♗e7 12.♕e2 ♖g8 13.♘xf7 ♗xf7 14.♗xc7 ♔f8 15.♗xd8 1-0, Cleemskerk–Rhyn, FPart 1896)

12.♘xg4 0-0 13.♗g5 ♘f6 14.♘xf6+ ♗xf6 15.♗d3 ♔h8 16.♕f4 ♗e7 17.♗xe7 ♕xe7 18.♕e5+ ♔g8 19.♖e3 und Weiß sicherte sich den vollen Punkt, Caro–Schiffers, Berlin 1897.

III. 9...♗g7 10.♗h6 ♗xh6?

(Zu versuchen ist 10...0-0!?.)

11.♕xh6 ♗e6 12.♗d3 ♘d7 13.♘xf7! ♗xf7

(13...♔xf7 14.0-0+ ♔e7 15.♖ae1 ♕g8 16.c4 c6 17.♗f5 ♘f8 18.♗xe6 ♘xe6 19.♖xe6+ ♕xe6 20.♕g7+ +–)

14.0-0 mit entscheidendem Angriff, Teschner–Dahl, Berlin 1946.

10.0-0-0 ♗e6 11.♗d3 ♘d7

Auf 11...f6 folgt 12.♖de1! und nun:

A) 12...♗xe5 13.♗xe5! fxe5

(13...♔d7 14.♗xf6 ♕xf6 15.♖hf1 ♕g7 16.♖xe6! ♔xe6 17.♗f5+ ♔e7 18.♕b4+ ♔f7 19.♗d3+ ♔g8 20.♕xb7+–)

14.♖xe5 ♔d7 15.♖xe6! ♔xe6 16.♕e3+ ♔d7 (16...♔f7 17.♖f1+ +–) 17.♗f5+ ♔c6 18.♕c3+ ♔b6 19.♕c5+ ♔a6 20.♗d3+ nebst Matt.

B) 12...fxe5 13.♗xe5 ♔d7 14.♗xh8 (14.♕h6? ♕f8!) 14...♕xh8 15.♕h6 ♗f7 16.♖hf1 mit starkem Angriff.

12.♖de1

Der Turm wird zum Kampf in Position gebracht.

Völlig unklar ist 12.♘xf7!? ♔xf7

(12...♗xf7 13.♖de1+ ♗e7 14.♗g5+–)

13.♖de1 und diese Variante ist als Gegenstand weiterer Forschungen ideal geeignet.

12...♘xe5 13.♗xe5 ♗xe5 14.♖xe5 ♕d7 15.♕g5 ♕e7 16.♗f5 und Weiß steht aktiver, Analyse von Keres.

Zusammenfassung: In diesem Kapitel hat es Weiß im Bemühen, mit einem Vorteil aus der Eröffnung zu kommen, nicht einfach. Recht offen ist das Urteil über 6.exd5 (statt 6.d4), denn nach 6...♘f6! sollte Schwarz ausgleichen können. Nach 8.♘d2 sollte er 8...♕f6! ziehen. Mit der auf dem Brett entstandenen Situation, die ihm vollen Ausgleich verspricht, kann er sehr zufrieden sein.

Kapitel 22
Fortsetzung 5...♗g7

1.e4 e5 2.f4 exf4 3.♘f3 g5 4.h4 g4 5.♘e5 ♗g7

Diese Fortsetzung nennt sich Paulsen-Verteidigung. Sie galt lange Zeit als eine der besten Spielweisen für Schwarz gegen das Königsgambit.

6.d4

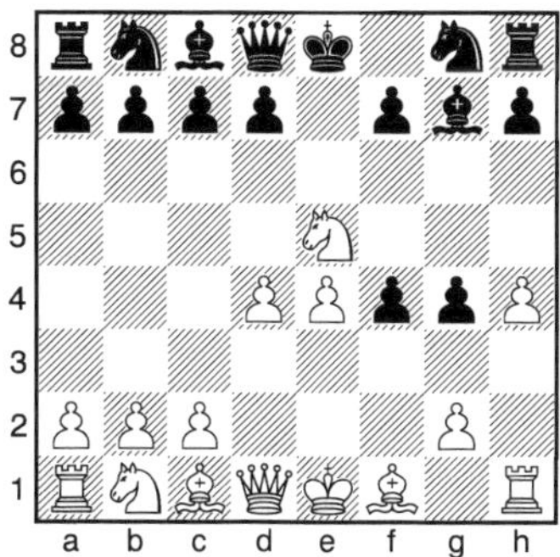

Eindeutig die erste Wahl: Weiß öffnet seinem Läufer den Weg und verschafft sich die Möglichkeit, auf f4 zu schlagen.

Ansonsten stehen Schwarz besonders die folgenden Fortsetzungen offen:

Abspiel 1 – 6...♘f6

Abspiel 2 – 6...d6

Andere Züge werden hier kaum gespielt. Ein paar Beispiele aus der Praxis:

I. 6...d5

A) 7.♗xf4 dxe4 8.♗c4 ♗xe5 9.♗xf7+!?

Eine scharfe Fortsetzung, die zu Komplikationen führt, um nicht von einer wüsten Keilerei zu sprechen.

(Ruhiger ist 9.♗xe5 f6 10.♗g3 f5 11.♘c3 Δ♘c3–b5 oder 0-0-0 mit guten Chancen für Weiß.)

9...♔xf7 10.♗xe5 ♘f6 11.0-0 ♘bd7 12.♘c3 ♔e7 13.♘xe4 (□13.♗f4!?) 13...♖f8?

(Der Verlustzug; richtig war 13...♘xe4!.)

14.♘xf6 ♘xf6 15.♕d2 ♘e4 16.♕h6 ♗f5 17.♖ae1

(17.♖xf5! ♖xf5 18.♕xh7+ ♖f7 19.♕xe4+–)

17...♕d5 (□17...♕d7) 18.c4

(18.♖xf5! ♖xf5 19.♕xh7+ ♕f7 20.♕xf7+ ♔xf7 21.♖xe4 mit vorteilhaftem Endspiel für Weiß.)

18...♕e6 19.♕e3 ♗g6 20.♕a3+ c5 21.♗f4 b6?? (21...♕xc4!) 22.d5! ♕f6 23.♗g5+–, Raisanen–Manninen, Vantaa 2003

B) 7.exd5 ♕xd5

(Auf 7...♕e7 ist 8.♕e2!? stark.)

8.♘c3 ♕a5

(8...♕d8 9.♗xf4 ♘f6 10.♗c4 0-0 11.0-0 h6 12.♕d2±, Blackburne–Boulaye, Manchester 1880)

9.♗xf4 ♘e7 10.♗c4 ♗xe5 11.♗xe5 ♖g8 12.0-0 ♗f5 13.♕e2 ♘bc6 14.♖xf5 ♘xd4 15.♗xf7+ ♔f8 16.♗xg8+ ♘exf5 17.♕c4 ♔e7 18.♕f7+ ♔d8 19.♗f6+ 1-0, Gossip–Hoffer, England 1873

II. 6...h5 7.♗xf4 ♘f6 8.♗c4 0-0 9.♗g5 d6 10.♘d3

(10.♘g6! ♖e8 11.0-0 ♖xe4 12.♘c3 ♖e8 13.♘f4+-)

10...♖e8?? (◯10...♕e8!) und jetzt konnte Weiß einfach 11.0-0! spielen und sich damit einen klaren Vorteil sichern, Lasker–Lynn, USA 1902; z.B. 11...♖xe4 12.♘f4+–.

III. 6...♗xe5 7.dxe5 d6 8.exd6 ♕xd6 9.♕xd6 cxd6 10.♗xf4 ♔e7 11.♘c3 ♗e6 12.0-0-0 mit weißem Übergewicht, Uwira–Bravo Lutz, Ronneburg 1996.

Abspiel 1
Fortsetzung 6...♘f6

1.e4 e5 2.f4 exf4 3.♘f3 g5 4.h4 g4 5.♘e5 ♗g7 6.d4 ♘f6

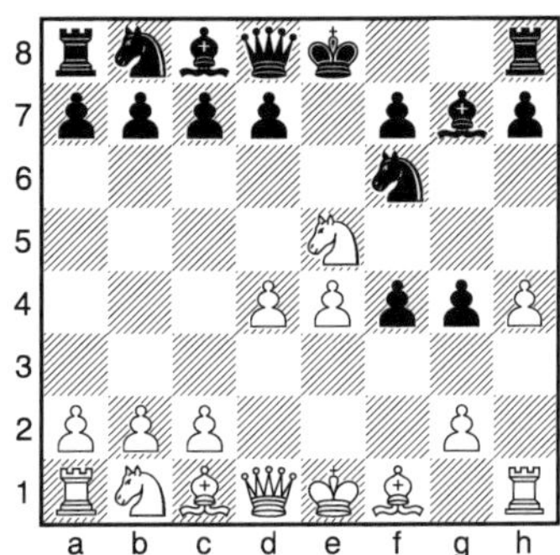

7.♘c3!

Diese starke Idee stammt von A. Petrow und gilt als sehr gefährliche Waffe.

Womöglich ist auch 7.♘xg4!? gut spielbar; z.B. 7...♘xe4 und nun:

A) 8.♘c3 d5 9.♗xf4 ♘xc3 10.bxc3 0-0 11.♗d3 c5 12.♘h6+ ♗xh6 13.♗xh6 ♖e8+ 14.♔d2 c4 15.♕f3 ♕d6 (15...cxd3 16.♕g3+ nebst Matt) 16.♗f4 ♕f6 17.♖ae1 mit weißem Vorteil.

B) 8.♗xf4 d6

(8...♕e7 9.♘e3 ♘g3 10.♕g4 ♗xd4 11.♕xg3 ♗xb2 12.♗e2 mit der Drohung ♘e3–d5!.)

9.♘e3 ♘c6 10.c3 ♘e7 11.♕f3 d5 12.♗d3 ♗e6 13.♘xd5 ♘xd5 14.♗xe4 ♘xf4 15.♕xf4±, Fier–Asfora, Sao Paulo 2005

7...d6

Schwach sind die beiden Alternativen:

– 7...d5 8.♗xf4 ♘xe4 9.♘xe4 dxe4 10.♗c4 0-0 11.c3 ♘d7 12.♘xf7! ♖xf7 13.♗xf7+ ♔xf7 14.♕b3+ ♔e7 15.0-0-0 ♘f6 16.d5 ♔f7 17.d6+ ♗e6 18.dxc7 ♕c8 19.♕b5 mit starkem Angriff, Lutikow–Shah Zade, Taschkent 1950.

– 7...0-0 8.h5 d6

(8...h6 9.♗c4 d6 10.♘xf7 ♖xf7 11.♗xf7+ ♔xf7 12.♗xf4 ♔g8 13.♕d2 ♔h7 14.0-0-0↑)

9.h6 dxe5

(9...♗xh6 10.♖xh6 dxe5 11.dxe5 ♕xd1+ 12.♔xd1 ♘fd7 13.♗xf4±)

10.hxg7 ♔xg7 11.dxe5 ♕xd1+ 12.♔xd1 ♖d8+ 13.♔e1 ♘g8 14.♗xf4 ♗e6 15.♘d5! ♗xd5 16.♖d1 c6 17.exd5 cxd5 18.♗d3 h6 19.♖h4 und Weiß steht besser.

8.♘d3 0-0

Der König wird in Sicherheit gebracht.

– Die Variante 8...f3 9.gxf3 ♕e7 10.♗g2 h6 11.♗e3 ♘c6 12.♕e2 ♘h5 13.♕f2 f5 14.fxg4 fxg4 15.0-0-0 ♖f8 16.♕e1 ♘xd4 17.♘d5 ist vorteilhaft für Weiß, Blackburne–Greenwell, Newcastle 1889.

– Zu scharfem Spiel führt 8...♘h5!? 9.♘xf4 ♘g3

(9...♘xf4 10.♗xf4 0-0 11.♕d2 nebst 0-0-0 führt zu besseren Aussichten für Weiß.)

10.♖h2

A) 10...♗f6 11.♗e3 ♘xf1 (11...♗xh4 12.♗f2+–) 12.♔xf1 ♗xh4 13.♕e2 c6 14.e5 d5 15.e6! fxe6 16.♕xg4 ♗f6 17.♖xh7! ♖xh7 18.♕g8+ ♔d7 19.♕xe6+ ♔c7 20.♘fxd5+! 1-0, Keller–Lazis, FPart 1974

B) 10...0-0 11.♗e2 ♘xe2

(– Sehr kompliziert wird es nach 11...♖e8!? 12.♗xg4 ♘xe4 13.♔f1 usw.

– 11...f5 12.♗c4+ ♔h8 13.h5 ♗f6 14.♕d2 ♗g5 15.♘g6+! hxg6 16.hxg6+ ♔g7 17.♕xg5 ♕xg5 18.♗xg5 ♔xg6 19.♗f4±, Nimtz–Goerens, FPart 1990)

12.♘cxe2 f5 13.c3 fxe4 14.♕b3+ ♔h8 15.h5 ♗f6 (15...d5 16.♕xd5±) 16.♘g6+! hxg6 17.hxg6+ ♔g7 18.♗h6+ ♔xg6 19.♘f4+ ♔f5 20.♖h5+ ♗g5 21.♕d5+ 1-0, Ingerslev–Jungel, FPart 1950

9.♘xf4 ♘xe4 10.♘xe4 ♖e8 11.♔f2! ♖xe4 12.c3

Weiß kommt nicht umhin, das Zentralfeld d4 weiter zu stützen. Für den Bauern hat er ausreichend Kompensation, weil er seine Kräfte rasch ins Spiel bringen kann. Die schwarzen Figuren am Damenflügel verharren noch immer in ihren Ausgangspositionen.

12...♕f6

Andere Möglichkeiten für Schwarz:

I. 12...♘c6 13.♗d3 ♖e8 14.♘h5 ♗e6

(14...♕e7 15.♔g3 ♕e6 16.♖f1 h6 17.♗f4 ♕d5 18.♘xg7 ♔xg7 19.♕d2±, Hummel–Stueber, FPart 1996)

15.d5 ♘e5 16.dxe6 ♘xd3+ 17.♕xd3 ♖xe6 18.♗g5 1-0, Humphrys–Russell, FPart 1993

II. 12...♗e6 13.♗d3 ♖xf4+ 14.♗xf4 ♗f6 15.g3 ♘c6 16.♕c2 h5 17.♗e4 ♗c4 18.b3 ♗b5 19.a4 ♘xd4 20.cxd4 ♗xd4+ 21.♔g2 ♗xa1 22.♖xa1 ♗a6 23.b4 ♕f6 24.♖d1+–, Wundt–Polklaeser, FPart 1983

13.g3 ♗h6

Schwarz verstärkt den Druck auf den ♘f4 und plant, dort die Qualität zu opfern.

Schauen wir uns zwei Alternativen an:

– 13...♖e7 14.♗e2 (14.♗d3!? ist aktiver.) 14...c6 15.♖f1 ♕f5 16.♗d3 ♕a5 17.b4 ♕d8 18.♔g2 ♕f8 19.♘h5 f5 20.♘xg7 ♔xg7 21.♗g5 ♖f7 22.♕d2 ♔h8 23.♖ae1 und Weiß wird den vollen Punkt einstreichen, Adelseck-Schulz, FPart 1996.

– 13...♘c6 14.♗d3 ♖e8 15.♕c2 h6 16.♔g2 b6 17.♖f1 ♗b7 18.♔h2 und die weiße Stellung ist vorzuziehen.

14.♗d3 ♗xf4

Nach 14...♖e7 15.♕c2 ♗xf4 16.♗xh7+ ♔f8 17.♗xf4 ♗e6 18.♗e4 d5 19.♗d3 ♘c6 20.h5 ♖ae8 21.h6 ♔g8 22.h7+ ♔h8 23.♖h5 würde Schwarz keine Rettung finden, Holmgren–Johansson, FPart 1985.

15.♗xf4 ♖xf4+

Damit möchte Schwarz das Spiel komplizieren.

Der Rückzug des Turms gäbe Weiß ausgezeichnetes Spiel: 15...♖e8 16.♕c2 h5 17.♖hf1 mit Vorteil.

16.gxf4 ♕xf4+

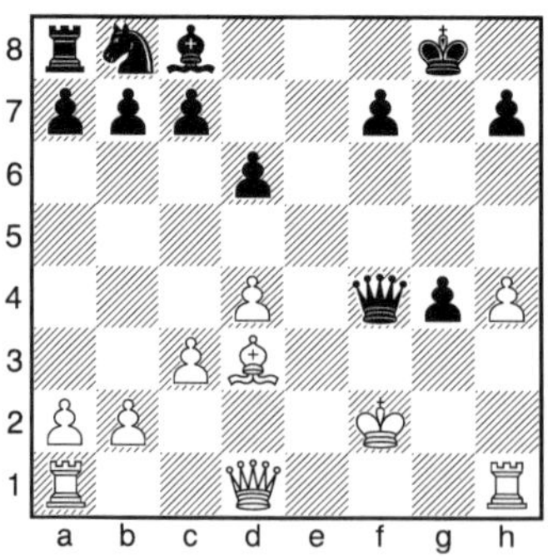

17.♔e2!

Diese alte Empfehlung von Rubinstein ist noch immer die stärkste Fortsetzung.

17...g3

Zwei weitere Verlustvarianten lauten:

– 17...♗d7 18.♖f1

(Es geht auch 18.♕f1!? ♕xf1+ 19.♖axf1 h5 20.♗c4 1-0, Van der Kooij–Alberts, FPart 1982.)

18...♕h6

(18...♕h2+ 19.♖f2 ♕xh4 20.♕b3 ♕e7+ 21.♔d2 ♗c6 22.♖af1+–)

19.♕b3 ♕e6+ 20.♔d2 ♕xb3 21.axb3 ♗e6

(21...♘c6 22.♗xh7+! ♔xh7 23.♖xf7+ nebst 24.♖xd7+–)

22.♗f5 ♘c6 23.♖ae1 ♗xb3 24.♗xg4+–

– 17...♘c6 18.♖f1

(18.♕f1 ♕h6 19.♕f2 ♗d7 20.♖ae1±, Bangijew)

18...♕h6 19.♕d2 ♕xh4 20.♖h1 ♕e7+ 21.♔f2 f5 22.♗c4+ ♔h8 23.♖ae1 ♕f8 24.♕g5+–

18.♕d2!

Der Damentausch ist günstig für Weiß.

18...♕f2+

Zwei andere Versuche sind:

– 18...♕g4+ 19.♔f1 ♔h8 20.♕e2 ♕f4+ 21.♔g2 ♗e6 22.♖af1 ♗d5+ 23.♔h3 g2 24.♕e8+ ♔g7 25.♖hg1 ♘c6 26.♕xa8?

(Ohne Not verlässt die Dame, die wichtigste Akteurin auf der Schachbühne, die laufende Vorstellung.

Nach der richtigen Wahl 26.♕e2! hätte Schwarz keine Rettungschancen mehr; z.B. 26...♕h6 27.♗c4 ♔h8 28.♖e1+–.)

26...♕e3+ 27.♔h2 ♘e5 28.♖xg2+ ♗xg2 29.♔xg2 ♘xd3 30.♖g1 ♘f4+ 31.♔h2+ ♘g6 32.♕xb7 ♕f2+ 33.♕g2 ♕xh4+ 34.♕h3 ♕f2+ 35.♖g2 ♕f4+ 36.♖g3 mit Remis, Van der Kooij-Legarda Iturrioz, FPart 1995.

– 18...♗g4+ 19.♔e1 g2 20.♕xg2 ♘c6 21.♕f2 ♖e8+ 22.♔f1 ♕xf2+ 23.♔xf2 h5 24.♖ae1+–

19.♔d1 g2

Oder 19...♗g4+ 20.♔c2 ♕xd2+ 21.♔xd2 g2 22.♖hg1 ♘d7 23.♖xg2 1-0, Van der Kooij–Eigenmann, FPart 1982.

20.♕g5+ ♔h8

Oder 20...♔f8 21.♖e1 ♗e6

(21...♕f3+ 22.♔c1 ♗e6 23.♗xh7 ♕g4 24.♕xg4 ♗xg4 25.♗e4 ♘c6 26.♗xg2 ♖e8 27.♔d2+–, Schmelz–Geese, FPart 1988)

22.d5 ♕f3+ 23.♔c2 ♕xd5 24.♕d8+ ♔g7 25.♖e3+–

21.♖e1 ♗e6 22.♗e4! ♕xb2 23.♖c1 ♘d7 24.♖c2 ♕b1+ 25.♔d2 ♕b6 26.♔c1 ♖g8 27.♕h6 f5

27...♘f8 28.♕f6+ ♖g7 29.♖xg2 ♘g6 30.♗xg6 hxg6 31.♖xe6! fxe6 32.♖xg6+–

28.♖xg2! ♕a5

28...fxe4 29.♖xg8+ ♗xg8 30.♖g1+–

29.♖e3 ♖xg2 30.♗xg2 f4 31.♖xe6 ♕xc3+ 32.♔d1 ♕xd4+ 33.♔e2 ♕c4+ 34.♔f2 ♕d4+ 35.♔f1 1-0, Korning–Seibold, FPart 1935

Zusammenfassung: Petrows Empfehlung 7.♘c3! gilt immer noch als die beste weiße Fortsetzung. Als lohnenswert erscheint aber auch die weitere Erforschung von 7.♘xg4!?. Wir möchten betonen, dass statt 8...0-0 die Alternative 8...♘h5!? sehr zu beachten ist.

Abspiel 2
Fortsetzung 6...d6

1.e4 e5 2.f4 exf4 3.♘f3 g5 4.h4 g4 5.♘e5 ♗g7 6.d4 d6

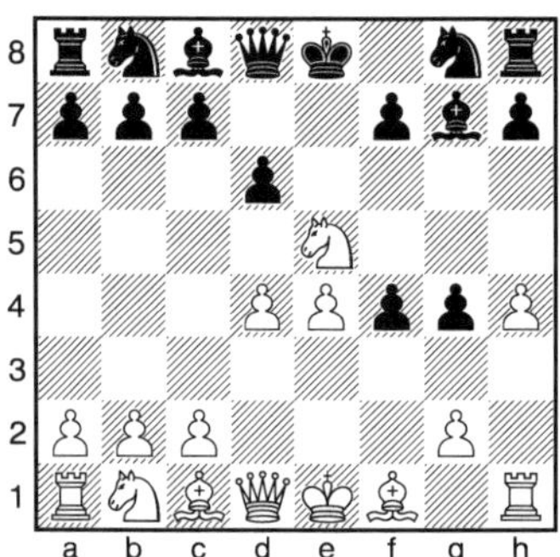

Damit zwingt Schwarz den gegnerischen Springer zur sofortigen Entscheidung.

7.♘xg4

Die prinzipiellste Fortsetzung: Weiß nimmt den Bauern und droht auf f4 zu schlagen.

Zu riskant wäre 7.♘xf7 ♔xf7 8.♗c4+ ♔e8! 9.♗xf4 ♕f6 10.♗e3 und nun:

A) 10...♗e6 11.♗e2

(11.♕d3 ♘e7 12.c3 ♘d7 13.♘d2 ♘b6 14.0-0-0 ♗xc4 15.♘xc4 ♕e6 16.d5 ♕d7 17.b3 ♘g6 18.h5 ♘xc4 19.♕xc4 ♘e5 20.♕e2 h6 21.♖df1 ♔e7 22.♗d4 ♖af8–+, May. J–Kalks, FPart 1996)

11...h5 12.♘c3 ♗h6 13.e5 dxe5 14.♘e4 ♕e7 15.♘g5 ♗xg5 16.♗xg5 ♕b4+ 17.c3 ♕xb2 18.0-0 ♘e7 19.♕d3 ♕a3 20.♗f6 ♖g8 21.♕b5+ ♘d7 22.♕xb7 ♖b8 23.♕xc7 ♖c8 24.♕b7 ♕xc3 25.♗b5 ♕xd4+ 26.♔h1 ♕b6 27.♗xd7+ ♗xd7 28.♕e4 ♖c3 und Schwarz hat die Initiative völlig an sich gerissen, Fesenko–Olejnik, FPart 1990.

B) 10...♗h6 11.♕e2

(11.♗xh6 ♕xh6 12.♘c3 ♕e3+ 13.♗e2 ♘e7 und Weiß hat keinen Ersatz für die Figur.)

11...♗xe3 12.♕xe3 ♘c6 13.c3 ♗d7 14.♘d2 ♕h6 nebst 0-0-0 mit besseren Aussichten für Schwarz.

C) 10...♘e7 11.♘c3 ♗h6 12.♕d2 ♗xe3 13.♕xe3 ♖f8 14.♖f1 ♕xh4+ 15.♔d2 ♖xf1

(15...♘d7!? 16.♘d5 ♘xd5 17.exd5+ ♕e7 18.♕h6 ♖xf1 19.♖xf1 ♔d8 20.♖e1 ♕f6 21.♕e3 c5∓)

16.♖xf1 c6 17.g3 ♕h3 18.♖f6 ♘d7 19.♖xd6 b5 20.♗b3 b4 21.♘e2 ♕f1 22.♖h6 ♗a6 23.♖xh7 ♗xe2 24.♕xe2 ♕g1 25.♕e3 ♕g2+ 26.♔e1 ♘f8 27.♖f7 ♘fg6 28.♖f2 ♕h1+ 29.♔d2 ♘e5! 30.c3

(30.dxe5 ♖d8+ mit Damengewinn)

30...♘f3+ 31.♔d3 bxc3 32.♔xc3 ♖d8–+, Pillsbury–Marco, Wien 1903

7...♗xg4

– 7...♕e7 8.♘f2 ♘f6 9.♘c3 0-0 10.♗xf4 ♘xe4 11.♘fxe4 d5 12.♕d2 ♗g4 13.♗e2 ♗xe2 14.♕xe2 dxe4 15.♘d5 ♕d7 16.♘xc7 ♘c6 17.♘xa8 ♘xd4 18.♕d2 ♕g4 19.c3 ♘e6 20.♗e3 ♖xa8 21.♕e2 ♕g3+ 22.♕f2 ♕e5 23.0-0+–, Schlitter–Ploder, Gießen 1992

– 7...h5 8.♘f2 ♘f6 9.♘c3 ♗h6 10.♗e2 ♖g8 11.♗xh5 ♖xg2 12.e5 dxe5 13.dxe5 ♕xd1+ 14.♗xd1 ♘g4 15.♗xg4 ♗xg4 16.♘d5 ♘a6 17.♘f6+ 1-0, Pruess–Shakhnazarov, San Francisco 2000

8.♕xg4 ♗xd4

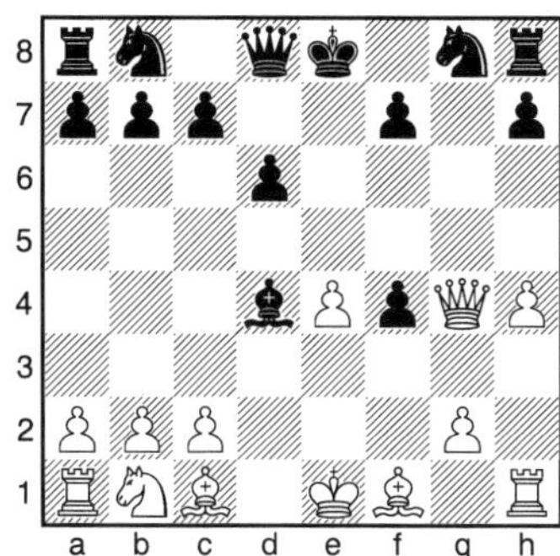

9.♘c3!

Dies gilt als die beste Fortsetzung: Weiß entwickelt seinen Springer, droht auf f4 zu schlagen und seinen König mittels 0-0-0 in Sicherheit zu bringen.

Wenn auch spielbar, aber unzureichend aktiv ist 9.c3 ♗e5

(9...♗e3 10.♗xe3 fxe3 11.♕f3 ♘d7 12.♕xe3 ♘gf6 13.♘d2 ♖g8 14.0-0-0 ♘g4 15.♕g3 ♕f6 16.♗b5 0-0-0 17.♗xd7+ ♖xd7 18.♖hf1 ♕e6 und Schwarz hat keine Probleme, Pena Gomez–Correia da Silva, Brasilien 2001)

10.♗xf4

A) 10...♘f6 11.♕f5 ♘bd7 12.♗xe5 ♘xe5 13.♗e2 ♘fd7 14.♘d2 ♕e7 15.0-0-0 0-0-0 16.g4 ♔b8 17.♘f1 h6 18.♘e3 ♖dg8 19.♘d5 ♕e6 mit etwa gleichem Spiel, Clement–Iliescu, FPart 1995.

B) 10...♘d7 11.♘d2 ♘gf6 12.♕f3 ♖g8

(12...♕e7 13.♗g5 0-0-0 14.0-0-0 h6 15.♗e3 ♔b8∞, Mattsson–Ivansson, Schweden 1992)

13.g3 (13.♗g5!?) 13...♕e7 14.0-0-0 0-0-0 15.♗h3 ♗xf4 16.gxf4 ♔b8 17.♗f5 ♘c5 18.h5 h6 19.♖hg1 a6 20.♔b1 ♖de8 21.♖ge1 ♘fd7 mit beiderseitigen Chancen. Schwarz hat letztendlich – und wenn auch nach schwachem Spiel seines Gegners – die Partie gewonnen, Misiano–Tortarolo, Milan 1993.

C) 10...♗xf4 11.♕xf4 ♕f6 12.g3

(12.♕e3 ♘d7 13.♘d2 ♘e5 14.♘f3 ♕h6 15.♕xh6 ♘xf3+ 16.gxf3 ♘xh6 17.♗h3±, Nemcova–Valickova, Havlickuv Brod 2005)

12...♘d7 13.♘d2 ♕xf4 14.gxf4 ♘gf6 15.♔f2 ♖g8 16.♔f3 ♔f8 17.♗h3 ♘c5 18.♗f5 h6 19.♖hg1 ♔e7 20.♘c4 ♖xg1 21.♖xg1 ♖g8 22.♖d1 mit weißem Vorteil, Lutikow–Furman, Tiflis 1959.

9...♘f6

Neben dem Textzug wurde auch schon 9...♗xc3+ gespielt; z.B. 10.bxc3 ♘f6

(Nach 10...♘d7 11.♗xf4 ♕f6 12.♕f3 ♘e7 13.♖b1 ♘g6 14.♗g5 ♕xf3 15.gxf3 h6 16.♗e3 b6 17.♔f2 steht Weiß vor allem aufgrund seines Läuferpaars besser.)

11.♕xf4 ♕e7 12.♗c4

(12.♗d3 ♘c6 13.0-0 ♘d7 14.♕f5 0-0-0 15.♗g5 f6 16.♗xf6 ♕xf6 17.♕xd7+ ♖xd7 18.♖xf6 ½-½, Zhelezny–Vanttaja, IECG FPart 2002)

12...♘bd7 13.♖b1 b6 14.0-0 ♖g8 15.♕f5 und Weiß steht aktiver. In der Partie Pidwell–Martin, IECG FPart 1997, reichte dies zum Sieg. Dort geschah weiter 15...♕e5 16.♗xf7+ ♔xf7 17.♕xd7+ ♕e7 18.♖xf6+ ♔xf6 19.♗g5+ ♖xg5 20.♖f1+ ♔g7 21.♕xe7+ ♔h8 22.hxg5 mit Gewinn.

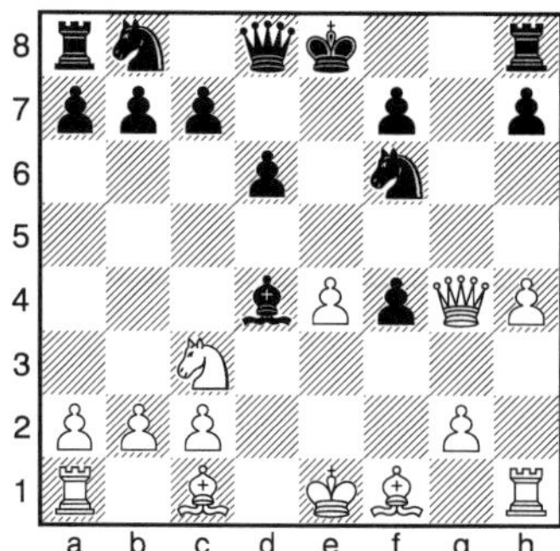

10.♕xf4

Die Empfehlung der Theorie.

10.♕f5!? wurde noch nicht tiefer untersucht. Schauen wir uns ein paar Beispiele an:

A) 10...♗xc3+ 11.bxc3 ♘bd7 12.♗xf4 ♕e7

(12...♖g8 13.♗b5 c6 14.♗d3 ♕e7 15.0-0±)

13.♗d3 ♕e6 14.♕a5 b6 15.♕b5

(In Frage kommt 15.♕a4!?, um 0-0-0 zu verhindern.)

15...0-0-0 16.0-0 ♖de8 17.♖ae1 ♖hg8 18.e5 (18.♗g5!?) 18...dxe5 19.♗c4 ♕g4 20.♗g5 h6 21.♖xf6 ♘xf6 22.♕c6+–, Prevel–Jorro, FPart 1993

B) 10...♘bd7 11.♗xf4 ♕e7

(11...♘c5 12.♗c4 ♕e7 13.0-0-0 ♗xc3 14.bxc3 ♘cxe4 15.g4 ♘f2 16.♖he1 ♘6e4 17.♖xe4 ♘xe4 18.♖e1 ♔f8 19.♖xe4+–, Mele–Laraway, IECG FPart 1995)

12.♗d3 ♘c5 13.0-0-0 ♗xc3 14.bxc3 ♘xd3+ und nun war in einer Fernpartie Davis–Logins, 1994, für Weiß die Möglichkeit gegeben, 15.cxd3! zu spielen und sich so Vorteil zu verschaffen.

C) 10...♗e5 11.♗xf4 ♕d7 12.♗xe5 ♕xf5 13.exf5 dxe5 14.♘b5 ♘a6 15.0-0-0 ♖g8 16.♖h3±

D) 10...♕e7 11.♗d3 c6

(11...♖g8 12.♗xf4 ♖xg2 13.0-0-0±, Gallagher–Sanchi, Paris 1989)

12.♗xf4 ♘bd7 13.0-0-0 ♗e5 14.♖hf1 0-0-0 15.♗xe5 ♕xe5 16.♕xe5 dxe5 17.♗c4±, Sharp–Rickhoff, FPart 1999

E) 10...♘c6 11.♗xf4 ♕d7

(11...♕e7 12.♗d3 ♗xc3+ 13.bxc3 ♕e6 14.0-0 ♕xf5 15.exf5±, Patterson–Behrmann, CServe FPart 1995

11...♘e7 12.♕b5+ c6 13.♕c4 ♕b6 14.0-0-0 ♗e3+ 15.♗xe3 ♕xe3+ 16.♔b1±, Rummel–Behrmann, CServe FPart 1995) 12.0-0-0 ♗xc3 13.bxc3 ♘g4 14.♕xd7+ ♔xd7=, Kruse–Riga, FPart 1986

10...♕e7

Auf 10...♖g8 kann Weiß das Spiel in zwei Richtungen entwickeln:

A) 11.♗d2 ♗e5 12.♕f3 ♗g3+ 13.♔d1 ♘bd7 14.♗g5 ♗e5 15.♗c4 c6 16.♖f1 ♕b6 17.♔c1 ♕b4 18.♗b3 ♖g7 19.a3 ♕a5 20.♘e2

(Zu beachten ist 20.♘d1!? Δ♘d1-e3!.)

20...0-0-0 21.♔b1 ♖e8 22.♔a2 h5 23.♖ad1 ♘g4 24.♕f5 ♕b6 25.♖f3 f6 26.♗c1 mit weißem Vorteil, Schöneich–Kalks, FPart 1996.

B) 11.♕f3 ♕e7 12.♗g5 ♗xc3+ 13.bxc3 ♕xe4+ 14.♔d2 ♕xf3 15.gxf3 ♘bd7 16.♖e1+ ♔d8 17.♗h3 h6 18.♗xh6 ♘d5 19.♗g5+ f6 20.♗e6 ♖f8 21.♗xd5 fxg5 22.hxg5 c6 23.♗e4 1-0, Bathie–Ball, Isle of Lewis 1995

11.♗d2

Ein anderer Plan für Weiß basiert darauf, den Läufer auf d3 zu platzieren: 11.♗d3 ♖g8 12.♕f5 ♕e6 13.♖f1 c6 14.♗g5 ♘bd7 15.0-0-0 0-0-0 16.♕xe6 fxe6 17.♗c4 ♗xc3 18.bxc3 d5 19.exd5 cxd5 20.♗d3 ♖df8 21.♖de1 e5 22.♗f5 ♔c7 23.g4 mit weißem Vorteil, Schnabel–Kempen, FPart 1985.

11...♗xc3

Im Duell Scacco–Allen, IECC FPart 1999, wählte Schwarz 11...♖g8 und nach den weiteren Zügen 12.0-0-0 ♘bd7 13.♘d5 ♘xd5 14.exd5 ♗e5 15.♕f5 ♕f6 16.♕xf6 (16.♕xh7!?) 16...♘xf6 17.♗g5 h6 18.♗xf6 (18.♗xh6? ♘g4 19.♗d2 ♘f2∓) 18...♗xf6 19.♖h3 ♗e5 20.♖b3 ♖b8 21.♖e1 f5 22.♖f3 ♖f8 23.g3 c6 24.♗h3 ♔e7 25.♗xf5 cxd5 26.g4 ♖g8 27.♖d3 ♖bf8 28.h5 ♔f6 29.♖xd5 bekam Weiß ein vorteilhaftes Endspiel.

12.♗xc3 ♘d5 13.♕f5 ♘xc3 14.♕c8+ ♕d8 15.♕xb7 ♘d7 16.bxc3 0-0 17.♗d3 ♘e5 18.0-0 c6

Der Zug sieht gut aus.

18...♕xh4 bringt nichts wegen 19.♕xc7 ♖ad8 (19...♘g4 20.♕xd6±) 20.♕xa7 ♘g4 21.♖f3 ♕h2+ 22.♔f1 ♕h1+ 23.♕g1 und Weiß verbleibt ein materieller Vorteil.

19.g3 ♕b6+ 20.♕xb6 axb6

Weiß verfügt über einen Mehrbauern, der jedoch nicht zum Gewinn reicht.

21.a4 ♖a5 22.♖fb1 ♘d7 23.♗f1 ♖fa8 24.♗h3 ♘e5 25.♖xb6 ♖xa4 26.♖xa4 ♖xa4 27.♗f5 ♖a1+ 28.♔g2 ♖a2 29.♖b8+ ♔g7 30.♖d8 ♖xc2+ 31.♔h3 ♖xc3 32.♖xd6 ♖d3 33.♖xd3 ♘xd3 mit gleichem Endspiel, Illescas Cordoba–Garcia Palermo, Leon 1990.

Zusammenfassung: In diesem Abspiel sind noch viele Stellen nicht umfassend ausanalysiert. 7.♘xf7 anstelle von 7.♘xg4 sieht zu riskant aus. Die Praxis zeigt, dass 9.♘c3! die stärkste Fortsetzung für Weiß ist, aber auch 9.c3 bietet noch Anreiz für weitere Forschungen, wenngleich der Zug als arg passiv gilt. Die bisherige Hauptvariante mit 10.♕xf4 könnte in Zukunft durch 10.♕f5!? ersetzt werden. Alle diese Ideen bedürfen einer Überprüfung in praktischen Partien.

Kapitel 23
Fortsetzung 5...♕e7

1.e4 e5 2.f4 exf4 3.♘f3 g5 4.h4 g4 5.♘e5 ♕e7

Mit dieser Erwiderung verfolgt Schwarz das klare Ziel, Material zu erobern.

6.d4

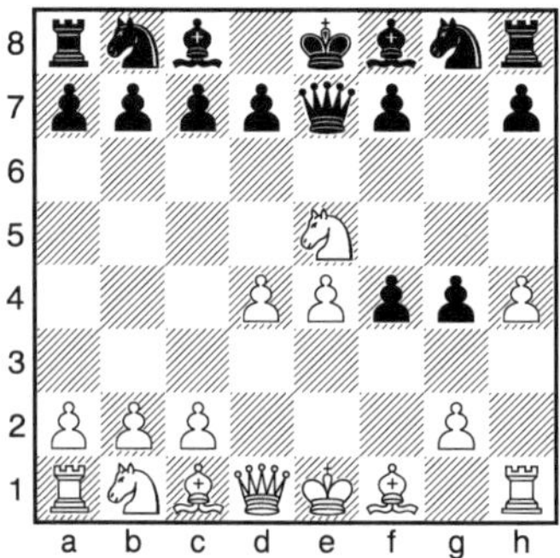

Das Beste: Weiß lässt sich nicht beirren und geht weiter der zielstrebigen und schnellen Entwicklung seiner Kräfte nach.

6...d6

Hier ein Blick auf die Alternativen:

I. 6...♘c6 7.♘c3 ♘f6 (7...♘xe5 8.♘d5 ♕d8 9.♗xf4+−) 8.♗xf4

(Zu beachten ist 8.♘xg4!? ♘xg4 9.♕xg4 ♘xd4 10.♗d3 d6 11.♕xf4 c6 12.♗e3 ♗g7 13.0-0-0 ♗e5 14.♕f2 mit guten Chancen für Weiß.)

A) 8...♘xe5 9.♗xe5 d6 (9...c6 10.♕d3!) 10.♗f4 ♗f5 11.♗d3 0-0-0 12.0-0 ♘xe4 13.♗xe4 ♗xe4 14.♗g5 ♕e6 15.d5 ♕e8 16.♗xd8 ♔xd8 17.♕d4+−, Fier–Marrero, Sao Paulo 2004

B) 8...d6 9.♘xc6

(Unklar ist, ob Weiß nach 9.♗g5!? und den weiteren Zügen 9...dxe5 10.♘d5 ♘xd5 11.♗xe7 ♘dxe7 12.d5 ♘d8 Nutzen daraus ziehen kann, dass der schwarze König im Zentrum stecken geblieben ist.)

9...bxc6 10.♕d3 ♘h5 11.♗g5 f6 12.♗d2 nebst 0-0-0 und guten Perspektiven für Weiß.

II. 6...f5 7.♗c4

A) 7...d6 8.♘f7 d5 9.♗xd5 ♘f6 10.♘e5 ♘xd5 11.exd5 und die Chancen von Weiß sind höher einzuschätzen als jene seines Kontrahenten.

B) 7...c6 8.♗xf4 (8.0-0!?) 8...d6 9.♗g5 ♘f6 10.♘f7 ♕xe4+ 11.♔f2 d5 12.♘xh8 g3+ 13.♔xg3 ♗d6+ 14.♔f2 ♘g4+ 15.♔f1 dxc4 16.♘c3 ♕e6 17.♕f3 ♔f8 18.♖e1 ♕g8 19.♘e4 ♕d5 20.♘xd6 ♕xd6 21.♖e4 ♔g8 22.♖xg4! ♔xh8 23.♕g3 und die schwarze Hütte brennt lichterloh, die Stellung ist aufgabereif.

C) 7...♘f6 8.♘c3 d6 9.♗f7+ ♔d8 10.♗xf4 ♘bd7

(10...dxe5 11.dxe5+ ♗d7 12.♗d5 und Schwarz hat bereits in dieser frühen Phase der Partie existenzielle Probleme.)

11.♘d5!

(Auf 11.♗b3 ist 11...dxe5 stark. Es ist

nicht ersichtlich, wie Weiß seine Initiative verstärken könnte.)

11...♘xd5 12.♗xd5

C1) 12...dxe5 13.♗g5 ♘f6 14.♗c6

(Es geht auch 14.♗xb7!? ♕b4+ 15.c3 ♕xb7 16.♗xf6+ ♗e7 17.♗xh8 ♕xe4+ 18.♕e2 ♗b7 19.♕xe4 ♗xe4 20.♔f2 und Weiß steht vor einem gewonnenem Endspiel.)

14...bxc6

(14...♗d7 15.dxe5 ♔c8 16.♗xf6 ♕b4+ 17.c3+-)

15.♗xf6 ♕xf6 16.dxe5+ ♔e8 17.exf6+-

C2) 12...♘f6 13.♘f7+ ♔d7 14.♗g5 c6 (14...♗g7 15.e5 ♖f8 16.0-0+-) 15.e5 cxd5 16.♗xf6 ♕xf7 17.♗xh8+- und der Angriff dringt durch.

III. 6...♘h6 7.♗xf4 ♕b4+ 8.♘c3 d6 9.a3 ♕b6 (9...♕xb2 10.♘a4+-) 10.♘d5 ♕xb2 11.♘xc7+ (11.♘c4+-) 11...♔d8 12.♘b5 und Weiß hat sich schon in der Eröffnung einen entscheidenden Vorteil verschafft, Szewczak-Donato, FPart 1980.

IV. 6...♗g7 7.♘c3 ♗xe5 8.♘d5 ♕d6 9.dxe5 ♕xe5 10.♗xf4 ♕xe4+ 11.♔f2

(11.♕e2!? ♕xe2+ 12.♗xe2+- ist auch möglich.)

11...c6 12.♘c7+ ♔d8 13.♕d6 ♕e7 14.♘xa8+-

V. 6...♘f6 7.♗c4 d6

(Auf 7...♘xe4 folgt 8.0-0! mit starkem Angriff; z.B. 8...f5 9.♘c3 d6 10.♘f7 ♗g7 11.♘xh8 ♗xh8 12.♘xe4 fxe4 13.♗xf4 ♕xh4 14.♗f7+! ♔d8 15.♕d2 ♗f6 16.g3 ♕h3 17.♖f2 und Schwarz verbleibt eine hoffnungslose Stellung.)

8.♘xf7!?

(Unklar ist 8.♗xf7+ ♔d8 9.♗xf4 wegen 9...♗d7!.)

A) 8...♕xe4+ 9.♔f1 ♖g8 10.♘c3 ♕g6

(10...♕f5 11.♕e1+ ♔d7 12.♘g5+-)

11.h5! ♕f5 12.♕e1+ ♔d7 13.d5 b6 14.♕e6+ ♕xe6 15.dxe6+ ♔e7 16.♗xf4 und Schwarz steht ein langes Leiden bevor.

B) 8...d5 9.♘xh8 ♕xe4+ 10.♕e2 dxc4 (10...♕xe2+ 11.♗xe2+-) 11.♕xe4+ ♘xe4 12.0-0 f3

(12...♗g7 13.♖e1 ♗xd4+ 14.♔f1 ♗f5 15.♘d2 ♗xh8 16.♘xe4 ♔d7 17.♗xf4 ♗xb2 18.♖ad1+ ♔c6 19.♖d8+-)

13.gxf3 gxf3 14.♖xf3 ♗g7 15.♘c3

(15.♘f7 ♗xd4+ 16.♔h2 ♘c6∞)

15...♗xd4+ 16.♗e3 ♘xc3 (16...♗xc3 17.bxc3±) 17.♖e1 ♗xh8 18.bxc3 ♔d7 19.♖d1+ ♔e8 20.♗h6 ♘d7 21.♖e1+ ♗e5 22.♗g7 mit weißem Übergewicht im Endspiel.

7.♘xg4 ♕xe4+

Weiß muss keine Angst vor 7...f5 haben. Weiter kann folgen: 8.♘f2 ♘f6 (8...fxe4 9.♗xf4±) 9.♗xf4 ♘xe4

(9...fxe4 10.♘c3 e3 11.♘h3 ♘c6 12.♕d3 ♗d7 13.0-0-0±)

10.♗e2

(10.♕h5+ ♔d8 11.♗e2 ♘f6 12.♕f3 ♘c6 13.c3±, Johansson)

10...♗g7 11.♘c3 0-0 12.♘fxe4 fxe4 13.♕d2 nebst 0-0-0 mit weißem Übergewicht.

8.♕e2

Wegen des „bäuerlichen Schwächlings“ auf f4 ist der Damentausch eindeutig günstig für Weiß.

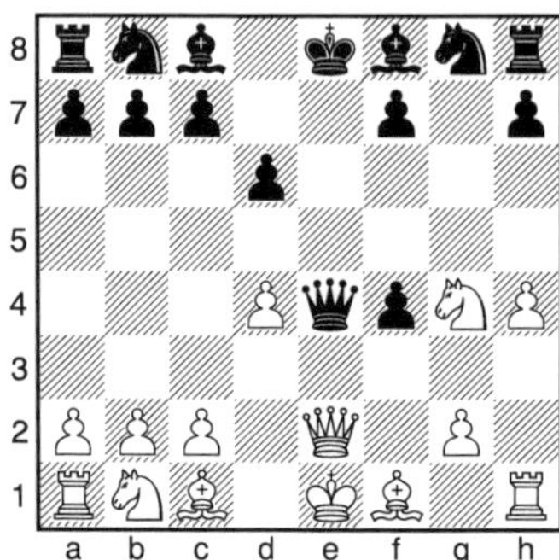

8...♕xe2+

Andere Pläne für Schwarz:

I. 8...d5 9.♘f2

(Möglich ist 9.♘e5!? ♘h6 10.♘c3 ♗b4 11.♕xe4 dxe4 12.♗xf4 ♘f5 13.0-0-0 ♗xc3 14.bxc3 ♘d6 15.c4 f6 16.c5 fxe5 17.♗xe5 ♘f7 18.♗xh8 ♘xh8 19.♖e1 mit Vorteil für Weiß, Steinitz–Churchill, Oxford 1870.)

A) 9...f3 10.♕xe4+ dxe4 11.♘xe4 ♘c6 12.c3 ♗g4 (12...fxg2 13.♗xg2±) 13.♘f2

(13.♗g5 ♗e7 14.♗xe7 ♘cxe7 15.♘bd2 fxg2 16.♗xg2 0-0-0 17.♗f3 und Weiß steht etwas besser. In der Referenzpartie Büchler–Heidenfeld, Schwäbisch Gmünd 1995, haben sich die Gegner in diesem Moment allerdings pazifistisch auf ein Remis geeignet.)

13...fxg2

(– 13...f5 14.♘xg4 fxg4 15.gxf3 gxf3 16.♗h3±

– 13...♗h5 14.g4 ♗g6 15.♘d2±; 13...h5 14.♘xg4 hxg4 15.gxf3 gxf3 16.♘d2±)

14.♗xg2 ♗d7 15.♗g5 ♗e7 16.♘d2 0-0-0 17.0-0-0 und Weiß steht etwas besser (Bangijew).

B) 9...♕xe2+ 10.♗xe2 ♗d6 11.♘d3 ♘c6 12.c3 ♗e6 13.♗xf4 ♗xf4 14.♘xf4 ♘f6 15.♘d2 ♖g8 16.0-0 ♘e4 17.♘xe4 dxe4 18.♘xe6 fxe6 19.♗h5+ 1-0, Von Heydebrand–Von der Goltz, Berlin 1837

II. 8...♗f5 9.♗xf4 ♕xe2+ 10.♗xe2 ♗xc2 11.♘c3

A) 11...♗f5 12.0-0 (12.♘d5 ♔d7 13.0-0→Euwe) 12...♘e7 13.♘e3 ♗e6 14.♗f3↑

B) 11...h5 12.♘d5 ♔d8 13.♗g5+ ♗e7 14.♘xe7 ♘xe7 15.♘f6 ♘bc6 16.d5 ♘e5 17.♗xh5 mit klarem Vorteil.

9.♗xe2 ♘c6

Schwarz möchte seinen Damenflügel schnell entwickeln. In der Praxis wurden allerdings auf der Basis anderer Pläne auch einige Alternativen ausprobiert:

I. 9...♗f5 10.c3

(10.♗xf4!? ♗xc2 11.♘c3 ist eine durchaus verheißungsvolle Idee.)

10...h5 11.♘h2 ♗e7 12.♘f3 ♘f6 13.♗xf4 ♘d5 14.♗d2 ♖g8 15.♘g5 ♗g4 16.♗xg4 hxg4 17.g3 ♘f6 18.0-0 ♘bd7 19.♘a3 ♔f8 20.♖ae1 ♖e8 21.♘c4 mit positionellem Vorteil für Weiß, Henriques–Santos, Faro 1998.

II. 9...f5 10.♘f2 ♗h6 11.♗h5+ ♔f8 12.♘c3

(12.♘d3 ♘c6 13.c3 ♘f6 14.♗f3 ♗d7 15.♗xf4 ♖e8+ 16.♔d2 ♗xf4+ 17.♘xf4 ♔e7 18.♔c2 ♔d8 19.♘d2 ♖e7 20.♖ae1 ♖he8 21.♖xe7 ♖xe7 22.b3 ♔c8 23.♖f1±, Bilek–Konstacky, Sec 2007)

12...c6 13.♘e2 ♘f6 14.♗f3 ♘bd7 15.♘xf4 ♔f7 16.0-0 ♘f8 17.d5 c5 18.h5 ♘8d7 19.♘e6 ♗xc1 20.♖axc1

♖g8 21.♘c7 ♖b8 22.♘b5 ♘e8 23.♘xa7 und Weiß behauptet einen Mehrbauern, Hilmer–Ziemek, Dortmund 2000.

III. 9...♗g7 10.c3 ♘c6

(10...♘h6 11.♘xh6 ♗xh6 12.0-0 0-0 13.♗xf4 ♗xf4 14.♖xf4 ♘c6 15.♘d2±, Fier–Martis, Mallorca 2004)

11.♗xf4 ♘f6 12.♘e3 h5 13.♘d2 0-0 14.0-0-0 ♖e8 15.♖de1 ♗e6 16.♗g5 d5 17.♗xf6 ♗xf6 18.♗xh5±, Pel–Van der Marel, Groningen 2002

IV. 9...♗xg4 10.♗xg4 ♘f6 11.♗f3 c6 12.♗xf4 ♘bd7 13.♘d2 0-0-0 14.0-0-0 ♖e8 15.♖de1 ♖xe1+ 16.♖xe1 d5 17.♘f1 h5 18.♔d1 b6 19.♘g3 ♗h6 20.♗d6 ♗f8 21.♘f5 ♔b7 22.♗f4 c5 23.c3 a5 24.♘e7 ♗xe7 25.♖xe7 ♖h7 26.♗xd5+

Die schwarze Verteidigung ist nun kaum mehr als ein Torso, Weiß steht auf Gewinn, Csipai–Kondor, Ungarn 2003.

V. 9...h5 10.♘f2 ♗f5 11.♗d3 ♗xd3 12.♘xd3 f3 13.gxf3 ♘c6 14.c3 ♔d7 15.♘d2 ♖e8+ 16.♔f2 ♘ge7 17.♘e4 ♘g8 18.♗d2 ♗e7 19.♖ag1 und Weiß ist aufgrund seiner etwas aktiveren Stellung leicht im Vorteil, Schröter–Santos, Dresden 2007.

10.c3 h5 11.♘f2 ♗h6

Nach 11...♗f5 12.♗xf4 0-0-0 13.0-0 ♘ge7 14.♘a3 ♘d5 15.♗d2 ♗h6 16.♗xh6 ♖xh6 17.♗f3 ♘ce7 18.♖ae1 steht Weiß etwas initiativer. Sein Plan beinhaltet ♘a3–c4–e3 usw.

12.0-0 ♘ge7 13.♘a3 ♘f5 14.♘e4 ♘xh4 15.♗xf4 ♗xf4 16.♖xf4 ♘g6 17.♖f2 ♘ce7 18.♘b5 ♔d8 19.♘g5 ♗e6 20.♘xf7+ ♗xf7 21.♖xf7 a6 22.♘a3 ♔d7 23.♖af1 ♖ag8 24.♘c4 mit kleinem, aber solidem Vorteil, David–Sherzer, Budapest 1992.

Zusammenfassung: In dieser Variante kommt Weiß bei korrektem Spiel zumeist leicht in Vorteil. Dieser kann sich rasch zu einem klaren Übergewicht entwickeln, wenn Schwarz nicht zur optimalen Behandlung findet.

Kapitel 24
Fortsetzung 5...♗e7

1.e4 e5 2.f4 exf4 3.♘f3 g5 4.h4 g4 5.♘e5 ♗e7

Mit der schlichten Drohung ♗xh4+.

6.♗c4

Wenn Weiß mit Aussicht auf Erfolg um die Initiative kämpfen möchte, dann muss er sich für diesen Zug entscheiden.

Die Fortsetzung 6.♕xg4 bringt nichts ein, wie die Turnierpraxis gezeigt hat.

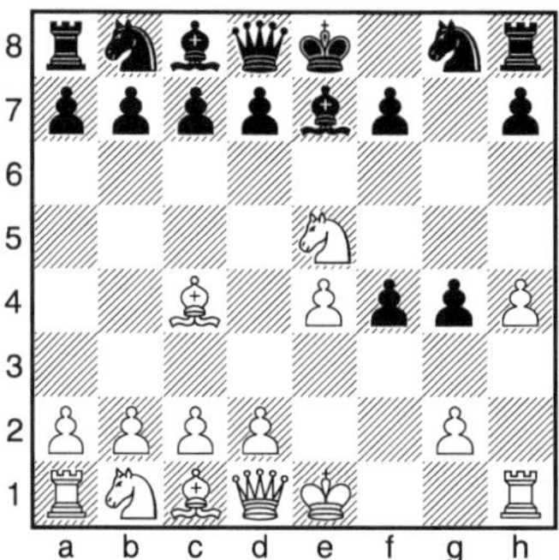

6...♗xh4+

Die konsequente Umsetzung des mit dem 5. Zug angezeigten Plans.

Andere Versuche sind:

I. 6...d5 7.♗xd5 ♗xh4+ 8.♔f1 ♘h6 9.d4 ♗g5 10.♘c3 c6 11.♗b3 f6 12.♘d3 ♕xd4 13.g3 (13.♕e1!? ist stark.) 13...fxg3 14.♖xh6 ♘a6??

(14...♗xh6 15.♗xh6± war natürlich notwendig.)

15.♗xg5 fxg5 16.♔e2 ♗d7 17.♕g1 ♕g7 18.♕xg3! 0-0-0 (18...♕xh6 19.♕e5+ +−) 19.♖ah1 ♖de8 20.♕e3 b6 21.e5 ♘c7 22.♘e4 1-0, Hjortstam−Hagemann, FPart 1995

II. 6...♘h6 7.d4 d6 8.♘d3 ♗xh4+ 9.♔f1 0-0 10.g3

(Das kompromisslose 10.♗xf4!? ist zu beachten, denn es dürfte für Weiß einfacher als der Textzug zu spielen sein.)

10...fxg3 11.♗xh6 ♕f6+ 12.♗f4 ♕xd4 13.♖xh4 ♕xc4 14.♗h6 g2+ 15.♔xg2 ♕xe4+ 16.♔g3 ♖e8 17.♘c3 ♕g6 18.♘f4 ♕f5 19.♖h5 und Schwarz kann aufgeben, Manescu−Tronenkovs, St. Lorenzo 1995.

7.♔f1 d5

Schwarz will mit dem Bauernopfer seine Figuren ins Spiel katapultieren. Nebenbei wird der Bauer g4 gedeckt.

Weiterhin wurde in der Praxis 7...♘h6 ausprobiert; z.B. 8.♘xg4 ♘xg4 9.♕xg4 und nun:

A) 9...♗g5 10.♕f5!

(In der Partie Schnelle−Grunau, Duisburg 2006, folgte 10.♖h5 h6 und nun hätte Weiß einfach 11.♕f5! ziehen sollen; z.B. 11...♕f6 12.♕xf6 ♗xf6 13.♘c3 c6 14.e5 ♗g5 15.♘e4 mit hoffnungsloser Stellung für Schwarz.)

10...♕f6 11.♖xh7 0-0 12.♖h5 ♕xf5 13.exf5 ♗d8 14.d4+−

B) 9...d5 10.♕xh4

(Genauer ist 10.♗b5+! c6 11.♕xh4+–.)

10...♕xh4

(10...dxc4 ist etwas besser.)

11.♗b5+ c6 12.♖xh4 cxb5 13.exd5 ♘d7 14.♘c3 ♘b6 15.♘xb5 ♘xd5 16.c4 ♗d7 17.♘d6+ ♔e7 18.♘xb7 ♘b4 19.♖xf4 ♘d3 20.♖e4+ ♔f6 21.♘d6 ♗c6 22.♖d4 ♘xc1 23.♖xc1 ♖hg8 24.♖e1 ♖xg2 25.♘e4+ ♔e5 26.♖d6 ♖g6 27.d4+ ♔f4 28.d5 ♖xd6 29.♘xd6 ♗d7 30.♘xf7 und das Endspiel ist für Weiß gewonnen, Clinton–Roth, Grangemouth 2002.

8.♗xd5

Es geht auch 8.exd5!? wie in einer alten Partie Blackburne–Baddeley, Großbritannien 1874: 8...♘h6 9.d4 0-0 10.♘c3 ♗f5 11.♗xf4 ♕f6 12.♕d2 ♗g6 13.♔g1 ♘f5 14.♘e4 ♕b6 15.♘xg6 ♕xg6 16.♗d3 ♗f6 17.♘xf6+ ♕xf6 18.♗e5 ♕g6 19.♖f1 f6 20.♗xf5 1-0.

8...♘h6

8...♗e6 mit der Idee, den Punkt f7 zu decken, ist nach 9.♗xe6 fxe6 10.♕xg4± eindeutig günstig für Weiß.

9.d4 ♗g5

9...♕g5 10.♘c3 c6 11.♗b3 f6 12.♘d3 ♗g3 13.♘e2+–

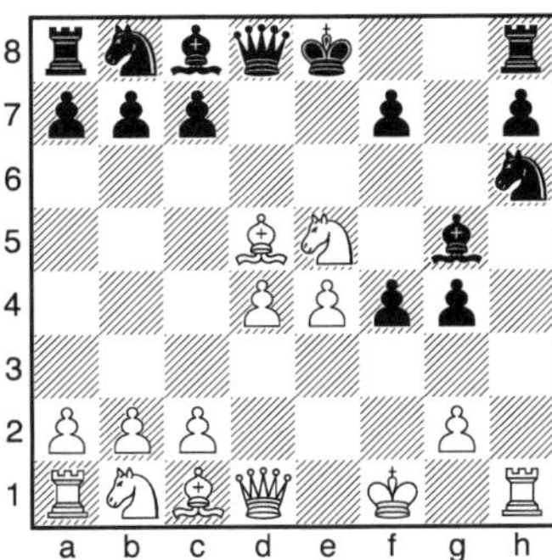

10.♘c3

Es kommt auch 10.g3!? in Frage mit der möglichen Folge 10...♕f6

(10...fxg3 11.♖xh6! ♗xh6 12.♗xf7+ ♔e7 13.♗xh6+–)

11.gxf4 ♗xf4 12.♔g2

A) 12...c6 13.♗b3

(13.♖f1!? wäre einen Versuch wert.)

13...♗xe5 14.dxe5 ♕f3+ 15.♕xf3 gxf3+ 16.♔xf3 ♘g4 17.♖h5 mit weißem Vorteil.

B) 12...♗xe5 13.dxe5 ♕f3+ 14.♕xf3 gxf3+ 15.♔xf3 ♘g4 16.♖h5 und der Raumvorteil sowie die Initiative versprechen Weiß die besseren Aussichten.

10...c6 11.♗b3 f6

– Auf 11...f3 gewinnt einfach 12.♖xh6 ♗xh6 13.♗xf7+ ♔e7 14.♗xh6+–.

– Nach 11...♘d7 12.♘d3 ♕f6 13.e5 ♕g6 14.♗xf4 ♗xf4 15.♘xf4 ♕f5 16.♕d2 steht Weiß klar besser.

12.♘d3 ♕xd4 13.g3!

Eine typische Reaktion im Königsgambit! Die Schwäche der schwarzen Felder im gegnerischen Lager soll ausgenutzt werden.

13...fxg3 14.♖xh6 ♗xh6 15.♗xh6 mit klarem Übergewicht.

Zusammenfassung: Dieses Abspiel garantiert Weiß klar die besseren Chancen. Statt 10.♘c3 ist auch 10.g3!? stark.

Kapitel 25
Fortsetzung 5...h5

1.e4 e5 2.f4 exf4 3.♘f3 g5 4.h4 g4 5.♘e5 h5

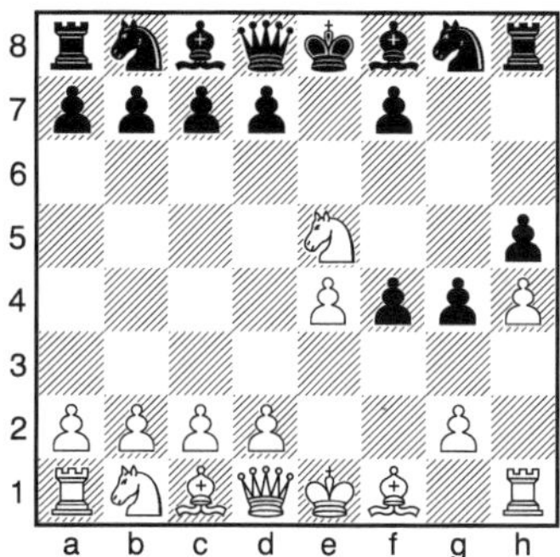

Die Idee, den Bauern g4 zu decken, stammt ursprünglich von Kieseritzky und ist unter dem lustigen Namen „Lange Peitsche" bekannt. Gegenwärtig wird die „lange Peitsche" nur selten geschwungen, denn sie hat keinen allzu guten Ruf.

6.♗c4

Dieser Zug ist die natürlichste und zugleich auch stärkste Möglichkeit. Der Läufer nimmt eine aktive Position ein und greift den Bauern f7 an.

Schwarz stehen nun zwei Verteidigungsmöglichkeiten zur Verfügung:

Abspiel 1 – 6...♖h7

Abspiel 2 – 6...♘h6

Abspiel 1
Fortsetzung 6...♖h7

1.e4 e5 2.f4 exf4 3.♘f3 g5 4.h4 g4 5.♘e5 h5 6.♗c4 ♖h7 7.d4

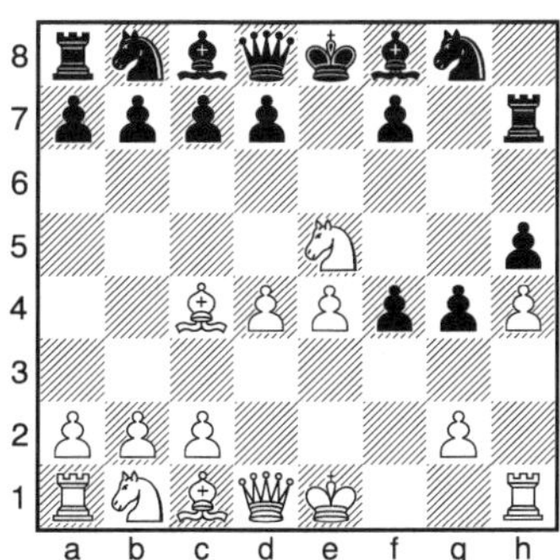

7...d6

Jetzt muss der Springer aus seiner aktiven Position weichen.

Es gibt mehrere Alternativen, die wir auch untersuchen wollen:

I. 7...♕f6 8.♘c3

A) 8...♗b4 9.0-0

(9.♗d2 ♗xc3 10.♗xc3 d6 11.♘d3 ♘c6 12.♗b5 ♗d7 13.♗xc6 bxc6 14.♕d2 f3 15.0-0-0 0-0-0∞, Kahler–Buesdorf, Bad Wörishofen 2001)

9...♗xc3 10.♖xf4 ♗xd4+

(10...♕xh4 11.bxc3 ♘h6 12.♕f1 ♕e7 13.♖f6 d6 14.♗g5! dxe5 15.♖xh6+-)

11.♕xd4 ♕b6 12.♗xf7+ ♖xf7 13.♕xb6 axb6 14.♖xf7 d6 15.♖g7 ♔f8

16.♖xc7+−

B) 8...c6 9.0-0 ♗h6

(9...♕xh4 10.♖xf4 ♘h6 11.♕f1 ♕e7 12.♖f6 d6 13.♗g5 ♕c7 14.♗xh6 dxe5 15.♗xf8 ♔xf8 16.dxe5 ♕e7 17.e6 ♘a6 18.exf7 ♘c7 19.♖g6 ♖g7 20.♖h6+−, Aljechin−Geisch/Ollisewitsch, FPart 1905)

10.♗xf4

(10.♘xf7!? ist eine wichtige Alternative; z.B. 10...♖xf7 11.e5 ♕xh4 12.♗xf7+ ♔xf7 13.♗xf4 ♔g7 14.♘e4 und Weiß führt einen sehr starken Angriff.)

10...♗xf4! 11.g3 ♗e3+ 12.♔g2 ♕h8 13.♘xf7

(13.♗xf7+!? ♖xf7 14.♘xf7 ♕xd4 15.♘d6+ ♔d8 16.♖f8+ +−)

13...♖xf7 14.♗xf7+ ♔d8 15.♕d3 (15.e5!? d5 16.exd6+−) 15...♗h6

(15...♗xd4 16.♗xg8 ♗xc3 17.♖f8+ ♔e7 18.♖xc8 ♗xb2 19.♕b3 ♗xa1 20.♕f7+ ♔d6 21.♕f8+ ♔e5 22.♕c5+ mit schnellem Matt)

16.e5 ♘e7 17.♗xh5± (Analyse von Bangijew)

C) 8...♘e7 9.0-0 ♗h6 10.♗xf4!

(In der historischen Partie Von Heydebrand−Anderssen, Breslau 1846, probierte Weiß 10.g3 aus und bekam nach den weiteren Zügen 10...d6 11.♘xf7 ♖xf7 12.♗xf7+ ♕xf7 13.♗xf4 ♗xf4 14.♖xf4 ♕g7 15.♕d3 eine Erfolg versprechende Initiative.)

10...♗xf4 11.g3 ♗e3+ 12.♔g2 ♕b6 13.♗xf7+ ♔d8

(13...♖xf7 14.♖xf7 ♕xd4 15.♕f1+−)

14.♗g8 ♘xg8 15.♖f8+ ♔e7 16.♕f1 und Schwarz kann aufgeben.

II. 7...f3 8.gxf3 d6 9.♘d3

(9.♘xf7!? ♖xf7 10.♗xf7+ ♔xf7 11.♗g5 ♗e7 12.f4 d5 13.e5±; Bangijew)

9...♗e7 10.♗e3 ♗xh4+ 11.♔d2

A) 11...gxf3 12.♕xf3 ♗g4 13.♕f4 ♘c6 14.♘c3 ♘xd4 15.♖af1 (15.♗xd4?? ♗g5−+) 15...♗f6 16.♘d5 ♗h8 17.♕xg4! hxg4 18.♖xh7 ♘f3+ 19.♖xf3 gxf3 20.♖xh8+− (Analyse von Jänisch)

B) 11...♗g5 12.f4 ♗h6 13.♘c3

(13.♖xh5? beantwortet Schwarz mit ♘f6 nebst Schlagen auf e4.)

13...♗g7 14.f5 ♘c6 15.♕g1 ♗d7 16.♖e1 ♘a5 17.♗b3 ♘xb3+ 18.axb3 ♗c6 19.♘f4 ♘f6 20.♔c1 ♗h6 21.e5! ♗xh1 22.exf6 ♗f3 23.♘fd5 ♔f8

(23...♗xe3+ 24.♖xe3+ ♔f8 25.♘e7 ♗c6 26.♕g3+−)

24.♗xh6+ ♖xh6 25.♕e3 ♖xf6 26.♕g5 und Weiß gewann in der Partie Kolisch−Anderssen, Paris 1860.

III. 7...♗h6 8.♘c3

A) 8...♘c6 9.♘xf7 ♖xf7 10.♗xf7+ ♔xf7 11.♗xf4 ♗xf4 12.0-0 ♕xh4 13.♖xf4+ ♔g7 14.♕d2 d6 15.♖af1 ♘d8 16.♘d5 ♗d7

(− 16...♗e6 17.♘xc7 ♗c4 18.♖1f2 ♖c8 19.♘e8+ ♔h7 20.d5 ♕e7 21.♖f8 ♗b5 22.♘f6+ ♘xf6 23.♖2xf6 ♕g7 24.♕f4+−

− 16...♘e6 17.♖f7+ ♔h8 18.♘f6 ♘g5 19.♕xg5 ♕xg5 20.♖h7#)

17.e5 dxe5 18.dxe5 ♗c6 19.e6! ♗xd5 20.♖f7+ ♘xf7 21.♖xf7+ ♔h8 22.♕c3+ ♘f6 23.♖xf6 und Weiß gewann, Bronstein−Dubinin, Leningrad 1947.

B) 8...c6 9.♘xf7

(9.♘d3!? ♕f6 10.e5 ♕f5 11.♘c5 ♕g6

12.♗d3 ♕g7 13.♗xh7 ♕xh7 14.♘3e4 b6 15.♘d6+ ♔d8 16.♘d3 f6 17.♗xf4 ♗a6 18.♕d2 ♗f8 19.♖f1 ♗xd6 20.exd6 ♕e4+ 21.♕e3 f5 22.♕xe4 fxe4 23.♗g5+ ♔e8 24.0-0-0 1-0, Suhle-N.N., Manchester 1859)

9...♖xf7 10.♗xf7+ ♔xf7 11.♗xf4 ♗xf4 12.0-0 ♔g7 13.♖xf4 ♕xh4 14.♕d2 nebst ♖a1-f1 mit starkem Angriff.

IV. 7...♘f6 8.♘c3 ♗b4

A) 9.♗xf4 ♘xe4 10.0-0 ♘xc3 (10...♗xc3 11.bxc3 d5) 11.♕d3 ♖g7 12.♗xf7+ ♖xf7 13.bxc3 ♖g7 14.cxb4 d6 15.♖ae1 und die schwarze Stellung ist hoffnungslos.

B) 9.0-0 ♗xc3 10.bxc3 ♘xe4 11.♖xf4 d5 (11...♘xc3 12.♕d3+−) 12.♗xd5! ♕xd5 13.c4 ♕a5 14.♖xe4 ♔f8 15.♕f1↑

V. 7...♗e7 8.♗xf4

A) 8...d6 9.♘xf7 ♖xf7 10.♗xf7+ ♔xf7 11.♕d3

(11.0-0!? ♔g7 12.g3 mit guten Angriffschancen für Weiß.)

11...♗xh4+ 12.g3 ♗f6 13.♖xh5 ♘c6 14.♘c3 ♗xd4 15.0-0-0 mit starkem Angriff.

B) 8...♗xh4+ 9.g3 ♗g5 10.♖xh5! ♖xh5 11.♗xf7+ ♔f8 12.♗xh5 und Weiß steht schon auf Gewinn, bevor die beiden Spieler überhaupt richtig am Brett Platz genommen haben.

(siehe nächstes Diagramm)

8.♘xf7!?

Im Geiste des Königsgambits und für den mutigen Spieler!

Wer die entstehenden Komplikationen vermeiden möchte, kann ruhiger 8.♘d3 spielen. Hierzu ein paar Varianten:

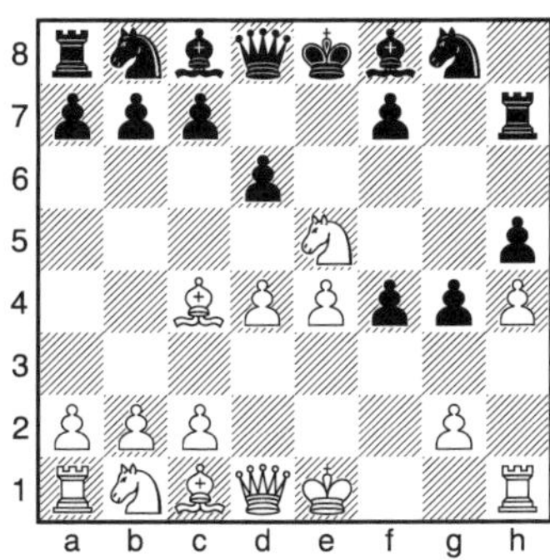

A) 8...♕e7 9.♘xf4 c6 10.♘c3 ♘f6 11.0-0 ♘fd7 12.g3 b5 13.♗xb5! cxb5 14.♘xb5 ♘b6 15.♘d5 ♘xd5 16.exd5 ♕d7 17.♕d3 f5 18.♖e1+ ♖e7 19.♖e6 ♖xe6 20.dxe6 ♕h7

(20...♕xe6?? 21.♘c7+ mit Damenfang)

21.♕c4 ♔d8 22.♗g5+ 1-0, McDonnell-Harrison, England 1830

B) 8...♘c6 9.♘xf4

(9.♗xf4 ♘xd4 10.0-0 ♗e6 11.♗g5 ♗e7 12.♗xe7 ♕xe7 13.♗xe6 fxe6 14.♘f4 e5 15.♘g6 1-0, Wall-Hayes, Dayton 1980)

9...♘f6

(9...g3 10.♘xh5 ♘xd4 11.♗g5 ♗e7 12.♕xd4 ♗xg5 13.hxg5 ♕xg5 14.♗e2 ♗g4 15.♗xg4 ♕xg4 16.♕d1 ♕g5 17.♘c3+−)

10.♘c3 ♕e7 11.♗e3 ♘xe4 12.♘fd5 ♘xc3 13.bxc3 ♕d8 14.♗g5 ♗e7 15.♘xe7 ♘xe7 16.0-0 f5 17.♕e2 d5 18.♗d3 ♕d6 19.♖ae1 mit hervorragendem Spiel für den Bauern.

C) 8...♗e7 9.♗xf4 ♗xh4+ 10.g3 ♗g5 11.♘c3

(11.♕d2!? ♗xf4 12.♘xf4 h4 13.♘c3 h3 14.0-0-0 mit weißem Vorteil, Bangijew)

11...♗e6

(11...c6 12.♕d2 ♗xf4 13.♘xf4 ♕g5 14.0-0-0 ♔d7 15.d5 c5 16.♗b5+ ♔e7 17.e5! ♗f5 18.♖de1 ♘d7 19.exd6+ ♔xd6 20.♗xd7 ♔xd7 21.♕e3 b6 22.♘e4 ♕e7 23.♕e2 a6 24.♕c4 ♗xe4 25.♖xe4 ♕g5 26.♖he1 f6 27.♖e6 ♖e7 28.d6+–, Zöllner–Albinus, Berlin 2006)

12.d5 ♗d7 13.♕e2 ♗xf4 14.♘xf4 ♕g5 15.0-0-0 ♘e7

(Nach 15...h4 16.♕d2 h3 17.e5 dxe5 18.d6! erhält Weiß einen starken Angriff.)

16.♔b1 ♘g6 17.♘xg6 ♕xg6 18.e5 f5 19.exd6+ ♔d8 20.dxc7+ ♔xc7 21.d6+ ♔d8 22.♗d5 ♘c6 23.♘b5 ♖c8 24.♘c7+–, Osuna Munoz–M. Garcia, Sants 2005

D) 8...f3 9.gxf3

D1) 9...♗e7 10.♗e3 ♗xh4+ 11.♔d2 gxf3

(11...♗g5 12.f4 ♗h6 13.♘c3 ♗g7 14.e5 ♗f5 15.♕e2±)

12.♕xf3 ♗g4 13.♕f4 ♖g7 14.♘c3 ♗g5 15.♕f2 ♗xe3+ 16.♕xe3 ♘c6 17.♖af1 ♘ce7 18.♘f4 Weiß steht angesichts seines Raumvorteils und der Initiative deutlich besser (Analyse von Bangijew).

D2) 9...gxf3 10.♕xf3 ♗g4

(10...♘c6 11.♗e3 ♗g4 12.♕f2 ♗h6 13.♘c3 ♘ce7 14.♔d2 c6 15.♖af1±, Susnik–Crepan, Kranj 1999)

11.♕f2 c6 12.♗g5 ♕d7 13.♘c3 b5 14.♗b3 a5 15.a3 ♘h6 16.♘f4 ♘a6 17.♖f1 ♘c7 18.♔d2 ♗g7 19.♘d3 mit klarem Vorteil, Wisker–Owen, Redcar 1866.

D3) 9...c6 10.♘f4

(10.♘c3!? ♗e7 11.♗f4 ♗xh4+ 12.♔d2↑, Bangijew)

10...♘e7 11.♘c3 ♘d7 12.♔f2 ♖h8 13.♕d3 ♗g7 14.♗d2 ♔f8 15.♖ae1 ♕b6 16.♗e3 ♕c7

(16...♕xb2 17.♗b3 ♕a3 18.fxg4 hxg4 19.h5±)

17.♗e6 b5 18.b4 ♘b6 19.♗b3 a5 20.a3 a4 21.♗a2 ♗b7 22.e5 d5 23.e6 ♗c8 24.♗c1 ♕d6 25.exf7 ♔xf7?? (△25...♘c4) 26.♘e4 ♕c7 27.♘g5+ und der weiße Angriff entscheidet die Partie, Kieseritzky–Calvi, Paris 1842.

8...♖xf7 9.♗xf7+ ♔xf7 10.♗xf4

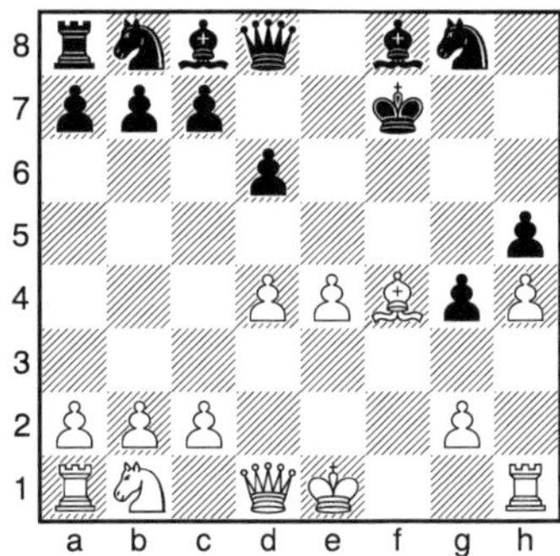

10...♗h6

Mittels Abtausches des weißen Läufers will Schwarz der gegnerischen Initiative ihre Dynamik nehmen.

Andere Fortsetzungen sind besser für Weiß:

I. 10...♘d7 11.0-0 ♔g7 12.g3 ♕e8 13.♘c3 ♘e7 14.♕d2 ♘g6 15.♗h6+ ♔h7 16.♗xf8 ♘gxf8

A) 17.♖f5 ♘b6 18.♖f6 ♘g6 19.♖af1 (19.♕g5!?) 19...♗e6 20.♕g5 ♘d7

21.♕xh5+ ♔g7 22.♖6f2 ♗c4 23.♖e1 ♗e6 24.d5 ♗f7 25.♕xg4 reicht zum Gewinn aus, Anderssen–Kieseritzky, London 1851.

B) 17.♘d5 ♕xe4 18.♖f7+ ♔g8 19.♕g5+ ♔xf7 20.♖f1+ ♕f3 21.♖xf3+ gxf3 22.♕xh5+ ♔g7 23.♕g5+ ♔f7 24.h5 und Schwarz verwaltet eine verlorene Stellung.

II. 10...♗e7 11.0-0

A) 11...♔e8 12.♕d3 ♗xh4 13.♕b5+ (13.e5!?) 13...c6 14.♕xh5+ ♔d7 15.e5 d5 16.e6+ ♔xe6 17.♕xg4+ +–

B) 11...♔g7 12.g3 ♗e6 13.♘c3

(13.♕d3 ♘d7 14.♘c3± wurde in der Partie Anderssen–Kipping, Manchester 1857, gespielt)

13...♘d7 14.♕d2 c5 15.dxc5 (15.♘d5!?) 15...♘xc5 16.♘d5 ♘xe4 17.♕d4+ ♘ef6 18.♘xe7 ♕xe7 19.♗xd6 ♕d7 20.♖ad1 ♖d8 21.♕f4 mit Angriff.

11.0-0 ♗xf4

Auch 11...♔g7 kann Schwarz nicht retten. Wir zeigen das in unserem Kommentar zur **Partie Nr. 65:** Pitre–Meng, Vancouver 2005.

12.♖xf4+

Nicht schlecht ist 12.♕d2!? ♔g7 13.♖xf4 ♘h6 14.♘c3 ♗e6 15.♖af1 ♘d7 16.♖f6!? ♘xf6 17.♕g5+ ♔f7 18.♕xh6 ♗c4

(18...♕h8 19.♕xh8 ♖xh8 20.e5 ♖h6 21.♘e4±)

19.♕h7+ ♔f8 20.♖f4 b5 21.e5 dxe5 und nun hätte Weiß in der Partie Ebeling–Hentunen, Jyvaskyla 1987, 22.♕h8+ spielen sollen. Nach 22...♔f7 23.♕xh5+ ♔e7 24.♕xe5+ steht er vor dem Gewinn.

12...♔g7 13.♘c3

13.♕d2!? ist auch möglich – siehe Anmerkung zur obigen Partie Ebeling–Hentunen, Jyvaskyla 1987.

13...♕xh4 14.♕d3

Im Duell Anderssen–Kieseritzky, London 1851, folgte 14.♘d5 ♘a6 15.♕d3 (15.♕d2!?) 15...c6 16.♖af1 ♗e6 17.♘e3 ♘b4 18.♕a3 (18.♕d2!+–) 18...c5 19.dxc5 ♘xa2 20.♖f7+ ♔h8

(20...♗xf7 21.♘f5+ mit Eroberung der Dame)

21.b4?

(Nach 21.♕d3! wäre die Lage von Schwarz hoffnungslos.)

21...♕g5? (21...♗xf7!–+) 22.cxd6 (22.♖xb7!) 22...♗xf7 23.♖xf7 ♘f6 24.d7 ♘xe4 25.♕d3 (25.♖f5!+–) 25...♘ac3 26.♖f5 ♕d8 27.♕d4+ ♔g8 28.♕c4+ ♔h8 29.♖xh5+ ♔g7 30.♘f5+ ♔f6 31.♘g3 ♕b6+ 32.♔h2 ♔g6 33.♖e5??

(33.♖h4! war ein Muss!)

33...♖h8+ 34.♘h5 ♖xh5+ 35.♖xh5 ♕d6+ 0-1

Zu beachten ist auch 14.♕d2!?; z.B. 14...♗e6 15.d5 ♗f7 16.♖af1 ♘h6 17.♖f6

(17.♘b5!? ist auch stark.)

17...♕xf6 18.♖xf6 ♔xf6 19.♕xh6+ ♔e7 20.♕g5+ ♔e8 21.e5 dxe5 22.♕xe5+ ♔f8 23.♕xc7 mit leichtem Gewinn.

14...♘c6 15.♘d5

Stark ist auch 15.♖af1!?; z.B. 15...♗e6 16.♘d5 ♖c8

(16...♗xd5 17.exd5 ♘d8 18.♕f5+–)

und nun hätte Weiß in der Partie

Wolff–Dauth, Berlin 2003, 17.♕e3! ziehen sollen; z.B. 17...♘d8 18.g3 ♕g5 (18...♕h3 19.♖4f2+–) 19.♖f7+ ♘xf7 20.♖xf7+ ♔xf7 21.♕xg5+–.

15...♘ce7 16.♖af1 ♘h6 17.g3 ♕g5 18.♘xc7 ♖b8 19.♘e8+ ♔h7 20.♘xd6 ♗e6 21.e5+ ♔g8 22.c4

Weiß hat eine gewonnene Stellung. In der Partie Nordstrom–Rodholm, Linkoping 1996, geschah weiter 22...♘g6 23.♖f6 ♘f8 24.d5 ♕xe5 25.dxe6 ♖d8 26.e7 ♕xe7 27.♖xh6 ♘e6 28.♕g6+ ♘g7 29.♕h7#.

Zusammenfassung: Weiß hat in diesem Abspiel die deutlich besseren Chancen. Wir raten zur Wahl der scharfen Fortsetzung 8.♘xf7!?, mit der sich Weiß hervorragende Perspektiven sichert. Die Alternative 8.♘d3 kommt allerdings ebenfalls ernsthaft in Frage.

Abspiel 2
Fortsetzung 6...♘h6

1.e4 e5 2.f4 exf4 3.♘f3 g5 4.h4 g4 5.♘e5 h5 6.♗c4 ♘h6

Wir denken, dass diese zweite Möglichkeit, den Punkt f7 zu schützen, stärker ist als 6...♖h7.

7.d4

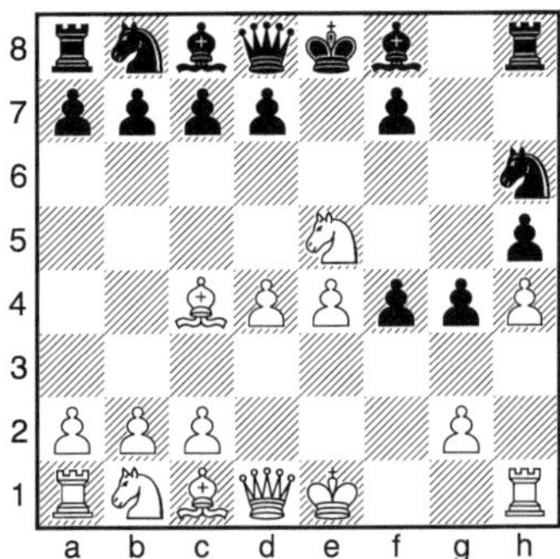

7...d6

Damit wird der starke Springer aus seiner aktiven Position verdrängt.

Andere Möglichkeiten sind:

I. 7...♗e7 8.♗xf4 ♗xh4+ 9.g3 ♗g5 10.♖xh5 ♗xf4 11.gxf4 d6

(11...d5 12.♗xd5 ♕f6 13.♕d2±)

12.♘xg4 ♗xg4 13.♕xg4 ♘xg4 14.♖xh8+ ♔e7 15.♖xd8 ♔xd8 16.♗xf7+–, Greco–N.N., Europa 1620

II. 7...♕f6 8.♘c3

(In der Partie Hebden–Benjamin, London 1987, folgte 8.0-0!? ♕xh4 9.♖xf4 ♗d6 10.♘f3 ♕g3 11.e5 ♗e7 12.♘h2 ♕h4 13.♘c3 ♗d8 14.♘e4 ♘c6 15.♘f3 gxf3 16.♖xh4 ♗xh4 17.♕xf3 ♘xd4 18.♕xh5 ♘df5 19.♗xh6 und Weiß gewann.)

A) 8...♗b4 9.0-0 ♗xc3

(Nach 9...♕xh4 10.♖xf4 ist die schwarze Lage schon kurz nach Partiebeginn sehr ernst.)

10.bxc3 ♕xh4 11.♖xf4 d6 12.♘xf7 ♘xf7 13.♗xf7+ ♔e7 14.♕f1 ♖f8 15.♗d2 ♗e6 16.♗xe6 ♖xf4 17.♕xf4 ♔xe6 18.♕f5+ 1-0, Gallagher–Bru, Gausdal 2001

B) 8...c6 9.♘e2 f3

(9...d6 10.♗xf4 dxe5 11.♗xe5+–)

10.gxf3 gxf3 11.♘f4 d6 12.♘xh5 ♕e7 13.♗g5 ♕c7 14.♘f6+ ♔e7 15.♘d5+ 1-0, Ben Azzouz–Klipper, Val Thorens 1994

III. 7...♘c6 8.♗xf4 d6

(8...♘xe5 9.♗xe5 f6 10.♗f4 d6 11.♘c3 c6 12.♕d2±)

9.♘xc6 bxc6 10.0-0

(10.♘c3!? ♗g7 11.♕d2 ♖b8 12.0-0-0±)

10...♕xh4 11.g3 ♕e7 12.♘c3 ♗g7 13.♕d2 ♗d7 14.♖ae1 ♘g8 15.e5 d5 16.♗g5

(16.♗xd5! cxd5 17.♘xd5 ♕d8 18.e6+–)

16...♗h6 17.♗xh6 ♘xh6 18.♗xd5 cxd5 19.♘xd5 ♕d8 20.♕b4 ♘g8 21.e6 ♗xe6 22.♖xe6+! fxe6 23.♖f8+ ♔d7 24.♕b5+ ♔d6 25.♕c5+ ♔d7 26.♖f7+ 1-0, Kayser–Isele, Bad Wörishofen 2006

8.♘d3

Das Beste und ohne Risiko.

Dagegen ist das Fortsetzen im Gambitstil ziemlich unklar, z.B. 8.♘xf7!? ♘xf7 9.♗xf7+ ♔xf7 10.♗xf4

A) 10...♘c6 11.0-0 ♔g8 12.c3

(12.♘c3 ♕xh4 13.♕d3 ♗g7 14.e5 dxe5 15.♕c4+ ♔h7 16.♕d3+ führt zum Dauerschach.)

12...d5

(12...♕xh4 13.♘d2 g3 14.♕b3+ ♔g7 15.♗xg3! ♕e7 16.♗h4 ♕e8 17.♗f6+ ♔h7 18.♘f3 ♗h6 19.♗xh8 ♔xh8 20.♖ae1↑)

13.♘d2 ♘e7 14.♗g5 c6 15.♕e2 ♗h6 16.♕f2 ♕e8 17.exd5 ♗xg5 18.♘e4! ♔g7? (⌓18...♘f5) 19.♘xg5

(19.hxg5! ♘xd5 20.♖ae1 ♕g6 21.♘f6 ♕xg5 22.♘xd5+–)

19...♖f8 20.♕d2 ♘xd5 21.♖xf8 ♔xf8 (21...♕xf8 22.♖f1↑) 22.♖f1+ ♔g8? (⌓22...♔g7) 23.♕c2 ♕e7 24.♕g6+ ♔h8 25.♖f8+! ♕xf8 26.♕h7#, Kerr–Murphy, Grangemouth 1998

B) 10...♗h6 11.♕d2

(11.0-0 ♔g7 ist günstig für Schwarz.)

11...♔g6 (11...♕f6 12.0-0↑) 12.♘c3 ♘c6 13.0-0-0 und Weiß hat hervorragendes Spiel für die Figur.

C) 10...♗e7 11.0-0 ♔g7 12.g3 ♘c6 13.♘c3 ♗f6 14.♗e3 ♕e8 15.♕d2 ♕g6 16.♘d5 ♗d8 17.♖ae1 ♔g8 18.♗g5 ♗d7 19.♗xd8 ♖xd8 20.♖f6 ♕g7 21.♖ef1 ♖e8 22.♕f2 ♖h7 23.c3 ♗c8 24.♖f4 ♔h8 25.♘f6 ♖f8 26.♘xh7 ♖xf4 27.♕xf4 ♔xh7 28.♕f8 1-0, Hlusewitsch–Pikulew, Ischewsk 1975

D) 10...♗g7 11.0-0 ♔g6 12.♕d3 ♖f8 13.♘c3 ♕xh4 14.♘d5 ♘c6 15.c3 ♗d7 16.♗g3 ♖xf1+? (⌓16...♕g5) 17.♖xf1 ♕g5 und jetzt sollte Weiß einfach 18.e5+! spielen, z.B. 18...♗f5 (18...♔h6 19.♗f4+–) 19.♖xf5! ♕xf5 20.♘f4+ ♔g5 21.♗h4+ ♔xh4 (21...♔xf4 22.g3#) 22.♕xf5+–.

8...f3

Der f-Bauer ist ohnehin verloren. Mit

dessen Selbstmord will Schwarz wenigstens noch die weiße Königsstellung schwächen.

Es gab allerdings auch schon andere Versuche:

I. 8...f5 9.♘xf4

A) 9...♘c6 10.♘g6 ♖h7 11.♘xf8 ♔xf8 12.♗g5 ♕e8 13.♘c3 ♘f7

(13...fxe4 14.0-0+ ♘f7 15.♖f4 e3 16.♕d3+–)

14.♗xf7 ♖xf7 15.♕d2 ♔g8 16.0-0-0 b5 17.♘d5 ♕f8 18.♗h6 ♕d8 19.♘f4 (19.e5!?) 19...♘e7 20.♘xh5 ♘g6 21.♗g5 ♕f8 22.♖df1 ♗d7 23.exf5 ♗xf5 24.♘g3 ♗d7 25.h5 ♘h8 26.♗f6 und die schwarze Stellung ist aufgabereif, Flesler–Bhatia, St. Lorenzo 1995.

B) 9...c6 10.♕e2 fxe4 11.♕xe4+

(In Frage kommt 11.♘c3!? d5 12.♘fxd5 cxd5 13.♘xd5 ♗f5 14.0-0 mit starker Initiative.)

11...♕e7 12.♕xe7+ ♗xe7 13.♘g6 ♖h7 14.0-0 ♘f5 15.♘xe7 ♖xe7

(15...♘xe7 16.♗g5 d5 17.♗d3 ♖g7 18.♘c3 und Schwarz steht vor der undankbaren Aufgabe, große Probleme zu bewältigen.)

16.♗g5 ♖g7 17.♘c3 d5 18.♗d3 ♖f7 19.♖ae1+ ♔f8 20.♖e5 und Weiß gewinnt Material.

II. 8...♗e7 9.♗xf4

A) 9...♗xh4+ 10.g3 ♗g5

A1) 11.♕d2 ♗xf4 12.♕xf4

(12.♘xf4!? ♕e7 13.♘c3 c6 14.0-0-0 ♗d7 15.♖xh5+–, Dupree–Belanoff, San Francisco 2005)

12...♘d7

(12...♕e7 13.♘c3 c6 14.♖xh5 ♕f8 15.0-0-0+–, Schirra–Foierl, Landshut 2000)

13.♘c3 ♕f6 14.♘d5 ♕xf4 15.♘3xf4 ♔d8 16.0-0-0 c6 17.♖xh5 b5 18.♗xb5 cxd5 19.♘xd5 ♘b6 20.♗c6 ♖b8 21.♖dh1 ♗d7 22.♗xd7 ♘xd5 23.♖xh6 ♖xh6 24.♖xh6 ♔xd7 25.exd5 und das Turmendspiel ist für Weiß gewonnen, Carlsson–Jamrich, Balaton 1996.

A2) 11.♖xh5 ♗xf4 12.♘xf4 c6 13.♘c3

(13.e5 d5 14.♗d3 ist auch möglich.)

13...b5 14.♗b3 b4 15.♘ce2 ♘d7 16.♕d3 ♘f6 17.♖h4 ♕e7 18.e5 dxe5 19.dxe5 ♕xe5 20.0-0-0 ♗d7 21.♖dh1 ♘fg8 22.♕c4+–, Kalomon–Marchlewicz, Polen 2007

B) 9...c6 10.♘c3

B1) 10...♗e6 11.d5

(Möglich ist auch 11.♗xe6 fxe6 12.♕d2 ♘f7 13.0-0-0 mit Vorteil aufgrund von Raum und Initiative.)

11...cxd5 12.♘xd5 ♗xh4+ 13.g3 ♗f6 14.♕d2 ♘g8 15.0-0-0 mit vollem Ersatz für den Bauern. Schwarz muss noch das Problem seines im Zentrum feststeckenden Königs lösen.

B2) 10...♕b6 11.♗e3 ♗e6 12.♗b3 ♘d7 13.♕d2 ♗xb3 14.axb3 ♘g8 15.g3 ♕c7 16.0-0 ♗f6 17.♖ae1 0-0-0 18.d5 ♘e5 19.♘xe5 ♗xe5 20.♗xa7 ♗xg3 21.♕e3 ♗xe1 22.♗b6 ♕d7 23.♕xe1 ♖f8 24.♕a1+–, Blackburne–Cockayne, Großbritannien 1873.

III. 8...♘g8 9.♘xf4 ♗g7 10.♘c3 ♘f6 11.e5

(11.♗e3!? Δ♕d1-d2 und 0-0-0 ist eine gute Alternative.)

11...dxe5 12.dxe5 ♕xd1+ 13.♔xd1 ♘fd7 14.e6 ♘e5 15.exf7+ ♔f8 16.♗b3±

IV. 8...♕e7 9.♘c3

A) 9...♗f5 10.♕e2 f3 11.gxf3 gxf3 12.♕xf3 ♗g4 13.♕f2 ♗g7

(13...♘d7 14.♗g5 f6 15.♗e3 0-0-0 16.♘f4 ♕e8 17.♔d2 ♗g7 18.♖hg1 ♘b6 19.♗b3±, Grönegress–Illgen, Lippstadt 1959)

14.♗g5 f6 15.♘d5! ♕d8

(15...♕xe4+ 16.♔d2 ♕f3 17.♕e1+ ♕e2+ 18.♕xe2+ ♗xe2 19.♗xh6 ♗xh6+ 20.♔xe2+–)

16.♘xf6+ ♗xf6 17.♗xf6 ♖f8 18.♗xd8 ♖xf2 19.♘xf2 mit materiellem Vorteil, Hoffmann–Hlavnicka, Tschechien 1998.

B) 9...c6 10.♗xf4

(Weiß sollte hier nicht auf „Kuschelkurs" gehen. Zu wenig energisch ist deshalb 10.♗b3 ♘f5 11.♗xf4 ♘xd4 12.♕d2 ♘xb3 13.axb3 ♗e6 14.0-0-0 ♘a6 15.♕f2±, Cuellar–Ahmad, Nizza 1974.)

10...♘f5 11.0-0 ♘xh4

(11...♘xd4 12.♗g5 ♕c7 13.♗xf7+ ♕xf7 14.♖xf7 ♔xf7 15.♕f1+ ♔g8 16.♕f6 ♗g7 17.♕g6 ♘d7 18.♖f1+–)

12.♕d2 ♗g7 13.e5 d5 14.♗g5 ♕c7 15.♗xd5 cxd5 16.♘b5+–

C) 9...f5 10.♗xf4

(10.♘xf4!? ist auch stark.)

10...♗g7 11.♕e2 ♗e6 12.♗g5 ♗f6 13.♗xf6 ♕xf6 14.exf5 ♘xf5 15.♕xe6+ ♕xe6+ 16.♗xe6 ♘xd4 17.♗b3 und Weiß bleibt ein materieller Vorteil, Ulusoy–Stanaszek, Nürnberg 2003.

D) 9...♘f5 10.♘xf4 c6 11.0-0!?

(11.♕d3 ♘xh4 12.♗e3 ♗h6 13.0-0 f5 14.♖ae1 fxe4 15.♕xe4 ♕xe4 16.♘xe4 d5 17.♘d6+ ♔d7 18.♘f7 ♗xf4 19.♗xf4 ♖f8 20.♗h6 ♖e8 21.♖xe8 ♔xe8 22.♘d6+ ♔d7 23.♘xc8 dxc4 24.♖f8 b5 25.♗g5 ♘g6 26.♖g8 ♘a6 27.♘b6+ axb6 28.♖xa8+–, Almgren–Howard, South Fallsburg 1948)

11...♘g3

(11...♘xh4 12.♘fd5! cxd5 13.♘xd5 ♕d8 14.♘f6+ ♔e7 15.♗g5+–)

12.♘g6! fxg6 13.♗g5 ♘xf1 14.♗xe7 ♘e3 15.♕e2 ♗xe7 16.♕xe3 ♗xh4 17.♖f1+–

V. 8...♘c6 9.♘xf4

A) 9...♗d7 10.♘c3 ♗g7 11.♗e3 ♘g8 12.♕d2 ♘f6 13.0-0-0 a6 14.♖hf1±, Hatarik–Fernandez Egea, Frankfurt 2001

B) 9...♘a5 10.♗d3 ♘c6 11.c3

(11.♗e3 ♗g7 12.♗c4 ♘a5 13.♗e2±)

11...♘g8 12.♘a3 ♘ge7 13.g3 ♗h6 14.♘xh5 ♗xc1 15.♘f6+ ♔f8 16.♖xc1 ♘f5 17.exf5 ♕xf6 18.♕xg4 und Schwarz steht auf verlorenem Posten, Bednar–Reich, Bratislava 2004.

C) 9...♘g8 10.♘c3 ♘f6 11.♘fd5

(Zu beachten ist 11.♗e3!? mit dem Plan ♕d1-d2 nebst 0-0-0 oder sogar 0-0.)

11...♗e6 12.♗g5 ♗xd5 13.♘xd5 ♗e7 14.♘xe7 ♕xe7 15.0-0 1-0, Filipowicz–Zeyen, Warna 1962

VI. 8...♗g7 9.♘xf4 ♕e7

(Auf 9...c6 kann Weiß den ♙d4 mittels 10.c3 stärken oder auch 10.♘c3 spielen.)

10.♘c3 g3

(10...♘c6 11.♘fd5 ♕d8 12.♘b5 ♖b8 13.♗g5 f6 14.♘bxc7+ ♔d7 15.♘e6!+–)

11.♘fd5 ♗g4 12.♕d3 ♕d7 13.♗g5 ♘c6

(13...0-0 14.♗xh6 ♘c6 15.♗xg7 ♔xg7 16.♔d2 1-0, Wijnendaele–Van der Himst, Geraardsbergen 1993)

14.♗f6 ♔f8 15.0-0 mit entscheidendem Angriff.

VII. 8...♗e6 9.♗xe6 fxe6 10.♘xf4 ♕e7 (10...♔d7 11.0-0+–) 11.♘g6 ♕h7 12.♘xh8 ♕xh8 (12...♕xe4+ 13.♕e2+–) 13.♗g5 ♘c6 14.c3 ♗e7 15.♘d2 ♔d7 16.♕a4 mit schnellem Gewinn von Weiß, Brüggemann–Enders, Frankfurt 2004.

9.gxf3

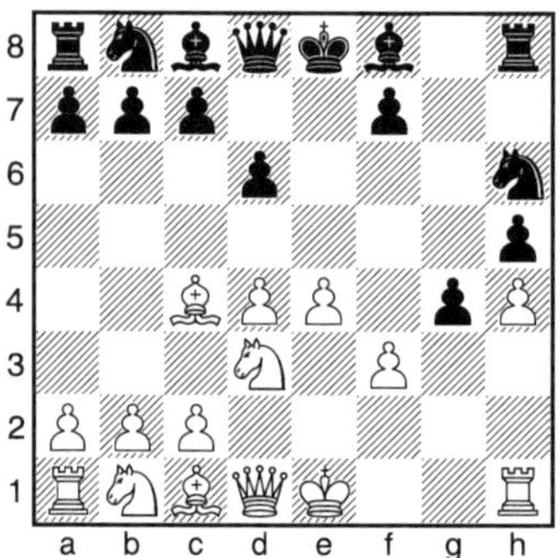

9...♗e7

Nur mit diesem Zug kann Schwarz ein gewisses Gegenspiel organisieren.

Andere Züge sind schwach:

I. 9...d5 10.♗xd5 c6 11.♗xh6 (11.♗b3 ♕xd4 12.♘c3±) 11...♗xh6 12.♗xf7+ ♔xf7 13.c3 ♕f6 14.f4 ♖e8 15.♘d2 ♔g7 16.♕e2 ♗xf4?? (⌓16...♗f5) 17.0-0 ♕xh4 18.♘xf4 ♕g5 19.e5 ♗f5 20.♘e4 ♗xe4 21.♕xe4 ♘d7 22.♖f2 g3 23.♖f3 h4 24.♖af1 ♔h6 25.♕d3 ♕g4 26.♘h3 ♕xh3 27.♖f6+! 1-0, Anderssen–Pitschel, Leipzig 1855

II. 9...♘c6 10.♗e3 ♗e7 11.♗f2 (11.♕d2 ♗xh4+ 12.♔d1∞) 11...♘a5 12.♗b3 ♘xb3 13.axb3 ♖g8 14.♕d2 g3 15.♕xh6 gxf2+ 16.♘xf2 ♗xh4 17.♕xh5 ♗f6 18.c3 und Weiß behauptet einen Mehrbauern.

III. 9...gxf3 10.♕xf3 ♗g4 11.♕f2 ♕d7

(Nach 11...♕e7 ist ebenfalls 12.♘c3 gut.)

12.♘c3 c6 13.♗g5 ♘a6 14.♔d2 ♗g7 15.♖hf1 0-0 16.♕e3+–, Pejew–Atanasow, Bulgarien 1954

10.♗e3

Weiß möchte schnell seine Kräfte entwickeln und ist zur Königswanderung auf den Damenflügel bereit.

Zu beachten ist auch 10.♗f4!? ♗xh4+ 11.♔d2 gxf3 12.♕xf3 ♗g4 13.♕e3 ♗e7 14.♘c3 c6

(14...♘c6 15.♖ag1 ♗f8 16.♘d5 ♗g7 17.c3 ♘e7 18.♗g5 ♘hg8 19.♖f1 ♗e6 20.♘3f4 ♗xd5 21.♘xd5 f6 22.♘xf6+ ♘xf6 23.♗xf6 ♗xf6 24.♖xf6+–, Horwitz–Bird, London 1851)

15.♖af1 f5 16.exf5 ♘xf5 17.♕e6 ♘xd4 18.♕xg4! hxg4 19.♖xh8+ ♔d7 20.♖xd8+ 1-0, Morphy–N.N., New Orleans 1849.

10...♗xh4+

In der alten Partie Lasker–Walker, USA 1902, geschah 10...gxf3 11.♕xf3 ♗g4 12.♕f2 ♗e6 13.d5

(13.♗xe6 fxe6 14.♗xh6 ♖xh6 15.♘c3 ♘a6 16.0-0-0±)

13...♘g4 14.dxe6!? ♘xf2 15.exf7+ ♔d7 16.♗xf2 ♗f6? (⌓16...♘c6) 17.♘c3 c6 18.0-0-0 ♗e7 19.♘e5+ ♔c7 20.♘g6 ♘d7 21.♗g3 ♘f6 22.e5 ♘d5 23.♗xd5 1-0.

11.♔d2

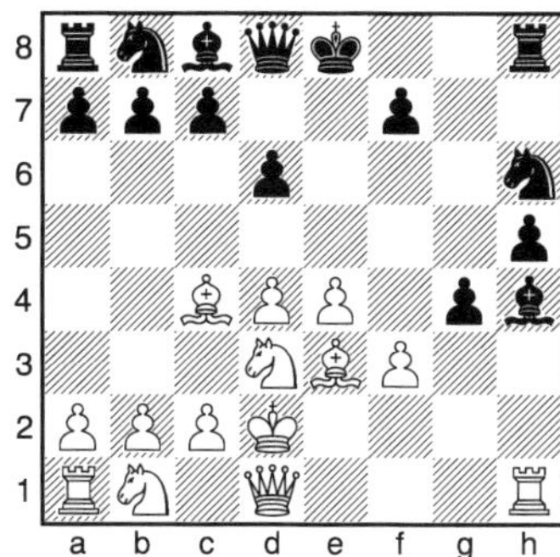

11...♘c6

Andere Versuche sind auch günstig für Weiß:

I. 11...gxf3 12.♕xf3 ♗g4 13.♕f4

(13.♕f1 ♗g5 14.♘f4 ♗xf4 15.♗xf4 ♕f6 16.e5 ♕e7 17.♘c3 dxe5 18.♘d5 ♕d8 1-0, Weijers–Sparenberg, Hengelo 2000)

13...♘c6

(13...♕f6 14.♘c3 ♘d7 15.♘d5 ♕xf4 16.♘3xf4 ♗d8 17.♘xh5 ♔f8 18.♖af1 ♗e6 19.♘hf4 ♔e8 20.♘xe6 fxe6 21.♖xh6 ♖xh6 22.♘xc7+ ♗xc7 23.♗xh6 ♗a5+ 24.♔d3 e5 25.♗b5 ♖b8 26.♖f5 ♗c7 27.♖g5 ♖d8 28.♖g8+ ♔e7 29.♖g7+ ♔f6 30.♖xd7+–, Harrwitz–Williams, London 1852)

14.♘c3 ♘xd4 15.♖af1

(15.♗xd4!? ♗g5 16.♗xh8 ♗xf4+ 17.♘xf4±)

15...♘e6 16.♗xe6 fxe6 17.♖xh4 ♕xh4 18.♗d4 0-0-0 19.♗f6 ♕h3 20.♗xd8 ♖xd8 21.♔e1 ♘g8 22.♕f2 e5 23.♕xa7 b6 24.♘d5 ♕h4+ 25.♖f2 ♔d7 26.♕xc7+ ♔e6 27.♕f7#, Anderssen–Simons, London 1851

II. 11...g3 12.♘c3 c6 13.♘f4 ♘g8 14.♕e1 ♘d7 15.♘g2 ♗f6 16.♕xg3 ♕e7 17.♘h4 ♗xh4 18.♕xh4 ♘df6 19.♖ae1 ♗e6 20.d5 ♗d7 21.♗d4 0-0-0 22.dxc6 ♗xc6 23.♗d5 und Weiß steht ausgezeichnet, Kaltschmidt–Mieczyslaw, FPart 1989.

III. 11...♗e6 12.♗xe6 fxe6 13.♘f4 ♕f6 14.♘xe6 ♕xe6 15.♖xh4 gxf3 16.♖xh5 f2 17.♘c3 ♘f7 18.♖xh8+ ♘xh8 19.♕h5+ ♘f7 20.♖f1 ♘d7 21.♖xf2 ♘f6 22.♕g6 ♔e7 23.♖xf6! 1-0, Anderssen–Perigal, London 1851

12.♘c3

Weiß muss seine Kräfte schnell ins Gefecht führen.

12...♘a5 13.♗b3 c6 14.d5 gxf3

I. 14...c5 15.♘b5 c4 16.♖xh4! cxb3 17.axb3 ♕xh4 18.♘c7+ ♔f8 19.♘xa8 b6 20.♘c7 ♕e7 21.♘b5 und Weiß hat die besseren Perspektiven.

II. 14...♘xb3+ 15.axb3 c5 16.♘b5 gxf3 17.♖xh4! ♕xh4 18.♘xd6+ ♔d7 19.♕xf3 ♕h2+

(19...♔xd6 20.♖h1 ♕xh1 21.♕f6+ ♗e6 22.♗f4+ ♔d7 23.♘xc5+ mit schnellem Matt.)

20.♔c3 mit entscheidendem Angriff.

15.♕xf3 ♕f6 16.♕xf6 ♗xf6 17.♗f4

17.♖xh5 führt grundsätzlich unter Zugumstellung zur Hauptvariante.

17...♔e7 18.dxc6 ♘xb3+

Oder 18...bxc6 19.♖xh5 ♘xb3+ 20.axb3 ♘g4 21.♖xh8 ♗xh8 22.♗g5+ ♗f6 23.♗xf6+ ♔xf6 24.b4 ♗b7 25.♖a5 und das Endspiel ist vorteilhaft für Weiß.

19.axb3 bxc6 20.♖xh5 und Weiß steht besser. Schwarz hat eine lästige Schwäche auf a7, die den Turm zunächst auf a8 bindet. Weiß kann der schwarzen Bauernstellung mittels b3–b4–b5 weiter zusetzen.

Zusammenfassung: Der Zug 8.♘d3 ist solider und gibt Weiß reale Chancen auf einen positionellen Vorteil. Danach ist auch 10.♗f4!? anstelle von 10.♗e3 interessant. Für Taktiker ist die scharfe Fortsetzung 8.♘xf7!? zu empfehlen, z.B. in Blitzpartien oder im Schnellschach.

Kapitel 26
Fortsetzung 6.d4

1.e4 e5 2.f4 exf4 3.♘f3 g5 4.h4 g4 5.♘e5 ♘f6 6.d4

Diese Fortsetzung gilt als die beste Wahl für Weiß.

6.♗c4 werden wir im nächsten Kapitel analysieren.

Hingegen haben wir 6.♘xg4!? kurz in der **Einführung** vorgestellt.

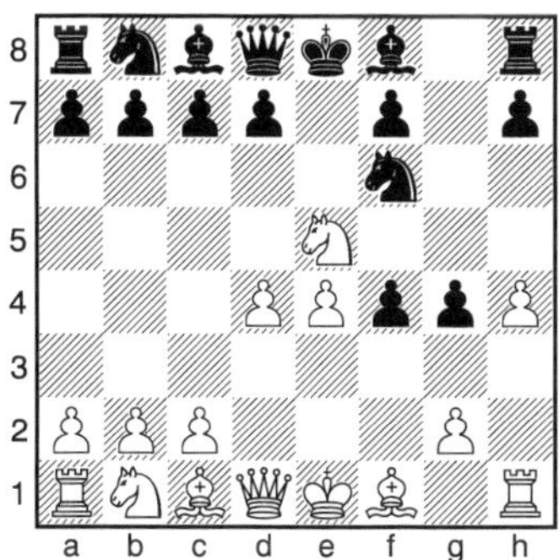

6...d6

Andere Züge führen mit Zugumstellung zu Varianten, die wir schon analysiert haben.

6...d5 – siehe **Kapitel 21**

6...♗g7 – siehe **Kapitel 22**

6...♘c6 – siehe **Kapitel 19**

– Hingegen geschah in der Fernpartie Maltez-Cravens, 1997, 6...♘xe4 7.♗xf4 f5 8.♗d3 d6? (□8...d5) 9.♘xg4 ♗g7 10.♗xe4 fxe4 11.♘c3 ♗f5 12.♘e3 ♗g6 13.h5 ♗f7 14.♘xe4 ♕e7 15.♕d3+–.

7.♘d3 ♘xe4

Hierin sieht die Theorie die beste Antwort.

Schauen wir uns mal die wichtigsten Alternativen an:

I. 7...♘h5 8.♗xf4 ♗g7 9.c3 0-0 10.♘d2

A) 10...f5 11.♕b3+

(Einen scharfen und komplizierten Verlauf nahm die Partie Shabalov-Smagin, Bad Wiessee 1999: 11.exf5 ♕e8+ 12.♔f2 ♗xf5 13.g3 ♕g6 14.♘c4 ♘c6 15.♔g1 ♗e4 16.♖h2 ♘xg3 17.♕b3 d5 18.♗xg3 ♗xd3 19.♘d2 ♗xf1 20.♕xd5+ ♔h8 21.♖xf1 ♕d3 22.♖g2 ♖xf1+ 23.♘xf1 ♖f8 24.♖f2 ♖e8 25.♕d7 ♕e4 26.♖f7 ♖e7 27.♕c8+ ♖e8 28.♕xc7 ♘e7 29.♕d7 ♘d5 30.♖xg7 1-0.)

11...♔h8 12.♗g5 ♕e8 13.e5 dxe5 14.dxe5 ♗xe5 15.0-0-0 mit aussichtsreichen Angriffsmöglichkeiten.

B) 10...♘c6 11.♕b3 ♔h8 12.0-0-0±, Moravec-Cap, Ricany 2011

II. 7...♕e7 8.♘c3 ♘xe4 9.♘d5 ♕d7 10.♗xf4

(Zu versuchen ist 10.♕e2 ♕f5 11.♘3xf4 c6 12.♘c3 d5 13.♕e3 Δ♗f1-d3!.)

10...♗g7 11.♕e2

A) 11...0-0 12.♕xe4 ♖e8 13.♘e5 f5 14.♕e3 dxe5 15.♗c4 ♔h8

(15...exf4 16.♘f6+ ♔h8 17.♕xe8+ ♕xe8+ 18.♘xe8+–)

16.dxe5 ♘c6 17.0-0-0±

B) 11...f5 12.♘f2 0-0 13.♘xe4 fxe4 14.♕e3

(14.♗e3!? c6 15.♘f4 d5 16.0-0-0±)

14...c6 15.♘c3 d5

(15...♗xd4?? 16.♕xd4 ♖xf4 17.♗c4+ d5 18.♘xd5 cxd5 19.♗xd5+ ♔f8 20.♕h8+ ♔e7 21.♕e5+ ♔d8 22.♕xf4+–)

16.0-0-0 ♕f7 17.g3 mit dem Plan ♗f1-e2, ♖h1-f1 usw.

III. 7...f3

A) 8.gxf3

A1) 8...g3 9.♘c3 ♘c6 10.♗e3 d5 11.e5 ♘h5 12.f4 ♘g7 13.♕f3 ♘f5 14.♘xd5 (14.0-0-0!?) 14...♗e7

(14...♘cxd4 15.♗xd4 ♘xd4 16.♕e4 ♘xc2+ 17.♔d2 ♘xa1 18.♘f6+ ♔e7 19.♕b4+ ♔e6 20.♗h3#)

15.0-0-0 ♖g8 16.♗g2.

A2) 8...♘c6 9.c3 ♗e7 10.♗g2 ♖g8 11.♗g5 h6 12.♗xf6 ♗xf6 13.h5 d5 14.♕e2 ♔f8 15.♘d2 dxe4 16.♘xe4 ♗g5 17.f4 ♗h4+ 18.♔d2 a5 19.♘ec5 ♗f6 20.♖ae1 ♖b8 21.♔c1 ♘e7 22.♘e5 und Weiß steht hervorragend, Spasski–Xie Jun, Monte Carlo 1994.

B) 8.♘c3 ♘c6 9.♗e3 ♖g8

(Oder 9...fxg2 10.♗xg2 ♗g7 11.h5 h6 und nun folgt 12.♕e2 nebst 0-0-0 und guten Perspektiven für Weiß.)

10.gxf3 gxf3 11.♕xf3 ♗g4 12.♕f2 ♗e7 13.♘f4 h5 14.♗e2 ♕d7 15.0-0-0 0-0-0 16.e5 ♘e8 17.♘fd5 mit ausgezeichnetem Spiel für Weiß.

IV. 7...♘c6 8.d5 ♘e5 9.♗xf4

A) 9...♘xd3+ 10.♗xd3 ♕e7 (10...♗e7 11.h5!) 11.♘c3 ♘h5 12.♗g5 f6

(12...♕e5?? 13.♗b5+ ♗d7 14.♗xd7+ ♔xd7 15.♕xg4+ +–)

13.♗e3 ♘g3 14.♖g1 f5 15.♕d2 ♘xe4

(15...♕xh4 16.♗g5 ♕h2 17.♕e3 und Schwarz sieht sich vor ernste Probleme gestellt.)

16.♗xe4 fxe4 17.0-0-0 ♗g7 18.♖gf1↑

B) 9...♕e7 10.♘c3 h5 11.♕d2

(Es geht auch sofort 11.♘xe5!.)

11...♗d7 12.♗xe5 dxe5 13.♕g5 ♗h6 14.♕xe5 c6 15.♕xe7+ ♔xe7 16.d6+ ♔d8 17.e5 ♘d5 18.♘xd5 cxd5 19.♗e2 ♖c8 20.c3 ♖e8 21.♖f1 mit weißem Vorteil, Hartmann–Bettermann, FPart 1991.

C) 9...♘xe4 10.♘d2

(Aber nicht 10.♘xe5? dxe5 11.♗xe5 ♗b4+ 12.c3 ♕e7 13.♕d4 ♘xc3 14.♘xc3 ♗d6 15.0-0-0 ♕xe5 und Schwarz steht besser.)

10...♘xd2 11.♕xd2 ♗g7 12.0-0-0 0-0 13.h5 ♘c4 14.♕b4 ♘b6 15.h6 ♗f6

(15...♘xd5?? 16.♕b3 ♘xf4 17.hxg7 ♘xd3+ 18.♗xd3+–)

16.♖h5 a5 17.♕e1 ♖e8 18.♕g3 ♔h8 19.♔b1 a4 20.a3 ♘c4 21.♗c1 b5 22.♘b4 und das weiße Spiel ist vorzuziehen.

D) 9...♘g6 10.♘c3 ♘xf4

(10...♘h5 11.♗g5 ♗e7 12.♕d2 ♘g3 13.♖g1 h6 14.♗xe7 ♕xe7 15.0-0-0 ♕xh4 16.♔b1 ♗d7 17.e5 dxe5 18.♘c5 0-0-0 19.♗b5 ♘f5 20.♗xd7+ ♖xd7 21.♘b5 a6 22.♘a7+ ♔b8 23.♘c6+! 1-0, Hoffmann–Stefan, FPart 2002)

11.♘xf4 ♗h6 12.♗b5+ ♗d7

(12...c6 13.dxc6 0-0 14.cxb7 ♗xb7 15.0-0±)

13.♗xd7+ ♕xd7 14.0-0 ♕e7 15.g3±

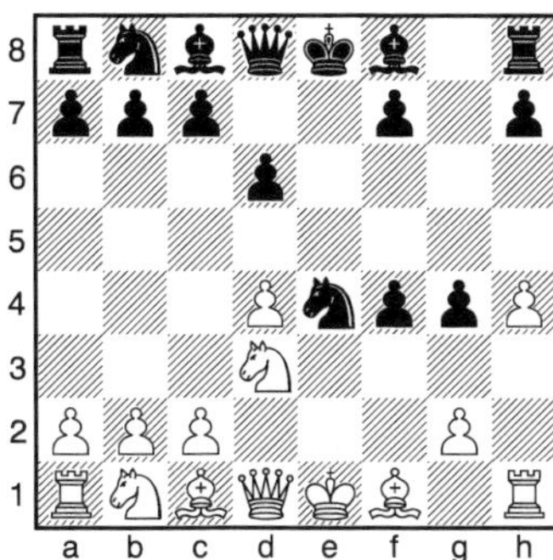

Eine kritische Position dieses Kapitels. Weiß stehen zwei Möglichkeiten zur Verfügung:

Abspiel 1 – 8.♗xf4

Abspiel 2 – 8.♕e2

Abspiel 1
Fortsetzung 8.♗xf4

1.e4 e5 2.f4 exf4 3.♘f3 g5 4.h4 g4 5.♘e5 ♘f6 6.d4 d6 7.♘d3 ♘xe4 8.♗xf4

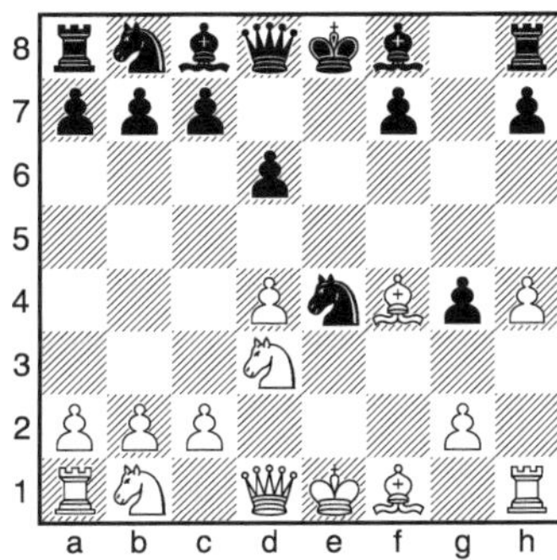

Der beste Zug für Weiß. Er entwickelt seinen Läufer und beseitigt zugleich den Bauern.

8...♕e7

Die Hauptvariante: Schwarz bereitet mit Tempogewinn die lange Rochade vor.

Andere Möglichkeiten sind:

I. 8...♗g7

A) 9.♘c3 ♘xc3

(9...f5 10.♘xe4 fxe4 11.♘f2 ♕f6 12.♗e3 ♘c6 13.♘xg4 ♗xg4 14.♕xg4 ♘xd4 15.♕xe4+ ♕e5 16.♗d3 ♕xe4 17.♗xe4 d5 18.♗d3 0-0 19.0-0-0±, Gheorghiu–Kolarov, Sinaia 1964)

10.bxc3

A1) 10...♕e7+ 11.♗e2 ♗f5

(Auf 11...0-0 kann 12.h5 folgen.)

12.0-0 ♕xh4 13.g3 ♕h5 14.♖b1 0-0

15.♖b5 ♕g6

(15...c6 16.♖xf5! ♕xf5 17.♗xd6±)

16.♗d2 c5 17.♘f4 ♗xc2 18.♘xg6 ♗xd1 19.♘e7+ ♔h8 20.♗xd1+–, Kaplan–Johansson, Oerebro 1966

A2) Zu 10...c5 siehe **Partie Nr. 66:** Spasski–Fischer, Mar del Plata 1960.

B) 9.c3

B1) 9...0-0 10.♘d2 ♖e8 11.♗e2 ♗f5 12.♘xe4 ♗xe4 13.0-0 ♕xh4

(Auf 13...♗xd3 14.♗xd3 ♕xh4 folgt 15.g3 mit dem Plan ♔g1-g2 und ♖f1-h1 mit starkem Angriff.)

14.♗xg4 ♘c6

(Nach 14...♗xd3 15.g3 ♗c2 16.gxh4 ♗xd1 17.♖axd1 bekommt Weiß für den Bauern neben dem Läuferpaar auch die Möglichkeit, auf der f–Linie aktiv zu werden. Ein schwacher Punkt ist f7.)

15.♘f2 ♗f5

(15...♗d5 16.♕d3 ♘e7 17.g3 ♕f6∞, Efendijew–Weiss, FPart 2000)

16.♗xf5 ♕xf4 17.♕d3 h5 18.♘e4 ♕h6 19.♖f3 d5

(19...h4 20.♘f2 d5 21.♘g4 ♕g5 22.♖af1 mit Druck gegen den Punkt f7, Ruber–De Pedroso, DESC FPart 2001)

20.♘g3 h4 21.♘f1 ♘e7 22.♘e3 ♖ad8 23.♖af1 und wegen der schwachen Bauern f7 und h4 hat Weiß bessere Perspektiven, Gallagher–Arlandi, Forli 1992.

B2) 9...♘c6 10.♘d2 d5

(In der Partie Prieto–Just, Chessfriend.com FPart 2003, entstand nach 10...♕e7 11.♗e2 0-0 12.0-0 ♖e8 13.♘xe4 ♕xe4 14.♖e1 ♗xd4+ 15.cxd4 ♕xd4+ 16.♔h2 ♗f5 17.♔g3 ♖xe2 18.♕xe2 ♕xd3+ 19.♕xd3 ♗xd3 20.♔xg4 f5+ 21.♔h3 ♗e4 22.♖ac1 ♔f7 23.♖e3 ♔e6 24.♖g3 eine sehr komplizierte Stellung. Im weiteren Verlauf setzte sich Weiß durch und gewann die Partie.)

11.♗e2 h5 12.g3 ♗f5 13.0-0 ♗g6 14.♘xe4 dxe4 ½-½, Spasski–Adamopoulos, Kalamata 2002

B3) 9...♕e7 10.♕e2 ♗f5

(10...h5 11.♘d2 ♘xd2 12.♕xe7+ ♔xe7 13.♔xd2 ♗f5 14.g3 ♔d7 15.♗g2 ♘c6 16.♖hf1 ♗g6 17.♗g5 ♖ae8 18.♘f4 ♘d8 19.♗xb7! ♗h6 20.♗xh6 ♖xh6 21.♗d5±, Westerinen–Koskinen, Gausdal 1993)

11.♘d2 ♘c6 12.♘xe4 ♗xe4 13.♘f2 f5 14.♘xe4 ♕xe4 15.♕xe4+ fxe4 16.♗c4 ♔d7 17.0-0 ♘e7 18.♗g5 ♖hf8 19.♗xe7 ♔xe7 20.♖fe1±, Haag–McNeal, FPart 1992/93

II. 8...h5 9.♘d2 ♗f5 10.♕e2 ♕e7 11.0-0-0 d5 12.♘xe4 ♗xe4 (12...dxe4 13.♘e5±) 13.♘c5 c6 14.♘xe4

A) 14...♕xe4 15.♖e1

(15.♕d2 ♕xf4 16.♖e1+ ♔d7 17.♕xf4 ♗h6=)

15...♕xe2 16.♗xe2 ♔d8 17.♖hf1 ♘d7 18.♗g3 ♗h6+ 19.♔d1 mit weißem Positionsvorteil.

B) 14...dxe4 15.♕e3 ♘d7 16.g3

(Zu überlegen war 16.d5!?, um die Stellung im Zentrum zu öffnen.)

16...f5 17.♔b1 ♗g7 18.♗e2 ♘b6 19.c4 und die weiße Lage ist u.a. dadurch gekennzeichnet, dass er auf seine beiden Läufer setzen kann und die Möglichkeit hat, die Position im Zentrum mittels d4–d5 zu öffnen.

Weiß ist im Vorteil, Campora–Giertz, San Bernardino 1991.

III. 8...♘c6 9.♘c3 ♗f5

(9...♘xc3 10.bxc3 ♕e7+ 11.♕e2 ♗e6 12.♗g5 f6 13.♘f4 ♗c4 14.♕xe7+ ♗xe7 15.♗xf6 ♗xf6 16.♗xc4 ♘a5 17.♗e6 c5 18.0-0-0 ♘c6 19.♘d5+–, Mikalew–Petrow, FPart 1990)

10.♘xe4

A) 10...♕e7 11.♘df2 ♗xe4 12.♗g5 f6

(Nach 12...♕e6 13.♕e2 ♗f5 14.0-0-0 ♕xe2 15.♗xe2 h5 16.♖he1 hat Weiß guten Ersatz für den Bauern.)

13.♗xf6 ♕xf6 14.♘xe4 ♕xd4 15.♕xd4 ♘xd4 16.♘f6+ ♔f7 17.0-0-0 ♘xc2

(Oder 17...♔xf6 18.♖xd4 h5 19.♗d3 ♗h6+ 20.♔d1 und Schwarz muss noch einige Probleme bewältigen.)

18.♘xg4 ♘b4 19.♗c4+ ♔e8 20.♖he1+ ♗e7 21.♖e4 und in dieser offenen Stellung verfügt Weiß über die Initiative für den Bauern.

B) 10...♗xe4 11.♕xg4 ♘xd4 12.♗g5 ♗e7 13.♕xe4 ♘xc2+ 14.♔d2 ♘xa1 15.♗e2 d5 16.♕e5 ♖g8 17.♗h5 ♕d6 18.♕f5 ♗xg5+ 19.hxg5 ♖g7 20.♖xa1 mit starker Initiative.

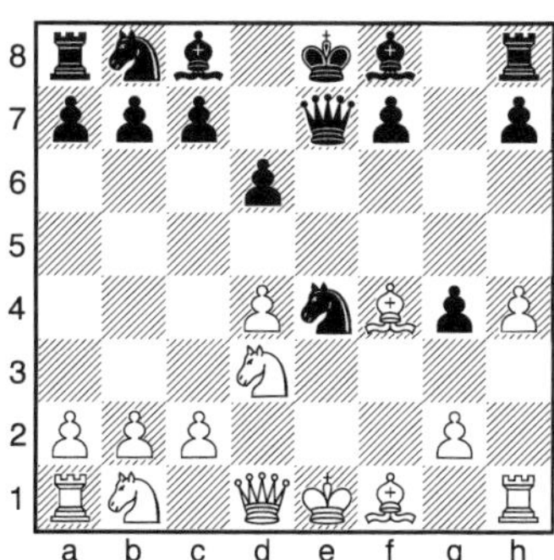

9.♗e2!?

Die ist gegenwärtig die populärste Fortsetzung. Weiß will schnell seine Figuren am Königsflügel zum Einsatz bringen.

Die alte Idee 9.♕e2 mit dem Plan 0-0-0 ist heutzutage wenig populär, z.B. 9...♘c6!

(9...d5 10.c3 ♘c6 11.♘d2 ♘xd2 12.♕xe7+ ♗xe7 13.♔xd2 ♗f5 14.♗xc7 ♖c8 15.♗g3 b5 16.♖e1±, Pollard–Mitra, IECC FPart 2006)

10.c3 ♗f5 11.♘d2

A) 11...0-0-0 12.♘xe4!

Ohne Zweifel das Beste.

(Nach 12.d5 ♘xd2 13.dxc6 ♘xf1 14.cxb7+ ♔xb7 15.♔xf1 ♕xe2+ 16.♔xe2 ♗e4 17.♖ae1 ♖e8 18.♔d2 ♗g7 hat Schwarz klaren Vorteil.)

12...♕xe4

(12...♗xe4 13.♘f2 ♖e8 14.♔d2 h5 15.♘xe4 ♕xe4 16.♕xe4 ♖xe4 17.g3 ♗h6 18.♗xh6 ♖xh6 19.♗d3 ♖e7 20.♖hf1 ♘d8 21.♖f5 ♔d7 22.♖af1 c6 23.♖g5 ♘e6 24.♖g8 und laut Bangijew sind die Chancen von Weiß etwas höher einzuschätzen.)

13.♕xe4 ♗xe4 14.♘f2 ♖e8 15.♔d2 ♗f5 16.♗d3 ♘e7 17.♗g5 ♗xd3 18.♔xd3 f5 19.♖af1 h6 20.♗f6 ♖h7 21.♘d1 ♖f7 22.♗xe7 ♗xe7 23.♘e3 c6 24.♖xf5 ♖xf5 25.♘xf5 mit dem etwas besseren Endspiel für Weiß, Prieto–Soule, LSS 2006.

B) 11...♘xd2 12.♔xd2 0-0-0 13.♕f2 (13.♕xe7) 13...♕e6 14.g3 ♘e5! 15.dxe5 dxe5 16.♕xa7 exf4 17.♕a8+ ♔d7 18.♕a4+ ♕c6 19.♕xc6+ ♔xc6 20.gxf4 ♗h6 und Schwarz hat die Partie endgültig für sich entschieden, Ferkingstad-Kislik, Budapest 2009.

9...♘c6

Sehen wir uns mal ein paar andere Antworten an:

I. 9...♗g7 10.♘c3

A) 10...h5 11.♘d5 ♕d8 12.c3 c6 13.♘e3 mit dem Plan ♕d1-c2, 0-0-0 und guten Perspektiven für Weiß.

B) 10...♗f5 11.♘d5 ♕d7 12.c3 h5 13.♘e3 ♗g6 14.♕b3 c6 15.0-0-0 0-0 16.♖hf1 ♘a6 17.♘f2 ♘xf2 18.♖xf2 d5 19.♗d3 ♖ae8 20.♕c2 und Weiß steht aktiv, ein angemessener Ausgleich für den Bauern, Lyell-Rudd, Hastings 2008.

C) Nach 10...0-0 11.♘d5 ♕d7 12.c3 ♖e8 13.0-0 c6 14.♘e3 f5 15.♘f2 ist Weiß besser entwickelt und steht daher sehr gut.

D) 10...♘xc3 11.bxc3 ♘c6

(11...c5 12.0-0 ♕xh4 13.g3 ♕e7 14.♗xg4 mit Kompensation für den Bauern.)

12.h5

(Um den Vorstoß h7-h5 zu vermeiden und den ♙g4 zu erobern. Bangijew empfiehlt in dieser Stellung 12.♔d2!?.)

12...♗e6

(Auf 12...h6 wird 13.♔d2!? empfohlen.)

13.h6 ♗f6 14.♔d2 ♗g5 15.♖h5 ♖g8 16.g3 0-0-0 17.♕h1 ♖de8

(17...♗xf4+ 18.♘xf4 d5 19.♗d3⩲)

18.♖e1 ♘a5

(18...♗xa2 19.♗xg4+ ♗e6 20.♗f5±)

19.♗f1 ♘c4+ 20.♔d1 d5 21.♗xg5 ♖xg5 22.♖xg5 ♕xg5 23.♘f4 c6 24.♗xc4 dxc4 25.♖e5 ♕f6 und nun 26.♔c1, um den König nach b2 in Sicherheit zu bringen. Weiß hat ausreichend Ersatz für den Bauern.

E) 10...f5 11.♘xe4 ♕xe4

(11...fxe4 12.♗g5 ♗f6 13.♗xf6 ♕xf6 14.♘f2⩲, Bangijew)

12.c3 ♕xg2 13.♔d2 ♕e4 14.♕f1 nebst ♖a1-e1↑.

F) 10...♗xd4 11.♘d5 ♕d8

(11...♕d7 12.c3 ♗g7 13.h5! h6 14.♘f2! ♘xf2 15.♔xf2±, Bangijew)

12.c3 ♗e6 13.♕a4+ ♘c6 14.cxd4 ♗xd5 15.♘b4 ♘f6

(15...♗e6 16.♘xc6 ♕d7 17.d5 ♘c5 18.♕d4+-)

16.♗g5 ♗xg2 17.♖h2 h6 18.♗xf6 ♕xf6 19.♖xg2 ♕xh4+ (19...♕xd4 20.♗b5+-) 20.♔d2 ♕g5+ 21.♔d1 h5 22.♘xc6 ♔f8 23.♘b4 g3 24.♕d7 h4 25.♖c1 h3 26.♖xc7 ♕f4

(26...♕f6 27.♖c8+ ♖xc8 28.♕xc8+ ♔g7 29.♖xg3+ +-)

27.♕e7+ ♔g7 28.♖xg3+ 1-0, Henris-Goossens, Charleroi 1994

II. 9...h5 10.♘d2 ♗f5 11.0-0

A) 11...♘d7 12.♘xe4 ♗xe4 13.♕d2 0-0-0

(Auf 13...♕xh4 folgt 14.♘f2!.)

14.♖ae1

(14.♘f2!? ♗g6 15.♖ae1 ist eine Alternative.)

14...♕xh4 15.♘f2 ♗d5 16.c4 ♗f3 17.♘h1

(Nicht gut wäre 17.gxf3? wegen 17...g3!.)

17...♗xe2 18.♗g5 ♕xg5 19.♕xg5 ♗xf1 20.♔xf1 ♗g7 21.♖d1 ♖dg8 22.♕f5 ♗f6 23.♘f2 ♖g5 24.♕f4 ♖a5 25.♘e4 ♗g7 26.♘c3 ♗h6 27.♕f2 ♖g5 28.♖e1 ♖g6 29.♘d5 ♖f8 30.♕h4 ♖g5 31.♖e2 ♘b6 32.♘e7+ ♔d7 33.c5 dxc5 34.♕f2 ♘d5 35.♘f5 ♖g6 36.♖e5 ♘f6 37.dxc5+-, Berza-Nicholson, ICCF FPart 2003

B) 11...♕xh4 12.♘xe4 ♗xe4 13.♘f2 f5

(– 13...♗c6 14.d5 ♗d7 15.♘e4+-

– 13...♗g6 14.♗b5+ c6 15.♕d2! g3 16.♘h3 cxb5 17.♖ae1+ ♔d7 18.♗g5 ♕g4 19.♖f4+-)

14.♗d3 g3 15.♘h3 ♗g7 16.c3 ♕e7 17.♗xe4 fxe4 18.♕b3 ♘d7 19.♕xb7 ♖d8 20.♕c6 0-0 21.♕xc7 ♖c8 22.♕xa7 ♖b8 23.♗xg3 ♖xb2 24.♕a3 ♖b6 25.♕a5 ♗h6 26.♕xh5 mit weißem Gewinn, Vennemann-Malmstroem, DESC FPart 2004.

10.c3 ♗f5

Schwarz plant seinen König am Damenflügel zu verstecken.

10...h5 11.d5 ♘b8

(11...♘e5?? 12.♗xe5 dxe5 13.♕a4+ mit Springergewinn.)

12.♘d2 ♗f5

(Nach 12...♘xd2 13.♕xd2 ♗f5 14.0-0-0 hat Weiß ausgezeichnete Chancen.)

13.♕b3 b6

(13...♘d7 14.♕xb7 ♖b8 15.♕xc7±)

14.0-0 ♗g7 15.♖ae1 und Weiß hat seine Kräfte elastisch entwickelt und steht besser.

11.d5 ♘b8

11...♘e5 12.♗xe5 dxe5 13.♗xg4 ♗xg4

(– 13...♘g3 14.♕a4+ ♔d8 15.♗xf5 ♘xh1 16.♘c5 ♖b8 17.♘e4±

– 13...♘d6 14.♗xf5 ♘xf5 15.♕a4+ ♔d8 16.♘d2 ♘e3 17.♔f2 ♘xd5 18.♕e4 c6 19.♕xe5 ♕xe5 20.♘xe5 ♗c5+ 21.♔f3 ♔c7 22.♘e4⩲)

14.♕xg4 ♘c5 15.♘f2 ♕d7 16.♕xd7+ ♘xd7 17.♘d2 f5 18.0-0 ♗e7 19.♘d3 0-0 20.g3 ♖ae8 21.♖ae1 e4 22.♘f4 und Weiß steht etwas besser, Nimtz-Osterman, FPart 1996.

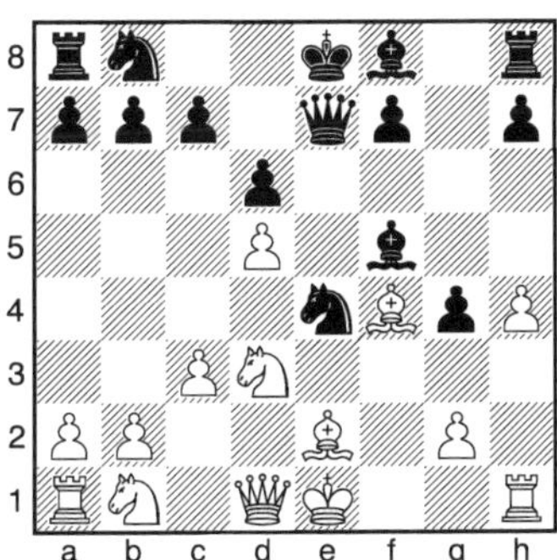

12.♘a3

Das ist die stärkste Fortsetzung.

Fraglich ist 12.0-0?! mit der möglichen Folge 12...♕xh4 13.♘d2 g3

(Schwach ist 13...♘xd2 14.♕xd2 ♗e7 15.♖ae1 ♔d8 16.♕e3 ♖e8 17.♘c5! dxc5 18.♕e5 ♗d6 19.♕xf5 ♗xf4 20.♕xf4 f5 21.d6 c6 22.♗xg4! ♖xe1 23.♕xf5 ♖xf1+ 24.♔xf1 ♕h1+ 25.♔f2 ♕h4+ 26.♔f3 ♔e8 27.♗h5+ ♔d8 28.♕f8+ ♔d7 29.♗g4+ 1-0, Merlini-Santos, IECG FPart 1998.)

14.♘f3

A) Nun ist 14...♕e7? schwach wegen der Folge 15.♘d4 ♕h4 16.♗xg3 ♘xg3 17.♘xf5 ♕h1+ 18.♔f2 ♘xf1 19.♕a4+ ♔d8

(19...♘d7 20.♖xf1 ♕h2 21.♗g4 ♔d8 22.♖e1 ♘f6 23.♗h3 ♖g8 24.♕d4 ♖g6 25.♘f4+–)

20.♖xf1 ♕h2 21.♕d4 ♖g8 22.♕f6+ ♔c8 23.♗f3 b6 24.♕xf7 ♖g5 25.♘c5! bxc5 26.♕e8+ 1-0, Vilyavin–Starace, IECG FPart 2003. Es könnte noch folgen 26...♔b7 27.♕b5+ ♔c8 28.♖e1 mit entscheidendem Vorteil.

B) Hingegen ist 14...♕h5! stark, woraufhin nicht zu erkennen ist, auf welche Weise Weiß jetzt noch um Vorteil kämpfen könnte.

12...♗g7

Nach 12...♘d7 13.♘b5 ♘dc5 14.♘xc5 ♘xc5 15.0-0 0-0-0 16.♘d4 ♗d7 17.♗g5 f6 18.♖xf6 ♕e4 19.b4 ♘a4 20.♖f4 ist der weiße Vorteil offensichtlich, Wortel–Jenni, Rimavska Sobota 1996.

13.♘f2 ♘d7

Die Variante 13...♘xf2 14.♔xf2 h5 15.♗g5 f6 16.♗b5+ ♔d8 17.♖e1 ♕f7 18.♗f4 ♘d7 19.♗xd7 ♔xd7 20.c4 ist günstig für Weiß.

14.0-0 ♘xf2

14...g3 15.♘xe4 ♗xe4 16.♗xg3 0-0-0 17.♗g4↑

15.♖xf2 ♕xh4 16.♘b5 und in dieser scharfen Stellung einigten sich die Spieler in der Partie Febland–Zielinski, LSS FPart 2006, vielleicht etwas arg friedfertig auf ein Remis. Schauen wir uns einige Varianten an:

– 16...g3 17.♗xg3 ♕xg3 18.♖xf5 ♕e3+ 19.♔h1 0-0-0 20.♗g4 mit weißem Ersatz für den geopferten Bauern.

– 16...♔d8 17.g3 ♕h5

(Auf 17...♕e7 folgt 18.♗xg4!.)

18.♗xd6 cxd6 19.♘xd6 ♗g6 20.♕a4 ♔c7 (20...♕xd5?? 21.♖d1+–) 21.♘xf7 ♗xf7 22.♗xg4 ♕xd5 23.♖d1↑

Zusammenfassung: In dieser Variante hat Weiß ganz gute Chancen auf Vorteil. Wir empfehlen 9.♗e2!?, weil die Alternative 9.♕e2 ziemlich unklar ist und der Läuferzug Schwarz eigentlich auch als Überraschung Probleme bereiten kann. Zu empfehlen ist die Analyse der interessanten Partie Spasski–Fischer, die zeigt, welche Gefahr Schwarz erwartet, wenn er in kritischen Momenten ungenau spielt.

Abspiel 2
Fortsetzung 8.♕e2

1.e4 e5 2.f4 exf4 3.♘f3 g5 4.h4 g4 5.♘e5 ♘f6 6.d4 d6 7.♘d3 ♘xe4 8.♕e2

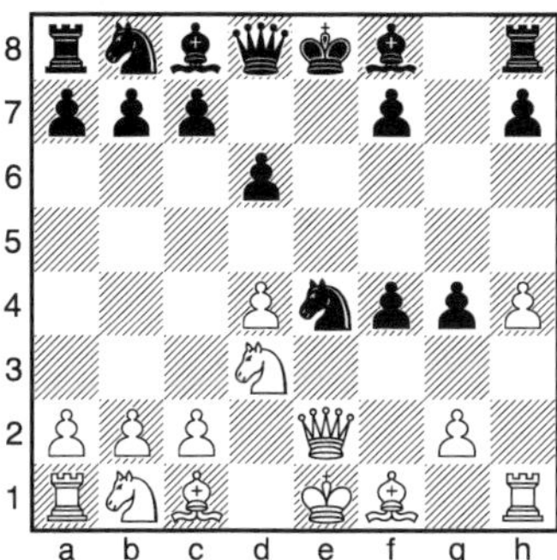

Dieser Zug, der in einigen Theoriebüchern empfohlen wird, hat auch einige Anhänger. Unserer Meinung nach hat Weiß nach 8.♗xf4 allerdings bessere Perspektiven.

8...♕e7

Schwarz kann den Springer auf andere Weise verteidigen. Auf 8...f5 oder 8...♗f5 sollte Weiß einfach 9.♘c3 spielen.

9.♗xf4 ♘c6

Schwarz hat aber auch noch andere Tauben auf dem Dach.

I. 9...♗g7 10.c3

A) 10...h5 11.♘d2 (11.g3 ♗h6!?) 11...♘xd2 12.♔xd2 ♕xe2+ 13.♗xe2 ♘c6

(Auf 13...♗f5 ist 14.♖hf1 stark und nach 13...♗e6 14.♖ae1.)

14.♖ae1 ♗e6 und jetzt hat Weiß die zwei Möglichkeiten 15.♖hf1 oder 15.♗g5 zur Verfügung.

B) 10...0-0 11.♘d2 ♖e8 12.♘xe4 ♕xe4 13.♕xe4 ♖xe4+ 14.♔d2 ♘c6 15.g3 ♗f5 16.♗g2 ♖ee8 17.♖hf1 mit komplizierter Stellung. Weiß hat für den Bauern eine gewisse Kompensation.

C) 10...f5 11.♘d2 ♘c6 12.♘xe4 ♕xe4

(12...fxe4 13.♘f2 0-0 14.g3 h5 15.♘d1 nebst ♘d1-e3)

13.♕xe4+ fxe4 14.♘f2 ♖f8 15.g3 ♗f5 16.h5 mit ausreichendem Ersatz für den geopferten Bauern, Schmelz-Bueno, ICCF FPart 2000

D) 10...♗f5 11.♘d2 ♘xd2

(11...g3 12.0-0-0 d5 13.♖e1 0-0 14.♕h5 ♕d7 15.♘xe4 dxe4 16.♘c5 ♕d5 17.♗xg3 c6 18.♗c4 ♕xc4 19.♕xf5 ♗xd4 20.♘xe4 ♗g7 21.♘g5+–, Kase–Pachnicke, FPart 1982)

12.♕xe7+ ♔xe7 13.♔xd2 mit aussichtsreicher Stellung für das Material.

II. 9...♗f5 10.♘d2 ♘c6 11.c3

A) 11...0-0-0 12.♘xe4

(12.0-0-0 ♖e8 13.♘xe4 ♕xe4 14.♕xe4 ♖xe4 15.g3 ♗g7 16.♗d2 ♖e7 17.♘f4 ♗e4 18.♗g2 f5 19.♖de1 ♖he8 20.♖e2 ♗h6 21.♗xe4 ♖xe4 22.♖xe4 ♖xe4∞, McLean–Hindle, FPart 1990)

12...♕xe4 13.♕xe4 ♗xe4 14.♘f2 nebst ♔e1-d2, ♖a1-e1 usw.

B) 11...♘xd2 12.♔xd2 ♕xe2+ 13.♗xe2 ♗g7 14.h5 ♘e7 15.♖ae1 ♔d7 16.♖hf1 und Weiß ist für den Minusbauern ausreichend entschädigt, Hebden–Ernst, Kopenhagen 1985.

10.c3

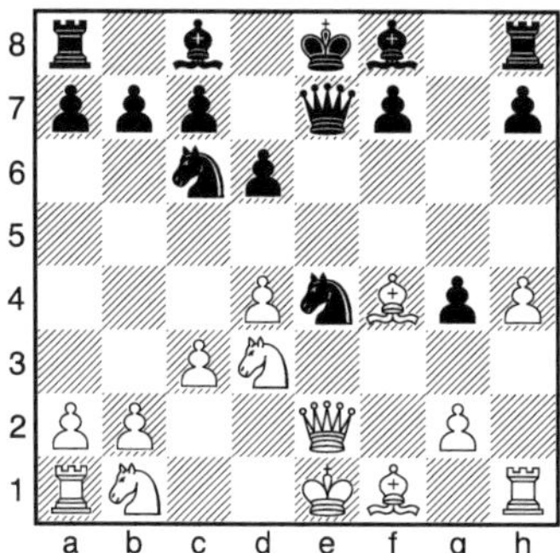

10...♗g7

Es gibt auch andere Möglichkeiten:

I. 10...♘f6 11.♘d2 ♗f5 12.0-0-0 ♕xe2

(Auf 12...0-0-0 bzw. 12...♘d5 kann 13.♕f2 folgen.)

13.♗xe2 ♗g7 14.♖hf1 ♘e7 15.♗g5 h6 16.♗xf6 ♗xf6 17.g3 ♗g7 18.♖de1 0-0 19.♘f4 ♖ae8 mit zweischneidigem Spiel, Belotti–Righi, Bratto 1995.

II. 10...♕e6 11.♘d2 ♘xd2 12.♔xd2 ♗e7 13.g3 ♕xe2+ 14.♗xe2 ♗e6 15.♗h6 mit Kompensation für den Bauern, Schnabel–Zastrow, FPart 1985.

III. 10...♗f5 11.♘d2 0-0-0 12.♘xe4 ♕xe4 13.♕xe4 ♗xe4 14.♔d2 h5 15.♖e1 d5 16.♘f2 f5 17.♘xe4 fxe4 18.♗b5 ♗d6 19.♖hf1 ♖df8 20.♗xd6 cxd6 21.♗xc6 bxc6 22.♔e3 ♔d7 und Schwarz bleibt in diesem Schwerfigurenendspiel ein Mehrbauer.

IV. 10...d5 11.♘d2 f5 12.0-0-0 ♗d7 13.♘xe4 fxe4 14.♘f2 h5 15.♗xc7 ♗h6+ 16.♔b1 0-0 17.♗g3 ♖ac8 und in dieser scharfen Stellung mit ungleichfarbigen Läufern hat Schwarz gute Perspektiven, denn Weiß hat Probleme mit der Entwicklung seines Königsflügels, Raineri–Beltran, FPart 2000.

11.♘d2 ♘xd2

Diese Vereinfachung führt zu einer ausgeglichenen Position.

– Mehr Spannung ergibt sich nach 11...♗f5 12.♘xe4 ♕xe4 13.♕xe4+ ♗xe4 14.♘f2 ♗f5 15.♔d2 0-0-0 mit zweischneidigem Spiel.

– Oder auch nach 11...♘f6 12.0-0-0 ♗e6

(12...♕xe2 13.♗xe2 ♗e6 14.♖de1 0-0 15.h5 h6 16.a3 ♖fe8∞, Baier–Bopp, IECG FPart 2002)

13.♖e1 0-0-0 14.♕d1 ♕d7 mit gutem Spiel für Schwarz. Weiß sollte schnell seinen Königsflügel mit g2–g3 und ♗f1-g2 entwickeln, Binder–Rohde, Teleschach 2001.

12.♔xd2 ♕xe2+ 13.♗xe2 ♗d7 14.h5 h6 15.♘f2 f5 16.♖hf1 0-0-0 mit etwa gleichen Aussichten, Hebden–Newton, Morecambe 1981.

Zusammenfassung: Die Variante nach 8.♕e2 ist nicht ganz überzeugend für Weiß. Wohl nur im Falle eines schwachen Spiels des Gegners können sich für ihn gute Angriffschancen ergeben. Die Fortsetzung 6.d4 gibt Weiß – trotz vieler Vereinfachungen und auch eventuellem Damentausch – eine dauerhafte Initiative. Schwarz hat es nicht leicht, seine Stellung zu verteidigen. Mittels unserer Analysen haben wir festgestellt, dass die Fortsetzung 8.♗xf4 besser ist für Weiß als 8.♕e2.

Kapitel 27
Fortsetzung 6.♗c4

1.e4 e5 2.f4 exf4 3.♘f3 g5 4.h4 g4 5.♘e5 ♘f6 6.♗c4

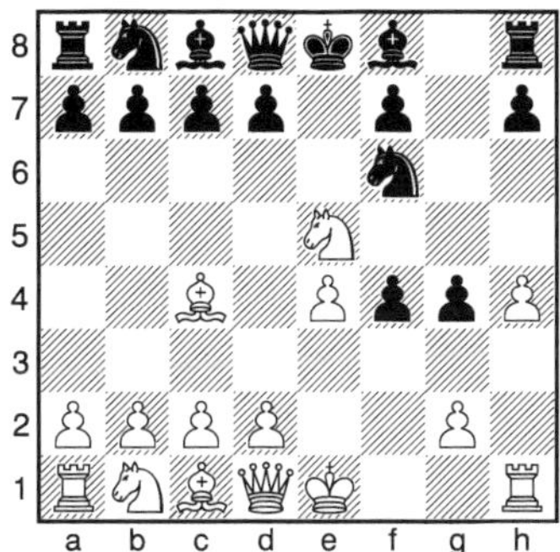

Früher war dieser Läuferzug die populärste Fortsetzung, aber heutzutage hat 6.d4 (siehe Kapitel 26) mehr Anhänger.

6...d5!

Nur mit diesem Gegenschlag im Zentrum kann Schwarz auf Ausgleich hoffen.

6...♕e7? 7.d4 d6 8.♘xf7!

(8.♗xf7+ ♔d8 9.♗xf4 ♗d7∞)

A) 8...d5 9.♘xh8 dxc4 10.♘c3 ♗g7 11.♗xf4 ♗xh8 12.0-0 ♘c6 13.♗g5 ♔f7 14.♔h1 ♔g6 15.e5 ♗f5 16.h5+! ♔xg5 17.♕d2+ ♔h4 18.♖xf5 ♘xh5 19.♕h6 ♕e8 20.♕g5+ ♔g3 21.♘e4#, Helm–Agnew, WCCF FPart 2000

B) 8...♕xe4+ 9.♔f1!

(Auf 9.♔f2? folgt 9...g3+!.)

9...♘h5 (9...f3 10.g3!) 10.♔f2! g3+ 11.♔f1 ♗e6 12.♗d3+−

C) 8...♖g8 9.0-0

(9.♘c3 ♖g7 10.0-0 ♖xf7 11.♗xf7+ ♕xf7 12.♗xf4 ♕c4 13.♗g5 ♘h5 14.♘d5→, Drößler–Alberny, ICCF FPart 2000)

9...d5 10.exd5 ♕xf7 11.♗xf4 ♗d6 12.♘c3 ♘bd7 13.♘e4 ♗xf4 14.♖xf4 ♕g6 15.♘xf6+ ♘xf6 16.d6 ♖g7 17.♕f1 ♘h5 18.♖e1+ 1-0, Moreira–Vecek, ICCF FPart 1998

7.exd5

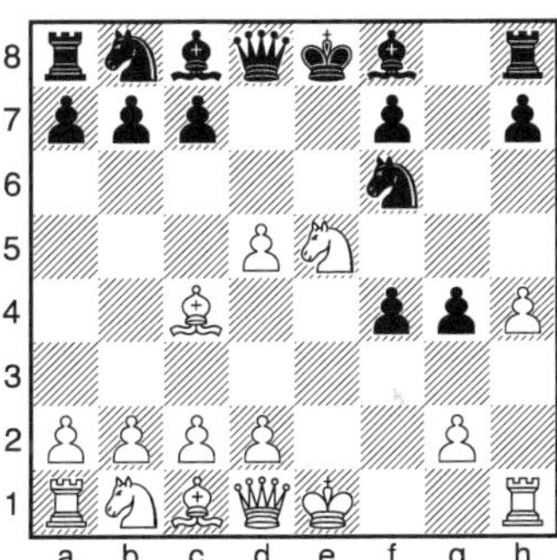

7...♗d6

Die Idee hinter 6...d5!. Schwarz bringt seinen Läufer in eine gute Position und attackiert zugleich den weißen Springer.

Die Hauptalternativen sind 7...♗g7 und 7...♘xd5, deren Folgen aber noch viel Raum für weitere Überprüfungen geben.

I. 7...♗g7 8.d4 ♘xd5

(Nach Erscheinen der 1. Auflage unseres Buches wurde insbesondere auch im Fernschach mehrfach versucht, das Schlagen auf d5 zugunsten 8...0-0 zurückzustellen. Ein Beispiel dafür: 9.♗xf4 ♘xd5 10.♗g5 f6 11.♘c3 c6 12.0-0 ♗e6 13.♕e2 ♕c8 14.♗d3 ♔h8 15.♕d2 fxe5 16.h5 ♖xf1+ 17.♖xf1 ♘d7 18.h6 ♗f8 19.♘xd5 cxd5 20.♕f2 ♕e8 21.♕h4 e4= 1-0, Firsching–Svrsek CiF FPart 2017.)

9.0-0 ♘c6 10.♗xd5 ♕xd5 11.♘xc6 bxc6 (11...♕xc6 12.♗xf4!) 12.♖xf4 ♗e6 13.♘c3 ♕h5 14.♘e4 ♕xh4 15.♘c5 0-0

(Nach 15...h5 16.♘xe6 fxe6 17.♕e2 ♕e7 18.♕c4 ♔d7 19.♗d2 wäre die schwarze Stellung mit dem König in der Mitte sehr gefährdet.)

16.♘xe6 fxe6 17.♖xg4 ♕f2+ 18.♔h2 ♔h8 mit kompliziertem Spiel, Short–Howell, London 2010.

II. 7...♘xd5 8.♕e2 ♗e6 9.♘c3 ♗e7 (9...♘xc3 10.dxc3±) 10.♘xd5

(In Frage kommt auch 10.d4 ♗xh4+ 11.♔d1!? ♗e7 12.♘xd5 ♗xd5 13.♗xf4 mit guten Chancen für Weiß.)

10...♗xd5 11.d4

(11.♗xd5? ♕xd5 12.♘xg4 ♘d7 13.0-0 ♕h5 14.♖xf4 f5 15.♕b5 ♕xh4 16.♕xf5 ♖f8 17.♕xd7+ ♔xd7 18.♘e5+ ♔e6 19.♖xh4 ♗xh4–+, Plenca–Rubil, Osijek 2011)

11...♗xh4+ 12.♔f1 (12.♔d1!?) 12...f3 13.gxf3 gxf3 14.♘xf3+ ♗e7 15.♗f4↑ nebst ♖a1-f1 und weißer Initiative.

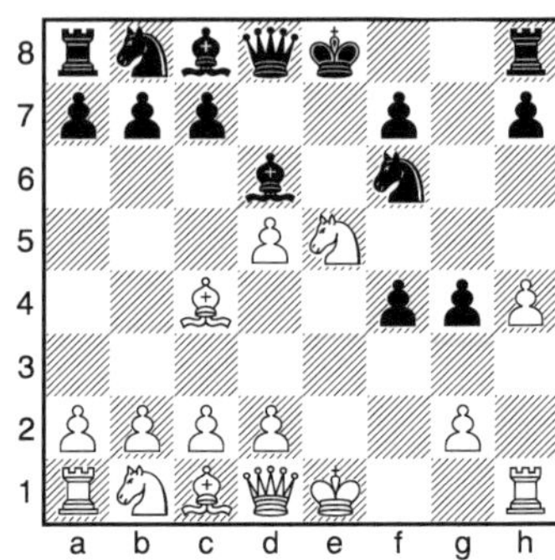

8.d4

Nur so kann Weiß auf Vorteil spielen. Der Bauer deckt den ♘e5 und macht den Weg für die Entwicklung des Läufers frei.

8.0-0?! führt zum sogenannten „Rice-Gambit", das Weiß nichts verspricht. Deshalb werden wir uns mit dieser Fortsetzung nicht beschäftigen.

8...♕e7

Nach 8...♘bd7 9.♗xf4 ♘b6 10.♗b5+ ♔f8 11.♗h6+ ♔g8 12.♘c3 ♘fxd5 13.♘xd5 ♘xd5 14.♕d2! bekommt Weiß einen starken Angriff; z.B. 14...f6

(14...c6 15.♗c4 ♗e6 16.0-0-0 f6 17.♗xd5 cxd5 18.♘d3±)

15.0-0 fxe5 16.♖ae1 ♗e6 17.♗g5 ♕c8 18.♗f6 ♘f4

(18...♘xf6 19.♕g5+ ♔f8 20.♕xf6+ ♔g8 21.♕g5#)

19.♖xe5! ♗xe5 20.♗xe5 ♘g6 21.♕h6 ♘xe5 22.dxe5 ♗f7 23.♖xf7! ♔xf7 24.♕f6+ ♔g8 25.♗c4+ +-

Zwei Alternativen führen zur Hauptvariante:

Abspiel 1 – 8...♘h5

Abspiel 2 – 8 ...0-0

9.0-0

Einen starken Eindruck macht auch 9.♗xf4!?.

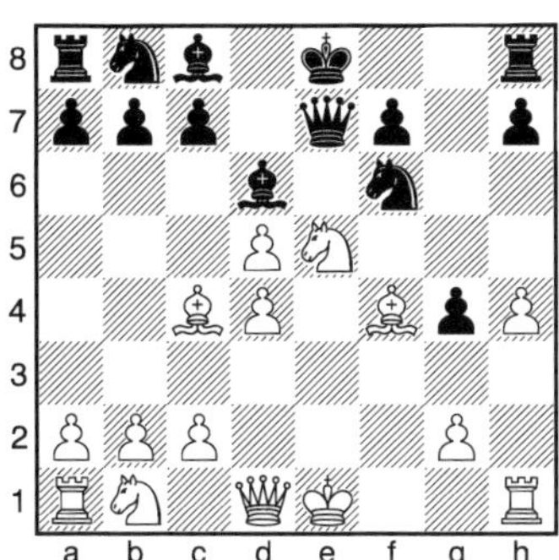

Weitergehen könnte es wie folgt: 9...♘h5 10.g3! f6

(10...♘xf4 11.gxf4 f6 12.♕e2 fxe5 13.fxe5 ♗b4+ 14.c3 ♗a5 15.♘d2 ♗f5 16.♗b3 ♗b6 17.♘c4 h5 18.d6 ♕h7 19.0-0-0 ♘c6 20.d5 ♗e4 21.dxc6 ♗xh1 22.♖xh1 bxc6 23.♕g2 0-0-0 24.♕xc6 ♔b8 25.♘xb6 axb6 26.♗d5+–, Anderssen–Green, London 1862)

A) 11.♕e2 fxe5

(Auf 11...♖f8 sollte Weiß am besten 12.♘d2! nebst 0-0-0 mit guten Angriffschancen spielen.)

12.dxe5 ♗b4+

(12...♗c5 13.♘c3 ♗b4 14.0-0 ♗xc3 15.bxc3 ♘xf4 16.♖xf4 ♖f8 17.♖xf8+ ♕xf8 18.♖f1 ♕c5+ 19.♔h2 b5 20.♗xb5+ ♗d7 21.♕xg4 ♕xd5 22.♕h5+ ♔e7 23.♕xh7+ ♔e6 24.♕f7+ mit baldigem Matt, Steinitz–Green, London 1864.)

13.c3

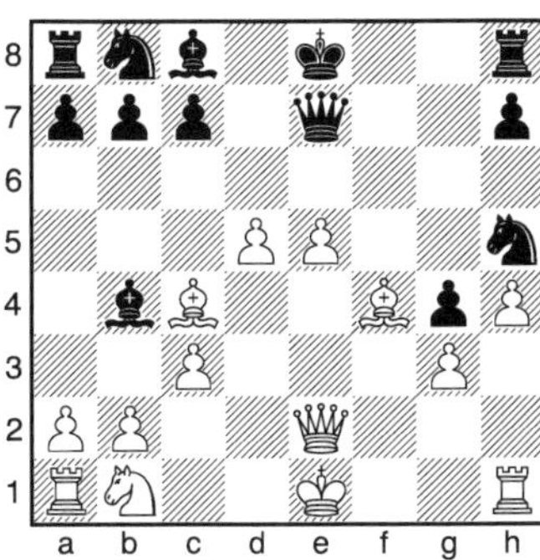

A1) 13...♗c5 14.♘d2 ♘xf4 15.gxf4 ♖f8 16.0-0-0 ♗f5

(16...♖xf4 17.♖hf1 ♖xf1 18.♖xf1 ♕xh4 19.♘e4 ♗f8 20.♗b5+ 1-0, Evans–Sandehn, IECG FPart 2002)

17.b4

(Stark ist auch 17.♘b3!? ♗b6 18.♗b5+ ♗d7 19.e6 ♗xb5 20.♕xb5+ ♔d8 21.♖hf1 mit voller Kompensation für die Figur.)

17...♗b6

(Zu überlegen war 17...♗xb4!?.)

18.♘e4 ♗xe4 19.d6! ♕g7 (19...cxd6 20.exd6+–) 20.♕xe4 mit starkem Angriff, Efendijew–Santistevan, IECG FPart 2000.

A2) 13...♘xf4 14.gxf4 mit dem Plan ♘b1-d2 nebst 0-0-0 und Weiß erlangt ausreichenden Ersatz für das Material.

B) 11.0-0 ♘xf4 12.gxf4 fxe5 13.fxe5 ♗xe5 14.dxe5

(14.♔g2 ♗g3 15.♔xg3 ♕e3+ 16.♔g2 ♕h3+ 17.♔g1 ♕g3+ 18.♔h1 ♕xh4+ 19.♔g1 ♕g3+ ½-½, Hanison–Vetro, FPart 2001)

14...♕c5+ 15.♔g2 ♕xc4 16.♘c3 ♘d7 17.♕d2 mit starkem Angriff. Schwarz hat angesichts seines im Zentrum festgenagelten Königs keine Überlebenschancen.

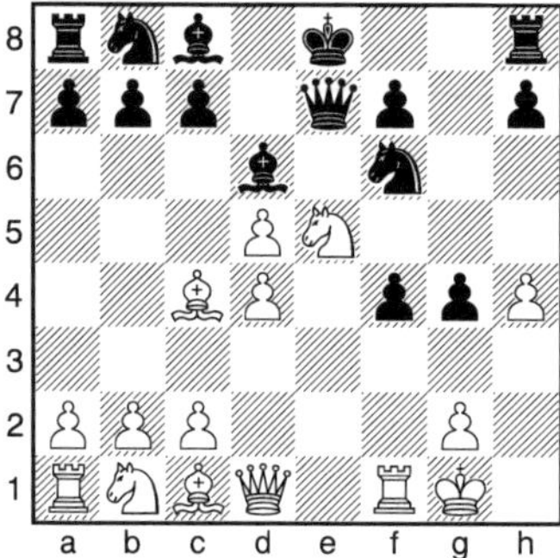

9...♗xe5

Die Variante 9...♘h5 10.♘xg4 ♕xh4 11.♕e1+ ♕xe1 12.♖xe1+ ♔f8 13.♘e5 f6 14.♘f3 ist vorteilhaft für Weiß. Sein Plan ist ♗c4-d3 bzw. ♗c4-b3 nebst c2-c4, ♘b1-c3 mit Druck gegen den schwachen ♙f4, Uteschin–Morozow, Nizhniy Tagil 2006.

10.dxe5 ♕c5+

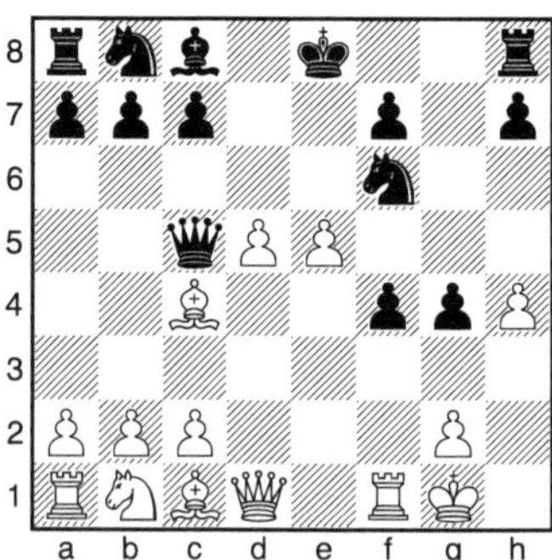

11.♔h2

Diese Fortsetzung gilt als die beste Möglichkeit für Weiß.

Noch nicht ausreichend untersucht wurde 11.♔h1 mit den sich anschließenden Alternativen 11...♘e4 und 11...♘h5.

A) 11...♘e4 12.♖xf4 ♘f2+ 13.♖xf2 ♕xf2 14.♗g5 ♗f5 15.♘c3 (15.♘a3!?) 15...0-0 (15...♕xc2 16.♕d4!) 16.♘b5 (16.e6!? ist eine sehr starke Alternative.)

16...♘d7 17.♕e1 ♕c5 18.♕f1 ♗g6 19.♕f4 h5 20.♗h6 ♕e7 21.♘xc7 ♕xe5 22.♘xa8 ♖xa8 23.♕xe5 ♘xe5 24.♗b3 mit vorteilhaftem Endspiel für Weiß, Norri–Koskinen, Tampere 1991.

B) 11...♘h5 12.♗xf4 ♕xc4 13.♘a3 ♕b4

(Besser war 13...♕e4!? 14.e6 ♘xf4 15.♕xg4 ♕xg2+ 16.♕xg2 ♘xg2 17.exf7+ ♔f8 18.♔xg2 ♘a6 19.♖ae1 ♗d7 usw.)

14.e6 ♘xf4 15.♕xg4 f5 16.♕xf4 ♕xf4 17.♖xf4 ♘a6 18.♖xf5 c6 19.♖e1 ♘c7 20.♖f7 ♘xd5 21.♘c4 ♘e7 22.♘d6+ ♔d8 23.♖g7 ♖g8 24.♖xh7 ♖g6 25.♖d1 ♗xe6 26.h5 ♖g4 27.♘xb7+ ♔e8 28.♘d6+ ♔f8 29.♖f1+ ♔g8 30.♖xe7 1-0, Skonieczny–Weibring, ICCF FPart 2002

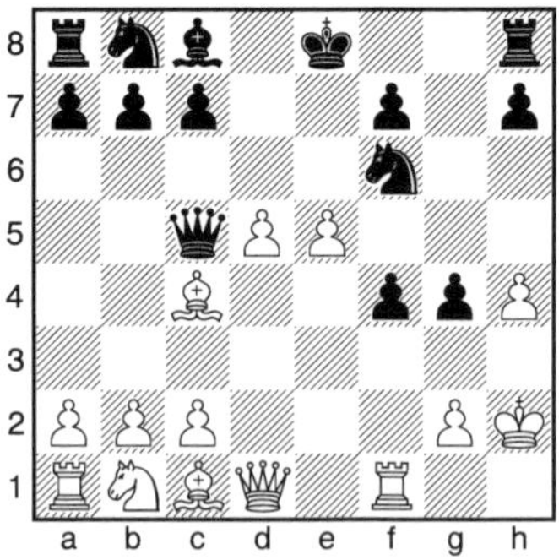

11...♘e4

11...♕xc4 12.exf6

– 12...f3 13.♕e1+ ♕e2 14.♕xe2+ fxe2 15.♖e1+–

– 12...0-0 13.♖xf4 ♕c5 14.♖xg4+ ♔h8 15.♗h6 ♖e8 16.♘c3+–

12.e6

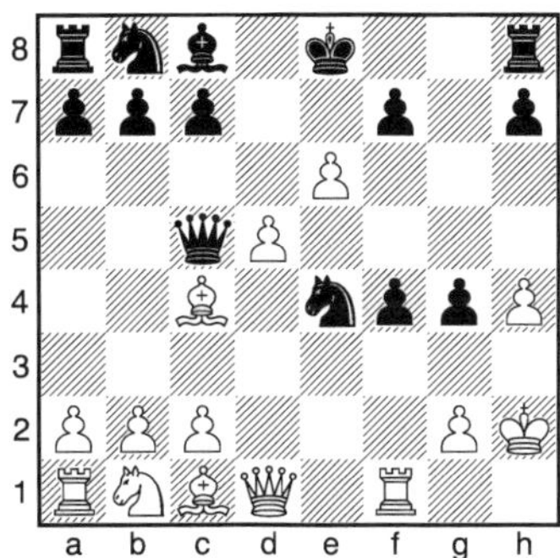

12...f5

Damit deckt Schwarz zugleich seinen ♘e4 und ♙g4. Nicht fürchten muss Weiß die Folgen von 12...g3+ 13.♔h1, was die folgenden Varianten bestätigen:

A) 13...♖f8 14.♗xf4!?

(Andere Möglichkeiten sind:

– 14.♕e2 ♘f2+ 15.♖xf2 ♕xf2 16.exf7+ ♔d8 17.♘c3 ♖xf7 18.♗d2±

– 14.b3 ♘f2+ 15.♖xf2 ♕xf2 16.♗a3 f3 17.♕xf3 ♕xf3 18.gxf3 ♖g8 19.exf7+ ♔xf7 20.♘c3±)

14...♕xc4 15.exf7+ ♖xf7 16.♘d2 ♘xd2 17.♕xd2 ♗f5 18.♖ae1+ ♔d7 19.b3 ♕xc2 20.♕b4 mit entscheidendem Angriff.

B) 13...♕xc4 14.exf7+ ♔e7

(14...♔xf7 15.♕h5+ ♔g7 16.♕e5+ ♔g8 17.♕e8+ ♔g7 18.♕e7+ ♔g8 19.♖xf4 ♘f2+ 20.♔g1+–)

15.♕e1 ♗f5 16.♘c3 ♘d7 17.♖xf4 ♔f8 18.♘xe4 ♕xd5 19.♘c3 ♕e6 20.♕xg3+–

C) 13...♘f2+ 14.♖xf2 gxf2 15.exf7+ ♔d8 16.♘a3 ♕e7 17.♗xf4 ♕xh4+ 18.♗h2 ♖f8 19.d6 c6 20.♕d2 b6 21.d7 (21.♖f1!?+–) 21...♘xd7 22.♖f1 ♗a6 23.♗xa6 ♖xf7 24.♘c4 ♖f5 25.♕d6 ♖d5 26.♕xc6 ♖h5 27.♕c7+ ♔e7 28.♕d6+ ♔e8 29.♗b5 ♖d8 30.♗c6 ♖h6 31.♕c7 ♔e7 32.♘e3 1-0, Efendiew–Wosch, IECG FPart 2002

13.♕e2

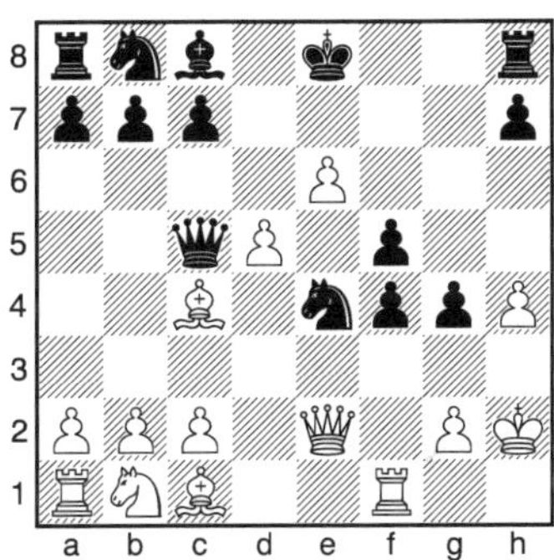

13...f3

Dies ist ohne Zweifel die beste Fortsetzung.

– Nach 13...c6 14.♖xf4 cxd5 15.♖xf5 ist die Lage von Schwarz kritisch. Dazu ein paar Analysen auf der Basis einer Fernpartie:

A) 15...g3+ 16.♔h1 ♘f2+ 17.♖xf2 gxf2

(17...♕xf2 18.♕h5+ ♔e7 19.♗g5+ ♔d6 20.♘c3 ♗xe6 21.♖f1+–)

18.♗b5+ ♘c6 19.♕h5+ ♔d8 20.♗g5+ ♘e7

(20...♔c7 21.♗f4+ ♔b6 22.♘c3+–)

21.♘c3 ♗xe6 22.♖d1+–

B) 15...♖g8 16.♗d3

B1) 16...♕e7 17.♖xd5 ♕xh4+ 18.♔g1 ♘f6

(18...g3 19.♕xe4 ♕h2+ 20.♔f1 ♕h1+ 21.♔e2+–)

19.♗b5+ ♘c6 20.♖d4+–

B2) 16...♕d4 17.♗xe4 ♕xe4 18.♕xe4 dxe4 19.♘c3 g3+

(19...♘c6 20.♖f6 ♘d4 21.♗g5+–

19...♗xe6 20.♖e5 ♔f7 21.♘xe4+–)

20.♔g1 ♘c6 21.♗g5 ♗xe6 22.♖f4 ♖g6 23.♘b5 ♖xg5 24.hxg5 0-0-0 25.♖f6 ♗d5 26.c4! ♗xc4 27.♘d6+ ♖xd6 28.♖xd6 1-0, Niewiadomski-Wozniak, FPart 2005

– Auch im Falle von 13...♘g3 gewinnt Weiß, wobei er mit 14.♕e5! antworten sollte. Nach 14Δ♘xf1+ 15.♗xf1 0-0 16.♗xf4 ♕e7 17.♘c3! ♕xh4+ 18.♔g1 ♘a6 19.e7 ♖e8 20.d6 ♔f7 21.♗c4+ ♔g6 22.♘d5 g3 23.♗xg3 ♕xc4 24.♕f6+ ♔h5 25.♘f4+ kann Schwarz aufgeben.

14.gxf3

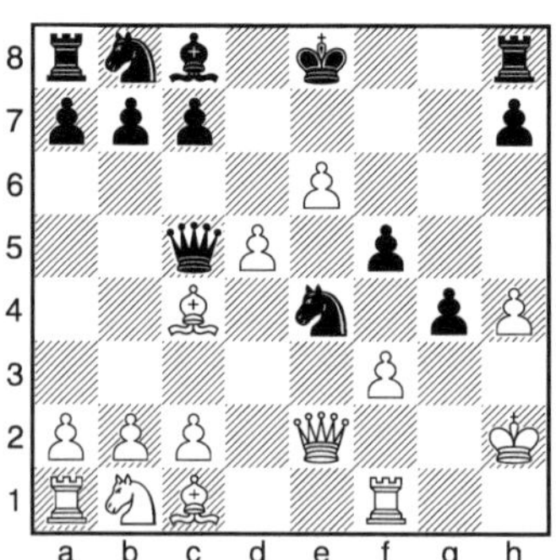

14...♕d6+

14...gxf3 mit der möglichen Folge 15.♕xf3 ♕xc4 16.♘a3 ♕xd5 17.♕h5+ ♔d8 18.♗g5+ ♘xg5 19.♕xg5+ ♔e8 20.♕h5+ ♔d8 21.♖ad1+– verliert.

15.f4! ♘a6 16.♘d2 ♘ac5 17.♔g2 ♘xd2 18.♗xd2 ♘e4 19.♖ad1

Weiß ist positionell im Vorteil, da Schwarz Probleme mit der Entwicklung seines Damenflügels hat.

Nun wenden wir uns den beiden wichtigen schwarzen Alternativen 8...♘h5 und 8...0-0 zu.

Abspiel 1
Fortsetzung 8...♘h5

1.e4 e5 2.f4 exf4 3.♘f3 g5 4.h4 g4 5.♘e5 ♘f6 6.♗c4 d5! 7.exd5 ♗d6 8.d4 ♘h5

Damit deckt Schwarz seinen ♙f4 und möchte bei passender Gelegenheit mittels ♘h5-g3 die Entwicklung von Weiß am Königsflügel stören.

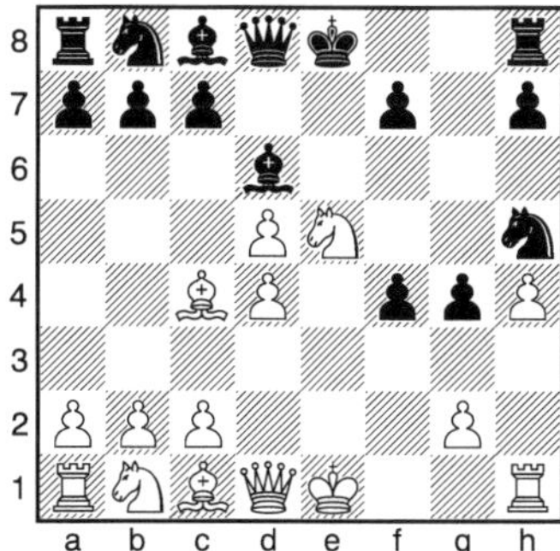

9.0-0!

Die stärkste Fortsetzung: Weiß möchte schnell seine Kräfte ins Spiel bringen, auch wenn dies weiteres Material kostet. John Shaw empfiehlt 9.♘c3 und versieht den Zug mit „!?". Wir behandeln diese Fortsetzung anhand der **Partie Nr. 67**: Rickert-Bekemann, FPart 2015.

Neben 9.0-0 und 9.♘c3 sind auch die Fortsetzungen 9.♗b5+ und 9.♗xf4 von praktischer Relevanz.

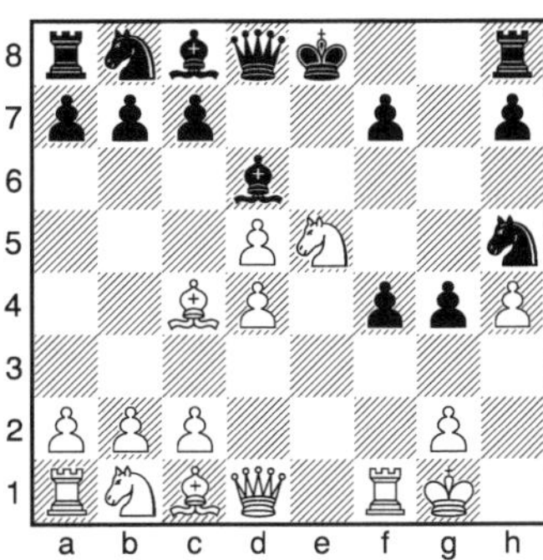

A) 9.♗b5+ c6!?

(9...♔f8 10.0-0 ♕xh4 11.♗xf4 ♗xe5 12.♗xe5 g3 13.♖f3 ♗g4–+, Dimitrov-Grandelius, Chotowa 2010)

10.dxc6 bxc6 11.♘xc6 ♘xc6 12.♗xc6+ ♔f8 13.♗xa8 ♘g3 14.♖h2 ♕e7+ 15.♔f2 ♘e2!

(Die Variante nach 15...♘e4+? 16.♗xe4 g3+ 17.♔g1 gxh2+ 18.♔h1 ♕xe4 19.♘c3 ist günstig für Weiß.)

16.♕xe2 g3+ 17.♔e1 ♕xe2+ 18.♔xe2 ♗a6+ 19.♔e1

(19.♔d1 gxh2 20.g4 fxg3–+)

19...gxh2 20.g4 ♔g7 21.♗f3 ♖e8+ 22.♔d2 ♗e2 23.♗h1 f3–+

B) 9.♗xf4 ♘xf4 10.0-0 f6 11.♖xf4 (11.♗b5+ c6 12.dxc6 0-0–+) 11...fxe5 12.♕e1 ♕e7 13.dxe5 ♘d7 14.♗b5 ♔d8 15.♗xd7 ♗xd7 16.♖e4 ♗c5+ 17.♔h1 ♖f8–+

9...♕xh4

9...0-0 kann unter Zugumstellung zu Varianten führen, die wir im ersten Teil von **Kapitel 27** oder im **Abspiel 2** behandeln.

10.♕e1!

Der Abtausch der Damen ist günstig für Weiß. Der gegnerische Angriff am

Königsflügel wird abgewehrt, die schwarzen Bauernschwächen f4 und g4 können als Angriffsziele genutzt werden. Entsprechend verfügt Weiß über bessere Perspektiven.

10...♕xe1

Auf 10...♕e7 setzt Weiß am besten seine Entwicklung mittels 11.♘c3 fort.

11.♖xe1 0-0 12.♘c3 ♗f5

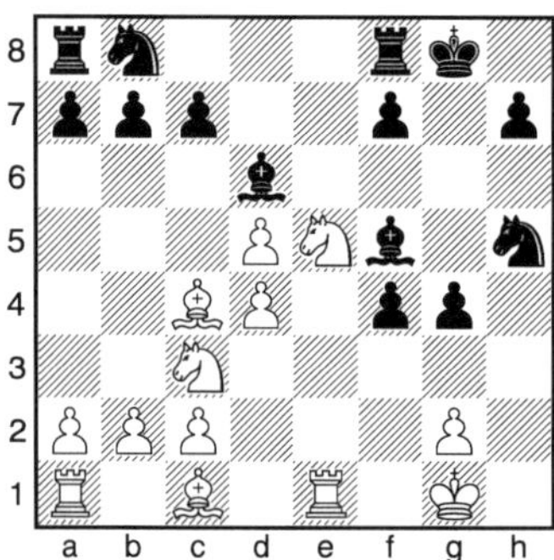

Dies ist die kritische Stellung in dieser Variante. Mit 13.♗d3 und 13.♘e4 stehen Weiß nun zwei Fortsetzungen zur Verfügung.

13.♗d3

Die Alternative 13.♘e4!? konfrontiert Schwarz mit Problemen, die in einer Turnierpartie nicht leicht zu lösen sind. Weitergehen kann es beispielsweise wie folgt:

A) 13...♘d7 14.♘xd6 cxd6 15.♗d3 (15.♘xd7 ♗xd7 16.♖f1=) 15...♗xd3 16.♘xd3 ♖fe8

(16...♘b6 17.♘xf4 ♘xf4 18.♗xf4 ♖fd8 19.♗g3 ♖ac8 20.♖e2 ♘xd5 21.♖f1 ♖e8 22.♖xe8+ ♖xe8 23.♖f5 ♘e3 24.♖g5+ ♔h8 25.♗xd6 f6 26.♖b5 b6 27.c3 ♔g7=, Dubois–Huerga, ICCF FPart 2001)

17.♗xf4 ♘xf4 18.♘xf4 ♔g7 19.c4 ♖ac8 20.b3 ♔h6 und die Stellung ist etwa ausgeglichen. In der Partie De la Villa Garcia–Izeta Txabarri, Salamanca 1990, gelang Weiß, allerdings nach fehlerhaftem Spiel von Schwarz, der Sieg.

B) 13...♗xe4 14.♖xe4 f6 15.♘xg4 f5 16.♘h6+ ♔g7 17.♖e6 ♖f6 18.♖xf6 ♔xf6 19.♗d3 ♘g3 20.♗d2

(20.c4 nebst ♗c1–d2 ist auch gut.)

20...♘d7 21.♖e1 ♔g6 22.♘g4 ♘f6 23.♘e5+ ♗xe5 24.♖xe5 ♖e8 25.♖xe8 ♘xe8 26.♗xf4 und das Endspiel ist für Weiß gewonnen, Mikhailow–Romanow, FPart 1990.

C) 13...♖e8 14.♗d3 ♗xe5 15.dxe5 ♘d7 16.♘f6+ ♘hxf6 17.♗xf5 ♖xe5 18.♖xe5 ♘xe5 19.♗xf4 ♘c4 20.♗g5 ♘xd5 21.♗xg4 ♖e8

(Das Endspiel nach 21...♘xb2 22.♖b1 ♘c4 23.♖xb7 ♘d6 24.♖b3 ist wegen seines Läuferpaars günstig für Weiß.)

22.♗f3 c6 23.b3 ♘e5 24.♗xd5 cxd5 25.♖d1 ♘g4 26.g3 ♖e2 27.♖xd5 ♖xc2 28.♗f4 h6 mit Remis, Rallo–Venni, FPart 1988.

D) 13...a5 14.♗d3 ♗xe4 15.♗xe4 ♗xe5 16.dxe5 ♘d7 17.♗f5 ♘b6 18.♗xg4 ♘g7 19.♗f3 ♖ad8 20.♖d1 ♖fe8 21.♗xf4 1-0, Pawlenko–Löffler, FPart 1991

E) 13...f6 14.♘xd6 cxd6 15.♘d3 ♗xd3 16.♗xd3 f5 17.♖e7 b6 18.♗d2 a5 19.♖ae1 ♘a6 20.c3 ♘b8 21.♖b7 ♘f6 22.♗xf5 ♖f7 23.♖xf7 ♔xf7 24.♗xf4+–, Middleton–Kunze, Barmen 1905

13...♗xe5

Dies ist die beste Handlungsalternative.

Schwächer ist 13...♗xd3? 14.♘xd3 ♘d7 15.♘e4

(15.♘b5 ♖fe8 16.♗d2 ♘b6 17.b3 ♘xd5 18.c4 ♘e3 19.c5 a6 20.cxd6±)

15...♖ae8 16.♗d2 ♘df6 17.♘xd6 ♖xe1+ 18.♖xe1 cxd6 19.♘xf4 ♘xf4 20.♗xf4 ♖e8 21.♖xe8+ ♘xe8 22.c4 ♔f8 23.♔f2 und das folgende Endspiel ist vorteilhaft für Weiß, Alapin-Rosenkrantz, St. Petersburg 1905.

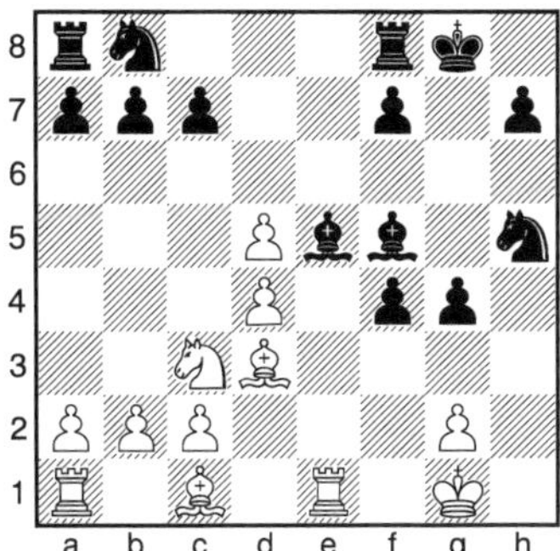

14.dxe5

14.♖xe5!? ist zu prüfen.

14...♗xd3 15.cxd3 ♘a6

Auf 15...♘d7 sollte Weiß mit 16.d4 reagieren.

16.♖f1 ♘b4 17.d4 c5 18.dxc6 ♘xc6 (Alapin)

19.♗xf4 ♘xd4 20.♖ae1 ♘e6 21.♗h6 ♖fd8 mit etwa gleichen Aussichten.

Zusammenfassung: In diesem Abspiel kann Schwarz nur mit genauem Spiel den Ausgleich halten. Zu beachten und weiter zu analysieren ist 13.♘e4!?.

Abspiel 2
Fortsetzung 8...0-0

1.e4 e5 2.f4 exf4 3.♘f3 g5 4.h4 g4 5.♘e5 ♘f6 6.♗c4 d5! 7.exd5 ♗d6 8.d4 0-0

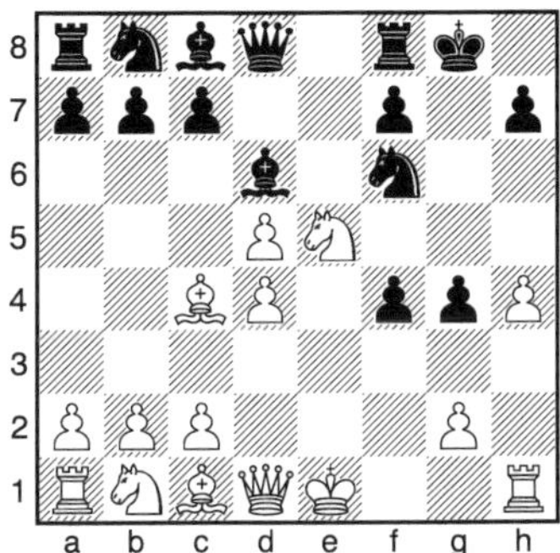

Schwarz verzichtet auf die Deckung des ♙f4 und will zunächst seinen König in sichere Gefilde führen.

9.♗xf4

Eine prinzipielle Antwort: Schwarz verteidigt den Bauern nicht, also sollte man ihn sofort beseitigen.

Einige Bücher empfehlen erst 9.0-0 mit der möglichen Folge 9...♘h5 10.♘xg4 ♕xh4 11.♘h2 ♘g3

(11...♖e8? 12.♘f3 ♕f6 13.♖e1 ♗d7 14.♖xe8+ ♗xe8 15.♘c3 ♘d7 16.♘e4 ♕h6 17.♕e1 f5 18.♘xd6 ♕xd6 19.♕e6+ ♗f7 20.♕xf5 ♘df6 21.c3 ♖e8 22.♘e5 ♗xd5 23.♗xd5+ ♕xd5 24.♗xf4+−, Knorr-Figueiras, FPart 1992)

12.♖e1 ♗f5 13.♘d2

(Die Variante 13.♘c3 ♘d7 14.♘b5 f3 15.♘xf3 ♕h1+ 16.♔f2 ♘e4+ 17.♔e3 ♕h6+ 18.♔e2 ♕h5 endet mit der unsicheren Stellung des weißen Königs in der Mitte, so dass Schwarz die besseren Aussichten hat.)

13...♘d7 14.♘df3 ♕h5 mit aktivem Spiel für Schwarz. Die folgenden Beispiele veranschaulichen den möglichen Fortgang des Duells:

A) 15.♗d2 ♖ae8 16.♗b5

(16.♗b3 ♘c5 17.♘e5 ♕xd1 18.♖axd1 ♘xb3 19.cxb3 ♘h5=, Brenninkmeijer–Hoeksema, Groningen 2002)

16...♖xe1+ 17.♗xe1 ♘f6 und Schwarz steht ausgezeichnet, Elison–Koskinen, FPart 1997.

B) 15.♗e2 ♖ae8 16.c4 ♖e4

(Zu beachten ist 16...♘c5! nebst ♘c5-e4 mit gutem Spiel für Schwarz.)

17.♗d2 ♖fe8 18.♗d3 ♖xe1+ 19.♗xe1 (19.♘xe1 f3!→) 19...♗xd3 20.♕xd3 ♘e2+ 21.♔f1 ♖e3 22.♕d1 ♘f6∓, De la Villa Garcia–A. Rodriguez, Bayamo 1991

9...♘h5 10.g3!

10.0-0? ist schlecht wegen 10...♕xh4 und es nicht zu sehen, wie Weiß das weitere Spiel vernünftig führen kann.

10...f6 11.♘xg4

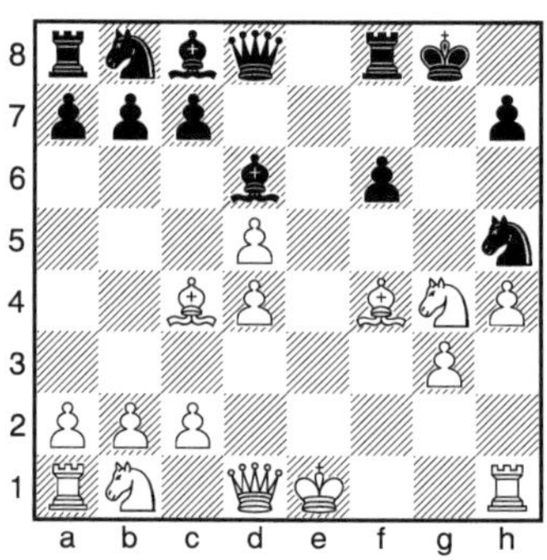

11...♕e8+

Nach 11...♘xg3? 12.♗xg3 ♗xg3+ 13.♔d2 ♗f4+ 14.♔c3 steht Weiß ausgezeichnet.

12.♔d2!

Die beste Lösung: Der König findet einen sicheren Platz am Damenflügel.

Der Abzug 12.♔f2 ist nicht so stark; z.B. 12...♘xf4 13.gxf4 ♕e4 14.♘e3 ♕xf4+ 15.♕f3 ♕xd4 16.c3 ♕f4 17.♕xf4 ♗xf4 18.♘a3 ♔h8 19.♔f3 ♗e5 20.♘b5 ♘d7 21.♖ad1 a6 22.♘d4 ♗d6 mit etwa gleicher Stellung, Hirscheider–Engelhard, DESC FPart 2004.

12...♘xf4 13.gxf4

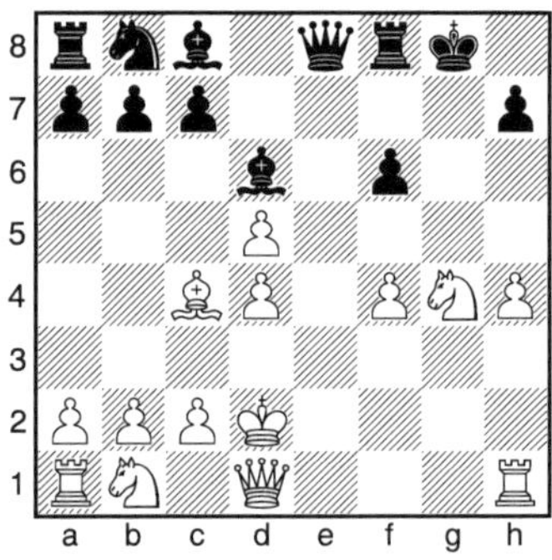

13...♕e4

Oder 13...♗xf4+ 14.♔c3 mit besseren Aussichten für Weiß in den Abspielen:

A) 14...♔h8 15.♖f1 ♗g3 16.♘xf6 ♕e3+ 17.♗d3

(17.♕d3 ♕xd3+ 18.♗xd3 ♗xh4 19.♘e4 ♖xf1 20.♗xf1 ♗f5 21.♘bd2±, McDonald–Borst, FPart 2002)

17...c5 18.♕h5 ♕xd4+ 19.♔d2 ♕xh4

20.♘c3 ♗h3 21.♕xh4 ♗xh4 22.♖h1 ♗xf6 23.♖xh3 ♗g5+ 24.♔e2 ♖e8+ 25.♘e4 c4 26.♖ah1 h6

(26...cxd3+ 27.♔xd3 ♖e5 28.♖xh7+ ♔g8 29.♖h8+ ♔f7 30.♔d4+–)

27.♔d1 ♗f4 28.♘d6 ♖f8

(28...♗xd6 29.♖xh6+ ♔g7 30.♖g6+ ♔f7 31.♖h7+ ♔f8 32.♗f5 ♘c6 33.♗e6+–)

29.♗xc4 und Weiß hat das Endspiel gewonnen, Myers–Borst, IECG FPart 2003.

B) 14...b5 15.♕f3 h5 16.♕xf4

(Stark ist 16.♘f2!?. Nach 16...♕e3+ 17.♕xe3 ♗xe3 18.♘d1 ♗xd4+ 19.♔xd4 bxc4 20.♘d2 hat Weiß ein für ihn vorteilhaftes Endspiel erreicht.)

16...hxg4

(16...♗xg4 17.♗d3 a5 18.b3 b4+ 19.♔b2 a4 20.♘d2 a3+ 21.♔c1 f5 22.♕g5+ ♔h7 23.♘f3 ♘d7 24.♖e1 ♕g6 25.♖e7+ ♖f7 26.♖xd7 ♖xd7 27.♕xg6+ ♔xg6 28.♘e5+ 1-0, Monaville–Roos, ICCF FPart 2000)

17.♗b3

(Zu beachten ist 17.♗d3!?, weil der Läufer auf der Diagonale b1-h7 eine sehr starke Rolle spielen kann.)

17...a5 18.a4 b4+ 19.♔d2 ♕d7 20.d6+

(20.♕h6!? ♕d6 21.♖e1 ist eine bemerkenswerte Alternative.)

20...♔g7 21.dxc7 ♘a6 mit komplizierter Stellung, Grasso–Pampa, FPart 1992.

14.♔c3 ♕xf4

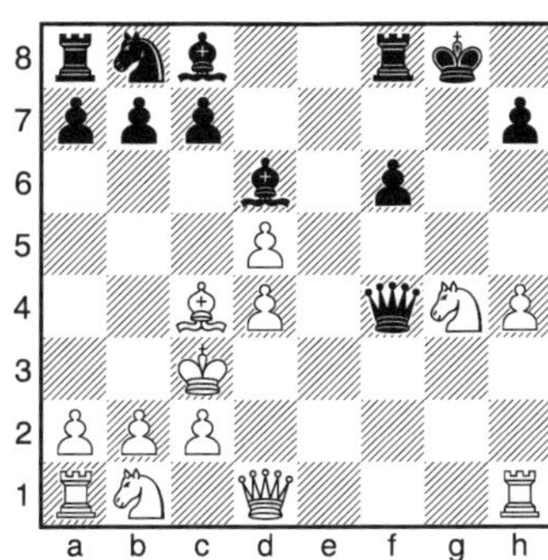

15.♗e2!

Den Springer muss Weiß verteidigen, und zwar mit dem Läufer.

Der Abzug nach 15.♘h2 sieht sehr verdächtig aus. Hierzu zwei Beispiele:

A) 15...♖e8 16.♖g1+

(In Frage kommt auch 16.♔b3!? nebst ♘b1-c3!.)

16...♔f8 17.♖f1 ♕xh2 18.♕h5 ♘d7!?

(18...♕g3+ 19.♗d3 ♕g7 20.♘d2 ♗g4 21.♖xf6+! ♕xf6 22.♕xg4 h5 23.♕xh5 c5 24.♖f1 ♗f4 25.a3 b5 26.♔b3 c4+ 27.♔a2 cxd3 28.♕g4 ♔e7 29.♖xf4 ♕b6 30.♕g5+ ♔d7 31.♘e4 dxc2 32.♖f7+ ♔c8 33.♘f6 b4 34.♕f5+ 1-0, Claridge–Dammkoehler, FPart 1997)

19.♗d3 c5 20.dxc6 bxc6 21.♕xh7 ♕g2 22.♘a3 ♕g7 23.♘c4 ♕xh7 24.♗xh7 ♗e7 25.♖g1 ♘b6 26.♖g8+ ♔f7 27.♖ag1 ♖xg8 28.♗xg8+ ♔e8 29.h5 ♘d5+ 30.♗xd5 cxd5 31.♘e3 ♗e6∓ und der weiße h-Bauer wird einfach gestoppt.

B) 15...c5 16.dxc6+ ♔h8 17.♕f3 ♘xc6 18.♕xf4 ♗xf4 19.♘d2 b5 20.♗xb5 ♘xd4 21.♗d3 ♖d8 22.♘hf3 ♗e6 23.♘xd4 ♖ac8+ 24.♘c4 ♗e5 und

Schwarz erlangt seine Figur zurück, verbunden mit gutem Spiel, Muehlenweg–Bergamini, ICCF FPart 2002.

15...c5 16.♔b3

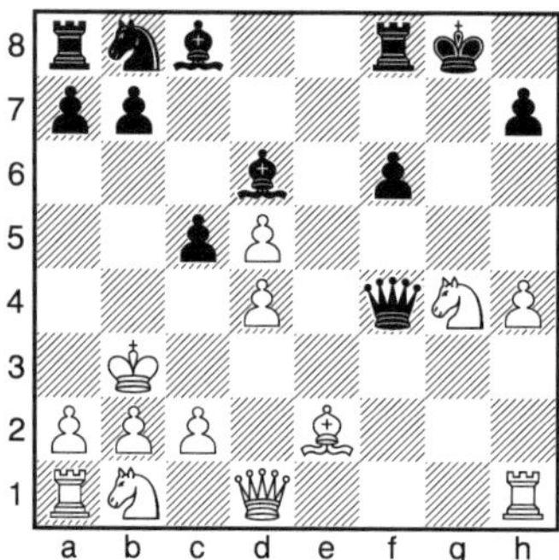

16...b5

In der 2000 gespielten Fernpartie Vavrla–Blatsky folgte 16...♗xg4 17.♗xg4 f5 18.♗e2 cxd4 19.a3 ♘d7 20.♘d2 ♖ac8 21.♘c4 ♗e5 22.♔a2 ♗g7 23.♗d3 b5 24.♖f1 ♕h6 25.♘a5 f4 26.♘c6 ♕d6 27.♕f3 ♖ce8 28.♖ae1 ♖e3 mit späterem Remis.

17.a3 ♕xd4 18.♕xd4 cxd4 19.♖d1 f5 20.♘f2 ♗b7 21.♗xb5 ♗xd5+ 22.c4 ♗f7 23.♘d2 a6 24.♗a4 ♖a7 25.♘d3 ♖e7 und Schwarz hat sich eine ausgeglichene Stellung erarbeitet, Vavrla–Rybak, FPart 2001.

Zusammenfassung: In dieser Variante kommt Weiß im Streben nach Vorteil an 15.♗e2! nicht vorbei. Die Alternative 15.♘h2 ist unserer Meinung nach nicht gleichwertig und deshalb nicht zu empfehlen. Allgemein ist die Idee mit 6.♗c4 spielbar, sie gibt Weiß ganz gute Angriffschancen. Das Abspiel birgt noch einiges an Raum für weitere Forschungen. Statt 9.0-0 empfehlen wir den Zug 9.♗xf4!? einer ernsten Prüfung.

Im Abspiel 1 halten wir es für gerechtfertigt, die Aufmerksamkeit auf die Idee 13.♘e4!? (statt 13.♗d3) zu richten. Auch hier gibt es noch genügend Freiraum für eigene Analysen und das Erproben eigener Ideen.

Fazit: Die Variante nach 6.♗c4 sieht interessant aus und schenkt Weiß viele gute Möglichkeiten.

Nun empfehlen wir Ihnen das letzte Kapitel mit 67 thematischen und interessanten Partien aus der Turnierpraxis. Wir hoffen, dass sie zum Verständnis der strategischen und taktischen Inhalte des Königsgambits eine wichtige Studienhilfe sind.

Kapitel 28
Beispielpartien

Partie Nr. 1
Schlechter – Teichmann
Wien 1903

1.e4 e5 2.f4 exf4 3.♘f3 f5

Im Jahre 1903 wurde in Wien ein Rundenturnier mit zehn starken Spielern ausgetragen. Jede Partie sollte mit dem angenommenen Königsgambit beginnen. Im Turnier wurde zum ersten Mal eine neue Idee mit dem f-Bauern ausprobiert. Leider konnte sie nicht weiter Fuß fassen und der Zug 3...f5 verschwand wieder aus der Turnierpraxis.

4.e5

So sollte Weiß ziehen, wenn er um Vorteil kämpfen möchte.

Nach 4.exf5 hat Schwarz keine Probleme. Man sehe: 4...d5 5.d4 ♗d6 6.♗d3 ♕f6 7.0-0 ♘c6

(Nach 7...♗xf5 8.♗xf5 ♕xf5 ist 9.♘e5! stark.)

8.♘c3 ♘ge7 9.♘b5 ♗xf5 10.♘xd6+ ♕xd6 11.♗xf5 ♘xf5 12.♖e1+ ♘fe7 (12...♘ce7 13.♘e5!) 13.♘g5 0-0 14.♕h5 ♕g6

(14...h6!? sieht stärker aus.)

15.♕xg6 ♘xg6 16.c3 ♖ae8 17.♗d2 h6 18.♘e6 ♖f7 19.♘c5 ♖xe1+ 20.♖xe1 b6 21.♖e6 ♘ge7 22.♘a6 ♘d8 23.♖e1 c6 24.♗xf4 ♖xf4 25.♖xe7 ♖f7 mit gleichem Endspiel, Forgacs-Käser, Sankt Augustin 1990.

4...g5

Nach 4...d5 schlagen wir den folgenden Plan vor: 5.d4 mit der möglichen Folge 5...g5 6.h4 g4 7.♘g1 c5 8.♘c3 ♘c6 9.♗b5 ♘ge7 10.♗xf4 nebst ♕d1-d2, 0-0-0 mit guten Perspektiven für Weiß.

5.d4 g4

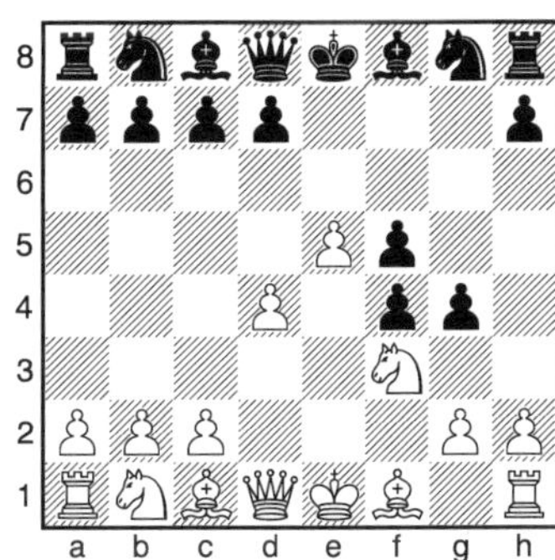

6.♗xf4!

Ein Springeropfer im richtigen Moment. Weiß bekommt dafür Entwicklungsvorsprung und der schwarze König fühlt sich im Zentrum ganz sicher nicht wohl.

6...gxf3 7.♕xf3 ♕h4+ 8.g3 ♕g4 9.♕e3 ♘c6

Eine Alternative ist 9...♘e7 10.♘c3 ♘a6 11.♗e2 ♕g6 12.0-0-0 ♘b4

(Auf 12...c6 folgt 13.d5 cxd5 14.♘b5 ♘c6 15.♖xd5 ♘cb4 16.♖d6! mit starkem Angriff; z.B. 16...♗xd6 17.exd6+ ♔f8 18.♕e7+ ♔g8 19.♗c4+ und Schwarz kann aufgeben.)

13.d5 c6 14.dxc6 dxc6 15.♕d4 ♘bd5 16.♘xd5 cxd5 (16...♘xd5 17.c4+–) 17.♗b5+ ♔f7 18.e6+ ♔g8 19.♖he1 ♗xe6 20.♗e5 a6 21.♗a4 b5 22.♗xh8 bxa4 23.♗f6 ♘c6 24.♕xa4 mit besseren Perspektiven für Weiß.

10.♗e2 ♕g6 11.♘c3 ♗b4

Oder 11...♘ge7 12.0-0-0 ♘b4 13.d5, was wir gerade analysiert haben.

12.d5 ♘d8 13.0-0-0 a6 14.g4 ♘e7?

Dies erleichtert Weiß nur die Aufgabe. Es sollte 14...fxg4 15.♘e4 h5 ausprobiert werden.

15.d6 ♘e6

Nach 15...♘ec6 16.gxf5 ♕xf5 17.♘d5 0-0 18.♗d3 ♕f7 19.♗h6 hat Schwarz keine gute Verteidigung.

16.dxe7 ♗c5

Die Variante nach 16...♗xc3 17.bxc3 fxg4 18.♗h6 ist auch günstig für Weiß.

17.♕g3 ♗xe7 18.gxf5 ♕xf5 19.♗e3 ♗g5 20.♘d5!

Es ist schon aus für Schwarz.

20...♗xe3+ 21.♕xe3 ♔d8 22.♖hg1 ♕f8 23.♖df1 ♕c5 24.♕f3 ♖f8 25.♖g8!

1–0 wegen 25...♖xg8 26.♕f6+ ♔e8 27.♕f7+ ♔d8 28.♕xg8+ nebst Matt.

Partie Nr. 2
Awchinikow – Szymanski
Fernpartie 2020

1.e4 e5 2.f4 exf4 3.♘f3 g5 4.h4 g4 5.♘e5 ♘f6 6.♘xg4 ♘xe4 7.d3 ♘g3 8.♗xf4 ♕e7+ 9.♗e2 ♖g8 10.♗xg3 ♖xg4 11.♗f2 ♖xg2 12.♘c3

12.♔f1 ist der Hauptzug, den wir entsprechend im Theorieteil (Einführung) behandelt haben.

12...d5 13.♕d2

Weiß möchte bald seinen König aus der Mitte bekommen und macht deshalb den Weg zur langen Rochade frei.

Vor den Folgen von 13.♘xd5 ♕e5 scheut er zurück. Es hätte sich die folgende spannende Entwicklung ergeben können: 14.c4

(14.♘c3? würde sich Schwarz durch 14...♖xf2 15.♔xf2 ♗c5+ 16.♔f1 ♕e3 mit Mattdrohung auf f2 zunutze machen. Nach 17.♘e4 ♗h3+ 18.♔e1 ♗g2 19.♘xc5 ♗xh1 20.♘b3 ♘c6∓ hätte Weiß Mühe gehabt, die Partie zu halten.)

14...♖xf2 (14...c6!?) 15.♔xf2 ♗c5+ 16.♔e1 ♘c6∓.

13...c6 14.♗e3

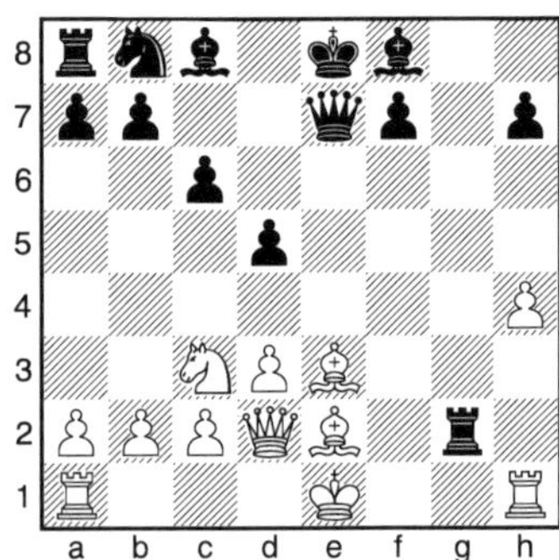

14...♕c7

Die Dame verschafft sich einen tiefen Blick ins feindliche Lager und geht einer Anrempelung durch ♗e3-g5 frühzeitig aus dem Weg.

Zu 14...♗e6 siehe Theorieteil (Einführung).

15.0-0-0 ♗e6

Die Stellung befindet sich im Gleichgewicht. Für den investierten Bauern hat Weiß einen Entwicklungsvorteil erreicht.

16.♖hg1 ♖xg1 17.♖xg1 ♕h2 18.♗d1 ♕xd2+

18...♕xh4 19.♗g5 ♕d4 20.♘e2± bzw. 19...♕b4 20.a3±

19.♔xd2 ♔d7=

Im sich anschließenden positionellen Ringen leistete sich keine der beiden Seiten einen Fehler, so dass die Partie letztlich ins Remis lief

20.h5 ♘a6 21.♘e2 ♘c7 22.♘d4 ♗c5 23.c3 a5 24.♖g2 ♘e8 25.♖g8 ♘c7 26.♖g2 ♖e8 27.♗f2 ♘b5 28.♘xb5 ♗xf2 29.♖xf2 cxb5 30.♖g2 h6 31.a3 ♔d6 32.♖g7 ♔e5 33.d4+ ♔f6 34.♖g1 ♗d7 35.♗b3 ½–½

Partie Nr. 3
Capablanca – Molina/Ruiz
Buenos Aires 1914

1.f4 e5 2.e4 ♗c5 3.♘f3 d6 4.♘c3 ♘c6 5.♘a4

Im Kapitel 1, Abspiel 1, haben wir diese Zugumstellung benutzt: 5.♗b5 ♗d7 6.♘a4!? usw.

Das Ziel des Partiezuges ist klar: Die Eliminierung des starken schwarzfeldrigen Läufers.

5...♗b6 6.♗b5 ♗d7 7.♘xb6 axb6 8.d3 ♘ge7

Schwarz bereitet die kurze Rochade vor.

Es gab auch Versuche, in die andere Richtung zu rochieren. Ein interessantes Beispiel: 8...♕e7 9.0-0 ♘f6 10.♔h1 h6 11.♕e1 0-0-0 12.a4 exf4 13.♗xf4 ♘b8 14.♘d4 c6 15.♕c3 ♘e8 16.a5 bxa5 17.♖xa5 ♘c7 18.♗c4 b5 19.♗xb5! cxb5 20.♖a7 1-0, Hebden-Lane, London 1987.

9.0-0 0-0

Beide Seiten haben ihre Kräfte entwickelt und die Könige gesichert. Weiß hat nun einen klaren Plan: Königsangriff!

10.f5 f6 11.♗c4+ ♔h8 12.a3 ♗e8 13.♗e6!

Auf 13.♕e1 folgt 13...d5! und der Läufer wird vom Spiel ausgeschlossen. In der Referenzpartie Anderskewitz–M. Braun, FPart 1996, folgte weiter 14.exd5 ♘xd5 15.♕h4 ♘ce7 16.♕h3 ♕d6 17.♔h1 ♗d7 18.♗xd5 ♕xd5 19.g4 ♕c5 20.♕g2 ♗c6 mit schwarzem Vorteil.

13...♗h5?

Zeitverschwendung. Schwarz sollte jetzt 13...♗f7 spielen, um den weißen Opponenten durch Tausch vom Brett zu bekommen.

14.♕e1 ♕e8 15.♕h4 ♘d8 16.♗a2 ♗f7 17.c4

Weiß wollte den Läufer behalten, obwohl der nun lange Zeit aus dem Spiel ausgeschlossen wird.

17...c5?

Bei geschlossenem Zentrum ist es viel einfacher, auf der rechten Seite zu attackieren. Besser war wohl 17...b5!.

18.g4! ♘g8 19.♗d2 b5

Zu spät.

20.g5 fxg5 21.♘xg5 ♘f6 22.♖f3 bxc4

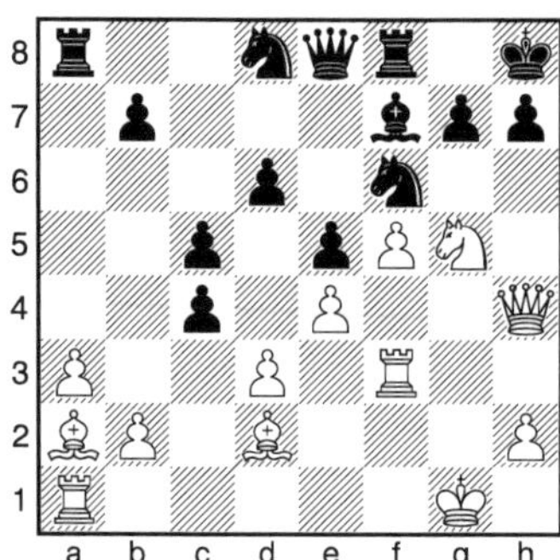

23.♘xh7!

Der weiße Angriff entwickelt sich jetzt sehr rasch.

23...♘xh7 24.♖h3 ♗g8 25.♗xc4 ♖f7

25...♘f7 26.f6 g5 27.♕h5 ♘d8 28.♕h6 ♖f7 29.♗xg5 ♕f8 30.♔h1 ♕xh6 31.♗xh6 ♖xf6 32.♖g1+– (Capablanca)

26.♔h1 b5 27.♗d5 ♖aa7 28.♖g1 ♖f6 29.♗g5 ♖af7 30.b3!

Weiß hat Zeit, auf dem rechten Flügel etwas zu unternehmen: Er bildet nun einen Freibauern am Damenflügel.

30...♕f8 31.a4 bxa4 32.bxa4 ♕e8 33.a5 ♘c6 34.a6 ♘b4 35.♗xf6 ♘xd5

35...♖xf6 36.♕xf6! gxf6 37.♖xg8+ ♕xg8 38.♗xg8 ♔xg8 39.a7+–

36.♗xg7+!

Ein Übergang zum gewonnenen Endspiel.

36...♖xg7 37.♖xg7 ♔xg7 38.♕h6+ ♔h8 39.♕xd6

Schwarz gab auf.

Partie Nr. 4
A. Sokolow – Karpatchew
Nizhnij Novgorod 1998

1.e4 e5 2.f4 ♗c5 3.♘f3 d6 4.♘c3 ♘f6 5.♗c4 ♘c6 6.d3 a6 7.♘d5 ♘xd5

7...♗g4 haben wir im Kapitel 1, Abspiel 1 besprochen.

8.♗xd5 0-0

Wahrscheinlich zu früh. Mit der Rochade sollte Schwarz warten und erst 8...♕e7!? ziehen, um die Figuren umzugruppieren; z.B. 9.c3 ♗d7 10.♕e2 ♘d8 11.♗d2 ♗b6 12.♖f1 exf4 13.♗xf4 ♗e6 14.♗xe6 ♘xe6 15.♗e3 ♗xe3 16.♕xe3 0-0 17.0-0-0 c5 18.♕f2 ♖fd8 19.♘h4 g6 20.♕g3 ♕g5+ mit Remis, Vyskocil–Sosna, Brno 2007.

9.f5 ♘d4 10.c3 ♘xf3+ 11.♕xf3 c6 12.♗b3 b5 13.h4!

Mit einer klaren Absicht: lang rochieren und am Königsflügel angreifen.

13...♔h8 14.g4 ♖a7 15.♗g5 f6

Nach 15...♕b6 folgt 16.f6 g6 17.♗h6 mit klarem Übergewicht.

16.♗d2 d5 17.0-0-0 a5

Das Konterspiel von Schwarz am Damenflügel ist zu langsam.

18.g5 a4 19.♗c2 d4 20.♕h5 dxc3 21.bxc3 ♗a3+ 22.♔b1 ♕b6

(siehe nächstes Diagramm)

23.♖dg1!

So ist es richtig. Schwach wäre 23.g6? h6 24.♗xh6 gxh6 25.♕xh6+ ♔g8 26.♖dg1 ♖g7 und Schwarz ist im Vorteil.

23...♔g8

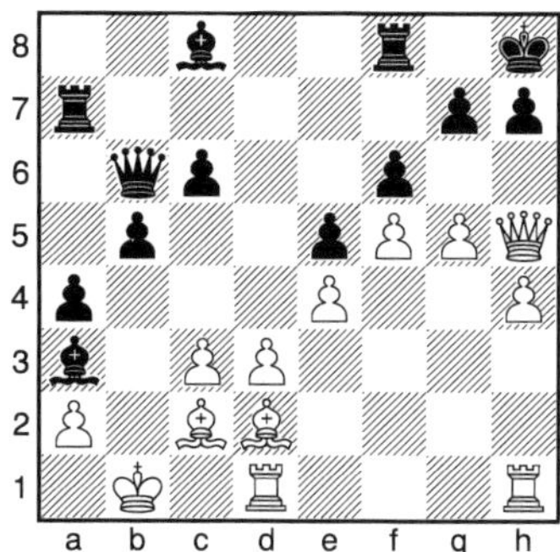

– 23...b4 24.g6 bxc3+ 25.♗b3 h6 26.♗xh6 c2+ 27.♔xc2 axb3+ 28.♔d1! gxh6 29.♕xh6+ ♔g8 30.g7+–

– 23...fxg5 24.hxg5 g6 25.♕h2 ♕c5 26.♗e1 mit der Drohung ♗e1-g3.

24.gxf6 ♖xf6 25.♕e8+ ♖f8 26.♕xe5 b4 27.♗h6! ♖ff7

Auf 27...bxc3+ folgt 28.♗b3+ mit Gewinn.

28.♖xg7+

Schwarz kapitulierte.

Partie Nr. 5
A. Fedorow – Giorgadze
Krasnodar 1997

1.e4 e5 2.f4 ♗c5 3.♘f3 d6 4.♘c3 ♘f6 5.♗c4 c6 6.fxe5

Zu 6.d3 siehe Kapitel 1, Abspiel 1.

6...dxe5 7.♕e2 ♕e7 8.d3 ♗g4 9.h3!?

Zwingt zur sofortigen Entscheidung, aber öfter wird hier 9.♗e3 gespielt; z.B. 9...♘bd7 10.♘d1 ♘h5 11.0-0 ♘f4 12.♕f2 f6

(12...♗h3? 13.♗xc5 ♘xc5 14.♘xe5+–)

13.d4 ♗xf3 14.♕xf3 ♗b6 15.c3 ♘e6 16.d5 ♘g5 17.♕e2 ♘f7

(17...♘xe4 18.dxc6 bxc6 19.♗xb6 ♘xb6 20.♕xe4 ♕c5+ 21.♘e3 ♘xc4 22.♕xc4 ♕xe3+ 23.♔h1±)

18.dxc6 bxc6 19.♗xb6 axb6 20.♘e3 g6 21.♖ad1 ♘d6 22.♕g4 b5

(22...♘xc4 23.♘xc4 ♖xa2 24.♖d6!+–)

23.♗e6 ♘c5 24.♖xd6! ♕xd6 25.♖xf6 und in dieser scharfen Stellung hat Weiß bessere Chancen, was in der Partie Honfi–Hardicsay, Ungarn 1975, zum späteren Gewinn reichte.

9...♘h5 10.♗g5 f6 11.hxg4!

Nur so kann man um die Initiative kämpfen. Nach 11.♗h4 ♘f4 12.♕f1 ♗e6 13.♗xe6 ♕xe6 hat Schwarz keine Probleme.

11...♘g3 12.♕d2 ♘xh1 13.♗e3 h5 14.♘h4 ♗xe3 15.♕xe3 ♕b4 16.0-0-0 hxg4 17.♘f5 ♔f8

Andere Antworten sind:

– 17...♕f8 18.d4 g6 19.dxe5 gxf5 20.♕d4+–

– 17...g6 18.♘g7+ ♔f8

(18...♔e7 19.♘e6 ♘a6 20.a3 ♕d6 21.d4+–)

19.♘e6+ ♔e7 20.a3 ♕b6 21.d4 ♘d7 22.♘a4 ♕a5 23.♘ac5 ♘xc5 24.dxc5+–

18.a3 ♕b6 19.d4 ♘d7

(siehe nächstes Diagramm)

20.♕e2?

Ein kritischer Moment in der Partie. Dieser Zug lässt den Gewinn aus. Dagegen wäre die Lage von Schwarz nach 20.♘a4! sehr schwierig; z.B. 20...♕a5

(20...♕c7 21.dxe5 ♘xe5 22.♕c5+ ♔e8 23.♘d6+ +–)

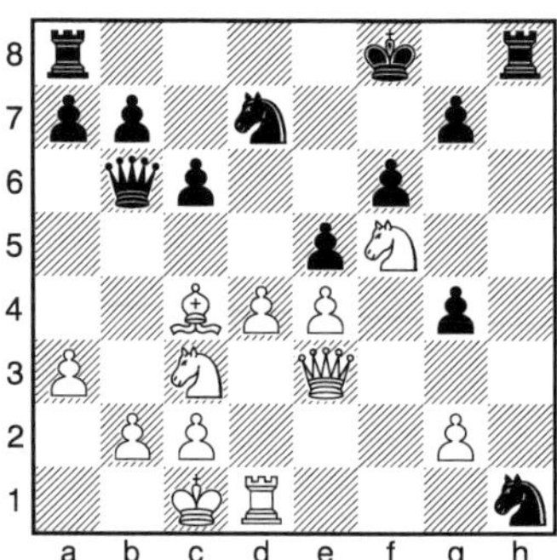

21.b4! ♕xa4 22.dxe5 ♘xe5 23.♕c5+ ♔e8 24.♘xg7#.

20...♕c7 21.♘xg7! ♘c5!

Die richtige Entscheidung! Der Springer ist tabu: 21...♔xg7 22.♕xg4+ ♔f8 23.♕g6 ♔e7 24.♕g7+ und Weiß gewinnt.

22.♘f5 exd4 23.♕xg4 dxc3 24.♕g6!

Der einzige Rettungsweg. Es verliert 24.♖d6?? ♘f2 25.♖xf6+ ♔e8 26.♘d6+ ♔d8–+.

24...♘xe4 25.♖d6! ♘xd6 26.♕xf6+ ♘f7 27.♗xf7 ♕xf7 28.♕xh8+ ♕g8 29.♕f6+

Remis

Partie Nr. 6
A. Fedorow – Norri
Pula 1997

1.e4 e5 2.f4 ♗c5 3.♘f3 d6 4.♘c3 ♘f6 5.♗c4 ♘c6 6.d3 ♗e6 7.♗b5 a6 8.♗xc6+ bxc6 9.f5!?

In der Praxis ist auch 9.♕e2 anzutreffen (siehe Kapitel 1, Abspiel 1).

9...♗d7

Günstig für Weiß ist 9...♗c8 10.♗g5 ♕d7 11.♗xf6 gxf6 12.♕d2 ♗b7 13.♘e2 h5 14.♘h4 0-0-0 15.0-0-0 d5 16.♘g3±, Spielmann–Nimzowitsch, Barmen–B 1905.

10.♕e2 ♕b8

Auf 10...♕e7 wäre 11.♗d2 nebst 12.0-0-0 möglich.

11.♘d1!

Mit dem Plan, seine Kräfte umzugruppieren.

Nach 11.b3 ♗b4 12.♗d2 a5 hätte Schwarz Gegenchancen am Damenflügel.

11...♕b5 12.c3 a5 13.♗e3 ♗c8

13...♗xe3 14.♘xe3 0-0 15.0-0±

14.0-0 ♗a6

14...♘xe4?? geht natürlich nicht wegen 15.c4+–.

15.c4 ♕b6 16.♔h1 ♗xe3 17.♘xe3 ♘d7

– Zu gefährlich wäre 17...0-0 wegen 18.g4 und Weiß hätte einen einfachen Angriffsplan auf dem rechten Flügel.

– Deshalb käme 17...0-0-0!? in Frage; z.B. 18.♖ab1 ♖he8 19.b4 axb4 (19...a4 20.♖fc1!) 20.♕d2 d5 21.♖xb4 ♕a7 mit scharfem Spiel.

18.g4

Ein Signal zu aktiven Handlungen am Königsflügel.

18...f6 19.g5 0-0-0 20.♖g1 ♘c5 21.gxf6 gxf6 22.♖g7 d5 23.exd5 ♖he8

Es ist schade, dass sich Schwarz nicht zur folgenden Variante entschieden hat: 23...cxd5!? mit der möglichen Folge 24.♘xd5 ♖xd5! 25.cxd5 ♘xd3 26.♕c2 ♖d8 27.♕c6

♗b7 28.♕xb6 cxb6 29.♔g1 ♗xd5 30.♘h4 ♖d7 31.♖xd7 ♔xd7 32.b3 ♔d6 mit Kompensation für die Qualität.

24.♖d1

Auf 24.♖xh7? folgt 24...e4! 25.dxe4 ♘xe4 mit ausgezeichnetem Spiel für Schwarz.

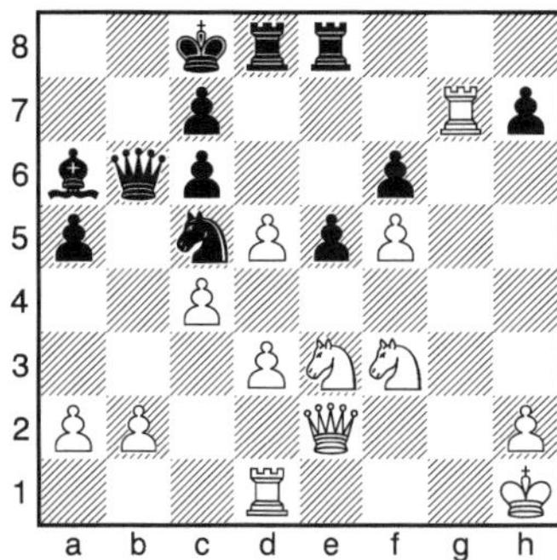

24...e4?

Ein schwacher Zug und der Grund für alle schwarzen Schwierigkeiten.

– Auch nicht gut wäre 24...♘a4? wegen 25.dxc6 ♕xb2 26.♕xb2 ♘xb2 27.♖b1 ♖xd3 28.♘d5+–.

– Sehr zu beachten war aber 24...♗b7! mit guten Gegenchancen.

25.dxe4 ♘xe4

Auch nicht besser wäre 25...♖xe4 26.dxc6 ♕xc6

(26...♖xd1+ 27.♕xd1 ♕xc6 28.♘d5+–)

27.♖xd8+ ♔xd8 28.♕d2+ ♕d6 29.♘d5 mit der entscheidenden Drohung ♖g7–g8+.

26.♘d4!

Das Ende!

26...cxd5 27.♘e6 d4 28.♘d5 ♖xd5 29.♕xe4 ♗xc4 30.♖c1 ♗xa2 31.♘xc7

Schwarz gab sich geschlagen.

Partie Nr. 7
Tait – Hawkins
Fernpartie 1991

1.e4 e5 2.f4 ♗c5 3.♘f3 d6 4.♘c3 ♘f6 5.♗c4 ♘c6 6.d3 ♗g4 7.♘a4 ♗b6 8.♘xb6 axb6 9.c3 0-0 10.0-0 ♘a5 11.♗b5 ♕e7

Zu 11...c6 siehe Kapitel 1, Abspiel 1.

12.b4 ♘c6 13.f5 d5 14.♕e1 ♘a7 15.♗a4 dxe4 16.dxe4 ♘c8 17.♗b3 ♗xf3 18.gxf3!?

Die g-Linie braucht Weiß zum Königsangriff.

18...♘d6 19.♗g5 b5?

Schwarz plant, die Diagonale a2–g8 mit ♘d6–c4 zu schließen. Der Partieverlauf zeigt aber, dass diese Idee falsch ist.

In Frage kam deshalb 19...h6!?, um zunächst den Läufer zur Entscheidung zwingen.

20.♔h1 ♖fd8 21.♖g1 ♔f8

Die Flucht in die Mitte. Nach 21...♔h8 22.♕h4 mit dem Plan ♖g1-g3–h3 hätte Weiß gute Chancen auf einen raschen Angriff.

22.♕h4 ♘c4

Mit diesem Zug hoffte Schwarz, seine Stellung verteidigen zu können.

23.♕g3!

Weiß setzt ganz ruhig seine Aktion gegen den gegnerischen König fort.

Nach 23.♗xf6 ♕xf6 24.♕xh7 ♘d2 entsteht eine unklare Stellung.

23...♖d3

Auf 23...♔e8 ist 24.a4! stark.

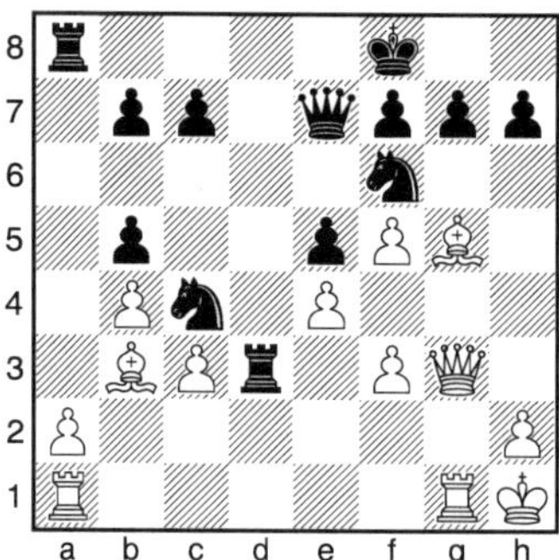

24.♗h6!

Ein starker Zug, den Schwarz wahrscheinlich in seinen Berechnungen nicht berücksichtigt hat. Nun kommt es schnell zur Katastrophe.

24...♘h5

Nach 24...gxh6 25.♗xc4 bxc4 26.♕g7+ ♔e8 27.♕h8+ ♕f8 28.♕xf6 ♖ad8 29.♕xe5+ ♔d7 30.♖g7 ♔c8 31.♖f1 steht Weiß auf Gewinn.

25.♗xg7+ ♔e8

25...♘xg7 26.♕xg7+ ♔e8 27.♕h8+ mit Materialgewinn.

26.♕h3 ♘xg7 27.♖xg7 ♖a6 28.♕xh7 ♖ad6

Auch nach 28...♖f6 wäre 29.♖ag1 stark.

29.♖ag1 ♖xf3

Nicht besser war 29...♖xc3 wegen 30.♖xf7! ♕xf7 31.♖g8+ ♔e7 32.♖g7 ♕xg7 33.♕xg7+ ♔d8 34.f6 ♖xf3 35.♕g8+ ♔d7 36.♕g4+ mit Eroberung des Turmes.

30.♗d1

1–0 wegen 30...♖f2 31.♖xf7! ♕xf7 32.♗h5+–.

Partie Nr. 8
Todorovic – Blagojevic
Herceg Novi 2001

1.e4 e5 2.f4 ♗c5 3.♘f3 d6 4.♘c3 ♘f6 5.♗c4 ♘c6 6.d3 ♗g4 7.♘a4 ♗b6 8.♘xb6 axb6 9.c3 d5

Eine seltene Variante, die gegen die weißen Felder e4 bzw. d3 gerichtet ist. Die Schwächung auf e5 muss Schwarz in Kauf nehmen.

Die Fortsetzung 9...exf4 haben wir im Kapitel 1, Abspiel 1, analysiert.

10.exd5 ♘xd5 11.h3 ♗xf3 12.♕xf3 ♘xf4 13.0-0!

Weiß hat Zeit, den Bauern abzuholen.

13...0-0 14.♗xf4 exf4 15.♕xf4

Weiß ist dank seiner besseren Figurenaufstellung leicht im Vorteil.

15...♕d7 16.d4 ♖ae8

Oder 16...♘a5 17.♗d3 c5 18.♕h4 (18.♖ad1!?) 18...g6 19.♖ae1±, Vogt–Mühlbauer, Deutschland 1995.

17.♖f3

Einen kurzen Verlauf hatte die Partie Rosican–Hervais, Brno 1998: 17.♖ae1 ♖e7 18.♖e3 ♖xe3 19.♕xe3 ♖e8?? (19...♘a5 war richtig.) 20.♖xf7! 1-0.

17...♘d8

Im Duell Spielmann– Przepiorka, Nürnberg 1906, wurde wie folgt gespielt: 17...♖e7 18.♖af1 ♘d8 19.♖g3 g6 20.♕h6 ♕c6 21.♗b3 ♖fe8 22.♖f4 ♖e4??

(Es sollte 22...♖e1+ 23.♔h2 ♕d6 24.♖h4 ♖8e3 25.♕xh7+ ♔f8 26.♕h6+ ♔e8 27.♖f4 ♖xg3 28.♔xg3 ♖e2 geschehen.)

23.♗xf7+! ♘xf7 24.♖xf7! ♔xf7 25.♕xh7+ ♔f8 26.♖f3+ 1-0.

18.♖af1

Weiß konzentriert seine Kräfte gegen das Feld f7, um die schwarzen Figuren daran zu binden.

18...♔h8

Auf 18...b5 ist 19.♗b3 möglich

(19.♗d3!? wäre eine Alternative.)

19...♖e2 20.h4! ♖xb2 21.h5 h6 22.♖g3 ♔h7

(22...♔h8 23.♕c1 ♖e2 24.♖f6!+-)

23.♗c2+ ♔h8

(23...♖xc2 24.♕e4+ mit Qualitätsgewinn.)

24.♖xg7! ♔xg7 25.♕g3+ ♔h8 26.♖f6 ♕e6 27.♖xe6 ♘xe6 28.♕e5+ ♘g7

(28...f6 29.♕f5 ♘g5 30.♕g6+-)

29.♗b3+-

19.♖g3

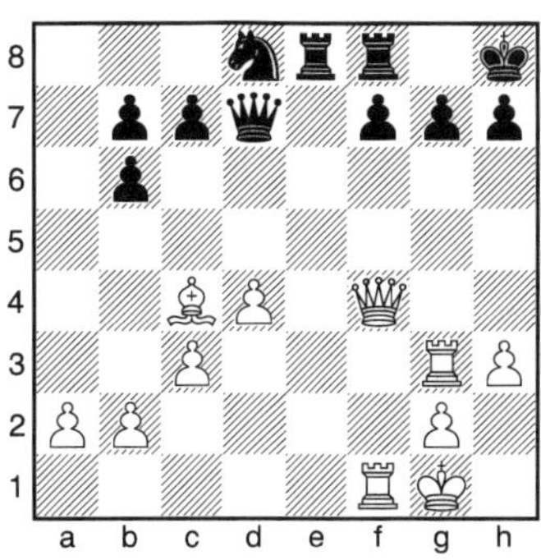

19...f5?

Diese Schwächung der Königsstellung erleichtert Weiß die Angriffsführung. Schwarz sollte 19...f6!? überlegen.

20.♖e3 g6 21.♖fe1 ♖xe3 22.♖xe3

Die Herrschaft auf der offenen e-Linie garantiert Weiß ein klares Übergewicht.

22...♘f7 23.♕h4 ♔g7 24.♖e7 ♕c6 25.♗b3 ♕d6 26.♖e6! ♕d8 27.♕xd8 ♘xd8

27...♖xd8 28.♖e7+-

28.♖e7+ ♔f6 29.♖xc7

Das entstandene Endspiel ist für Weiß klar gewonnen.

29...h5 30.♖d7 h4 31.♖d6+ ♔g5 32.♖xb6 ♖e8 33.♖d6 ♘c6 34.♔f2 ♖e7 35.♖e6 ♖xe6 36.♗xe6 ♔f4 37.♗d5

Schwarz gab sich geschlagen.

Partie Nr. 9
S. Polgar – Flear
Brüssel 1987

1.e4 e5 2.f4 ♗c5 3.♘f3 d6 4.c3 ♘f6 5.fxe5 dxe5 6.d4

Zu 6.♘xe5 siehe Kapitel 1, Abspiel 2.

6...exd4 7.cxd4 ♗b4+ 8.♗d2 ♕e7

Die Folgen von 8...♗xd2+ 9.♘bxd2 0-0 10.♗c4 sind günstig für Weiß.

9.♗d3!?

Eine interessante, mit einem Bauernopfer verbundene Idee.

In der Partie Votava-Giorgadse, Polen 1989, wählte Weiß 9.e5 ♗xd2+

(9...♘d5 10.♘c3 c6 11.♗d3 ♗e6 12.0-0 h6 13.♘e4 ♗xd2 14.♘d6+ ♔f8 15.♕xd2 mit weißem Vorteil, Florescu–Burnoiu, Bukarest 1995.)

10.♕xd2 ♘d5 11.♘c3 ♗e6 12.♗d3 ♘d7 13.0-0 0-0-0 und nun hätte Weiß 14.♘xd5 spielen sollen; z.B. 14...♗xd5 15.♕a5 ♗xf3 16.♖xf3 mit guten Perspektiven.

9...♘xe4 10.♗xe4 ♕xe4+ 11.♔f2 ♗xd2 12.♘bxd2 ♕d3 13.♖e1+ ♗e6 14.♕a4+ c6

– Schlecht wäre 14...♘d7? 15.♕xd7+! ♔xd7 16.♘e5+ –+.

– Akzeptabel wäre hingegen 14...♘c6!? 15.♖e3 ♕f5 16.♖e5 ♕d3!

(16...♕f4?? 17.g3 ♕g4 18.h3 ♕xh3 19.d5 0-0 20.dxc6+–)

17.♖e3

(17.d5?? b5 18.♕f4 ♘xe5–+)

17...♕f5 mit Zugwiederholung.

15.♕b4 ♘d7

Nach 15...♘a6? 16.♕d6 ♕f5

(16...♖d8?? 17.♖xe6+ fxe6 18.♕xe6+ ♔f8 19.♖e1+–)

17.♖e5 ♖d8 18.♘e4 ♕xf3+ 19.♔xf3 ♖xd6 20.♘xd6+ ♔d7 21.♘f5 g6 22.♘e3 bleibt Weiß im Vorteil.

16.♕xb7

Stark war 16.♘c4!?, um den Springer ins Spiel zu bringen; z.B. 16...0-0-0 17.♘d6+ ♔c7 18.♘e5 ♘xe5

(18...♕a6 19.♘exf7 ♗xf7 20.♘xf7 ♖hf8 21.♖e7 ♕b6 22.♕d6+ ♔c8 23.♔g1 ♘f6 24.♘xd8 ♖xd8 25.♕e6+ ♔b8 26.♕e5+ ♔a8 27.♖xg7 ♕xb2 28.♖e1+–)

19.♕xb7+ ♔xd6 20.dxe5+ ♔c5 21.♖ac1+ +–.

16...0-0 17.♕xc6

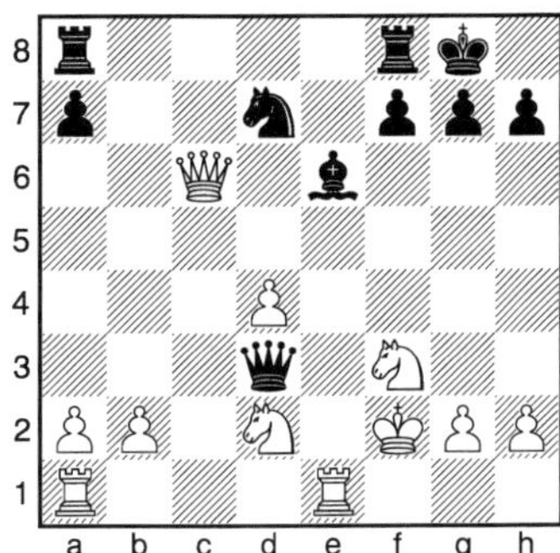

17...♖ab8?

Schwarz sollte sofort 17...♘f6!? spielen, um später zu bestimmen, ob der Turm nach b8 bzw. c8 ziehen soll.

18.b3 ♘f6 19.♔g1 ♖fc8 20.♕d6 ♖b6 21.♕f4 ♖c2 22.♖ad1 ♘d5 23.♕h4 ♖b8 24.♘e4 ♕a6 25.♘eg5

Stark war 25.a4! Δ26. ♘c5 bzw. 26. ♘g5.

25...♗f5 26.♖e5 ♗g6 27.♕g3!

27.♖xd5?? ♕e2–+

27...♖d8 28.♘h4 f6 29.♖e6 ♕xa2 30.♖d6 ♖cc8 31.♘xg6 hxg6 32.♕h3 fxg5 33.♖xd5 ♕e2 34.♖xd8+ ♖xd8 35.♕d3! ♕xd3 36.♖xd3

Es ist ein für Weiß vorteilhaftes Turmendspiel entstanden.

36...♖d5 37.♔f2 ♔f7 38.♔e3 ♔e6 39.♖c3 ♖b5 40.♔e4 ♔d6 41.♖f3 ♔e6 42.♖e3! ♔d6 43.♔f3 ♖b4 44.♔g4! ♖xd4+ 45.♔xg5 ♖d2 46.♖g3 ♔e7 47.♔xg6 ♔f8 48.♔h7! ♖d4 49.♖f3+ ♔e8 50.h3 g5 51.♔g6 g4 52.♖e3+ ♔f8 53.h4!

Nun bekommt Weiß einen starken Freibauern.

53...a5 54.h5 ♖b4 55.♔g5 ♔g8 56.♖e5 ♖xb3 57.♖xa5 g3 58.♔h4

Schwarz kapitulierte.

Partie Nr. 10
J. Polgar – Sharif
Brüssel 1987

1.e4 e5 2.f4 ♗c5 3.♘f3 d6 4.c3 ♘f6 5.d4 ♗b6 6.fxe5 dxe5 7.♘xe5 0-0 8.♗g5

8.♗d3 haben wir im Kapitel 1, Abspiel 2, analysiert.

8...c5 9.dxc5 ♕xd1+ 10.♔xd1 ♗xc5

Spannend wäre die Variante nach 10...♘xe4!?; z.B. 11.cxb6 ♘xg5

(11...♘f2+? 12.♔d2 ♘xh1 13.♗e3 ♖d8+ 14.♘d3±)

12.bxa7 ♖xa7 13.♗d3 ♖a5 14.♖e1 ♖d5 15.♘d2 ♖fd8 16.♖e2 ♘d7 17.♘xd7 ♖xd3 18.♘e5 ♖3d5 19.♔e1 ♘e6 20.♘df3 f6 21.♘c4 ♘f4 mit aktivem Spiel und ausreichend Kompensation.

11.♗xf6

Das schwächt zwar die schwarze Bauernstruktur, aber Weiß verliert dadurch das Läuferpaar. Deshalb sah 11.♘d2!? besser aus.

11...gxf6 12.♘f3 f5 13.♗d3

13.♘bd2!? wäre eine starke Möglichkeit.

13...fxe4 14.♗xe4 ♘d7 15.♗f5 ♘f6 16.♗xc8 ♖axc8 17.♘bd2 ♘g4 18.♔c2

Weiß will seine Entwicklung beenden. Deshalb vermeidet er die Variante 18.♔c1 ♖fe8 19.g3 ♘f2 20.♖f1 ♘g4, die zu schwarzem Gegenspiel führt.

18...♖fe8?

Warum nicht 18...♘e3+ 19.♔b3 ♖c6 20.♘c4 ♘xg2 und Schwarz hat seinen Bauern zurückerobert?

19.g3 ♖e2 20.♖ae1 ♖g2 21.♔b1 ♖c6 22.♘e4 ♖b6 23.b4 ♗e7 24.h3 ♘f2 25.♘xf2 ♖xf2 26.♖hf1 ♖xf1 27.♖xf1 a5

Am einfachsten war 27...♗f6! 28.♖c1 ♖e6 29.c4 ♖e3 30.♖f1 ♔g7 mit aktivem Endspiel und realen Rettungschancen.

28.a3 axb4 29.axb4

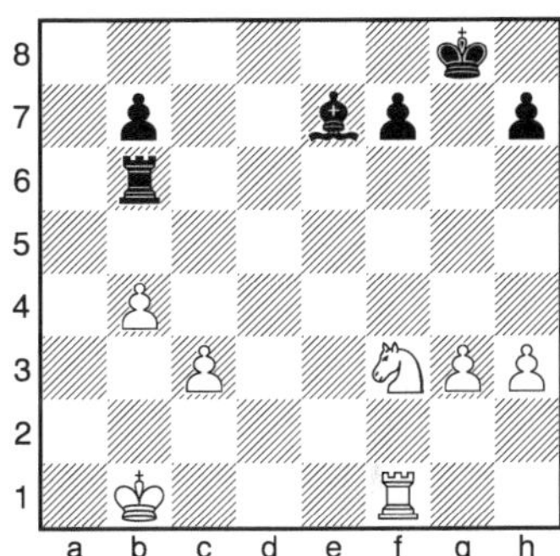

29...♖h6?

Verliert die Partie endgültig. Dagegen wäre nach 29...♗f6! noch alles in Ordnung; z.B. entsteht nach 30.♖c1 ♖e6 31.♔b2 ♖e3 32.♘d2 ♖xg3 33.♘e4 ♖f3 34.♘xf6+ ♖xf6 35.c4 ♔f8 ein ausgeglichenes Turmendspiel.

30.h4 ♖g6 31.♘d4 ♗f8 32.♘f5

Weiß ist endgültig mit einem Mehrbauern verblieben. Der Rest ist einfach.

32...♖e6 33.♔c2 f6 34.♔d3 ♔f7 35.g4

♔g6 36.♘d4 ♖a6 37.♖f5 ♗d6 38.h5+ ♔f7 39.♖b5 ♖a7 40.♖d5 ♗e7 41.♖d7 ♔e8 42.♖c7 ♔d8 43.♘e6+

Schwarz gab auf.

Partie Nr. 11
Spasski – Bronstein
Moskau 1971

1.e4 e5 2.f4 d5 3.exd5 e4 4.d3 ♘f6 5.♘c3 ♗b4

Zu anderen Antworten siehe Kapitel 2, Abspiel 1.

6.♗d2

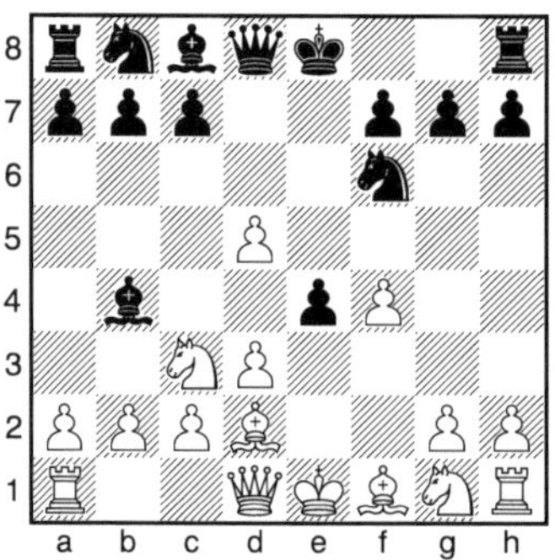

6...0-0!?

Eine interessante Idee. Öfter wird jedoch in der Praxis 6...e3 7.♗xe3 0-0 gespielt; z.B. 8.♗d2 ♖e8+

(8...♗xc3!? ist auch gut.)

9.♗e2 ♗xc3 10.bxc3 ♗g4

(10...♘xd5 11.c4 ♘e3 12.♗xe3 ♖xe3 13.♘f3 ♕d6 14.♔f2! und jetzt geht 14...♕xf4?? nicht wegen 15.♕c1+–.)

11.h3 (11.♔f2!?) 11...♕xd5 12.♔f2 ♕c5+ 13.♔g3 ♗xe2 14.♘xe2 ♘c6 15.♔h2 h5 16.♕f1 ♘e7 17.♕f3 ♘f5 18.♖he1 ♖e6 19.♘g1 ♖ae8 20.♖xe6 ♖xe6 21.♖e1 ♖xe1 22.♗xe1 b6 mit etwa gleicher Stellung, Bangijew–Lerner, Kaliningrad 1973.

7.♘xe4 ♖e8

7...♗xd2+ 8.♕xd2 ♖e8 9.0-0-0 ist günstig für Weiß.

8.♗xb4 ♘xe4 9.dxe4

Aber nicht 9.♗e2? wegen 9...♕h4+! mit schwarzem Vorteil.

9...♖xe4+ 10.♗e2 ♖xb4 11.♘f3 ♖xf4

Nicht spielbar ist 11...♖xb2? wegen 12.0-0 ♕d6 13.♔h1 ♕xf4 14.♘d4 und Schwarz hat Schwierigkeiten.

12.♕d2 ♕d6 13.0-0-0 ♘d7 14.♘d4 a6 15.g3

Die von GM Kotow vorgeschlagene Fortsetzung 15.♘e6 ist keine gute Idee. Es folgt 15...♖a4! 16.♘g5 h6 17.♘f3 ♖xa2 mit schwarzem Vorteil.

15...♖f6 16.♖he1 ♘e5 17.♗h5 ♗d7 18.♕e2 ♖e8

Und in dieser komplizierten Stellung einigte man sich auf **Remis**.

Partie Nr. 12
Bronstein – Tal
Riga 1968

1.e4 e5 2.f4 d5 3.exd5 e4 4.d3 ♘f6 5.dxe4 ♘xe4 6.♘f3 ♗c5 7.♕e2 ♗f5 8.♘c3 ♕e7 9.♗e3 ♘xc3 10.♗xc5 ♘xe2 11.♗xe7 ♘xf4 12.♗a3 ♘d7

12...♘xd5 haben wir im Kapitel 2, Abspiel 1, analysiert.

13.0-0-0 ♗e4

Auf 13...0-0-0 wäre 14.♖d4! stark.

Nach 14...♘g6 15.g4 käme es zum Figurengewinn.

14.♘g5

Noch stärker war 14.♖d4! ♗xf3 15.gxf3 ♘g6 16.♖e4+ mit weißem Vorteil.

14...♗xd5

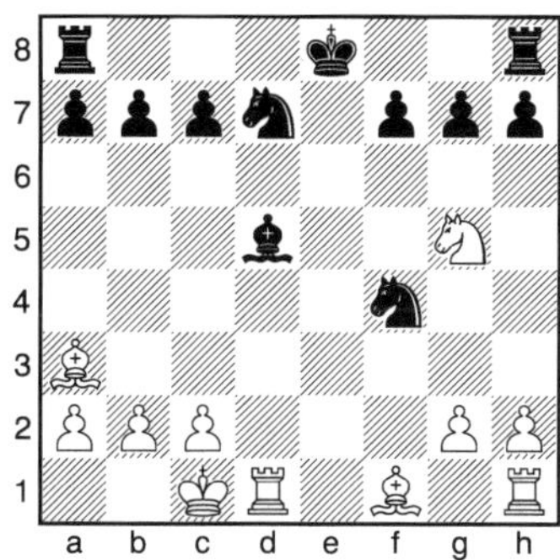

15.g3!

Ein interessantes Qualitätsopfer, das Weiß gute Angriffschancen einräumt. Das Hauptproblem von Schwarz ist sein im Zentrum verbliebener König.

15...♗xh1 16.gxf4 c5?

Der entscheidende Fehler. Zäher war 16...0-0-0! 17.♘xf7 ♗f3 usw.

17.♗c4! ♗c6 18.♘xf7 b5

Auf 18...♖f8 gewinnt 19.♖e1+!.

19.♘d6+ ♔e7 20.♘xb5 ♖hf8 21.♘d4! ♗g2 22.♘e6 ♖f5 23.♖g1 ♗e4 24.♘c7 ♖d8 25.♖xg7+ ♔f6 26.♖f7+ ♔g6 27.♖e7 ♘f6 28.♘e6

Die Zusammenarbeit der weißen Figuren funktioniert prächtig: Schwarz steht auf Verlust.

28...♖c8 29.b3 ♖h5 30.♘g5 ♗d5 31.♗d3+ ♔h6 32.♗b2 c4 33.♗f5 c3 34.♗xc8 cxb2+ 35.♔xb2 ♖xh2 36.♖xa7 ♖f2 37.♖a4 ♔g6 38.♖d4 h5 39.a4 h4 40.a5 ♗g2 41.a6 ♘h5 42.♗b7 ♘xf4 43.♖xf4

Schwarz gab auf.

Partie Nr. 13
Bronstein – Vaisman
Sandomierz 1976

1.e4 e5 2.f4 d5 3.exd5 e4 4.d3 ♘f6 5.dxe4 ♘xe4 6.♘f3 ♗c5 7.♕e2 ♗f5 8.♘c3 ♕e7 9.♗e3 ♗xe3 10.♕xe3 ♘xc3 11.♕xe7+ ♔xe7 12.bxc3 ♗xc2

12...♗e4 wurde im Kapitel 2, Abspiel 1, besprochen.

13.♔d2 ♗a4

13...♗g6 14.♖e1+ ♔d6

(Auf 14...♔d8 folgt ebenfalls 15.♘d4!.)

15.♘d4! und nun scheitert 15...♔xd5 an 16.f5 ♗h5 17.g4! ♗xg4 18.♗g2+ ♔d6 19.♗xb7 und Weiß gewinnt Material.

14.♖e1+ ♔d6

14...♔d8 15.♗d3 mit weißem Vorteil.

15.♘g5 ♔xd5?

15...♖e8!? wäre wohl stärker.

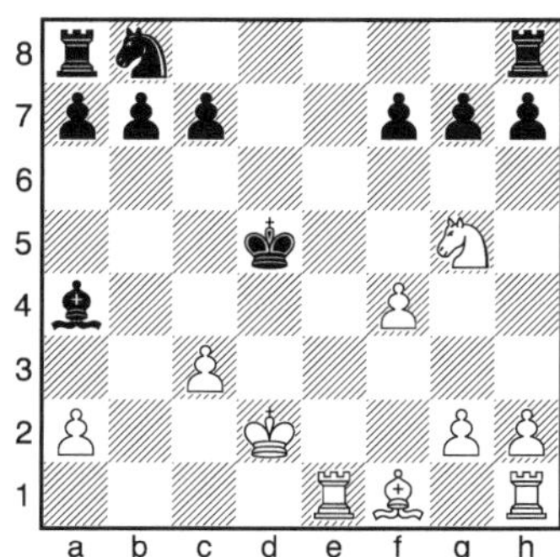

16.♖e4!

Nun geht der Anziehende zum entscheidenden Angriff über.

16...♗e8

Andere Erwiderungen verlieren auch:

– 16...♗c6 17.♖e5+ ♔d6 18.♘xf7+ mit Turmgewinn.

– 16...b5 17.c4+ ♔c6 18.cxb5+ ♗xb5 19.♗xb5+ ♔xb5 20.♖b1+ ♔c6 21.♘xf7 ♖f8 22.♘e5+ ♔d6 23.♔e3 mit leichtem Gewinn für Weiß.

– 16...♗d7 17.♖e5+ ♔c6 18.♗e2 und die schwarze Stellung ist hoffnungslos.

17.♖d4+ ♔c6

17...♔c5 18.♖d8+–

18.♗e2 ♘d7 19.♗f3+ ♔b6 20.♖b1+ ♔a5 21.♖xb7 h6 22.♖xc7! ♖b8

22...hxg5 23.♗xa8+–

23.♘xf7 ♗xf7 24.♖cxd7

Schwarz gab auf.

Partie Nr. 14
Penttinen – Sakowitsch
Lubniewice 1994

1.e4 e5 2.f4 d5 3.exd5 c6 4.♕e2 cxd5 5.fxe5 ♘c6 6.♘f3 ♗c5

Zu 6...♗g4 siehe Kapitel 2, Abspiel 2.

7.c3 d4 8.d3 ♘ge7

8...♗g4 ist natürlich auch möglich, worauf wir 9.♘bd2 empfehlen.

9.♘bd2 0-0

9...dxc3 verstärkt das weiße Bauernzentrum: 10.bxc3 ♕a5 11.♗b2 und Weiß steht besser.

10.♘b3 ♗b6 11.♗g5 ♖e8 12.0-0-0!?

Der König wird zu Recht gesichert.

12...a5 13.c4 ♗f5

Logisch sieht 13...a4!? 14.♘bd2 a3 15.b3 ♕c7 aus.

14.g4!?

Weiß möchte seinem Gegner im Angriff auf den König zuvorkommen. Dafür opfert er Material.

14...♗xg4 15.♖g1 ♕d7 16.♕g2 ♗xf3 17.♕xf3 ♘xe5 18.♕g2 ♘7g6 19.h4 f5?!

Das ist nur Zeitverlust. Stellungsgemäß war die Aktion am Damenflügel mit 19...a4! 20.♘d2 a3 21.b3 h6 22.♗xh6 (22.♗f4 ♕c6!) 22...gxh6 23.h5 ♗d8 mit guten Chancen für Schwarz.

20.♗e2 a4 21.♘d2 ♗d8 22.h5 ♘f8

Noch stärker war 22...♗xg5! 23.♕xg5 h6 24.♕g3 ♘f8 usw.

23.♗f4 ♗f6 24.♗xe5 ♗xe5 25.♗f3 ♖ab8 26.♖df1 ♔h8 27.♗d5 ♗f6?

Bis jetzt hat sich Schwarz richtig verteidigt, aber dieser unvorsichtige Zug könnte ihn in große Schwierigkeiten bringen.

Es sollte 27...h6! geschehen; z.B. 28.♘f3 ♗f4+ 29.♔b1 ♗e3 und es ist alles in Ordnung.

(siehe nächstes Diagramm)

28.♕f3?

Schade, dass Weiß nicht einen besseren Weg fand. Nach der stärkeren Erwiderung 28.♘e4! hätte er viel bessere Chancen auf einen Vorteil gehabt; z.B. 28...♗e5 29.♘c5

(29.♘g5!? kommt auch in Frage.)

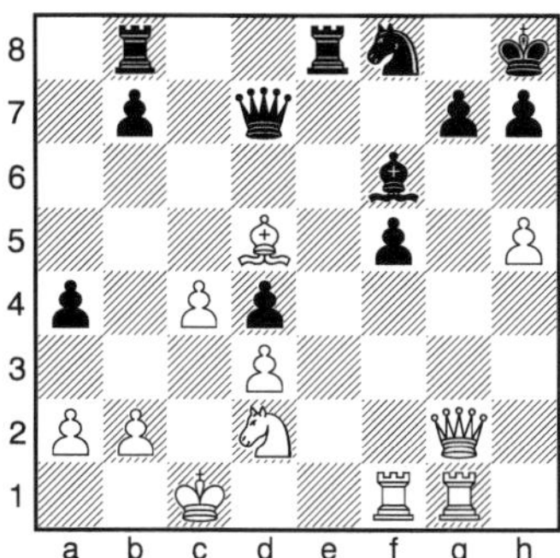

29...♕c8 30.♘xb7 mit Bauerneroberung.

28...♖e5 29.♘e4 ♕e7

Auf 29...fxe4? folgt allerdings 30.♕xf6!.

30.♘g3 a3 31.♘xf5

31.b3? geht nicht wegen 31...♗g5+ 32.♔b1 ♕b4 mit starkem Gegenspiel.

31...axb2+ 32.♔b1 1–0

In dieser scharfen Stellung gab sich Schwarz überraschend geschlagen. Wir meinen, viel zu früh. Er hätte nach 32...♕a3! mit der Absicht ♖b8-a8 gute Gegenchancen gehabt.

Partie Nr. 15
Karacsony – Duzs
Cseppko Aggtelek 1999

1.e4 e5 2.f4 d6 3.♘f3 exf4 4.d4 g5 5.h4

Die Fortsetzung 5.♗c4 haben wir im Kapitel 3 analysiert.

5...g4 6.♗xf4!?

Im Gambitstil. Weiß kann aber auch ohne Risiko um Vorteil kämpfen: 6.♘fd2 ♘f6 7.♘c3 d5 8.e5 ♕e7? (△8...♘h5!) 9.♘b3 a6 10.♕e2 ♘h5 11.♘xd5 ♕d8 12.♘f6+ ♘xf6 13.exf6+ ♗e6 14.♗xf4 und Weiß steht schon nach diesen wenigen Zügen auf Gewinn, wie in der Partie Wierzbicka-Ostrowska, Polen 2001.

6...gxf3 7.♕xf3 h5

Auf 7...♘f6 folgt 8.♗g5 oder 7...♘c6 8.c3 mit sehr kompliziertem Spiel.

8.♗c4 ♗e6

Mit dem Ziel, die Wirkung des weißfeldrigen Läufers zu neutralisieren.

9.♗xe6 fxe6 10.♗g5 ♕d7

Zu empfehlen war 10...♗e7!; z.B. 11.0-0 ♖h7 und es ist alles in Ordnung für Schwarz.

11.0-0 ♕g7 12.e5

12.d5! sieht stärker aus; z.B. 12...e5 13.♕b3 b6 14.♕c4 und Schwarz hat Probleme, seine Entwicklung zu beenden.

12...d5

Zu beachten war 12...♘c6!?.

13.c4 c6

13...♘c6!? ist noch spielbar.

14.♘c3 ♗e7 15.cxd5 ♗xg5 16.hxg5

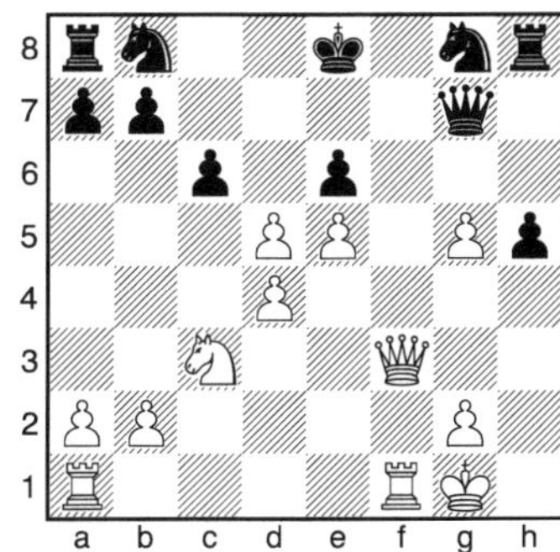

16...cxd5??

Das führt zum Verlust. Der weiße Springer sollte nicht nach b5 gelangen. Also war die einzige Erwiderung 16...exd5!.

17.♘b5 ♘c6 18.♘d6+ ♔d7 19.♕b3 ♘d8 20.♕b5+ ♔e7

20...♔c7 ändert den Lauf der Dinge nicht: 21.♖ac1+ ♘c6 22.♕xb7+ +−.

21.♕e8#

Partie Nr. 16
Spasski – David
Frankreich 1993

1.e4 e5 2.f4 ♕f6 3.♘c3 ♕xf4 4.d4 ♕h4+ 5.g3 ♕d8 6.dxe5 d6 7.♗f4 dxe5

7...♘c6 haben wir im Kapitel 4 analysiert.

8.♕xd8+ ♔xd8 9.0-0-0+ ♘d7 10.♗xe5 c6

Weiß steht besser, aber ohne Damen auf dem Brett ist es für Schwarz leichter, seine Stellung zu verteidigen.

11.♘f3 ♔e8 12.♗c7 ♗e7 13.♘d4 g6 14.♗c4 h5 15.e5 ♘c5 16.♗d6 ♘h6 17.b4 ♘e6

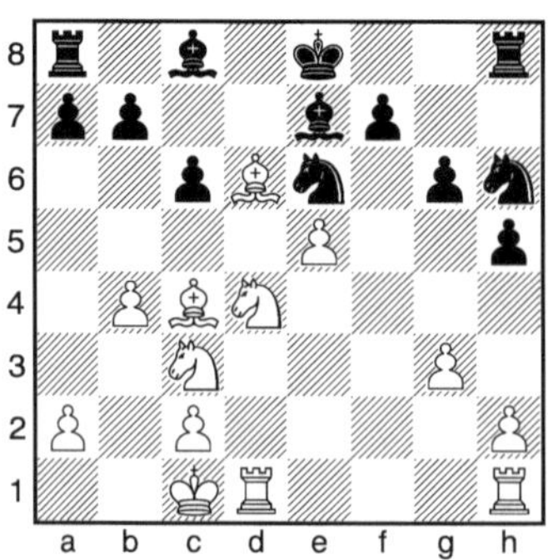

18.♘f3

Interessant war die Variante 18.♗xe6!? ♗xe6

(18...fxe6 19.♘e4 ♘f5 20.a3±)

19.♘xe6 fxe6 20.♘e4 ♘f5 21.♖d3 mit Vorteil.

18...♘f5 19.♖he1 ♘f8 20.♘e4 ♗e6 21.♘f6+ ♗xf6 22.exf6 ♘xd6 23.♖xd6 ♖d8 24.♖xd8+ ♔xd8 25.♗xe6 ♘xe6

Praktisch erzwungen, denn nach 25...fxe6 26.♘e5! wäre die schwarze Position sehr schlecht.

26.♘e5 ♔c7 27.♘xg6 fxg6 28.♖xe6 ♖h7 29.f7 ♖xf7 30.♖xg6 h4 31.♖g4 hxg3 32.hxg3 ♖f3 33.a4

Mehr Gewinnchancen versprach 33.♖g7+! ♔b6 34.g4 ♖g3 35.♔b2 usw.

33...♔b6 34.♖g5 a5! 35.b5

Das Endspiel nach 35.bxa5+ ♔a6 36.♔b2 c5 37.g4 ♖g3 wäre ausgeglichen.

35...♖a3 36.bxc6 ♔xc6 37.♖g4 ♔c5 38.♔b2 ♖f3 39.c3 b6 40.♔b3 ♖f1 41.♖f4 ♖g1 42.g4 ♖b1+ 43.♔c2 ♖g1 44.♔d3 ♖g3+ 45.♔d2 ♔d5 46.♔c2 ♖g1 47.♔b2 ♔c5 48.♔b3 ♖b1+ 49.♔a2 ♖g1 50.♔b2 ♔d5 51.♖f5+ ♔c4 52.♖f4+ ♔d5 53.♔c2 ♔c5 54.♔d3 ♖g3+ 55.♔e4

Ein Versuch, auf Gewinn zu spielen, doch Schwarz hat ausreichend Verteidigungschancen.

55...♖xc3 56.g5 ♖g3 57.♖f5+ ♔b4 58.♔f4 ♖g1 59.♖b5+ ♔xa4 60.♖xb6 ♔a3

Remis

Partie Nr. 17
Spasski – Pytel
Nizza 1974

1.e4 e5 2.f4 ♘f6 3.♘f3 exf4

3...♘xe4 haben wir im Kapitel 5 besprochen.

4.♘c3

Der beste Plan für Weiß. Nach 4.e5 ♘h5 5.d4 d5 entsteht eine unklare Stellung.

4...d5 5.exd5 ♘xd5 6.♗c4 ♗e6

Gut für Schwarz sieht 6...♘xc3!? 7.bxc3 ♗d6 aus.

7.♕e2 ♗e7 8.d4 c6 9.0-0 0-0

9...g5!? ist eine Alternative, die zu analysieren empfohlen werden kann.

10.♘xd5 cxd5 11.♗d3

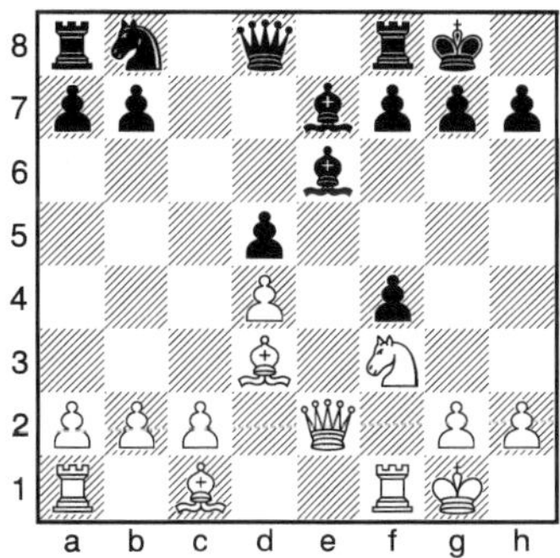

11...♘c6?

Der kritische Moment in der Partie. Schwarz gibt einfach seinen Bauern her.

Richtig war 11...♗d6! 12.♘e5 ♕b6 13.c3 ♘d7 14.♘xd7 ♗xd7 15.♗xf4 ♖ae8 16.♕c2 ♗xf4 17.♖xf4 g6 mit ausgeglichener Stellung. Nun aber übernimmt Weiß die Initiative.

12.♗xf4 ♘b4 13.♗b5 a6 14.♗a4 b5 15.♗b3 ♘c6 16.c3 b4 17.♖ae1 bxc3 18.bxc3 ♖a7 19.♕d3 ♗f6 20.♘e5 ♘xe5 21.♗xe5 ♗xe5 22.♖xe5 ♖e8?

Noch spielbar war 22...♕d6!?; z.B. 23.♕f3 ♖d7 und Weiß hätte die aktiver aufgestellten Kräfte gehabt. Ein forcierter Gewinn ist für ihn allerdings nicht zu sehen.

23.♕f3! g6 24.h3 ♔g7 25.♗xd5 ♗xd5 26.♖xd5

Weiß hat einen Bauern gewonnen und der Rest ist einfach.

26...♕h4 27.♖d6 ♖e1 28.♖xe1 ♕xe1+ 29.♔h2 ♕e7 30.♖c6 h5 31.♕f4 h4 32.d5 ♖d7

32...♖b7 33.♕d4+ ♔h7 34.♖f6+-

33.c4 a5 34.♕d4+ ♔h7 35.♖f6! ♔g8 36.d6 ♕e1 37.♖f3 ♕b4 38.♖d3

Schwarz gab auf.

Partie Nr. 18
Bronstein – Jussupow
Moskau 1981

1.e4 e5 2.f4 ♘f6 3.♘f3 ♘xe4 4.d3 ♘c5 5.fxe5 d5 6.d4 ♘e6 7.c4 ♗b4+

Zu 7...c6 – siehe Kapitel 5.

8.♗d2 ♗xd2+ 9.♕xd2 c6 10.♘c3 0-0 11.♖c1 ♘c7?

Planlos gespielt. Besser war 11...b6! Δ♗c8–a6.

12.cxd5 cxd5

12...♘xd5 13.♘xd5 ♕xd5 14.♗c4 ♕e4+ 15.♕e2 ♕xe2+ 16.♔xe2 und Weiß steht besser.

13.♗d3 ♗g4 14.♘g5! f5

Schnell verliert 14...h6? 15.♘h7 ♖e8 16.♘f6+! gxf6 17.♕xh6 f5 18.h3+-.

15.h3

Es geht auch 15.0-0!? und auf 15...h6 würde 16.♘xd5!! folgen: 16...♘xd5 17.♘e6 ♕e7 18.♘xf8 ♔xf8 19.h3 ♗h5 20.♖xf5+ +–.

15...♗h5 16.0-0 ♗g6

Auf 16...h6 gewinnt der Schlag 17.♘xd5!! ♘xd5 18.♘e6+–.

17.♘b5! ♘ba6

Keine Rettung gäbe es nach 17...♘xb5 wegen 18.♘e6! ♕b6 19.♘xf8 ♕xd4+ 20.♔h1 ♔xf8 21.♕g5! ♕xd3 22.♖c8+ ♔f7 (22...♗e8 23.♖xf5+ +–) 23.e6+! ♔xe6 24.♖e1+ ♕e4 (24...♔d6 25.♕e7#) 25.♖xe4+ fxe4 26.♖d8 ♘d6 27.♕f4 ♘f7 28.♖xb8+–.

18.♘d6 h6 19.♘f3 ♘e6 20.♔h1 ♖b8 21.♘g1 ♕g5 22.♕f2 ♘b4 23.♗b5! f4

23...♘xa2 24.♖a1 ♘b4 25.♖xa7 brächte Schwarz keine Erleichterung.

24.♘f3 ♕e7 25.♕d2 ♘a6 26.♗d3 ♗h5

26...♗xd3 27.♕xd3 ♘ac7 28.♕g6±

27.♗c2 ♘ac7 28.♕d3 g6 29.♗b3 ♔h8 30.♗a4 ♖g8 31.♕d2 ♖g7 32.♕f2 ♖f8 33.♖c3 g5 34.♖fc1 ♗g6 35.♗c2 ♘e8 36.♗xg6 ♖xg6 37.♕c2 ♖gg8 38.♘c8 ♕f7

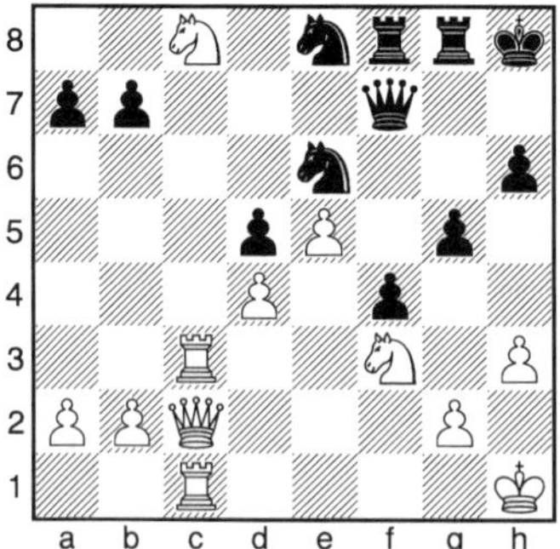

39.♕b3!

Der Damenzug verstärkt den Druck. Nach 39.♘xa7 g4 hätte Schwarz Gegenspiel am Königsflügel.

39...♘6g7 40.♘d6! ♘xd6 41.exd6 ♕e6 42.♕xb7 g4

42...♕xd6 43.♖c6+–

43.hxg4 ♕xg4 44.♘e5 ♕g5 45.♕e7!

Genau gespielt! Nach 45.♘f7+? ♖xf7 46.♕xf7 ♘f5 könnte Schwarz noch Widerstand leisten.

45...♖f6 46.♖c7 ♖e8 47.♘f7+ ♖xf7 48.♕xg5

Schwarz kapitulierte.

Partie Nr. 19
Stocek –Vokac
Prerov 2001

1.e4 e5 2.f4 ♕h4+ 3.g3 ♕e7 4.♘c3 exf4 5.d4 fxg3 6.♘f3

6.hxg3 haben wir im Kapitel 6 analysiert.

6...d6

Energischer und deshalb besser ist 6...d5!?.

7.♗g5 f6 8.♗f4 ♘c6 9.♕d3 ♕f7

Nach 9...♗g4 schlagen wir 10.0-0-0 vor.

10.0-0-0 ♘ge7 11.d5

11.♗xg3!? ist auch spielbar.

11...♘g6 12.hxg3 ♘ce5 13.♕b5+ c6

Oder 13...♕d7 (13...♔d8 14.♘d4±) 14.♗xe5 ♘xe5

(14...dxe5 15.♕b3 a6 16.♗h3 ♕d8 17.♗f5!±)

15.♘xe5 dxe5 (15...fxe5 16.♕e2±)

16.♕b3 a6 17.♗h3 ♕d8 18.♗e6! mit besseren Aussichten für Weiß.

14.dxc6 bxc6 15.♕a4 ♕b7 16.♗xe5 ♘xe5 17.♘xe5

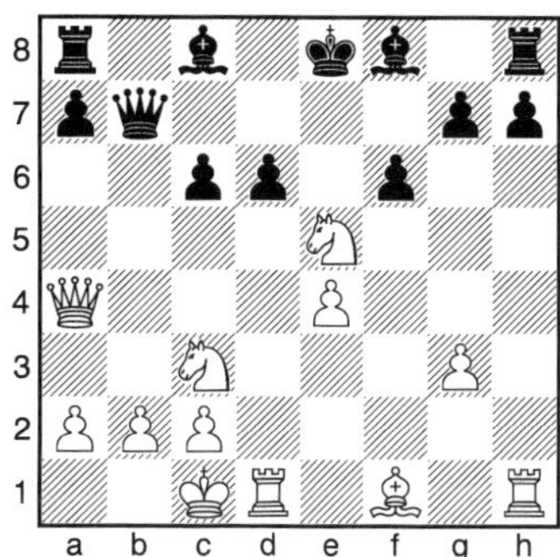

17...fxe5?

Ein dieser Stellung nicht angemessener Zug, der nur die Königsposition schwächt. Schwarz sollte besser mit 17...dxe5!? zurückschlagen.

18.♕c4 ♗d7

Auf 18...♗e7? würde 19.♖xh7! folgen.

19.♗h3 ♗xh3 20.♖xh3 0-0-0 21.g4 ♗e7 22.♘d5 ♗g5+ 23.♔b1 ♔d7 24.♖b3 ♕a8

Auf 24...♕c8 folgt 25.♕a4!.

25.♘b4 ♖hf8 26.♘a6 ♔e7 27.a4

27.♘c7!? ♕c8 28.♖b7 war einen Versuch wert.

27...♖d7

27...♔f6? 28.♖b8!+−

28.♘b4 ♖c8 29.♖c3 ♖dc7 30.♘a6 ♖d7 31.♘c5! d5

31...dxc5 32.♖xd7+ ♔xd7 33.♕f7+ ♗e7 34.♖d3+ ♔c7 35.♕xe7+ +−

32.♕f1

32.♕b4!? ♖d6 (32...a5 33.♕a3+−) 33.♘b7 c5 34.♘xd6 hätte auch zum Gewinn geführt.

32...♖f8 33.♖f3

33.♕h1!? ♖d6 34.♕xh7 wäre auch nicht schlecht.

33...♖d6 34.♖f5 ♗f4 35.♕h1 ♖xf5 36.gxf5 h6 37.♘e6 ♖xe6

Schwarz muss die Qualität geben, um das Spiel zu verlängern.

38.fxe6 ♔xe6 39.♕h3+ ♔d6 40.♕g2 ♕g8 41.♕g6+ ♔c7 42.exd5 cxd5 43.♖d3 d4 44.♖b3 ♕d5 45.♕xg7+ ♔d6 46.♕xa7 ♔e6 47.♕b6+ ♔f5 48.a5 ♔g4 49.a6 e4 50.a7 e3

50...d3 51.cxd3 e3 52.♕b7 ♕xb7 53.♖xb7 e2 54.♖e7+−

51.♕a6 ♕a8 52.♖b8! ♕h1+ 53.♔a2 ♕d5+ 54.b3 d3 55.a8♕ ♕xa8 56.♖xa8 e2 57.♖e8

Schwarz gab auf.

Partie Nr. 20
Shabalov – Ippolito
New York 2000

1.e4 e5 2.f4 ♕h4+ 3.g3 ♕e7 4.fxe5 d6 5.♘c3 dxe5 6.♘f3 c6

Zu 6...♘f6 – siehe Kapitel 6.

7.♗c4

Weiß hat seinen Gegner in der Entwicklung überholt und steht schon etwas besser.

7...♗g4 8.h3 ♗e6

Nach 8...♗xf3 9.♕xf3 ♘d7 10.d3 ♘gf6 11.♗e3 hätte Weiß mit seinem Läuferpaar bessere Aussichten. Deshalb will auch Schwarz seine beiden Läufer behalten.

9.♗b3 ♘d7 10.d3 ♘c5 11.♗e3 ♕c7 12.♕e2 ♘f6 13.0-0-0 ♘xb3+ 14.axb3 ♗b4 15.♘g5

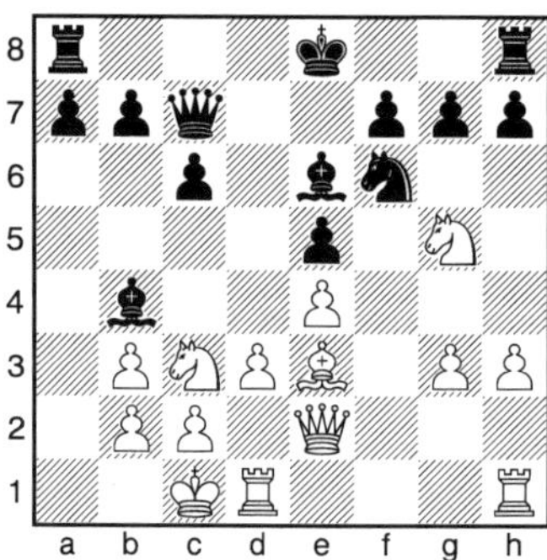

15...♕a5?

Gewiss war Schwarz nicht bewusst, wie schwach seine Stellung wird. Jedenfalls hätte er das Schlagen auf e6 nicht zulassen und 15...♗d7 spielen sollen.

16.♘xe6 fxe6 17.♘b1 ♕a1 18.d4! 0-0-0 19.♕c4 exd4 20.♖xd4 ♖xd4 21.♗xd4 e5 22.♗xe5 ♗d2+ 23.♔xd2 ♕a5+ 24.♗c3 ♕g5+ 25.♔d1 ♖d8+ 26.♘d2 ♕xg3 27.♔c1 ♕g2 28.♕f1

Schwarz gab auf.

Partie Nr. 21
Rajetzki – Vianin
Leukerbad 2011

1.e4 e5 2.f4 ♘c6 3.♘f3 f5 4.♘c3

Andere Möglichkeiten wurden im Kapitel 7 besprochen.

4...fxe4 5.♘xe5 ♘f6 6.d4 d6

6...♗b4!? kommt in Frage.

7.♘xc6 bxc6 8.♗e2 d5 9.0-0 ♗d6 10.♗e3 0-0 11.♘a4 ♖b8 12.a3 ♕e8

Auf 12...♗f5 wäre 13.h3 nebst g2–g4 stark.

13.f5

Es gibt keine Zeit, um auf dem anderen Flügel etwas zu unternehmen. Nach 13.b4 ist 13...♕g6 stark.

13...c5 14.♘xc5?!

Die erwartete Reaktion, jedoch nicht die beste.

Viel mehr versprach 14.dxc5! ♗xh2+ (14...♕xa4 15.cxd6 ♖xb2 16.♗d4 und jetzt geht nicht 16...♖xc2? wegen 17.♖c1+–.)

15.♔xh2 ♕xa4 16.♗d4 mit guten Aussichten.

14...♖xb2 15.♖b1 ♖b6 16.c4 c6 17.♕c2 ♕e7 18.a4 ♕c7

Viel energischer war 18...♘e8! 19.g4 ♕h4 20.♖f2 ♘f6 mit schwarzem Vorteil.

19.h3 ♖xb1 20.♕xb1 ♗d7 21.♕c2 ♕c8 22.g4 ♕c7 23.♔g2 h6 24.♕d2 ♘e8 25.♖b1 ♗c8 26.a5

Weiß übersah hier die einfache Lösung mit 26.cxd5! cxd5 27.♕a2 ♘f6 (27...♕c6 28.♗b5 ♕a8 29.♘xe4+–)

28.♘xe4 ♘xe4 29.♕xd5+ ♔h8 30.♕xe4 ♗d7 31.♖c1 ♕a5 32.d5 ♖e8 33.♕d4+–.

26...♗h2 27.♔h1 ♗d6 28.♔g2 ♔h8 29.♖f1?

Der Anfang des falschen Planes. Dagegen stünde Weiß nach 29.cxd5! cxd5 30.♖c1 klar besser.

29...♘f6 30.h4 dxc4 31.♘e6 ♗xe6

32.fxe6 ♘d5?

Schwarz nutzt die sich bietende Chance nicht. Nach der richtigen Fortsetzung 32...♕e7! 33.♗xc4 (33.g5 ♘d5!) 33...♘xg4–+ wäre er klar im Vorteil.

33.♖xf8+ ♗xf8 34.♗xc4 ♕e7 35.♕f2 ♔g8 36.♗xd5 cxd5 37.♕f5 ♕f6??

Das verliert forciert. Mehr Widerstand erlauben würde 37...♕xh4! 38.♕f7+ ♔h7 39.♕xf8 ♕xg4+ 40.♔f2 ♕xe6 usw.

38.♕xf6 gxf6 39.a6 h5 40.gxh5 ♗d6 41.h6 f5

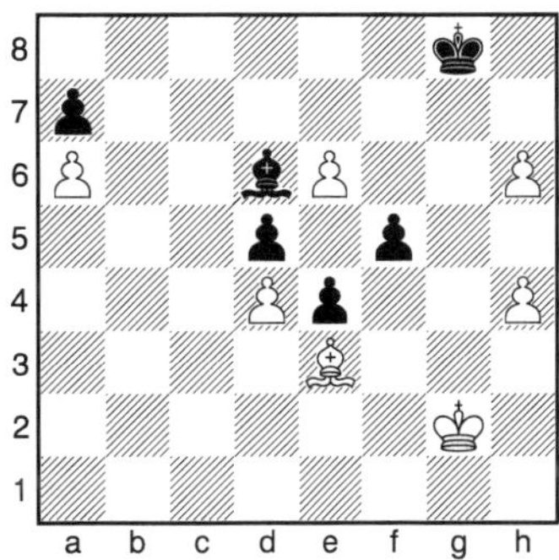

42.♗f4!

Ein entscheidender Zug.

42...♗b4

42...♗xf4 43.e7 ♔f7 44.h7+–

43.♗g5 ♗c3 44.h7+!

1–0 wegen 44...♔xh7 45.e7+–.

Partie Nr. 22

B. Grabarczyk – I. Sokolov

Panormo 2001

1.e4 e5 2.f4 exf4 3.♗c4 ♘e7 4.♘c3 c6 5.♕f3

Zu 5.♘f3 – siehe Kapitel 8.

5...g5!?

Ein üblicher Zug, wenn Schwarz seinen Bauern verteidigen möchte. Nach 5...♘g6 6.d4 ♗b4 7.♘ge2 steht Weiß besser.

6.d4 ♘g6 7.♘ge2 h6

Logisch sah 7...d6!? aus, um die Entwicklung fortzusetzen.

8.g3

Nach der Partie wurde der energischere Ansatz 8.h4! mit guten Chancen für Weiß vorgeschlagen.

8...g4 9.♕d3 b5! 10.♗b3 b4 11.♘d1 ♗a6 12.♕d2 f3 13.♘f4 d5?

Ungenau gespielt. Beachtung verdiente 13...♕e7!? oder 13...h5!?.

14.exd5 ♗d6 15.♘h5 0-0 16.♔f2

Auf keinen Fall 16.♕xh6?? ♖e8+ 17.♗e3 ♗f8–+.

16...♖e8

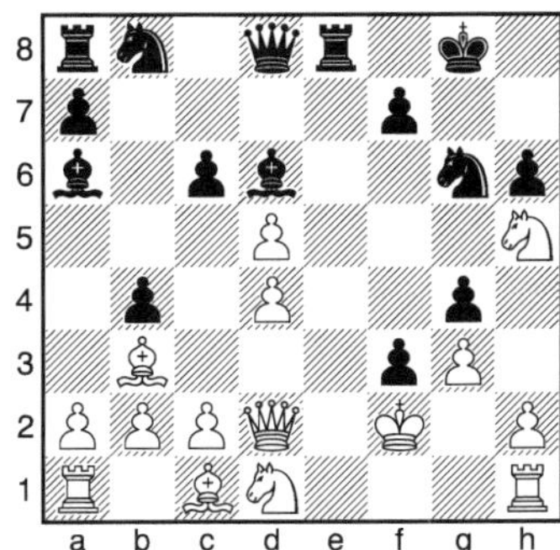

17.♖e1?

Falsch! Richtig war 17.♘e3! ♕g5 18.♘xg4 ♕xd2+ (18...♖e2+ 19.♕xe2+–) 19.♗xd2 ♖e2+ 20.♔xf3 ♖xd2 21.♘hf6+ ♔f8 22.♘e4 ♗e2+ 23.♔e3 ♗xg4 24.♔xd2 ♗c7 25.d6 ♗b6 26.♖hf1+–.

17...♖e2+!

Das hat Weiß übersehen.

18.♖xe2 fxe2 19.♘e3

Noch zu versuchen war 19.dxc6! ♕g5 (19...♘xc6? 20.♕xh6+–; 19...exd1♕ 20.♕xd1±)

20.♕xg5 exd1♘+ 21.♔e1 hxg5 22.d5 usw.

19...♕g5 20.♘xg4 ♕f5+ 21.♘f4 ♕xg4 22.♘xg6 ♕xg6 23.♕xh6 ♗xg3+!

1–0 wegen 24.hxg3 e1♕+ 25.♔xe1 ♕xg3+ 26.♔d2 ♕f2+ 27.♔d1 ♕e2#.

Partie Nr. 23
Ansel – Corkum
Fernpartie ICCF 2020

1.e4 e5 2.f4 exf4 3.♗c4 ♘c6 4.d4 ♘f6 5.♘c3 ♗b4 6.♘ge2 f3 7.gxf3 d5 8.exd5 ♘xd5 9.0-0 ♘xc3 10.bxc3 ♗d6 11.♘g3 0-0 12.♘e4 ♗e7 13.♔h1

An dieser Stelle haben wir im Theorieteil mit der Einschätzung des Stellungsausgleichs die Betrachtung abgeschlossen.

13...♘a5 14.♗d3

(siehe nächstes Diagramm)

14...f5

14...b6 15.♖g1 f5

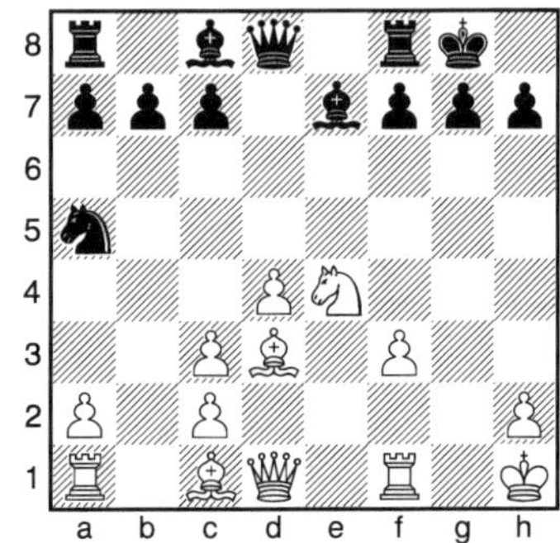

A) 16.♘g5 ♕d5 17.♗f4 h6 18.♘e4 ♗b7

(Schwarz scheut zu Recht die Konsequenzen von 18...fxe4 19.♗xe4 ♕e6 20.♗e5 g5 21.♗xa8, denn nach 21...c6 22.♕e2= ist seine Hoffnung auf einen für ihn vorteilhaften Eröffnungsausgang dahin.)

19.♘d2 ♖f6 20.♕e1 ♗d6=, Meißen-Patzer, BdF FPart 2013

B) 16.♗h6 ♖f7 17.♕e2 ♗b7 18.♕g2 g6 19.♘g5 ♗xg5 20.♗xg5=, Caire-Bukharin, FICGS FPart 2015. Dass Schwarz die Partie im 46. Zug verlor, lag an späteren unglücklichen Entscheidungen.

15.♘g3 ♗d6

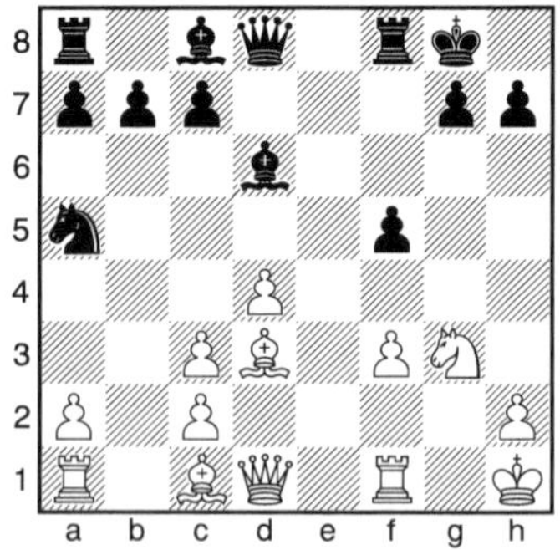

16.♖g1

Zu erwägen war auch die Alternative 16.♕e2 Δ♕e2-g2 (16.♕d2!?). Diese Fortsetzung wurde in der Fernpartie Eberl–Geissler, ICCF 2009, getestet: 16...b6 17.♕g2 ♖f7 18.♖g1 g6 19.♗d2 ♗e6.

(19...c5!? war eine überlegenswerte Alternative.)

Hier nun spielte Weiß 20.♘e2 Δ♘e2-f4 und im Anschluss entwickelte sich die Partie unspektakulär ins Remis mit dem 33. Zug auf Angebot von Schwarz.

(20.♖ae1= hätte das Chancenverhältnis ebenfalls in der Waage gehalten.)

16...♖f7

16...♕h4 17.♕e2=

17.♕e2

17.♕f1 c5 18.♕h3 ♔h8 19.♘h5 f4 20.♕g2 ♕h4 21.♕g5 ♕xg5 22.♖xg5 b6 23.dxc5 ♗xc5 24.♗e4 ♗b7 25.♗xb7 ♘xb7 26.♗xf4=, Evans–Yarmolyuk, LSS FPart 2018

17...g6 18.♗d2 b6 19.♖ae1

19.c4 c5 20.d5 ♕h4=

19...♕h4 20.♕g2

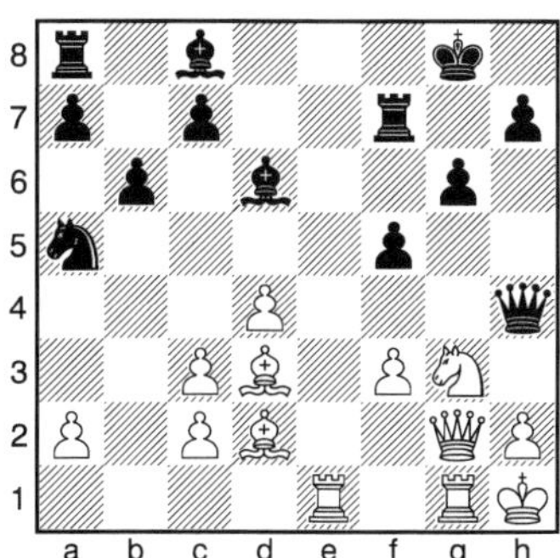

20...♗b7

Die Stellung ist völlig ausgeglichen. Trotz seiner zergliederten Bauernstellung steht Weiß kompakt. Zudem sind alle seine Figuren in den Angriff eingebunden.

21.♖ef1 ♖af8

21...♗xg3 22.♕xg3 ♕xg3 23.hxg3=

22.♘e2 f4 23.c4 ♘c6 24.♗e4 ♘d8 25.♘c3 ♗xe4 26.♘xe4 ♘e6 27.♗e1 ♕h6

27...♕h5 kann ebenfalls mit 28.♗f2= beantwortet werden.

28.♗f2 ♗e7

28...♘g7 29.♕g5=

29.♖d1 ♘g7 30.♖d3 ♘f5 31.♕g4 ♘e3 32.♗xe3 fxe3 33.♕e6 ♔h8 34.♖e1 ♗f6 35.♘xf6

Jedoch nicht 35.♖exe3 ♖e7 36.♕g4 ♗xd4∓.

35...♖xf6 36.♕xe3 ♕h3 37.♕e5 ♔g8 38.♔g1 ♖f5 39.♕g3 ♕xg3+ 40.hxg3

Das entstandene Turmendspiel ist nicht zu gewinnen.

40...♖xf3 41.d5 ♖f2 42.c5 bxc5 43.♖c3 ♖d2 44.♖xc5 ♖ff2 ½-½

Partie Nr. 24
Anderssen – Kieseritzky
London1851

1.e4 e5 2.f4 exf4 3.♗c4 ♕h4+ 4.♔f1 b5

Die Idee dieses Zuges besteht darin, den aktiven Läufer von der Schräge a2–g8 abzulenken. Später plant Schwarz, mittels c7–c6 und d7–d5 einen Gegenangriff im Zentrum vorzubereiten. Auch der ♗c8 soll nach Bedarf über b7 ins Spiel kommen können.

Andere Züge haben wir im Kapitel 8 erörtert.

5.♗xb5

Der Läufer kann natürlich auch mit 5.♗b3 auf der Diagonale a2–g8 bleiben.

5...♘f6 6.♘f3

Ein schönes anderes Beispiel aus Kieseritzkys Praxis: 6.♘c3 ♘g4 7.♘h3 ♘c6 8.♘d5 ♘d4 9.♘xc7+ ♔d8 10.♘xa8 f3 11.d3 f6 12.♗c4 d5 13.♗xd5 ♗d6 14.♕e1

(14.c3 fxg2+ 15.♔xg2 ♕xh3+! 16.♔xh3 ♘e3+ 17.♔h4 ♘g2+ 18.♔h5 g6+ 19.♔h6 ♗f8#)

14...fxg2+ 15.♔xg2 ♕xh3+! 16.♔xh3 ♘e3+ 17.♔h4 ♘f3+ 18.♔h5 ♗g4#, Schulten–Kieseritzky, Paris 1844.

6...♕h6 7.d3

Im Duell Short–Kasparow, London 1993, wählte Weiß einen anderen Plan: 7.♘c3!? mit der Folge 7...g5 8.d4 ♗b7 9.h4 ♖g8? (9...g4!?) 10.♔g1 gxh4 11.♖xh4 ♕g6 12.♕e2 ♘xe4 13.♖xf4 f5 14.♘h4 ♕g3 15.♘xe4 und Schwarz gab sich geschlagen.

7...♘h5

Schwarz möchte damit den Gambitbauern behaupten.

8.♘h4

Spätere Analysen zeigten, dass 8.♖g1!? Δg2–g4 besser ist.

8...♕g5 9.♘f5 c6

Es wurde hier später auch 9...g6!? gespielt; z.B. 10.h4 ♕f6 11.♘c3 c6 12.♗a4 ♘a6 mit kompliziertem Spiel.

10.g4!?

Riskant, aber das ist die Konsequenz des weißen Planes. In diesem Hurra–Stil wurde damals gespielt.

10...♘f6

Auch hier hätte Schwarz 10...g6!? spielen können.

11.♖g1!?

Ein weit berechnetes Figurenopfer.

11...cxb5?

Schwarz war nicht gezwungen, den Läufer zu schlagen. Spätere Analysen ergaben, dass er 11...h5! hätte spielen sollen; z.B. 12.h4 ♕g6 13.g5

(13.gxh5 ♕xh5 14.♕xh5 ♖xh5 15.♗a4 g6 16.♘d4 ♗c5 17.c3 ♖xh4∓)

13...♘g4 14.♗a4 d5 mit guten Perspektiven.

12.h4 ♕g6 13.h5 ♕g5 14.♕f3!

Es droht 15.♗xf4!.

14...♘g8

Nach 14...♘xg4 15.♖xg4 ♕xh5 16.♘c3 b4 17.♘b5 wäre die schwarze Stellung nicht leicht zu verteidigen.

15.♗xf4 ♕f6 16.♘c3

Weiß entwickelt weiter seine Figuren zum entscheidenden Kampf.

16...♗c5 17.♘d5!?

Ohne jedes Risiko hätte Anderssen hier mit 17.d4! einen entscheidenden Vorteil erreichen können.

17...♕xb2

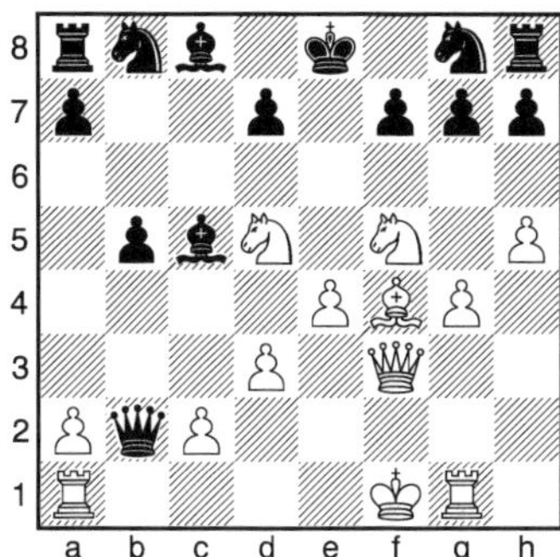

18.♗d6!

Ein beinahe genialer Zug, der die geistvolle Angriffsführung Anderssens demonstriert.

18...♗xg1??

Schwarz durfte den Turm nicht schlagen. Wie spätere Analysen bewiesen, hätte er nur mit 18...♕xa1+! selbst auf Gewinn spielen können; z.B. 19.♔e2 ♕b2! (19...♗xg1? 20.e5+–) 20.♔d2 ♗xg1 21.e5 ♗a6 22.♘c7+

(Nach 22.♘xg7+ ♔d8 23.♕xf7 ♘h6 24.♕f6+ ♔c8 ist nicht zu sehen, wie Weiß weiter angreifen sollte.)

22...♔d8 23.♕xa8 ♗b6 24.♕xb8+ ♗c8 25.♘d5 ♗a5+ und Schwarz geht zur Gegenoffensive über.

19.e5! ♕xa1+ 20.♔e2 ♘a6 21.♘xg7+ ♔d8 22.♕f6+!!

Eine schöne Pointe!

22...♘xf6 23.♗e7#

Partie Nr. 25

Iwantschuk – Karjakin

Jurmala 2015

1.e4 e5 2.f4 exf4 3.♗c4 ♕h4+ 4.♔f1 d6 5.♘c3

Andere Züge haben wir im Kapitel 8 erörtert.

5...♗e6 6.♗b3 ♘d7

In der Partie Sadzikowski–Piorun, Warschau 2017, wählte Schwarz einen anderen Plan: 6...♘f6 7.♘f3 ♕h6 8.d4 ♗e7 9.♔g1 0-0 10.g3 ♘h5 11.♘d5 ♗xd5 12.♗xd5 c6 13.♗c4 ♕g6 14.♔g2 fxg3 15.h3 ♘d7 16.♖f1 ♘hf6 17.♗d3 ♕h5 18.♗e2 ♕g6 19.♗d3 ♕h5 20.♗e2 ♕g6 21.♗d3 und hier einigte man sich auf ein Remis.

7.d4 g5

Ein natürlicher Zug – Schwarz verteidigt seinen f–Bauern und nach g5-g4 werden seine Figuren mehr Raum für eine Aktion am Königsflügel haben.

– Nach 7...♘gf6 kann 8.♕f3 folgen; z.B. 8...♘h5

(Zu beachten ist 8...g5!?.)

9.g3 fxg3 10.♔g2 ♘hf6 11.hxg3

(11.♗xe6 fxe6 12.hxg3 ♕g4 13.♘b5 0-0-0! 14.♕xg4 ♘xg4 15.♘xa7+ ♔b8 16.♘b5 c6 17.♘c3 ♗e7∞)

11...♕g4 12.♕d3

(12.♘b5? 0-0-0! 13.♘xa7+ ♔b8 14.♕xg4 ♗xg4 15.♘b5 ♘xe4∓)

12...♗e7 13.♘h3 ♗xb3 14.axb3 ♘b6 15.♖a5 ♕d7 16.♕f3 ♕g4 17.♕d3 c5 18.♗g5 ♘bd7 19.♖f1 h6 20.♗xf6 ♗xf6 21.♘d5 ♗d8 22.♘e3 mit Remis–

schluss, Munoz-Jedinger, ICCF FPart 2017.

– Interessant ist 7...0-0-0 8.♘f3 ♕f6 usw.

8.♘f3 ♕h5 9.h4

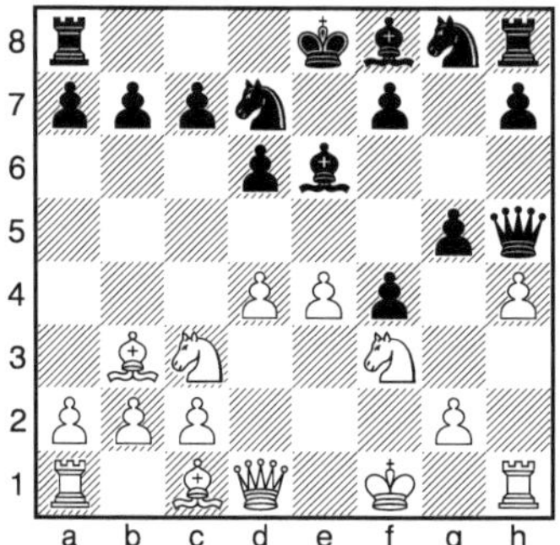

9...h6?

Eine falsche Idee und die Ursache für die folgenden Probleme. Schwarz sollte so schnell wie möglich seine Figuren ins Spiel bringen. In Frage kamen gleich zwei gute Züge.

– 9...♗g7! 10.♔g1 g4 11.♘g5 ♗xb3 12.axb3 ♘e7 13.♘e2 f3 14.♘f4 ♕h6∞

– 9...♘gf6! 10.♘xg5 ♕xd1+ 11.♘xd1 ♗xb3 12.axb3 ♗g7∞

10.♔g1!

Es droht stark 11.hxg5!.

10...g4 11.♘e1 ♗xb3 12.axb3 ♘gf6 13.♘d3 g3 14.♕f3!

Der Abtausch der Damen erleichtert Weiß die Realisierung seines Vorteils.

14...♕xf3 15.gxf3 ♘b8 16.♘e2 ♘c6 17.c3 ♖g8 18.♔g2 d5 19.e5 ♘h5 20.♘exf4

Der weiße Vorteil ist offensichtlich.

20...♘xf4+ 21.♘xf4 0-0-0 22.♘h5 b6 23.♘f6 ♖h8 24.h5 ♔b7 25.♔xg3 ♘a5 26.b4 ♘b3 27.♖b1 a5 28.bxa5 bxa5 29.♗e3 ♔c6 30.♔f2 a4 31.♔e2 ♘a5 32.♖a1 ♘c4 33.♖xa4 ♘xb2 34.♖a6+ ♔b7 35.♖ha1 ♘c4 36.♔d3 ♘b6 37.♗f4 ♖c8 38.♘g4 ♗g7 39.♘e3 ♗f8 40.♖a7+ ♔c6 41.♖1a6 ♔b5 42.♘xd5 ♖g8 43.c4+ ♘xc4 44.♘c3+

Schwarz gab auf.

Partie Nr. 26
J. Polgar – Topalow
Mexiko-City 2010

1.e4 e5 2.f4 exf4 3.♗c4 d5 4.exd5 ♕h4+ 5.♔f1 ♗d6 6.♘f3 ♕h5!?

6...♕h6 wurde im Kapitel 8 besprochen.

7.♘c3 ♘e7 8.d4 0-0

Der König hat einen sicheren Platz gefunden. Eine starke Alternative ist 8...♗f5!?, was in einigen Partien mit Erfolg gespielt wurde.

9.♔f2 ♘d7 10.♖e1 ♘b6 11.♗b3 ♘exd5 12.♘xd5 ♘xd5 13.c4 ♘e3!

Die einzige Antwort, denn alle anderen Springerrückzüge scheitern an 14.c5.

14.♗xe3 fxe3+ 15.♖xe3 ♗f5

15...c5! 16.♖e1 ♗g4 17.h3 ♗xf3 18.♕xf3 ♕h4+ 19.g3 ♕xd4+ 20.♔f1 ♕xb2 21.♖ad1 ♖ad8∓, J. Fernandez-Nemec, LSS FPart 2011

16.c5 ♗f4 17.♖e7 ♗g4 18.♖e4 ♕f5 19.♗c2

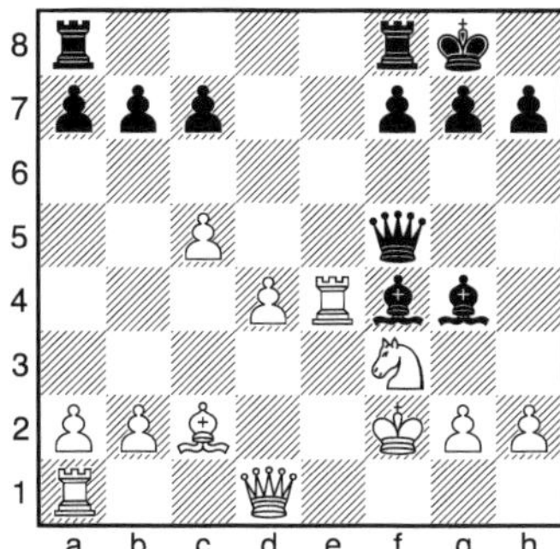

19...♗h5?

Der Läufer will nach g6, aber das funktioniert in dieser Stellung nicht. Der Textzug führt zum Figurenverlust. Richtig war 19...♖ad8!.

20.♖e5 ♗xf3

20...♕g4 21.♗f5+–

21.♔xf3! ♕f6 22.♖f5

Jetzt geht der Läufer verloren.

22...♕h6 23.♖xf4 ♖ae8 24.♕d3 f5 25.h4 ♖e4 26.♕d2 ♖e7 27.♖e1

Schwarz kapitulierte.

Partie Nr. 27
Macieja – Karpow
Warschau 2003

1.e4 e5 2.f4 exf4 3.♘c3 ♕h4+ 4.♔e2 c6 5.♘f3 ♕h5 6.d4 d5!?

Die Idee mit dem Plan 6...g5 haben wir im Kapitel 9 analysiert.

7.♗xf4 dxe4 8.♘xe4 ♕g6

Gefährlich für Schwarz wäre 8...♕b5+ 9.♔f2 ♕xb2 wegen 10.♗c4 ♕b6 11.♖e1 ♗e6 12.♘eg5+–.

9.♔e3 ♘h6 10.♗xh6

Eine Ungenauigkeit. Stärker war 10.♗d3! ♕xg2 11.♗xh6 gxh6 12.♗f1 ♕g6 (12...♕xh1 13.♘g3+–) 13.♘e5 ♕e6 14.♖g1 mit weißem Vorteil.

10...♕xh6+ 11.♔f2 ♗e7 12.♗c4 0-0 13.♕c1 ♕g6

Die Dame muss auf dem Brett gehalten werden, weil nach 13...♕xc1 14.♖axc1 Weiß dank seiner besseren Entwicklung besser steht.

14.♕f4 ♘d7 15.♖ae1 ♘b6 16.♗d3 ♘d5 17.♕d2 ♗f5 18.♘e5 ♕e6 19.♖hf1 ♗xe4 20.♖xe4 ♕d6 21.♔g1

Es ist Weiß gelungen, die Entwicklungsprobleme zu lösen und eine aktive Stellung aufzubauen.

21...♖ad8 22.c3

Weiß steht etwas besser, aber die schwarze Lage ist stabil.

22...c5!

Ein starker Zug: Schwarz kämpft um die Initiative.

23.♘c4

Warum hat der Springer seine so starke Position im Zentrum verlassen?

23.♕e2!? sieht gut aus.

23...♕c7 24.♔h1 cxd4 25.♖xd4 ♘b6 26.♘xb6 ♕xb6 27.♖xd8 ♕xd8 28.♕c2 g6 29.♗c4 ♕c7 30.♕b3 ♗d6

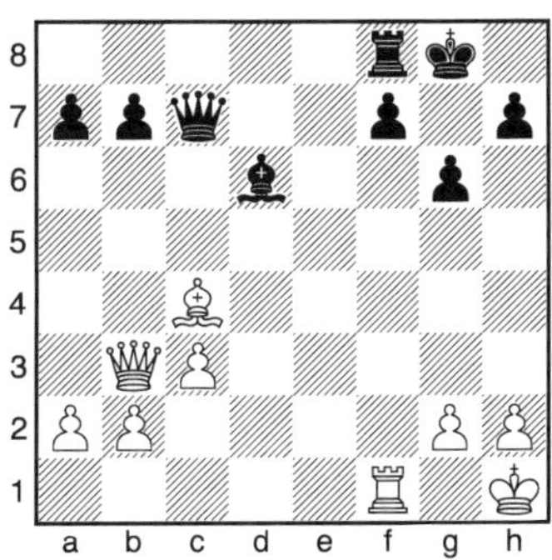

31.h3?

Ein kritischer Moment in der Partie. Weiß macht einen echten Fehler und schwächt die Diagonale h2–b8. Es sollte 31.g3 geschehen.

31...♔g7 32.♗d5 b6 33.c4 ♗e5 34.♕c2 a5 35.b3 f6 36.♕e2 ♖e8 37.♕g4 ♖e7 38.♕d1 ♕c5 39.♕d2 ♗c7 40.g4??

Das verliert forciert. Noch zu versuchen wäre 40.♖f3 ♕d6 41.g3 usw.

40...♕d6 41.♖f2 ♕g3 42.♕d4 ♖e1+ 1–0

Eine theoretisch wichtige Partie!

Partie Nr. 28
Bauer – Bacrot
Enghien les Bains 1999

1.e4 e5 2.f4 exf4 3.♘c3 ♕h4+ 4.♔e2 ♕e7!?

Diese überraschende Fortsetzung stellt Weiß vor ein großes Problem. Andere Züge haben wir im Kapitel 9 analysiert.

5.d4

Ein typischer Plan: Weiß baut ein starkes Bauernzentrum auf. Jedoch ist in dieser Stellung diese Maßnahme nicht gut, wie der weitere Verlauf der Partie zeigt. Deshalb kam 5.d3!? in Frage.

5...♘f6 6.e5 d6 7.♘f3

Oder 7.♗xf4 dxe5 8.dxe5 ♘c6 mit schwarzem Vorteil.

7...dxe5 8.dxe5 g5! 9.♔e1

9.♔f2 ist noch schlechter für Weiß wegen 9...♘g4+.

9...g4 10.♗xf4

Ein Figurenopfer: Weiß geht aufs Ganze.

10...gxf3 11.♕xf3 c6!

Dies ist gegen ♘c3–d5 gerichtet.

12.♗c4

12.♗e2 ♘d5 13.♘xd5 cxd5 14.♕xd5 ♘c6–+

12...♗g7 13.♔d2 ♘g4

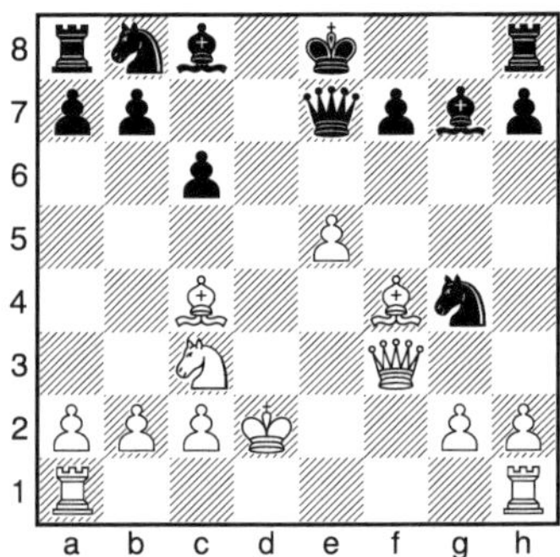

14.♖ae1

Weiß hat eine Figur weniger und keine Kompensation dafür, aber Schwarz muss noch aufpassen.

14...♗e6!

Aber nicht 14...0-0? wegen 15.e6!.

15.♗xe6 ♕xe6 16.h3 ♘h6 17.♘e4 0-0 18.♔c1

18.♘f6+ ♔h8 19.♕d3 ♕f5–+

18...♘d7 19.♘g5 ♕g6 20.e6 ♘b6 21.h4 ♘d5 22.♗d6 ♖fd8 23.♗a3 ♖e8 24.♖h3 f6 25.♖g3

25.♘e4 ♕g4–+

25...fxg5 26.♖xg5 ♕f6 27.♕g3 ♔h8 28.c4 ♕f4+

Weiß gab auf.

Partie Nr. 29
Izmukhambetov – Ganguly
Kalkutta 2001

1.e4 e5 2.f4 exf4 3.♘c3 ♕h4+ 4.♔e2 d5 5.♘xd5 ♗d6 6.♘f3 ♗g4 7.d4 ♘f6 8.♘xf6+ gxf6 9.c3 ♘c6 10.♔d3

Andere Möglichkeiten haben wir im Kapitel 9 besprochen.

10...♕h5

10...♕h6 11.♔c2 0-0-0 12.♗d3⩲

11.♔c2 0-0-0 12.♗e2 ♖hg8 13.♕f1 ♕g6

13...♕a5!? ist auch eine prüfenswerte Idee.

14.♗d3 ♗h5 15.♘h4

Mit dem Ziel, den Bauern g2 zu verteidigen und den Vorstoß f5 zu blockieren.

15.♖g1 ♕g4 16.♕f2 ♔b8 17.♗d2⩲ kommt auch in Frage.

15...♕g4 16.♕f2

16.e5!? ♕xh4 17.exd6 ♖xd6 18.♗xf4± war auch nicht schlecht.

16...♗e5!?

In einer schwierigen Situation startet Schwarz eine interessante Aktion gegen das weiße Bauernzentrum.

17.d5!?

Die Annahme des Opfers führt zu Verwicklungen, die wegen der Aktivität des Schwarzen auf der offenen d-Linie schwer zu beurteilen sind. Eine Beispielvariante: 17.dxe5 ♘xe5 18.♗b5 a6 19.h3 ♕e6 20.♗e2 ♕c6 21.♗f3 ♖g3 22.♘f5 ♕b5 23.♘xg3 ♕d3+ 24.♔b3 ♕b5+ mit Dauerschach.

17...♘e7 18.♖e1

Um den Vorstoß f5 zu verhindern. Spielbar war aber auch 18.♗d2!? mit der möglichen Folge 18...f5

(18...♔b8 19.♖ae1 nebst ♖hf1 mit weißem Vorteil.)

19.♖ae1 fxe4 20.♖xe4 ♖xd5 21.♗xf4±.

18...♕g5 19.♗d2 c6 20.c4 ♔b8 21.♖f1 ♖c8 22.d6!? ♗xd6 23.♗xf4 ♗xf4 24.♕xf4+ ♔a8 25.♕xf6 ♕c5 26.a3 ♖cd8 27.♖ae1 ♖d7 28.b4

Ein riskanter Plan, weil Weiß damit die Position des eigenen Königs schwächt. Zu überlegen war, zwecks Befestigung des Springers erst 28.g3!? zu spielen.

28...♕b6 29.c5 ♕d8 30.♖e3 a5

Schwarz möchte die weiße Königsstellung öffnen, um einen Angriff einzuleiten.

31.g3 ♗g4 32.♕c3 f5 33.♗c4 fxe4!?

Eine riskante Entscheidung, aber was sollte Schwarz spielen?

34.♗xg8 ♕xg8

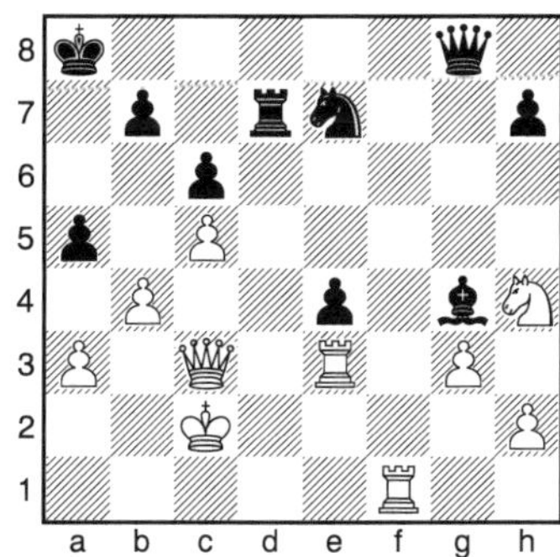

35.♕b3?!

Zum weißen Vorteil führte 35.♖xe4!

♕a2+ 36.♔c1 ♗e2 37.♖xe7 ♖d3 (37...♖xe7 38.♖f8+ ♔a7 39.b5+–) 38.♕b2 ♕xb2+ 39.♔xb2 ♗xf1 40.♖xh7 ♖d2+ 41.♔c3 ♖xh2 42.♖e7 mit einem Mehrbauern.

35...♕d8 36.♔c1?

Dieser Zug stellt sich als der entscheidende Fehler heraus. Notwendig war 36.♔b1!.

36...♖d4

Nun hat Schwarz die Initiative vollkommen übernommen.

37.♕a4 ♔b8 38.♕b3 ♘d5 39.♖ee1 axb4 40.axb4 ♕g5+ 41.♔b2 ♖xb4 42.♖f8+ ♗c8 43.♖xe4 ♕d2+

Weiß kapitulierte.

Partie Nr. 30
Day – Blocker
World Open 1979

1.e4 e5 2.f4 exf4 3.♘f3 d6 4.d4 g5 5.h4 g4 6.♘g1 ♗h6 7.♘e2 ♕f6 8.♘bc3 ♘e7

8...f3 wurde im Kapitel 10, Abspiel 1 besprochen.

9.♕d2 ♘bc6 10.g3 f3?

Dieser Zug kann nicht gut sein. Stärker ist offensichtlich 10...♗g7!? mit Druck auf den Punkt d4 oder sogar 10...♗e6!? Δd6–d5.

11.♕xh6

Einfach und stark.

11...♕xh6 12.♗xh6 fxe2 13.♘xe2 f5 14.e5 dxe5 15.dxe5 ♗e6 16.♘f4 ♗d5

16...♔f7!? ist bedenkenswert.

17.♘xd5 ♘xd5 18.0-0-0 ♘ce7 19.♖h2 c6 20.♖hd2

Das sofortige 20.c4!? wäre auch stark.

20...b5 21.c4!

Schafft eine Schwäche auf c6.

21...bxc4 22.♗xc4 ♖g8 23.h5 ♖c8 24.e6!? ♖b8 25.♗b3 ♖d8 26.♗a4 ♖d6

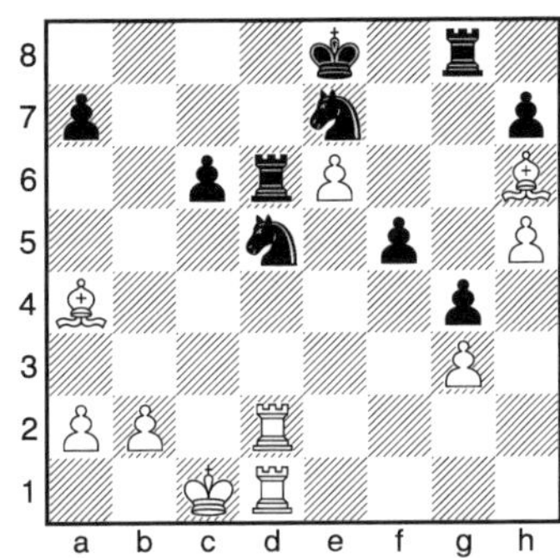

27.♖xd5!

Eine hübsche Pointe in der Partie.

27...♘xd5

27...♖xd5 28.♖xd5 ♘xd5 29.♗xc6+ oder 27...♘xd5 28.♖xd5 ♖xd5 29.♗xc6+, in beiden Fällen mit Materialgewinn.

28.♖xd5! ♖xe6

Es gibt nichts Besseres wegen 28...♖xd5 29.♗xc6+ und Gewinn.

29.♗d2 ♔e7 30.♖xf5 ♖d8

Oder 30...♖e2 31.♗b3 ♖e8 32.♖f7+ ♔d6 33.♖xh7+–.

31.♗g5+

Schwarz gab auf.

Partie Nr. 31
Hebden – Toothill
England 1978

1.e4 e5 2.f4 exf4 3.♘f3 d6 4.d4 g5 5.h4 g4 6.♘g1 ♗h6 7.♘c3 ♘f6 8.♘ge2 d5 9.e5!?

Im Kapitel 19, Abspiel 1, haben wir 9.♗xf4 analysiert.

9...♘h5 10.g3 ♘c6 11.♗g2

11.♘xf4 ♘xf4 12.♗xf4 ♗xf4 13.gxf4 wurde in einigen Partien gespielt.

11...♘e7 12.♗xf4 ♗xf4 13.gxf4

Keinen Vorteil erreichte Weiß in einer Fernpartie 2005, Fedeli–Peetoom, mit 13.♘xf4 ♘xf4 14.gxf4 c6 15.♕e2 h5 16.0-0-0 ♘f5 17.♕f2 ♗e6 18.♗f1 ♕a5 19.♗d3 0-0-0 20.♔b1 g3 21.♕e1 ♘xd4 22.♕xg3 ♖hg8 23.♕f2 ♘f5 24.♗xf5 ♗xf5 25.♘e2 ♗g4 26.♖de1 c5 27.f5 d4 und Schwarz stand gut.

13...♗f5

Auf 13...c6 folgt auch 14.♕d2 Δ0-0-0.

14.♕d2 c6 15.0-0-0 ♗g6?

Nur Zeitverlust. Schwarz sollte sich um die weitere Entwicklung kümmern. In Frage kommt also 15...♕a5!? nebst 0-0-0 usw.

16.♖dg1 ♘g7 17.h5!? ♗xh5 18.♗f1 ♕d7 19.♘d1 ♘g8?

Das vergrößert nur die schwarzen Probleme. Besser war 19...0-0-0.

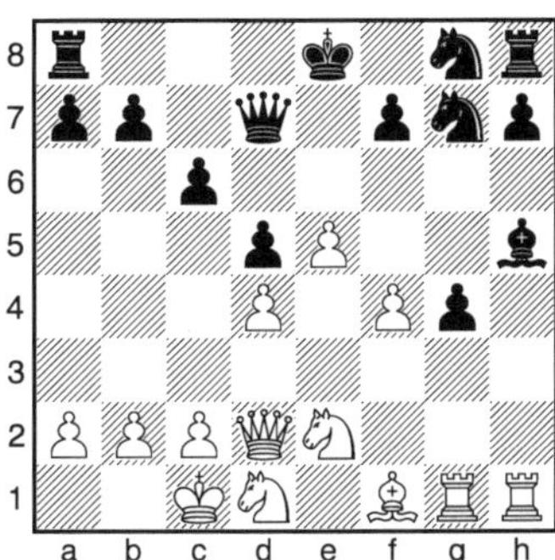

20.f5!

Eine Überraschung!

20...♕xf5 21.♘g3 ♕g6 22.♗d3 1–0

Schwarz verliert Material.

Partie Nr. 32
Day – Berry
Kanada 1975

1.e4 e5 2.f4 exf4 3.♘f3 d6 4.d4 g5 5.h4 g4 6.♘g1 ♕f6 7.♘c3 ♘e7

7...c6 haben wir im Kapitel 10, Abspiel 2 analysiert.

8.♘ge2 ♗h6

Schwarz möchte so lange wie möglich seinen Bauern behaupten. Auf 8...f3 folgt 9.♘f4!.

9.♕d2

Es geht um den Bauern f4.

9...♘bc6

(siehe nächstes Diagramm)

10.g3

Eine sehr riskante Idee. Sicherer ist 10.♘b5!? ♔d8 11.d5 ♘e5 12.♘xf4

A) 12...♘5g6 13.♘e6+

A1) 13...♕xe6 14.♕d3 ♘xd5

15.♗xh6 ♘b4 16.♗g5+ f6 17.♕c4 ♕xc4 18.♗xf6+ ♔d7 19.♗xc4 ♘xc2+ 20.♔d2 ♘xa1 21.♗xh8 ♘xh8 22.♖xa1 c6 23.♘d4 ♔c7 24.h5 ♗d7 25.♘e6+ ♗xe6 (25...♔b6 26.♖f1±) 26.♗xe6 ♖f8 27.♔e3 ♖f6 28.♗xg4 ♘f7 29.♗f5 h6 30.g4 und Weiß steht gut, aber Schwarz hat alles unter Kontrolle. Das Endspiel ist etwa ausgeglichen.

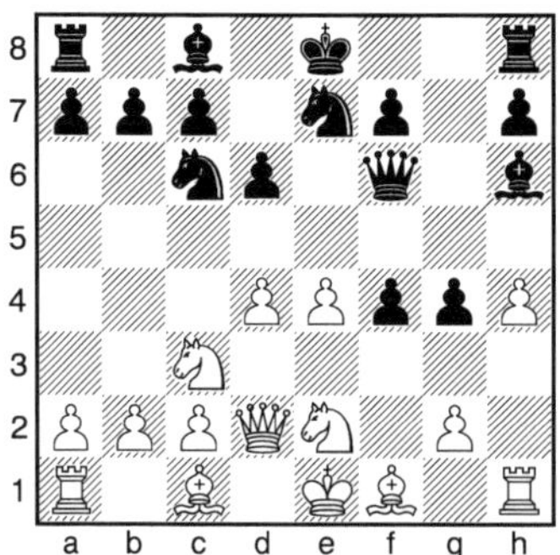

A2) 13...fxe6 14.♕xh6 exd5 15.h5! ist günstig für Weiß.

B) 12...♘7g6 13.♕c3 ♘f3+ 14.gxf3 ♕xc3+ 15.♘xc3 ♗xf4 16.♗xf4 ♘xf4 17.♔f2±

10...fxg3?

Jetzt entstehen Komplikationen, die günstig für Weiß sind. Daher hätte Schwarz besser wie folgt gespielt: 10...♗g7! 11.♘b5 fxg3

A) 12.♘xc7+ ♔d8 13.♘xa8 ♕f2+ 14.♔d1 g2 15.♗xg2 ♕xg2 16.♖g1 (16.♖e1 ♕xe4 17.c3 ♗e6∓) 16...♕xe4 17.c3 ♘f5 mit schwarzem Vorteil, Renkens-Milicev, FPart 1996.

B) 12.♘xg3 ♘xd4∓

C) 12.♔d1 ♔d8 13.d5 a6 14.♘xc7 ♔xc7 15.dxc6 ♘xc6 16.♗g2 ♕f2 17.♘f4 ♕xd2+ 18.♗xd2 ♗e6 19.♖f1 ♖hf8 20.c3 ♘e5 21.♘h5 ♗h8 22.♘xg3 ♘g6 mit schwarzem Übergewicht, Bednarek-Ochonski, Poraj 2003.

11.♕xh6 ♕f2+ 12.♔d1 g2 13.♗xg2 ♕xg2 14.♖g1 ♕f3

14...♕f2 15.♗e3 ♕f3 16.♔d2+-

15.♗g5 g3 16.♖xg3!

Der einfachste Weg zum Gewinn.

16...♕f1+ 17.♔d2 ♕xa1 18.♘d5 ♔d8 19.♗xe7+ ♘xe7 20.♕f6

Schwarz gab sich geschlagen wegen 20...♖e8 21.♖g8!.

Partie Nr. 33
Short – Akopian
Madrid 1997

1.e4 e5 2.f4 exf4 3.♘f3 d6 4.d4 g5 5.h4 g4 6.♘g1 ♗h6 7.♘c3 c6 8.♘ge2 ♕f6 9.g3 fxg3 10.♘xg3 ♗xc1 11.♖xc1 ♕h6 12.♗d3

Zu 12.♕d2 – siehe Kapitel 10, Abspiel 2.

12...♕e3+ 13.♘ce2 ♘e7 14.♕d2 ♕xd2+ 15.♔xd2

Weiß ist etwas besser entwickelt und hat daher einen leichten Vorteil.

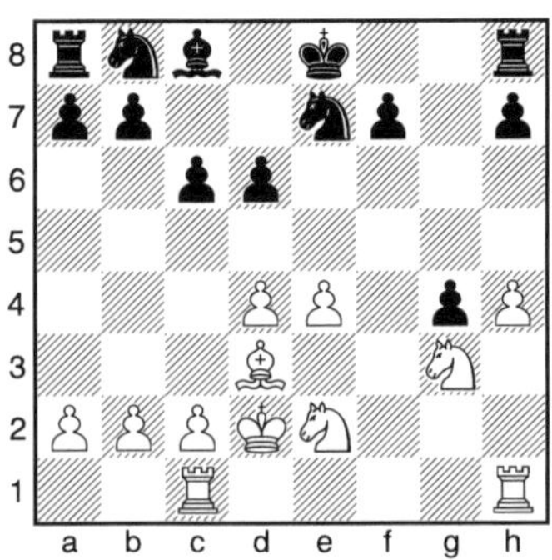

15...d5?

Dieser Zug kann aus positionellen Gründen nicht gut sein, denn Schwarz hat doch einen weißfeldrigen Läufer. Logischer war also 15...c5! mit der möglichen Folge 16.d5 ♘d7 17.♘h5 ♘g6 18.♘eg3 ♘de5 und Schwarz steht gut.

16.♖ce1 ♗e6 17.♘f4 0-0

Auf 17...♔d7 ist 18.♘gh5! stark.

18.exd5

Laut Bangijew verdient 18.♘f5!? Beachtung, z.B. 18...♘g6 (18...♘xf5 19.exf5±) 19.♘xe6 fxe6 20.♘h6+ ♔g7 21.♘xg4±.

18...♘xd5 19.♘xe6 fxe6 20.♖xe6 ♘d7 21.♘f5 ♔h8

21...♘f4 22.♖e7 ♘xd3 23.♘h6+ ♔h8 24.♔xd3± (Analyse von Bangijew)

22.♖f1 ♖ae8 23.♖xe8 ♖xe8 24.c4

Der direkte Angriff gegen den Bauern g4 mit 24.♘h6!? ♘5f6 25.♖g1 c5 26.c3 wäre eine Alternative.

24...♘5f6 25.♘g3 c5 26.d5 ♔g7

Eigentlich nur Zeitverlust. Besser war wohl 26...b6!?.

27.♘f5+ ♔h8 28.♘d6 ♖f8 29.♖e1

Zum Gewinn sollte auch 29.♘xb7!? führen; z.B. 29...♖b8 30.♘xc5 ♘xc5 31.♖xf6 ♖xb2+ 32.♔c3 ♖h2 33.♔d4 ♘xd3 34.♔xd3 g3 35.♖f1 g2 36.♖g1 ♖h3+ 37.♔d4 ♖xh4+ 38.♔e5 ♖xc4 39.♖xg2 ♖c1 40.d6 ♖e1+ 41.♔d5 ♖d1+ 42.♔e6 ♖e1+ 43.♔f7 ♖f1+ 44.♔e7 ♖e1+ 45.♔d8 h5 46.d7 h4 47.♖d2 h3 48.♔c8+–.

29...g3 30.♗f5 ♘b6

30...g2 31.♗h3+–

31.b3 ♘e8 32.♘xb7!

32.♖xe8?? ♖xe8 33.♘xe8 g2–+

32...♘g7 33.♗h3 ♖f4 34.♘xc5 ♖xh4 35.♗g2 ♖h2 36.♖e2 ♘f5 37.♗e4 ♘d6 38.♗f3 ♖h6 39.♘e6 ♖f6 40.♗g2 ♘d7 41.c5 ♘f7 42.d6 ♘fe5 43.♗d5 ♖f5 44.c6 ♘b6 45.♗g2 ♖f2 46.♖xf2 gxf2 47.♔e2

Schwarz gab auf.

Partie Nr. 34
Riihimeki – Aymard
Fernpartie 2005

1.e4 e5 2.f4 exf4 3.♘f3 d6 4.d4 g5 5.h4 g4 6.♘g1 f5 7.♗xf4 fxe4 8.♘c3 d5

Andere Ideen haben wir im Kapitel 10, Abspiel 3, besprochen.

9.♕d2

Mit dem simplen Plan, lang zu rochieren.

9...c6 10.0-0-0 ♗d6 11.♘ge2 ♘e7 12.g3 b5?

Schwarz lässt seinen König im Zentrum und fängt mit einer Aktion am Damenflügel an. Es wäre besser gewesen, mit 12...0-0! seinen König in Sicherheit zu bringen.

13.♗e5!

Das hat Schwarz wohl nicht erwartet.

13...♗xe5 14.dxe5 ♕c7 15.♕g5 b4

(siehe nächstes Diagramm)

16.♘xe4!

Den Springer opfernd erlangt Weiß eine gefährliche Initiative.

16...dxe4 17.♘f4 ♖f8 18.♘h5 ♘d5 19.♖xd5!

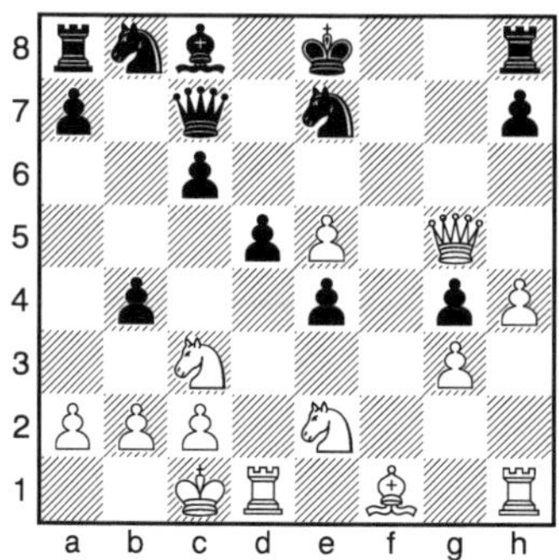

Die Konsequenz des weißen Planes: Für den Angriff gegen den im Zentrum gefangenen König lohnt es sich, weiter zu opfern.

19...cxd5 20.♗b5+ ♘c6

20...♗d7 21.♘g7+ ♔f7 22.♖f1+ ♔g8 23.♘e6+ ♔h8 24.♖xf8#

21.♘f6+ ♖xf6 22.♕xf6 ♗b7 23.♖f1 ♔d7 24.♕f5+ ♔d8 25.♕f8+ ♔d7 26.♖f7+ ♔e6 27.♕h6+! ♔xf7 28.♕xh7+ ♔e6 29.♕xc7

Die Partie ist praktisch entschieden.

29...♘xe5 30.♕xb7 ♖d8 31.♕xa7 ♖d6 32.♕g7 ♘f7 33.♕xg4+ ♔e7 34.♕c8 ♖d8 35.♕f5 ♖d6 36.g4 b3 37.axb3

Schwarz gab auf.

Partie Nr. 35
A. Fedorow – Gyimesi
Hrvatska 2001

1.e4 e5 2.f4 exf4 3.♘f3 d6 4.d4 g5 5.h4 g4 6.♘g1 f5 7.♘c3 ♘f6 8.♗xf4 fxe4 9.d5 ♗g7 10.♗c4

Andere Züge haben wir im Kapitel, Abspiel 3, analysiert.

10...♘bd7

10...0-0 war zu überlegen.

11.h5 0-0 12.h6 ♘e8

Hier kam 12...♗h8!? in Betracht.

13.♘ge2 ♗xc3+ 14.bxc3 ♘e5 15.♗b3 ♘g6 16.♕d2

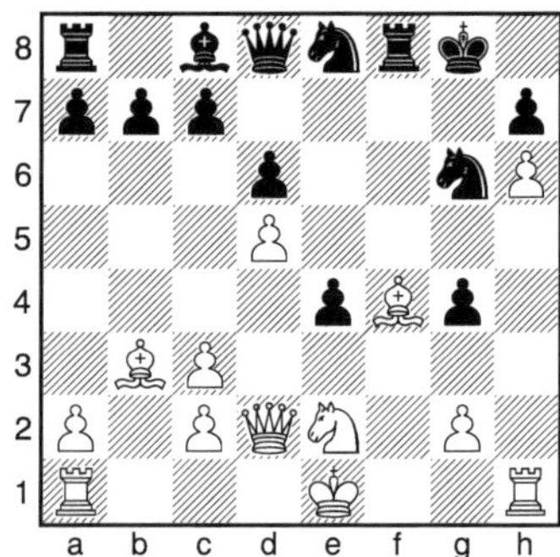

16...a5?

Das gibt Weiß die Gelegenheit, schnell die Initiative an sich zu reißen. Notwendig war 16...♘xf4! 17.♘xf4 ♖f5 18.0-0-0 ♕g5 19.g3 ♘f6 20.c4 ♖e5 mit gutem Spiel für Schwarz.

17.♗g5 e3

Ein Versuch, die Situation zu komplizieren. Nach 17...♘f6 18.0-0 oder 17...♕d7 18.♘d4 wäre der Gesundheitszustand der schwarzen Stellung auch schon ein Fall für den Notarzt.

18.♕xe3 ♘f6 19.0-0 ♕e8 20.♕d4 ♘h5

20...♕xe2 21.♖ae1 ♕a6

(21...♕b5 22.♖xf6 ♕b6 23.♕xb6 cxb6 24.♖xd6+–)

22.♖xf6 ♕a7 23.♖xg6+! hxg6 24.♕xa7 ♖xa7 25.♖e7 ♖f7

(25...♖a8 26.h7+ ♔h8 27.♗e3+–)

26.♖e8+ ♔h7 27.♖xc8+-

21.♘g3 ♖xf1+ 22.♖xf1 ♘e5 23.♘xh5 ♕xh5 24.♕xe5!

Zum Schluss eine nette Kombination. Schwarz kapitulierte wegen 24...dxe5 25.d6+ ♗e6 26.♗xe6+ ♔h8 27.♗f6#.

Partie Nr. 36
Schulman – Notkin
Kakchowka 1997

1.e4 e5 2.f4 exf4 3.♘f3 h6 4.d4 g5 5.♘c3 d6 6.g3 fxg3 7.h4 g4 8.♘g1 g2 9.♗xg2 ♗e7 10.h5 ♗h4+ 11.♔e2 ♗g5 12.♗xg5 ♕xg5 13.♕d2 ♕xd2+ 14.♔xd2 ♘c6

14...♘e7 wurde im Kapitel 11, Abspiel 2 analysiert.

15.♘b5

15.♘d5! sieht sehr gut aus; z.B. 15...♔d8 16.♘e2 f5 17.♖hf1 mit weißem Vorteil.

15...♔d8 16.♘e2 ♗d7 17.♖af1 ♖h7 18.♘bc3 ♖g7 19.♘d5 ♘ce7 20.♘e3 c6 21.♖f4 ♔c7 22.♘g3 f6 23.c4 ♖g5 24.♗f1 ♖f8 25.♗e2 ♖f7 26.♗xg4

Mit dem Schlagen sollte sich Weiß nicht beeilen, sondern erst den Druck auf den ♙g4 mit 26.♖h4!? verstärken.

26...♗xg4 27.♘xg4 ♖fg7 28.♖h4 b5 29.cxb5 ♖xb5 30.b3

(siehe nächstes Diagramm)

30...♖gg5?

Stärker war 30...♖bg5!, um den Druck auf der g-Linie zu halten. Nun aber bekommt Schwarz echte Schwierigkeiten.

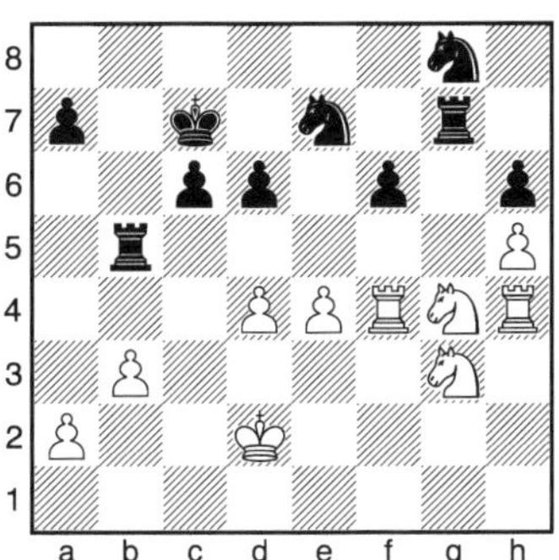

31.♖h3! f5 32.exf5 ♘xf5 33.♘e4 ♖g7 34.a4 ♖a5

Sofort verliert 34...♖d5? wegen 35.♘ef6+- und nach 34...♖b4 35.♖xf5 ♖xg4

(35...♖xd4+ 36.♔e3 ♖b4 37.♘gf2 ♖xb3+ 38.♔f4+-)

36.♔c3 c5

(36...♖b8 37.♖f7+ ♔b6 38.♘xd6+-)

37.♘xc5! ♘e7 38.♘a6+ ♔b6 39.♘xb4 ♘xf5 40.♘c2 erfreut sich Weiß eines Mehrbauern.

35.♘c3 ♘fe7 36.♘e3 ♖ag5 37.♖f8 d5 38.♘e2 ♔b7 39.b4

39.♘f4! war eine starke Alternative.

39...♘c8 40.♘f4 ♖e7

40...♖g1 41.♘e6 ♖e7 42.♘d8+ ♔c7 43.♘xc6! ♔xc6 44.♖xc8+ ♔b7 45.♖d8 ♘f6 46.♘xd5+-

41.♘g6 ♖e4

Es gibt nichts Besseres. Auf 41...♖g7 folgt einfach 42.♘f5+-.

42.♖xg8 ♖xd4+ 43.♔c3 ♖e4 44.♘c2 a5 45.♖g7+ ♔b6 46.bxa5+ ♔xa5 47.♘d4 c5 48.♘b3+ ♔b6 49.♖f3 ♘d6 50.♖f6 ♖g3+ 51.♔b2 ♖g2+ 52.♘d2!

Achtung, Falle! 52.♔a3?? ♖xa4+! 53.♔xa4 ♖a2#

52...Tb4+ 53.Kc3 d4+ 54.Kd3 Tg3+ 55.Ke2 Te3+ 56.Kd1 c4 57.Txd6+ Kc5 58.Ta6 d3 59.Tc7+

Schwarz gab sich geschlagen.

Partie Nr. 37
Huschenbeth – Banusz
Plovdiv 2012

1.e4 e5 2.f4 exf4 3.Sf3 h6 4.d4 g5 5.Sc3 Lg7 6.g3 d6 7.gxf4 g4 8.Tg1!? Kf8 9.Le3 f5

Andere Züge haben wir im Kapitel 11, Abspiel 2, besprochen.

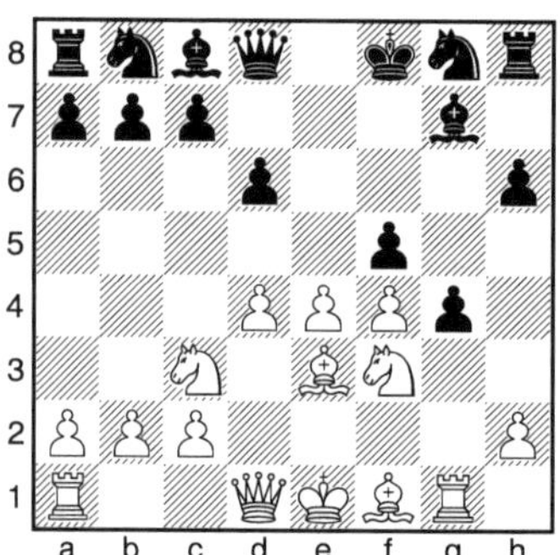

10.Lc4!

Typisch für das Königsgambit: Mutig opfert Weiß den Springer und bekommt dafür einen starken Königsangriff. Stark ist auch 10.e5!?.

10...gxf3?

Das Nehmen des Springers führt zu einem gewaltigen Königsangriff. Aus diesem Grund sollte man überlegen, das Opfer mit 10...fxe4!? abzulehnen.

11.Dxf3 fxe4 12.Dg3 De7

12...Lf6 ändert nichts mehr wegen 13.Dg6+–.

13.Sd5 Df7 14.f5!

Stark war auch 14.Sb6!? Df6 15.Sxa8 De7 16.f5 usw. Weiß wählte die besonders energische Lösung.

14...Lxf5 15.0-0-0 b5

Auf 15...Lf6 folgt 16.Tdf1 Dh7 17.Lf4 mit entscheidendem Angriff.

16.Lb3 Sf6 17.Tdf1 Sxd5 18.Lxd5 Dxd5 19.Dxg7+ Ke8 20.Dxh8+ Kd7 21.Tg8

21.Tg7+! Kc6 22.Dd8 wäre noch einfacher.

21...Lh3 22.Tfg1 Dxa2 23.Txb8 Txb8 24.Dxb8

Schwarz gab auf.

Partie Nr. 38
Bangijew – Murdzia
Deutschland 2000

1.e4 e5 2.f4 exf4 3.Sf3 h6 4.d4 g5 5.Sc3 Lg7 6.g3 fxg3 7.h4 g4 8.Sg1 d5 9.exd5 Se7 10.Lg2 Sf5 11.Sge2 Sxh4

11...De7!? wurde im Kapitel 11, Abspiel 2, besprochen.

12.Txh4!

Das Qualitätsopfer gibt Weiß eine starke Initiative.

12...Dxh4 13.Lf4 Sa6 14.Dd2 Ld7 15.0-0-0 0-0-0 16.Sxg3 Tde8 17.Lf1 h5?

Mit dem Ziel, nach Lg7–h6 den starken weißen Läufer zu tauschen. Diese Idee ist jedoch falsch, denn Schwarz erlaubt dem Gegner die Bauernschwächung auf der linken Seite.

Besser war deswegen 17...♕f6!? mit der möglichen Folge 18.♘h5 ♕g6 19.♘xg7 ♕xg7 20.♗xa6 bxa6 und in dieser Stellung geht ♘c3–e4 nicht, Schwarz kann sich verteidigen.

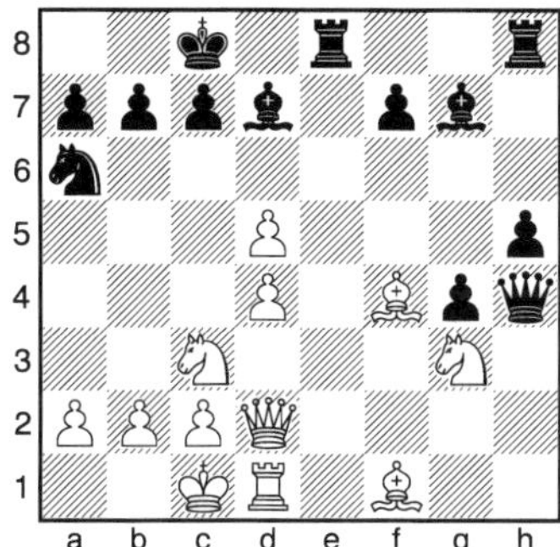

18.♗xa6!

Ein starker Zug. Der Verteidiger der schwarzen Königsstellung wird beseitigt.

18...bxa6 19.♘ce4

Mit der Doppeldrohung ♕d2–a5 und ♕d2–c3.

19...♖xe4

Damit hoffte Schwarz, die weißen Drohungen gegen seinen König mildern zu können. Auf 19...♕d8 würde 20.d6! folgen; z.B. 20...c6 21.♘c5 ♕b6 22.♕d3 ♕b5 23.c4 ♕a5 24.♘xd7 ♔xd7 25.♘e4! mit entscheidendem Angriff: 25...♖xe4 26.♕xe4 ♖e8 27.♕h7 ♕xa2 28.♕f5+ ♔d8 29.♕xf7+–.

20.♘xe4 g3 21.♘xg3! ♕xf4?

Eine falsche Einschätzung der Stellung. Besser war 21...♕g4 22.♘e2 ♕g6 23.♖g1 ♗g4 und Schwarz ist noch nicht verloren.

22.♕xf4 ♗h6 23.♘xh5 ♗g4 24.♖g1 ♗xh5 25.♖g5 ♔b7 26.♕f6 ♗xg5+ 27.♕xg5 ♗g6 28.♕e7 ♔c8 29.c4 ♖h2 30.c5 ♗f5 31.♕e8+

Noch schneller war 31.♕f8+!.

31...♔b7 32.c6+

Schwarz gab sich geschlagen.

Partie Nr. 39
Grischuk – Lunew
Moskau 1999

1.e4 e5 2.f4 exf4 3.♘f3 h6 4.d4 g5 5.g3 fxg3 6.hxg3 ♗g7 7.♘c3 d6 8.♗c4 ♘f6 9.♕d3 ♘c6 10.♗e3

10.♗b3 wurde im Kapitel 11, Abspiel 2, analysiert.

10...♘a5 11.0-0-0

Es ist wichtig, die Entwicklung zu beenden. Nichts brächte 11.e5? dxe5 12.♗xf7+ ♔xf7 13.♘xe5+ ♔g8 14.b4 ♘c6 15.♕c4+ ♘d5 16.♕xd5+ (16.♘xd5 ♗e6–+) 16...♕xd5 17.♘xd5 ♘xe5 18.dxe5 ♗xe5 19.0-0-0 ♗e6 mit schwarzem Vorteil.

11...♘xc4 12.♕xc4 c6

Zu überlegen war 12...♗g4!? Δ♕d8–d7 nebst 0-0-0 bzw. 0-0.

13.d5 cxd5 14.♘xd5 ♘xd5 15.♕xd5 0-0 16.♗d4!

Weiß spielt mit Recht auf Angriff. Die Variante 16.♕xd6 ♗g4 17.♕xd8 ♖fxd8 18.♖xd8+ ♖xd8 19.♘d2 b6 wäre günstig für Schwarz. Dieses Urteil stützt sich auf das Läuferpaar und die weiße Schwäche auf e4.

16...♗e6!

Immer wieder schön anzuschauen! Ein Bauernopfer für den Angriff.

17.♕xb7 ♕a5 18.♗xg7 ♔xg7 19.a3

Nun entsteht ein scharfes Spiel. Viel sicherer für Weiß war 19.♖xd6!?; z.B. 19...♕xa2 20.♕a6 ♕xa6 21.♖xa6 ♖fd8 22.♖h2 mit gleichem Spiel.

19...♖fb8

Logischer wäre 19...♖ab8!?.

20.♕e7

20.♕c6 ♖xb2! 21.♕xa8 ♕xa3!

(Schwächer wäre 21...♕c3 22.♘d4 ♖a2 23.♘xe6+ fxe6 24.♕xa7+ ♔g8 25.♕b8+ ♔g7 mit Dauerschach, denn 26.♕b1 verliert nach 26...♕e3+ 27.♖d2 ♕xa3+ 28.♔d1 ♖a1–+.)

22.♖d3

(22.♔d2 ♕b4+ 23.♔e3 ♕c3+ 24.♖d3 ♕xc2 25.♖h2 ♕c5+ 26.♘d4 ♖xh2–+)

22...♕a1+ 23.♔d2 ♕xh1 24.♘d4 ♗h3 25.♕xa7 ♖b1 26.♔c3 ♕e1+ 27.♖d2 ♖a1 28.♘f5+ ♗xf5 29.♕d4+ ♔g8 30.exf5 ♕xg3+ 31.♖d3 ♖a3+ 32.♔d2 ♖xd3+ 33.cxd3 h5 mit klar besserem Damenendspiel.

20...♖xb2!

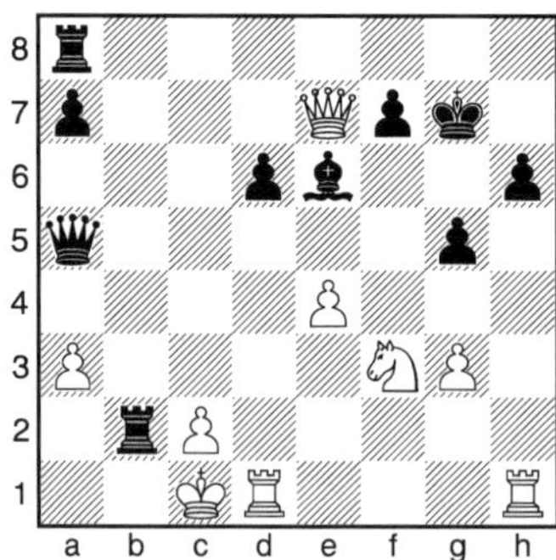

21.♖xh6!

Zum Glück für Weiß gibt es diese Fortsetzung, denn 21.♔xb2? ♖b8+ 22.♔c1 ♗a2–+ verliert.

21...♖xc2+

Nur so. Für 21...♕c3?? ist keine Zeit wegen 22.♖g6+!! ♔xg6 23.♕xg5+ ♔h7 24.♖h1+ ♗h3 25.♖xh3#.

22.♔xc2 ♖c8+ 23.♔d3 ♖c3+ 24.♔e2 ♗c4+??

Bis hierher hat Schwarz die Partie gut geführt, dieser Zug aber ist ein völliger Fehlgriff und führt unmittelbar zum Verlust.

Notwendig war 24...♖c2+! 25.♔f1 ♔xh6 26.♕f6+ ♔h5 und es ist alles in Ordnung.

25.♔f2 ♖c2+

25...♖xf3+ 26.♔xf3 ♕c3+ 27.♔g4 ♗e2+ 28.♔h3+–

26.♔g1 ♕c5+ 27.♔h1 ♔xh6 28.♖xd6+ ♗e6 29.♕f6+ ♔h5 30.g4+! ♔xg4 31.♘e5+ ♔h4 32.♕h6+ ♔g3 33.♕xg5+ ♔f2 34.♘d3+

Schwarz gab auf.

Partie Nr. 40
Shabalov – A. Ivanov
Seattle 2000

1.e4 e5 2.f4 exf4 3.♘f3 h6 4.d4 g5 5.♘c3 ♗g7 6.♗c4 d6 7.g3 fxg3 8.hxg3 ♗g4 9.♖f1 ♕d7 10.♕d3 ♘c6

Zu 10...♗h5 siehe Kapitel 11, Abspiel 2.

11.♗e3 a6 12.0-0-0 ♗h5 Δ♗h5–g6 **13.e5!?**

Mit diesem scharfen Zug provoziert Weiß ein äußerst turbulentes Spiel.

13...♘ge7

Auf 13...dxe5 folgt 14.♕e2!.

14.exd6 cxd6 15.d5 ♘a5

Die Folge 15...♘e5 16.♘xe5 ♗xe5 17.♖de1 gäbe Weiß eine starke Initiative.

16.♗d4 f6 17.♖de1 0-0 18.♘d2 ♖ae8 19.♘ce4 ♘xc4

Zu versuchen war 19...b5!? 20.♗b3 ♘xb3+ 21.♕xb3 f5 22.♗xg7 ♔xg7 23.♕c3+ ♔g6 usw.

20.♘xc4 ♘c8 21.♕c3

Die Aufgabe für Weiß ist klar: Angriff auf die Schwächen im gegnerischen Lager.

21...b5 22.♘a5 f5 23.♘f6+ ♗xf6 24.♗xf6 b4 25.♕d4 ♗e2

Große Schwierigkeiten bekäme Weiß nach 25...♕f7! 26.♖xe8 ♖xe8 27.♖h1 ♗f3! und jetzt verliert 28.♖xh6? ♖e1+ 29.♔d2 ♖d1+ 30.♔e3 ♕e8+ 31.♔xf3 ♖f1+ 32.♔g2 ♕e2+ nebst Matt.

26.♖h1 ♖e4

Damit versucht Schwarz, den nur mangelhaft gedeckten ♗f6 aufs Korn zu nehmen.

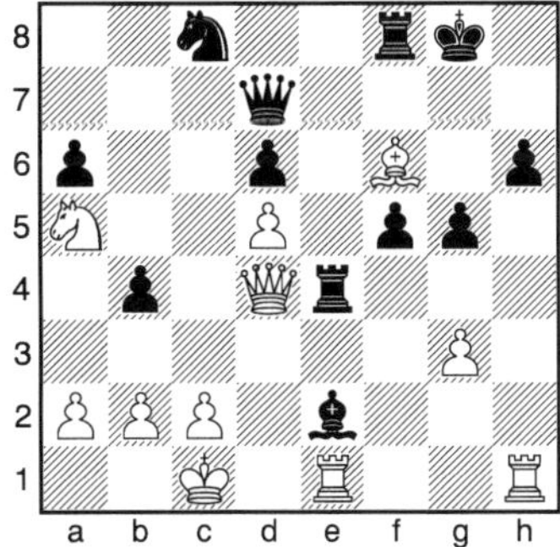

27.♖xh6!?

Großes Schachkino, ein überraschendes Damenopfer! Nach 27.♕d2 ♖xf6 28.♖xe2 ♖xe2 29.♕xe2 ♕b5 30.♕xb5 axb5 31.♘c6 ♘b6 32.♘xb4 f4 33.gxf4 gxf4 34.♔d1 entsteht ein Endspiel mit etwa gleichen Chancen.

27...♖xd4 28.♗xd4 ♕b5 29.♘c6

Weiß hat offensichtlich ausreichend Kompensation für die geopferte Dame, es droht z.B. 30.♖e1-h1.

29...f4

Und in dieser sehr komplizierten Stellung einigten sich die Gegner auf Remis.

Partie Nr. 41
Hector – Wedberg
Skara 2002

1.e4 e5 2.f4 exf4 3.♘f3 h6 4.d4 g5 5.♘c3 ♗g7 6.g3 fxg3 7.hxg3 d6 8.♗c4 ♗g4 9.♖f1 ♕d7 10.♕d3 ♗h5 11.♗e3 ♘e7 12.0-0-0 ♘bc6 13.♖d2 a6 14.a3!?

Weiß möchte damit seinen Läufer auf der Diagonale a2–g8 behalten und Druck gegen den ♙f7 durch ♖d2-f2 aufbauen.

14.♖h2 haben wir im Kapitel 11, Abspiel 2, analysiert.

14...♕g4

Angriff auf den Bauern g3.

– Nach 14...0-0-0 kann Weiß eine Remisvariante forcieren: 15.♗xa6!? bxa6 16.♕xa6+ ♔b8 17.d5 ♗xc3! 18.dxc6

(18.♖d3 ♕c8 19.♕b5+ ♕b7 20.♕xb7+ ♔xb7 21.dxc6+ ♘xc6 22.♖xc3 ♗g6∓)

18...♗xd2+ 19.♘xd2 ♕xc6 20.♗a7+ ♔a8 21.♗b6+ ♔b8=.

– Interessant war aber auch 14...b5!?.

15.♖df2 ♖f8

Konsequent war 15...♕xg3!?, z.B. 16.♘e2 ♕g4 17.♘h2 ♕h3 18.♘g1 ♕d7 19.♗xf7+ ♗xf7 20.♖xf7 ♖g8 nebst 0-0-0.

16.♕d2 ♗g6 17.♘h2 ♕d7 18.g4 f6

Schwarz musste auf seinen Bauern Acht geben, denn nach 18...0-0-0 geht 19.♗xf7.

19.♕e2!

Weiß möchte damit die lange Rochade verhindern, zugleich wird das Manöver ♘h2-f1-g3-f5 vorbereitet.

19...♖h8?

Schwarz bereitet h6-h5 vor, missachtet dabei allerdings die strategisch wichtige Schwäche auf f6. Der Wegzug des Turms ist schwach und führt zur Niederlage.

Zu riskant wäre 19...0-0-0 wegen 20.♗xa6! bxa6 21.♕xa6+ ♔b8 22.d5 ♕c8! 23.♕a4 ♕b7 24.dxc6 ♘xc6 25.♘f3 mit starker Initiative.

Das Beste wäre einfach 19...♗f7!.

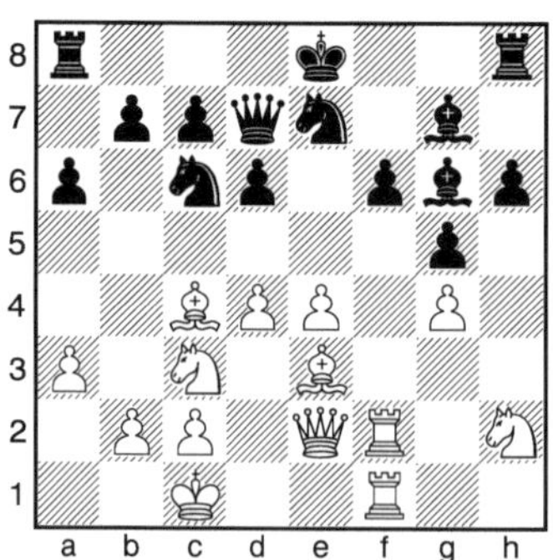

20.♖xf6!

So nutzt Weiß sofort und kompromisslos die auffällige Schwäche der gegnerischen Stellung auf den schwarzen Feldern.

20...♗xf6 21.♖xf6 ♘d8 22.♕f3 c6 23.♗f2 b5 24.♗b3 h5 25.♗g3 hxg4

Auf 25...♘b7 folgt 26.e5! h4 (26...dxe5 27.♗xe5+−) 27.♗e6 ♕c7 28.exd6 hxg3

(28...♘xd6 29.♗xd6 ♕xd6 30.♗f7+ ♗xf7 31.♖xd6+−)

29.dxc7 gxh2 30.♕h1 mit dem Plan ♖f6−f2 und Schlagen auf h2.

26.♕e3! ♖h3 27.♕f2 ♕a7 28.♗xd6 g3 29.♖f8+ ♔d7 30.♕f6

Schwarz gab auf.

Partie Nr. 42
A. Fedorow – Neelakantan
Kalkutta 1999

1.e4 e5 2.f4 exf4 3.♘f3 ♗e7 4.♗c4 ♗h4+ 5.♔f1 d5 6.exd5!?

6.♗xd5 haben wir im Kapitel 12 analysiert.

6...♗e7

Schnell verlor Schwarz in der Partie A. Fedorow−Nilsen, Schweden 1997, nach 6...♗g4 7.d4 ♘e7 8.♘c3 ♘g6 9.♕e2+ ♗e7 10.h4 h5 11.♕e4 ♘d7? (◯11...0-0) 12.d6! cxd6 13.♘g5+−.

7.d4 ♗d6 8.♗b3

Es geht auch 8.♔f2!? Δ♖h1-e1+.

8...♗g4 9.c4 b6 10.♘c3 ♘e7 11.♗c2 h6 12.♕e1 0-0 13.♕h4 ♕d7?

Schwarz übersah den folgenden taktischen Schlag. Notwendig war

13...♕c8 oder sogar 13...♗f5.

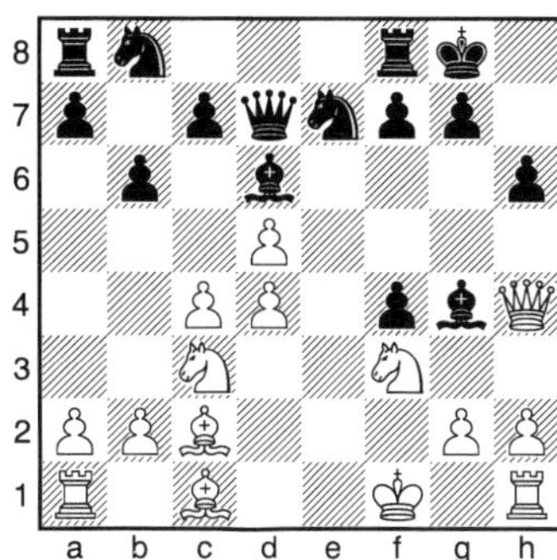

14.c5!

Triumph der Fußsoldaten! – Nun gewinnt Weiß Material. Die Partie ist damit praktisch entschieden.

14...bxc5 15.dxc5 ♗xf3

15...♗xc5 16.♘e5+–

16.cxd6 ♘g6 17.♗xg6 ♗xg2+ 18.♔xg2 fxg6 19.♕e7 ♕g4+ 20.♔f2 ♖f6 21.♘e4 ♕h4+ 22.♔f1 ♕h3+ 23.♔e1 ♖f7 24.♕e8+ ♖f8 25.♘f6+! gxf6 26.♕xg6+ ♔h8 27.♖g1

Schwarz gab auf.

Partie Nr. 43
Schulman – Hector
Schweden 1999

1.e4 e5 2.f4 exf4 3.♘f3 ♗e7 4.♗c4 ♗h4+ 5.♔f1 d5 6.♗xd5 ♘f6 7.♗b3

Weiß ist bereit, seinen Bauern zu opfern. Die Alternative 7.♘c3 haben wir im Kapitel 12 vorgestellt.

7...♗g4

7...♘xe4? verliert wegen 8.♕e2 ♕e7 9.♘xh4 g5 10.d3 ♘g3+ 11.hxg3 ♕xe2+ 12.♔xe2 gxh4 13.♗xf4+–, Kask–Bellgrau, North Bay 1994.

8.d3 g5

Eine andere Idee ist 8...0-0!?, um den eigenen König zu sichern und die Entwicklung rasch zu beenden, z.B. 9.♕d2 (9.♗xf4? ♘xe4!) 9...♘h5 10.♘c3 ♘c6 11.♘xh4 ♕xh4 12.♕f2 ♕d8

(12...♕xf2+? 13.♔xf2 ♘d4 14.♘d5 ♘xb3 15.axb3 g5 16.g3 c6 17.♘e7+ ♔h8 18.gxf4 f5 19.h3 fxe4 20.hxg4 ♘xf4 21.♘f5 1-0, Gallagher–Neussner, Loosdorf 1993)

13.♗xf4 ♗e6 14.♖e1 ♘xf4 15.♕xf4 ♗xb3 16.axb3 ♘d4 17.♕f2 f5 mit Gegenspiel für den geopferten Bauern, Short–Kasparow, London 1993.

9.♗d2 ♘c6 10.♗c3 ♕e7

Auf 10...♖f8 sollte Weiß am besten mit 11.♘bd2 ♕e7 12.♖g1 reagieren, verbunden mit der Drohung g2–g3.

11.♘bd2 0-0-0

11...♖g8!? 12.♖g1 ♘h5 führt zu kompliziertem Spiel.

12.♖g1

Mit der Absicht, 13.g3! zu spielen.

12...♖hg8

Interessant ist die Variante 12...♖he8!? 13.g3 ♗h3+

(13...fxg3? 14.hxg3 ♗h3+ 15.♔e1+–)

14.♔e1 ♘xe4! 15.dxe4 f5 16.gxh4 fxe4 17.♘xg5 e3 18.♘df3 ♖xd1+ 19.♖xd1 ♗d7 und wegen der unsicheren Stellung des weißen Königs im Zentrum steht Schwarz aussichtsreich.

13.g3 ♗h3+ 14.♔e1

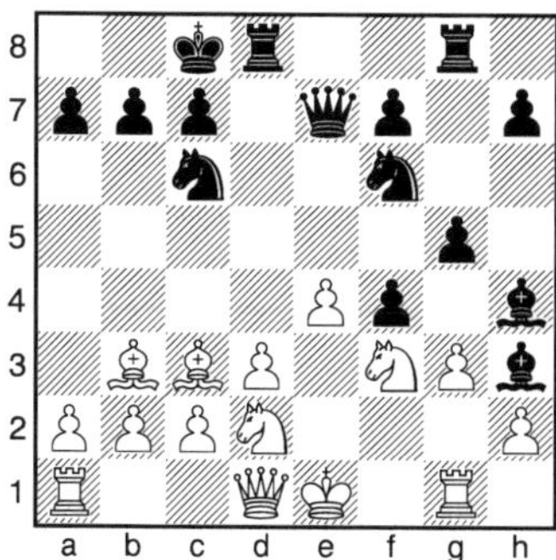

14...fxg3?

Der entscheidende Fehler. Stattdessen gäbe 14...♗xg3+! Schwarz gute Chancen: 15.hxg3 g4 16.♕e2!

(16.♘h4? verbietet sich wegen 16...♘h5 17.♘f5 ♕c5 18.♖f1 fxg3 19.d4 ♘xd4 20.♗xd4 ♖xd4! 21.♘xd4 ♕xd4 22.c3 ♕e5 mit Gewinnchancen für Schwarz.)

16...gxf3 17.♕xf3 ♘d5 18.♗xd5 ♖xd5 19.♕xf4 ♖f5 20.♕h6 ♗g4 mit etwa gleichem Spiel.

15.hxg3 ♗xg3+ 16.♖xg3 g4 17.♘h4 ♘d4

Keine Rettung für Schwarz gäbe es auch nach:

- 17...♖g5 18.♕e2 ♘h5 19.♕f2+–
- 17...♘h5 18.♖xh3 gxh3 19.♕xh5 ♖g1+ 20.♘f1 h2 21.♘f5 h1♕ (21...♕c5 22.♕xh2+–) 22.♘xe7+ ♘xe7 23.♕xh1 ♖xh1 24.♗f6+–
- 17...♘d7 18.♘f5+–.

18.♗xd4 ♖xd4 19.♘f5 ♕e5 20.♕e2 ♖d7 21.♘c4 ♕f4

21...♕e8 22.♗a4+–

22.♕f2

Schwarz gab auf.

Partie Nr. 44
Handoko – Arnason
Luzern 1982

1.e4 e5 2.f4 exf4 3.♘f3 ♗e7 4.♗c4 ♘f6 5.♘c3

Im Kapitel 12 haben wir die Hauptfortsetzung 5.e5 analysiert. Der Partiezug ist noch nicht genau erforscht.

5...♘xe4 6.♗xf7+

Die einzig richtige Fortsetzung für Weiß.

6...♔xf7 7.♘e5+ ♔g8!

Nur so, wenn Schwarz auf Gewinn spielen will! Nach 7...♔e6 hat Weiß sicheren Ausgleich: 8.♘xe4 ♔xe5

(8...d5? 9.♕g4+ ♔xe5 10.d4+ ♔xd4 11.c3+ ♔e5 12.♗xf4+ ♔xe4 13.♕f3+ ♔f5 14.♗xc7+ ♔g6 15.♗xd8 ♖xd8 16.0-0 mit Gewinn, Lutikow-Kortschnoi, Leningrad 1951.)

9.d4+! ♔xe4 10.♕d3+ ♔d5 11.♕b3+ ♔c6 12.♕c4+ ♔b6 und Weiß hat nun nichts Besseres als sich ins Dauerschach zu retten.

8.♘xe4 ♗h4+

Viel stärker ist 8...d6!; z.B. 9.♘f3 d5 10.♘f2 ♘c6 11.d4 g5 12.h4 h6 13.♕d3 ♕d6 14.♗d2 ♕e6+ 15.♔f1 ♕f5 16.♕b3 g4 17.♘e5 ♘xe5 18.dxe5 c6 und Schwarz hat einen Mehrbauern und damit die besseren Perspektiven, B. Grabarczyk-Maslanka, Slupsk 1989.

9.g3 ♕e7 10.d4 d6 11.0-0 dxe5 12.dxe5 fxg3 13.hxg3 ♘c6 14.gxh4 ♕xe5 15.♕f3 ♗e6 16.♕g2 ♗f5 17.♘g3 ♖f8 18.♗g5?

Richtig wäre 18.♕f2!, wonach

Schwarz ernste Probleme zu bewältigen gehabt hätte; z.B. 18...♘d4 19.♗f4 ♕f6 20.♗e3 ♘xc2 21.♕xf5 ♘xe3 22.♕c5 ♘xf1 23.♖xf1 usw.

18...♕c5+ 19.♔h1 h6 20.♗e3 ♕e5 21.♖ae1 ♗e6 22.♖xf8+ ♔xf8 23.♗c5+ ♕xc5 24.♖xe6 ♔f7 25.♖e1 ♖f8?

Dies könnte zur Katastrophe führen. Notwendig war 25...♖d8!.

26.♘f5 g6

26...♕xf5 27.♖f1 mit Gewinn der Dame.

27.h5 g5 28.♕e4 ♘d8

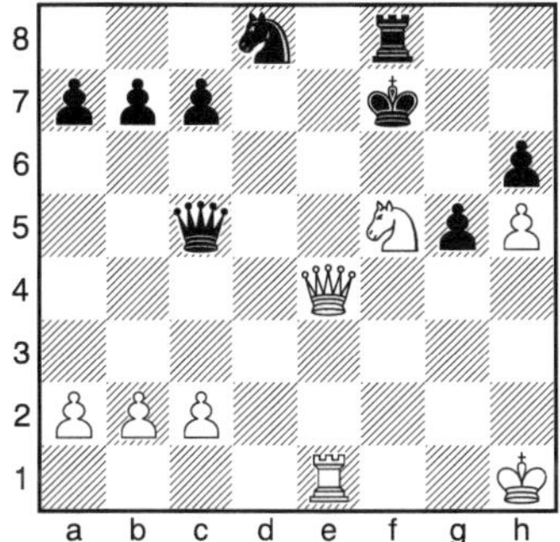

29.♘xh6+?

Lässt den Gewinn aus. Einen vollen Punkt sicher hätte Weiß nach 29.♘e7! ♔e8 30.♘c6+ ♔d7 31.♖d1+ ♔c8 32.♕g4+ ♕f5 33.♕xf5+ ♖xf5 34.♖xd8#.

29...♔g7 30.♕g6+ ♔h8 31.♖e8

Noch zu versuchen war 31.♘g4!?.

31...♕d5+ 32.♔h2 ♕d2+ 33.♔h3 ♕d7+ 34.♘f5 ♖xe8 35.♕h6+ ♔g8 36.♕xg5+ ♔h8 37.♕f6+ ♔h7 38.♕h6+ ♔g8 39.♕g6+ ♔h8 40.♕f6+ ♔h7 41.♕g6+

Remis

Partie Nr. 45
Filipowicz – Tarnowski
Poznan 1962

1.e4 e5 2.f4 exf4 3.♘f3 ♗e7 4.♗c4 ♘f6 5.e5 ♘g4 6.♕e2

Alternativen haben wir im Kapitel 12 analysiert.

6...0-0

In einer Partie Filipowicz–Sliwa, Polen 1967, folgte 6...d5 7.♗b3 ♗e6 8.d4 ♗h4+ 9.♔f1 ♘e3+ 10.♗xe3 fxe3 11.♕xe3 ♘c6 12.♘bd2 ♗e7 13.c3 ♕d7 14.♔f2 h6 15.♖hf1 g5 16.♘e1 0-0-0 17.♘d3 h5 18.♖ae1 ♘a5 19.♗c2 b6 20.b4 ♘c4 21.♘xc4 dxc4 22.♘b2 g4 23.♔g1 und hier einigte man sich – noch recht früh und damit schiedlich friedlich – auf Remis.

7.♘c3 c6

Logischer erscheint 7...d6!, um die Lage im Zentrum sofort zu klären.

8.d4 d5 9.♗d3 ♗h4+?

Nun kommt es zu Komplikationen, die zuvorderst Weiß begünstigen. Deshalb verdiente 9...♘e3!? Beachtung, um den starken weißen Läufer abzutauschen: 10.♗xe3 fxe3 11.♕xe3 ♘a6 12.a3 ♘c7 und nun hätte Weiß die Möglichkeiten 0–0 oder 0–0–0.

10.g3!

Das Material spielt in dieser scharfen Stellung keine Rolle. Weiß spielt auf Angriff.

10...fxg3 11.♗xh7+! ♔h8

11...♔xh7 12.hxg3+–

12.hxg3 ♗xg3+ 13.♔f1 ♘f2

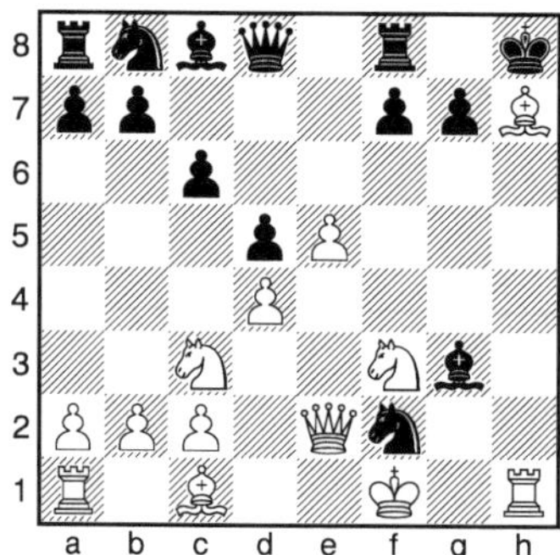

14.♕xf2!!

Ein Hingucker! Weiß opfert sehr schön die Dame, um die schwarze Stellung aufzubrechen. Zum Ziel führen sollte auch 14.♗g5! mit der möglichen Folge 14...♕e8 15.♔g2 ♘h3 (15...♘xh1 16.♖xh1+–) 16.♔xg3 (16.♕d3!?+–) 16...♔xh7 17.♘g1 f6 18.♘xh3 ♔g8 19.exf6 ♕xe2 20.♘xe2 gxf6 21.♗h6 ♖e8 22.♖ag1 und Schwarz kann aufgeben.

14...♗xf2 15.♔xf2 ♘d7

Nichts bringen würde auch 15...f6 16.♗f4 fxe5 17.♗xe5 ♕e7 18.♖ag1 ♖f6 19.♗xf6 ♕xf6 20.♖e1 ♗d7 21.♘xd5 cxd5 22.♗e4+ ♕h6

(22...♔g8 23.♗xd5+ wäre noch einfacher.)

23.♖xh6+ gxh6 24.♗xd5 ♘c6 25.♗xc6 ♗xc6 26.c4 und Weiß steht vor einem gewonnenen Endspiel.

16.♗g5 f6

Oder 16...♕b6 17.♖h4 f6

(17...g6 18.♗f6+ ♘xf6 19.exf6 g5 20.♘xg5 c5 21.♘e6+–)

18.♗g6+ ♔g8 19.♖ah1 und gegen das drohende Matt hilft keine Parade mehr.

17.♗g6+ ♔g8 18.♖h2!

Das Mattnetz wird vorbereitet.

18...fxg5 19.♖ah1 ♖xf3+ 20.♔xf3 g4+ 21.♔g3 ♔f8 22.♖h8+ ♔e7 23.♖xd8 ♔xd8 24.♖h8+ ♔e7

Etwas mehr Widerstand würde die Variante 24...♔c7 25.e6! ♘b6 26.e7 ♗d7 27.♖xa8 ♘xa8 28.e8♕+– leisten.

25.♖e8#

Partie Nr. 46
Gareyev – Fressinet
Bastia 2019

1.e4 e5 2.f4 exf4 3.♘f3 ♘f6 4.e5 ♘h5 5.♗e2 d6 6.0-0 dxe5

6...♘c6 haben wir im Kapitel 13 behandelt.

7.♘xe5 ♕d4+

Vor dem Hintergrund, dass Schwarz damit die mit Tempo verbundene Entwicklung des Königsflügels möglich geworden wäre, hätte 7...♗c5+!? den Vorzug verdient. Es hätte dann nach 8.♔h1 beispielsweise 8...♘f6 9.♘d3 ♗b6 10.♘xf4 0-0∞ folgen können.

8.♔h1 ♘f6

So geht Schwarz dem Abtausch der Leichtfiguren aus dem Weg.

Nach 8...♕xe5 kann Weiß zunächst die angreifbare Position der Dame mit 9.d4 zur Entwicklung nutzen, um sich im Anschluss die Figur zurückzuholen; z.B. 9...♕f5 10.♗xh5 ♗d6

(Im Duell De la Villa Garcia–Pons Boscana, Mallorca 2000, versuchte Schwarz 10...g5, worauf er im Anschluss in die Defensive geriet. Es folgte 11.♖e1+ ♔d8 12.♖e5 ♕f6 13.♘c3 ♕g7 14.♘e4 ♗e7 15.♕f3 f6 16.♖d5+ ♗d7 17.♘c5 ♗xc5 18.dxc5 ♘c6 19.♗xf4 gxf4 20.♖ad1 ♘e5 21.♖xd7+ ♕xd7 22.♕xb7 ♕xd1+ 23.♗xd1 ♔d7 24.c3 ♖hc8 25.♗b3 ♔e7 26.♕d5+- und Weiß gewann recht bald mit seinem 35. Zug.)

11.c4 c6 12.♘c3 g6 13.♗e2 0-0 14.♗xf4 ♗xf4 15.g3 g5?

(Über die Variante 15...♕d7!? 16.♖xf4 f5 17.♕d2± wäre die Partie noch zu halten gewesen.)

16.gxf4 gxf4 17.♕d2+–, Hassan–Bonigala, FPart 2001.

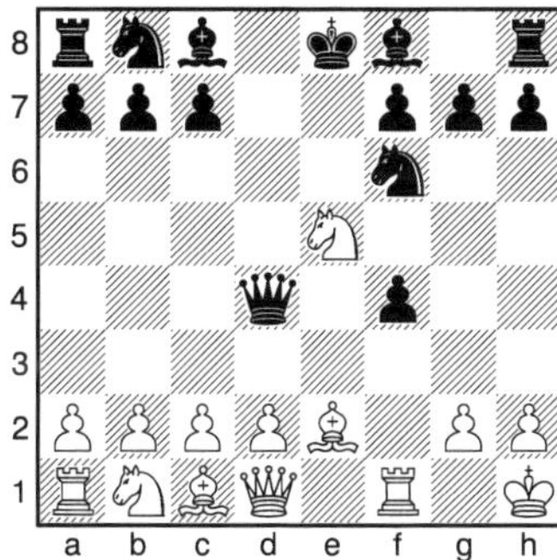

9.♕e1

– Zu prüfen ist 9.♗f3!? mit der Idee c2-c3 und d2-d4.

– Mehrfach in der Praxis erprobt wurde die Alternative 9.♘f3. Es ist noch nicht geklärt, wohin die Dame am besten ausweichen sollte, z.B. 9...♕b6

(– 9...♕d6 10.d4 ♘c6 11.c4±, Ventimiglia–Martin, FPart 2000.

– Als Gegenstand für weitere Forschungen empfiehlt sich 9...♕d8!?)

10.d4 ♗d6

A) 11.c4 c5 12.♘c3

(12.dxc5 ♗xc5 13.♗xf4 0-0 14.♘c3±, Eliseev–Krylov, Bor 2000)

12...0-0 13.dxc5 ♗xc5 14.♘a4 ♕c7 15.♘xc5 ♕xc5 16.♗xf4 ♖e8 17.♗d6 ♕b6 18.c5! ♕xb2 19.♗c4 ♗f5 20.♘g5 ♗g6 21.♘xf7! ♗e4

(21...♗xf7 hilft nichts. Folgen kann 22.♗xf7+ ♔xf7 23.♕h5+ g6 24.♕xh7+ ♔e6 25.♖ae1+ ♔d5 26.♕f7+ ♔c6 27.♕c7+ ♔d5 28.♖d1+ mit baldigem Matt.)

22.♘g5+ ♔h8 23.♘xe4 ♘xe4

(23...♖xe4 24.♖b1 ♕d4 25.♕b3 ♘bd7 26.♕xb7 ♖ee8 27.♗b5 ♖ad8 28.♖bd1+–)

24.♗f7 ♖d8 25.♗e5 ♖xd1 26.♖axd1 ♕d2 27.♖xd2 ♘xd2 28.♖e1 ♘d7 29.♗f4+–, McDonald–Rovan, LSS FPart 2008.

B) Ein initiatives Spiel erlangt Weiß mit 11.♘a3, wenn sein Gegner dies zulässt. Für den Springer soll a3 nur ein Transferfeld auf dem Weg nach c4 sein; z.B. 11...0-0

(Mit 11...♗xa3!? kann Schwarz die weißen Pläne durchkreuzen: 12.bxa3 ♕d6 13.♘e5 g5∞.)

12.♘c4 ♕c6 13.♘fe5 ♕d5 14.♗xf4 ♘bd7 15.♘xd6 cxd6 16.♗c4 ♕e4 17.♗d3 ♕d5 18.c4 ♕e6 19.♘xd7 ♕xd7

Weiß hat bereits eine klar bessere Stellung erreicht, ohne dass Schwarz viel dagegen unternehmen konnte. In Moyses–Reinecke, freechess.de FPart 2013, folgte 20.♗g5 ♘e8 21.♕h5 g6 22.♕h4 ♘g7 23.♖ae1 ♕g4 24.♕h6 ♕h5 25.♕xh5 ♘xh5 26.♗e7 ♖e8 27.♗xd6+–.

9...♗e6

Schwarz sollte sich besser beeilen, seinen König in Sicherheit zu bringen. In Frage kam deshalb 9...♗d6!? mit der möglichen Folge 10.♘f3 ♕e4 11.c4 0-0 12.♘c3 ♕f5 13.d4 ♘c6 14.c5 ♗e7 und weitgehend ausgeglichenen Chancen.

10.♗f3 c6 11.c3 ♕d8 12.d4

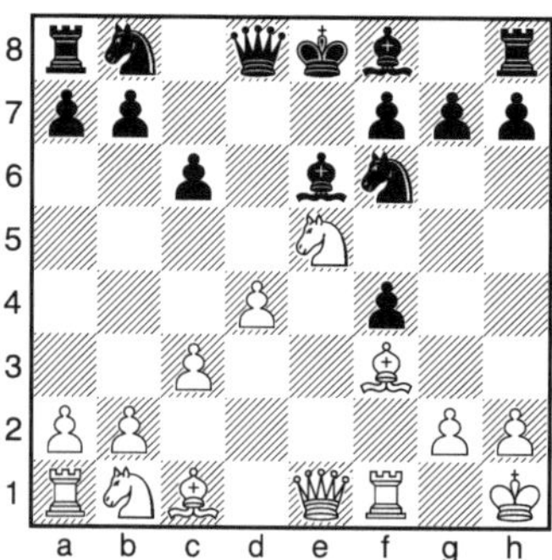

12...g5?

Dies ist der Auftaktzug eines falschen Plans, der Schwarz deshalb nur Ärger einbringen wird. Notwendig war 12...♗e7!?; z.B. 13.♗xf4 0-0 nebst ♘b8-d7 mit Chancen auf Ausgleich.

13.g3 g4

Noch zu versuchen war 13...♘bd7!? usw.

14.♘xg4 ♘xg4 15.♗xg4 ♕d5+ 16.♗f3 ♕f5 17.♗xf4 ♘d7 18.♘d2

Stark war 18.♗e5!+–. Der Partiezug gewinnt allerdings auch.

18...0-0-0 19.♕e2 ♗d5 20.♘c4 ♘b6 21.♘xb6+ axb6 22.♔g1 ♗xf3 23.♕xf3 h5 24.♗e5 ♕xf3 25.♖xf3 ♖h7 26.♖af1 ♖d7 27.♖e1 ♖e7 28.♔f2 ♔d7 29.♖e4 b5 30.♖ef4 ♔e8 31.♗d6 ♖e6 32.♗xf8 ♔xf8 33.♖f5 h4 34.g4 h3 35.♖h5 ♖g7 36.g5 ♖eg6 37.♖g3 ♔e7 38.♔f3 ♔e6 39.♔f4 ♔e7 40.♖hxh3 ♖e6 41.♖e3 ♖gg6 42.♖xe6+ ♔xe6 43.♖h6 ♔e7 44.♖xg6 fxg6 45.♔e5

Schwarz gab auf.

Partie Nr. 47
Carlsen – Ding
chess24.com INT 2020

1.e4 e5 2.f4 exf4 3.♘f3 ♘f6 4.e5 ♘h5 5.♕e2 ♗e7 6.d4 0-0

Auf 6...g6 sind wir kurz im Kapitel 13 eingegangen.

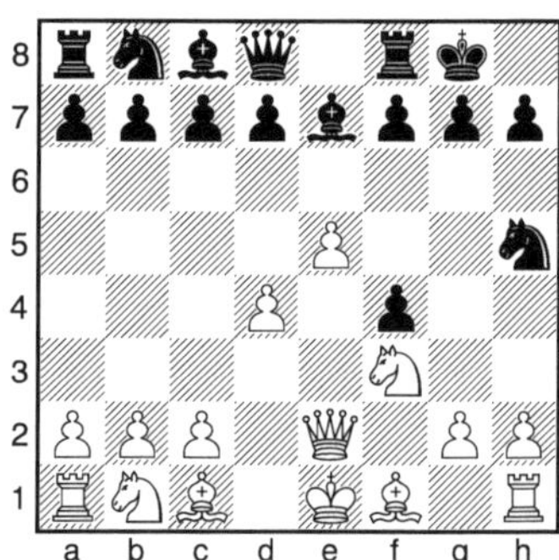

7.♘c3

Nicht zu empfehlen ist 7.g4?. So wird zwar häufig im Königsgambit gespielt, hier aber ist dieser Vorstoß unangebracht, z.B. 7...fxg3

A) Nach 8.♘c3 d6 ist die weiße Stellung schlecht, aber noch nicht hoffnungslos. In einer unter Turnierbedingungen ausgetragenen Partie kann Weiß noch auf ein Straucheln seines Gegners hoffen. Fortsetzen könnte er beispielsweise mit 9.♗e3 und der Absicht, im Anschluss lang zu rochieren. Im Falle von ♗c8-g4 kommt die Dame auf g2 unter.

Im Duell Belotti–Tatai, Reggio Emilia 1993, wollte sich Weiß dem Druck des Gegners vermutlich nicht lange aussetzen und klärte die Situation zum eigenen Nachteil sofort mit 9.hxg3. Nach 9...♘xg3 10.♕h2 ♘xh1 hätte er eigentlich schon aufgeben können. Es folgte 11.♗d3 g6 12.♕h6 ♘f2 13.♔xf2 dxe5 14.♗e3 ♘d7 mit einer für Weiß leicht zu gewinnenden Stellung.

B) 8.♕g2 d6 9.hxg3

(9.♗d2 ♘c6 10.♘c3 dxe5 11.dxe5 ♘d4∓)

9...♗g4 10.♗e3 ♘c6 11.♘bd2 dxe5 12.dxe5 ♕d5–+ Malecki–Kucza, Wroclaw 2018

7...d6 8.♗d2 ♗g4 9.0-0-0 ♘d7

9...♘c6 10.♕e4 g6 11.♗c4 ♘a5 12.♗f1 c6 13.♕e1 d5 14.♔b1 ♘c4 15.♗xc4 dxc4 16.♘e2 b5∓, Grabarczyk–Kveinys, Polanica Zdroj 1993

10.♕e1

10.♕e4 dxe5 11.dxe5 ♘c5 12.♕e1 ♕e8 13.♘d5 ♖d8 14.♗b4 c6 15.♘xe7+ ♕xe7 16.♖xd8 ♖xd8 17.♕c3 b6∓, Baroin–Yepez Gutierrez, ICCF FPart 2006

10...c6

10...♖e8 11.♗e2 c5!∓

11.♗e2 ♖e8 12.g3 dxe5

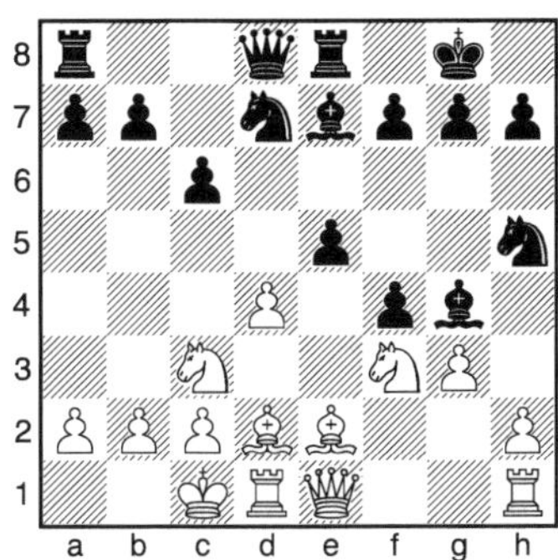

13.♘xe5?

Ein Fehler in einer dynamischen Lage und zudem unter den Bedingungen einer kurzen Bedenkzeit. ◯13.dxe5! fxg3 14.hxg3 g6 15.♘e4 mit guten Aussichten für Weiß.

13...♘xe5 14.dxe5 f3 15.♗d3 ♕d4!

Im Falle von 15...f2 16.♕xf2 ♗xd1 17.♖xd1 hätte Weiß als Kompensation für den Nachteil der Qualität die Initiative, nicht zuletzt auch gestützt auf sein starkes Läuferpaar.

16.♕e4 ♕xe4 17.♘xe4 f2 18.♖df1 ♗f3 19.g4 ♗h4 20.gxh5 ♖xe5 21.♘g3 ♖ae8 22.♗c3 ♗g5+ 23.♔b1 ♗xh1

Weiß gab auf.

Partie Nr. 48
Schulman – Petukchow
Wladiwostok 1995

1.e4 e5 2.f4 exf4 3.♘f3 ♘f6 4.e5 ♘h5 5.d4 d5 6.♗e2 ♗g4 7.0-0 ♗e7 8.♘e1 ♗xe2 9.♕xe2 g6 10.♘d3 ♘c6 11.c3 ♕d7 12.♘xf4 ♘xf4 13.♗xf4 h6

Die Alternativen haben wir im Kapitel 13 besprochen.

14.♗e3 ♖h7 15.♕d2 ♗f8 16.♕d3

Der ♙h6 ist wirksam verteidigt, deshalb gruppiert Weiß seine Kräfte um. Die Dame räumt das Feld d2 für den Springer.

16...0-0-0 17.♘d2 ♗e7 18.b4

Weiß gewinnt das Rennen um den Preis, wer zuerst seinen Angriff gegen den gegnerischen König auf das Brett bekommt.

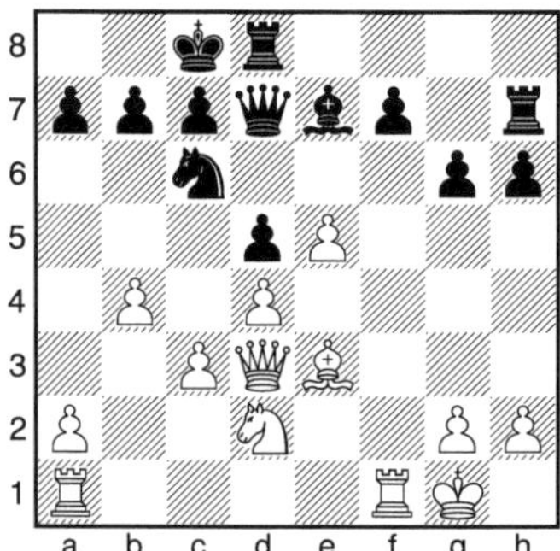

18...♖e8?

Dieser Zug bedeutet eigentlich nur Zeitverlust. Besser war 18...♖f8!?, um den Vorstoß f7–f5 vorzubereiten.

19.♘b3 ♕e6 20.a4 ♘d8 21.b5 ♖hh8 22.♗d2

22.a5 war wohl energischer.

22...♖ef8

22...f5 geht nicht wegen 23.exf6 ♗xf6 24.♘c5 ♕e7 25.♕h3+ mit Materialgewinn.

23.a5 ♔b8

Auf 23...f5 würde 24.b6! folgen und nach dem weiteren Geplänkel mit 24...cxb6 25.axb6 a6 26.♘a5 hätte Weiß starken Angriff.

24.♖ae1

Gegen f7–f5 gerichtet.

24...a6

24...f5? 25.exf6+–

25.♖b1! axb5 26.♕xb5 ♕c6 27.♕d3 ♔a7 28.♗e3 f5

Endlich kommt Schwarz zum lange geplanten Zug, aber Weiß ist ruckzuck auf der anderen Seite.

29.♘d2 ♘e6 30.♖b5 ♕a6 31.c4 c6 32.♖b6 ♕xa5 33.c5 ♔b8 34.♖fb1 ♘d8 35.♘b3 ♕a4 36.♕d2 g5 37.♖a1 ♕c4 38.♘a5

Schwarz gab auf.

Partie Nr. 49
Bangijew – Schunk
Deutschland 1999

1.e4 e5 2.f4 exf4 3.♘f3 ♘f6 4.e5 ♘h5 5.d4 d5 6.♗e2 ♗g4 7.0-0 g6 8.h3

Zu 8.♘e1 siehe Kapitel 13.

8...♗e6

Schwarz wollte den Läufer behalten, denn nach 8...♗xf3 9.♗xf3 ♘g3 10.♖e1 g5 11.c4 c6 12.cxd5 cxd5 13.♘c3 ♗b4 14.a3 ♗xc3 15.bxc3 ♘c6 16.♕b3 0-0 17.♗xd5 stünde Weiß klar besser.

9.♖f2 ♗e7

Hier konnte Schwarz energischer vorgehen: 9...c5!? 10.c3 ♘c6 usw.

10.♘h2 ♗h4 11.♖f1 ♘g3 12.♖xf4 ♗g5 13.♖f2 ♘e4 14.♖f3

Natürlicher war 14.♖f1!? ♘g3 15.♖e1 usw.

14...h5

Weniger Kompromissbereitschaft vermittelte 14...c5!?.

15.♘d2 c5 16.c3 ♘c6 17.♘b3 ♖c8 18.♖f1 c4 19.♘c5

Ein erzwungenes Bauernopfer. 19.♘d2?? ♗e3+ –+

19...♘xc5 20.dxc5 ♕e7?

Ein schwacher Zug: Schwarz lässt den klaren Vorteil nach 20...♘xe5! aus.

21.♘f3 ♕xc5+ 22.♔h1 ♗e7 23.♗f4

Jetzt ist es Weiß gelungen, seinen Bauern auf e5 zu festigen.

23...b5 24.♕d2 b4 25.♗d1 ♕a5 26.♗c2 ♖g8 27.h4 ♔d7 28.♕e1 bxc3 29.bxc3 ♖b8 30.♘g5 ♗xg5?

Schwarz sollte seinen starken Läufer nicht tauschen, sondern sofort 30...♖b2! ziehen.

31.♗xg5 ♖b2 32.♖f2 ♖b7 33.♕e3 ♔c8 34.♕g3 ♕a3 35.♗c1 ♕a5 36.a4 ♕c7 37.♗f4 ♘a5 38.♖af1 ♘b3 39.♗e3 ♕c6 40.♗f5!

Der Abtausch der weißfeldrigen Läufer soll die schwarze Stellung nachhaltig schwächen.

40...♖e7 41.♕g5 ♕e8 42.♗xe6+ fxe6 43.a5 a6

43...♘xa5?? 44.♗c5+–

44.♗b6 ♔d7 45.♕h6 ♕b8 46.♕e3 ♕c8 47.♖f7 ♕e8 48.♖7f6 ♕c8 49.♖1f3 ♔c6 50.♖f7 ♕b7 51.♖f8 ♖e8 52.♖xg8 ♖xg8

In dieser schon deutlich vereinfachten Stellung liegt der weiße Vorteil klar auf der Hand.

53.♕f2 ♖g7 54.♖f8 ♔b5 55.♔g1 ♖d7 56.♕a2 d4 57.♗xd4

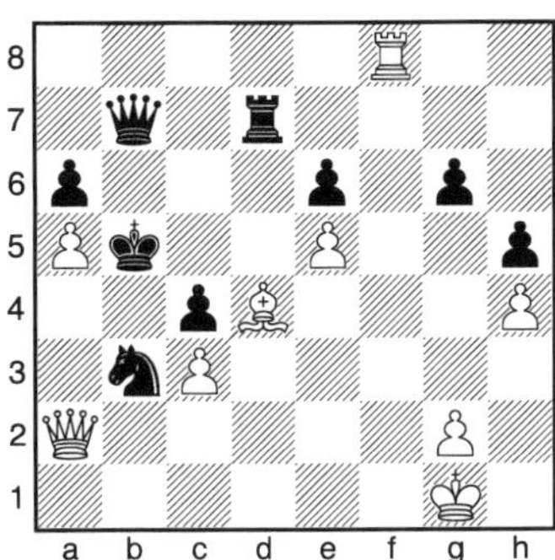

57...♔c6?

Nun kann Weiß den Sekt schon mal kalt stellen, der schwarze Fehlgriff führt endgültig zum Verlust. Notwendig war 57...♘xd4! 58.cxd4 ♕d5 59.♖f4 c3⇄.

58.♖f6! ♖e7 59.♗b6 ♔d7 60.♖f8 ♔c6 61.♖d8 ♔b5 62.♕a3 ♕e4 63.♕b4+ ♔c6 64.♖c8+

Schwarz kapitulierte.

Partie Nr. 50
Spasski – Bronstein
Leningrad 1960

1.e4 e5 2.f4 exf4 3.♘f3 d5 4.exd5 ♗d6 5.♘c3

Andere Fortsetzungen haben wir im Kapitel 14 besprochen.

5...♘e7

Im Falle von 5...♘f6 sollte Weiß 6.♗c4 spielen; z.B. 6...0-0 7.0-0 c6 8.d4 mit guten Perspektiven.

6.d4 0-0

6...c6!? wird von einigen Theoretikern empfohlen.

7.♗d3 ♘d7

Es kommt auch 7...c6!? in Frage.

8.0-0 h6?

Ein Fehler, weil Schwarz seinen Königsflügel schwächt. Zu beachten waren hier die Züge 8...♘f6!? und 8...♘g6!?.

9.♘e4! ♘xd5 10.c4 ♘e3 11.♗xe3 fxe3 12.c5 ♗e7 13.♗c2!

Der Läufer macht das Feld d3 für die Dame frei.

13...♖e8 14.♕d3 e2

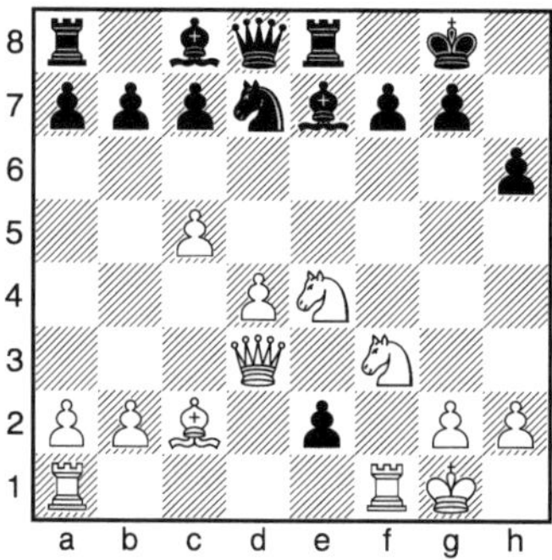

Der Bauer sucht den Freitod, er war aber ohnehin verloren.

15.♘d6!?

Weiß präsentiert dem Gegner einen sehr effektvollen Zug. Einfacher und sicherer war 15.♖f2!.

15...♘f8?

Dieser Fehler hilft Weiß, eine hübsche Kombination auf das Brett zu bringen.

Die beste Verteidigung für Schwarz war laut einer späteren Analyse 15...♗xd6! 16.♕h7+ ♔f8 17.cxd6 exf1♕+!

(17...cxd6?? 18.♖f2 ♘f6 19.♕h8+ ♘g8 20.♗h7+–)

18.♖xf1 cxd6 19.♕h8+ ♔e7 20.♖e1+ ♘e5 21.♕xg7 ♖g8! 22.♕xh6 ♕b6! 23.♔h1 ♗e6 24.dxe5 d5 und Schwarz sollte sich retten können.

16.♘xf7! exf1♕+ 17.♖xf1 ♗f5

Andere Züge verlieren auch:

– 17...♔xf7 18.♘e5+ ♔g8 19.♕h7+! ♘xh7 20.♗b3+ ♔h8 21.♘g6#

– 17...♕d5 18.♗b3! ♕xf7

(18...♕h5 19.♘xh6+ ♔h8 20.♘f7+ ♔g8 21.♘d8+ ♔h8 22.♘e5 ♗xd8 23.♖xf8+ ♖xf8 24.♘g6+ ♕xg6 25.♕xg6 ♗f5 26.♕h5+ ♗h7 27.♗c2 g6 28.♗xg6+–)

19.♗xf7+ ♔xf7 20.♕c4+ ♔g6 21.♕g8! ♗f6

(21...♗e6 22.♘e5+ ♔h5 23.♕xg7+–)

22.♘e5+ ♗xe5 23.♕f7+ ♔h7 24.♕xe8 ♗xd4+ 25.♔h1 ♘g6 26.♖d1 ♗xc5 27.♖d8 ♘e7 28.h4! ♗d6 29.h5+–

18.♕xf5 ♕d7 19.♕f4 ♗f6 20.♘3e5 ♕e7

20...♗xe5 21.♘xe5 ♕e7 22.♕e4 g6 23.♖xf8+! ♖xf8

(23...♕xf8 24.♗b3+ ♔h7 25.♕xg6+ ♔h8 26.♘f7+ +–)

24.♗b3+ ♔h7 25.♕xg6+ ♔h8 26.♕xh6+ ♕h7 27.♘g6#

21.♗b3 ♗xe5 22.♘xe5+ ♔h7

Nach 22...♔h8 23.♕e4 g6 24.♕xb7 hätte Weiß zwei Bauern mehr.

23.♕e4+

Schwarz gab auf.

Partie Nr. 51
Charbonneau – Lesiege
Montreal 2002

1.e4 e5 2.f4 exf4 3.♘f3 d5 4.exd5 ♘f6 5.♗c4 ♗d6 6.0-0 0-0 7.d4 c6

Zu 7...♘bd7 siehe Kapitel 14, Abspiel 1.

8.♘c3 ♗g4 9.♕d3

Mit der Idee, über die folgenden Züge ♗c1-d2 und ♖a1-e1 die Entwicklung zu vollenden.

9...cxd5

Günstig für Weiß ist 9...♗xf3 10.♖xf3 b5 11.♗b3 b4 12.♘e2 cxd5 13.♗xf4±.

10.♘xd5 ♘xd5 11.♗xd5 ♘c6 12.c3 ♕f6 13.♗d2 ♖ae8 14.♖ae1 ♗c7 15.♗e4 h6

Auf 15...♕h6 ist 16.♕b5 ♗b6 17.♘g5 usw. stark.

16.b4 ♖d8 17.d5 g5 18.♕c2 ♘e5 19.c4 ♗xf3

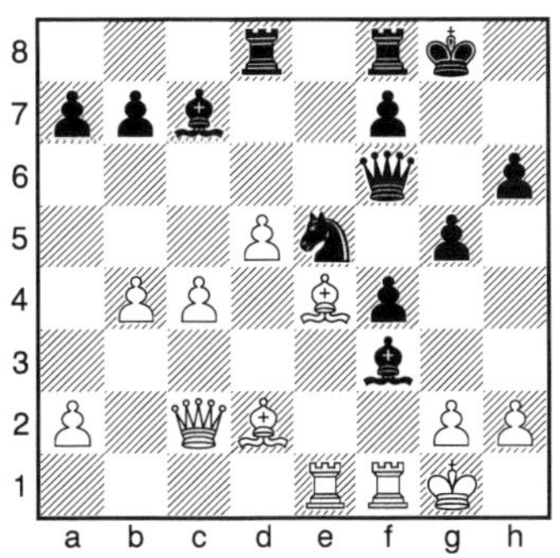

20.gxf3!?

Die richtige Entscheidung! Der wichtige Läufer auf e4 wird gestützt, die weißfeldrigen Stellungsschwächen im schwarzen Lager werden fixiert.

20...g4 21.fxg4 ♘xg4 22.♔h1 ♕h4 23.♗c3

Es droht das Matt auf h7.

23...f5?

Damit schwächt Schwarz nur seine Königsstellung. Erforderlich war deshalb 23...♖fe8, um erst mal das weitere Geschehen abzuwarten.

24.♗f3 ♕h5 25.c5 ♖de8 26.d6 ♗d8 27.♖xe8 ♖xe8 28.♖g1

Viel einfacher war 28.♗xg4! fxg4 (28...♕xg4 29.♖g1+–) 29.♕b3+ ♕f7 30.♕xf7+ ♔xf7 31.♖xf4+ mit Materialgewinn.

28...♖e3 29.♖f1 ♖xc3 30.♗xg4!

30.♕xc3?? ♕xh2#.

30...♖xc2 31.♗xh5

Entstanden ist ein für Weiß gewonnenes Endspiel.

31...b6

31...♖xa2 32.♗f3+–

32.♖e1 ♗h4 33.d7! bxc5 34.bxc5 ♖xc5 35.♖e8+ ♔g7 36.d8♕ ♗xd8 37.♖xd8 ♔f6 38.♗d1 ♖c3 39.♔g2 f3+ 40.♔f2 ♔e5 41.♖d2 ♔e4 42.♖b2 a5 43.♖b3 ♖c1 44.♗xf3+ ♔f4 45.♖a3 ♖c2+ 46.♗e2 ♖c5 47.♖h3 ♖c2 48.♖h4+ ♔e5 49.♖a4 ♖c5 50.♖c4 ♖d5 51.a4 f4 52.♖c6

Schwarz gab sich geschlagen.

Partie Nr. 52
Macieja – Karpow
Warschau 2003

1.e4 e5 2.f4 d5 3.exd5 exf4 4.♘f3 ♘f6 5.♗c4 ♘xd5 6.♗xd5 ♕xd5 7.♘c3 ♕d8 8.d4 ♗b4 9.0-0 0-0 10.♕d3 ♘c6 11.♗xf4 ♘e7 12.♘e4

Eine gute Alternative war 12.♖ae1!? (siehe Kapitel 14, Abspiel 1).

12...♗f5 13.c3 ♘g6 14.♗d2 ♗e7 15.♘fg5

15.♘f6+ ♗xf6 16.♕xf5 ♕c8 17.♕xc8 ♖axc8 18.♖ae1 führt zu einem kleinen Vorteil.

15...♗xg5 16.♖xf5 ♗xd2 17.♘xd2 ♕d7 18.♖af1 ♖ae8 19.♘e4

Weiß steht etwas aktiver, aber Schwarz verfügt über eine stabile Stellung.

19...♖e7 20.♘g5 h6 21.♘xf7 ♖exf7 22.♖xf7 ♖xf7 23.♕xg6 ♖xf1+ 24.♔xf1 ♕b5+ 25.♔g1 ♕xb2 26.♕e6+ ♔h7 27.♕f5+ ♔h8 28.♕c8+ ♔h7 29.♕xc7?

Weiß verschmäht das forcierte Remis mit 29.♕f5+ ♔h8 30.♕c8+. Der weitere Verlauf der Partie zeigt, dass dies eine falsche Entscheidung war.

29...♕b1+ 30.♔f2 ♕xa2+ 31.♔e3 ♕xg2 32.c4

Weiß hat sich einen starken Freibauern verschafft, aber Schwarz hat alles unter Kontrolle.

32...♕g1+ 33.♔d3 ♕b1+ 34.♔e3 ♕e1+ 35.♔d3 ♕b1+ 36.♔d2 ♕b2+ 37.♔e3 ♕c3+! 38.♔e4 a5!

Schwarz steht nun klar besser.

39.♕xb7

Nach 39.c5 ♕c2+ 40.♔e3 a4 41.♕xb7 a3 wäre Schwarz einfach schneller; z.B. 42.c6 ♕c3+ 43.♔e4 a2 44.c7 a1♕ 45.c8♕ ♕xd4+ mit schnellem Matt.

39...♕xc4 40.♕b1 ♕e6+ 41.♔f4+ ♕g6 42.♕a2

Aber nicht 42.♕xg6+? ♔xg6 43.♔e5 a4 44.d5 a3 45.d6 a2 und der schwarze Bauer wäre schneller am Ziel.

42...♕d6+ 43.♔e4 ♕e7+ 44.♔d3 ♕b4 45.♔e3 a4 46.♕c2+ ♔g8 47.♕c8+ ♔f7

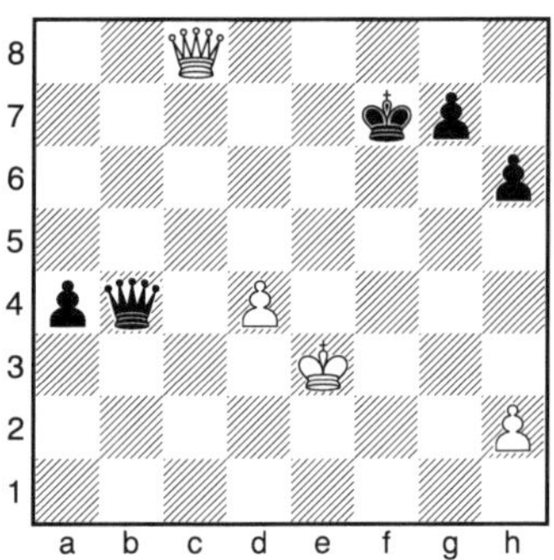

48.d5?

Eine sichere Rettung wäre nach 48.♕f5+! möglich; z.B. 48...♔e7 49.♕e5+ ♔d7 50.♕xg7+ ♕e7+ 51.♕xe7+ ♔xe7 52.♔d3 ♔d6 53.♔c4 h5 54.h4 a3 55.♔b3 ♔d5 56.♔xa3 ♔xd4 57.♔b2 ♔e3 58.♔c1 ♔f3 59.♔d1 ♔g3 60.♔e1 ♔xh4 61.♔f2 mit Remis.

48...♕e7+ 49.♔d3 a3 50.♕a6 ♕e5 51.d6 ♔e6 52.♕c8+?

Führt endgültig in die Niederlage. Notwendig war 52.♕xa3! und nach 52...♕xd6+ 53.♕xd6+ ♔xd6 54.♔e4

♔e6 55.♔f4 ♔f6 56.h3 rettet Weiß das Bauernendspiel.

52...♔xd6 53.♕b8+ ♔e6

Weiß gab auf.

Partie Nr. 53
Nakamura – Adams
London 2011

1.e4 e5 2.f4 exf4 3.♘f3 d5 4.exd5 ♘f6 5.♗c4 ♘xd5 6.0-0 ♗e6 7.♗b3 c5

Andere Züge haben wir im Kapitel 14, Abspiel 1 vorgestellt.

8.♔h1

Besser gefällt uns 8.d3!. Der Königszug ist momentan einfach nur ein Tempoverlust.

8...♘c6

Ein anderer Plan führt über 8...♗e7 mit der weiteren Entwicklung des Königsflügels.

9.d4 c4!

Jetzt wird es klar, dass 8.d3 notwendig war.

10.♗a4

Leider praktisch erzwungen. 10.♗xc4 ist schlecht wegen 10...♘e3 11.♗xe3 ♗xc4 12.♗xf4 ♗xf1 13.♕xf1 ♗d6 und Schwarz steht besser.

10...♗d6 11.b3 c3 12.♕d3 0-0 13.♗xc6 bxc6 14.♘xc3 ♖e8 15.♘xd5 ♗xd5 16.c4 ♗e4 17.♕c3 a5 18.a3 f6 19.♗b2 ♖a7 20.♖ad1 ♖ae7 21.b4 axb4 22.axb4 ♔h8 23.♕b3 ♖b7 24.♗c3 ♕b8 25.b5 cxb5 26.c5 b4 27.♗d2 ♗f8 28.♖de1 g5 29.♕c4 g4 30.♘h4 f3

Stark war 30...b3!?.

31.d5 fxg2+ 32.♘xg2 ♗f3 33.♔g1 ♖c8 34.c6 ♖b5 35.♘f4

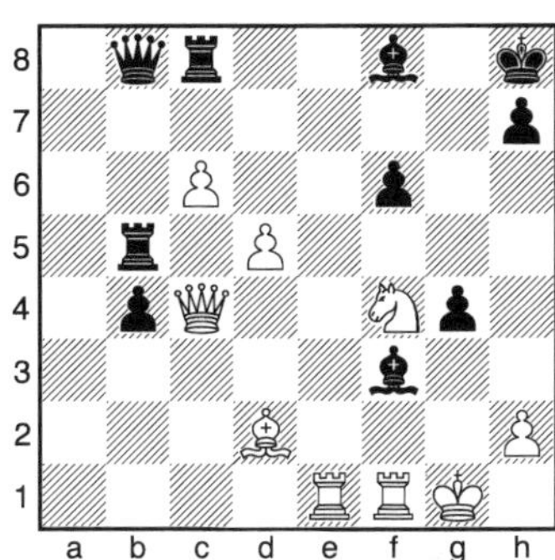

35...♗c5+?

Damit wirft Schwarz seinen großen Vorteil weg. Logisch war 35...b3!, um die Kraft seines Freibauern auszunutzen.

36.♗e3 ♗xe3+?

Das Schachspiel ist doch ungerecht. Schwarz stand die ganze Zeit auf Gewinn und mit zwei schwachen Zügen verdirbt er sich den Erfolg seiner ganzen Arbeit. 36...♕b6! war noch gut. Nach dem Partiezug übernimmt Weiß die Initiative.

37.♖xe3 ♕b6 38.♖fe1 b3 39.♕c3 ♖f8 40.♘e6 b2 41.c7

Schwarz gab auf.

Partie Nr. 54
Angelov – Marinescu
Bukarest 1995

1.e4 e5 2.f4 exf4 3.♘f3 d5 4.exd5 ♘f6 5.c4 c6 6.d4 ♗b4+ 7.♘c3 cxd5 8.♗xf4 0-0 9.♗d3 dxc4 10.♗xc4 ♗g4 11.0-0 ♘c6 12.a3 ♗a5 13.d5 ♘d4

14.♔h1 ♘xf3 15.gxf3 ♗h5

Zu 15...♗h3 siehe Kapitel 14, Abspiel 2.

16.♗g5 ♖c8

Schwarz sollte am besten mittels 16...h6!? die Fesselung des Springers klären.

17.♕d4 ♗b6 18.♕h4 ♗g6

18...h6 19.♗xf6 ♕xf6 20.♕xf6 gxf6 21.♗d3 ♖fd8=

19.♗b3 ♖e8 20.♖fe1 ♕d6 21.♗xf6 ♕xf6 22.♕xf6 gxf6 23.d6

Ist dieser Freibauer gefährlich?

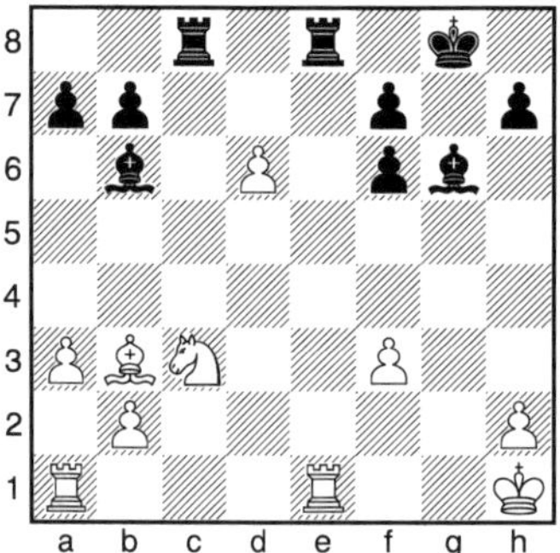

23...♖e5

Nach 23...♖xe1+! 24.♖xe1 ♖d8 25.♖d1 ♔f8 wäre das Endspiel völlig ausgeglichen. Nach dem Partiezug bekommt Weiß einen kleinen Vorteil.

24.♘d5 ♗d8 25.♖xe5 fxe5 26.♖e1 ♖c6??

Ein schwerer Fehler, der den Ausgang der Partie sofort entscheidet. 26...♔g7! war notwendig.

27.♘e7+ ♔f8

27...♗xe7 28.dxe7 ♖c8 29.♖xe5 ♖e8 30.♗a4+-

28.♘xc6 bxc6 29.♖xe5 f6 30.♖c5 ♗b6 31.♖xc6 ♔e8 32.♗e6 ♗d3 33.♖c8+ ♗d8 34.♖a8 a6 35.♖a7 ♗e2 36.♔g2

36.♖g7! ♗xf3+ 37.♔g1 würde den Sieg ebenfalls sichern.

36...h5 37.♖g7

Schwarz kapitulierte.

Partie Nr. 55
Nakamura – Kosteniuk
Saint Louis 2011

1.e4 e5 2.f4 exf4 3.♘f3 d5 4.exd5 ♘f6 5.♗b5+ ♘bd7

Andere Antworten sind im Kapitel 14, Abspiel 3, zu finden.

6.c4

In der Partie Arribas Lopez–Gopal, Barcelona 2011, erreichte Weiß nach 6.0-0 ♘xd5 7.♖e1+ ♗e7 8.♘c3 ♘xc3 9.dxc3 0-0 10.♗xf4 ½-½, keinen Eröffnungsvorteil.

Der Partiezug sieht logisch aus: Weiß verteidigt seinen Bauern auf d5.

6...♕e7+ 7.♕e2 a6

Oder 7...♕xe2+ 8.♔xe2 a6 9.♗xd7+ ♗xd7 10.d4 ♘h5 11.♔f2 0-0-0 12.♘c3 h6 13.♘e5 und Weiß steht etwas besser, Nakamura–A. Ivanov, Ledyard 2009.

8.♗xd7+ ♗xd7 9.♘e5

Es geht sofort 9.d4!?.

9...0-0-0 10.d4 ♖e8

Die kritische und für eine tiefe Analyse prädestinierte Stellung entsteht nach 10...g5!?.

11.♗xf4 ♘g4 12.h3 ♘h6 13.♘c3 f6

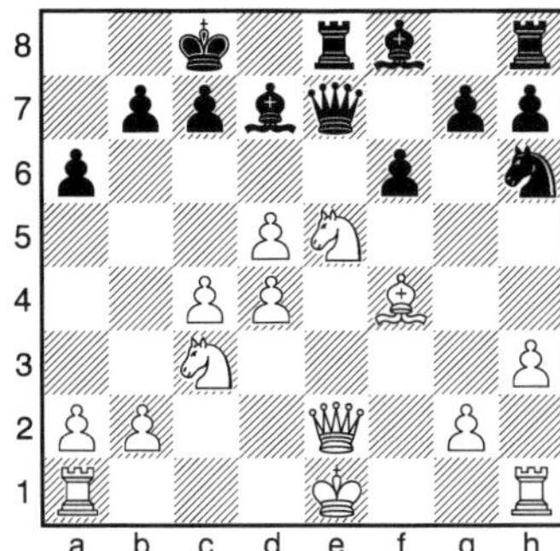

14.0-0-0!

Der einzige Zug. Nach 14.♘d3?? g5 15.♗h2 ♕g7 16.♘e5 ♗d6 verliert Weiß Material.

14...fxe5

Die Annahme des Opfers verschafft Weiß eine starke Initiative. Aus diesem Grund sollte Schwarz 14...g5!? 15.♗h2 ♕b4 überlegen.

15.dxe5 g5 16.♗h2 ♗g7 17.♖he1 ♕b4 18.a3 ♕b3 19.♕e3?

Weiß verpasst einen starken Angriff nach 19.♕d2! ♕xc4 20.♖e4 ♕c5 21.b4 ♕b6

(21...♕f8 22.e6 ♗b5 23.♘xb5 axb5 24.♕c2 ♖e7 25.d6+-)

22.e6 ♗b5 23.a4 ♘f5 24.axb5 axb5 25.♕d3 ♔b8 26.♘xb5+-.

19...♗f5!

Nun steht Schwarz besser.

20.♖d2 ♘f7 21.e6 ♘d6??

Dieser schwere Fehler verpatzt die Partie. Nach 21...♗xc3! 22.♕xc3 ♕xc3+ 23.bxc3 ♘d6 stünde Schwarz klar besser.

22.♕a7!

Der entscheidende Zug.

22...♗xe6 23.dxe6 ♖xe6 24.♖xe6 ♗xc3 25.bxc3 ♕xc3+ 26.♔d1 ♕b3+ 27.♔e1 ♔d7 28.♖dxd6+! cxd6 29.♖xd6+ ♔e7 30.♕c5 ♖e8 31.♕e5+ ♔f7 32.♖f6+ ♔g7 33.♖e6+

Schwarz gab auf.

Partie Nr. 56
Spasski – Sacharow
Leningrad 1960

1.e4 e5 2.f4 exf4 3.♘f3 d5 4.exd5 ♘f6 5.♗b5+ c6 6.dxc6 bxc6 7.♗c4 ♘d5 8.0-0 ♗d6 9.♘c3 ♗e6 10.♘e4 ♗e7

Zu 10...♗c7 siehe Kapitel 14, Abspiel 3.

11.♗b3 0-0

11...♘d7 12.d4 ♘7f6 13.♘eg5 ♗g4 14.♕d3 ♘d7 15.♗xd5 cxd5 16.♗xf4±, Tal–Winter, Prag 1960

12.d4 ♘d7

Im Duell Filipowicz–Puig, Leipzig 1960, geschah 12...a5 13.a3 a4 14.♗a2 ♘a6 (14...♘d7!?) 15.♕e2 ♗f5 16.♔h1 ♖e8 17.♘e5 mit besseren Chancen für Weiß.

13.♕e2 g5?

Nicht zu empfehlen. Schwarz verteidigt den f-Bauern, zugleich aber schwächt er seine Königsstellung.

Er sollte 13...c5 spielen; z.B. 14.dxc5 ♘xc5 15.♘xc5

(Nach 15.♖d1 ♕b6 16.♗xd5 ♗xd5 17.♖xd5 ♘xe4+ 18.♔f1 f5 oder 15.♘d4 ♕b6 16.c3 ♖ad8 hätte sich Schwarz ausgezeichnete Möglichkeiten erarbeitet.)

15...♗xc5+ 16.♔h1 ♖e8 usw.

14.c4 ♘5b6 15.h4 h6 16.hxg5 hxg5

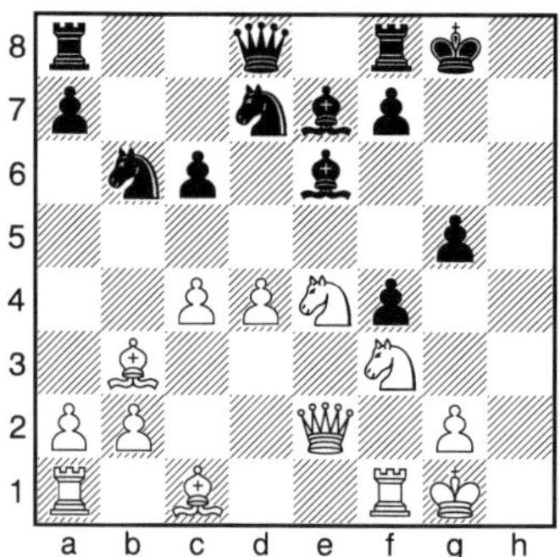

17.♘fxg5!

Ein exzellenter Zug: Die schwarze Stellung bricht nun auseinander.

17...♗xg5 18.♗xf4 ♗f6

18...♗xf4 19.♖xf4 f5 20.♘d6 ♕e7 21.c5+.

19.♖ad1 ♗f5 20.♗e5! ♗xe4 21.♕xe4 ♗xe5 22.dxe5 ♕g5

22...♖e8 23.♗c2+−

23.♖f5 ♕g7 24.♕f4 ♖fe8 25.♖g5 ♘xe5 26.♖xg7+ ♔xg7 27.♖d6 ♘g6 28.♕f6+ ♔g8 29.♗c2 ♘xc4 30.♖d7

Schwarz gab auf.

Partie Nr. 57
Morosewitsch – I. Sokolov
Sarajevo 2000

1.e4 e5 2.f4 exf4 3.♘f3 ♘e7 4.d4 d5 5.♕e2!?

Andere Züge haben wir im Kapitel 15 vorgestellt.

5...♘g6 6.h4 dxe4 7.♕xe4+ ♕e7 8.♕xe7+ ♘xe7

Obwohl die Damen abgetauscht wurden, steht Weiß etwas besser, denn er kann schnell seine Kräfte ins Spiel bringen. Dagegen bekommt Schwarz Schwierigkeiten mit der Entwicklung.

9.♘c3 c6 10.♗c4 ♘f5

Schwarz versucht damit seinen Königsflügel schnell zu entwickeln. Nach 10...b5 11.♗b3 b4 12.♘e2 ♘d5 13.♘xf4 stünde Weiß besser.

11.0-0

11.♗xf4!? ♗d6 12.♗xd6 ♘xd6 13.♗b3± wäre auch möglich.

11...f6

Den ♙f4 kann man nicht verteidigen:

– 11...♗d6 12.♘g5 0-0 13.♗xf4 ♗xf4 14.♖xf4 ♘d6 15.♗b3 und nun geht nicht 15...h6? wegen 16.♘xf7! ♘xf7 17.♖af1.

– 11...♘e3 12.♗xe3 fxe3 13.♘g5 f6 14.♘f7 ♖g8 15.♖ae1, in beiden Fällen mit weißem Vorteil.

12.♗xf4 ♗d6 13.♖ae1+ ♔d8

Der Rückzug auf die andere Seite war auch nicht besser: 13...♔f8 14.♗xd6+ ♘xd6 15.♘e5 ♗f5 (15...♘xc4 16.♘xc4 ♘d7 17.♘d6+−) 16.♗b3 und Weiß ist im Vorteil.

14.♘d2 ♗xf4 15.♖xf4 ♘d6 16.♗d3 ♘d7 17.h5 h6 18.♖e3 ♖e8 19.♖g3 ♖e7 20.♘ce4

Mit dem Plan, c2−c4 zu spielen.

20...♘e8

Schwarz bleibt nur eine passive Verteidigung. Nach 20...♘xe4? 21.♖xe4 ♖f7 22.♗c4 geht der ♙g7 verloren.

21.c4 ♘f8

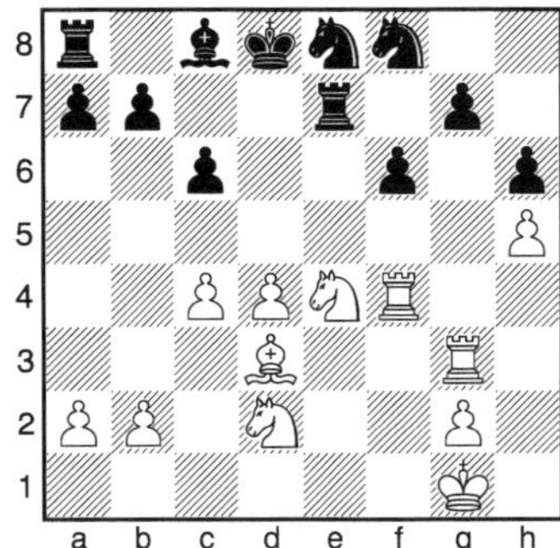

22.d5! cxd5 23.cxd5 ♖e5 24.♘c3 ♖xh5 25.♖e3 ♘d6 26.♘f3 ♘f7 27.♖fe4 ♘e5 28.♘xe5 ♖xe5

Oder 28...fxe5 29.♖g3 g6 (29...g5 30.♖xe5+−) 30.♖b4 mit weißem Vorteil.

29.♖xe5 fxe5 30.♖f3

Weiß will die Spannung erhalten. Nach 30.♖xe5 ♗d7 31.♔f2 hätte er ebenfalls einen Endspielvorteil.

30...♔e7

Andere Antworten wären auch nicht besser:

- 30...♘d7 31.♖f7 g5 32.d6
- 30...♔e8 31.♗b5+ (31.♘b5!?) 31...♗d7

(31...♘d7 32.d6 a6 33.♘d5! ♔d8 34.♗xd7 ♗xd7 35.♘b6 ♖b8 36.♖f8+ ♗e8 37.d7+−)

32.♖xf8+ ♔xf8 33.♗xd7 mit weißem Vorteil in beiden Varianten.

31.d6+ ♔e8 32.♘b5 ♘e6

32...♖b8 33.♘c7+ +−

33.♗g6+ ♔d8

33...♔d7 34.♗f5 ♖b8 (34...♔c6 35.♗xe6 ♗xe6 36.♘c7+−) 35.♖d3 e4 36.♖d1 e3 37.♖d3+−

34.♖f7 ♗d7 35.♗f5 ♗e8

35...♗xb5 36.♗xe6+−

36.♖e7 ♘d4 37.♘c7 ♗c6 38.♗h3

Schwarz gab auf.

Partie Nr. 58
Arnason – Adams
Manila 1992

1.e4 e5 2.♘c3 ♘c6 3.f4 exf4 4.♘f3

Unter Zugumstellung haben wir den Gegenstand unserer Untersuchungen im Kapitel 16 erreicht.

4...g5

Die prinzipiellste Fortsetzung: Schwarz verteidigt seinen f4-Bauern. Auf 4...♘f6 ist 5.e5 bzw. 5.♗c4 möglich.

5.d4

5.h4 führt zum Hamppe-Allgaier-Gambit, verbunden mit vielen Unklarheiten. Eine kurze Skizze der beiderseitigen Möglichkeiten erlaubt die scharfe Partie Kogan-Gyimesi, Budapest 1996: 5...g4 6.♘g5 h6 7.♘xf7 ♔xf7 8.d4 d5 9.♗xf4 ♗b4 10.♗e2 (10.♗b5!?) 10...♗xc3+ 11.bxc3 ♘f6 12.0-0 ♔g7 13.c4 ♘xe4 14.cxd5 ♕xh4 15.dxc6 g3??

(Nur nach 15...♖e8! kann Schwarz auf Vorteil hoffen: 16.cxb7 ♗xb7 17.♗xg4 ♘c3∓.)

16.♗e5+ ♔g6 17.♗h5+! ♕xh5 18.♕xh5+ ♔xh5 19.♗xh8 bxc6 20.♖f8 ♗b7 21.♖xa8 ♗xa8 22.c4 c5 23.d5 ♘d6 24.♖c1 c6 25.♗e5 ♘f7 26.d6! ♘xe5 27.♖e1 ♘f7 28.d7 ♗b7 29.♖e7 ♘d8 30.♖e8 ♘f7 31.♖f8 1-0

5...d6?

Diese Reaktion ist zu langsam.

– Schlecht ist auch 5...♗g7? wegen 6.d5 ♘e5 7.d6 mit besseren Aussichten für Weiß.

– Die beste Antwort ist hier 5...g4! mit der möglichen Folge 6.♗c4 gxf3 7.0-0 ♘xd4 8.♗xf4 ♗g7 9.e5 d5! 10.exd6

(10.♗xd5 ♗e6 11.♕xd4 c6 mit schwarzem Vorteil)

10...c6 11.♕e1+ ♗e6 12.♖d1 ♕f6 13.d7+ ♔f8 14.♗d6+ ♘e7 15.♘e4 ♕g6 16.♖f2 ♗xc4 17.♗xe7+ ♔xe7 18.♕b4+ ♔d8 19.♕xb7 ♕xe4 20.♕xa8+ ♔e7 21.♕xa7 ♗d5!–+, M. Tseitlin–Ciolac, Wattens 1992

6.d5 ♘e5 7.♗b5+ ♗d7 8.♗xd7+ ♘xd7 9.♕d4

Auf 9.♘d4 folgt natürlich 9...♗g7.

9...f6 10.h4!

Es geht allerdings nicht 10.♘xg5? fxg5 11.♕xh8 ♘df6 Δ♕d7, ♗g7.

10...g4 11.♘g5! ♘c5 12.♘e6 ♘xe6 13.dxe6 c6

13...♕e7 14.♘d5+–

14.♗xf4 ♕b6 15.♕d3 0-0-0 16.0-0-0

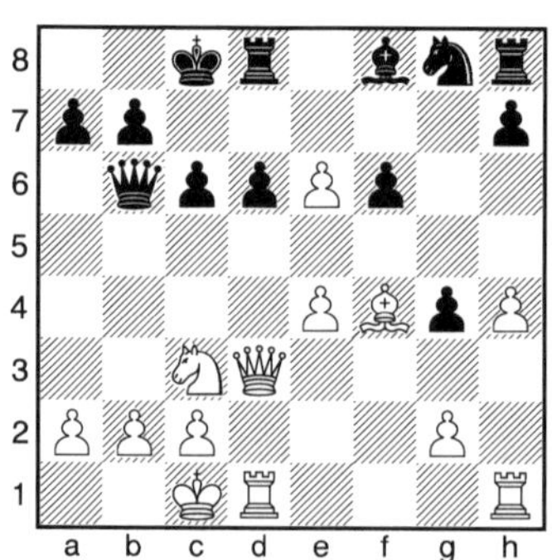

Die Position ist materiell ausgeglichen, aber Weiß ist besser entwickelt und der Bauer auf e6 aus der Sicht von Schwarz ein lästiger Stachel im eigenen Fleisch.

16...h5 17.♕g3 ♕c7

17...♕c5 18.♖d3 ♗h6 19.♘d5! cxd5 20.♖c3+–

18.♖d3 ♕e7 19.♖hd1 ♕xe6 20.♗xd6 ♗xd6 21.♖xd6 ♖xd6 22.♖xd6 ♕e7 23.♕f4 ♖h7 24.♘e2!

Der Springer strebt nach f5.

24...♖f7

Oder 24...♕c7 25.♕f5+ ♔b8 26.e5 ♖f7 27.♕d3 ♔c8 28.♘f4 fxe5 29.♘e6 ♖f1+ 30.♔d2 ♕a5+ 31.c3 und für Schwarz fällt der Vorhang.

25.♕f5+ ♔c7 26.♖e6 ♕d7 27.♕f4+ ♔c8 28.♖d6 ♕e7 29.♘g3! ♕e5 30.♕xe5 fxe5 31.♖e6 ♔d7 32.♖xe5 ♖f2 33.♘xh5 ♖xg2 34.♖g5 ♘h6

34...♘e7 35.♖xg4!+–

35.♖g7+ ♔e8 36.♖g6 ♘f7 37.♖xg4!

Der zweite Bauer ist erobert. Der Rest ist mehr schon eine Sache der Technik.

37...♖h2 38.♘g7+ ♔e7 39.♘f5+ ♔f6 40.b3 a5 41.♖g8 ♔e5 42.♖f8 ♘d6 43.♘xd6 ♔xd6 44.♖f4 b5 45.a3 ♔e6 46.♖g4 ♔e5 47.♖g6 ♖xh4 48.♖xc6 ♔d4 49.a4! bxa4 50.♖c4+ ♔e3 51.♖xa4 ♖h5 52.♔b2 ♖g5 53.♖c4 ♖h5 54.♔a3 ♖e5 55.♔a4 ♔d2 56.♖c8 ♔c1 57.c4 ♔b2 58.♖b8 ♔c3 59.♖b5

Schwarz gab auf.

Partie Nr. 59
Reti – Flamberg
Opatija 1912

1.e4 e5 2.f4 exf4 3.♘f3 g5 4.♗c4!? g4 5.0-0!? d5 6.exd5 gxf3 7.♕xf3 ♗d6 8.d4 ♕f6 9.♕e4+ ♕e7

9...♘e7 haben wir im Kapitel 17, Abspiel, 1 analysiert.

10.♘c3

Weiß hat eine Figur weniger und trotzdem lässt er den Damentausch zu.

10...♘d7

– Auf 10...f5 folgt 11.♕d3 mit dem Plan ♗c1xf4 und ♖a1-e1.

– Hingegen hätte Weiß nach der Folge 10...♘f6 11.♕xe7+ ♔xe7 12.♗xf4 ♗xf4 13.♖ae1+ ♔f8 14.♖xf4 ♘e8 15.♘e4 ♘d6 16.♘xd6 cxd6 17.♖f6 einen klaren Entwicklungsvorsprung.

11.♗xf4 ♕xe4 12.♘xe4 ♗xf4 13.♖xf4 f5

Es drohte 14.♖e1!. Mit dem Partiezug möchte Schwarz auf Kosten seines Bauern die Entwicklung voranbringen. Auf 13...♘e7 würde 14.d6 folgen und auf 13...♘b6 14.♖e1! ♘xc4 15.♘d6+ ♔d7 16.♘xf7 mit Turmgewinn.

14.♖xf5 ♘e7 15.♖e1!

Was für eine Überraschung!

15...♘b6

Der Turm ist tabu. Nach 15...♘xf5 16.♘d6+ ♔f8 (16...♔d8 17.♘f7#) 17.♖e8+ ♔g7 18.♘xf5+ ♔f6 19.♖xh8 ♔xf5 20.♖xh7 hätte Weiß für eine Figur vier Bauern, also eine ausreichende Kompensation.

16.♗b5+

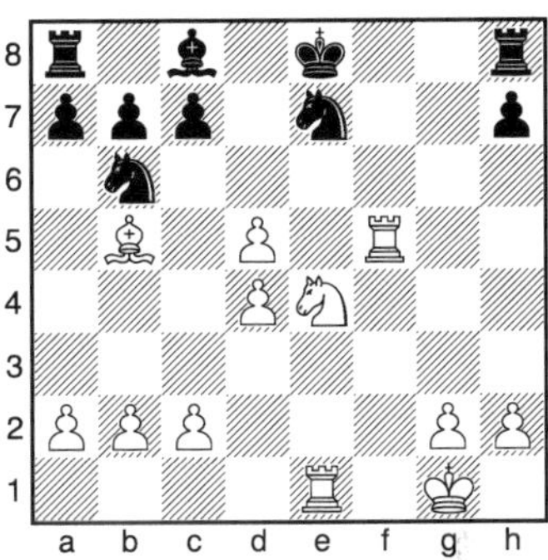

16...♔d8?

Dies bringt nur Schwierigkeiten. Nach der Partie hat der bekannte Analytiker Georg Marco 16...♗d7! vorgeschlagen und das Urteil abgegeben, das Endspiel nach 17.♖e5 ♗xb5 18.d6 0-0-0 19.dxe7 ♖d5 20.♘f6 ♖xe5 21.♖xe5 ♗e8 22.b3 ♘d7 23.♖e6 h5 24.♘xe8 ♖xe8 25.♖h6 sei ausgeglichen.

17.♖e5 ♘g6

Es verliert 17...♘bxd5 18.♘g5 ♖f8 19.♖xd5+! ♘xd5 20.♘f7+ ♖xf7 21.♖e8#.

18.♘g5! ♘xe5 19.♖xe5 ♗d7

Erzwungen, denn auf 19...♖f8 folgt 20.♘f7+ ♖xf7 21.♖e8#.

20.♘f7+ ♔c8 21.♘xh8 ♗xb5 22.♖h5 ♗c4 23.♖xh7 ♗xd5 24.h4

Schwarz hat eine Figur mehr, aber Weiß besitzt zwei gefährliche verbundene Freibauern.

24...♗e4 25.♖g7

Die Bauern am Damenflügel sind

unwichtig. Zunächst spielt die Musik auf dem anderen Flügel.

25...♗xc2 26.h5 a5 27.h6 a4 28.h7 ♗xh7 29.♖xh7

Weiß hat seine Figur zurückgewonnen und steht mit seinem Materialplus auf Gewinn.

29...♘c4 30.♘f7 ♖a6 31.g4 ♘xb2?

Das erleichtert Weiß nur die Aufgabe. Mehr Probleme zu bewältigen hätte er nach 31...♖g6 32.g5 b5!

(32...♘xb2 33.♖h8+ ♔d7 34.♘e5+ mit Turmgewinn)

33.♔f2 ♘xb2 und Weiß müsste noch viel arbeiten, um zu gewinnen. Nun geht es leichter.

32.♖h8+ ♔d7 33.♘e5+ ♔e6 34.g5 ♘d1 35.♖f8 ♘e3 36.♔f2 ♘d5 37.g6

Schwarz gab auf.

Partie Nr. 60
Tschigorin – Dawidow
St. Petersburg 1874

1.e4 e5 2.f4 exf4 3.♘f3 g5 4.♗c4!? g4 5.0-0!? gxf3 6.♕xf3 ♕f6 7.e5! ♕xe5 8.d3 ♗h6 9.♘c3 ♘e7 10.♗d2 ♘bc6 11.♖ae1 ♕f5 12.♘d5 ♔d8 13.♗c3

Mit 13.♕e2 haben wir uns im Kapitel 17, Abspiel 1A, beschäftigt.

13...♖e8 14.♗f6 ♗g5

Auf 14...♗f8 folgt 15.g4 ♕g6 16.g5 nebst ♕f3xf4 und starkem Angriff.

15.g4 ♕g6 16.♗xg5 ♕xg5 17.h4! ♕xh4 18.♕xf4 d6 19.♘f6 ♘e5?

Stärker war ohne Zweifel 19...♖f8!.

20.♖xe5! dxe5 21.♕xe5

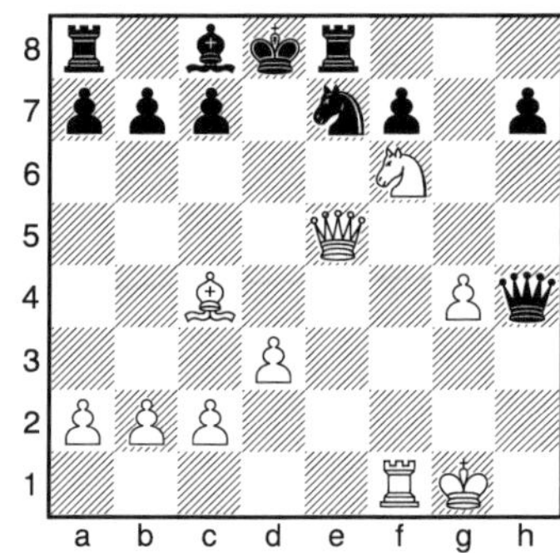

21...♗xg4?

Der entscheidende Fehler. Schwarz hätte 21...♗e6! ziehen sollen. Die Partie hätte dann den folgenden Fortgang nehmen können: 22.♕d4+ ♘d5 23.♗xd5 ♕g3+ 24.♗g2+ ♕d6 25.♕xd6+ cxd6 26.♘xe8 ♔xe8 und die schwarzen Aussichten auf ein Remis sind gut (Analyse von Golombek).

22.♕d4+ ♔c8 23.♗e6+!

Eine effektvolle Lösung!

23...♔b8 24.♘d7+ ♔c8 25.♘c5+ ♔b8 26.♘a6+! bxa6 27.♕b4#

Partie Nr. 61
Glaskow – Smirnow
Kolomna 1972

1.e4 e5 2.f4 exf4 3.♘f3 g5 4.♗c4!? ♗g7 5.0-0!? h6 6.d4 ♘e7 7.♘c3!?

Zu 7.g3 siehe Kapitel 17, Abspiel 2A.

7...0-0

Besser ist 7...d6!.

8.g3

Eine logische Reaktion: Weiß sprengt die Bauernkette, um die f-Linie für seinen Angriff zu öffnen.

8...fxg3

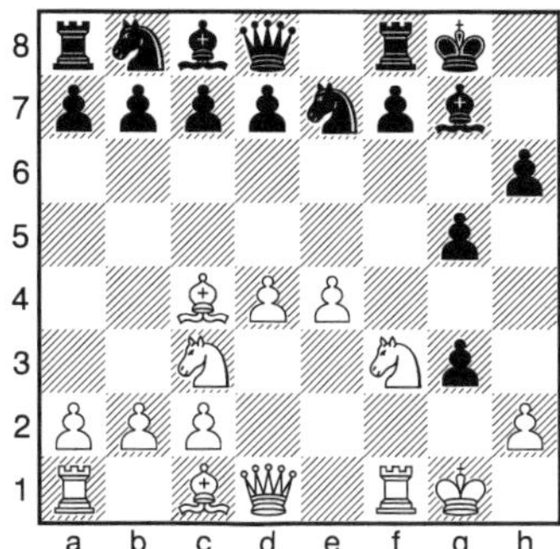

9.♗xg5!

Ein typisches und korrektes Figurenopfer.

9...gxh2+ 10.♔h1 ♕e8?

– Nach 10...d6 bekommt Weiß einen starken Angriff: 11.♘d5! hxg5 12.♘xg5 ♘f5 13.♖xf5 ♗xf5 14.♕h5 ♗xe4+

(14...♗g6 15.♕xg6! fxg6 16.♘e7+ ♔h8 17.♘xg6#)

15.♘xe4 ♖e8 16.♘df6+ ♗xf6 17.♕xf7+ ♔h8 18.♘xf6 ♖e7 19.♕h5+ ♔g7 20.♕g5+ 1-0, Oprea-Mynar, Bratislava 1993.

– Aber nach der richtigen Reaktion 10...♘bc6!? kann Schwarz noch kämpfen.

11.♗xe7

11.♕e2! ist genauer; z.B. 11...d5 12.♗xe7 dxc4

(12...♕xe7 13.♘xd5 ♕d8 14.♕xh2 ♘a6 15.♖g1 ♔h8 16.♖xg7! ♔xg7 17.♖g1+ +–)

13.♗xf8 ♕xf8 14.♕xh2+–.

11...♕xe7 12.♘d5

12.♕e2!? war auch hier stark.

12...♕xe4

Nach 12...♕d8 13.♔xh2 c6 14.♘f4 d5 15.♖g1! ♔h8 (15...dxc4 16.♘h5+–) 16.exd5 cxd5 17.♗xd5 wäre Weiß im Vorteil. Deshalb ist Schwarz bereit, zwecks Gegenspiel seinen Turm zu opfern.

13.♘xc7

Zeitverlust. Energischer war 13.♕d2! ♘c6 14.♖ae1 mit starker Initiative.

13...♘c6?

Ein Fehler, denn nun übernimmt Weiß völlig die Initiative. Notwendig war 13...♕c6! 14.♘xa8 ♕xc4 und Schwarz zeigt, dass er noch lebt.

14.♘xa8 ♘xd4 15.♗d3 ♕c6 16.c3 ♘e6 17.♕e2 d5?

Dieser Fehler führt unverzüglich in die Niederlage. Notwendig war 17...♘f4 und nach 18.♕e4 ♘xd3 19.♕xd3 b6 hätte Schwarz gute Gegenchancen.

18.♘d4! ♘xd4 19.cxd4 b6 20.♕xh2 ♕xa8 21.♖g1 ♕c6 22.♖xg7+!

Ein hübsches Ende!

22...♔xg7 23.♖g1+

Schwarz gab sich geschlagen wegen 23...♔h8 24.♕e5+ f6 25.♕e7+–.

Partie Nr. 62
Bangijew – Semenow
Fernpartie 1990

1.e4 e5 2.f4 exf4 3.♘f3 g5 4.h4 g4 5.♘e5 ♘c6 6.d4 ♘f6 7.♗c4

Weiß greift damit den Bauern f7 an. Die Fortsetzung 7.♗xf4 haben wir im Kapitel 19 besprochen.

7...d5!

Mit dem Ziel, die Angriffsdiagonale a2–g8 für den weißfeldrigen Läufer zu schließen.

Andere Züge sind schwächer und führen zu klarem Vorteil für Weiß:

– 7...♘xe4 8.♗xf7+ ♔e7 9.♗xf4 ♘xe5 10.dxe5! ♔xf7 11.♕d5+ ♔g7 12.♕xe4

– 7...♘xe5 8.dxe5 ♘h5 (8...♘xe4 9.♕d5+–) 9.♕xg4 d5 (9...♘g7!?) 10.♗b5+ c6 11.♕xh5 cxb5 12.♘c3 dxe4 13.♘xe4 ♗e7 14.♗xf4)

8.exd5 ♘xd5

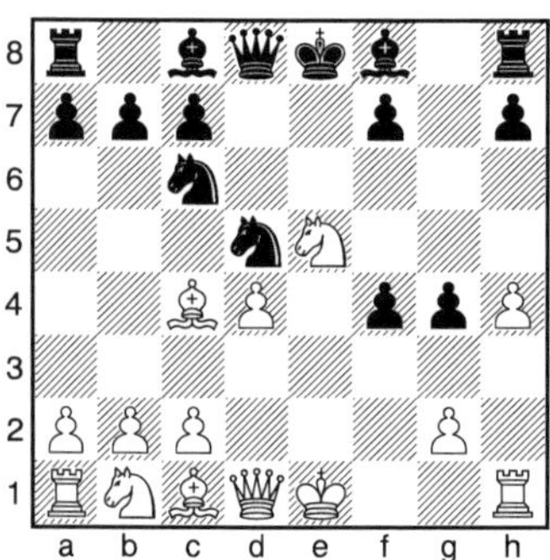

9.♘xg4?

Ein kritischer Moment in der Partie. Der Partiezug sieht logisch aus: Es droht 10.♗xd5 und 11.♘f6+. Aber wie sich gleich zeigen wird, täuscht dies.

– Schwach wäre 9.0-0? ♘xe5 10.dxe5 ♗c5+ –+.

– Wir meinen, dass Weiß nur nach 9.♘c3! aussichtsreich kämpfen kann; z.B. 9...♗b4 10.♘xc6 bxc6 11.♗xd5 ♕xd5

(Nach 11...cxd5 12.♕e2+ ♕e7 13.♕xe7+ ♔xe7 14.♗xf4 ♗xc3+ 15.bxc3 ♗a6 16.♗xc7 ♔d7 17.♗e5 ♖he8 ist das Endspiel mit ungleichfarbigen Läufern ausgeglichen.)

12.0-0 ♗xc3 13.bxc3 f3 14.gxf3 gxf3 15.♕xf3 ♕xf3 16.♖xf3 ♗e6=.

9...♕e7+

Diese Wahl ist nicht schlecht, aber noch besser war 9...♖g8!; z.B. 10.♗xd5

(10.♘f2 ♕e7+ 11.♔f1 ♘e3+ 12.♗xe3 fxe3 13.♘h3 ♗g4 14.♗e2 ♗xe2+ 15.♕xe2 ♘xd4–+)

10...♗xg4 11.♗f3 ♗xf3 12.♕xf3 ♘xd4 13.♕e4+ ♕e7 14.♕xe7+ ♗xe7 15.♔f2 ♘xc2–+.

10.♔f2 ♗e6?

Richtig war 10...♗xg4! 11.♕xg4 ♘f6 12.♕xf4 ♗h6 und Schwarz stellt seinen Sieg sicher.

11.♗xd5

11.♖e1 ♕xh4+ 12.♔g1 0-0-0–+

11...♗xd5 12.♗xf4

Auf 12.♖e1 folgt 12...♗e6 und nun geht nicht 13.d5 ♕xh4+ 14.♔f1 0-0-0–+.

12...0-0-0 13.♘c3 ♕b4 14.♘xd5

Bangijew empfiehlt hier für Weiß die Variante 14.♘e2 ♕xb2 15.♗g5 ♗e7 16.♗xe7 ♘xe7 17.♖b1 (17.♕d3!?) 17...♕a3

(17...♕xa2? 18.♖a1 ♕b2 19.♖xa7±)

18.♖h3 ♕a5 19.♕c1↑.

14...♖xd5 15.c3 ♕xb2+ 16.♕d2 ♕xd2+ 17.♗xd2 ♖g8 18.♘e3 ♖d7 19.♖h3 ♘e5 20.♔g1 c5 21.♘c2

21.♘f5!? war aktiver.

21...♗e7 22.♖f1 f6 23.♗f4 ♘g4 24.h5

♗d6 25.♖g3 cxd4 26.♗xd6 ♖xd6 27.♘xd4

27.cxd4!? sieht gut aus.

27...♖b6! 28.♘b3?

Der Springer wird ohne belastbaren Grund am Damenflügel deplatziert.

Hier war unbedingt 28.♘f5! nötig; z.B. 28...♖e6 29.♖f4 ♖e1+ 30.♖f1 und Schwarz kann seine Stellung nicht verstärken.

28...♖e6! 29.♘d4 ♖e4 30.♖gf3 ♔c7 31.♖f4 ♖ge8 32.g3 a6 33.♖xe4 ♖xe4 34.♖f4 ♖xf4

Der Übergang ins Springerendspiel ist günstig für Schwarz, weil er seinen König schnell für die Teilnahme am Spiel aktivieren kann.

35.gxf4 ♘e3 36.♘e2 ♔d6 37.♔f2 ♘f5 38.c4 ♔c5 39.♘c3 ♘d6!

39...♔xc4? 40.♘e4=

40.♘d5 ♘e8 41.♘e3 ♔d4 42.♔f3 a5 43.h6 a4 44.f5 ♔e5 45.♔g4 ♘d6 46.c5 ♘e4

Weiß gab auf.

Partie Nr. 63
Van Eijk – Grover
Hoogeveen 2008

1.e4 e5 2.f4 exf4 3.♘f3 g5 4.h4 g4 5.♘e5 d6 6.♘xg4 ♘f6 7.♘xf6+ ♕xf6 8.♘c3 ♘c6 9.♗b5

9.♘d5 haben wir im Kapitel 20, Abspiel 1, analysiert.

9...♔d8 10.♗e2

Einen kurzen Verlauf hatte die Partie A. Fedorow–Carlsen, Dubai 2004: 10.♗xc6 bxc6 11.d3 ♖g8 12.♕f3 ♗h6 13.♕f2 ♖b8 14.♘e2 ♖xb2 15.♗xb2 ♕xb2 16.0-0 ♕xc2 17.♘xf4 ♕xf2+ mit Remis.

10...♖g8 11.♗f3 ♘d4

Oder 11...♗h6 12.♘e2 ♗g4 13.d4 ♔d7 14.♕d3 ♗xf3 15.gxf3 ♖g2 16.♗d2 ♖ag8 17.0-0-0 a6 18.h5 ♖8g5 19.♔b1 ♖xe2 20.♕xe2 ♘xd4 21.♗c3 ♘xe2 22.♗xf6 ♖g2 23.♖d2 ♔e6 24.♖e1 ♔xf6 25.♖dxe2 ♖g5 26.♖h2±, Van Eijk–Petersen, Kopenhagen 2007.

12.♘e2 ♘xf3+ 13.gxf3 ♗d7 14.c4

14.d4 gefällt uns besser.

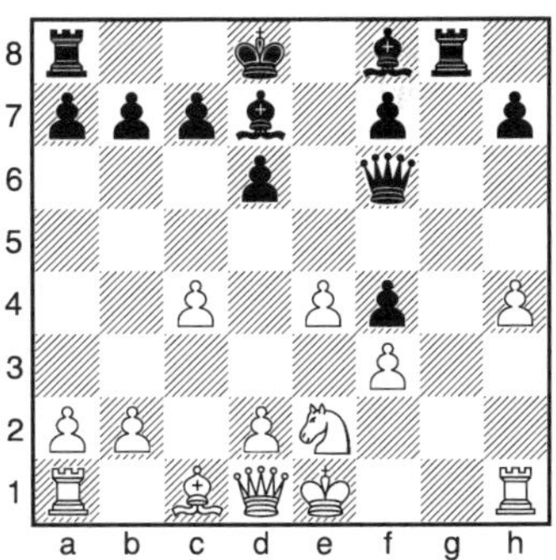

14...♕g6?

Dies ist die Folge einer falschen Einschätzung der Stellung und deshalb ein schlechter Zug. Besser war 14...c6, um den König auf c7 zu postieren und dem Turm den Weg nach e8 freizumachen.

15.♕b3 d5 16.d4

16.cxd5!? würde wohl alles viel einfacher machen.

16...dxc4 17.♕xc4 ♕b6 18.♗xf4 ♕xb2 19.♔f2 ♗b5

Ein Versuch, sich Gegenspiel zu verschaffen, aber Weiß hat alles unter Kontrolle.

20.♕xc7+ ♔e8 21.♖ae1 ♗g7 22.♗e5

22.♗e3!? war eine gute Alternative.

22...♗xe5 23.♕xe5+ ♔f8 24.♕c5+ ♔e8 25.a4!

Mit der Idee, den Läufer aus der Diagonale a6–f1 zu vertreiben.

25...♗a6

Nach 25...♗xa4 würde 26.♖hg1! geschehen.

26.h5 ♖d8 27.♕c3?

Warum so? Logischer und stark war 27.d5!.

27...♕a2?

Schwarz revanchiert sich mit einem Fehler. Notwendig war 27...♕xc3! 28.♘xc3 ♖xd4 und die Partie würde noch dauern. Dagegen gewinnt Weiß nun einfach.

28.h6

Ungenau, denn 28.d5!+– war viel besser.

28...♗xe2 29.♖xe2 ♖g2+?

Das erleichtert Weiß nur die Aufgabe. Schwarz hätte noch 29...♕xa4!? probieren können mit der möglichen Folge 30.d5 ♕d7 usw.

30.♔xg2 ♕xe2+ 31.♔g3 ♕a6 32.♕c5 ♕f6 33.♖h5 ♕d6+ 34.♖e5+ ♔f8 35.♔g4 ♕xc5 36.dxc5

Das Turmendspiel mit einem Mehrbauern ist für Weiß gewonnen.

36...♖c8 37.♖g5 ♖c6 38.♔h5 ♖a6

38...♔e7!?

39.♖g7 ♖xa4 40.♖xh7 ♖a1

40...♔g8 hilft auch nicht: 41.♖g7+ ♔f8 42.♖g2+–.

41.♖h8+ ♔e7 42.♖b8 ♔f6 43.♖xb7 ♖h1+ 44.♔g4 ♖xh6 45.♖xa7 ♔g7

45...♖h2 macht keinen großen Unterschied: 46.♖a6+ ♔g7 47.e5+–.

46.♖a2 ♖c6 47.♖c2 ♔f6 48.f4 ♔e6 49.♖c4 f6 50.♖c3

Schwarz kapitulierte.

Partie Nr. 64
Winants – Almasi
Wijk aan Zee 1995

1.e4 e5 2.f4 exf4 3.♘f3 g5 4.h4 g4 5.♘e5 d6 6.♘xg4 ♗e7 7.d3!? ♗xh4+ 8.♘f2 ♕g5 9.♕d2

Mit 9.♕f3 haben wir uns im Kapitel 20, Abspiel 2, beschäftigt.

9...♗g3

Den ♙f4 muss Schwarz natürlich verteidigen.

10.♘c3 ♘f6 11.♘e2 ♕e5!?

Das Beste, denn für Weiß günstige Positionen entstehen nach:

– 11...♗xf2+ 12.♔xf2 ♘g4+ 13.♔g1 ♘e3 14.♘xf4 ♕xf4 15.♕xe3 ♕xe3+ 16.♗xe3

– 11...♘g4 12.♘xg3 ♘xf2 13.♕xf2 ♕xg3 14.♗xf4 ♕xf2+ 15.♔xf2

12.♘xg3 fxg3 13.♘h3 ♘c6 14.♕c3

Thomas Johansson empfiehlt hier 14.♘g5 und gibt nach 14...♗g4 15.♖h6 für Weiß vorteilhafte Varianten an. Die Stellung ist aber nach unserer Einschätzung bequemer für Schwarz; z.B. 15...♘g8!? 16.♖h4 h5 17.♗e2 ♘ge7 18.♗xg4 hxg4 19.♖xh8+

(19.♖xg4?? ♖h1+ 20.♔e2 ♘d4+ 21.♔e3 ♘d5#)

19...♕xh8 20.♕f4 f6 21.♘e6 ♔d7

22.♕xg4 ♘e5 23.♘c5+ ♔e8 und Weiß muss sich von seinem Springer verabschieden.

14...♖g8 15.♗f4 ♕xc3+ 16.bxc3 ♘h5 17.♗e3 ♗g4 18.♗e2 ♘e5 19.♔d2

Zu überlegen war 19.♘g5!?; z.B. 19...h6

(19...♘f6 20.♘xh7 ♘xh7 21.♖xh7 ist bequemer für Weiß.)

20.♘h7 ♗xe2 21.♔xe2 ♖h8 22.♖xh5 ♖xh7 23.♗f4 und wegen der schwarzen Bauernschwächen ist der weiße Vorteil klar ersichtlich.

19...♗xe2 20.♔xe2 ♘f6 21.♖af1 ♘fg4 22.♗f4?

Das ist der Grund für die folgenden weißen Schwierigkeiten. 22.♗g1!? ♔e7 23.♖f5 sah gut aus.

22...♘h2 23.♖b1 0-0-0 24.♔d2

Nach 24.♗xg3 ♖xg3 25.♖xh2 ♘g4 26.♖hh1 f5 27.♘f4 fxe4 28.♖xh7 ♖e8 steht Schwarz besser.

24...h5 25.d4 h4!

Der schwarze Vorteil ist deutlich.

26.♖be1

Nicht besser wäre 26.dxe5 dxe5+ 27.♔e2 exf4 28.♘xf4 ♖ge8–+.

26...f6 27.♖e2 ♘eg4 28.♖b1 a6 29.c4 ♖de8

Noch stärker war 29...c5!, um das Feld e5 unter Herrschaft zu nehmen; z.B. 30.d5 ♘e5 mit schwarzem Vorteil.

30.♔d3 ♖gf8 31.♖be1 ♔d7 32.c3 ♖e7 33.a4 b6

Um den nächsten gegnerischen Zug zu vermeiden, könnte man vorsichtiger 33...a5 spielen.

34.a5!

Die einzige weiße Chance ist eine Gegenaktion am Damenflügel.

34...bxa5 35.♖a1

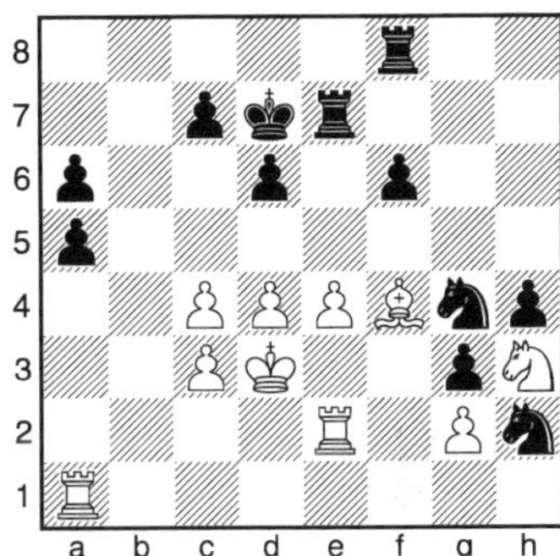

35...♖b8?

Das könnte teuer werden.

Richtig war 35...♖fe8! und nach 36.♖xa5 ♖xe4! 37.♖xe4 ♘f2+ 38.♘xf2 gxf2 39.♖a1 ♖xe4 40.♔xe4 f1♕ 41.♖xf1 ♘xf1 42.♔f5 ♘g3+ 43.♔g4 a5 44.♗c1 (44.♔xh4 ♘e2–+) 44...a4 45.♔xh4 ♘e2 46.♗b2 ♘f4 47.g4 ♘g2+ 48.♔h5 ♘e3 49.d5 ♘xc4 50.♗c1 a3 gewinnt Schwarz.

36.♖xa5 ♖b1 37.c5 ♖f1 38.cxd6 cxd6 39.♖xa6 ♘f2+ 40.♘xf2 gxf2 41.♖xf2?

Das verliert endgültig.

Noch zu versuchen war 41.♖xd6+!? ♔e8 42.♖d2 ♘g4 43.♗e3 ♖c7 44.♗xf2 ♘xf2+ 45.♔e2 ♔f7 46.♖xf6+! (46.♔xf1?? ♘xe4–+) 46...♔xf6 47.e5+ ♔f5 48.♔xf1 ♘e4 49.♖d3 ♖xc3 50.♖xc3 ♘xc3 51.♔g1 ♘e4 52.♔h1 ♘g5 53.♔h2 ♔e6 54.g3 h3 55.g4 ♔d5 56.♔g3 und es nicht zu sehen, wie Schwarz das Endspiel gewinnen kann.

41...♖xf2 42.♗xh2 h3 43.♖xd6+ ♔e8 44.e5 ♖xg2 45.♗f4 h2 46.♗xh2 ♖xh2

Mit einem Turm mehr gewinnt Schwarz einfach.

47.♖xf6 ♖h3+ 48.♔e4 ♖xc3 49.♖a6 ♖h7 50.♖a8+ ♔d7 51.♔d5 ♖h5 52.♖g8 ♖a3 53.♖g7+ ♔e8 54.♖g4 ♖a5+ 55.♔e4 ♔f7 56.♖f4+ ♔e7 57.♖g4 ♖h1 58.♖g7+ ♔f8 59.♖d7 ♔e8 60.♖d6 ♔e7 61.♔d3 ♖h4 62.♔c3 ♖a3+ 63.♔c4 ♖a8 64.♔c5 ♖d8 65.♖xd8 ♔xd8 66.d5 ♔d7

Weiß gab sich geschlagen.

Partie Nr. 65
Pitre – Meng
Vancouver 2005

1.e4 e5 2.f4 exf4 3.♘f3 g5 4.h4 g4 5.♘e5 h5 6.♗c4 ♖h7 7.d4 d6 8.♗xf7+ ♖xf7 9.♘xf7 ♔xf7 10.♗xf4 ♗h6 11.0-0 ♔g7

Zu 11...♗xf4 siehe Kapitel 25, Abspiel 1.

12.g3

Den Bauern auf h4 sollte man decken.

12...♘c6?

Das hiermit eingeleitete Manöver, den Damenspringer nach g6 zu überführen, ist zu langsam. Schwarz sollte so schnell wie möglich seine Figuren am Damenflügel ins Spiel bringen. Also war 12...♗e6 13.♘c3 ♘d7 usw. zu beachten.

13.♘c3 ♘ce7 14.♕d2 ♘g6 15.♘d5

Nicht schlecht ist 15.♗xh6+!? ♘xh6 16.♘d5 ♘g8 17.♘f4 ♘xf4 18.♖xf4 ♗d7 19.♖af1 ♗e8 20.♕e3 ♗g6 21.e5 Δe5–e6.

15...♘xf4 16.♘xf4 ♕e8 17.♖ae1 ♘e7 18.♕c3 ♗xf4 19.♖xf4 ♘g6

Schwarz hat zwar zwei Leichtfiguren für den Turm, aber seinen Kräften fehlt es an der notwendigen Koordination und der König steht nicht besonders sicher. Das gibt Weiß die große Chance auf einen Königsangriff.

20.d5+ ♘e5

Auf 20...♕e5 folgt 21.♕xc7+ ♔h6

(21...♔h8 22.♕d8+ ♔h7 23.♖f7+ ♔h6 24.♔g2 b6 25.♕c7 ♕h8 26.♖ef1 ♗a6 27.♖1f5 ♖c8 28.♖xh5+ ♔xh5 29.♖h7+ ♕xh7 30.♕xh7#)

22.♖f7! ♕xg3+ 23.♔f1 ♕h3+ 24.♔e2 ♗d7 25.♕xd7 ♖h8

(25...♕xh4 26.♖h7+ ♔g5 27.♕f5#)

26.♕xd6 ♕xh4 27.♕c5 g3 28.♕e3+ ♕g5 29.d6 ♕xe3+ 30.♔xe3 h4 31.d7 ♖d8 (31...h3 32.♖f3+–) 32.♖d1 h3 33.♖f3+–

21.♖ef1

Es ginge auch 21.♕xc7+ ♕d7 22.♕c3 ♔h7 23.♖ef1 ♘f3+ 24.♖1xf3! gxf3 25.♕xf3 ♕e8 26.♖f7+ (26.♖f8!?) 26...♔g8 27.♖f6 ♗g4 28.♕f4 ♕f8 29.♖xf8+ ♖xf8 30.♕xd6 und die Dame sowie die Zentrumsbauern entscheiden schnell.

21...c5 22.♖f6 ♕e7

(siehe nächstes Diagramm)

23.♕e3!

Die richtige Entscheidung! Schwarz erhält zwar ausreichend Material für die Dame, aber in diesem Moment spielt die fehlende Koordination zwischen den schwarzen Figuren die entscheidende Rolle.

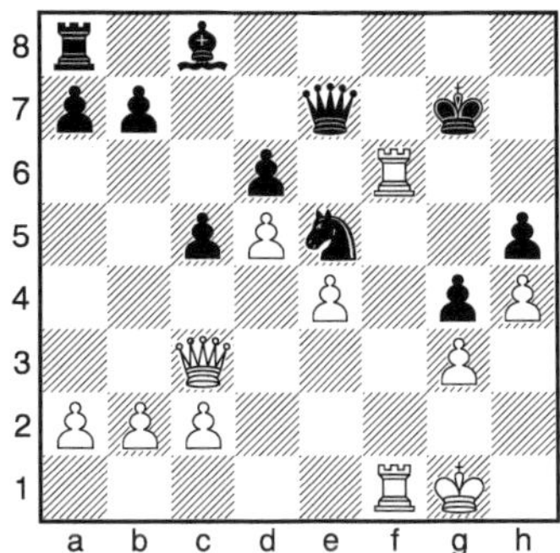

23...♕xf6 24.♖xf6 ♔xf6 25.♕g5+ ♔f7 26.♕xh5+ ♔e7 27.♕g5+ ♔e8 28.♕f6 ♘f7 29.h5 ♗d7 30.h6 ♖c8 31.h7 b5 32.e5! dxe5 33.d6

Schwarz gab auf.

Partie Nr. 66
Spasski – Fischer
Mar del Plata 1960

1.e4 e5 2.f4 exf4 3.♘f3 g5 4.h4 g4 5.♘e5 ♘f6 6.d4 d6 7.♘d3 ♘xe4 8.♗xf4 ♗g7 9.♘c3 ♘xc3 10.bxc3 c5

10...♕e7+ haben wir im Kapitel 26, Abspiel 1, vorgestellt.

11.♗e2 cxd4 12.0-0 ♘c6

Auf 12...h5 folgt 13.♗g5 f6 14.♗c1 oder 14.♗d2 mit dem Plan ♘d3-f4.

13.♗xg4 0-0 14.♗xc8 ♖xc8 15.♕g4 f5

Das schwächt die weißen Felder im schwarzen Lager. Deshalb kam 15...♔h8!? in Frage.

16.♕g3 dxc3 17.♖ae1

Weiß führt seine nächste Figur in den Kampf. Er hat mit Recht auf den Gewinn des ♙d6 verzichtet: 17.♗xd6 ♖f6 18.♗f4 ♖g6 mit schwarzer Initiative.

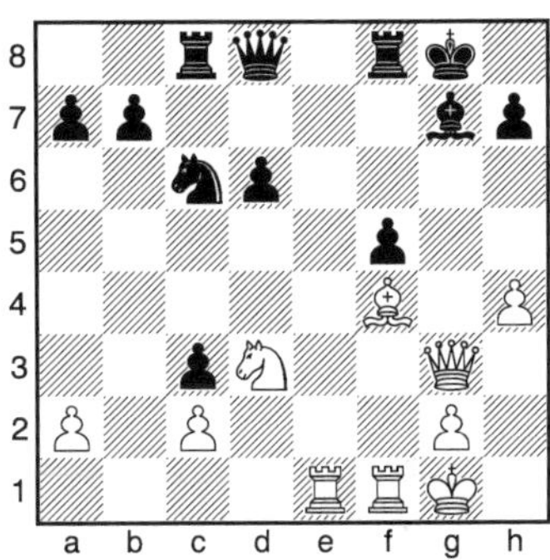

17...♔h8

In der später (2005) geführten Fernpartie McLeod–Daus, verfolgte Schwarz einen anderen Plan: 17...♖e8 18.♗xd6 ♕f6 19.h5 ♕d4+ 20.♔h1 ♖xe1 21.♖xe1 ♕g4 22.♕h2 ♗f6 23.♗c5 ♖d8 mit Vorteil.

Herbert Bastian gibt in seinem Gastbeitrag „Begegnungen mit Boris" in „Boris Spasski - Der Leningrad Cowboy" 17...♕f6 18.h5 ♔h8 19.♗xd6 ♖fe8 an, damit Schwarz seine Figuren schnell ins Spiel bringt.

18.♔h1

Ein späterer Versuch, die Variante zu verbessern, sah folgendermaßen aus: 18.♗xd6 ♗d4+ 19.♔h2 ♖g8 20.♘e5 ♕f6 21.♕f4 ♖g7 22.♖e4 ♗xe5 23.♗xe5 ♘xe5 24.♖xe5 ♖g4 (24...♖cg8!) 25.♕xg4 ♕xe5+ 26.♕f4 ♕xf4+ 27.♖xf4 und Weiß ist es gelungen, das Endspiel zu retten, Brooks–Stevenson, Fernpartie 1989.

18...♖g8 19.♗xd6 ♗f8 20.♗e5+ ♘xe5

21.♕xe5+ ♖g7 22.♖xf5 ♕xh4+ 23.♔g1 ♕g4?!

Das ist ungenau! Nach Spasski hätte Schwarz besser wie folgt spielen sollen:

– 23...♕g3! 24.♕xg3 (24.♕e2 ♗d6–+) 24...♖xg3∓

– 23...♕h6 24.♕f4 ♕xf4 25.♘xf4∓

24.♖f2 ♗e7 25.♖e4 ♕g5

Fischer spielt weiter ungenau. 25...♕d7!? wäre richtig gewesen.

26.♕d4!

In dieser scharfen Stellung hat ein Materialnachteil (ein Minusbauer) keine größere Bedeutung. Hier zählt nur die Aktivität der weißen Figuren.

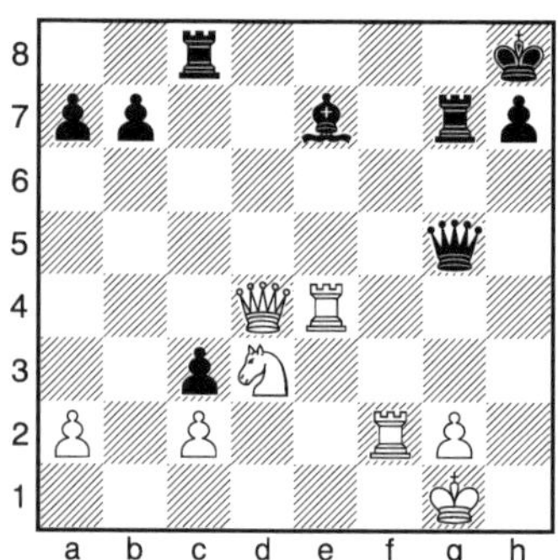

26...♖f8??

In dieser sehr komplizierten Stellung macht Schwarz nun den entscheidenden Fehler. Notwendig war hier 26...♗f8! 27.♘e5 (27.♕xa7 ♗d6=) 27...♗c5 28.♘f7+ ♔g8 29.♘xg5 ♗xd4 30.♖xd4 ♖xg5 und das Endspiel mit 4 Türmen ist ausgeglichen.

27.♖e5!

Jetzt übernimmt Weiß völlig die Initiative.

27.♘e5? ♖xf2 28.♕xf2 ♗c5! 29.♕xc5 ♕xg2# (Bastian)

27...♖d8

– 27...♕g6 28.♖xe7 ♖xf2 29.♕xf2+–

– 27...♕h4 28.♖xf8+ ♗xf8 29.♕xh4+–

– 27...♗f6 28.♕d6!+–

28.♕e4 ♕h4

28...♕g6 ändert nichts am Ausgang der Partie: 29.♖xe7 ♕xe4 30.♖xe4+–.

29.♖f4

Schwarz gab auf.

Partie Nr. 67
Rickert – Bekemann
BdF Fernpartie 2015

1.e4 e5 2.f4 exf4 3.♘f3 g5 4.h4 g4 5.♘e5 ♘f6 6.♗c4 d5! 7.exd5 ♗d6 8.d4 ♘h5 9.♘c3!?

Die Bewertung mit „!?" stammt von John Shaw.

Im Kapitel 27, Abspiel 1, haben wir 9.0-0, 9.♗b5+ und 9.♗xf4 betrachtet.

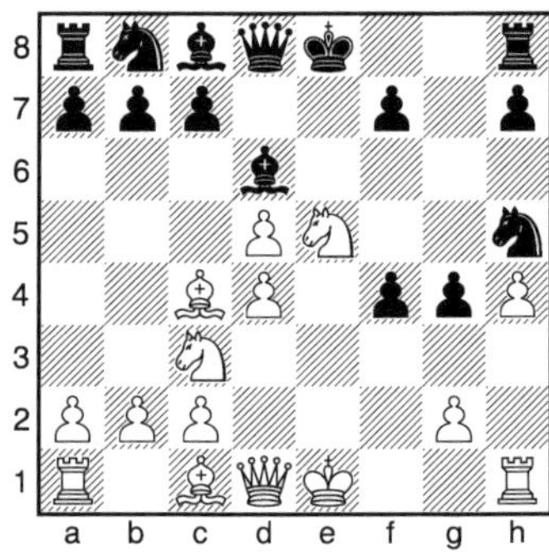

9...0-0

In dieser Fortsetzung sieht Shaw eine Art Hauptlinie.

Wenn Schwarz direkt Nutzen daraus ziehen will, dass Weiß noch nicht rochiert hat, ist 9...♕e7 die angeratene Reaktion.

A) 10.♔f2 ♗xe5 11.♖e1 ♘d7 12.♗b5 ♕xh4+ 13.♔g1 0-0 14.dxe5 g3 15.♕d4 c5

(15...♘df6 16.exf6 ♕h2+ 17.♔f1 f3–+ ist ein weiterer und besonders schicker von mehreren Wegen zum Erfolg, Toma–Lejarre, Frankreich 2004.)

16.dxc6 bxc6 17.♗d3 ♖e8–+ und die weiße Stellung steht vor dem Zusammenbruch, Murey–Hebden, Paris 1988.

B) 10.0-0 ♗xe5 11.♗b5+ c6 12.dxc6 bxc6 13.♘d5 ♕xh4

B1) 14.dxe5 0-0! 15.♘xf4 ♘xf4 (15...cxb5!?) 16.♗xf4 cxb5 17.♕d5 ♕d8 18.♕xa8 ♕b6+ 19.♖f2 ♗b7 20.♗e3 ♕xe3 21.♕xb7 g3–+ und auch die letzten Zweifel am schwarzen Sieg sind beseitigt, Tschernakow–Balujew, FPart 1978.

B2) 14.♕e1 ♕xe1 15.♖xe1 f6 16.dxe5 cxb5 17.♘c7+ ♔f7! 18.♘xa8 ♘a6 19.a4 b4 20.exf6 ♖d8∓, Brunn–Troppau, FPart 1893

10.♘e4

Shaw kennzeichnet diesen Zug mit „!“. Von ihm hängt es nach seinen Worten ab, ob die Variante einen für Weiß günstigen Verlauf nimmt.

10.♘e2 ist die nach seiner Einschätzung ungesunde Alternative.

10...f5 11.♘g5

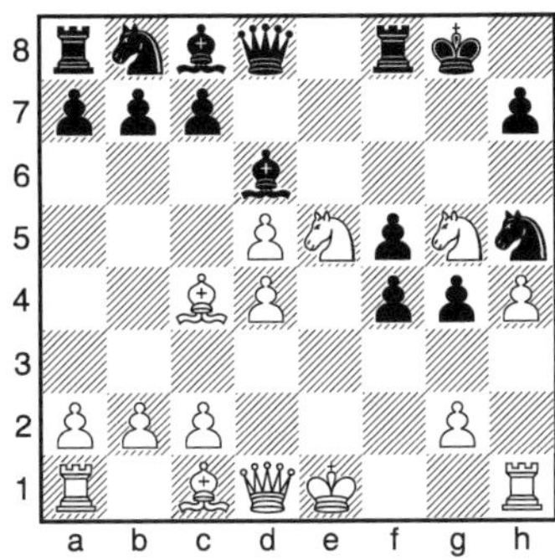

11...♘d7

Shaw stellt fest, dass Schwarz keine Angst vor ♘g5-♘e6-♘xf8 haben sollte, weil Weiß damit nur Zeit verschwendet, um eine Angriffsfigur gegen einen schwarzen Beobachter zu tauschen. Seine Folgerung: „Das Zählen von Material ist nicht der richtige Weg, um eine Stellung wie diese zu spielen.“

– Nach 11...h6 12.♘e6 ♗xe6 13.dxe6 ♔h7 14.♘f7 nistet sich der Springer zumindest nicht nur kurzfristig unangenehm im schwarzen Lager ein, wenn er nicht unter Aufgabe der Qualität mit 14...♖xf7 entfernt werden soll.

– Eine interessante Variante ist 11...♕f6 12.♕d3 ♘d7 13.♘xg4 ♕e7+ (13...fxg4?? 14.♕xh7#) 14.♘e5 ♘xe5 15.dxe5 ♕xe5+∞.

12.♕d3!

12.♘e6 ♕e7 13.♘xd7

(Nach 13.♘xf8 ♔xf8 stellt Shaw fest, dass der weiße Angriff beendet ist, während der schwarze gerade erst beginnt.)

13...♗xd7 14.♔d2 ♘g3 15.c3 b5–+

12...♘g3

Shaw kommt dieser Zug als „zu gierig“ vor, aber er gesteht ein, dass er nicht klar widerlegt werden kann.

– 12...♘xe5 13.dxe5 ♗xe5 14.♗d2∞ (Shaw)

– 12...♗xe5 13.d6+ ♔h8 14.dxe5 ♘xe5 15.♕c3 cxd6! 16.♘f7+ ♖xf7 17.♗xf7 ♘f6 18.♗b3∞

Schwarz hat zwei Bauern für die Qualität. Es ist nicht klar, ob in dieser Stellung dem weißen Läuferpaar oder den beiden gut postierten schwarzen Springern mehr zuzutrauen ist.

13.♗xf4 ♘xh1 14.♕e3!?

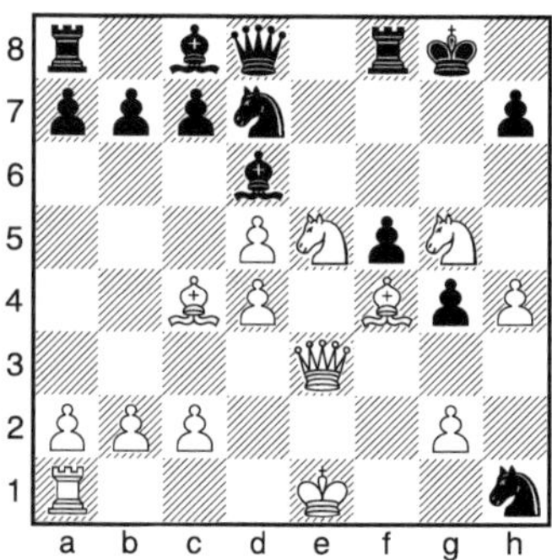

14...♘b6

Der Springer nimmt den Läufer ins Visier, bevor Weiß diesem ein Ausweichfeld auf a2 einrichten konnte.

Eine wichtige Alternative war 14...a5 mit der möglichen Folge 15.a3

(15.0-0-0? wäre nicht gut wegen 15...♘b6 und nun beispielsweise 16.♖xh1 ♘xc4 17.♘xc4 ♗xf4 18.♕xf4 ♕xd5–+.)

15...♘b6 16.♗a2 h6 17.♘e6 ♗xe6 18.dxe6 ♔h7=

15.♗b3 h6?!

Diese Wahl bestätigt sich später als ungenau. Sie führt dazu, dass Schwarz seinem Damenflügel nicht mehr genug Aufmerksamkeit widmen kann. So büßt er Chancen auf ein Gegenspiel ein.

Hier wäre als bessere Alternative mit 15...a5 ein Ansteuern des Stellungsbildes möglich gewesen, das nach 14...a5 (anstelle von 14...♘b6) erreicht worden wäre, nur mit dem Unterschied, dass der weiße Läufer auf b3 steht. Unseres Erachtens ist seine Position auf a2 besser, weshalb diese Linie vermutlich leicht den Vorzug verdient.

16.a4

(16.a3 h6 17.♘e6 ♗xe6 18.dxe6 ♔h7 19.0-0-0 ♕xh4∓)

6...h6 17.♘e6 ♗xe6 18.dxe6 ♔h7 19.0-0-0 ♕xh4=

Am Königsflügel und in der Mitte sieht es genauso aus wie in der Partievariante, am Damenflügel aber steht Schwarz besser.

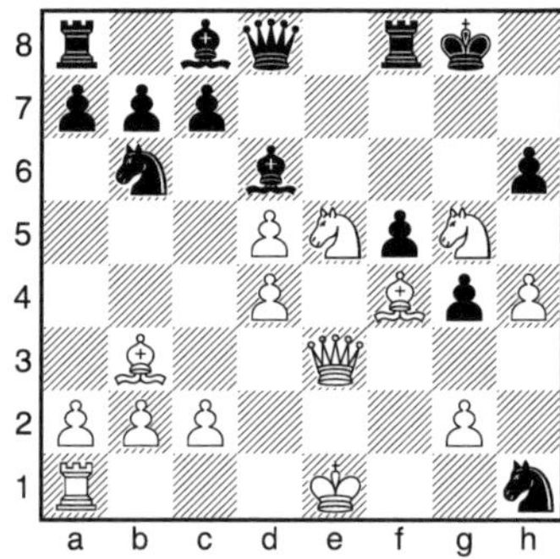

16.♘e6!

Weiß verschafft sich einen vorgerückten Freibauern auf der e-Linie, der nachhaltig von den eigenen Kräften unterstützt wird.

16...♗xe6 17.dxe6 ♔h7 18.0-0-0 ♕xh4 19.g3

Der Zug liegt auf der Hand, er muss aber auch kommen. Dabei geht es nicht einfach nur darum, die schwarze Dame zu vertreiben, sondern das Feld g3 selbst zu besetzen.

19...♕h5 19...♕h3!? **20.c4**

Dies ist am besten.

20...c6

20...♗xe5 21.♗xe5 c6 22.♗f4 ♖ae8 23.d5 ♖f6±

21.♘d3!

21.c5 war nicht zu fürchten. 21...♘d5 Schwarz stellt das Schlagen auf e5 in dieser Variante nur zurück.

22.♗xd5 ♗xe5 23.♗xe5 ♘xg3 24.♗g2 f4∞

Der f-Bauer ist tabu, weil nach dem folgenden Nehmen mit dem Turm die weiße Dame wegen der drohenden Springergabel auf e2 nicht zurückschlagen dürfte.

21...♗e7 22.♔b1 ♖ad8 23.♘e5 ♗f6

23...♘xg3 24.♕xg3 ♗g5 25.♗xg5 ♕xg5 26.d5 cxd5 27.cxd5∞

24.a4!

Weiß will seinen a-Bauern laufen lassen, so dass Schwarz zu Reaktionen gezwungen wird, die das weiße Übergewicht auf dem Damenflügel fördern. Zugleich lässt er Schwarz keine Zeit, seine eigenen aktiven Ambitionen mit Nachdruck zu verfolgen.

24...♖fe8 25.a5

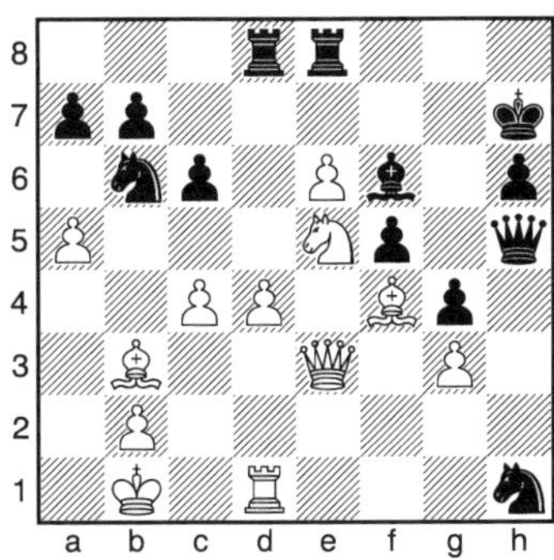

25...♘c8?!

Die bessere Alternative 25...♗xe5 hätte Schwarz die größten praktischen Chancen eingebracht.

26.♗xe5 ♕g6 27.♔a1 ♘c8 28.♖xh1 ♖xe6=

Hier kommen die Engines im Ergebnis zum Stellungsausgleich. Es ist jedoch offen, ob der schwarze Qualitätsvorteil und der Mehrbauer die druckvolle und initiative weiße Stellung, in der auch das Läuferpaar eine große Rolle spielt, aufwiegen.

26.a6

Weiß spielt konsequent auf eine Schwächung der schwarzen Verteidigung, um den weiteren Vormarsch seiner Kräfte vorzubereiten.

26...bxa6

Schwarz will die Qualität zurückgeben und eine Dezimierung der aktiven weißen Kräfte erreichen.

⌓26...♗xe5 27.♗xe5 b6 28.d5 ♕g6 29.♗f4 ♘xg3 30.♕xg3 b5 31.cxb5 cxd5 32.♖h1 h5 33.♕h4 ♘b6 34.♗c2 ♔g8± 35.♕xh5 ♕xh5 36.♖xh5 ♖xe6 37.♗xf5∞

27.♘xc6 ♖d6 28.d5 ♖exe6 29.dxe6 ♖xc6 30.c5 ♘e7 31.♗d6 ♔g6

Schwarz bezieht seinen König aktiv in die Verteidigung ein. Eine bessere Lösung ist nicht ersichtlich, auch wenn der König nunmehr labil aufgestellt ist und seine Figuren behindern kann.

32.♗a4! ♖c8 33.♕g1 ♘xg3 34.♕xg3 ♕h4

34...♕g5 35.♗d7±

35.♕g2 ♖g8 36.♖h1 ♕g5 37.♗c2 ♘c8 38.♕b7 ♗e7 39.♕c7 h5 40.♖f1

Schwarz gab auf.

Kapitel 29
Aufgaben und Lösungen

In diesem Kapitel wenden wir uns mit 16 Aufgabenstellungen an den Leser. Sie sollen ihm bei der Überprüfung helfen, ob er durch das Studium des Buches das Königsgambit qualifiziert einzusetzen erlernt hat. Die ersten 8 Übungen rufen typische Aspekte und Manöver ab. Sie sprechen die strategische Planung und taktische Umsetzungen an. Sie fordern vom Leser das Erkennen wesentlicher Weichenstellungen sowie deren Ergreifen ab.

Die Übungen 9 bis 16 widmen sich der Frage, ob der Leser sich plötzlich ergebende Gelegenheiten erkennt und sich zunutze machen kann. In diesen Fällen hat Schwarz eine unglückliche oder zumindest nicht die beste Wahl getroffen, wodurch Weiß die Chance eröffnet ist, einen Vorteil zu entwickeln oder sogar eine gewonnene Stellung zu erreichen.

Alle Aufgaben sind inhaltlich eng mit den vorhergehenden Kapiteln verwoben. Durch die jeweilige Angabe der Quelle wird dem Leser ein gezieltes Aufsuchen des Bereiches ermöglicht, der zur Vertiefung aufgerufen werden kann.

Aufgaben

Aufgabe 1

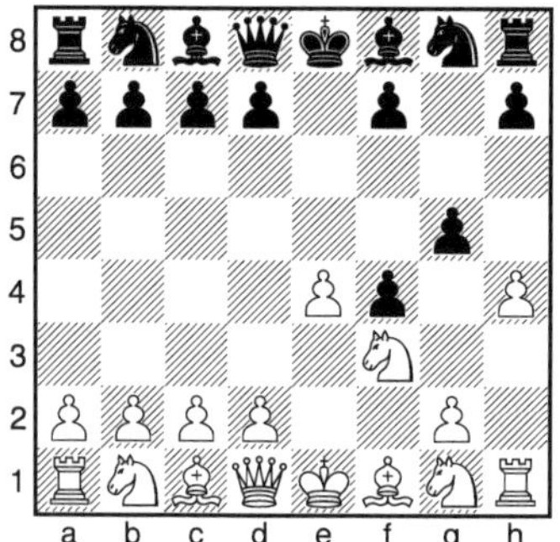

Warum wäre es eine schlechte Idee, wenn Schwarz seinen ♙g5 nun mit 1...f6 decken würde? Bitte antworten Sie in der Form einer kurzen Variante. (Quelle: Einführung)

Aufgabe 2

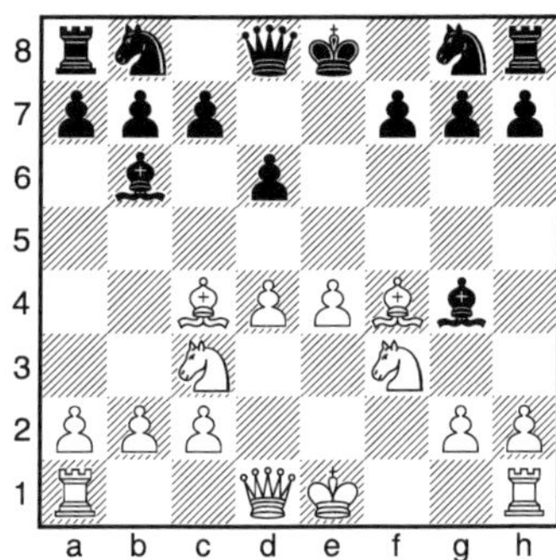

Schwarz sollte mit **1...♘f6** an der weiteren Entwicklung seines Königsflügels arbeiten. Aber was ist von 1...♗xf3 und dann 2.♕xf3 ♗xd4 zu halten? (Quelle: Kapitel 1, Abspiel 1)

Aufgabe 3

1.e4 e5 2.f4 d5 3.exd5 e4 4.d3 ♘f6

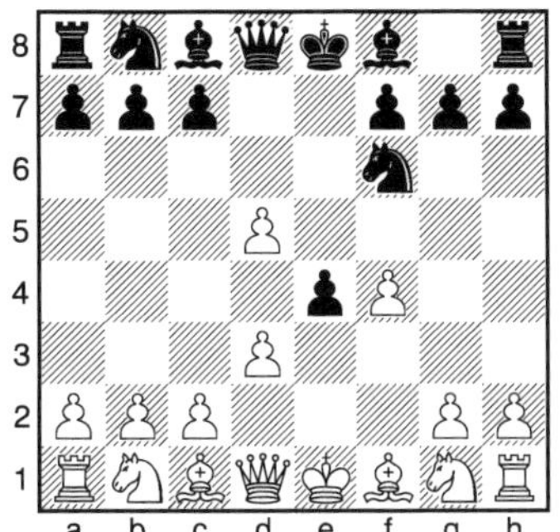

In dieser Stellung aus dem Falkbeer-Gegengambit führt der Hauptzug **5.dxe4** dazu, dass der gerade beseitigte Bauer nach 5...♘xe4 durch einen Springer ersetzt wird. Was spricht für – und was gegen die Alternative 5.♘d2? (Quelle: Kapitel 2, Abspiel 1)

Aufgabe 4

1.e4 e5 2.f4 exf4 3.♘f3 h6 4.d4 g5 5.♘c3 ♗g7

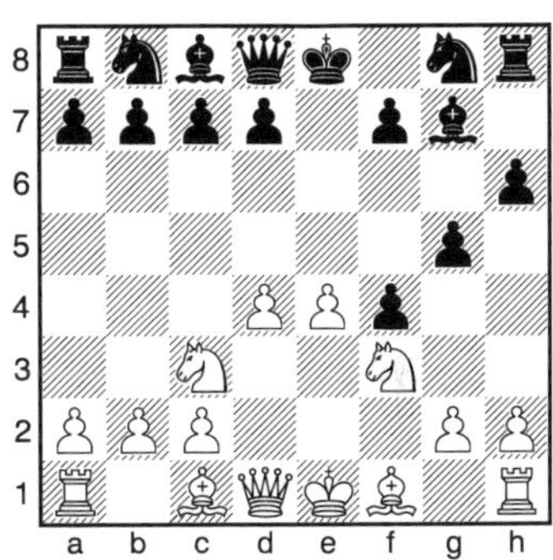

Was würden Sie als Weißer an dieser Stelle spielen und mit welcher Variante würden sie dann rechnen? (Quelle: Kapitel 11, Abspiel 2)

Aufgabe 5

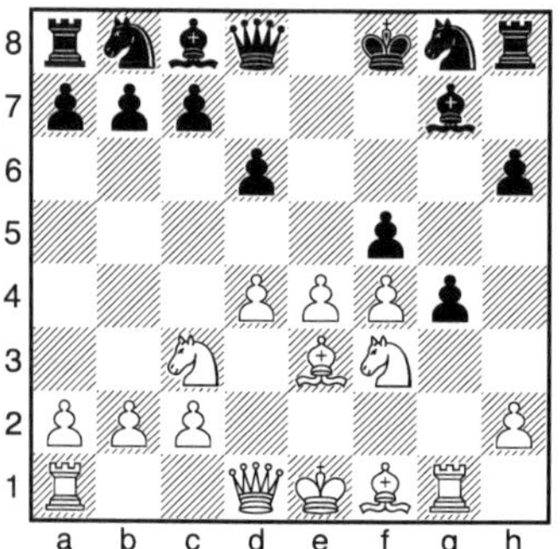

In dieser Situation spielte Weiß **1.♗c4.** Ist die Entscheidung, den ♘f3 als Opfer anzubieten, gut oder doch eher nicht? Berechnen Sie, was nach einer Annahme des Opfers passieren würde! (Quelle: Partie Nr. 37 Huschenbeth – Banusz, zu Kapitel 11, Abspiel 2)

Aufgabe 6

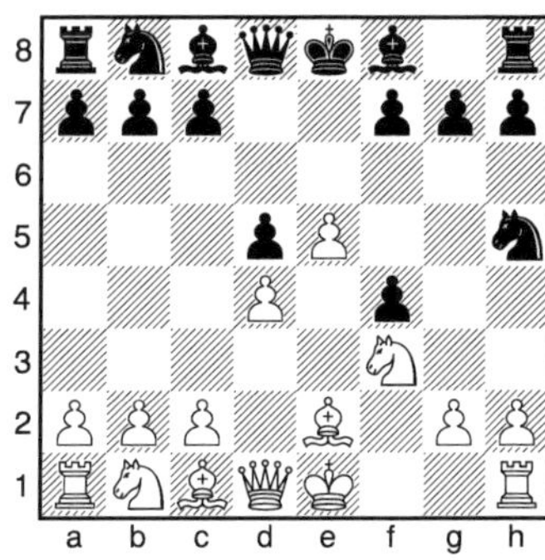

In dieser Stellung (mit Schwarz am Zug) muss Weiß mit mehreren gegnerischen Versuchen rechnen. Zu diesen zählen 6...♖g8, 6...♘c6, 6...♗g4 und 6...g6. Am wichtigsten aber ist die Fortsetzung **6...g5**. Womit würden Sie antworten? Bitte begründen Sie Ihre Entscheidung ergänzend mit einer Analyse zum voraussichtlichen Fortgang der Partie bis mindestens zum 10. Zug von Weiß!

(Quelle: Kapitel 13 – Schallopp-Verteidigung)

Aufgabe 7

Diese Aufgabe besteht aus drei Teilen.

Nach **1.e4 e5 2.f4 exf4 3.♘f3** leitet Schwarz mit **3...d5** die „moderne Verteidigung" ein, die heute am häufigsten eingesetzt wird.

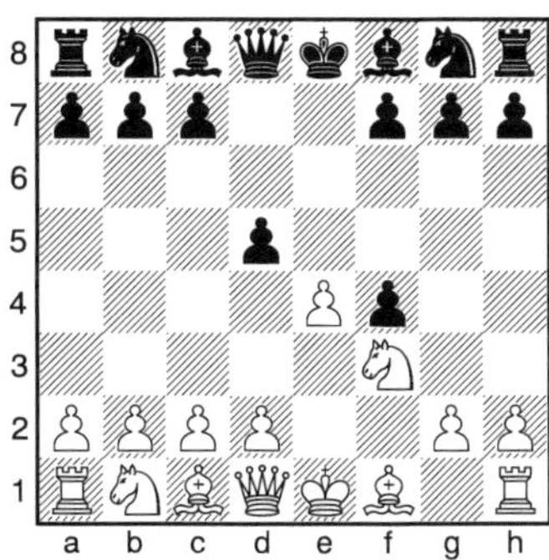

Aufgabe Teil 1: Welche Strategie steckt hinter diesem Vorgehen?

Aufgabe Teil 2: Zu den nicht nur in seltenen Ausnahmefällen gewählten Fortsetzungen auf die weiße Antwort mit **4.exd5** zählen nun – in einer bewusst beliebigen Reihenfolge – 4...c6, 4...♗d6, 4...♘f6, 4...♕xd5, 4...♗g4 und 4...♗e7. Bitte legen Sie fest, welcher dieser Züge die Hauptvariante einleitet, und beschreiben Sie kurz die damit von Schwarz verfolgte Strategie!

Aufgabe Teil 3: Wählen Sie für jede der oben genannten Fortsetzungen einen Zug Nr. 5, den Sie mit Weiß spielen würden! (Quelle: komplettes Kapitel 14)

Aufgabe 8

Nach **1.e4 e5 2.f4 exf4 3.♘f3 g5** hat es Weiß in der Hand, mit **4.♗c4!?** der Partie zusätzliche Schärfe zu verleihen. Nach **4...g4** verschafft das Springeropfer **5.0-0!?** Weiß sehr gute Chancen auf einen Königsangriff. Nach **5...gxf3** läuft die Hauptvariante über die Züge **6.♕xf3 ♕f6**.

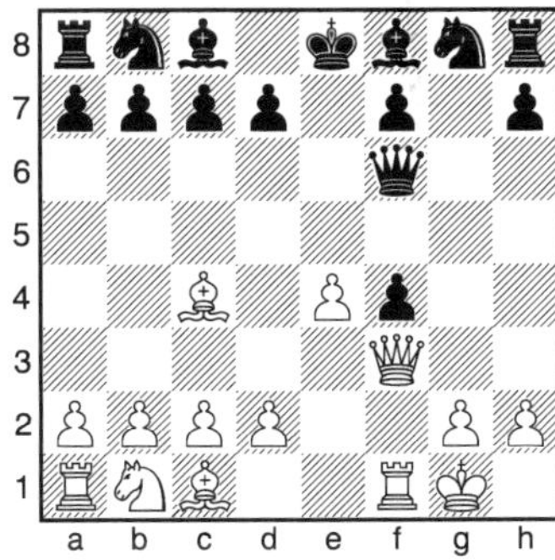

Welche Drohungen machen 6...♕f6 zu einem guten Zug – und wie sollte Weiß diese am besten parieren?

(Quelle: Kapitel 17 (Einführung) und Abspiel 1)

Aufgabe 9

1.e4 e5 2.f4 ♗c5

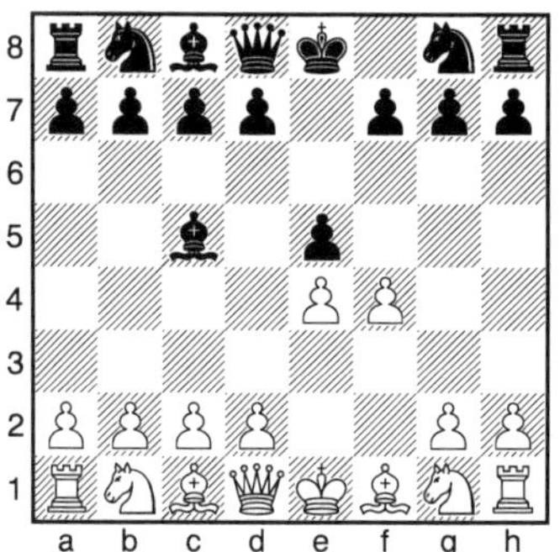

Widerlegen Sie **3.fxe5??** mit einer zwingenden Variante! (Quelle: Kapitel 1)

Aufgabe 10

1.e4 e5 2.f4 exf4 3.♘f3 g5 4.h4 g4 5.♘e5 d5 6.d4 f3 7.gxf3 ♗e7 8.exd5

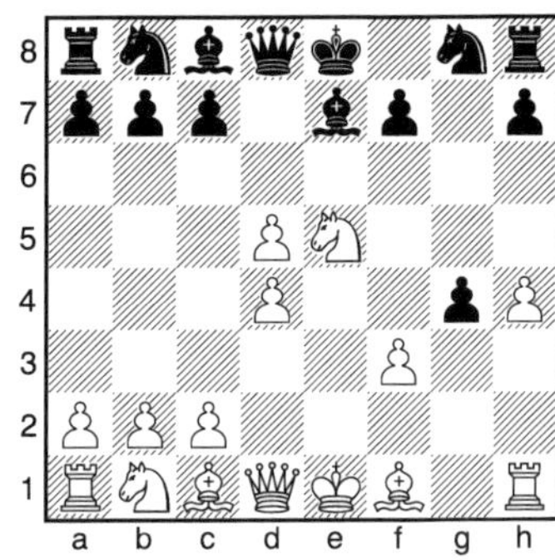

Den Fehlgriff **8...♕xd5??**, zu dem es leicht durch ein reflexartiges Zurückschlagen kommen kann, kann Weiß einzügig widerlegen. Im Ergebnis erhält er eine Gewinnstellung. Was sollte er spielen? (Quelle: Kapitel 21)

Aufgabe 11

1.e4 e5 2.f4 exf4 3.♘f3 g5 4.♗c4!? ♗g7 5.h4

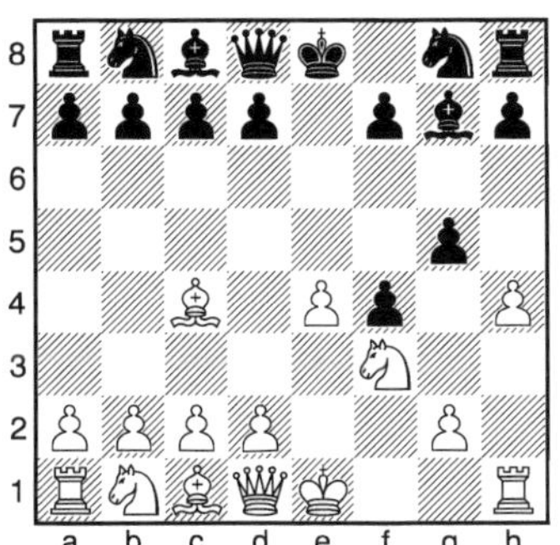

Der verlockend aussehende weitere Vormarsch des g-Bauern wäre nun ein Fehler. Stattdessen sollte Schwarz 5...h6 spielen, worauf 6.d4 angeraten ist. Aber wie ist **5...g4?** konkret zu widerlegen? (Quelle: Kapitel 17, Abspiel 2B)

Aufgabe 12

In einer Partie kam es zu der Zugfolge **1.e4 e5 2.♘c3 ♘c6 3.f4 exf4 4.♘f3 g5 5.d4 d6 6.d5 ♘e5 7.♗b5+ ♗d7 8.♗xd7+ ♘xd7 9.♕d4 f6 10.h4!** und Weiß stand gut. Dabei profitierte er allerdings von einem zu langsamen Vorgehen seines Gegners. Welcher der Züge von Schwarz ist als zu langsam zu kritisieren? Was hätte er stattdessen spielen sollen und welcher Fortgang hätte sich daraus vermutlich ergeben?

(Quelle: Partie Nr. 58 zum Kapitel 16)

Aufgabe 13

Über die Variante **1.e4 e5 2.f4 exf4 3.♘f3 g5 4.h4 g4 5.♘e5 d6 6.♘xg4 ♗e7 7.d4 ♗xh4+ 8.♘f2 ♕g5 9.♕f3 ♘c6 10.♕xf4 ♕xf4 11.♗xf4 ♗xf2+ 12.♔xf2 ♘xd4 13.♘c3** erlangt Weiß volle Kompensation für den Minderbauern.

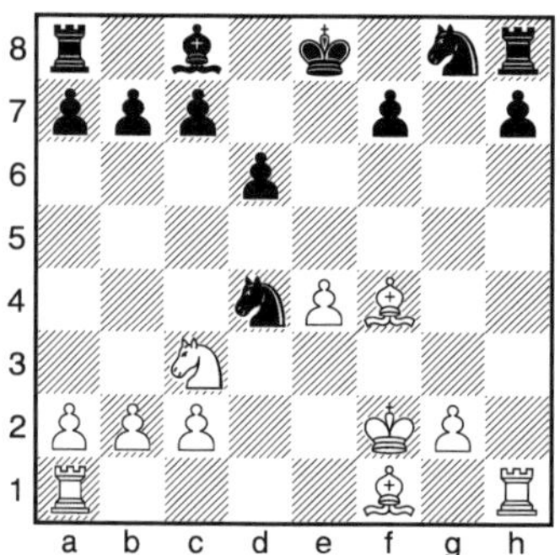

Schwarz sollte nun dafür sorgen, dass er seine Entwicklung abschließen kann. Ein denkbarer Weg hierzu wäre 13...♗e6 14.♘b5 ♘xb5 15.♗xb5+ c6 usw. mit vollem Ausgleich.

Aber wie kann Weiß Nutzen daraus ziehen, wenn Schwarz falsch mit **13...♘xc2?** fortsetzt?

(Quelle: Kapitel 20, Abspiel 2)

Aufgabe 14

Die Variante **1.e4 e5 2.f4 exf4 3.♘f3 g5 4.h4 g4 5.♘e5 ♗g7 6.d4 ♘f6 7.♘c3** führt zu einem starken Springer auf e5.

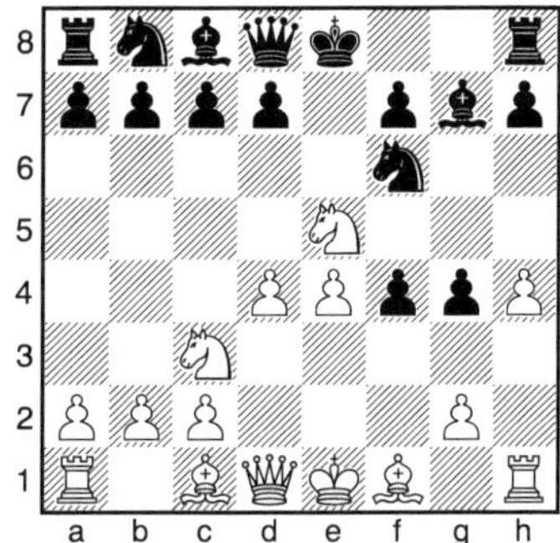

Schwarz sollte diesen Springer vertreiben, woraus sich die Folge 7...d6 8.♘d3 0-0 usw. ergeben kann. Wie kann Weiß Nutzen daraus ziehen, wenn sein Gegner die starke Springerstellung ignoriert und **7...d5** spielt?

(Quelle: Kapitel 22, Abspiel 1)

Aufgabe 15

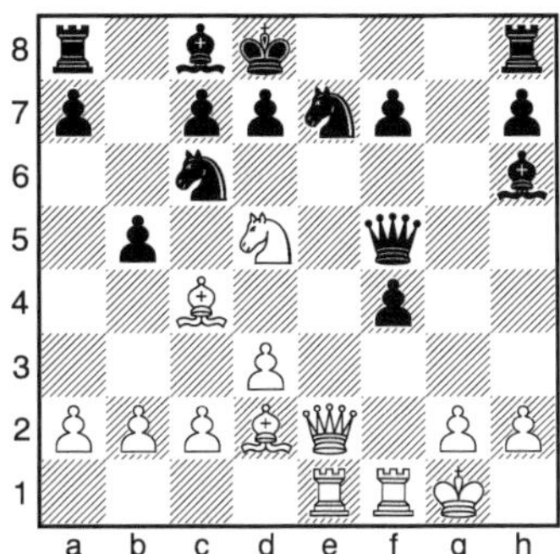

Schwarz hat soeben mit 13...b5 den ♗c4 angegriffen und rechnet vielleicht damit, dass Weiß eine Maßnahme zu dessen Rettung ergreift. Weiß hat aber eine bessere Möglichkeit. Welche?

(Quelle: Kapitel 17, Abspiel 1A)

Aufgabe 16

In einer Partie kam es zu der Zugfolge **1.e4 e5 2.f4 exf4 3.♗c4 ♕h4+ 4.♔f1 d6 5.♘c3 ♗e6 6.♗b3 ♘d7 7.d4 g5 8.♘f3 ♕h5 9.h4**.

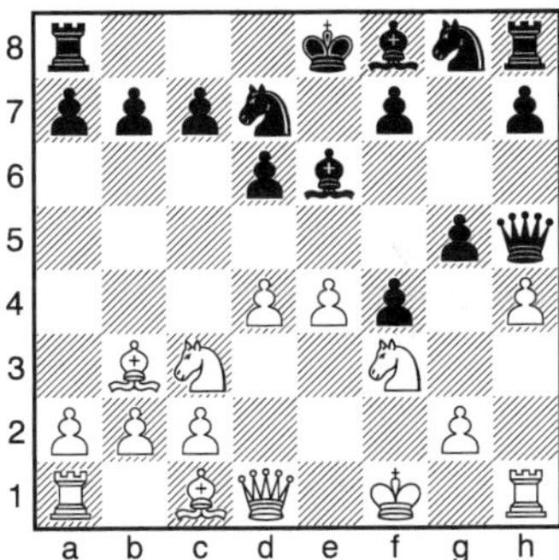

Hier nun machte sich Schwarz an die Umsetzung eines falschen Plans und zog **9...h6?**.

9...♗g7 und 9...♘gf6 wären besser gewesen. Wie gelang es Weiß, das gegnerische Vorgehen zu widerlegen?

(Quelle: Kapitel 8 mit Partie Nr. 25 Iwantschuk – Karjakin)

Lösungen

Lösung 1

2.♘xg5! fxg5 3.♕h5+ +– usw.

Lösung 2

1...♗xf3? ist als Fehler zu bewerten. Die Fortsetzung der Variante mit 3.♗xf7+ ♔xf7 4.♗e5+ ♘f6 5.♗xd4 führt zu einem weißen Vorteil. Er wird die lange Rochade folgen lassen. Für ihn sprechen der Raumvorteil, die bessere Entwicklung und auch die Initiative.

Lösung 3

Zwar führt der Springerzug zu einer Verstärkung des Feldes e4, doch kommt Schwarz auf einem einfachen Weg zu einem guten Spiel. Nach 5...exd3 6.♗xd3 ♘xd5 7.♕e2+ ♗e7 folgt bald 0-0 und das Ziel ist erreicht.

Lösung 4

An dem typischen Sprengungszug 6.g3 kommt Weiß nicht vorbei, wenn er seine Hoffnungen auf einen Eröffnungsvorteil nicht frühzeitig begraben will. Die natürliche Fortsetzung ist nun 6...fxg3 7.hxg3 d6, worauf 8.♗c4 mit Angriff auf das Feld f7 die Empfehlung der Theorie ist.

Lösung 5

Das Springeropfer ist ein für das Königsgambit typisches Vorgehen. Nach 1...gxf3? kommt Weiß zu einem starken Königsangriff. Im Anschluss an 2.♕xf3 und nun beispielsweise 2...fxe4 3.♕g3 ♕e7 4.♘d5 ♕f7 5.f5! ♗xf5 6.0-0-0 b5 7.♗b3+– kann Schwarz die Partie nicht mehr halten.

Lösung 6

7.♘xg5 ♕xg5 8.♗xh5 ♕h4+ 9.♔f1 ♗e6 10.♗f3 ist eine für Weiß erstrebenswerte Entwicklung.

Lösung 7

Teil 1: Schwarz will das weiße Bauernzentrum zerstören und seine eigenen Kräfte so schnell wie möglich entwickeln. Um dies zu erreichen, ist er zur Rückgabe des Mehrbauern bereit.

Teil 2: Die Hauptvariante wird mit 4...♘f6 eingeleitet. Damit spielt Schwarz schlicht auf die Entwicklung seines Königsflügels und auf die Rückeroberung des Bauern.

Teil 3: Nun in der Sortierung nach Bedeutung der Alternative und der Behandlung im Buch:

4...♘f6: 5.♗c4, 5.c4 und 5.♗b5+ sind gute Lösungen.

4...♗d6: 5.♘c3 und 5.♗c4 sind gute Lösungen.

4...♗e7: 5.♗b5+!

4...♕xd5: 5.♘c3!

4...c6: 5.d4!

4...♗g4: 5.♗c4!

Lösung 8

Mit 6...♕f6 deckt Schwarz seinen ♙f4

und droht zugleich, mit 7...♕d4+ den ♗c4 zu erobern.

Nur mit dem zusätzlichen Bauernopfer 7.e5! bleibt Weiß am Drücker. Damit soll die Dame ins Freie gelockt werden, damit sie im Anschluss mit allen Kräften angegriffen werden kann. Während Schwarz mit der Rettung seiner Dame beschäftigt ist, will Weiß seine Kräfte optimal für den Königsangriff mobilisieren.

Lösung 9

3...♕h4+ 4.g3 (4.♔e2 ♕xe4#) 4...♕xe4+ 5.♕e2 ♕xh1 bringt Schwarz entscheidend in Vorteil.

Weiß sollte deshalb besser 3.♘f3 spielen, worüber sein Springer entwickelt und der ♙e5 bedroht wird.

Lösung 10

Nach 9.♗c4+− (richtig gewesen wäre 8...♗xh4+) kann Schwarz die Partie nicht mehr halten.

Lösung 11

Mit 6.♘g5 ♘h6 7.d4 nebst 8.♗xf4.

Lösung 12

5...d6? ist zu langsam. Schwarz hätte besser 5...g4! spielen sollen, worauf 6.♗c4 gxf3 7.0-0 ♘xd4 8.♗xf4 ♗g7 9.e5 d5! eine mögliche Fortsetzung gewesen wäre.

Lösung 13

14.♖c1 ♘d4 15.♘d5 ♘e6 16.♘xc7+ ♘xc7 17.♖xc7±

Lösung 14

Mit 8.♗xf4 sichert sich Weiß ein vorteilhaftes Spiel. Wenn Schwarz mit 7...d5 auf die Möglichkeit einer Fortsetzung mit 8...♘xe4 gesetzt hat, kann Weiß seinen Vorteil mit 9.♘xe4 dxe4 10.♗c4 0-0 11.c3± ausbauen.

Lösung 15

14.♗xf4 ♗xf4 (14...bxc4 15.♗xc7+ +−) 15.♖xf4 mit der möglichen Folge 15...♕g5 16.♖g4 ♕f5 17.♖e4+− usw.

Lösung 16

Weiß spielte 10.♔g1! mit der starken Drohung 11.hxg5!. Nach 10...g4 11.♘e1 ♗xb3 12.axb3 ♘gf6 13.♘d3 g3 14.♕f3! war er auf dem richtigen Kurs.

Quellenverzeichnis

Bücher:

Bangijew, Alexander: Das angenommene Königsgambit, Schach-Profi-Verlag Reinhold Dreier 1996

Bücker, Stefan: Die Nordwalder Variante, Selbstverlag Nordwalde 1980

Estrin, Jakow: Das angenommene Königsgambit, Goldmann Verlag 1984

Flear, Glenn: Starting out: open games, Everyman Chess 2010

Geilmann, U./Stiefel, F./Herbold, M.: Boris Spasski – Der Leningrad Cowboy, Maya & Paul-Verlag 2021

Jakobetz, L./Somlai, L.: Die Wiener Partie, Schach-Profi-Verlag Reinhold Dreier 1994

Johansson, Thomas: Das Königsgambit, Schachverlag Kania 1998

Konikowski, Jerzy: Schnellkurs der Schacheröffnungen – Praxis, 2. Auflage, Joachim Beyer Verlag 2006

Konikowski, Jerzy: Eröffnungen – richtig gespielt, 6. Auflage, Joachim Beyer Verlag 2021

Konikowski, Jerzy: Schnellkurs der Schacheröffnungen – Theorie, 8. überarbeitete und ergänzte Auflage, Joachim Beyer Verlag 2021

Konikowski, J./Bekemann, U.: Eröffnungen, Offene Spiele – lesen – verstehen – spielen, 2. Auflage, Joachim Beyer Verlag 2020

Mazukewitsch, A./Rasuwajew, J.: Gambite – richtig gespielt, Joachim Beyer Verlag 2006

Sakaeev, Konstantin: The Petroff: an Expert Repertoire for Black, Chess Stars 2011

Shaw, John: The King's Gambit, Quality Chess 2013

Suetin, Aleksei: Russisch bis Königsgambit, Sportverlag Berlin 1989

Datenbanken (Partien):

Mega Database 2020

CorrDatabase 2020

Fernschach-CD 2021 (Bellmann)

Periodika:

Chess Base Magazine
Rochade Europa
Magazyn Szachista
Panorama Szachowa
Schach
Fernschachpost
Kaissiber
Schachmagazin 64
Schach-Zeitung
SOS - Secrets of Opening Surprises